10가지 코칭 주제와 사례 연구

COMPLEX SITUATIONS IN COACHING
Copyright © 2019 by Dima Louis and Pauline Fatien Diochon
Authorised translation from the English language edition published by Routledge,
a member of the Taylor & Francis Group All rights reserved

Korean Transition Copyright © 2022 by Korea Coaching Supervision Academy
Korean edition is published by arrangement with TAYLOR & FRANCIS GROUP
through Imprima Korea Agency

이 책의 한국어판 저작권은 Imprima Korea Agency를 통해
TAYLOR & FRANCIS GROUP와의 독점 계약으로 한국코칭수퍼비전아카데미에 있습니다.
저작권법에 의해 한국 내에서 보호를 받는 저작물이므로
무단전재와 무단복제를 금합니다.

호모코치쿠스 30

10가지 코칭 주제와 사례 연구
Complex Situations in Coaching: A Critical Case-Based Approach

20개 사례, 40개 논평, 720개 주석, 19개 실습 사례

디마 루이스, 폴린 파티엔 디오숑 지음

김상복 옮김

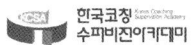
한국코칭
수퍼비전아카데미

코칭의 복잡한 상황

코칭의 복잡한 상황Complex Situations in Coaching(이 책의 원제목)은 가치 충돌, 다중 아젠다, 권력 역동, 정서 관리, 돈의 역할 등 코칭에서 전형적이지만 논의가 덜 된 20가지 이슈를 모아 놓았다. 10개의 장으로 구성되어 있으며, 사례문으로 정리해 세계적인 코치, 코칭 연구자, 교육자, 프로그램 책임자들이 논평한다. 이런 다수의 목소리는 대화, 질문, 해결책을 촉진하기 위해 고안되었으며, 성찰성, 비판적 사고, 다양성에 대한 인식을 지원하는 이런 세팅은 기성품 같은 기존의 해결책이 지닌 한계가 드러난 시점에서 더 복잡한 세상에서 코치의 계발과 교육에 필수적이다. 그러므로 이 책은 "접근을 위한 도구상자"를 넘어 코치, 강사, 트레이너, 수퍼바이저의 전문화와 지속적 교육을 지원하도록 진지한 생각을 불러일으키는 다중 사용자 관점multiperspective의 여정을 보여준다.

- **디마 루이스**Dima Louis(프랑스 그레노블Grenoble 경영스쿨 「인간과 조직 사회」 분야 조교수)
- **폴린 파티엔 디오숑**Pauline Fatien Diochon(프랑스 꼬드다쥬르Cote d'Azur 대학 SKEMA 비즈니스 스쿨 경영 혁신 아카데미 부교수)

목차

코칭의 복잡한 상황	……… 4
역자 서문	……… 8
감사의 글	……… 11
서문	……… 12
일러두기	……… 13
제1장. 복합적인 아젠다	……… 15
제2장. 코칭에서 권력의 힘	……… 51
제3장. 코칭에서 경계관리	……… 101
제4장. 코칭에서 가치	……… 147
제5장. 코칭에서 문화적 이슈	……… 185
제6장. 코칭 계약	……… 225
제7장. 코칭과 돈	……… 259
제8장. 코칭에서 정서 다루기	……… 311
제9장. 코칭의 윤리 강령	……… 363
제10장. 코칭에서 폭력에 대하여	……… 413
맺음말	……… 463
색인	……… 465
저자 및 역자 소개	……… 470
주석 강의에 참여한 코치들의 한 줄 평	……… 472
발간사	……… 475

그림 목차

[그림 8.1] 코칭에서 결과를 끌어내는 프로세스 흐름에 대한 다이어그램 개요	……… 342
[그림 9.1] 코칭에서 자유 영역과 안전 영역	……… 402

표 목차

[표 2.1] 성장하는 조직을 이끌기 위한 도전 66
[표 2.2] 코칭에서 힘의 토대 95
[표 4.1] 코칭에 대한 세 가지 접근 157
[표 6.1] 캐롤이 확인해야 할 계약 요소 236
[표 7.1] 인간중심 접근법의 핵심 조건 269
[표 9.1] 코칭 계약 딜레마를 다루는 전략 403

사례 목차

1-1. 조직 요구를 배제할 것인가, 말 것인가 18
1-2. 코칭은 독이 든 선물인가 33
2-1. 이사회 정치학 어떻게 할 것인가? 53
2-2. 코치의 숨겨진 전략 76
3-1. 코치는 조로의 망토를 입고 있다. 105
3-2. 조직이 주요 고객인 경우 122
4-1. 나쁘고 큰 늑대를 위해 일하기 149
4-2. 큰 도덕적 갈등 167
5-1. 칼리메라! 188
5-2. 문화 장벽 깨기 208
6-1. 코칭은 코치이를 위한 것인가, 그의 매니저를 위한 것인가? 228
6-2. 말할 것인가 말 것인가 242
7-1. 나는 고객이 필요하다! 262
7-2. 안하는 것보다 늦게라도 하는 것이 낫다 286
8-1. 스트레스 모드 314
8-2. 몸으로 느끼기 336
9-1. 강령을 쫓아 달아나다 365
9-2. 자유의 포옹 388
10-1. 왜 나는 그것이 일어나는 것을 알아보지 못했는가? 416
10-2. 공격적인 관리자 437

추가사례 목차

1-A. 코치 폴, 코칭 종료 3개월 후 코치이가 이직했다. ········· 31
1-B. 코칭 중 임원이 해고되었으며, 코칭도 중단되었다. ········· 47
2-A. C-suite 내부 권력역동에서 두 사람을 코칭한다. ········· 72
2-B. 코치 제임스, 독자적인 코칭 목록을 갖고 코칭한다. ········· 97
3-A. 코치 딕, 사장이 구속된 상황에서 회사 임원을 코칭한다. ········· 119
3-B. 코치 존, 욕-생활을 하는 중간 관리자 코칭을 의뢰받다. ········· 141
4-A. 코치 쿤, 마피아 두목을 코칭할 수 있는가? ········· 165
4-B. 코치 케빈, 윤리적 갈등을 하는 사장의 방문을 받았다. ········· 181
5-A. 종교적 신념으로 이주해온 고객 코칭하기 ········· 206
5-B. 필리핀에서 온 메리 ········· 221
6-A. 결과적으로 승진 경쟁자를 동시에 코칭하는 존 ········· 240
6-B. 고객의 내면을 알수록 결과 보고서 쓰기가 힘든 코치 게일 ········· 256
7-A. 코치의 숨겨둔 미해결 과제: 돈 ········· 279
7-B. 부자 관계 해결인가, 부의 계승인가 ········· 305
8-A. 팀 코칭과 일대일 코칭의 순차 진행과 정서 다루기 ········· 333
8-B. 세션에서 알 수 없는 정서/몸에 접촉하기_녹취록 ········· 356
9-A. 구멍 뚫린 치즈 에멘탈 같은 허점을 느낀 코치 길버트 ········· 385
9-B. 코치 길버트가 하고 싶은 코칭 ········· 410
10-A. 극단적인 성향을 보인 고객 세바스찬을 코칭하기 ········· 434
10-B. 가면 증후군을 확인한 코치 조이 ········· 457

부록 목차

[부록 7-1] 돈을 책임있게 관리하지 못하는 사람을 어떻게 코칭할 것인가? ········· 282
[부록 8-1] 조금 세밀하게 이야기하는 사람을 어떻게 코칭할 것인가? ········· 347
[부록 9-1] 진부한 표현이나 특정 분야 전문 용어 사용 ········· 399
[부록 9-2] 「해방을 위한 코칭」 요약 ········· 400
[부록 10-1] 알파 타입에 대한 강점과 위협 요약 ········· 448
[부록 10-2] 작업 조직에서의 자기 결정론 ········· 460

일러두기

1. 저자의 큰따옴표는 본문에 그대로 두었다. 반면에 본문의 작은따옴표는 강조하기 위해 역자가 첨부한 것이다. 저자가 강조를 위해 이탤릭체로 편집한 것은 진하게 표시했으며, 역자가 의미상 강조해야 할 단어도 진하게 표시했다. 본문에는 없지만 의미를 이해하는 데 도움이 되도록 필요한 단어에는 [ ] 안에 넣어 추가했다.
2. 본문 중 ①②③, ⓐⓑⓒ, Q. 등은 역자가 붙인 것이다. 본문을 읽는 독자들에게 열거한 내용을 명확히 인식하고, 질문하려는 역자 나름의 의견이다.
3. 본문의 모든 각주는 역자의 해설이자 의견이다. 본문 내용을 역자 나름대로 이해한 것이고 이른바 720여 개의 주석을 붙였다. 주석이 필요 없는 독자는 본문만 읽어도 된다.
   각주 가운데 저자의 것은 [저자 주]로 표시했다.
4. 본문의 각주 외에 각 장마다 사전 점검, 토론 제안, 추가 사례 등은 개인, 그룹별 연구 모임의 학습을 위해 역자가 추가한 것이다. 참고자료 가운데 진하게 표시한 논문은 역자가 꼭 검토하기를 추천하는 자료이다.
5. 특히 '추가 사례' 총 19개와 축어록 1개는 역자의 경험과 연구에서 온 창작물이며, 유사한 어떠한 현실과도 전혀 관련이 없음을 밝혀 둔다. 본문 주제 및 사례와 연동해 연습문제로 제시했다.
6. 이 저서의 참고논문과 역자에 의해 추가된 논문, 기타 참고서적에 대한 안내, 번역에 대한 검토는 관련 카페 '코칭철학과 이론-실천과 쟁점' http://cafe.naver/coachingphilosophy에 올려 두었다. 독자와 교류하고, 이 책을 교재로 수업과 독서토론 등을 지원하려는 목적이다.

역자 서문

이 책의 원제목은 『코칭의 복잡한 상황: 비판적 사례 중심 분석 complex situations in coaching: A critical case-based Approach』이다. 10가지 코칭 주제마다 2개씩 총 20개의 코칭 사례를 제시한다. 사례마다 두 명의 논평자 글로 구성되었기에 독자들은 총 40개 논평으로 코칭에 대한 새로운 이해를 얻을 수 있다. 이것이 원서의 내용이다.

이 책을 처음 읽은 것은 2019년 겨울 임원, 전문직 중심 일대일 코칭에 직면했던 상황과 주제를 탐색하는 과정에서였다. 내용이 좋고 깊어서 읽을수록 새로운 인식과 사색의 지평이 확대되는 자극을 받았기에 혼자 알고 있기에 아깝다는 생각이 들었다. 이미 훈련을 마치고 활동하는 중견 코치들을 위해 2021년, 2022년 두 차례 강의와 토론을 했고, 25명의 코치가 참여했다. 이 과정에서 20여 개 코칭 사례가 새롭게 집필되었고, 부록 여섯 개가 추가되었다. 또 각 주제와 논평자의 글 뒤에는 사례 점검, 토론 제안이 덧붙여졌다. 강의 시간 단축을 위해 주석을 달게 되었는데, 마치고 보니 모두 720여 개가 되었다. 이른바 '주석 강의'를 글로 시도한 것이다.

새롭게 추가한 사례와 주석, 부록, 토론 제안 등은 모두 함께 참여한 코치들 덕분이다. 내용이야 역자의 코칭 경험과 연구, 수퍼비전에 근거한 것이지만, 강의 중에 내게 질문을 던지며 자극한 코치들이 없었다면 만들어질 수 없는 내용이다. 원서 이외의 것은 모두 강의하는 동안 눈 맞추고 호응해주며, 함께 토론하고, 강의 전후에도 한 분 한 분씩 떠올리며 바로 '그'에게 응답한 결과물이다. 그 결과 책의 분량이 늘어났다. 이 지면을 통해 참여한 모든 코치에게 깊이 감사드린다. 아울러 번잡한 각주와 추가 내용으로 이해가 난감한 독자분들은 먼저 본문만 읽어도 충분할 것으로 보인다. 동료들과 그룹 학습, 토론 중심 강의를 할 때는 모든 내용을 필요한 만큼 세밀히 검토하면 나름 도움이 될 것으로 기대한다.

이 책은 조직 코칭, 비즈니스 코칭 영역에서 제기되는 코칭 아젠다 가운데 10개를 뽑아서 다루고 있다. 우리 입장에서는 이런 내용이 쟁점이 될 수 있다는 새로움을 준다. 또 각 사례를 논평하며 이론 근거와 자기 경험을 압축하여 전개하는 내용이 우리의 상상력을 자극한다. 자신의 코칭 경험 일부를 반영하여 사례로 압축해 연구 텍스트로 제안하는 개방성과 관대함이 남다르다. 일반적인 내용을 체계적으로 설명하기보다는 탐색 주제에 맞춰 사례를 기술하고 있기에 이런 시도는 실천 연구자와 전문 연구자가 논하는 좋은 예시라고 생각한다.

우리의 코칭이 깊어질수록 당연히 포괄되지 않은 아젠다들이 새롭게 출현할 것이다. 이 책이 동시대 유럽을 중심으로 활동하는 중견 코치들의 고민을 반영한 것이며, 현재 코칭 쟁점을 해명하는 해외 전문연구자들의 문제 의식을 보여주고 있다. 당연히 우리는 우리 현실에서 우리의 사례와 아젠다를 발굴하며 내용을 만들어가야 할 것이다. 실전에서 조직 내 리더를 코칭하는 경우, 코칭을 훈련하는 코치들에게 이 책은 우리가 가야 할 이정표를 보여준다는 점에 만족하고 의의를 둔다. 나머지는 우리의 과제이다. **추가로 제시된 사례**를 각 주제 논평자의 글을 참조하여 논평의 글을 만들어 보는 것은 매우 추천할 만한 자기 훈련 과정이다. 이를 위해 교류의 장을 만들었다. 독자들의 거침없는 참여를 고대한다. (참조. 카페: 코칭 철학과 이론 - 실천과 쟁점 http://cafe.naver.com/coachingphilosophy)

코칭 보급이 확산되고 훈련에 들어오는 인원이 늘어나는 만큼 전문적이고 직업적인 코치 활동이 확대되어야 한다. 이 같은 코치 활동은 변화하는 사회 현실과 생활에 호응하여 제기되는 조직과 개인의 다양한 이슈를 앞서거나 뒤따르는 상품 개발이 요구된다. 코칭 주제와 영역을 새롭게 개발/확장하고, 코칭 상황과 고객 분석을 심화해야 하며, 개입 방법 연구가 세밀해져야 한다. 이를 위해 우리의 시선은 코치가 코치를 대상으로 하는 홍보 활동, 훈련 과정으로 묶여 있는 코치 그룹 활동, 코칭 기회 확산을 위한 기부와 보급을 위한 공익 활동 등이 코치 활동의 주요 부분이 되어서는 안 된다. 그 너머를 향해야 하며, 다양한 생활 속으로 파고들어야 한다. 전문 코치, 직업 코치들의 제품 개발과 마케팅, 코칭 서비스에 대한 고객의 질적 만족이 흘러넘쳐야 한다.

코칭은 긍정적 마음가짐 지니기, 개인 고민과 조직의 과제를 해결하는 방법 찾기, 행동과 자세 중심 교정 등을 넘어서야 한다. 잠재력 개발, 성장과 성숙을 향한 '익어-감'이자 발효균을 갖는 것이리라. 이 책은 이런 의문을 풀기 위해 잠시 들러 머물고 다시 행진할 수 있는 정거장, 중간 기지 역할을 할 것이다. 물론 라이프 코칭, 커리어 코칭의 『복잡한 상황과 주요 주제 사례 연구』라는 좋은 동행자도 만나길 꿈꾸게 한다.

    번역은 정말 난감한 일이다. 정확성을 갖추기란 능력 밖이고, 자유롭게 연상할 수 있는 한글 표현을 찾는 일은 부족한 상상력으로 좌절을 안긴다. 능력 없음과 좌절을 딛고 비틀거리며 걷는다 해도, '이렇게 번역했는가?'라는 '시선'을 감당해야 한다. 한글로 사색해 텅 빈 글을 의미로 채우는 작업마저 과연 내가 할 일인가? 이해하기 쉬운 문장으로는 상상을 제약하게 한다는 강박으로 명사를 중시하고, 그러다 보면 형용사를 덧붙이고…, 다시 동사를 강조하는 덧없음이 지속되었다. 번역어에 중독된 흔적이라 누군가 말해도 별도리 없다는 내면에서 올라오는 의문은 더욱 발길을 어지럽힌다.

    더구나 '코칭-경험'이 공유되거나 '경험한-코칭'을 서로 다양하게 다시 보고 이야기하는 공통의 기반이 협소한 현실을 두고 어떻게 해야 하는가? '인간-관계, 변화의 복잡성'을 연상하는 일, 그런 연상을 가능하게 해야 한다는 마음은 더 큰 압박이 아닐 수 없다. 그래도 결국 번역과 글쓰기는 내 공부가 아닌가? 영어 단어와 문장이 주는 의미와 코칭-경험, 경험한-코칭에 의한 '연상'은 현재 내가 알고 있는 것의 경계선으로 나를 세차게 내몰았다. 결국 언제나 '알고 있다고 간주해온 것'을 포기하거나, 미련을 거두고 앞으로 나아가야 했다. 뒤로 돌아 '알고 있던 것' 그 단면을 바라보며 내 안에서 어떤 말, 설명이 나오는지 기다려야 했다. 그래서 이 글 역시 내 공부 기록일 뿐이며 긴 공부길 여정의 한 단면이다. 작업을 마치며 이렇게 마음먹는다. … "난삽한 번역에 용서를 구한다."

길게 돌아갈 5년을 앞에 두고
2022년. 봄
지산산방智山山房에서

감사의 글

먼저 이 책에 기고한 43명 모든 분에게 감사드린다. 연구자, 강사, 실천 전문가들의 지식, 전문성, 열정이 책을 만드는 과정에 충분히 반영되었고, 이 책의 목표 달성에 기여했다. 코칭에서 제기된 민감한 주제에 개방적이고 자극을 주고, 비판적 의견을 제기한 말 걸기이다. 참여자들의 논평에 의한 비판적 대화를 조율하는 과정은 우리에게 풍성함을 주었고 이 책을 읽는 독자들에게도 큰 희망을 주었다.

또 지난 8년 동안 다양한 연구 프로젝트를 진행하며 인터뷰에 응한 60여 명의 코치들에게도 감사드린다. 코치들의 경험을 근거로 한 20여 개의 사례는 우리 모두에게 배움과 성장의 원천이 될 것이다.

우리는 프로젝트 제안 단계를 도와준 루틀리지Routledge 편집자 라탈리 톰린슨Natalie Tomlinson, 편집 지원 주디스 로턴Judith Lorton에게 언제나 우리의 질문에 응답하고 책을 준비하는 동안 지원해 준 데 대해 매우 감사드린다.

저작권 담당 편집자 케이티 플린Katie Flynn과 그녀가 보여준 유연성, 연구 지원자 마리아 파울라 카르도나Maria Paula Cardona에게도 깊은 감사를 드린다. 마지막으로 지난 몇 년 동안 전문 활동에 동행해 준 동료들에게도 감사드린다. 우리의 친구들과 가족에게도 역시 사랑을 전한다.

이 교재를 마무리하면서 우리는 기고자 가운데 한 명인 데이비드 그레이Dr. David E. Gray를 떠나보냈다. 우리는 코칭 연구와 실천에서 첫 번째 비판적 목소리의 하나였고 코칭을 학문 분야로 확립하는 데 기여한 그에게 많은 빚을 지고 있다.

서문

코칭은 비교적 짧은 역사를 지닌 분야이지만 조직 안에서 코칭 인구가 급성장하고 있다. 개인과 조직이 목표(직무 성과에서 팀 결속, 전략적 변화에 이르기까지)를 구현하도록 지원하기 위해 설계된 코칭 실천은 글로벌화를 필두로 다양한 환경 변동$_{volatility}$과 복잡성$_{complexity}$을 지닌 채 추진력을 얻고 있다. 코칭이 전문 분야로 발전하는 길목에서, 실천의 앞선 단계와 뒤처진 연구 담론 사이의 격차로 고통을 받았다. 이 책은 더 전문적이고 영향력 있는, 윤리적 실천을 지원하기 위한 실천과 이론 및 연구 영역 사이의 연결성을 높이기 위한 요청에 응답하고자 한다.

우리는 개인적으로 수행한 연구에서 제기된 콜렉션을 – 실천 활동가들이 직면한 20여 개의 복잡한 상황 – 구성하여 이 차이를 해결하기로 결정했다. 10개의 장으로 구성된 상황은 글로 정리하고, 세계적 수준의 코치, 코칭 연구원, 교육자, 프로그램 책임자들이 논평했다. 이 책의 목적은 독자와 공동 저자인 우리, 그리고 동료, 수퍼바이저 등과 함께 사려 깊게 언급한 "전문가" 사이의 대화, 질문 및 해결책을 찾기 위한 조건을 만드는 것이다. 일반적 이슈에는 윤리적 딜레마, 복잡한 이슈, 다양한 문화적 배경을 가진 코치가 경험한 실제 상황에 근거한 힘/권력의 역동 등이 포함된다.

점점 더 복잡해지는 세계에서 기존$_{ready-made}$ 해결책이 지닌 한계가 적나라하게 드러나고 있는 상황에서, 성찰적$_{reflexivity}$ 비판적 사고와 다양성에 대한 알아차림은 코치의 성장과 교육에 필수적이라고 생각한다. 따라서 이 텍스트는 주로 코칭 도구와 모델을 전달하는 것에 중점을 둔 표준적이고 규범적 관점이 대부분인 다른 코칭 교과서와 대조된다. 간단히 말해 우리는 이 책을 독자 여러분이 – 쟁점을 불러일으키고 진지하게 생각하게 하여 – 코치, 강사 그리고/또는 수퍼바이저로서 지속적 교육과 전문성 개발을 지원하는 다각적인 여정에 참여할 수 있게 설계했다.

여정을 준비하자! 각 장들의 특성을 순서대로 읽을 필요는 없다. 개인 개발의 일환으로 당신의 현재 경험과 가장 관련이 있거나 흥미를 갖는 장에서 시작할 수 있다.

제1장

복합적인 아젠다

소개

코칭 중재/개입interventions은 모두 어떤 목적objective이 있다. 모든 내용이 다 그런 건 아니지만 꼼꼼히 검토해보면, 우리는 과연 ①어떤 점에 근거해 코칭 중재/개입을 확정definition하는지, ②그것이 코치의 숨은 의도를 구현implementation하며, ③목적 달성attainment을 가능하게 하는지 의문이 든다.[1] 코치, 코치이, 조직[구성원] 등 이해관계자 사이의 상호작용interplay은 잠재적으로 다양한 모순contradictory을 갖고 있다. 이들의 상호작용은 언제든 ①숨겨진 아젠다를 생성해내며, ②딜레마를 초래하고, 경우에 따라서는 ③코칭 기회를 놓쳐버리게 한다. 이 장에서 그 과정을 살펴보자.

코칭 관계의 3인 구조triadic[코치, 코치이, 조직] 안에 숨겨져 있는 일반적인 아젠다는 아래와 같다.[2]

---

1) 이런 의문이 있지만 코치의 코칭 중재/개입에는 예시한 세 가지 가운데 최소 어느 하나에 초점을 맞추게 되고, 숨은 의도가 효과가 있어야 한다. 물론 성공률이 결코 높지 않고 한 번에 이뤄지지 않을 수 있다. 이유는 근본적으로는 ①인간의 복잡성, ②불철저함/애매모호함 ③성장 발달의 불균등성, ④코칭 중 환경의 변화 등이 원인이다. 또 코칭에 관여하는 ⑤코치-코치이-이해관계자(조직) 사이의 상호작용 때문이다. 이를 위해 필요한 것이 **코칭 기획과 고객 분석** 또는 **코칭 사례 개념화**이다.
2) 엄밀한 2인의 코칭 계약 관계는 어떠한가? 고객 개인을 둘러싼 환경과 계약 밖에 있는 주요 인간관계로 볼 때 본질적인 차이가 있다고 보이지는 않는다. 그러나 차이점을 정리할 필요가 있다.

- **이슈가 개별화된다**

  지정된 코치이designated coachee가 정말로 '코칭이 필요한 사람'이 아닌 경우가 있다. 이런 상황은 드문 일이 아니다. 실제로 코치이는 "문제 있는 사람problem person"으로 틀에 끼워져 있을 수 있다(Tobias, 1996, p.89). 이런 경우 '희생 전가 과정scapegoating'으로 이어질 가능성이 있다. 이 때문에 더 **전체적 접근**holistic approaches이 '문제 있는 사람-희생양 만들기'의 근본 원인을 해결하는 데 더 적합하다. 이처럼 집단 문제가 개인이나 심리적 이슈로 드러나는 현상을 이슈의 **개별화**individualization 또는 **심리화**psychologicalization라 부른다(Amado, 2004; Fatien Diochon & Lovelace, 2015).

- **아젠다가 상충된다**

  코칭 개입에 관련된 이해관계자들은 서로 다른 코칭 목표 달성을 기대하고, 서로 그룹으로 공유하기보다는 자기 아젠다만을 진전시키려고 한다(Louis & Fatien- Diochon, 2014).[3]

- **조직이 배제된다**

  코치이들은 조직에 알리지 않고 코치와 함께 [자기만의] 이슈를 다룬다.[4] 가장 흔한 예가 현 조직에 있으면서 커리어 이전을 준비하는 경우다(St John-Brooks, 2010).

- **독이 든 선물이 된다**

  조직은 임원의 미래에 대해 어떤 의도를 갖고, 코칭을 "마지막 수단" 또는 "구실excuse"로 삼는다. 온갖 노력을 다 하지만 임원이 여전히 기대에 미치지 못한다고 보며, 코칭을 "독이 든 선물poisonous gift"로 제공한다(Fatien, 2012, p.309). 코칭을 코치이의 해고를 정당화하기 위해 사용하는 전형적인 경우이다.

---

[3] 이러한 서로 다른 코칭 주제와 기대에 어떻게 대처할 것인가? 코치이와 HR, 상급자나 CEO, 청소년 코칭에서의 부모 등과의 관계가 이에 해당한다. 코칭 계약을 위한 협상 단계 - 아젠다 개발과 계약 준비 단계 - 계약 세션 등으로 상세히 구분하여 대처 방안을 탐색하는 것이 필요하다.

[4] 조직에 의해 도입된 코칭임에도 조직 맥락과 분리된 채 '2인 만'의 밀접한 구조와 관계로 고객의 아젠다만을 코칭하는 경우다. 둘만 만족하면 코칭이 조직의 바다에서 분리된 '섬'에서 이뤄지는 어떤 것이 된다. 코치와 고객 양쪽 어느 한쪽에서 먼저 주도하고/말려들거나 때로는 (무의식적) 공모로 이뤄지기도 한다. 코치는 전체론적 접근, 시스템적 관점에서 멀어진 경우이고, 코칭의 상호 책임 구조, 코칭 결과에 대한 측정 방식에 대한 합의 누락 등이 이런 현상을 키운다.

이 장에서는 코칭의 '조직 제외/배제excluded'라는 주제로 리사Lisa의 사례[1]를 탐구한다. 고객 피터Peter는 영국 대형 출판사인 현재 회사를 떠나고 싶은 속마음을 밝히며, 리사에게 자신의 이직 준비를 같이 해주길 기대한다. 리사는 과연 피터의 아젠다를 받아들여야 하는가, 아니면 처음 합의한initially agreed-upon 아젠다를 따라야 하는가?

사례[2]는 '독이 든 선물' 관련 사례이다. 존John은 미국의 대형 자산관리 회사의 COO를 코칭하면서 자기도 모르게 COO의 해고에 기여했다는 사실을 깨닫는다.

두 사례에 대해 각각 두 개의 전문 코치가 논평한다. 이를 통해 숨겨진 아젠다가 코치에게 많은 도전과 딜레마를 초래할 수 있고, 코칭 결과를 위태롭게 할 수 있다는 점을 함께 다뤄보자.

■ 사전 점검

1. 코칭 관계 3인 구조(코치-코치이-이해관계자/조직)에 숨겨진 일반적인 아젠다 네 가지가 제시되었다. 위 사례로 다룬 두 가지 외에 다른 두 가지에 대한 사례를 제시해보자.
   - ▶ 이슈가 개별화되는 경우:
   - ▶ 아젠다가 상충되는 경우:
2. 코칭을 능동적이고 적극적으로 선택하기란 쉽지 않다. 과연 변화와 성장을 위해 능동적으로 코칭을 찾는 사람이 얼마나 있는가? 자신의 자원을 개발하고 잠재력을 높이기 위해 코치를 고용하는 사람은 오히려 드물다.

   사람들이 코칭을 찾는 이유는 최소한 자신이 해오던 삶의 방식이나 태도가 더는 주변 사람에게 먹혀들지 않는다는 인식을 하면서부터다. 그렇다면 조직의 경우는 어떠한가?

   조직이 예산을 들여 자기 조직원에게 코칭을 제공하는 계기나 근거는 무엇인가?

   조직 생활에서 오는 압박에서 벗어나 이를 관리하고 개인의 정신건강, 나아가 성장과 성숙을 지원하기 위한 조직 복지 차원에서 제공하는 경우이다. 대체로 성과 관리, 과제 해결/촉진, 조직 내 장애나 불합리한 현상을 제거하기 위한 의도로 진행한다. 조직 내 독성적 성격 성향의 리더를 관리하기 위한 코칭 기획은 아직 기대하기 어렵다.
3. 인간으로서의 복잡성, 성장 발달의 불균등함 등이 코칭에서 드러나는 다른 사례를 찾아보자.

사례 1-1. 조직의 요구를 배제할 것인가, 말 것인가.

리사는 피터에게 "회의에서 부정적인 반응을 하지 말고 협조하며 참여하기"를 아젠다로 코칭하기 위해 대형 출판사에 배치되었다. 리사는 3자 회의에서 피터와 상급자 다니엘Daniel 사이에 약간의 마찰friction이 있음을 알아차렸지만 그래도 기본 아젠다에 동의할 수 있었다. 그들의 목표는 피터가 회의에서 더 긍정적인 기여자가 되도록 돕기 위해 매사 부정적으로 인식하는perceived negativity 이유를 확인하고 이에 도전하는 것이다. 그렇지만 이런 목표는 조금은 직설적이었다. 그렇지 않은가?

리사는 코칭 세션을 시작하자마자 상황이 처음 생각했던 것보다 훨씬 더 복잡하다complicated는 사실을 깨달았다. 피터는 사실 자기 일job이 즐겁지 않아 회사를 떠날 생각이라고 했다. 또 이런 [이직] 행보를 위해 리사에게 도움을 요청했다. 회사는 오래 전부터 큰 출판사로 인수설이 돌고 있으며, 이런 소문으로 자신이 힘들었고 흔들리게 했다고 설명했다. 그는 회사를 떠나겠다고 결심했고 자기 일을 정리해 왔으며 아무도 눈치채지 못하게 최선을 다하고 있다고 했다.

피터의 요청은 리사를 난처한 입장에 처하게 했다. 그녀는 어떻게 대처해야 할지 확신하지 못하며 속으로 생각했다. "그는 아직 회사에 고용되어 있고, 회사는 피터의 자기 계발을 위해 투자하고 있기 때문에, 그는 여기에 집중하거나 그렇지 않으면 코칭을 그만두어야 한다." 피터가 더 나은 직장을 찾을 때까지 조직에 머물며, 코칭 과제assignment를 활용해 다음 행보를 준비하려는 의도는 그녀를 불편하게 만들었다.

반면에 다른 생각도 해보았다. "조직이 내게 직원과 함께 일하라고 돈을 지급한다면, 그 직원은 이제 내 고객이다. 따라서 그가 '직장을 나가고 싶다'고 한다면 나는 그를 도와야 하지 않을까? 게다가 그는 더는 일에 열정passionate을 느끼지 못하며, 집중도 못 하고 일을 추진할 역동과 동기를 잃었다. 조직이 이 자리에 이런 사람을 두는 것은 좋지 않다."

성찰 질문
- 이 사건이 리사와 당신에게 어떤 핵심 이슈를 제기하는가?
- 이 시나리오에서 리사의 근본적인 [작업]동맹 대상은 코치이인가, 또는 코치를 고용한 고객인 조직인가?
- 코칭 개입 후 코치이가 조직을 떠나게 되면 당신은 코칭 개입이 실패라고 생각하는가? 그 이유는 무엇인가? 또 아니라면 그 이유는 무엇인가?

결국 리사는 '[조직]이탈/출발departure'[5]을 준비할 수 있도록 코칭 세션을 활용하고 싶은 피터의 요청을 돕기로 결정했다. 이런 상황이 여전히 불안했지만, 이 정보를 회사와 공유하는 것은 자신의 역할이 아니라고 생각했다. 그대신 피터를 도와주면서 그가 자신의 의도에 대해 정직하고 투명하게transparent 행동하도록 격려했다. 그가 이직을 준비해야 했던 것처럼, 회사도 교체할 후임 직원을 찾을 준비를 해야 했기 때문이다.

성찰 질문
- 피터의 요청을 돕기로 한 리사의 결정에 동의하는가? 동의하거나 동의하지 않는다면 그 이유는 무엇인가?
- 당신은 이 상황을 다르게 처리했는가? 그렇다면 그 내용은 무엇인가?

■ 사례 점검

1. 리사의 판단 내용을 참고하여 자신의 생각을 구성하자. 만약 판단 자료가 부족하다고 느낀다면 필요한 정보를 연상하고 본인이 추가하여 이를 조건으로 생각을 구성하자. 「만약 ~ 하다면 ~라고 생각한다」가 그것이다.
2. 자신의 코칭 계약, 코칭 윤리 실천과 코칭 철학, 가치 등에 근거해 이런 상황에 어떻게 대처할지 검토해보자.

■ 토론 제안

1. 성찰 질문에 대한 의견을 정리하고 논의하고 토론을 통해 논점을 정리한다.
   - 조건부 의견이나 모호한 의견보다는 분명한 의견을 표시한다.
   - 자신의 의견에 대한 논리적 근거를 정비한다.
2. 만약 코치이가 회사의 권유로 코칭을 받지만 비용을 본인이 부담한다면 이 사례는 어떻게 논평할 수 있으며 어떤 점이 달라지는가?
3. 새롭게 제기된 학습이나 성찰 과제는 무엇인지 정리한다.

---

[5] 조직 입장에서는 이탈이고 개인 입장에서는 새로운 출발이요 이직이고 커리어 관리이다.

논평 1-1. A

토마스 디아만테

사례의 개요: 숙고할 점

이 사례의 코칭 과정은 구조적으로 논의해야 할 유익한 점이 많다. 전문적, 심리적 지향과 관점으로 접근하는 연구들이 많지만, 더 일반적인 전달을 위해 **확인된**defined 내용만 공유하기로 한다.

코치들은 다양한 심리적 해석psychological rubrics[6]으로 자기 작업에 접근한다. 그렇지만 이런 작업engagement 접근protocol은 대체로 예측 가능하다. 이는 세계적인 수준에서도 분명히 볼 수 있다(Diamante & Primavera, 2004; Spence, Cavanagh, & Grant, 2006). 그러나 이 사례의 경우 **코치의 접근 계획**은 다소 모호하다. 어쨌든 피터는 이직할 계획이 있고 이를 실행하는 데 도움을 원한다는 점은 분명하다(조직 이탈/출발). 그렇지만 리사의 계획은 과연 무엇인가?

[1]코치를 채용한 조직(고객)의 제안, [2]코칭받는 개인의 요구, [3]코치의 전문적인 기대 사이의 불일치incongruity는 코칭 참여가 본격화되기 전에 초기에 해결할 필요가 있다. 코칭을 시작하기 위해 3자 회의를 했는데도 Q.어떻게 이런 일이 일어날 수 있는가? Q.그것이 언제 일어날 수 있는가? Q.누가 책임져야 하는가?

코칭 관련 연구 성과는 코칭의 전문적 발전에 큰 영향을 주어왔지만, 이와 관련한 실천은 아직도 진화evolving 중이며, 자격 유지와 감독oversight 면에서 보면 규제되지 않은 채 남아 있다. 코칭이라는 직업과 전문성을 위해서라도 이 점에 관심을 가져야 한다. 모든 실천 전문가는 **표준을 공유**하고, **토론하고 합의**하며, 개선되도록 경계심vigilance **수준을 높여야** 한다.

코칭은 [1]자문advisory과 [2]동기부여, [3]카타르시스적이고, [4]구성적이고constructive, [5]교육적

◆ 필자: Thomas Diamante, PhD. 뉴욕주 심리협회Psychological Association 컨설팅 분과 회장. 뉴욕에 있는 인적자원 컨설팅 회사 USA and EVP/Global at CCA, Inc. 실행 책임자. Tom.Diamante@gmail.com

[6] rubric: 주석, 주해로 해석할 수 있다. 이 용어는 마치 코치들이 심리학적 결과를 (전문성이 부족하기 때문에) 알기 쉽게 해설한 것만을 활용한다는 이해 또는 오해가 가능하다. 하지만 그렇지 않을 수 있기에, 일반적인 이해를 위해 '해석'으로 표현한다. 그러나 사실상 대부분 코치의 언급은 심리학에서 빌려온 주석/주해에 가깝다. 최근 '코칭심리학'의 확립은 전문성에 근거한 책임 있는 연구와 접근을 기대하게 한다.

인 성격이 있다. 그러나 그 모양shape과 형태form에 관계없이 목표가 명확하고, 관계가 투명해야 한다. 또 모든 코칭 경험의 설계 과정은 윤리적이어야 하고 실질적인 의미implications를 지니기 때문에 숙고consideration가 필요하다(London & Diamante, 2018; Spence et al., 2006). 이 사례는 코칭 계획과 그로 인한 결과 목표 (접근) 설계가 처음부터 ①코치의 기획 ②조직의 목표 ③코치이인 피터의 목표가 일치하지 않는incongruent 모호함ambiguity이 있다. 이런 모호함은 정도에 따라 코칭 과정에 영향을 주므로 코치는 사전에 **조직과 함께 아젠다를 분명히 설정**할 필요가 있다.

상호 기대를 설정하는 작업이 중요하다는 점은 모든 경영관리와 컨설팅의 기본이며 코칭도 예외는 아니다. 이 사례에서 코치는 ①숨겨져 있고 ②공개되지 않은 목표나 아젠다와 양립할 수 없는incompatible, ③가시적인 목표 설정 때문에 어려움을 겪는다. 고객 '조직'은 남아서 팀 성과를 유지하고 향상하라고 말하지만, 피터는 "나를 내보내 줘!"라고 속으로 말한다. 이 사례의 경우 대인관계와 조직 역동의 다면적인 성격이 예사롭지 않다. 분명히 말하지만 코치는 이런 복잡성을 분석하는 과정을 촉매catalyze로 이를 명확히 이해할 수 있어야 하며, 실천은 궁극적으로 코치의 책임이다. 또 이런 요인들은 개인, 대인관계, 조직 목표가 언제든 서로 교차intersect할 수 있다[7](Good stone & Diamante, 2002; Diedrich, 2001).

한마디로 코칭 과정은 동맹alliance이다. 코치와 코칭받는 개인(코치이) 사이의 라포는 코칭 진전을 위한 중심이다. **라포**는 ①정보 공유, ②상호 개방성, ③진정한 대화를 기반으로 얻어지며, 여기서 ④기밀유지confidentiality는 숨겨둔 사고thoughts를 공유하게 이끄는 통화currency[8]와 같고, 그들이 발견하지 못하더라도 행동 분석에 맥락을 부여한다.[9] **조력/도움**helping **관계**는 인간성humanity, 통합성integrity, 신뢰도credibility를 검사하는 상호 "테스트"가 있기 마련이다. 이것이 **진정한 자문 관계**advisory relationship**를 이끈다**[10](Natale & Diamante. 2005). 이러한 동맹은 코치-코치이라는 2인 관계dyad에 한정되지 않는다. 코치를 고용한 조직(고객)도 참여시켜야 한다. '코치-코치이-조직 고객' 사이의 서로 다른 처지는 언제든 **혼란과 갈등**, 실현되지

---

7) 아젠다와 이슈가 동시 병존, 상하 선후로 서로 얽힌 교차 상황이라 순서를 정하여 접근하는 것 자체가 하나의 관점일 수 있는 그런 상황이다.
8) 미뤄두고 나중에 확인하는 일이 아니라 현금처럼 즉시 직접 교환하며 확인하는 것이다. 이 과정에서 피터-코치가 행동을 분석하며 상황/맥락에 대한 이해로 '기밀유지' 사항이 확인되거나 이를 계기로 신뢰 강화를 이룰 수 있다.
9) 라포의 의미와 기능이 네 가지로 제시되어 있다. 새롭게 알게 된 부분과 이를 어떻게 구현할 것인가를 검토해보자. 이것이 라포의 최종 목표이다.
10) 모든 조력helping 관계는 인간성, 통합성, 신뢰성을 위한 상호 테스트가 전제되어야 하며, 그 관계에는 조직이 포함된다는 점을 강조하고 있다. ^{Q.}진정한 자문 관계는 어떠한 관계인가?

못하는 **결과**를 초래할 수 있기에 코치로서는 이를 회피해야 한다.

이 사례에서는 계약 전반에 걸친 **동맹 관리**alliance management에 주의가 필요함을 보여준다. 코치는 이 동맹에 충분히sufficiently 참여하지 않고 있으며, 조치를 취할 필요가 있다. ^{Q.}왜 이런 일이 일어나는가?[11]

코칭 대화의 전문적 실행execution에 영향을 미치는 심리적 요소는 이 사례를 이해하는 데 중요하다(Diamante, 2013). 심리적 요소는 다른 사람의 긍정적 변화를 촉진하려고 노력하는 코치의 자기 알아차림self-awareness과 관련이 있고, 특히 코치가 작업engagement 대상target이 아니기 때문에 더욱 중요하다.[12] 다른 사람에게 상담이나 코칭, 또는 다른 방법으로 도움을 주는 목표로 참여하는 사람들은 고객과 코치이와 관련한 자신의 생각, 신념, 평가, 목표에 대해 당연히 예민한keen 알아차림을 유지해야한다(Diamante, 2011; Leonard, 2017).

이 사례에서 코치는 피터를 고객 조직에 머물게 하여 피터를 "구하는" 코칭 계약을 제공하는 것과 피터를 위해 더 좋고 건강한 길을 설정하여 피터를 "구하는" 것 사이에서 불필요하게 갈등을 느낀다. 코치가 경험하는 인지적 긴장cognitive strain[자신이 알 수 있거나 눈에 보이는 스트레스]은 성격 검사personal examination[13]가 필요하다. 코치는 ①고객 조직에 대한 자기 감정, ②고용 조직의 요청, ③피터가 자기 안에서 스스로 찾은 역할[14](또는 비즈니스 상황)에 대한 인식을 성찰하여 효과를 얻을 수 있다(Diamante & Primavera : 2004). ^{Q.}코치는 개인 감정에 근거해 상황을 읽고 있는가? ^{Q.}코치 자신의 성향tendencies이 이 계약engagement을 처리하는 방법에 대한 분석을 방해하는 것은 아닌가? ^{Q.}여기서 코치는 과연 채용 조직이 표명한 목표를 '뒤집고push back' 갈 수 있을까? [그렇다면] ^{Q.}이것이 합리적이고

---

[11] **코칭 작업동맹**은 일반적으로 코치-코치이가 변화 여정에서 부딪치는 온갖 어려움과 예측하기 어려운 상황에 대처하기 위해 강화해야 할 관계 강화 방향이다. 반면에 코칭 고객(조직과 이해관계자)과는 계약 관계로 구분하여 이해할 수 있다. 논평자가 이를 구분하지 않은 것은 코칭 고객과도 작업동맹 관계를 염두에 둔 것으로 이해된다. 그렇지만 이를 위해서는 조직개발-조직 문화 전환-시스템 정비 등과 같은 수준의 과제에 대한 합의/계약이 이뤄져야 가능하다는 생각이다.

[12] 이런 점 때문에 코치의 심리적 요소와 관련된 **자기 알아차림**은 본질에서 혼자 하기에는 한계가 있다. 얼굴 화장조차 거울 없이 하기 힘든 일인데 자기 내면의 심리 작업은 자기 저항에 부딪치고 그 경계를 홀로 넘기 어렵고, 길을 찾기 힘들다.

[13] 개인적 성격 검사personal examination: 일반적인 검사로 생각되며, 심리 검사를 배제하는 것은 아니다. 논평자는 코치의 '미해결 과제'를 제기하고 있다고 이해된다.

[14] 코칭 준비 과정, 3자 대면 논의 과정, 코칭 초기 과정에서 피터는 자기 안에서 조직에서의 역할, 비즈니스 상황을 발견해야 한다. 코치는 이 점에 대한 섬세한 배려가 요구되고, 이는 '고객 준비시키기/고객 세우기'의 연장에 해당된다. 이 사례에서는 코칭 초기에 세 주체에 대한 코치 자신의 균형 있는 성찰을 강조하고 있다. 결과에 따라 코치가 지닌 다양한 역할 가운데 코치가 어떤 '역할'에 비중을 둘 것인가를 결정/기획할 수 있다.

이성적인가? ^{Q.}이것이 과연 옳은가 또 전문적인가?[15]

이 사례의 난기류turbulence는 코치의 **내면 상태**internal state에 의해 악화될exacerbated 수 있다. ^{Q.}코치는 자신이 알던 비즈니스 상황에 근거해 '자신의 역할'을 고객 조직을 위해 직원을 보유하는 [조직에 잘 머물게 하는] **수단** 또는 그 직원이 탈출할 수 있도록 돕는 [이직 또는 커리어 관리] **도구**로 보는 것은 아닐까?[16] ^{Q.}그렇다면 코치로서 그녀의 [진정한] 역할은 무엇인가? ^{Q.}그녀는 어떻게 [자신과 코칭의] 가치를 더 높일add 수 있는가? ^{Q.}그녀의 윤리[실천 수준/성숙성]는 어떻게 되는가?

이 사례에서는 작업장 전체의 조직 역동이 행동에 영향을 미치고 있다. 코치는 개인에게만 유별나게singularly 집중할 필요가 없다[균형이 필요하다]. 대안은 ①조직 문화에 대한 동일시idendification, ②리더(그리고 행동)에 대한 기대, ③규범과 가치, ④예상되는 합병과 같은 직원들의 행동에 깊이 영향을 미치고 드러나는 모든 무형intangible 요소를 포함하는 "**시스템적**" 접근 방식이 될 것이다. 전체적 시스템 분석(예: 개방형 시스템 이론open systems theory)[17]과 **조직 변화 원칙**[18]은 코치에게 비즈니스 상황, 모든 경영진이 경험하는 스트레스와 긴장에 대해 코치에게 알려줄 수 있다. 이를 염두에 두고 코치는 피터가 인지적, 정서적, 행동적으

---

15) 사례 제시문(사례 1-1)의 성찰 질문을 검토하며 자기 의견을 제시했다면 이 질문을 다시 검토해 보아야 한다. 이런 질문에 참고할 만한 자료는 『코칭 수퍼비전』(조나단 패스모어 저/권수영, 김상복, 박순 역. 시그마프레스) p.294 참조 가능하다. 성인발달 심리학에 근거한 리더십 향상 단계 모델(Torbert & Associates, 2004)에 근거해 코치의 행동발달 7단계를 제시한다. 기회주의자, 외교관, 전문가, 성취자, 개인주의자, 전략가, 연금술사 단계가 그것이다. 코치의 이런 발달 단계에 따라 제시된 사례의 윤리적 딜레마를 해결하는 방향의 차이를 각 수준별로 제시하고 있다.

16) 조직 입장에서는 수단으로써의 코치, 직원 입장에서는 도구로써의 코치로 활용하게 하는 역할로 역시 코칭을 이런 한시적 목표 해결, '어떻게'를 찾기 위해 활용하는 것으로 사고할 수 있다. 코치 인식의 협소성이다.

17) 개방형 시스템 이론open systems theory: 조직이 외부 환경과 상호작용하며, 하위 요소들 사이의 유기적 관계와 통합-인출-변형 과정을 거쳐 산출물을 만들어낸다고 보는 이론이다. 1956년 생물학자인 루드비히 본 버탈란피Ludwig von Bertanlanffy에 의해 소개된 뒤 생물학, 열역학 등의 분야에서 시작해 사회과학 등 다양한 분야로 확장 적용되었다. 모든 체제는 각 체제를 독립적인 존재로 만드는 하위 요소들의 결합을 통해 특징 지어지고, 조직을 환경과 상호작용이 없는 패쇄적인 것으로 조직 내부에서 인출-변형-산출이 이루어진다고 보던 이전의 시각과 달리 환경과 유기적으로 상호작용한다고 가정한다. [출처. 네이버 두산 백과사전 인용]

18) 세상은 끊임없이 변화하고, 현실은 요철凹凸처럼 울퉁불퉁하다. 또 시간 안에서 변화하며 조직에 현실 변화로 반영되고 조직도 이에 적응하며 변화한다. 즉 조직에는 언제나 낡은 것과 새로운 것이 공존/대체해 간다. 그렇지 않으면 조직은 갈등이 격화되고 해결을 위해 낡은 조직 부분은 소멸되고 새로운 조직으로 탈바꿈이 요구된다. 이 점이 조직 변화의 원칙이다. 이와 달리 논평자가 근거로 한 『기업이 원하는 변화의 리더』(Kotter)에는 조직 변화와 리더의 변화에 대한 일반적인 내용이 제시되어 있다.

로 상황을 더 잘 정리할 수 있도록 도와줄 준비를 한다(Burke, 2018; Kotter, 2012). ^{Q.}이런 요소들을 분석하여 코칭 효과를 더 높일 수 있는 방법은 무엇인가?

피터가 조직을 이탈disengagement하게 된 이유를 파악하면, 그의 행동을 바꿀 수 있을지 모른다[적어도 조직에 있는 동안에는]. ^{Q.}코치가 어떻게 하면 근본 원인을 가장 잘 파악할 수 있을까? 피터의 떠나고 싶은 욕구는 자신의 삶, 일, 문화, 그리고 그가 함께 일하는 사람들에 대한 그의 믿음에 의해 결정된다는 점을 깨달아야만 한다.[19] 그 모든 것이 그의 성과에 영향을 미치고 있으며, 그는 그것을 세상과 공유하고 있다. ^{Q.}그의 믿음이 다른 사람들과 효과적으로 관계를 맺는 능력을 방해하는 것일까? ^{Q.}그는 이것을 알고 있는가? ^{Q.}코치는 어떻게 이 이슈를 표면화할 수 있는가?

피터는 합병으로 인해 실직[일자리 감소]할까 두려움이 있고, 그의 행동은 원치 않는 가능성을 다른 가능성으로 만들고 있다. ^{Q.}코치가 이 점을 밝혀낼 수 있을까? ^{Q.}이때 어떤 도구나 수집된 데이터가 '자기 알아차림'을 높이기 위해 유용할 수 있는가? ^{Q.}피터는 자신의 행동이 다른 사람들, 특히 팀 환경에서 어떤 영향을 미치는지 알고 있는가? ^{Q.}피터가 그것을 발견해낼 수 있도록 어떻게 점검하게 할 수 있는가? ^{Q.}그것을 변화시킬 수 있는가?[20]

행동에 영향을 미치는 조직 요소organizational elements에 대한 알아차림은 자기[주도적] 지향성self-direction을 강화시킨다(Diamante, Natale, & London, 2006; de Haan & Nilsson, 2017). ^{Q.}코치는 이런 요소를 어느 정도까지 확인할 수 있으며, 이를 코치이에게 제시할 수 있는 가장 좋은 방법은 무엇인가? ^{Q.}코칭 작업engagement 방식을 어떻게 논의하는 것이 코치, 고객(조직), 코치이 사이의 차이를 극복하는 데 도움이 될 수 있을까? ^{Q.}개인을 압박하는 조직적 요소를 표면화하게 해 모든 당사자가 목표를 명확히 하고, 잠재적이고 바람직한 결과에 동의하게 할 수 있는가?

리사가 피터를 돕고 싶어한다. 도움은 어떤 모습일까?

---

[19] 우리는 일에 대한 재미, 의미, 탁월함, 보람(일의 네 가지 중요 요소)이 없다면 자기가 하는 일에서 소외된다. 코치는 이 점을 점검해야 한다. 조직 내 개인은 이 점의 일부가 성과에 대한 보상과 자율(책임)로 집약해 이해한다. 일에 대해 고객에게 초점을 맞춰 검토해야 할 내용과 관련한 설명은 『이너게임』(티머시 골웨이)을 참조할 만하다.

[20] 인수 합병에 따른 피터의 불안과 두려움, 그런 정서가 조직에서 자기 행동에 끼친 영향, 피터의 이런 행동이 조직원과 조직에 미치는 영향에 대해 피터가 알아차리게 하는 전형적인 접근은 '질문'을 들 수 있다. 질문 리스트를 만들어보자. 그러나 질문 개입 전/후에 코치가 해야 할 필수적인 작업이 있어야 한다. 그것은 무엇인가? 또 질문 개입 이외의 방법이 있다면 무엇이 있겠는가?

특히 사업 방향이 불확실해 조직 시스템이 복잡해진 경우, 코칭 사례 평가assessment(또는 초기 접근intake)를 위해 더 광범위하게 근거를 확보하는 것이 유리할 수 있다. 피터가 놓인 상황 구조 전반을 살펴보면 코치를 채용한 조직과 코치에게는 공개되지 않는 여러 가지 의문이 드러난다. Q.코치는 코칭 전에 조직 진단diagnostic 기회를 어떻게 만들 수 있는가? [조직 진단을 통해] 피터가 관여할 필요가 있는가? 아니면 누가 관여할 수 있는가? Q.조직 평가assessment에서 얻은 정보는 피터의 목표 달성을 위해 얼마나 도움이 될 수 있을까?[21] Q.장기적으로 볼 때 이것이 어떻게 하면 피터의 위험risk을 줄이면서 동시에 성공 가능성을 높일 수 있을까?

사례를 보면 코칭의 초점은 결국 직무 수행performance을 향상하게 하는 것이다. [피터가] 원하는 조직 이탈과 더 나은 팀 성과라는 숨겨진 아젠다는 **상호 배타적이지 않다**. 피터는 코칭을 통해 팀에서 자기 행동이 왜 부적절한지inadequate 배울 수 있으며, 코치는 그것을 바로잡는 데 도움을 줄 수 있다. 이것이 핵심 목표이고 반드시 달성되어야 한다. Q.그렇지만 그것으로 충분한가? 일반적으로 코칭은 전문적이고 개인 계발/발달personal development[22])에 중점을 두는 것으로 이해된다. 만약 코치가 어떻게든 "떠날 의도"를 그 원인과 연결할 수 있다면 코치이는 "숨겨둔" 아젠다를 놓아 둘 필요가 없다[자기 성장과 경험 확대, 최선을 다한 진정한 관계 형성과 마무리 등]. Q.피터는 그의 팀에서 행동을 개선하고, 이탈/출발departure 준비를 [동시에]할 수 있지 않을까?

코치는 ①자기 마음 상태state, ②코칭 받는 개인이 경험하는 심리적 긴장stain과 ③(고객) 조직의 필요needs 등을 **고려했을 때** 관련된 모든 사람에게 가장 잘 서비스할 수 있다. Q.코치는 언제 이 긴장의 사슬을 변증법적인dialectic 자기 이해self-understanding와 조직적 이해로 바꿀

---

21) 사실 모든 진단이 그렇지만 조직 진단 결과와 조직 내 구체적 개인이 '목표 달성'의 도움 여부와 직접 연결될 수 있을지는 의문이다. 그렇지만 조직 구성원이 개인을 지원할 환경적 조건으로는 충분하다고 볼 수 있다. 코치는 이를 통해 고객의 알아차림과 조직의 알아차림을 제기할 수 있다.

22) personal development: 여기서는 일반적인 개인 발전을 위한 개인 계발을 의미한다. 현재 개인 발전을 위해 직면한 과제에 집중하고, 이를 계기로 항구적 성장을 위한 배움을 지속하게 한다. 이때 숨겨진 과제는 대체로 코치이가 직면한 과제, 이를 해결하기 위한 경험, 또는 일반적으로 생활 경험에서 어떻게 배움을 얻는가이다. 코칭 관계는 이를 위한 성찰의 **결정적 경험**을 제공해야 한다. 그렇지만 이런 접근은 (생애) 발달 단계에 근거한 개인 발달 단계에 초점을 둔 발달 코칭developmentsl coaching과 차이가 크지 않다.

개인에 따른 발달 과제developmental task에 대한 접근은 코칭의 이론적 지평을 통해 해결의 통로를 만들 수 있다. 이 부분은 두 가지 가능성을 모두 담고 있는 의미로 해석하고자 한다.

수 있을까?[23] 이것이 가능할 때 피터의 더 나은 결정, 코치의 더 좋은 지지, 조직에 더 나은 결과로 이어질 수 있다. 코치는 자신을 채용한 조직과 코치이에게 책임이 있다. [Q]당신은 조직적인 문제보다는 피터의 개인적인 목표에 초점을 맞추는 것이 코칭을 실패로 이어지게 할 것이라고 생각하는가? [Q]또 그것이 피터에게도 실패로 이어질 것으로 생각하는가?

전문가들이 다른 사람을 더 생산적인 삶productive life을 향해 가도록 길을 개척할 수 있게 하려면 개인, 대인관계, 조직이 일치/정렬alignment되어야[24] 한다. 이 경우 모든 당사자가 상호 목표를 향해 같은 방향으로 나아가도록 확실히 해야 할 책임은 코치에게 있다.

■ 토론 제안

1. 숙독熟讀과 비독批讀을 위해 본문의 모든 질문[Q]에 자신이 답을 연상하며 점검해볼 때 명료하지 않은 대답이 있다면 체크해 서로 질문하고 의견을 논의해보자.
2. 코치 리사에 대한 논평자의 피드백에 동의하는가? 근거를 살펴보자. 동의하지 않는다면 이에 대한 근거도 나눠보자.
3. 개인에게만 유별나게singularly 집중할 필요가 없고, 조직/이해관계자의 요구와 균형을 취하기 위해 코치가 할 수 있는 방안을 최대한 많이 찾아보자.
4. 논평자는 코치 리사에게 개인적 성격 검사를 제안한다. 코치가 자기 역할과 감정 관리에 이슈가 있다고 보기 때문이다. 이에 대해 의견을 말해보자.

---

23) 어떻게 이것이 가능한가? 코치가 이런 저런 이유로 이직을 결심하고, 코칭 세션에서 주어진 주제와 달리 이직 지원 코칭을 요구할 때 코치가 이를 수용/거부, 또는 이런 입장/저런 입장으로 양분하며 고객의 요구에 접근할 것이 아니다. **거리두기**를 통해 함께 피터의 결정과 주장, 상황을 다시 보도록 버티고 **적절한 힘 겨루기**를 한다면, 피터의 주장-이에 대한 재검토(상황과 자기 의견 다시보기)는 제3의 자기 인식, 메타 인지, 즉 정-반-합의 '인식 과정'을 발전시키고 두 사람이 함께할 수 있다. 이렇게 얻어지는 효과는 당연히 조직에 유익을 준다.
24) 개인-대인관계-조직이 일치되는 상태, 이 세 부분이 오직 한 방향으로 향하며 속도와 호흡(전진과 후퇴, 휴식의 리듬)을 맞추려는 의도로 노력하는 것은 당연 최상의 그림이자 그 자체가 곧 Dream team이다. 이것이 코치 기여의 방향이다.

논평 1-1. B

데이비드 그레이

이 사례의 아젠다는 피터가 "회의에서 너무 부정적negative으로 굴지 않도록" 지원할 코치를 배정allocated했다는 것이다. 이런 시작 자체가 코치와 코치이의 관계에서 그리 좋은 출발은 아니다. 이는 조직에 적합하지 않은 사람을 선별sorting out하는 교정적 맥락remedial context에서 코칭을 활용하는 것이기 때문이다.[25] 리브스(Reeves. 2006)에 따르면 "코칭은 경영진이 **실패**하지 않도록 돕거나 심각한 행동 문제를 해결하는 **교정 도구**remedial tool가 아니다"(p.48). 조직이 "문제"로 간주하는 직원들에게 코칭을 공식적으로 지속해서 할당한다면allocating 이는 내부 문화 개선이 "코칭은 문제가 있는 사람을 위한 것이다."라는 식의 교정 낙인remedial stamp이 되고 그 자체가 내부 코칭 문화를 오염시킨다. 다만 여기서는 피터에 대한 코칭 요청이 일회성one-off 시나리오라고 가정하고 검토를 이어갈 것이다. 즉 피터에게는 문제가 있고, 리사는 단지 그를 돕기 위해 고용되었다.

리사는 코칭 아젠다를 협상하기negotiate 위해 피터의 직속 상사인 다니엘을 만났다. 그러나 아주 당연하게 모든 당사자가 아젠다를 받아들이고buy-in 동의하는지 확인하기 위해 3자 회의를 주장해, 브루커트(Bluckert. 2006)가 말한 대로 코칭에 대한 오해와 실패의 우려나 위험을 줄이려 했다. 그러나 이런 합의agreements가 어떤 종류든 공식 서면 문서로 확인된 바는 없다. 예를 들어, 맥마흔(McMahon. 2010)은 ①코칭 취소 관련 정책, ②코칭 비용, ③기밀 유지, ④수퍼비전 관련 윤리와 실천 기준, ⑤전문 기관의 회원 자격과 ⑥기타 코치와 고객이 알아야 하는 필수 정보를 포함한 간단한 "요구와 조건"이 담긴 **문건을 코치가 전달**할 것을 권장한다.

이 사건에는 적어도 한 가지 주요 윤리적 딜레마가 있다. - 리사가 조직을 그만두겠다는 피터의 비밀스런 결정을 **누설**해야하는지 여부 – 문제는 코치가 알고 있는 것과 이를 스폰서인 다니엘에게 말해야 하는가에 대한 **경계**boundaries가 처음부터 더 분명했어야 한다. 그레

◆ **필자:** David E. Gray, PhD. 영국 그리니치 대학교의 리더십 및 조직 행동 교수.
    d.e.gray@gre.ac.uk
25) 조직에서 코칭을 의뢰하는 주제로서는 너무 구체적이다. HR이 코칭 필요성을 제안하는 예시 가운데 하나로 언급될 수 있으나, 코치는 이런 요구라 할지라도 배정받을 잠재적 코치이를 만나기 전이라도 HR 책임자와 논의하여 아젠다를 개발해야 한다.

이, 가비, 레인(Gray, Garvey, and Lane. 2016)은 대체로 **계약에 두 가지 측면**이 있다고 주장한다. 하나는 스폰서나 조직과의 계약, 다른 하나는 코치이와 계약이다. 그러나 코치와 코치이들이 개별 계약에 합의할 때 스폰서의 요구사항requirements을 유념할 필요가 있다고 주장한다.

매우 중요한 코칭 목표가 단순히 "회의에서 너무 부정적이 되는 것을 멈추는 것"이라면, 이것은 합의한 코칭 목표의 질quality[수준]에 대한 의문이 제기된다. 자비스, 레인, 필러리-트래비스(Jarvis, Lane, and Fillery-Travis. 2006)는 코칭 관계에서 성취 가능하지만, 더 **도전적인 목표**[26]를 파악하는 것이 필수적이라고 주장한다. 도전적인 명확한 목표가 없다면 ①코칭 관계는 집중력이 떨어지고, ②코치와 코치이, 코칭-관계 모두 상처를 입고, ③달성 가능한 결과를 좌절시킬 수 있다(Jarvis et al., 2006).

400개 이상의 사례 실험과 현장 연구를 한 로크와 라탐(Locke and Latham. 2002)은 목표 설정goal setting의 중요성을 보여주었다. ①한 개인이 목표에 전념하고, ②달성에 필요한 능력이 있고, ③상충되는 다른 목표conflicting goals가 있지 않는 한, 목표 난이도와 과제 수행 사이에 **긍정적**이고 **선형적**인linear 관계가 있다고 그들은 논문에서 주장한다. 그러나 특히 최근의 신경과학 분야 연구에서는 목표 설정의 중요성에 의문을 제기한다. 예를 들어, 문헌 중심의 메타분석을 통해 **목표 의도**intentions(예: "나는 좀 더 참여적이고 개입 지향적인involvement-oriented 리더가 되고 싶다.")는 성공적인 행동 변화 노력의 편차variance가 28% 정도로, 새로운 습관 습득에는 약한 예측predictor 변수로 밝혀졌다(Gollwitzer & Sheeran, 2009). 최근 노왁(Nowack. 2017)은 코칭 고객이 정서적 반응과 결과를 관리하고 행동 변화를 위한 노력의 결과를 관리하도록 돕는 데 **사회적 지지** 풍토climate가 중요한 역할을 한다고 지적한다.[27] 이런 연구 결과를 볼 때 이 사례에서 말한 3자 회의에서 "그렇게 부정

---

[26] 먼저 과거 ICF 11가지 핵심 역량을 근거로 한 PCC, MCC 역량 체크 리스트에서는 '고객이 가지고 온 주제'를 코칭해야 한다는 것을 강조했다. 이와 달리 코치가 생각하는 주제를 다루게 되면 부정적 평가를 피할 수 없다고 지적했다. 2022년 업데이트한 8가지 역량 모델에 의한 역량 체크리스트에 이 점이 어떻게 나올지 아직은 알 수 없다. 또 『코칭 튠업21』에서 코치는 고객이 **가지고 온 보따리**를 받아들고 코칭해야 하며, 고객이 **들고 온 보따리**로 코칭해야 한다고 주장한다. 이 주장 역시 고객이 절실하게 다루고 싶어 하는 주제를 다룰 것을 강조한 것이다. 그렇다면 여기서 고객의 '도전적 목표'는 어떤 의미이고, 코치는 어떻게 고객의 주제/아젠다/코칭 목표를 더 도전적 목표로 벼려내야 하는가?

[27] 목표 달성에서 중요한 요인은 목표와 관련한 의도보다는 사회적 **지지 풍토/문화**가 더 중요하다는 주장이다. **행동 교정 중심 코칭**의 한계를 경험을 통해 정리하는 것이 필요하다. 코치는 코치이와 코칭 주제를 개발하는 노력이 필요하다.

적이 되는 것을 중단하는" 식의 코칭 아젠다가 과연 구체적이고 도전적인 목표를 구성하는지 매우 의문스럽다.[28]

이 사례의 상충된 코칭 목표는 내가 코칭에 참여했던 몇 년 전 개인 경험을 떠올리게 한다. 글로벌 석유 회사의 코칭 프로그램이었다. 나를 포함한 10명의 코치들이 50명의 시니어 관리자들의 [지위] 이동 전환transition과 문화적 변화cultural change를 돕기 위해 배치되었다. 코치이 가운데 한 명과 몇 차례 코칭한 뒤, 나는 그가 중립적neutral이고 매우 조심스러운cautious 어조로 조직의 변화에 대해 이야기한다는 것을 알아차렸다. 이후 점차적으로 자기 속 마음을 말할 수 있을 만큼 나를 충분히 신뢰할 수 있게 되었다. 그는 (수년 동안 일했는데도) 석유 산업을 극도로 싫어했으며 생태ecology와 환경의 지속 가능성sustainability에 강한 의지가 있다고 고백했다. 실제로 그는 자전거 이용 활성화를 위해 자기가 사는 지역 마을에서 홍보 활동을 돕고 싶어 했다. 코칭 대화는 이제 내가 어떻게 그가 조직을 그만두고 그가 꿈꾸는 직업인 고향에서 자전거 이용을 장려하는 일을 도울 수 있는가, 그 방법에 관한 이야기로 바뀌었다. 나는 점차 윤리적 딜레마에 빠졌다.

코치들이 팀이 되어 조직의 지원 아래 각자가 고객과 계약을 맺고 과도기/전환transition을 통해 돕기로 했지만, 코치이는 아무 것도 원하지 않고 미련 없이 떠나고 싶어 했다. 얼마 지나지 않아 코칭 콘퍼런스 콜에서 우리는 과제assignments가 어떻게 진행되는지에 관해 토론했고, 나는 이 딜레마를 제기했다. 놀랍게도(어쩌면 전혀 놀라지 말았어야 했다) 동료 코치들 가운데 많은 사람이 똑같은 문제를 겪고 있었다. 조직이 지닌 난기류turbulence의 여파slipstream 속에서 많은 관리자가 스트레스를 경험하고 있었고, 탈출구를 원했다. 그렇다면 이런 경우 계약의 관점에서 무엇을 어떻게 해야 하는가? 흥미롭게도 우리 팀의 리더는 이 문제를 후원자인 HR 책임자와 폭넓게 논의했다(코치이의 이름을 모두 비밀로 하면서). HR 책임자는 전혀 놀라지 않았다. 그 대신에 그는 프로그램이 시작되기 전부터 실제로 이런 문제를 알고 있었다고 인정했다. 그는 코치들을 안심시키고 코칭을 계속하도록 요청하면서 과도기transitional period를 무사히 넘길 수 있을 것이라는 자신감을 표명했다.[29]

---

[28] HR 책임자와 아젠다 개발 작업을 하고, 코치이와 사전 만남에서 고객 요구를 명확히 하며 상황을 같이 검토한다. 또 이런 목표의 구체화 작업은 3자 회의를 통해 합의되어야 한다. 이 과정에서 목표의 확대/심화가 이루어질 수 있다.
[29] 이 내용과 관련해 다양한 검토가 필요하다. ^{Q.}HR 책임자는 왜 놀라지 않았는가? ^{Q.}코치는 이 윤리적 딜레마를 어떻게 해결할 수 있는가? ^{Q.}조직 내 리더의 리더십 역량 확대와 별도로 조직 외 지역/공동체 등에서의 리더십 영향을 경험하는 것은 서로 어떤 관계가 있는가? ^{Q.}조직의 가치와 조직 내 리더의 가치가 충돌하고 있다. 코치는 이 점에 어떻게 대처할 수 있는가?

우리 사례로 돌아가서, 리사가 피터와 그의 상사 다니엘과 함께 3자 회의에서 마찰friction을 눈치챘을 때 이것은 경고 표시warning sign였을 것이다. 피터를 "고치기fix" 위한 아젠다에 동의하기보다는, 피터와 다니엘을 함께(그리고 아마도 개별적으로) 코칭하고, 긴장의 근원을 확인하고 둘의 더 나은 관계를 위해 작업하도록 돕는 협력적인collaborative 접근을 제안할 수 있었다. 노왁(Nowack. 2017)의 주장에 따르면 코치는 더 **시스템적 입장**stance을 취하면서, 두 고객 모두 정서적 반응과 관계를 관리하는 데 도움이 되는 사회적 지지 메커니즘을 파악할 수 있다. 결국 **문제의 현주소**는 피터가 아니고 다니엘과의 관계일 수 있으며, 두 개인의 관계 외에도 조직 자체의 목표와 가치에 내재되어 있을 수 있다. 이 사례는 숨겨진 아젠다의 중요성을 일깨워 주어서 흥미롭다. 그렇지만 이런 것들이 항상 코치이에게서 나오는 것은 아닐 수 있다. 스폰서들과 라인 관리자도 물론 숨겨진 아젠다를 가지고 있다!

■ 토론 제안

"코칭은 경영진이 **실패**하지 않도록 돕거나 심각한 행동 문제를 해결하는 **교정 도구**remedial tool가 아니다."라는 견해에 동의하는가?

1. 그런데도 현실에서 교정적 코칭이 얼마나 이루어지고 있는가? 교정적 코칭 사례를 최대한 찾아보자. 여기에 어떻게 대처하는가?
   ①코칭 마케팅 관점과 ②코칭 윤리와 ③코치의 가치 등과 관련하여 검토해보자.
2. 피터와 다니엘, 코치와의 3자 회의가 필요하다는 당위성에 동의하나 이 사례에서는 그렇지 못했다. 3자 회의를 하지 못하거나 주제 개발이나 합의가 철저하게 진행되지 못하는 경우가 많다. 현실적 이유를 다양하게 찾아보자.
   3자 회의가 부재했을 경우 차후에라도 대처할 수 있는 방안이 있다면 무엇인가?
3. 회사의 가치와 조직 내 리더의 가치 충돌/목표 충돌이 있다면 어떻게 개입해야 하는가? 코치의 코칭 기획과 개입 관점에서 검토해보자.

■ 코칭 제안

▶ (1) 피터 (2) 다니엘 (3) 코치 리사 중 코칭하고 싶은 인물은 누구인가? 각각은 어떤 사람인가? 어떻게 코칭할 것인가?
▶ 각 개인이 지닌 과제를 염두에 두고, 텍스트에서 제기한 과제를 이슈로 코칭 실습을 한다.

추가 사례 1-A. 코치 폴, 코칭 종료 3개월 후 코치이가 이직했다.

코치 폴은 중소기업 임원과 주요 직원을 대상으로 전담 코칭을 해온 지 2년째 되었다. 회사의 팀장 제임스는 본부장과 갈등관계가 오래되었다. 이를 알고 있는 사장은 제임스와 면담 후 그가 이직할 가능성이 있다는 생각을 하며 본부장 동의하에 팀장 제임스가 코칭을 받도록 조치했다. 코치는 본부장과 제임스와의 3자 회의, 사장과의 별도 면담 후 코칭을 진행하기로 했다.

제임스와 코치의 아젠다는 '성과 향상을 위한 직원과 본부장과의 의사소통과 견해 조정'이었다. 제임스는 코치와 세션이 거듭될수록 자신도 몰랐던 내적 의도를 명확하게 할 수 있게 되었고, 자신의 열정에 집중하고 싶다는 갈망을 확인했다. 코칭을 진행하면서 그는 이를 위해서 이직해야겠다는 결심을 굳히기에 이르렀다.

사실 회사에 처음 입사할 때부터 본부장과 사장은 제임스 팀장에 대해 일정한 선입견에서 시작된 고정관념을 오랫동안 갖고 있었다. 심지어 중도 입사한 경력사원보다도 인색하게 그를 평가해왔다. 제임스가 잘해도 신입 때부터 보아왔기에 특별히 주목하기보다는 당연하다는 태도를 보였다. 본부장과 사장은 코칭 시작 전 개별 면담에서 제임스의 이직 우려에 대한 코치의 예상에 특별한 반응을 보이지 않았다. 오히려 코칭이 거듭될수록 제임스 팀장의 근무 자세나 일 처리 속도 등에 대한 변화를 긍정적으로 보며 기대를 높여왔다. 코칭 과정 후반 들어 제임스 팀장은 이직 의사가 확고해져 코치에게 재차 분명하게 의견을 제시했다. 서치 회사에 비공개 이력서를 보내며 의사표시를 했고, 가족과도 상의를 마쳤다. 또 나머지 3회 세션을 자신의 이직 관련 주제에 집중해 줄것을 요청했다.

코칭이 마무리 되고 3개월 뒤, 제임스는 회사에 이직 의사를 밝히고 1개월 뒤 이직했다. 사장은 코치에게 양가감정을 드러냈다. 자신의 의사 표시가 불분명했다는 점은 인정하면서도 (자신과 회사와 코칭 관계였던) 코치가 객관적 입장에서 자신과 회사를 위해 판단하고 이야기했어야 한다는 아쉬움을 표했다. 또 본부장에게 코치가 제임스 팀장의 체계적인 이직 준비를 알고 있었다는 의견을 듣고 나서는 위와 같은 사장의 견해는 점차 명료하게 아쉬움으로 변했다. 코치는, 그들이 막상 제임스가 이직한 이후에야 그의 특성과 재능을 분명히 알게 되었으며, 심지어 자신들이 그에 대해 유난히 역량 평가에 엄격했다는 점을 자각했다고 보았다.

코치는 자신의 이 사례에서 보인 코칭을 성찰해야 했으며, 코칭 개입에 대한 기본 입장까지 검토해야 한다고 평가했다.

1. 기본 사례와 차이점을 찾아보고 논평의 요지를 구성해보자.
2. 숨겨진 아젠다를 추론해보자.
3. 코치가 유념해야 할 점은 무엇인가?
4. 두 논평자의 시각으로 검토해보자.

사례 1-2. 코칭은 독이 든 선물인가

존John은 뉴욕에 본사를 둔 대규모 자산관리 회사의 HR 관리자에 의해 고용되어 COO인 폴paul을 코칭했다. HR 관리자는 코칭 세션에서 다루어야 할 이슈가 분명했다. CEO의 눈에 폴은 최근의 성과 저하deterioration에 직면하기 전까지 자기 위치에서 꽤 잘해오고 있었다.

존은 코칭 과정에 코치이와 관련된 주요 이해관계자들이 반드시 참여하게 해야 한다는 신념이 강했다. 그는 이슈와 목표, 결과 측정 방법에 동의했는지 확인하기 위해 CEO에게 폴의 상위 관리자로서 함께 만나줄 것을 요청했다. 바쁜 그녀는 짧은 만남 자리에서, HR 부서에 의해 승인signed off된 모든 성과 목표 체크리스트에 의견을 같이 했다. CEO의 코칭 참여라는 임무task가 사실 매우 어려운 일이지만 존은 코칭 초기 단계에 CEO를 계속 참여시킬 수 있었다. 그러나 중간쯤 지나자 무엇인가 분위기가 바뀌었고 CEO는 코칭 관련 회의에서 철수하기withdraw 시작했다.

성찰 질문
- HR이 코칭을 의뢰할 때, 코치이의 상위 관리자를 참여시키는 것이 얼마나 중요한가? 그 이유는 무엇인가?
- '너무 바빠서' 그 과정에 관여할 수 없는 관리자가 있다면 어떻게 할 것인가?
- 무엇이 CEO가 코칭 과정에서 철수하게 했는가? 당신은 이를 어떻게 설명할 수 있는가?

존은 코칭 개입이 종결되자 해왔던 대로 조직에 보고서를 작성했다. 그는 CEO의 철수withdrawal 이슈를 언급하면서 기대에 불일치mismatch가 있을 수도 있다는 우려를 HR과 나누었다. 아니나 다를까 몇 주 후에 존은 폴이 해고되었다는 사실을 알게 되었다.

그때 존은 CEO가 코칭 개입을 통해 자기 아젠다를 충족했다는 사실을 깨달았다. 사실 CEO는 COO를 더 생산적productive이게 지원하려고 최선의 노력을 했지만 상황이 나아지지 않는다는 분명한 증거로 코칭을 활용한 것이다. 코칭을 통해 CEO는 이사회에 폴을 해고할 증거를 얻었다. 코칭 중 CEO가 마음속으로 해고disengagement를 고려할지 모른다는 점을 존 역시 예상할 수 있었다. 그러나 그 같은 조치가 코칭 종결 후 곧바로 뒷발뒤꿈치를 따라올 것으로는 예상하지 못했다.

존의 입장에서 이 특별한 개입에서 가장 중요한 도전 과제는 CEO와 COO가 관계가 좋지 않았다는 점과 이 관계 갈등이 현실적으로 두 사람이 상호 보완적인complementary 기술을 가진 데서 비롯된 것이었는데, 존은 이 점을 보지 못했다. 존은 코칭을 돌아보며 이 관계 이슈relational issue를 다뤄서 두 사람 모두와 함께 일할 기회를 잡았으면 좋았을 것이라고 성찰했다.

폴이 떠난 뒤, CEO는 COO 직책을 없애고 이사회 네 명에게 역할을 분담해 비용을 크게 절감했다.

성찰 질문

- 이 상황을 관계적 차원의 이슈로 본 존의 분석에 동의하는가?
- 그가 직접 이 관계 이슈를 해결했다면, 폴을 해고하려는 CEO의 마음을 바꿀 수 있다고 생각하는가?
- 자신의 아젠다를 숨긴 고객을 상대해본 적이 있는가? 이 숨겨진 아젠다가 코칭 경험에 어떤 영향을 미쳤는가?

■ 사례 점검

1. 성찰 질문 이외에 질문할 점을 서로 나누고 필요한 경우 상황 설정을 추가해 논평해보자. 「만약 ~ 하다면 ~라고 생각한다」는 식으로 상황을 추가할 수 있다.
2. 존과 폴은 12회 코칭하기로 했다. 회사는 이미 비용을 지급했으며 8회까지 코칭을 진행하고 난 뒤 폴이 해고되었다고 가정한다면,
    1) 회사와 고객(조직) 관계에서 이 경우 제기되는 이슈는 무엇인가?
    2) 회사는 해고 후 남은 4회를 폴과 코칭을 계속하도록 했다. 이때 제기되는 이슈는 무엇이고 코치는 코칭을 어떻게 진행해야 하는가?

논평 1-2. A

에두아르도 아바수아, 알레잔드라 팔라마

이 사례는 초보자와 경험 많은 코치 모두에게 조직 코칭에서 드물지 않게 마주치는 경험이다. 복잡한 사회 시스템 안에서 서로 다른 질서의 역동에 관심을 기울여야 하는 조직 코칭에서 빈번하게 발생하는 개입이기에 많은 연구자의 주목을 받아 왔다.

조직 코칭의 "복잡성complexity"을 해결하려면 다양한 관점으로 분석하고 접근 전략을 통합하는 관점이 요구된다. 이를 위해 우리는 시스템적 관점, 관계적 관점, 전략적 관점 등 세 가지 관점을 권장한다.[30]

첫째, 여러 저자들은 조직 코칭에서 **"시스템적 관점"**을 강조하고 필요성에 주목해왔다 (Louis & Fatien-Diochon, 2014; GSAEC, 2014). 이 관점은 '맥락과의 관련성'을 강조하며, 시스템에 역동적으로 상호 연결interconnected된 많은 요소에 주목한다. 펠티어(Peltier, 2009)는 특히 조직 코칭에 적용되는 시스템적 사고의 **몇 가지 원칙**을 제안한다. **그 가운데 하나는** ①"내용content" 보다 "과정process"에 분석을 집중하는 것이다. 즉 무엇인가 "말한said" 것보다 더 중요한 것은 "어떻게" 상호작용하고, 무엇이 "생산되었는가produced"이다. **또 다른 원칙은** ②눈에 보이는 가시적 상호작용visible interaction 패턴인 '현재'에 초점을 맞추는 것이다.[31] ③**마지막**으로, 시스템과 그룹이 항상성homeostasis을 유지하려는 경향 때문에, 코칭은 하위 시스템으로부터 "변화에 대한 저항"에 노출될 수 있다는 점이다.[32]

- ◆ **필자:** Eduardo Abarzua. Ph. D. 노동과학 심리학자. 교수, 칠레 알베르토 후르타도 대학 UAH, 경제 및 비즈니스 학교, 조직 코칭 프로그램 책임자. Eabarzua@uahurtado.cl
- ◆ **필자:** Alejandra Pallamar. MS. 심리학자, 컨설턴트, MS 개인, 조직관리. 칠레 알베르토 후르타도 대학교 UAH, 경제 및 비즈니스 학교, 조직 코칭 프로그램. Alejandra.pallamar@gmail.com
- 30) 이 같은 세 가지 관점은 조직 코칭과 조직 내 개인 코칭을 위해 즉각 대입해 활용하는 것이 필요하다. 지금 접촉하는 조직에 즉각 활용해보자. 또는 가정해보자 이런 관점에서 접근한다면 Q무엇이 새롭게 보이는가? Q새롭게 추가해야 할 행동은 무엇인가?
- 31) 조직을 검토하면서 '그 동안의 관행', '우리 회사의 방침'으로 설명하는 내용을 파악하는 수준에서 활동하는 경우가 있다. 이와 달리, 지금은 어떻게 진행-상호작용하는가? 또 구체적인 코칭 대상은 어떻게 진행-상호작용하는가에 더 주목해야 한다.
- 32) 코칭이 조직의 모든 부분에서 언제나 환영받는 것은 아니다. 성수기라든가, 해야 할 일이 너무 많아 바쁘다는 명분도 흔하고 부서 간의 협력 관계 때문만이 아니다. '변화에 대한 저항'은 다양한 형태로 드러난다. 예상되는 것을 정리해보자.

존의 사례를 보면 코치는 시스템적 비전systemic vision이 부족했다. 그는 주요 당사자(CEO)의 참여가 중요하다고 믿었지만, 실제로 그가 참여하는 이유에는 눈에 보이는 **현재의 가시적 상호작용** 패턴과 관련성이 높다는 점을 검토하지 못했다. 따라서 CEO가 표명한 코칭의 목표와 동시에 "코칭 동의서"의 내용에 대한 이해를 넘어, CEO의 초기 시작 과정과 "철수" 당시에 대한 최소한의 알아차림만을 실례로 보여주고 있다.[33] 코칭 프로세스 초기에는 CEO의 관점에 대한 심도 있는 파악이 필수적이었다. "매우 바쁜 보스"를 참여시키는 것은 언제나 어려운 일이지만, 이런 정보 없이 코칭을 시작하면 이번처럼 코칭 과정이 끝날 때 비용이 더 많이 들 수 있다. 분명 코치는 CEO와 COO 사이에 존재할 수 있는 파워 게임과 각자가 이사회에서 하는 역할에 대한 현실적인 그림을 구성하지 못한 것으로 보인다. 왜냐하면 후자는 CEO의 결정에 대한 코치의 "확인"이 필요했기 때문이다.[34]

또 이 철수withdrawal라는 것은 CEO가 참석하는 코칭 과정과 정반대의 힘 또는 얼마간의 "저항"으로 코치에게 경고하는 것일 수 있다. 따라서 우리는 끊임없이 "말하지 않은 것들을 보고", 이를 분석하고 대응 옵션을 선택해야 하는 도전을 계속 받는다. 존은 CEO의 이런 의사소통에 적시에 대응하지 않았고, 코치이와의 **2인 관계로 철수**하고 그것에 담겨 있는 강력한 메시지와의 대립/직면confrontation을 회피했다.[35]

두 번째 관점은 "**관계**relational"이다. 코칭 장field에 대한 현대 연구는 코칭 **관계의 질**quality이 코칭의 효과성effectiveness을 가장 잘 예측predicts할 수 있는 요소라는 것을 입증한다(de Haan, 2008; Herrera, 2011; Lai & McDowall, 2016). 이 점이 곧 "관계 중심relational" 코칭 시대가 어떻게 형성되고(Lai & McDowall, 2016) **관계 중심 코칭**에 대한 폭넓은 훈련 필요성이 강조되는 이유이다. 조직 코칭은 시스템적 복잡성으로 인해 고객, 코치이, HR, 관리자,

---

[33] 코치는 초기 CEO의 참여에 주목하고, 심지어 그가 바쁜 일정인데도 참여한 것에 큰 의미를 두었을 뿐 참여의 이면을 보지 못했을 수 있다. 또 CEO가 철수해 버린 뒤에도 이를 좀 더 민감하게 성찰했어야 한다. 여기에는 철수 전, 철수 계기도 봐야 하지만 철수 뒤 CEO의 코칭에 대한 태도(변화)도 포함된다. 조직 내에서 CEO의 행동은 그 위치상 대체로 '기획과 의도'에 의한 경우가 많다.

[34] CEO가 일정이 바쁜데도 왜 코칭 초기에 참석하는가? 그리고 왜 철수하는가? COO와 그의 코치이 그만큼 중요하고 관심이 높다는 뜻인가? 이런 선한 의도로 파악한다 할지라도 다시 참여하지 않는다면 다른 더 바쁜 일이 있을 것이라고 생각하는 순간 현재-이곳에서 언제나 드러나는 상호작용에 주목하지 못하게 된다. 그러나 회사 방문 뒤 자신의 '활동 전체에 대한 성찰', 즉 '실천 중 성찰' 다음에 시간과 공간을 떠나 다시 살펴보는 '실천에 대한 성찰' 과정에서 이를 파악할 수 있다.

[35] 코치 성찰 자세의 피상성이 원인이다. 코치에게 성찰이 중요하다는 '생각'에만 머물고 몸과 현실의 삶으로 구현되지 못한 상태이다.

사장 등 다중 또는 삼각관계 수준에서 **관계적 역량**을 발휘하도록 요구한다(Louis & Fatien -Diochon, 2014). 당면한 위 사례는 코치이와 CEO 사이의 관계가 좋지 않다는 관계적 가설relational hypothesis이 코치에 의해 제기되었다. 코치는 여기에 더 적극적으로 개입하면 긍정적인 결과가 나올 수 있다고 믿었다. 이것은 잠재적인 가설이다. 코치이(COO)는 CEO(직접상사)와의 관계가 약하고, CEO에게서 협력자로서의 피드백이 부족한 것으로 보인다. '관계개선'을 목적으로 더 직접적으로 개입해야 한다는 생각은 이상적인 대안으로 보이고, 이를 위한 **관계의 복잡성**relational complexity에 대한 분석은 상대적으로 미흡하다.[36]

코치는 핵심 이해관계자(CEO 및 HR)와 신뢰와 투명한 관계를 발전시키지 못했다. 그 필요 또는 문제를 제대로 감지하지 못한 공식적/형식적 관계가 관찰된다. 코칭 과정 초기에 필요한 시간을 갖고 [고객인] 조직의 요구를 분명히 하는 것은 상황에 대한 충분하고 분명한 비전을 수집하게 한다. 코칭이 **가장 확실한 대안**임을 확신할 때까지 몇 번의 초기 미팅이 필요할 수 있다. 이 과정에서 오히려 코치는 코칭이 가장 적절한 도구가 아니라는 결론에 도달할 수도 있다.[37]

이런 의미에서 고객의 요청을 듣는 첫 단계에서, 코치는 관련된 모든 요소를 테이블 위에 놓고, 코칭이나 다른 개입 관련성을 자세히 설명할 수 있도록(예를 들면, 재취업 주선outplacement), 관계 기술을 "컨설팅"할 필요가 있었다.[38]

반면에 CEO의 철수 시점에 관계의 불리한 처지deficit가 관찰되었는데, 이 경우 코치는 CEO, HR 담당자들과 따로 또 같이 쌍방의bilateral 상호 관계적 공간을 모색하고 코치이와의 관계에 주의를 기울이며, 무슨 일이 일어나는지 이해하려고 할 수 있었다.

세 번째로, 조직 코칭의 **"전략적 관점"**도 중요해 보인다. "전략적"이라는 용어는 여러 의미를 갖지만, 목표 달성을 위한 일련의 실천 구조a set of actions를 가리키는 말로 자주 쓰인다. 결과적으로 **미래에 대한 관점**이 핵심이다. 코칭 프로세스의 목표는 조직 내 개인의 성과

---

[36] 두 사람은 이사회 구성원이다. 그렇다면 이사회와 두 사람과의 관계, 두 사람의 상하 관계 등을 이해할 필요가 크다. 역할과 책임에 따라 다양한 관계 역동이 복합적으로 야기되는 관계다. 이런 복잡성을 배경으로 두 사람의 관계 역동은 어떤 특징을 갖게 된다. 이런 '관계 개발'을 위해서는 당연히 한층 더 깊은 관계 분석이 요구된다. 이에는 이사회를 중심에 둔 CEO-COO의 삼각관계, 둘과 코치와의 삼각관계 분석이 포함된다.
[37] 코칭이 가장 적절한 도구/대안인가를 확신할 때 코칭이 가능하고, 그 코칭의 효과가 분명하다. 코치가 확신이 부족하면 이는 대책이 필요하다. 또 이런 확신이 투명하지 못할 때 이를 회피하는 용기가 필요하다.
[38] 논평자는 이 점과 관련한 설명에서 컨설팅과 코칭을 구별하고 선택의 문제로 언급하고 있다. 그렇지만 코치로서 **컨설팅 기반 코칭**을 염두에 둘 수 있다.

또는 조직 전략에 영향을 미치려는 것이다. 레저우드(Ledgerwood, 2003)는 이상적으로 코칭 개입이 효과적이려면, 특히 조직의 경영 라인과 CEO와 같이 작업할 때 양쪽 모두를 지향해야 한다. 그런 맥락과 조직의 미래뿐 아니라 다양한 역할에 요구되는 역량competencies에 대한 도전 과제를 고려하는 것이 더 필요하다.[39]

지난 10년 동안(특히 새 천년이 시작되면서) 전략적 패러다임에 큰 변화가 있었다. 기업 위기corporate crises는 이른바 **전략 계획 방법론**에서 고려해야 할 몇 가지 새로운 문제를 통합하게 했다. 그것은 ①글로벌 지향, ②사회적, 환경적 책임 ③기업 윤리 ④조직 리더십 ⑤지역사회, 다양한 외부 기관agents과의 연결성 확립 등이다.

코칭이 **전략적으로 기여**하려면 조직 목표에 초점을 맞추고 더 집중해야 하지만, 코칭 목표에서 지속 가능성의 관점에서 고려해야 할 새로운 차원(목표)과 윤리 사이의 **적절한 균형** 등을 같이 고려해야 한다(Ledgerwood, 2003, p.48). 이런 의미에서 조직 결과와 코치이의 개인적 성장을 추구하는 것이 오늘날 코칭 프로세스와 관련해 인정되는 두 가지 목표들이다(Rosha & Lace, 2016). 그러므로 코칭 전문 분야의 윤리와 명성/위신prestige을 지키는 것도 중요하다.[40]

존의 사례에서, 코치가 **조직이 직면한 전략적 문제에 대한 정보가 충분하지 않았음**을 알 수 있다. 조직 환경에서 일어나는 일과 현재와 미래의 도전에 대한 자세한 정보를 수집하는 노력이 필요하다. 이는 코치에게 코치이가 해야 할 역할과 관련해 무엇이 일어나고 있었는지 정보를 제공할 수 있었을 것이다. **코치**는 코치이가 그동안 자신의 업무를 잘해왔지만 최근 성과에서 하락deterioration을 보이는 **성과 변화의 이유**를 더 깊이 이해할 필요가 있었다. **조직**은 코치이가 아직 준비하지 못한 새로운 도전 과제들이 있었고, 또 미래의 목표나 현재의 장애obstacles에 근거한 구조적 변화에 대한 요구에 직면해 있을 수 있었다. 그렇다면 코치이의 역할은 새로운 전략과 시나리오 안에는 없어도 되는dispensable 역할일 가능성이 있다.[41]

---

39) 조직 내 개인의 코칭에 대한 **전략적 관점**이란 코칭 프로세스에서 ①개인의 성과 ②조직 전략에 영향을 미치기 ③CEO와 경영 라인과 함께 일할 때는 양쪽 모두를 지향 ④현재 상황에서의 도전 과제, ⑤조직의 미래 목표 ⑥다른 목표에 필요한 역량 순으로 이해된다.
40) 코칭이 부드러운 해고(절차)에 활용되는 경우 이는 코칭 전문직의 명성을 방어하지 못하는 것이라는 논평자의 문제 의식은 조직의 전략적 관점에서 COO 역할을 CEO가 겸하려는 조치, 코치이 개인 성장 두 가지를 모두 성공하는 침로의 필요성을 제안하고 있다.
41) 사례 제시문을 보면 존은 관계적 관점에서 두 사람의 갈등에 대해 상호 보완적인 관계로 개선의 여지가 있다고 보았으며, 코치이의 성과관리 등에 주목했다. 또 현 상황을 CEO와 COO의 권력 투쟁으로 보았다고 할 수 있다. 그렇지만 논평자는 이런 관점이 코치의 미래 지향적인 전략 관점이 누락된 접근이라고 논평하고 있다.

답이 무엇이든, 코치는 이 전략적 관점을 충분히 인식하지 못한 것 같다. 그는 조직의 목표가 무엇인지, CEO의 도전이 무엇인지 알지 못했으며, 미래를 위한 코치이의 기대 사항을 충분히 조사하지 못했다. 존이 시도한 코칭 개입은 이 목표에 대한 적절한adequate 전략적 맥락화가 없는 **성과 개선**을 위한 모호한 요청으로 보일 뿐이다. 조직이 어디로 가고 있는지 아는 것은 코치이가 기대하는 바가 무엇인지 또 조직이 미래에 코치이의 존재를 어떻게 평가하는지를 이해하는 데 필수적이다.[42]

두 당사자와 그들이 서로 연결되는articulated 방식과 관련하여, 미래를 위해 이런 전략적 차원을 고려할 수 있다는 것은, 그만큼 코칭 프로세스에서 **윤리적 영향**이 중요하다는 점이다.[43] 이를 통해 코치는 두 당사자 모두에게 좋은 결과를 보장guaranteeing하는 완전한 비전을 가질 수 있으며, 동시에 전문적인 활동으로서 코칭에 대한 명성/위신을 부여할 수 있다.

■ 토론 제안

1. 이 논평에서 배운 점은 무엇인가?
2. 시스템적, 관계적, 전략적 관점에서 논평자의 견해를 검토해보자.
3. 위 세 가지 관점의 합집합이 코치가 코칭 개입 시 가져야 할 관점인가? 그렇다면 결론적으로 존의 개입은 어떻게 논평해야 하는가?
   1) 초기 3자회의
   2) CEO가 참석한 기간 중의 폴과의 코칭
   3) 폴 해고 후 코칭에 대한 코치의 입장 등을 검토해보자.
4. 코칭 중간에 고객이 해고되었다. 코칭은 CEO의 의도에 활용되었다. 이때 코치의 상태를 연상해보자. 코치 자신은 어떻게 해야 하는가?

---

[42] 세 가지 관점으로 보지 않으면 COO와 CEO의 관계 개선, 의사소통과 팀워크 회복을 위한 교정과 성찰로 코칭이 한정되게 된다. 이것 역시 코치-코치이의 2인조 현상, 조직 배제를 위한 공모적 치우침이라는, 이 장에서 우려하는 사례가 된다.

[43] 논평자는 코칭이 '독이 든 선물'로 전락하는 과정을 보면서 자칫 코치의 관점이 협소하게 되면 이는 역량 부족이 되고, 이는 코치에게 윤리적 영향까지 미칠 수 있다고 지적한다. 이는 코칭의 명성 유지에 기여하지 못한 활동이 된다고까지 피드백하고 있다.

논평 1-2. B

아나 플로파스

사례에 대한 언급은 이미 건축된 공사의 엔지니어를 연기play하는 것과 같다. 차라리 정서적 개입 없이 멀리서 상황을 보고, 다른 행동 가능성에 대해 곰곰이 생각해보며 공사를 비판하는 것이 훨씬 쉽다. 내 논평은 코치들을 성찰로 초대하고, 되도록 다른 실천을 제안하기 위한 것임을 분명히 하고 싶다. 우리는 먼저 **끝없는 기술 연마**craft를 통해 배워가야 한다는 점을 깊이 받아들여야 한다.

나는 이 사례 논평을 이끌 세 측면을 강조하기 위해 임원코칭을 먼저 정의하면서 시작하고 싶다. 세 가지 렌즈로 사례를 분석한 뒤 코치로서 우리가 이 상황에서 얻을 수 있는 교훈을 제안해보겠다.

여러 가지 임원코칭 정의를 검토 한 후, 나는 다음과 같은 정의를 채택하기로 했다. 임원코칭은 ①전문 코치(Bozer, Sarros, & Santora, 2014)가 진행하는 **조직개발**organizational development 과정이다(de Haan, Duckworth, Birch, & Jones, 2013). ②**의미-형성**meaning-making(Reissner & du Toit, 2011)을 목적으로 하는 개별적인 상호작용(Reissner, 2008; Reissner & du Toit, 2011)으로 구성되며, ③임원의 **태도**attitude(Bluckert, 2006)와 **실천행동**actions(Joo, 2005)의 **변화**를 목표로 한다. 이런 정의는 곧 세 가지 중요한 측면을 강조한다. 다양한 조직개발 실천의 하나인 임원코칭이라는 조직적 특징feature, 코칭의 의미 형성 차원, 그리고 임원의 태도나 인식perception의 변화 가능성이다.[44]

먼저 임원코칭의 조직 측면을 보자. 임원코칭은 코치의 조직 관여involvement를 통한 조직개발 과정ODP(de Haan et al., 2013)이다. 결과적으로 코치이, 코치, 조직을 대표하는 개인들 관계는 삼각관계를 형성하고formation 삼각형 각 꼭지점을 차지한다. 세 당사자는 명시적이든 암묵적이든 관계없이 서로 다른 아젠다를 가질 수 있다(Louis & Fatien-Diochon, 2014). 또 임원코칭에는 힘/권력 이슈power of issues가 포함되어 있다(Fatien-

---

◆ **필자**: Ana Pliopas PhD, MCC. 상파울루 경영대학, 브라질 Hudson 코칭연구소 파트너 Ana.P/iopas@hMdsoninsritMre.com.br

[44] 논평자는 임원코칭에 대한 세 가지 정의에 근거한 세 가지 과제를 설정해 논평한다. 이런 접근 관점은 그대로 임원코칭의 **초기 기획 방향**으로 활용 가능하다. 또 코치의 기획 방향은 코치의 작업 의도이고 코치이와 조직 이해관계자와 접촉에 활용되며, 논의 과정에서 조건에 맞게 현지화된다고 이해할 수 있다.

Diochon & Nizet, 2015; Skinner, 2012).

이 사례에서 CEO의 아젠다는 임원코칭 고객인 폴을 해고하는 것이었으며, 코칭 프로세스는 [해고를 전제한] 가상make-believe 개입이었고, 처음부터 실패로 끝날 운명이었다. 물론 존이 CEO의 의도를 알고 있었다면, 아마도 코칭 과제assignment를 수락하지 않았을 것이다. 존은 코칭 과정에서 모범적 코칭 프랙티스를 따랐지만 **관계**를 소홀히 했을 수 있다. 그는 주의 깊게 다른 이해관계자를 그 과정에 포함시켜 이슈와 목표, 측정 방법에 모두 동의하는지 확인해야 했다.

존이 놓친 것은 CEO의 아젠다와 이 회사 내부의 **권력역동**power dynamics이었다. CEO의 숨겨진 아젠다는 폴을 떠나게 하는 것이고, 권력 측면에서는 최근의 성과 저하를 극복하기 위해 폴을 지원하기 위한 최선의 노력을 했다는 증거를 얻는 것이다. 이것이 CEO에게 코칭 프로세스가 필요한 점이고 이를 강조할 필요가 있었다. 이 사례 연구를 위한 분석 관점으로 힘/권력을 검토하면, CEO 입장에서는 위임받은 힘/권력이 있고, 이외에 이사회의 힘도 있는데, 이사회라는 권력은 폴을 해고하는 것이 자산관리 회사의 최선의 대안이라고 확신할 수밖에 없었다는 점[달리 다른 방법이 없다는]이다.[45]

임원코칭 정의의 두 번째 개념으로 가보자. 코칭을 코치와 코치이 사이에서 상호작용하는 **의미 형성**meaning-making으로 파악한다는 것은(Reissner & Toit, 2011) 코치-코치이 관계를 코칭 프로세스의 중심에 놓는 것을 말한다. 그러나 이 중요한 기능이 사례에서는 강해 보이지 않는다. 이런 의미-형성 관점은 코치이와 코치 사이의 관계가 ①현실로 지각perceived 되는 것이고, 그것이 지닌 ②함축성connotations, ③의미의 중대성significance, ④예상되는 영향/결과implications 등을 둘이 공유하는 기회를 만들어내는 것[46]을 의미한다(Barner & Higgins, 2005; Du Toit, 2007).

---

45) 조직개발 관점에서 시작된 논의가 조직 내 권력역동을 중심으로 하는 논의로 되었다. 삼각형의 각 꼭지점에 위치한 힘/권력의 충돌이 조직 최선의 이익을 위해 폴의 해고로 귀결되었다는 전개가 조금은 구조에 맞춘 듯해 설득력이 없어 보인다. 이는 꼭 조직개발 관점이 아니더라도 도출될 수 있는 주제다. 이와 달리 권력역동 파악과 관리가 조직개발의 주요 요소 가운데 하나라고 본다면 이 같은 분석이 타당할 수 있다.

46) 두 사람 관계 안에서의 의미-형성, 즉 새로운 앎을 형성하는 과정을 특별히 한정하기는 힘들다. 우선 지금-여기에서 일어나는 두 사람 사이에서 새롭게 인식되는 것에 주목하고, 이를 딛고 상황-사건-인물-(당시와 현재) 역동을 살펴보고, 새롭게 인식되는 현 주체성을 검토하게 된다. 이를 통해 가야 할 목표/목적을 새롭게 인식한다. 이로 인해 대화 여정은 표류가 아닌 탐험이 된다. 목표 있는 항해는 탐험이지만 그렇지 않은 항해는 표류이기 때문이다. 이 같은 시도로 얻어지는 것이 위 네 가지로 정리될 수 있다.

코치와 코치이의 관계는 임원코칭 과정의 핵심 요소 가운데 하나이다(Gyllensten & Palmer, 2007). 이 사례의 경우 내러티브 안에서 코치이인 폴은 부재absence했고, 이는 [관계와 의미 형성이]부족한lacking 원인이 된 것으로 보인다.[47] 그는 HR 관리자와 CEO에 의해 이야기되었지만 폴의 목소리는 사례 안에 존재하지 않는다. 나는 폴이 자신의 상황을 어떻게 이야기할지 궁금하다. ①Q.그는 좋은 고성과자에서 그렇지 못한 (저)성과자로 변화한 것에 대해 어떤 감정/의미sence를 가졌는가? ②Q.상황을 해결하기 위한 그의 대안은 무엇인가? ③Q.그가 자산관리 회사를 [스스로] 떠날 가능성이 있었을까? ④Q.이사회의 다른 구성원들과의 관계는 어떠했는가? 우리는 폴과 CEO 사이에 문제가 있다는 것만 알 뿐 폴이 그것을 어떻게 알고 있는지, 알고 있었다면 그가 이런 이슈를 어떻게 씨름하려고 [결정]했는지 알 수 없다. 이런 질문들은 정의에서 강조된 세 번째 개념(임원의 태도와 실천행동의 변화)으로 볼 때, 폴의 상황에 대한 임원[들]의 관점 변화로도 이어진다.[48]

채택된 임원코칭 정의의 세 번째 측면을 보자. 코치이의 태도와 변화는 코칭 계약의 목표와 관련이 있다. 폴의 성과 향상에만 초점을 맞추는 대신, 브루커트(Bluckert. 2006)가 제안한 대로 코칭 작업engagement은 코치이가 자신의 삶을 관리하는 수단으로 인식perceived되게 할 수 있었다.[49]

이 사례에서 보면 폴을 **선택과 책임을 가진 사람**으로, 조직 체계에서 효과적인 **당사자**로 인식하는 것은 다른 결과로 이어지진 못했을지라도, 최소한 그의 직업적 경로professional path에 더 적극적인 역할을 하게 할 수 있었을 것이다. 예를 들어, 폴과 존은 CEO의 철수를 알아차리자마자 다른 관점을 고려할 수 있었다.

폴은 다른 이해관계자들과의 관계, 그리고 무슨 일이 일어났는지에 대해 가능한 해석만

---

47) 존과 폴(코치와 코치이)은 목표 설정과 조직과의 관계(이사회, CEO포함), 상황과 맥락 등을 코칭 관계 안에서 상호작용하며 다양한 의미를 함께 형성해갔어야 한다. 이 과정은 두 주체의 상호 협력 과정이자 창발과정이다. 그러나 논평자는 폴과의 내러티브가 부재/부족이, 그로 인한 의미-형성 과정이 부재했다고 이 사례를 보고 있다. 의미-형성 과정으로 만들어지는 결과는 코치이와 조직, 권력 관계에 다른 여파를 초래했을 것으로 논평자는 보고 있다.
48) 이 같은 질문으로 만들어지는 폴과 코치의 의미-형성 과정과 성과, 폴의 태도와 행동의 변화는 폴에 대한 임원들의 관점 변화로 이어질 수 있다고 추론하고 있다. 코치는 폴의 성과와 이를 바라보는 임원들의 판단 등 사실 뒤에 아직 드러나지 않은 '진실'을 주목하여야 한다. 사실 속에 숨겨져 있는 **진실**이 중요하다. 사실을 다시 살펴보며 의미-형성 작업을 해서 이를 통한 태도와 행동의 변화로 연결하지 못하면 '진실'은 자기 모습을 드러내기 어렵거나 쉽게 무시된다.
49) 폴이 코칭과 코칭 기회를 자기 삶을 전환하는 적극적 계기와 도구로 활용하게 하는 것을 말한다. 코치는 이를 위한 공간, 여지를 코치이에게 제공해야 하며, 이를 활용할 수 있는 자율성 강화를 지원해야 한다.

이 아니라 자신이 **활용 가능한 실천행동**들을 성찰할 수 있었다. ^{Q.}폴은 이 조직 체계에서 자신을 위해 어떤 선택을 할 수 있었을까? 스키너(Skinner. 2012, p.118)가 지적했듯, 어떤 코치라도 코칭 과정 초기에 간단히 계약을 체결한 다음에는 간섭interference 없이 코치 혼자 남겨진다고 믿는 것은 순진한naive 생각이다. 그래서 코치이와 코치가 시스템의 변화 조짐을 알아차리자마자 너무 바쁜 CEO나 HR 담당자와도 같이 (해고되기 전에) 재계약할 시간이 있을 수 있다.[50] 존과 폴은 주변에서 일어나는 일을 의식하지 못한 채 코칭 과정을 계속 이어갔고, 그 뒤 나쁜 의도를 가진 CEO의 희생자가 된 것 같다.

요컨대, CEO는 코치인 존이나 코치이인 폴이 인식하지 못한 숨겨진 아젠다를 갖고 있었다. 우리는 CEO와 HR 담당자 사이에 어떤 종류의 공모/결탁collusion이 있었는지 알 수 없다. 그러나 조직에 언제나 있을 수밖에 없는 [복잡한] 관계들과 관계없이 코치는 그저 코칭 과정의 절차적procedural 측면을 따랐으며, 모든 사람이 코칭 목표에 동의하도록 이해관계자들과 계약했다.

존과 폴이 놓친 것은 그들 주변의 조직 시스템에서 일어나는 **일의 의미**였다. CEO는 코칭 과정에서 그녀 자신을 스스로 배제했고, 코치와 폴은 합의한 실천 과정을 계속 이어갔다. 또 그들은 폴의 조직/소속사agency를 고려할 기회를 놓쳤다.[51] 그는 자신의 실적 악화와 CEO의 거리두기에 대한 그가 가졌을 법한 옵션에 대한 감들senses을 놓친 것이다. 그렇다면 숨겨진 아젠다와 권력 문제가 있는데도 ^{Q.}더 생성적인generative 임원코칭 과정을 촉진하기 위해 이 사례에서 무엇을 배울 수 있는가?

유사한 임원코칭 상황을 다룰 때 코치가 고려할 전략은 고정된fixed 구조와 과정의 조직 개념에서 벗어나 바라보는 것이다. 이런 관점 전환을 위해, 컨리프(Cunliffe. 2001)의 관점에 따라, 조직을 복잡하고 역동적인 관계적 경관/광경dynamic relational landscapes으로 바라볼 수 있다. 이 관점은 코치와 그 과정과 관련된 모든 이해관계자를 불러들여 임원코칭에서 이루어지는 변화무쌍하고 복잡한 역동을 알 수 있게 한다. 이를 배경으로 삼으면 CEO의 숨겨진 아젠다가 존재한다는 점과 코칭 과정에서 덜 분명했던 요소들이 코치에게 경고alert

---

50) ①초기 3자 회의의 합의에만 머물 것이 아니라, 또 ②상황의 변화 조짐에도 둘만의 논의에 집중하며 고립될 것이 아니라, ③코치가 둘이서 알아서 해야 한다고 스스로의 생각에 빠지는 것이 아니라, ④HR 또는 CEO와 코칭 과제 재설정/계약을 시도할 수 있었다는 의미로 이해된다. 그러나 이것이 얼마나 효과/가능성이 있는지는 예상하기 힘들다. 그렇지만 논평자는 코치의 관점과 노력이라는 점을 피드백하고 있다.

51) 여기서 소속사란 '회사 조직'이라는 하나의 '독립체(의지)'와 그 시각을 의미한다. 조직이라는 제3의 독립된 관점에서 '내가 조직의 이 같은 상황, COO의 성과 약화를 보는 CEO라면 어떻게 할 것인가?'라는 관점으로 자신을 보는 것이다. 이런 관점은 특히 코치가 더 분명하게 견지해야 한다.

로 작용할 수 있다. 조직이 복잡한 관계적 경관complex relational landscapes이라는 개념을 활용하여 코치와 코치이는 조직 시스템의 변화에 더 민감하고 새로운 시나리오를 더 신중하게 선택할 수 있다.

이 사례에서 빼 놓을 수 없는 또 다른 교훈은 코치이의 소속사agency[회사 조직이라는 제3의 독자적 실체]를 기억하는 것이다. Q.그/그녀가 원하는 것이 무엇인가? Q.그/그녀가 자신을 인식하고 처한 상황은 어떤 의미를 갖는가? 그리고 Q.그/그녀가 자신을 위해 마음속에 스스로 계획envisions할 가능성은 무엇인가 등이다. 코치이와 코치의 관계 과정에서 이런 의미가 창조되며 이것이 바로 코칭의 핵심core이다.[52]

코칭 프로세스 측면에서 코치는 코칭 개입 중에 여러 번 계약 및 재계약recontracting을 할 수 있다는 점을 기억해야 한다. [이 사례는] 프로세스 중 조직의 대표자와 다른 시간에 계약 및 재계약하는 것이 현명할 수 있다. 또 임원의 성장을 얼마나 소중히 여기는지, 코칭을 지원하기 위해 기꺼이 배정할 수 있는 시간이 얼마나 되는지에 대해 조직 대표들에게 도전하는 것도 보람 있는 일이다.[53]

코치로서 우리는 이 사례에서처럼 예기치 못한 상황에 처할 수 있다. 물론 분명하게 보일지 모르지만, 임원코칭의 구조setting는 [바로] 조직이고, 조직은 복잡하고 역동적이며 관계적인 경관이라는 점을 명심하는 것이 유용할 수 있다(Cunliffe, 2001). 이해관계자들이 코칭 참여에 대한 행동을 변화시키면서, 코치와 코치이는 새로운 시나리오를 계산에 넣는다. 코치이의 소속사agency가 가능한 행동을 염두에 두며 가능성을 탐색해야 무슨 일이 일어나는지 이해할 수 있다.

마지막으로 우리는 코칭 세션의 목표에 대해 코치이와 계약하고 재계약하는 것이 유용하듯이 조직의 대표자와도 계약하고 재계약하는 것도 유용하다는 점을 기억해야 한다.

---

52) 코치이가 속한 회사, 회사의 사장에 대해 코치와 코치이가 조직의 복잡하고 역동적인 경관을 바라보며 연상적 (코칭) 대화evocative conversation나 Here and now에서 There and then을 오고가기 등을 방안으로 생각해볼 수 있다. 가장 일반적인 질문은 Q.'편안한 마음으로 발코니에서 내려다보면 어떤 모습인가요?'이다.

53) 사실 우리 현실에서 이것이 얼마나 이뤄질 수 있는지 사례 수집 검토가 필요하다. 임원보다 직급이 낮은 HR 관리자, 사내 정치 역학과 권력 관계의 일부인 임원이 CEO와 조율되어야 하는 ① 코칭 과제 진행 중에 다시 조정하기 위해 코치와 논의하는 것, ②그런 가운데서도 조직과 코치이 사이의 비밀을 유지하는 것, ③코치이-코치 사이의 관계 관리를 유지하는 것 등이 과연 얼마나 실현 가능한가?

   현실적인 어려움이 예상된다 할지라도 코치는 이런 포지션을 능동적으로 유지해야 하며, 조직을 상대해야 한다는 것이 논평자의 시각이다. 이 같은 시도는 코칭의 평판 유지를 위한 (윤리적) 실천 활동이며 코치의 자부심이 되어야 한다.

결론

이해관계자들이 서로 다른 필요, 전략적 목표, 개인적 기대를 하고 있을 때(Cardon, 2008), 다양하고multiple 숨겨진 아젠다가 일으킬 수 있는 역동을 과소평가해서는 안 된다. 게다가 각기 다른 아젠다들 사이의 경계가 항상 명확한 것도 아니다. 코치는 개입 초기에 물론 코칭 과정에서 이를 인정하고 받아들이며, 필요한 만큼 분명히 재검토re-examine하는 것이 중요하다(Segers. Vloeberghs & Henderickx, 2011).

연구 전문가들은 코치의 특별한 관심이 요구되는 분야에 대해 코치이-코치-조직 등 3자의 기대와 요구를 일치시킬 수 있는 영역을 강조해왔다. 1) 코칭 프로세스, 2) 시스템 관점, 3) 관계적 측면으로 세 가지를 중심으로 살펴보자.

첫째, 우리 전문가들은 코치, 코치이, 조직 세 부분의 목표 명확화와 정렬/일치를 위해, 그리고 방치된 여러 가지 또는 숨겨진 아젠다의 출현을 피하기 위한 방안으로 구조화된structured 코칭 프로세스가 필요하다는 점에 주목한다.[54] 그러나 코칭 현장의 상대적 미성숙함immaturity과 실천에서 [코치마다] 다른 과정의 다양함multiplicity을 고려할 때, 코칭 전문직에는 여전히 모든 상황에서 모든 코치에게 효과가 있을 수 있는 독특한 과정의 기술화/설계delineation에 대한 합의가 부족하다.

이것은 코칭 프로세스는 돌에 새겨진 확정된 것이 아니고 코치들이 알아차림과 적응성adaptability을 개발해야 한다는 점을 명심해야 하고, 코치들이 자신의 전략을 고안하고 개선해야 하는 과제를 던진다.[55]

둘째, 목표 설정goal setting에 관해 전문가들은 코치이와 조직이 서로 다를 수 있고 때로는 상충될 수 있는 아젠다를 가질 수 있다는 점을 인정하고, 이 모두를 조화시킬 수 있는지 그 가

---

[54] 우리가 자주 목격했듯 오늘 날 기업 조직의 임원코칭은 코칭 전부터 목표를 중심으로 시행 절차와 내용, 회기 수, 평가 등이 일관성을 갖고 빡빡하게 구조화 되어 있으며, 코치-코치이가 임의로 변경하기 어렵게 되어 있다. 실제 두 사람이 코칭 세션에서 다루는 대화 내용을 별도로 한다면 임원코칭의 자유로운 시도와 이로 예견되는 긍정적 결과를 제약할 수 있다.

[55] 구조화된 프로세스가 가능한가? 코치-코치이-조직(고객)의 숨겨진 아젠다 출현, 코칭을 둘러싼 변화되는 상황을 감당하는 구조화 코칭 과정은 과연 무엇인가? ICF는 최근 2021년부터 시행되는 「ICF 8가지 코칭 핵심 역량 모델Core Competency Model」을 발표했다. 25년간 활용해왔던 「ICF 11가지 핵심 역량」을 개선한 것이다. 8가지 핵심 역량은 1번에서 8번이 각각 독립되면서도 상호 논리적으로 이어지고 있으며, 코칭 시작에서 종결에 이르는 과정, 즉 경험적 실천과정을 반영한다. 명칭에서도 'Model'로 변경했다. 이런 점에서 이 같은 핵심 역량 모델 활용은 결론에서 제기하는 '구조화된 코칭 프로세스'에 대한 대답이 될 수 있다고 본다. 반면에 코치협회AC, 세계 비즈니스 코치협회WABC 등은 코칭 핵심 역량 외에 비즈니스 코칭을 위한 별도의 역량을 추가해 운영한다.

능성에 중요하게 의문을 제기한다. 위 논평에서 제시한 바와 같이, 이 딜레마를 해결하기 위한 잠재적 접근 방식은 다양한 이해관계자의 서로 다른 필요와 목표를 분리해서 개별적으로 보기보다는, 코치가 전체 **시스템과 역동**을 검토하는 시스템적 관점을 채택하는 것이다.

마지막으로 관계적 측면은 여러 아젠다를 다루는 데 중요한 요소로 보인다. 연구 문헌과 코칭 규제 기관regulating bodies[코치 연합조직] 모두 코칭 성공에서 코치-코치이 관계의 질의 중요성에 대해 언급해 왔지만 전문가들은 **조직과의 관계의 질** 역시 그만큼 중요하다고 강조한다. 따라서 코치들은 서로 다른 이해관계자들과 [각각] 라포를 구축하고 동맹을 맺을 필요가 있다.[56]

■ 토론 제안

1. 이 논평에서 배울 점은 무엇인가?
2. 의미 형성 과정을 코칭에서 활용할 만한 질문을 검토해보자.
3. 연상적 대화를 통해 자신과 조직(대행사)을 분리해서 검토하게 한다. 이를 가능하게 하는 질문 예를 검토해보자.
   또 다른 대안이 있다면 무엇인가?
4. 결국 CEO, 이사회 등이 코칭을 '독이 든 선물'로 활용하기로 마음먹었다면 코치로서는 이를 피할 도리가 없지 않은가?

---

56) ^Q코치-조직(이해관계자)과 구체적인 관계의 질 내용은 무엇인가? ^Q코치-코치이 관계의 질적 수준과 같은 것인가? 차이점이 있다면 무엇인가?
   조직은 살아 있는 독립된 실체이며 독자적인 메커니즘을 갖고 있다. 또 구성원을 갖고 있다. 그렇지만 구성원과의 관계를 조직 그 자체와의 관계로 대체하기는 쉽지 않다.

추가 사례 1-B. 코칭 중 임원이 해고되었으며, 코칭도 중단되었다.

코치는 회사 임원인 코치이에 대해 조금 아쉬움을 느꼈다. 그는 '지금 이 순간 최선을 다하고 있는가'에 관해 어떻게 생각하는지 코치 자신에게 질문하면 확신이 서지 않는다. 코치는 해당 임원을 코칭 했으면 좋겠다는 의사를 HR 책임자를 통해서, 아니 그 먼저 사장에게서 직접 요청 받았다. "최근 그가 뭘 하는지 모르겠습니다. 올 초 연봉 협상에서 그의 연봉이 삭감되었어요. 본인도 흔쾌히 동의했습니다. 그래도 올해 전혀 변화한 게 없어요! 회장님과 함께 참석하는 Tier 1 전체 회의에서도 초점을 못 맞춘 보고를 했습니다. 이를 알고 있나 모르겠습니다." 사장은 호소어린 문제를 코치에게 제기했다.

해당 임원을 코칭하기 전 3자 회의 요청에 대해 사장은 그와 연초에 확인했던 RnR 보고서를 보내는 것으로 대신했다. 해당 임원에 대한 자기 생각을 사전에 충분히 이야기 했다는 설명을 문자로 보내는 것을 잊지 않았다.

코치는 360° 진단은 하지 않았지만 여러 세션에서 대화를 명확히 하기 위해, "+"를 그으며 네 방향의 관계와 관련된 다양한 소재를 중심으로 질문하며 한 발씩 더 들어갔다. 특히 위와의 관계(사장/회장)에서 오해mis-matching 가능성에 좀 더 주목했다. 코치는 그에게서 특별한 정보나 해석, 성찰적인 답변을 듣지 못했다. 코칭이 중반을 넘어서며 코치는 2/4분기 직전 다시 T1 회의 발표에 앞서, 해당 임원의 발표 내용 준비와 관련해 몇 가지 핵심 질문을 통해 개입했다. 그가 내용을 보강하는 데 필요한 성찰을 안내하기 위해서다. ^{Q.}전달하고자 하는 핵심이 무엇인가요? ^{Q.}1/4분기 흐름과 당신이 주장하는 요지가 어떤 점에서 연결되나요? ^{Q.}보수적인 비판자라면 당신의 발표 내용을 어떻게 피드백 할 것으로 보이나요? 그들을 설득하기 위해 준비한 대답은 무엇인가요? ^{Q.}혹시 핵심 지역인 3 지역 지점장의 상황 보고는 어떤 내용으로 반영되었나요? ^{Q.}동일 경쟁사의 대응을 고려에 넣었나요?

발표는 그럭저럭 넘어 갔지만 이후 코치의 느낌은 그의 '에너지의 반이 다른 곳으로 흐르고 있다'는 판단이 올라왔다. 또 임원과 사장과의 격주 미팅이 여러 차례 생략되었다는 사실도 주목하게 되었다. 어떤 한 세션의 결과 그는 지역 본부에 해결 과제가 있어서 직접 현지로 내려가겠다는 결론을 코치와 함께 내렸다. 코치는 그의 실천 계획에 (출장 시 핵심 멤버와의 면담에서) 지역의 '성공을 견인하는 포인트'가 무엇인지에 대한 코칭 대화를 나누고 헤어졌다. 그를 구체적으로 지원하기 위한 작업이다. 그렇지만 출장 전날 밤 그는 '출장을 취소하고, 핵심 몇 명을 본사로 부르기로 했다'는 문자를 코치에게 보내왔다. 코치는 참다못해 당일 새벽 조찬 긴급 코칭을 회사에서 하기로 그에게 제안했다.

이런 저런 일이 있고 나서 일주일 뒤 임원은 해고 통보를 받았다. 코치 역시 사장에게 연락을 받았다. "저로서는 코칭이 마지막 기회였습니다."라는 설명이 덧붙어 있었다. 그러나 코치는 이런 의도를 코칭 시작 전 말하지 않았다는 점과 3자 회의가 부실했다는 점을 떠올리며 아차 했다. 해고 통보 뒤 이미 예정되었던 코칭 세션을 진행한 코치에게 임원은 차분했지만 심한 배신감을 토로했다. 코치는 임원이 해고된 뒤에도 남은 코칭 세션을 그대로 진행하겠다는 의사를 사장에게 직접 표현했지만 거절당했다. 결국 그 세션의 시간을 두 배로 연장해 종결 세션으로 코칭 관계를 마무리했다. 코칭 과정은 중단된 채 종결되었다.

1. 기본 제시된 사례와 차이점을 찾아보고 논평의 요지를 구성해보자.
2. 숨겨진 아젠다를 찾아보고 추론해보자.
3. 코치의 활동을 점검해볼 때 성찰할 점은 무엇인가?
4. 앞의 두 논평자의 관점으로 이 사례를 분석해보자.

참고자료

Amado, G. (2004). Le coaching ou le retour de Narcisse? *Connexions, 1*(81), 43-51

Barner, R., & Higgins, J. (2005). A social constructionist approach to leadership coaching *OD Practitioner, 37*(4), 37-41

Bluckert, P. (2006). *Psychological dimensions of executive coaching*. Maidenhead: McGraw-Hill Education

Bozer, G., Sarros, J. C., & Santora, J. C. (2014). Academic background and credibility in executive coaching effectiveness. *Personnel Review, 43*(6), 881-897

Burke, W (2018). *Organizational change* (5th ed.). London: Sage Publications.

Cardon, A. (2008). *The triangular contract: Finding your way through collective contract complexity* Retrieved from www.metasysteme.eu

Cunliffe, A. L. (2001). Managers as practical authors: Reconstructing our understanding of management practice. *Journal of Management Studies, 38*(3), 351-371

de Haan, E. (2008). *Relational coaching: Journeys towards mastering one-to-one learning*. Chichester: John Wiley & Sons

de Haan, E., Duckworth, A., Birch, D., & Jones, C. (2013). Executive coaching outcome research: The contribution of common factors such as relationship, personality match, and self-efficacy. *Consulting Psychology Journal: Practice and Research, 65*(1), 40-57

de Haan, E., & Nilsson,V 0. (2017). Evaluating coaching behavior in managers, consultants, and coaches: A model, questionnaire, and initial findings. *Consulting Psychology Journal Practice and Research, 69*, 315-333.

Diamante, T. (2011). Leadership development programs that work: Individual transformation by design. In M. London (Ed.), *Handbook of lifelong learning: The oxford library of psychology* New York, NY: Oxford University Press

Diamante, T. (2013). *Effective interviewing and information-gathering techniques: Proven tactics to improve your questioning skills*. New York, NY: Business Expert Collections Press (Global Distribution BEP is partner with Harvard Business Publishing)

Diamante, T., & Primavera, L. (2004). The professional practice of executive coaching: Pnnc1ples, guidelines & key decisions. *International Journal of Decision Ethics, Fall*, 361-374

Diamante, T., Natale, S., & London, M. (2006). Organizational wellness. In S. Sheinfeld Gorin, & J. Arnold (Eds.), *Health promotion practices in industry*. San Francisco, CA Jossey-Bass

Diedrich, R. C. (2001). Further considerations of executive coaching as an emerging competency. *Journal of Consulting Psychology: Research and Practice, 53*, 203-204

Du Toit, A. (2007). Making sense through coaching. *Journal of Management Development, 26*(3), 282-291

Fatien, P. (2012). Ethical Issues in Coaching. In M. Espesito, M. Smith & P. O'Sullivan, (Eds.), *Business Ethics -A Critical Approach: Integrating Ethics Across the Business World* (pp. 302—316) Routledge

Fatien Diochon, P., & Lovelace, K.J.(2015). The coaching continuum: Power dynamics in the change process. *International journal of Work Innovation, 1*(3), 305-322

Fatien Diochon, P., & Nizet, J. (2015). Ethical codes and executive coaches: One size does not fit all. *The journal of Applied Behavioral Science, 51*(2), 277-301

Gollwitzer, P. M., & Sheeran, P. (2009). Self-regulation of consumer decision making and behavior: T he role of implementation intentions. *Journal of Consumer Psychology, 19*, 593—607

Goodstone, M. & Diamante, T.(1998).Organizational use of therapeutic change: Strengthening multi-source feedback systems through interdisciplinary coaching. *Consulting Psychology Journal, Summer, 50*(3),152-163

Graduate School alliance for executive coaching (GSAEC), (2014 version). Academic standard for graduate programs in executive and organizational coaching. Executive summmary. Retrieved from http://gsaec.org/wp-content/uploads/2015/10/gsaec-academic-standards-2014_executive_summary_march_2014 .pdf

Gray, D. E., Garvey, B., & Lane, D. (2016). *A critical introduction. to coaching & mentoring*. London Sage Publications

Gyllensten, K., & Palmer, S. (2007). The coaching relationship: An interpretative phenomenological analysis. *International Coaching Psychology Review, 2*(2), 168—177

Herrera, F. (2011). *Descriptive exploratory study on coaching practices from the point of view of the coachee, in the Metropolitan Region* (Thesis for the title of Psychologist), University of Chile.

Jarvis,]., Lane, D. A., & Fillery-Travis, A. (2006). *The case for coaching*. London: CIPD.

Joo, B. K. (Brian). (2005). Executive coaching: A conceptual framework from an integrative review of practice and research. *Human Resource Development Review, 4*(4), 462-488

Kotter, J. (2012). *Leading change*. Boston, MA: Harvard Business Review Press 『기업이 원하는 변화의 리더』 한정곤 옮김. 김영사 2007 참조.

Lai,Y., & McDowall, A. (2016). Enhancing evidence-based coaching practice by developing a coaching relationship competency framework. In L.Van Zyl,A. Odendaal, & M. Stander (Eds.),*Coaching psychology: Meta-theoretical perspectives and applications in multi-cultural contexts*. NewYork, NY: Springer.

Ledgerwood, G. (2003). From strategic planning to strategic coaching: Evolving conceptual frameworks to enable changing business cultures. *International Journal of Evidence Based Coaching and Mentoring, 1*(1), 46-56

Leonard, S. H. (2017). A teachable approach to leadership. *Consulting Psychology journal: Practice and Research, 69*, 243-266

Locke, E. A., & Latham, G. P. (2002). Building a practically useful theory of goal setting and task motivation: A 35-year odyssey. *American Psychologist, 57*, 705-717

Locke, E. A., & Latham, G. P. (2006). New directions in goal-setting theory. *Current Directions in Psychological Science, 15*(5), 265-268

London, M. & Diamante, T. (2018). *Learning Interventions for Consultants: Building the Talent that Drives Business*. Wash., DC: American Psychological Association

Louis, D., & Fatien-Diochon, P. (2014). Educating coaches to power dynamics: Managing multiple agendas within the triangular relationship. *Journal of Psychological Issues in Organizational Culture, 5*(2), 31-47

McMahon, G. (2019). *Behavioural contracting*. Retrieved from www.cognitivebehaviouralcoachingworks.com/wp-content/uploads/2013/01/Behavioura1Contracting2010.pdf

Natale, S., & Diamapte, T. (2005). Five stages of executive coaching: Better process makes better practice. *Journal of Business Ethics, 59*, 361-374

Nowack, K. (2017). Facilitating successful change behavior: Beyond goal setting to goal flourishing. *Consulting Psychology Journal: Practice and Research, 69*(3), 153-171

Peltier,B. (2009). *The psychology of executive coaching: Theory and application*. NewYork: Psychology Press

Reeves, W B. (2006). The value proposition for executive coaching. *Financial Executive*, December.

Reissner, S. C. (2008). *Narratives of Organisational Change and Learning Making Sense of Testing Times*. Cheltenham: Edward Edgar Publishing

Reissner, S. C. , & Toit, A. Du. (2011). Power and the tale: Coaching as sto1yselling. *The journal of Management Development, 30*(3), 247-259

Rosha,A., & Lace, N.(2016). The scope of coaching in the context of organizational change. *Journal of Open Innovation: Technology, Market, and Complexity, 2*(1), 2

Segers, J., Vloeberghs, D., & Henderickx, E. (2011). Structuring and understanding the coaching indust1y: The coaching cube. *Academy of management Learning and Education, 10*(2), 204-221

Skinner, D. (2012). Outside forces in the coaching room: How to work with multiparty contracts. In E. de Haan, & C. Sills (Eds.), *Coaching relationships: The relational coaching. field book* (Kindle ed., pp. 111-124) . Faringdon, UK: Libri Publishing

Spence, G. B., Cavanagh, M.J., & Grant,A. M. (2006). Duty ofcare in an unregulated industry: Initial findings on the diversity and practices of Australian coaches. *International Coaching Psychology Review, 1*, 71-85

St john-Brooks, K. (2010). Moral support. *Coaching at Work, 5*(1), 48—51

Tobias, L. L. (1996). Coaching executives. *Consulting Psychology Journal: Practice and Research, 48*(2), 87-95

제2장

코칭에서 권력의 힘

소개

코칭에서 힘/권력power은 '방 안에 있는 코끼리'와 같다. 이미 방 안에 있지만 누구도 인정하지acknowledge 않는다. 그런데도 이 지배적인 담론은 실제로 학습자나, 학습 내용, 학습 과정이 "중립적"이라고 가정하고(Shoukry, 2017, p.178) 코치는 "중립적 기술 전문가"로 묘사된다. 미세 실천micro-practice과 이런 기술technical에 대한 초점은 코칭 정보를 제공할 수 있는 '권력역동'에 대한 주의를 분산시키고,[1] 코치를 잠재적으로 "적극적active (정치적) 대행자agent"로 전환시킨다(p.185). 사실, 변화를 지원하고 조력하는 인물의 힘, "책임 있는" 임원이 더욱 강력해지고 조직에서 영향력을 강화하게 하는 것이 실제 코칭이 아닌가?[2]

코칭에 대한 이런 비판적 관점은 힘/권력에 대한 이슈를 분명하게 다루게 한다. 코칭은 주로 조직의 새로운 규율discipline이나 지배domination를 위한 실천으로 묘사된다. 이데올로기적 세뇌brainwashing를 통해 행동 변화를 가져오는 자기self에 대한 미묘한subtle 기술이다(Nielsen & Nørreklit, 2009; Reissner & Du Toit, 2011). 그렇지만 또 다른 비판적 학자들은 코칭이

---

1) 실제로 '방 안에 있는 코끼리'는 모두 알면서도 모른 척하거나 기본적인 것으로 간주하고 언급 없이 넘어간다. 코칭 관계에서 '권력과 권력역동'은 미세 기술에 대한 탐색으로 더 풍부히 탐색할 수 있다. 또 미세 기술로 작동하는 권력역동을 분석해야 진정으로 권력역동을 드러낼 수 있다.
2) 사실 조직에 도입하는 코칭은 상층 임원을 대상으로 하는 것이 일반적이다. 권력을 지닌 리더의 영향력 확대, 효과성 증대를 위해 코칭을 제공하는 것이 주요 흐름이다. 이른바 권력자를 위한 코칭, 그들을 강화하기 위한 코칭이 아닌가?
　힘 없는 사람을 위한 코칭은 별도의 이론적 패러다임으로 새롭게 구성되고 있다. 코칭이 과연 약자를 위한 것이 될 수 있는지 '사회 변화를 위한 코칭', '해방을 위한 코칭' 등이 새롭게 입론 중이다.

통제control만이 아니라, 어떤 특정한 조건에서는 권력위임empowerment도 유지하게 한다고 지적한다(Fatien-Diochon & Nizet, 2015; Louis & Fatien-Diochon, 2018). 이런 논의와 관련해 다음의 두 사례는 코칭에서 나타나는 전형적인 힘/권력역동을 탐구한다.

이사회의 정치학 Politics in the boardroom에서, 마이클은 CEO를 코칭하기 위해 영입되었다. 그는 이사회 멤버들이 각자 자기들의 아젠다 진전을 위해 그를 활용하려는 의미 있는significant 권력 이슈를 목격한다.

두 번째 사례인 코치의 숨겨진 전략the caoch's hidden strategy에서 임원진을 코칭하기 위해 고용된 코치 앨런은 "더 나은 관리자"와 "팀 목표 달성"을 위해 코칭한다. 그의 코칭 개입은 개인에게 초점[개별 맞춤]을 맞추면서도, 코칭을 통해 전체 시스템에 의문을 제기하려고 한다.

■ 사전 점검

1. 코칭은 결국 힘 있는 사람/조직 의지를 부드럽게 집행하게 하는 위임 도구가 아닌가?
   - 개인 코칭 역시 코칭비를 지급할 수 있는 조건, 구매력 있는 사람만이 코칭 서비스를 받을 수 있다.
   - 코칭의 이런 조건에 대해 코치로서 대안은 무엇인가? 위와 같은 주장에 근본적인 반론을 구성해보자.
2. 조직 내 사내 코치 활동의 경우 이 주제와 관련해 어떻게 대응해야 하는가?

사례 2-1. 이사회 정치학 어떻게 할 것인가?

마이클은 훈련 회사training company의 CEO를 코칭하기 위해 고용되었다. 그는 첫날부터 이 일이 매우 복잡한 과제assignment가 될 것을 알았다. 마이클을 처음 만난 이사회 참석자들은 CEO가 주된 관심을 사업 성장에 초점을 맞추고, 성장을 주도해 자신들에게 도움을 주기를 원한다고 말했다. 그렇지만 CEO에게 코칭이 필요하다는 점에는 모두 동의하면서도 무엇을 어떻게 달성해야 하는지는 서로 의견이 달랐다. 초기 대화에는 이사회 12명 모두가 참석했고 마이클은 참석자들이 자기와 편안하게 대화에 전념하길 요청했다. 그의 초기 전략은 이사회 참석자들이 CEO의 코칭 아젠다와 관련해 각자 개인의 우선순위를 확인하고 공통점/기반common ground을 찾게 하는 것이다.[3]

몇 가지 이슈들이 초기 회의에서 드러났다. 마케팅 책임자CMO와 CEO가 좋지 않은 시큰둥한sour 관계라는 점과 CEO는 그녀가 좀 "참견하기 좋아한다interfering."고 생각하기에, 마이클은 그들 둘 관계에서 젠더gender 이슈가 있을 것으로 생각했다. 운영 책임자COO는 CEO의 지나친 간섭involvement 없이 운영하고 싶어 했다. 반면에 최고 재무책임자CFO는 CEO의 협조와 지원이 더 필요하다고 언급했다. 초기 회의에서 마이클은 복잡한 정치적 상호작용interplay을 감지했고, 코칭 과제의 성공을 위해 이 주제들을 다뤄야 한다고 파악했다.

마이클이 직면한 또 다른 도전은 CEO가 초기 회의에 **참석하지 않았다**는 사실이다. 사실 그는 이사회가 자기에게 '코칭 받길 원한다'는 사실 조차 몰랐다. CEO가 이 사실을 알게 되면 위협을threatened 느낄까 봐 우려되는 상황이다. 그들은 CEO가 의심하지 않도록 마이클을 이사회 멤버의 '코치'로 소개하는 데 합의했다. 이렇게 소개받은 마이클은 CEO에게 코칭과 리더십 개발에 대한 자신의 접근을 설명했다. 다른 이사회 멤버도 코칭받고 있다고 믿게 된 CEO는 특별한 의문 없이 자연스럽게 코칭에 참여하기로 했다. 그는 **[사내] 정치**를 의식했기에 조금 의구심reservations이 있긴 했지만 마이클이 자신의 리더십 접근법의 강점을 설명해 주자 이런 초기 장벽을 깨뜨릴 수 있었다.[4]

---

[3] 이사회 차원에서 CEO에게 코칭을 제공하는 경우다. 이런 경우가 충분히 있을 수 있다. 사모펀드가 회사를 인수한 뒤 모회사에서 CEO에게 코칭 제공을 우선 결정하거나 새롭게 구성한 C-suits에게 코칭을 제공하기 위해 예산을 배정하고, 그 실행 시기와 방법을 CEO에게 위임하는 경우, 컨소시엄을 구성해 사업을 확정한 뒤 그 집행을 위한 책임자 CEO에게 코칭을 제공하는 경우 등을 들 수 있다. 이 사례는 이사회가 CEO 의사를 확인하지 않고 그를 코칭으로 안내하려고 한다.

[4] 이와 반대로 CEO가 먼저 C-suits의 변화 '점화' 또는 관리를 위해 코칭을 도입하려고 자신이 먼저 코칭을 받은 다음 이를 계기로 '의도나 계획'을 갖고 C-suits에게 코칭을 제공하는 경우도 있다.

성찰 질문

- "주방에 요리사가 너무 많다."거나 다양하고 많은 아젠다가 결부된 복잡한 과제 complex assignment를 어떻게 다루어야 하는가?
- CEO에게 대응한 마이클의 접근을 볼 때 어떤 윤리적인 이슈가 제기되는가?(이사회와 입 맞추기)

코칭을 진행하면서 마이클은 자신이 주요 이슈로 무엇을 고려해야 하는지 확인했다. CEO가 회사 설립 후, 이사회는 비즈니스에 필수적인 부분으로 성장했다. CEO는 이사회의 성장하는 힘에 위협을 느끼고 회사에 대한 자신의 통제력을 잃을 것을 두려워했다.[5] 그러나 마이클은 CEO에게 그 자신의 아젠다와 이사회의 아젠다가 실제로 일치한다는 것을 보여줌으로써 이러한 감정을 완화했다. 실제 그들은 모든 사업을 책임지는 CEO와 같이 사업을 성장시키고 싶어 했다.

마이클은 이사회 그룹 전체에 몇 차례 짧은 회기 코칭을 제안했다. 이 '그룹 코칭'[6] 회기는 그에게 기밀유지 없이 민감한 질문을 할 자유를 주었다. 이사회와 CEO는 수용적이어서 어느 정도 긴장 완화에 도움이 되었다. 그들은 서로 노력을 방해할 수 있는 부수적인 대화 sidebar conversations를 피하면서 마이클의 접근 방식과 리더십 그룹의 합의 consensus가 중요하다는 점을 이해할 수 있었다.

코칭이 진전되면서 마이클은 가장 큰 도전으로 판명된 이사회 멤버 한 명을 제외하고는 코칭 방향에 대해 승인 buy-in을 얻을 수 있었다. 다른 생각을 가진 그에게서 한 발 뒤로 물러서서 backing off 거리를 두고 접근했다. 직접적 접근 대신 다른 회원들에게 도움을 받아 그를 참여하게 하고, 저항하는 이사에게 다음과 같이 말했다. "나는 당신의 방안을 이해합니다. 당신이 내가 하는 일에 불편함을 느끼고, 원하는 것이 다르다는 점도 알고 있습니다. 하지만 당신이 다른 사람들이 동의한 방향으로 제 노력을 지지해 주었으면 합니다." 마이클에 따르면 이런 설득은 그의 "자아 ego를 진정 calm시키는" 데 도움이 되긴 했지만 "그것[ego]을 방에서 쫓아내지는 못했을 것"으로 생각했다[진정은 했겠으나 저항을 멈추지는 못했다].

---

[5] CEO는 사업과 조직의 확장에 따라 모든 일을 자신이 다 처리할 수 없다는 점, 이사회의 자발성이나 역량을 활용해야 할 필요를 인정하면서도 자신의 영향력이 약화하거나 축소되는 것에 대해 민감할 수 있다.

[6] 이사회 전체를 대상으로 한다면 이는 이사회 팀 코칭으로 보아야 한다.

성찰 질문

- 저항하는 이사회 멤버에 대한 마이클의 접근을 어떻게 생각하는가? 당신이라면 상황을 어떻게 처리할 것인가?
- 정치와 권력 문제로 가득 찬 코칭 과제를 다루는 바람직한 코치의 대응 전략은 무엇인가?

■ **토론 제안**

1. 위 사례에서 CEO를 중심에 두고 다양한 힘/권력의 갈등과 충돌, 숨겨진 의도 등을 파악할 수 있는가?
   - 개인적 경험과 사례도 함께 나누자.
2. 다음에 요약된 주제 소개를 어떻게 생각하는가?
   (1) 코치 역시 고객 조직에 개입되는 힘/권력의 적극적 대행자가 될 수밖에 없다.
   (2) 코칭 역시 이데올로기적 세뇌를 통한 행동 변화를 가져오게 하는 자기self에 대한 미묘한 기술이다.
   (3) 코칭은 권력자의 영향력 증대/조직의 의사 관철을 위한 부드러운 접근일 뿐이다.

   본인 의견을 먼저 정리한 다음 그룹에서 논의해보자.

3. 사내 정치, 사내 권력 갈등 상황을 코치가 피할 수 없다면 어떻게 대응해야 하는가?
   - 파벌 대립, 밀어주고 끌어주기

논평 2-1. A

데이비드 매튜 프라이어

이 사례의 설명처럼, 임원코치는 코치와 조직 리더 사이의 전형적인 일대일 코칭 관계 외에도, 더 큰 시스템 안에 내재하는 힘/권력역동에 대해 작업할 수 있는 역량/기술skill을 개발해야 한다. 실제 마이클은 리더(CEO)의 행동을 변화시키기 위해 코칭 개입을 어떻게 설계해야 하는가에 대해 다른 팀 멤버들(이를테면 12명의 이사들)에게서 다양한 관점multiple perspectives을 제시받았다.

조직 및 임원코칭에 대한 **시스템 접근**은 ①작업의 성격nature과 범위scope를 명확히 하고, ②예상되는 결과를 [서로]정의하며, ③코칭에 관여된 이해관계자와 코칭 대상자 사이에 상호 책임accountabilities과 상호 기대mutual expectations를 일치시키는 것이다. 이는 코칭 계약 초기 단계의 필수적인 실천이다. 출발점은 ④코치가 비전과 사명mission에 관한 조직의 요구를 가장 잘 평가하기assess 위해 중요한 맥락적/상황적 정보를 모아내는 것이다.

이 사례의 전형적인 일대일 코칭 작업engagement은 더 넓은 조직 맥락에서 리더(다른 이사회 구성원들이 제안하듯)를 코칭하도록 설계할 수 있다. 그렇지만 이는 현실로 제시된 문제이기에 필요하긴 하나 이것만으로는 부족하고 추가적 대안이 필요하다.

코칭 고객으로서 팀

마이클이 일대일 임원코칭에서 이사회 팀 코칭으로 재구성reframe하고 확대한 것은 유용한 시도이다. 특히 이 사례는 ①인격personalities[7], ②리더십 스타일, ③경쟁이라는 아젠다 등 여러 권력역동이 숨어 있기에 더욱 그렇다. '전체는 단지 부분의 합만큼만 좋다the whole is only as good as the sum of its parts'는 익숙한 격언[8]은 어느 누구라도 팀과 격리되거나 고립되어 일할 때 조직의 결과를 성공적으로 달성할 수 없다는 것을 시사한다.

◆ **필자**: David Matthew Prior, MCC, BCC, MBA. 컬럼비아 대학 코칭 인증 프로그램 핵심 촉진자 팀 책임자. Getacoach.com. david@getacoach.com

7) personalities 인격/성격들, personality 성격, character 성격 특성 이렇게 구분하여 번역한다.

8) 전혀 익숙하지 않다. 오히려 익숙한 격언은 전체는 부분의 합보다 크다A Whole is Greater Than the Sum of Its Parts(아리스토텔레스)라는 말이다. TEAM Together, Everyone Achieves More은 이를 대표하는 의미이다. 반어법적 서술로 이해된다.

코치가 전체 팀이 아닌 몇 안 되는 소수의 경험을 상세히 이야기하는recounted 식의 다양한 스토리 버전(정성적 자료)에 주로 의존하게 되고, 이것만으로 핵심 리더십 기회와 도전을 객관적으로 평가하고 확인하도록 요청받게 될 때 압박pressures이 발생한다.[9] 바로 여기에 코치가 이사회의 권력역동을 대인관계 이슈로 보게 되는 빠져서는 안 되는 '**함정**'이 있다. 이 사례에서 코치는 [대인관계 이슈]보다 더 넓은 조직 시스템 안에서 작동하는, 그룹 전체를 분석 단위로 작업해야 더 성공을 거둘 수 있다.

팀 진단

마이클이 개입engagement할 수 있는 방법은 리더와 초기 탐색 대화를 통해 ①코칭의 핵심 맥락/상황 요인을 표면화하고, ②계약의 결정적 성공 요인을 파악하고, ③비즈니스 목표 실현을 위해 즉각 다음 단계를 모색하는 것이다.

이사회를 단위로 신뢰할 수 있고 유효하며 일관성을 지닌 진단 도구인 TDS^{Team Diagnostic Survey}를 사용하여 ④이사회 운영의 효과성을 평가하는 것도 유용하다. 웨그먼, 하크만, 리먼(Wageman, Hackman & Lehman, 2005, pp.376-377)에 따르면,

> TDS가 근거를 둔 이론은 팀 효과에 대한 변화가 다섯 가지 조건이 갖추어질 때 더 크다고 구체화한다. (a) 작업을 책임지는 사람들이 단지 이름만이 아니라 실제 팀일 때, (b) 팀 작업이 설득력 있는 방향으로 향했을 때, (c) 팀 구조가 집단 작업을 방해하는 것이 아니라 촉진할 때, (d) 팀 운영이 조직의 맥락/상황에서 과제 실천을 지원할 때 (e) 팀은 구성원들이 자기 실적 수행 상황performance circumstances을 최대한 활용할 수 있도록 지원하는 실전hands-on 코칭을 제공한다.

이 논문 발표 뒤 여섯 번째 조건으로 (f) '적합한 인재right people'가 추가로 제안되었다. **적합한 인재**란 ①팀워크teamwork skill를 포함해 효과적으로 작업을 수행할 수 있는 ②올바른 기술right skill과 ③창의적이고 성공적 수행에 필요한 폭넓은 관점을 조직에 주고, ④그럴 수 있는

---

[9] 코칭을 도입하는 주요 그룹, 공식 라인인 HR이나 그가 지명한 안내자/적극 호응자가 제공하는 정보에 의존할 경우 외부에서 접근하는 코치로서는 매우 어려운 상황이며 빠지기 쉬운 함정 주변에 서게 된다. 이를 위한 코치의 접근은 **거리두기**, **분석하기**만이 아니라 다른 접근 툴이 요구된다. 논평자는 그 하나로 팀 진단을 제시한다.

다양성diversity을 모두 갖춘 인재를 의미한다.[10]

선택적 코칭 개입

팀 진단은 코치가 팀 전체의 효과성effectiveness에 영향을 미치는 핵심 강점과 약점을 구별하고 집단적 요구를 평가할 수 있는 도구 가운데 하나이다. 마치 환자의 전반적 건강은 주요 검사(체중, 신장, 혈압, 혈액 검사blood chemistry profiles, 개인 내러티브, 환자의 개인적 호소 방법)에 의해 객관적으로 평가하는 1차 진료 의사와의 연례 검진과 매우 유사하다. **팀 진단**은 코치, 팀, 리더의 성찰과 소화력digestion을 위한 작은 정보snapshot 안에서 팀의 전반적 건강에 관한 그림을 그린다. 이 사례의 코칭 범위scope는 ①코치가 파트너 관계를 맺은 CEO와 이사회가 협력하고, ②이해관계자[이사회]가 요구하는 결과를 전달하며, ③이사회의 효과성과 학습 능력capability을 향상할 최선의 개입을 공동 설계하는 것이다.

시나리오에서 보듯 일부 이사진들은 서로 다른 아젠다를 제안하고 있다. 일부 목소리 높은 이사회 구성원들은 상황과 실패에 따르는 책임감responsibility, 상호 책임accountability, 이사회 전체 팀 결과 대신에 그들의 실제 이슈인 개인 견해를 - 이는 결국 CEO의 리더십 실패이다 - 코치에게 납득시키려고 시도하고 있다.

팀 코칭 접근으로 코치는 이사회가 스펙트럼 선상에 위치를 잡도록 도움을 줄 수 있다. 한쪽 끝은 이사회를 작업 생산과 과정을 더 개별적으로 집중하는 그룹으로 운영하는 것, 다른 한쪽은 공유된 리더십 역할로 협력적 작업 산출물을 만드는 과정, **개인과 복합적 상호 책임**mutual accountability에 의존하는 실제 팀으로 기능하는 위치로 검토해야 한다 (Hawkins, 2014).

명확한 팀 진단으로 코치는 ①일대일 코칭을 통해 이사회가 규범을 확립하고, ②팀 헌장charter을 설계하며, ③내부와 외부 환경에 이해관계자 참여의 균형을 유지하고, ④잠재적 이해 상충을 파악하고, ⑤정책, 전략, 운영 및 거버넌스를 검토한다. 또 코치가 이사회의 하위 팀, 예를 들어 이사회의 집행위원회Executive Committee를 구성해 같이 일하는 것도 유익할 수 있다. 집행위원회는 건강할 때, 정기 이사회나 이사회 부재 시 이를 대신하여 임원에게 적

---

10) 코치이가 속한 팀에 대한 즉각적 진단(고객의 환경 파악)을 위해 여섯 가지 중심 내용별 간단한 질문, 또는 질문+5점 척도를 worksheet로 만들어 일대일 코칭에 활용할 수 있다. 특히 '적합한 인재' 개념은 경력 사원, 임원 부임 초기 점검해볼 만한 주제이다.

절한 권한과 권한위임을 할 수 있다.[11]

자원의 추가 활용

팀 진단 시행 후, 코치가 적절한 수준의 고객에 대한 개입(예: 리더와의 일대일 코칭 및/또는 팀 코칭)을 확정하고, 마이클은 이런 상황 중에 추가 자원을 [지렛대로] 활용leverage해 정치와 권력역동의 이념적 복잡성을 다루는 데 도움을 얻을 수 있다.

수퍼비전

어떤 코칭 과제assignment든, 코치가 단독-활동lone-ranger을 하면 ①자기 의심self-doubt이 커지고, ②중요한 질문을 지연시키며, ③개입engagement 가능성과 창의성의 범위를 스스로 제한할 수 있다. 마이클은 교육과 코칭 수퍼비전을 통해 지식knowledge, 자원resources 및 도구tools 등을 잘 지원받는 것이 중요하다. 캐롤(Carroll. 2001, p.79)은 ①현실real을 딛고, ②우리를 너머, 그리고 ③여전히 우리 안에 남아 있는 것과 접촉하고, ④우리 안에서 최고best를 꺼내는 "**수퍼비전 삶**supervisory life"의 개념에 관해 이야기한다.[12] 그는 또 수퍼비전 삶에서 영성spirituality 관련해 고려해야 할 것 여섯 가지를 명제propositions로 확인한다. ①성찰적인 사람되기, ②배움과 배움 방법 배우기, ③[목표 지향보다는] 과정 지향적이 되기, ④건강한 관계 구축하기, ⑤연결감connectedness 배우기, ⑥내적인interior 사람 되기 등이다.

조직적 지식

코치가 추가로 갖춰야 할 상식적 지식 기반은 조직 정치organizational politics에 관한 것이다. 마이클은 가장 효과적이고 영향력 있는 개입을 결정하기 전에 경쟁적으로 보이는 다양한 개별 아젠다를 제시받아야 한다. 또 이런 고객 조직과 비즈니스의 요구에 코치로서 부응해야 한다. 조직 관련 [상식적] 지식organizational savvy은 리더십 코치들이 스스로 숙달해야 한다. 이

---

11) 이는 팀을 내부로부터 강화하는 팀 코칭의 결과로 도출해 낼 수 있는 예시이다. 상세한 내용은 최근 개정한 저서에서 확인할 수 있다(『Leadership Team Coaching』 4th, Peter Hawkins, 2021).
12) 수퍼비전 '관계'와 관계가 연결된 그물코 안에서 서로 연결 안에서 '되기-여정'의 삶이 수퍼비전 삶이며 그 삶이 추구하는 영성을 위한 요소 여섯 가지를 되새겨 볼만하다.

런 지식은 드물지 않게 이사회 및 임원 팀과 함께 일할 때 이해관계자들 사이의 경쟁과 힘 겨루기power play에 대해 코치이를 성장하게 안내할 수 있는 유용한 역량이다.13) 브랜던과 셀드만(Brandon & Seldman, 2004, p.1)은 이렇게 언급한다.

> **조직 정치**는 아이디어를 판매하거나, 조직에 영향을 미치거나, 힘/권력을 강화하거나 다른 목표를 달성하기 위한 비형식적unofficial이고 비공식적informal이며, 가끔은 무대 뒤, 막후에서behind-the-scenes 시도되는 노력을 말한다. 좋든 나쁘든 이런 정치가 건설적인지 파괴적인지 결정하는 조건은 **타겟 목표**가 회사의 이익을 위한 것인지 아니면 단지 개인 이기적인 것인지, 그리고 목표를 달성하는 데 사용된 영향력 있는 **노력**이 통합성/성실성integrity을 가졌는지에 따라 달라진다.

따라서 윤리적인 코치들은 전문적 실천에서 통합성/성실성의 가치를 옹호하며 '비정치적 입장apolitical stance[정치에 관심 없는/한 정파에 관련되지 않는 듯한]'을 유지하기 위해 최선을 다한다.14)

성 인지 감수성

젠더 이슈와 관련해 점차 사회적, 정치적, 대인관계적 역동에 대한 민감성이 증가하는 시대에 코치들은 지식 기반을 확대-심화하고, 연민심과 이해심, 존중을 보여주며demonstrated 고객과 함께 작업할 수 있는 용량/수용력capacity을 키워야한다. 이 사례에서 "마이클은 이사회에서 둘 사이의 젠더 이슈를 발견했다."라고 언급한다. 이런 파악은 코치가 관찰한 것으로 어떻게 결론 내렸으며, 이 "정보"로 무엇을 하려고 하는지 우리에게 충분한 맥락을 제공하지 않은 개괄적인 진술이다. 활용하려면 좀 더 구체화가 필요하다. 코치의 관찰은 ①젠더-

---

13) 조직 관련 [상식적] 지식organizational savvy이란 어떤 것인가? 시스템 접근과 집단 역동과 관련한 다양한 식견과 코칭 임상 경험이 코치에게 필요하다. 이를 통해 사내 정치, 집단 사이의 힘 겨루기 등 집단 역동과 동일시 현상, 2인 관계, 3인 관계, 조직 내 개인의 (심리적) 역동과 성격 특성 등에 대한 지식이 요구된다.

14) 회사 내 권력 갈등과 관련해 (주의 집중을 하면서도) **무관심과 무심함의 태도** 또는 **비정치적 태도**를 견지할 수 있다. 통합성의 가치에 서서 중심을 세우고 동일한 거리를 두는 것이다. 그러나 이런 주장의 취지는 이해되나, 코치가 지닌 가치와의 갈등은 불가피한 것으로 보인다. 또 사회적 가치 관련 태도, 정치적 입장 등에 대해 현대 사회, 특히 우리 사회에서는 사실 코치가 관리해야 한다. 이를 위한 배경으로 코치의 '정의로움과 의로움에 서기' 등이 제기된다.

중립, ②남성과 여성의 비언어적 의사소통 코드, ③생물학적 성 차이, ④심리적 젠더 정체성의 사회적, 문화적 영향, 그리고 ⑤그것의 조합 등과 관련이 있는가?

아이비(Ivy, 2016, pp.21-60)가 정의한 대로 "젠더 의사소통은 남녀 **사이의** 의사소통이며, 그 소통은 성sex이나 젠더가 당신의 선택에 공공연히 영향을 미치기 시작할 때 젠더화/성적 특성으로 반영되게gendered 된다." 코치는 젠더 이슈를 코치 자신의 무의식적 편견과 교차intersect할 수 있다. 이사회의 권력역동과 관련해 Q과연 젠더 이슈를 어떻게 작업해야 하는가?[15]

요약

권력역동과 관련된 복잡한 코칭 계약/동의 범위 안에서 코치는 초기에는 천천히 작업하며, 리더십과의 의도적이고 탐색적 대화로 중요한 맥락적 요소들을 명확히 확인한다. 또 리더, 임원 팀, 이사회와 또는 이들이 혼합될 수 있고, 누구라도 같이 작업하게 될 수 있다. 이때 코칭, 컨설팅, 퍼실리테이션의 본질을 명확히 이해하고 공들이는craft 것이 중요하다.[16] **코치**는 객관적 관찰자 입장에서 일관성을 유지하고, 고객에게 적절히 미러링으로 돌려줌과 동시에 코칭 수퍼바이저와 파트너를 맺는 것이 요구된다.

가장 효과적인 개입을 결정하고, 설계하고, 측정 가능하고, 신뢰하고 경험이 풍부한 코칭 수퍼바이저-프랙티셔너의 안전하고 전문적인 지원을 받을 수 있다. 이런 관계와 지원을 고객과 프랙티셔너 모두의 변화와 실천, 배움과 성장을 위한 지렛대로 활용한다.

---

15) 이를테면, 권력역동과 젠더 이슈가 혼재되어 있을 때 젠더 이슈만을 별도로 다룰 것인가? 이사회 집단 또는 각자의 권력역동과 혼합해서 대처해야 하는가? 권력 문제에서는 여성 리더십이 갖는 태도 존중을 넘어 당연한 동료로 인식하고 이것이 실천으로 드러나야 한다. 젠더 이슈는 성 정체성을 어떻게 인식하는가와 관련한 인식의 스펙트럼을 넘어 자기 결정권에 대한 기본 태도가 더 중요하다(friendly 여부).

오늘날 젠더, 인종, 문화, 계급 관련 정체성 등이 각각 별개로 존재하는 것이 아니라 서로 결합하고 상호 교차되어 특권/차별이 새롭게 가중된다. 이를 인식하는 접근으로 상호 교차성 intersectionality 개념이 검토되고 있다.

16) 논평자는 '복합적 설계', '순차적 제공'을 염두에 두는 것으로 이해된다. 동일인에 의한 동시 제공은 윤리적으로 위험한 길을 가는 것이다. 코치들 사이의 팀 작업, 코치와 전문가와의 팀작업을 검토해야 한다.

■ **토론 제안**

1. 시스템 접근의 구체적 방법과 팀 진단이 권력역동/사내 정치의 정도/이슈를 과연 공식적으로 드러낼 수 있는가? 이것이 (우회적으로라도) 가능한 팀 진단을 검토해보고 의견을 나눠보자.
2. 갈등 관리, 권력역동 자체에 대한 중립성neutrality, 비정치적 입장apolitical stance에 대한 구체적 모습을 연상할 수 있는가?
3. 젠더 이슈와 관련해 코칭 현장에서 제기될 수 있는 것은 무엇인지 찾아보자.

논평 2-1. B

데릭 스텍

분석

이 사례가 코치에게 주는 도전은 조직 리더십과 전략적 리더십을 구별distinction하여 복잡한 상황을 다루는 것이다. **조직을 [안에서] 이끄는**leading in 조직 리더십 대 **조직을 [선두에 서서] 이끄는**leading of 전략적 리더십을 구분한다. 일반적으로 '조직 리더십'은 고용 직원들과 조직의 개발과 성장을 지원하는 행동 구조로 볼 수 있고, '전략적 리더십'은 조직을 위한 목적과 의미를 만들고 창조하는 것이다(Boal & Hooijberg, 2000). 이 사례는 리더십 이슈가 있긴 하지만, 그것이 조직원을 이끄는leading in 것과 조직을 주도leading of하는, 또는 두 가지 모두와 관련된 이슈인지는 불분명하다. 성장growth은 자원의 배분과 전략적 방향 설정이 필요한 일이다. 이 과정은 본질에서 정치적이며, 위에 언급한 두 가지 리더십 모두에 새로운 도전을 제기한다.

이 사례는 코치에게 몇 가지 의문을 갖게 한다. ^{Q.}CEO가 조직 내 [조직을 이끄는] 접근방식에 어떤 결함/부족함deficit이 있는가? ^{Q.}CEO에게는 성장 경로growth of path를 주도chartering하며 조직을 이끌 수용력capacity이 있는가? ^{Q.}CEO는 성장 목표, 특히 조직을 이끌며 관련된 목표 달성에서 부딪치는 도전들을 다룰 수 있는가? 만약 이런 질문에 CEO, 코치, 이사회 멤버들이 비슷한 대답을 한다면 코칭 과제는 성공할 가능성이 크다.[17]

이 사례의 핵심 이슈는 "CEO가 이사회의 힘이 증가함에 따라 회사에 대한 통제력을 잃을까 두려워한다." 동시에 다른 기능적 책임을 진 각 개인을 이끄는 데 얽힌 난제를 다뤄야 한다는 점이다. CMO(간섭interference과 잠재적인 젠더 이슈로 서로 시큰둥한 관계), COO(관여involvement를 덜 원하는 사람), CFO(지원과 협력이 필요한 사람)와의 관계는 도전 과제로 보인다. 존 코터(Kotter, J. P. 1985)는 얼마나 많은 관리자가 직원들에게 마음 편하게 의존할 준비를 못하고 있는지 설명하며, "통제력 상실losing control"에 대한 두려움으

◆ **필자**: Deryk Stec: PhD. Dalhousie University, Rowe School of Business, 경영학 조교수. deryk.stec@dal.ca

17) 목표나 아젠다에 대한 의견 접근이나 일치를 의미하는 것으로 이해된다.

로 오히려 CEO가 이런 '의존성 관리'를 위해 스스로 고군분투하고 있음을 시사한다. 시간이 흐르면 CEO는 영향력이 줄어들고 이사회 의존도가 높아진다. 그러나 회사가 성장하려면 CEO에 대한 의존도가 점차 높아져야 한다. 기업 창업자들이 효율성을 높이고 성장을 촉진하기 위한 구조인 CEO의 힘을 오히려 제거하기 위해 고군분투하는 일은 흔하지 않게 볼 수 있다.[18]

조직 개발이란 단순 기업가 조직에서 복잡한 조직으로 가는 변혁과 도전을 포착하고, **[조직의] 라이프 사이클**을 통해 조직을 이끄는 것을 말한다(Jones, 2006). 이를 위한 인기 모델이 그라이너(Greiner. 1998)의 모델로 다음 5단계이다. ①창의성Creativity(기업가적이고, 단순함), ②방향성Direcion(기능적 구조와 표준), ③권한위임Delegation(분권화된 조직 구조), ④조정Coordination(중앙 계획과 예산 편성 노력 증가), ⑤협업Collaboration(대응성responsiveness과 중앙 집중화의 균형) 등, 각각은 주도해야 할 구체적인 도전 과제를 갖고 있다.[19]

이 사례에서 조직은 단순하고 기업가적인 '창조성 단계'에서 기능 구조와 표준에 의존하는 성장 전략을 착수하는 두 번째인 '방향성 단계'로 전환하며 **리더십 위기**를 맞고 있다. 이 경우 조직이 어떻게 서비스를 제공하는가에 따라 잠재력이 높아진다. 구매 가치가 눈에 보이고 서비스가 상대적으로 비교하기 쉬운 제품을 제공하는 조직과 이와 대조적으로 그 가치가 무형적이며 고객과 상호작용을 많이 하며 개인이 품질을 결정하는 데 중요하게 역할을 경우가 그것이다(Daft, 2001).

비행기 때문에 화가 나 속상해하는 사람은 거의 없지만, 항공사에 의해 좌절하는 사람은 많다. 회사를 시작했을 때 CEO는 고객과 매우 개인적인 관계를 맺었을 가능성이 크다. 그렇지만 조직이 성장함에 따라 마케팅과 조직 운영 분야는 CEO의 성격personality과 욕망desires을 중심으로 돌아가기보다는 일관된 접근 방식이 필요할 것이며, 회사 시작 무렵 결코 초점이 크지 않았을 금융은 이제 공식적인 정책이 필요하다. 이런 의미에서 CMO, COO 및 CFO가 표현한 여러 가지 유형의 좌절/불만 사항은 이런 시나리오와 일치하는 것으로 보인다.

---

18) 사실 이런 경우는 전체적으로 보면 시소seesaw와 같다. 창업자가 곧 CEO인 경우 열정과 자원 동원, 힘의 집중으로 조직이 성장한다. 성장에 따른 결과로, 또 더 큰 성장을 위해 이사회가 구성되고 전문 분야로 동시에 집중하는 단계로 진입하고, CEO의 영향력은 상대적으로 축소된다. 이제 창업자 역시 이사회로 물러나고 전문 CEO에 의해 또 다른 성장과 비약을 도모할 경우에도 역시 CEO에 의존하면서도 견제해야 할 또 다른 상황이 도래한다.
19) 이후에 조직 외부에서의 해결책extra-organizational solutions(합병, 보유, 조직의 네트워크를 통한 성장)이 다음 단계(6단계)로 추가되었다.

코치의 접근

이 사례에서 코치가 소개된 방식은 이상적인 경우와는 거리가 멀다. 코치가 실제로 이사회 멤버를 코칭하지 않는다면 이 같은 소개 방식은 코치와 CEO 사이의 신뢰가 손상될 위험이 있다.[20] 만약 목표치를 달성하지 못하거나 기업 방향이 창업자의 가치나 기업에 대한 아이디어와 맞지 않을 경우 이런 일이 발생할 가능성이 커진다.

이사회가 그룹으로 잠재적 문제를 논의하기 곤란troubling한 경우 그 윤곽을 보여줄 제3의 공간이 없다는 것이 문제가 된다. 그것은 CEO에 대한 신뢰 부족, 정치적 환경과 CEO를 넘어서는 리더십 부족 등이 어느 정도 결합되었음을 시사한다.

이사회 구성원의 저항

이사회 구성원의 저항에 대한 접근 방식은 적절한 것으로 보인다. 코치와 방향 합의를 한 것으로 보아 이사회 멤버가 제기한 이슈들은 전략적인 이슈로 보인다. 그러나 CEO가 목표를 충족하지 못하면 이사회의 정치적 성격을 고려해볼 때 더 많은 이사회 구성원이 저항할 수 있다.

이런 유형의 상황을 다루면서

이런 상황에 직면할 때 취해야 할 많은 조치가 있다. **첫째**, 코치는 이것이 회사가 성장함에 따라 창업자가 허우적거리는 일반적 경향의 특정 사례인지 또는 CEO가 상황/맥락과 관계없이 주도권을 저해할 특정 이슈가 있는지를 이해하려 노력해야 한다. 아래 매트릭스([표 2.1] 참조)는 성장 단계의 차이에 따라 조직 리더십과 전략적 리더십 사이의 긴장을 포착할 수 있는 잠재적 이슈 해결에 도움을 제공한다.

만약 상황을 평가할 때, 직원들과 이사회 구성원들이 CEO가 기업가 단계entrepreneurial state에서는 조직을 주도하는 전략적 리더십을 발휘할 수 있다고 느끼지만 점차 더 안정적인 조직으로 변하면서 새로운 이슈가 발생한다면, 이 사례(사분면 Q4)는 아마도 전형적인 상황을 대표하게 될 것이다. 이런 상황의 분명한 이점은 민감한 주제에 대한 의사소통이 더 쉬

---

[20] 이 같은 우회적인 코치의 비즈니스 활동을 어떻게 보아야 하는가? 윤리적 태도와 현실적 유익함 사이에 가치 갈등이 있다.

울 것이라는 점이다. 코치는 다른 사람이 직면했던 전형적 상황을 다루기 때문에 CEO를 탓할 수 없다는 것을 알 수 있다. 이런 방식으로 CEO가 혼자라는 외로움을 느껴서는 안 되며, 학습과정을 수용하는 경향이 있지만 그들이 상황에 어떻게 대항하기로 선택하느냐 하는 것은 여전히 도전 과제를 유발할 수 있다. 이런 도전의 어려움은 CEO에게는 실천과제가 자신의 안전지대comfort zone에서 얼마나 떨어져 있는지에 따라 달라진다.

모든 사람이 전략적 리더십에 만족하고 있지만, 기능을 책임지는 전문가들이 추가되어

[표 2.1] 성장하는 조직을 이끌기 위한 도전

	단계 1 [창의성-기업가적이고, 단순함]	단계 2 [방향성-기능적 구조와 표준]
전략적 리더십	Q1 CEO가 기업가적 조직에 의미와 방향을 제공할 수 있었는가? Yes-조직은 성공의 기회를 늘렸다. No-조직은 투쟁을 겪을 것이다.	Q2 CEO에게 경영 구조와 표준에 점점 더 의존하는 조직을 이해하고, 의미와 방향을 계속 제공할 역량이 남아 있는가? Yes-조직은 성공 가능성이 증가한다. No-조직은 더 많은 정치와 파워 개입을 경험할 것이다.
조직 리더십	Q3 CEO가 조직과 관련된 일상적인 활동에서 사람들을 이끌 수 있었는가? Yes-조직은 특히 사람들과 관련되어 성공할 확률이 높아진다. No-의미가 조직에서 나오는 경우 이슈가 되지 않을 수 있지만, 조직이 성숙하거나 쇠퇴하면 지속 가능하지 않을 수 있다.	Q4 조직이 2단계에 다가갈수록, 더 많은 사람을 이끌고 더 많은 활동을 위임해야 하는데 CEO는 조직과 관련된 일상적인 활동으로 사람들을 이끌 수 있는가? Yes-조직은 특히 사람들과 관련된 성공 가능성을 높였다. No-특히 기능 분야의 직원들을 이끄는 관리자들에게는 더욱 더 이슈가 될 것이다.

조직 리더십에 대한 이슈가 점점 복잡해진다면 상황(사분면 Q3)은 더욱 어려워진다. CEO의 특성characteristics과 관련된 문제는 본질에서 그들의 정체성을 다뤄야하므로 더 어려울 것이다. 그래서 코치로서는 코칭에서 제공되는 서비스의 한계를 이해하는 것이 중요하다. 개인적인 이슈가 심할 경우 다른 전문가의 도움을 구하는 것이 적절할 수 있다.

전략적 리더십(사분면 Q2)에 대한 우려가 있다면, 권력 놀이와 정치의 역할이 더 커진다. 또 **실제적인 문제가** 무엇인지에 따라, 다른 전문가들의 도움을 구하는 것이 적절할 수 있다.

다음으로 CEO가 직면한 상황과 관계없이 기업 내 권력역동을 고려할 때 이사회와 조

직 사이의 **관계 패턴**을 이해하는 것이 중요하다. 여기에는 사람들이 어떻게 의사소통하고 문제를 해결하는지, 그들이 신뢰하는 사람(Krackhardt & Hanson, 1993)을 설명하는 비공식적인 네트워크에 민감하고 동시에 **의존성**(Kotter, 1985)과 **상호의존성**(Pfeffer, 1992a)을 결정하는 것도 포함된다. 코터와 페퍼(Kotter, 1985; Pfeffer, 1992a, 1992b)는 모두 권력에 관해 폭넓게 글을 썼다. 다음의 단계는 그 경관landscape을 이해하는 데 도움을 준다.

1. **목표를 결정한다**. CEO가 성공을 위해 이를 결정하는 것이 중요하지만 그렇게 쉬운 일은 아니다.
2. **관계 패턴을 진단한다**. 어느 개인이 영향력이 큰가? 목표 달성에 중요한 개인은 누구인가? 그들은 목표를 어떻게 생각하는가? 저항할 가능성 있는 사람들이 있는가?
3. 이 **개인의 힘/권력의 원천**은 무엇인가? 그들의 위치, 관계, 전문성, 정보 통제 등에 근거하고 있는가?
4. **CEO의 힘/권력의 원천**은 무엇인가? 그들의 지위, 관계, 전문성, 정보 통제 등에 근거하고 있는가?
5. **긍정적인 관계를 강화**하도록 한다. 중요한 것은 의사소통을 개발하고, 필요한 교육을 제공하고, 적절한 자원 확보를 보장하며, 협상을 준비함으로써 저항 가능성이 있는 관계를 긍정적 관계로 개선하는 것이다.
6. **저항이 계속된다면** 저항을 그 자체로 그대로 다루기 위해 더 미묘하거나subtle 강력한 forceful 방법을 설계하고 개발할 수 있기에 용기 있게 준비해야 한다.[21]

끝으로 주저하는reluctant 이사를 다룰 때 코치는 "내가 하는 일로 당신이 불편한 건 나도 알아요. 원하는 것이 다르다는 점도 알고 있습니다."라고 설명한다. 이런 저항이 코치와 CEO가 하는 일 때문인지 또는 이사회 구성원이 다른 작업을 원하기 때문인지 이해하는 것은 코칭 중재의 성공을 위해 필수적인 것으로 보인다.

모든 사람이 같은 것을 원하고 목표를 달성하면 문제는 줄어들 수 있다. 반면에 이사회

---

21) 주 13. P.60 참조. '조직 관련 [상식적] 지식' 참조. 개인의 저항과 방어 패턴, 성격 특성별 대처 등이 일대일 코칭을 넘어 시스템 코칭을 결합하기 위한 학습이 추가로 필요하다.
생각해볼 수 있는 주요한 방안이 '저항과 함께 구르기'이다. 저항을 저지하고 문제를 제기하기보다는 인정하고 그 저항이 가는 길을 그대로 따라간다.

구성원이 다른 것을 원하고, CEO가 명시된 목표를 달성하지 못하면 저항이 더 많은 지지를 얻으며 다시 나타날 가능성이 크다. 성공하더라도 다른 형태의 저항이나 분노가 나타날 수 있다. 따라서 조직 라이프사이클의 도전은 전통적으로 리더십에 관한 이슈를 제기하지만, 산업 라이프사이클은 문제를 완화하거나 지연하고 이슈를 악화시킬 수 있다.

일반적으로 산업 라이프사이클(Hill, 2001)은 다음 단계를 갖는다. ①출현/창발emergent, ②성장growth, ③성숙maturity, ④동요shakeout, ⑤쇠퇴decline 등이다. 만일 이 산업이 출현/창발 성장 단계에 있다면, 모든 기업이 이런 단계에서 수익을 올릴 수 있기에 리더십 문제나 저항 문제를 극복할 가능성이 있다. 그러나 산업의 성장이 둔화되고 목표 달성이 점차 어려워지면 저항과 좌절감이 증가할 것으로 보인다.[22]

비슷한 경험

나는 한때 시장에서 기회를 잘 활용하려는 서비스 조직과 일한 적이 있었다. 서비스 조직이기에 [비용] 청구 가능한 시간billable hours만 수익을 보장받는다. 서비스 계약을 개발한 시간은 서비스를 제공해도 [코칭비 청구] 시간을 줄이거나 미리 자원을 투자해야 했다[이를테면 코치가 먼저 사전에 시간을 들여야 하거나, 시작 전 실제 투입 시간을 줄여서 제안].[23] 활용할 시간이 충분했는데도 [코칭] 투자가 만족스러운 수익을 창출할지 확신이 없는 파트너들은 관계를 종료했다. 그들 가운데 한 명은 장기적으로 조직에 서비스를 제공하는 회사를 설립했고, 다른 사람들은 업계의 전문가에게 필요할 때마다 즉석에서ad hoc 적절하고 일반적인 방식으로 필요한 인력을 확보했다.

내게 놀라운 것은 이런 상황에 대한 경제 관련 인식 부족이다. 내 역할은 그들을 코칭하는 것이므로 그런 긴장을 알아차렸다. 나는 파트너들이 정말로 이 같은 사전 서비스 제공을 계산하지 않는 점을 전혀 예상하지 못했다. 그러나 노동력이 직접적인 수입원일 경우

---

22) 이 같은 산업 라이프사이클 위치에서 전략적 방향과 과제를 검토하는 것은 조직 주도 리더십과 조직 내부 리더십의 과제를 설정하는 데 도움이 된다. 이는 동일 기업 그룹 내 사업부문별 검토도 가능하다. 반면에 기업 라이프사이클로 **기업 몰락의 5단계**도 검토하면 유효하다. ①1단계: 성공으로부터 자만심이 생기는 단계 ②2단계: 원칙 없이 더 많은 욕심을 내는 단계 ③3단계: 위험과 위기 가능성을 부정하는 단계 ④4단계: 구원을 찾아 헤매는 단계 ⑤5단계: 유명무실해지거나 생명이 끝나는 단계. 『위대한 기업은 다 어디로 갔을까How the Mighty Fall』 짐 콜린스. 김명철 옮김. 김영사. 2010.
23) 이런 제안 과정에는 코치 노력의 재생산비는 별도로 하더라도 준비 단계의 비용도 들어가 있지 않다.

사업 개발에 소비되는 어떤 시간에도 [노동력 투입으로] 비용이 들기 마련이다. 성찰해 보면, 비즈니스 성장을 원하는 파트너가 나를 그 프로세스를 촉진해줄 협력자로 제휴해ally 고용한 것이 분명했지만 서비스 비용을 개괄적으로 정산함으로써 내 노력을 충분히 고려해 주지 않았다. 코칭 세션에서 이 점을 논의하자 파트너들 사이의 긴장은 뚜렷이 드러났다. 그들은 증가된 고객만큼 유익을 누리고 싶었지만 그에 상응하는 비용 지급은 원하지 않았다. 이런 의미에서 이들은 조직 내 리더로 만족할 뿐 이를 주도하는 전략적 리더로는 신뢰하거나 지지하기 어려웠다.[24]

또 다른 사례다. 나는 비즈니스 성장을 위해 애쓰는 조직과 함께 일했다. 단순 상품판매에서 고객 영업에 가치를 더하는 서비스 제공으로 사업을 전환하려는 의도에서 새로운 시장에 초점을 맞추고 장기 공급 계약을 모색하는 작업이었다. 이런 경우 CEO이자 창업자는 가치에 근거한 영업 관련 아이디어를 계속 홍보하지만, 다른 사람들은 매일매일 특히 초점이 숫자에만 맞춰질 수밖에 없는 월말까지 일상에서 이 같은 아이디어를 유지하기는 어렵다. 따라서 회사의 관리자들은 시간이 지남에 따라 장기적인 전략에 중점을 두지 않고 오직 단기 경영 실천에 더 많은 관심을 기울이게 된다. 돌이켜보면 당시 CEO이자 오너의 행동에 대해 개별적으로 코칭하고, 이사회 같은 지원구조를 만들어 이슈에 대해 더 많은 대화로 격려할 수 있게 중점을 두었어야 했다. 이 사례의 경우 임원들은 일반적으로 CEO의 조직 주도적인 전략적 리더십은 지지하지만 제안된 전략과 일관성 없는 조직 안에서 주도하는 조직 리더십에는 좌절했다. 이 사례의 중요성은 CEO가 이 같은 조직의 도전들을 이해했다는 점이다. 그렇지만 CEO가 자신이 도전에 어떻게 반응하는가를 검토하고 조직 프로세스와 시스템에 대한 신뢰를 개발하도록 도움을 주기는 매우 어려운 것이 사실이다.

이런 상황과 관련한 도전은 조직을 주도하는 전략적 리더에 대한 키슈펄비와 피쳐(Kisfalvi & Pitcher. 2003)의 연구에서, 특히 리더들의 성격 특성character과 정서emotions가 전략 수행과 어떻게 상호작용하는지에 관한 연구를 참조할 만하다.

---

24) 이러한 예는 우리 코칭 사회의 코치들의 사업 관계와도 큰 차이가 없다. ①공동 비즈니스 개발 시 상호 투입되는 노동력과 아이디어, 기존 작업성과에 대한 평가와 이에 대한 비용 개념을 정리하지 않는 경우다. ②코치들 사이의 협력 관계가 수평적이지 않을 때 힘/권력 이슈가 개입된다. 하위 제공자가 일방적으로 제공하는 경우, 희망이나 기회의 가능성을 대가로 제공받는 경우이거나, 이른바 배움의 혜택으로 가름하는 경우다. ③이와는 상반되게 이른바 유익이 보장되지 않은 (후발) 주자 사이의 자발적 연합에 따라 작업하는 경우이다. 이런 경우 아이디어나 제안에 소극적이거나, 아이디어와 노력이 만나 창발적 성과를 내지 못하고 답보하게 되는 것이 문제다. 누군가 제안하고, 이끌어 주는 무임승차나 그로 인해 얻어지는 기회만 기대할 뿐이다. 결국 저성과로 해산되거나 지체되고 서로 지친다.

그들은 연구에서 CEO와 자문팀의 상호작용을 조사한 결과, 계획 수립이 공식적으로 합리적인 과정이라 판단했고, 미래에 어떻게 접근해야 하는지에 동의하지만 결국 CEO의 성격과 정서가 계획의 실행을 방해했다고 판단했다. 이런 과정은 21세기에 회사를 이끌 최고 경영진의 일원으로 채용된 CEO와 자문위원들에 의해 공개적으로 지원받고 시작했을 때도 [마찬가지로] 발생했다. 궁극적으로 CEO는 자신의 **정체성**, **성격 특성** 및 **개인의 역사**personal history 때문에 자신의 접근 방식을 수정할 수 없었다.[25] 이런 경우 심각한 이슈가 발생할 가능성은 작지만, 변화의 필요성이 확인되고 더 나은 방법이 명시되더라도 변화의 도전은 강조되지 않는다.

---

[25] 이런 점 때문에 CEO, Owner에 대한 코칭은 별도로 분리해 진행하는 것이 필요하다. 이들에 대한 코칭은 임원코칭, C-suite 코칭과 성격이 다를 수 있다. CEO, Owner의 의사결정에 그들 자신의 정체성, 성격 특성, 개인의 사적 경험이 어떻게 영향을 주는가? 조직은 이를 어떻게 대처하고 개선할 수 있을까? 비즈니스, 리더십 코치는 여기에 어떻게 대응할 수 있는가는 매우 중요한 과제이다.

■ 토론 제안

1. 조직 및 산업 라이프사이클 모델에 대한 비교와 필요한 토론

    (1) 조직개발을 위한 접근 모델로 논평자가 인용한 그라이너[Greiner] 조직 성장 6단계

    – ①창의성[Creativity](기업가적이고, 단순함), ②방향성[Direcion](기능적 구조와 표준), ③권한 위임[Delegation](분권화된 조직 구조), ④조정[Coordination](중앙 계획과 예산 편성 노력 증가), ⑤협업[Collaboration](대응성[reponsiveness]과 중앙 집중화의 균형) ⑥조직 외부에서의 해결책[extra-organizational solutions](합병, 보유, 조직의 네트워크를 통한 성장)

    (2) Hill의 산업 라이프사이클 모델에 의한 논평자의 인용

    참고 서적 : Charles W. L. Hill, Gareth R. Jones. Strategic Mangegment: An Integrated Approach. 동일 저자의 번역서 『경영전략 11th』 박준병 외 역. 한티 미디어(2015) 『국제경영』 이건희 외 역.

    – 산업 라이프사이클(Hill, 2001)은 다음 단계를 갖는다. ①출현/창발[emergent], ②성장[growth], ③성숙[maturity], ④동요[shakeout], ⑤쇠퇴[decline] 등이다.

    (3) 짐 콜린스 기업 몰락의 5단계

    참고 서적 :『위대한 기업은 다 어디로 갔는가』짐 콜린스. 김명철 역. 김영사 기업 몰락의 5단계)

    – 기업 몰락의 5단계 ①1단계: 성공으로부터 자만심이 생기는 단계 ②2단계: 원칙 없이 더 많은 욕심을 내는 단계 ③3단계: 위험과 위기 가능성을 부정하는 단계 ④4단계: 구원을 찾아 헤매는 단계 ⑤5단계: 유명무실해지거나 생명이 끝나는 단계.

2. 조직 내 권력역동과 관련한 존 코터[J.P.Kotter]와 페퍼[J. Pfeffer]의 견해에 대한 검토가 필요하다.

3. 변화에 대한 조직 내 저항, 관계 갈등에 대한 코칭이 지닌 내용에 대해 검토해보자.

추가 사례 2-A. C-suite 내부 권력역동에서 두 사람을 코칭한다.

한시적 계약으로 컨설팅 회사 코칭팀에 소속된 코치 피터는 컨설팅을 진행한 회사의 임원코칭에 배치되었다. 컨설팅 과정에서 소속 코치이자 컨설턴트들은 C-suite을 대상으로 프로세스 컨설팅을 이어갔다. 그러던 중 CEO는 C-suite 각 개인이 지닌 특성과 이슈를 주제로 임원코칭을 제안했다. 컨설팅 회사는 자기 회사 소유의 360° 진단을 실시하고, 각 임원의 주요 일상 활동에 대한 발췌 촬영으로 Shadow 코칭도 준비했다. 코치쪽 PM은 각 임원에게 소속 코치를 배치했고, 회사의 미래 비전과 임원코칭 도입 의도를 밝히는 별도의 CEO 인터뷰에 코치들을 모두 배석하게 했다. 피터는 CEO를 맡게 되었고, 영국인 CFO에게도 내국인 코치가 배치되었다.

세계적인 다국적 기업의 국내 진출로 30년 된 이 회사는 국내 재벌 기업에 인수된 뒤 모기업의 위기로 외국계 사모펀드로 넘어간 지 1년이 조금 넘었다. 사모펀드 측은 CFO는 영국인으로, CSO는 업계에서 검증된 임원을 우선 배치한 뒤, 현 CEO에게 나머지 임원 임명과 모든 인사권을 위임했다. 컨설팅은 현 C-suite이 구성된 뒤 CEO 주도로 시작되었으며, 회사 차원의 모든 교육은 CHR 주도로 별도 전문 회사와 설계 중이다.

코칭 시작과 세션 간 기간, 일정, 장소 등은 코치들에게 일임되었고, 코치들은 대략 3주 간격으로 PM의 주도로 코치 팀 미팅을 했다. 첫 미팅에서 PM은 특별한 설명 없이 지나치듯 CSO를 코치 피터에게 재배치했다. 피터는 CEO, CSO 두 임원을 동시에 코칭하는 상황이 되었다. 임원코칭을 위한 상호 책임과 목표 정렬을 위한 3자 회의를 진행할 여건은 코치 모두에게 다 어려웠다. 결국 임원코칭을 총괄하는 사측 책임자는 직급이 한 단계 아래인 CHR이 담당하며(그는 임원코칭 대상이 아니었다) 그와 2자 회의로 대치되었다. CSO 코칭을 위한 CHR과의 2자 면담은 특별한 내용 없이 진행되었고, 피터는 CEO와의 면담을 **별도로 제안받았다.** 피터는 CEO와 세션과는 별도 일정으로 회의를 잡으며 CSO가 참석할지 모른다는 기대를 했지만 CEO, CHR과 3자 회의가 되었다. CHR이 나간 뒤 CEO는 지나가는 말로 CSO와의 코칭 진척 여부와 논의 주제에 관해 물었다. 그리고 어차피 CHR과도 CSO 코칭 관련 진행을 논의할 테니 자신에게 직접 이야기해주도록 요청했다. 코치는 CSO 코칭과 관련한 상호 책임 관계자 회의가 필요하면 요청하겠다는 점과 임원코칭 전반에 관련된 주제는 CHR과 회사

PM과 논의 채널이 있다는 점을 환기시켰다.

피터는 PM과 함께한 코치-팀 회의에서 몇 가지 이슈를 제기했다. CEO, CSO를 동시에 코칭하는 상황, 현 프로젝트가 상호 책임 관계자(이해관계자)와의 3자 회의가 부실 또는 부재한 채 진행된다는 점, 코칭과 관련한 CHR의 역할과 민감한 권력 관계(그는 CEO가 영입했다). CEO와 각 C-suite의 상위 관리자(CEO)로 3자 회의 및 상호 책임 관계를 설계하지 못한 정황 등이다. 그러나 이런 이슈를 설명하는 과정에서 현 코치 팀이 이 같은 이슈를 감당하기 **어렵다는 점**이 자연스럽게 드러났다.

CSO는 코칭에 진지하게 임했지만 코칭 장소를 처음부터 회사 밖 호텔에서 진행했으며, 아침 7시 출근하기 전에 진행했다. 코칭 전 실시한 360° 진단 결과 역시 비슷한 시기에 다른 전문 회사에서 자신이 독자적으로 실시한 진단 결과(이것은 자기 체크 방식이다)와 현 회사에 오기 전 회사에서 실시한 결과(이것은 360° 다면 진단이다.) 등 세 가지를 같이 가지고 나왔다. 코칭 대화의 귀결로 파악된 그의 숨겨진 의도는 이번에 실시한 진단 결과에 대한 **문제 제기**와 **의미 축소** 및 **중립화**였다. 피터는 마치 시험 성적 결과를 수정하고 싶어 하는 학생을 본다는 생각이 들었다.

CEO와의 코칭 역시 순조롭게 진행되었다. 그렇지만 세션 중 어느 순간에는 거의 빠짐없이 CSO의 코칭 진행, 그의 활동이나 회의 시 그의 언행이 대화 소재로 등장했다. 자신의 의도가 C-suite에 얼마나 반영되는지에도 관심을 집중했다. 컨설팅, 임원코칭 도입 의도 역시 이 때문이라고 밝혔다. CEO는 공식 회의-개별 접촉을 통해 자신의 영향력에 한계나 의심을 품었고, 자신의 직접 채널 이외에 컨설팅-코칭을 통한 우회적인 소통을 하고 싶은 의도를 감추지 않았다.

3차 코치 팀 회의에서 여러 가지 상황의 윤곽이 드러났다. C-suite 전원은 3년 계약이며 당연히 모두 CEO와 사모펀드의 평가를 받고 책임을 진다. 그렇지만 C-suite 중 CSO와 CFO는 사실상 CEO와 형식적인 책임 관계일 뿐이다. COO와 CHR을 직접 임명한 CEO는 CSO 견제를 위해 CMO를 임명하려던 요구가 좌절되었다. 이들 사이의 복잡한 견제 관계는 C-suite의 상호 협력과 힘의 집중을 더디게 했다. 전체 핵심 중간 간부들 구성은 첫 외국계 기업 출신, 국내 인수 기업에서 낙하산으로 왔던 인맥 등이 살아있고, CEO는 물론 COO, CSO 등과도 서로 복잡하게 연결되어 있다. 또 현재 노조는 CEO를 밀고 있다. 사모펀드의 의도는 3년 안에 다른 기업으로 넘기는 것이다.

이 같은 정보는 코치들에게 사전에 충분히 공유되지 않았으며 PM이 주도한 사전 코칭 설계에도 반영되지 못했다. PM은 코치 회의를 통해 얻은 진행 결과가 CHR과 공유되었으며, 피터 이외의 코치들은 코치 팀 회의의 일정보다 자주 PM과 소통하고 있다. CHR은 CEO와 이전 기업부터 같이 움직여온 관계가 아닌가. 코치 팀 회의를 통해 이들의 복잡한 관계 정보가 누적되었다. 기업이 처한 상황이나 임원의 임무, 책임감 등에서 외형상 가장 자유로운 사람은 CFO였다. 그는 모든 업무를 근무 시간 내에, 자신의 집무실에서만 처리할 뿐이고 다른 임원들이 접촉하기 어려웠다. 영국인과 독일인을 합쳐둔 듯 따뜻함과 엄격함이 절충되었고 속을 내비치지 않는다. COO는 사실상 CEO, CSO의 균형추 역할을 하며 교대로 양쪽을 시소처럼 맞추고 있다.

기업 재생과 성장 전망 확보를 통한 기업 가치 회복, 이를 통한 고용 유지는 모든 임직원의 소망이다. 이를 위한 컨설팅 결과와 정보는 직원 교육과 임원 및 중간 간부 교육 계획 전체에 종합적으로 반영되어야 했다. 컨설팅 회사 내 코치 팀 역시 다소 독립적인 외인부대이고, 직원 교육 준비 기획은 다른 교육 회사와 논의되고 있다. 노동조합은 활발히 기능하는 조직이고 상급 단체와 교류하며 역시 조합원 교육을 기획하고 진행한다. 어찌 보면 가장 중요한 조직의 상층 리더십인 C-suite만이 3년 임시직이다. 관련된 외부 팀 모두 다 독립된 별도 조직이며 횡적 연결도 약한 실정이다. 이 주제와 관련된 실무적 책임 인원은 겉보기에 CHR이다. 그러나 그의 리더십 시각視覺 지평은 그리 넓거나 깊거나 멀지 못했고 조직 내 힘도 약했다.

무엇보다 CEO의 리더십 영향력의 변혁적 전환, CSO의 자기 비움과 경쟁 의식 완화, 두 사람의 전폭적 협력은 기업 발전과 지속성 강화를 위해 관건이 되는 과제이다. 이 같은 성찰에 피터는 전율했지만 컨설팅 회사 고용 코치로서의 한계는 자명했다. 코칭 종결 후 코치 평가에서 CEO는 4.7, CSO는 4.5였고 코치들 가운데서 가장 높았다. 그렇지만 코치에게는 그리 큰 기쁜 일이 되지 못했고 이후 독립 코치의 길을 가게 되었다.

1. 두 논평에 근거해 위 코칭 사례를 검토해보고 코치가 성찰할 점은 무엇인지 논의해 보자.
2. 기업 재생과 지속 가능성 확보를 위한 C-suite 코칭에 대해 조건 없이 기획한다면

어떻게 하겠는가?
- 두 논평의 요지를 활용하여 개인 기획을 한 뒤 그룹에서 논의한다.
- 논평과 비교해 볼 때 CEO의 전략적 리더십에 집중하고, COO의 조직 내 리더십 집중이 필요하다고 볼 수 있다. 이 같은 관점으로 코칭을 기획해보자.

3. 기존의 사례 및 논평과 관련해 이 추가 사례에서 검토해야 할 점은 무엇인가?
4. 임원코칭과 달리 CEO 코칭을 위한 '준비에서 실행'까지 작업 순서와 예상 가능한 아젠다를 열거해보자.
5. 코치 피터가 해결해야 할 이슈는 무엇인가? 다음과 같은 쟁점이 제기된다.
- 피터는 고객 회사, 컨설팅 회사가 계약한 코칭 계약을 넘어선 것이다.
- 피터는 CEO, CSO 동시 병행 코칭을 거부해야 했다.

사례 2-2. 코치의 숨겨진 전략

앨런은 자신이 맡은 모든 코칭 과제를 '똑같은 전략'으로 다룬다. 그는 조직 내 어떤 한 사람을 "문제the problem"로 지정하는 일은 쉽다고 생각한다. 이른바 조직의 '[희생] 전가轉嫁 과정scapegoating process'26)이다. "문제가 있을 때마다 그들은 이를 해결하지 않고" 희생양을 발견하고, 문제의 원인을 그 직원에게 돌린다. "당신을 불태워야 한다!…, 아니면 우리가 당신을 고쳐 주겠다." 그렇지만 이는 이슈를 진정으로 해결하지 못한다. 앨런에 따르면 **이슈는 결코 사람이 아니다. 이슈는 과정이고, 과정은 사람들 사이에 있다.** 앨런은 "당신이 그 사람을 제거한다 해도, 여전히 그 문제를 지니고 있을 것이다."라고 말한다.

사례를 구체적으로 살펴보자. 앨런은 임원이 '더 나은 관리자'가 되고 '팀 목표 달성을 위해' 코칭하도록 고용되었다. 앨런은 먼저 커미셔닝 매니저commissioning manager27)에게 다음과 같은 질문을 던졌다. ①Q.회사가 이 임원을 평가하기evaluate 위해 어떤 기준과 측정 도구를 사용하는가? 그는 기준이라는 것이 거의 전무할 정도로 모호하고 주로 "수집된 가십gossip"에 근거한다는 것을 알게 되었다. 매니저에게 다른 질문을 했다. ②Q.어떻게 하면 그가 성공하도록 도와줄 수 있겠는가? ③Q.성공의 척도는 무엇인가? ④Q.어떻게 그를 지원할 수 있는가?28)

다음으로 앨런은 예정된 코치이와 만나기 전에 되도록 많은 사람에게 질문했다. 예를 들어, HR과 이야기를 나누며 코치이의 팀에 대해 물었다. ⑤Q.그와 관련된 팀원들은 몇 명이나 되는가? ⑥Q.사장님이 이 사람(코치이)을 어떻게 하셨나요? ⑦Q.[당시에] HR, 사장, 코치이가 함께 앉아 있었나요? ⑧Q.이 사람(코치이)보다 이 사람 주변에서 어떻게 해야 한다고 생각하나요?29)

---

26) scapegoating: 고통을 주거나 문제를 만든 당사자를 벌하거나 지적할 수 없는 경우 다른 사람을 공격하거나 지목하고 문제화해 사태를 전가하는 모든 경우로 이해된다.
27) 커미셔닝 매니저commissioning manager: 현재로서는 이 역할과 의미를 정확히 알 수 없으나 코칭 실행을 위해 조직을 대신해 코치이와 코치를 연결하고 그 과정에서 회사의 의견을 대변하는 것으로 보인다(이를테면 건설 분야 프로젝트 관리에서 시공 관련 분야에 이런 용어를 사용한다. 이런 의미에서 HR 소속이기보다는 현업 관리자로 이해 할 수 있다).
28) 초기 회의를 준비하기 전 이런 질문은 '희생 전가'라는 틀에서 벗어나 이해관계자들이 지지·지원 관점에 서게 한다.
29) 임원이 구체적으로 관계하는 사람들이 몇 명이나 되는지? 그들과 어떤 식으로 일했으며 이를 어떻게 평가하는지? 사장과 임원과의 관계를 팀원들이 보기에 어떻게 생각하는지, HR, 사장, 코치이가 함께 만나는 상황을 다시 바라보게 해 정보를 파악하고, 사장과 면담을 하더라도 사장의 의도를 파악할 수 있는 질문이라고 보고 이 장면을 상상해 본다.

이런 질문들은 코치이의 성과performance에 영향을 주는 요인을 큰 그림으로 그리는 데 도움이 되기에 앨런에게도 중요했다. 앨런은 이 과정 중 조직의 누군가를 만날 때마다 그 사람이 코치이를 지원하기 위해 할 수 있는 일이 무엇인지 [질문을 통해] 그 사람이 할 수 있는 일에 도전하게 했다. 사실상 그의 목표target는 지정받은 대상자인 코치이가 아니라 전체 조직이다.

질문이 끝난 뒤 앨런이 상황을 분석한 결과, 리더이자 커미셔닝 매니저는 팀 목표를 달성하지 못한 좋은 변명이 필요했기에 팀원 한 명을 특정한 뒤 그가 전혀 도움이 되지 않는다고 말했다. 그는 직원을 해고할 수 없었으므로 팀 목표를 달성하도록 코칭을 권장했다. 게다가 다른 직원들도 코치이가 문제라는 데 동의했기에 모든 사람이 이런 이론에 빠져있었다. 앨런은 이를 희생양을 삼아 전가하는 '음모/모의conspiracy'라고 생각했다. 그러나 이는 직원들과 커미셔닝 매니저가 스스로 믿는 현실이고, 그들은 자기 생각을 확인해주는 정보만을 선택했다.

성찰 질문

- 앨런이 '희생 과정'을 분석하고, 코칭 과제를 전체 시스템에 의문을 제기하는 기회로 활용하는 것에 대해 어떻게 생각하는가?
- 코칭에 대한 시스템적 접근이 효과적이라고 생각하는가? 그렇다면 이 접근법은 어떤 상황에서 성공하거나 실패할 여지가 있다고 보는가?
- 코칭 시도가 코치이의 개인 성과보다 더 큰 조직의 근본적 문제를 드러내는 상황이 예상되면 당신은 어떻게 하겠는가?

앨런은 자기 역할이 이런 집단 사고group thinking에 도전하는 것이라고 믿었다. 지정된 고객designated client을 만나는 '기회'를 조직 전체가 [과거와] 어떻게 다르게 기능해야 할지 생각하게 하는 좋은 기회로 삼았다. 그의 목표는 코치이를 변화하게 하기보다는 다른 모든 사람이 코치이의 성공을 위해 모든 '접점interfaces'을 변화하게 하는 것이다.[30]

조직에서 10시간 머물 때 앨런은 실제로 코칭 고객과 두 번 정도 만났다. 대부분 시간은 코치이를 둘러싼 시스템을 다루는 데 소비했다. 그의 전략은 "나는 이 사람을 도울 것이

---

30) 시스템 안에 있는 **개인**은 그를 둘러싼 시스템의 변화, 그와 접점을 이루는 사람, 과제, 의사소통 등 여건이 변화되면 스스로 변화되는 계기, 변화 과정으로 나갈 수 있다는 관점으로 이해된다. 흔한 말 가운데 '지위와 역할'이 사람을 만든다는 말도 이런 의미이다.

다. 그렇지만 이를 위해 전체 그림을 보고 이 개인의 이익을 위해 질문해야 한다."는 것이다. 이런 태도로 다른 직원들에게 질문해서 간접적으로 그들도 코칭하는 것이다. 직원들은 다른 누군가의 이익을 위해 대화한다고 생각하기에 **위협**을 느끼지 않았고, 많은 사람이 이런 대화를 통해 실제 행동을 바꾸었고, 이는 팀 전체를 더 효율적으로 만들었다.

그렇지만 앨런은 이런 작업을 하면서도 조직의 누구에게도 이 전략을 밝히지 않았다.

성찰 질문
- 고객에게 당신의 코칭 전략을 숨기는 경우는 어떤 상황인가?
- "절차의 투명성transparency"이라는 점에서 앨런의 접근을 어떻게 생각하는가?
- 앨런이 코칭 과제를 위해 시간을 효과적으로 활용했다고 생각하는가?
- 코치로서 이 사례의 집단 사고에 어떻게 도전할 수 있는가?

■ 사례 점검

코치는 매우 주관적이고 소신을 지닌 분명한 접근을 하고 있다. 먼저 코치의 주관적 접근과 소신 있는 활동에 대해 논평을 집중하자.

■ 토론 제안

1. 앨런의 접근 방식에 대해 논평해보자.
2. 이 사례의 어떤 점이 수정된다면 본인도 이런 시도를 검토할 수 있겠는가?
3. 자신만의 소신적 접근에 대해 개방하고 윤리적 검토를 받을 용의가 있는가?
4. 앨런의 이런 시도가 코치이와 사전에 양해가 되었는지 불확실하다. 동의 없이 조직 내 주요 당사자를 만나 이 같은 질문을 하는 것이 과연 현실적인가? 만약 이런 점이 가능하기 위해서는 몇 가지 준비 조건이 추가로 필요하지 않겠는가?

논평 2-2. A

켄 오토

나는 이 사례를 읽으며 주목해야 할 여섯 가지 이슈를 제기한다.

1. 전체 시스템적 접근
2. 코치-고객의 파트너십
3. 코칭의 투명성 transparency
4. 의미 만들기 meaning-making 과정
5. 시스템에 참여하기
6. 성찰적 프렉티셔너로서의 코치

사례의 짧고 제한된 정보를 참작하여 고려해야 할 논점을 제시하며 논평 수준을 유지하려고 힘써 보겠다. 각 쟁점에 대해 차례로 논의한다.

전체 시스템적 접근

이 사례 설명에 따르면 "앨런은 자신이 맡은 모든 코칭 과제에서 동일한 전략을 채택한다"고 한다. 그 전략에는 조직의 다른 사람들이 인식하지 못하는 더 큰 시스템 역동(Senge, Hamilton, & Kania, 2015)에 내장된 embedded in 특정인의 실천과 행동에 반영되어 **드러나는 문제** presenting problem 를 살펴보는 것이 포함된다. 앨런은 "당신이 그 사람을 제거한다 해도, 여전히 그 문제를 지니고 있을 것이다."라고 말했다. 즉 개인이 지닌 것뿐 아니라 더 많고 더 큰 **관계적, 조직적** 역동에 주의를 기울일 필요가 있다는 것이다.

앨런은 조직 시스템 안의 더 큰 조직 역동이 아니라, 사람에게 문제나 원인을 귀속시키는 과정을 "[희생] 전가 과정 scapegoating"이라고 언급한다. 그는 이것을 조직 시스템 역동의 징후로 symptomatic 판단하고 맹목적 방식/태도의 증거라고 주장한다. 또 '희생 전가 과정'

◆ **필자**: Ken Otter, PhD. 학부 리더십 MA 교수. 캘리포니아 주 세인트 메리 컬리지 리더십센터 공동책임자. kotte1@stma17s-ca.edu

은 작업 회피work avoidance의 한 형태가 될 수 있다[31](Heifetz, Grashow, & Linksy, 2009). "사람을 고치는 것fix the person"보다 시스템 역동을 "고치는 것"이 훨씬 더 어렵다. 코칭의 많은 부분은 조직 내 다양한 이슈의 (별자리 같은) 짜임관계constellation[32]를 다루기보다는 변화 지점locus of change인 개인과 같이 작업하는 데 더 맞춰져 있다. 이는 개별 사람들의 문제적problematic 행동 산출produce에 도움이 된다.[33]

앨런의 전략은 코치로서 자신의 주의를 더 큰 관계적, 조직적 역동에 관심을 기울이게 한다. 그는 ①"코치이" 평가evaluating를 위한 기준cirteria과 과정, ②제공된 자원과 지지, ③팀 조건들, ④기타 성과를 방해하거나 강화하는 다른 요인에 대한 질문을 통해 특히 HR 담당자,

---

[31] 이런 희생양 만들기-희생 전가 과정은 한편으로는 은폐된 처벌 과정이기도 하다. 코치가 뛰어들어 그 '문제화된 사람/조직에 의해 지명된 고객'을 만나 코칭-관계를 형성할 경우, 코치 역시 ①희생양 전가 과정, ②조직 역동의 징후적이고 맹목적 판단, ③작업 회피의 한 형태라는 짜놓은 판으로 미끄러지거나 말려들 수 있다. 이를 피하기 위해 코치는 먼저 현실을 **낯설게 대하기**, **거리두기**가 필요하며 이런 점에서 앨런의 태도에는 의미가 있다.

[32] constellation을 '[별자리] 짜임관계'로 번역한다. 조직 내 여러 곳에서 일어나는 문제나 이슈는 직접 당사자들이 아닌 사람들이 살펴볼 때 여러 가지 비슷한 현상이 어우러진 모양으로, '~현상'으로 포착된다. 이를테면, HR, 리더, CEO 등의 입장에서는 더 뚜렷한 모습으로 파악되고 설명될 수 있다. 결국 문제/이슈는 서로 '짜임관계'로 별자리처럼 연결되어 보인다. 예를들면 '복도 대화가 넘치죠', '그쪽은 옛날 공무원들입니다.' 시스템이 산출해내는 이런 현상을 논평자는 constellation 용어로 표현한다.

이 용어를 앞으로 어떻게 번역할 것인가? 이 의미는 별자리/성좌/짜임관계로 번역되어 왔다. 그러나 그 별자리는 지구에서 올려다 본 별자리일 뿐 실제 별의 위치와는 상관없다. 조직 내 다양한 이슈를 별자리를 보듯 '~현상'으로 파악하게 되고, 이것 자체가 새로운 의미를 산출한다. 이는 문제/이슈의 현장이나 당사자와 직접 연결된 것이 아니기에 문제의 지점과 떨어져 있다. 그렇지만 코치는 별 하나, 직접 당사자를 만나 이슈를 다루게 된다. 필자의 주장처럼 발생/중심 지점의 개별 개인과 작업한다. 그때 코치가 주의할 점으로는 문제의 지점/사람에 몰입되어 2인 관계에 매몰되거나 짜임관계, ~현상으로 보이는 시스템적 관점을 배제해서는 곤란하다(보는 이에 따라 하나의 별을 별자리 안의 별로 볼 수 있다).

그렇지만 코칭에서 이 개념은 또 다른 중요성과 의미로 우리는 이해해야 한다. 일대일 코칭 관계에서 코치이가 지닌 잠재력/자원은 다양한 형태와 조각으로 포착된다. 코치이 역시 자신의 절실함에 기초한 경험 조각을 제기하는 신호일 수 있기에 당연하다. 반면에 코치는 코치이를 시스템 안의 개인으로 보고 또 한편 '전체로서의 인간'으로 함께하며 바라본다. 이 과정은 코치이 내면의 '원함, 진실 등, 그 조각들은 일정한 짜임관계/별자리로 포착/인식되고, 바로 이 순간 이것은 코치이와 무의식적으로 공유된다. 코치이가 지닌 자원은 코치에게 새로운 차원으로(별자리처럼 짜임관계로) 포착되고 이는 어떤 이미지로 떠오르고 상호 공유된다. 이는 새로운 인식의 전환으로 이어질 수 있다. 다른 면에서 보면 상호 주관적 2인 관계 안에서 자각과 통찰의 발전을 설명할 수 있는 용어이다.

[33] 시스템에서 산출되는 문제는 배경으로 물러나고 각 사람이 어떤 문제, 오류가 있었는지 개인 문제가 전경으로 드러난다. 결국 조직보다 개인이 문제이고 그것을 해결하면 된다. 이렇게 코칭의 못자리가 만들어지고 코치도 그 안에서 일하게 된다. 이때 코치가 짜임관계마저 놓치면 길이 없다.

커미셔닝 매니저들이 '더 큰 그림'을 보도록 이 같은 일을 한다.

이 사례에서 실제로 앨런은 자기 고객보다 시스템 전체를 코칭하는 데 더 많은 시간을 보냈다. 이를 '코치이를 둘러싼 시스템'이 아니라 개별 개인이 문제라는 '집단사고'에 수시로 도전하는 기회로 활용했다. 앨런은 자신의 전체 시스템 전략을 이렇게 설명한다. "나는 이 사람을 도울 수 있다. 그러기 위해서는 전체 그림을 볼 필요가 있고, 개인의 유익을 위해 질문할 필요가 있다." 사례 설명에 따르면 그는 "팀원들 가운데 많은 사람의 행동이 변화되었고 팀은 전체적으로 더 효율적으로 되었다."라고 한다. 이런 점에서 이 전략은 어느 정도 성공을 거두었다.

앨런의 전체 시스템 전략에서 중요한 일차적 전술은 사람들의 생각에 도전하고, 더 시스템적인 시각을 기르기 위해 중요한/비판적 질문을 던지는 것이다. 그렇지만 내가 앨런의 입장이었다면 팀 코칭을 준비해 작업했을 것이다. 내 경험상 이는 사람들에게 더 큰 **시스템적 지능**systemic intelligence을 키우는 강력한 수단이 된다. 팀 코칭은 실시간real-time 경험을 개별 고객과 커미셔닝 매니저를 포함해 작동 중인 시스템 역동의 "사례 포인트"로 활용할 기회를 제공한다. 또 구성원들에게 이런 역동을 강화하는 문제 행동을 변화하게 할 수 있으며, 앞으로 실행 가능한 통찰을 얻을 기회를 제공한다.[34]

그렇지만 이어서 밝힌 앨런이 시스템 전략을 숨겼다는 사실이 아쉽다. 그가 윤리적 고려ethical consideration를 분명히 하지 않았기에 '실천 가능한 통찰actionable insight'[35]은 가능하지 않았다.

코치-고객 파트너십

시스템 접근은 분명히 중요하다. 그렇지만 이 경우 놓친 것은 오히려 **개별 고객에 관한 관심**이다. 나는 앨런이 코치이에 대한 관심을 염두에 두고 있는 듯 보이나 그가 고객 개인의 요구/필요에 관한 관심은 물론 전체 시스템 전략과 접근을 고객에게 제공했다는 증거는 없어 보인다. 앨런도 이를 고객에게 숨겼다는 말인가? 그렇다면 이는 코치-고객 파트너십

---

34) 앨런은 자신의 시스템적 전략을 숨기고 이 같은 시도를 했다. 이런 접근보다는 팀 코칭을 제안해 공개적이고 공공연하게 접근하는 것이 코치로서 바람직하다고 논평하는 것으로 이해된다.
35) 모든 통찰은 (반드시) 실천으로 이어지는가? 그렇지 않다는 점을 구별하기 위해 '실천 가능한 통찰'로 언급한 것을 주목할 필요가 있다. '실천-통찰'이 시간적 공간적 틈이 없이 고리로 즉각 연결될 때 의미 형성과 변화 가능성은 증폭된다. 또 성찰 일반 중에서 '실천 가능한 통찰'을 벼려내는 과정이 필요하다.

수립의 핵심 윤리와 변화 원칙을 훼손한 것이다.[36)]

심지어 "그의 목표는 조직 전체였다."라는 언급에서 볼 수 있듯 이 사례에서 조직이 앨런의 고객이라고 생각했다 해도 그의 '숨겨진 전략'은 [고객 조직과도] 이런 파트너십 원칙을 유지했는지 보여주지 못하고 있다. 투명성transparency 결여는 윤리적 문제이고 학습 관점에서 또 다른 문제들을 제기한다.[37)]

코칭의 투명성

코치와 개인 고객, 스폰서로서의 조직 사이에 분명한 기대와 합의를 수립하고 유지하는 것에 대한 정직성honesty은 윤리적 규칙precept으로 잘 정립되어 있다(Maltbia & Page, 2013). 앨런은 개인에게 코칭을 제공하기로 계약했다. 그렇지만 '드러나 있는 문제'의 본질에 관한 새로운 데이터가 표면화되어 계약을 수정하거나, 숨겨졌던 것을 드러내지disclose 않고 시스템 변화 작업에만 관여했다. 더구나 그의 코치이 접촉과 조직원 접촉 비율이 1대 4임에도 이를 얼마나 투명하게 밝혔는지 불분명하다. 기대와 합의를 명확히 하고 코칭 계약을 수정하는 것은 결코 늦지 않았지만(Brennan & Wildflower, 2014), 그렇게 하려면 좀 더 투명해야 할 것이다. 앨런은 이를 꺼린reluctant 것 같다.

앨런은 자신의 전략을 밝히지 않고, 접근 방식을 숨겨서 "[합의를 따르지 않고] 멋대로 행동going rogue"함으로써 신뢰할 수 있는 전문 직업인 코칭의 명성reputation과 신뢰credibility를 위협했을 뿐 아니라, 자신이 기여한다고 주장하는 시스템 사고의 발전도 저해했다. 위에 언급했듯 시스템적 접근에는 작지 않은 가치가 있다. 물론 얼마나 많은 것을 공개해야 하는지, 특히 이 사례가 시사하듯이 관련자들에게 초기 개방성openness과 준비성readiness이 충분하지 않은 경우 **언제 공개**해야 하는지는 학습과[38)] 변화 전략의 중요한 부분이다.

---

36) 핵심 윤리와 '변화의 원칙'이란 무엇인가? 먼저 코치는 인간의 복잡성과 개별적 독특성을 중시해야 하며, 코칭 관계 안에서 이를 위한 만남의 중요성을 경시해서는 결코 안 된다. 이때 시스템 내의 개인을 코치로서는 더욱더 주목해야 한다. 이것이 진정한 파트너십이다. 변화 원칙은 변화의 주체가 변화에 소외됨이 없이 직접 당사자가 되어야 하며, 이를 위해 변화의 전모를 사전에 알고 결정하고 참여해야 한다는 점이다.
37) 이론 적용의 엄밀성, 현지 실천의 투명함, (연구) 윤리적 태도의 민감함 등이 부족하면 진정한 '배움'을 얻을 수 없다. 그런 실천 활동에서 얻은 **허술한 앎**은 자신의 앎을 과장하게 하는 함정에 빠진다. 논평자는 이런 점까지를 적극적으로 제기하고 있다.
38) **개방성**은 기본이다. 그러나 시기와 정도를 판단할 때 고객과 조직의 준비 정도를 보고 풀어서, 또는 소화할 수 있을 만큼 나눠서 제공할 수 있다. 여기서 '학습'은 관련 당사자 모두를 의미하는 한정된 의미가 아니라 이를 포함한 '조직의 자기 학습'까지를 의미한다고 이해된다. 개방성과 준비성은 일정한 실천 '과정'을 진행하면서 확보할 수 있다.

그러나 앨런의 접근 방식은 ①생각하기thinking와 ②행동하기behaving 패턴을 뒤흔들고, 더 시스템적으로 생각하기 위한 ③전환하기shifting는 역효과/비생산적으로 보인다. '성과를 약화하거나 역동을 강화하는' 더 큰 관계적 또는 시스템 역동에 관여되어 살펴보는investigating 식으로는 안 된다. '희생 전가하기' 패턴에서 **전환**하려면 현재 현실current reality을 인지하고 이해할 수 있어야 하며, 다르게 행동하는 방법을 시도할 수 있어야 한다. 이런 **인지적 알아차림**awareness이 지속 가능하려면 **행동적 변화**behavioral change가 필요하다. 그러나 이 전략이 계약 과정 내내 숨겨져 있다면, '실천 가능한 통찰'은 창발되지 않을 것이다.[39] 다시 말해 시스템적 개입이 효과적이려면 사람들에게 가시화되어야 하며 이런 가시성visibility이 없으면 그것들은 오직 사람들의 생각하기와 **실천하기**acting를 바꾸는 데까지만 갈 수 있다.[40]

나는 조직 작업에서 교육적 요소를 다른 시스템 개입에 통합하는 것이, 개인과 팀을 위한 리더십 코칭을 할 때 학습과 변화 과정을 **가속화**한다는 점을 발견했다(Otter & Paxton, 2017). 예를 들어, 워크숍이나 팀 코칭 세션에 따라오는 논평commentary과 성찰 기간이자 기회를 제공하는 짧은 몰입형 학습 경험[41]은 그들이 지속해서 탐구하고 실험할 수 있는 '실천 가능한 통찰'을 확인하는 데 도움이 될 수 있다.[42] 이 사례는 의심스러운 윤리적 문제 외에도, 그의 전략을 숨김으로써 앨런은 고객에게 지속 가능한 학습과 변화를 촉진할 중요한 기회를 놓치게 했다.

---

[39] 「인지적 알아차림 ≒ 행동적 변화 = 실천 가능한 통찰」의 창발 과정의 연결로 이해된다.
[40] 여기서 생각하기thinking, 행동하기behaving, 실천하기acting는 '~하기/하는 중'이라는 의미를 강조한다. 이는 상대적으로 '행위 중 성찰', '행위 후 이에 대한 성찰'이 이뤄지기 전의 직접적 경험(만)을 하는 수준을 의미한다. 이를테면, 생각하기-(생각하기 중 성찰/생각하기 후 성찰)을 거쳐 생각하기가 사고though(생각해 놓은 것)로 된다. '행동적 변화'는 행동behave을 통해 강화 축적되고 통찰로 이어진다. 결국 그에게 '의미'가 된다. 이 과정이 의미-형성sense-making이다. 그러므로 여기서 생각하기의 ~ing라는 표현은 아직 성찰 전, 성찰이 매개되지 않은 즉각적이고 직접적인 날 것을 의미한다. 이는 사색으로, 되새김으로 소화를 앞둔 단계이다. 이런 과정 전체가 바로 드러나야 한다는 점에서 '가시성'을 이해해야 한다.
[41] 짧은 몰입 학습은 일대일 코칭의 경우에도 세션 사이between session(이것도 코치에게는 코칭 세션이다) 코치에 의해 적극 설계 가능하며, 방법은 매우 다양하다. 문제는 이를 위한 코치의 기획 역량이다.
[42] 팀 코칭과 일대일 코칭의 동시 진행이 아닌 순차 진행을 선호하는 코치들에게는 힘을 실어주는 주장이다. 하지만 (적어도) 동시 진행은 일대일 코칭을 하는 코치이와 다른 팀원과의 역동에 영향을 끼치므로 한 명 코치에 의한 동시 진행 방식은 우려된다. 코치들의 2인 1조 방식이 대안으로 검토할 만하다.

의미 만들기 과정

앨런은 '더 나은 관리자'가 되고 '팀 목표를 달성'하도록 한 사람을 코칭하기로 계약했다. ①조직의 관리자가 어떻게 이런 결론을 내렸는지, ②이때 어떤 기준을 사용했는지, 그리고 ③'코치이'가 어떻게 평가되고 지지를 받는지가 앨런이 탐구한 일련의 질문이었다. 반면에 앨런이 ①어떻게 결론을 내렸는지, ②어떤 기준을 사용했는지, ③어떤 방법으로 그가 얻은 데이터를 평가했는지에 대해 우리는 얼마나 알고 있는가?

예를 들어, 앨런은 다음과 같이 결론지었다. "커미셔닝 매니저는 리더로서 팀 목표를 달성하지 못한 것에 대한 좋은 변명을 원했고, 그래서 팀원 중 한 명을 확정하고는 그가 전혀 도움이 되지 않는다고 말했다." 나는 앨런이 데이터와 앨런의 의미-만들기meaning-making 과정에 대해 더 알려 주지 않은 채 그런 주장을 그대로 언급하는 것이 불편하다. 이것은 결론보다는 탐구할 가설로 이용하는 것이 더 안전할 것으로 본다.

그러나 앨런은 그렇게 운영한 것으로 보이지 않는다. "앨런은 모든 코칭 과제에 같은 전략을 채택한다."라는 강한 편견bias을 갖고 코칭 작업에 들어간 것으로 보인다. 이로 인해 나는 그가 상황을 새롭게 진단하는 데 그다지 주의를 기울이지 못했다는 점과 그가 어떻게 그의 결론에 도달하는지에 의심이 든다. 나는 오히려 그가 비판했던 조직 내 사람들의 그런 성향을 그대로 미러링하고 있을지 모른다고 생각하지 않을 수 없다.

시스템에 참여하기

조직 코칭 중 우리는 '시스템 역동'에 얽히게 될 가능성이 크다. 이때 우리는 "발코니에 나서서get on the balcony"(Heifetz et al., 2009, pp.7-8)[43] 조직 구성원들의 경험에 대한 공감적 이해를 제공하고, 우리가 참여하는 시스템에 관한 관점을 얻을 수 있다. 반면에 하이페츠, 그래쇼, 린스키(Heifetz, Grashow & Linksy)가 언급한 "무도회 장에서on the dance

---

[43] 발코니에 나서기get on the balcony: 거리를 두고 바라보기, 자기 자신과 시스템에 대한 관점을 갖기 위해 무도회장, 현재 활동의 소용돌이 등에서 떨어지려는 정신적 행동으로, 무도회장에서 볼 수 없었던 경향을 새롭게 볼 수 있게 할 것이다. 『적응리더십』 김충선 역, 더난. 2012. p.396. 방법은 조직이 처한 경관을 발코니에 서서 바라보는 다양한 연상적 질문을 제공한다.

floor"(pp.7-8)[44]와 같은 경험이 있는데도 코치로서 조직 역동 경험을 파악할 수 있는 능력이 없다면 앨런은 그가 바꾸고자 하는 시스템 역동에 자신도 함께하는 것이 되고, 심지어 그 역동을 영속화할 위험을 감수하는 것이다.

앨런은 커미셔닝 매니저, 코치이의 팀원들, 조직 내 다른 사람들이 '코치이'를 희생양으로 삼는 편견을 확인시켜주는 정보를 통해 나름대로 결론 내렸다. 그렇지만 비판적인 자기 성찰이 부족하다는 실례를 보여주듯 앨런도 결국 같은 행동을 하는 것은 아닐까?

조직은 자동으로 시스템 접근을 채택한다는 식의 자신이 **선호하는 이론**과 희생 전가 작업이 진행되고 있다는 그의 추정을 고려해 볼 때, 앨런 또한 조직에서 희생양을 지정하기 위한 "음모/모의"를 구별하고, 자신의 편견을 확인하기 위한 정보 선택에 스스로는 과연 민감susceptible할 수 있었는가? 앨런은 그가 바꾸려고 했던 시스템 역동에 자신도 모르게 말려드는 경향을 스스로 어떻게 다루었는지에 관해 더 알지 않고서는 말하기 어렵다.[45]

또 다른 유형의 시스템 관계/얽혀듦entanglement은 강압적인 힘/권력의 사용이다. 이 사례는 '희생양 만들기'나 시스템 역동을 강압적인 사회적 힘으로 명시적으로 뒤집어씌우지는 않았지만, 커미셔닝 매니저와 조직 내 다른 사람들은 문제 있다는 전제로 "코치이"에게 권한을 행사한 것으로 보인다. 관리자가 이런 식으로 누가 보아도 분명한 성과 이슈로 문제를 씌우고 평가하는 부분은 잘못된 것이다. 마찬가지로 앨런도 전략을 숨기며 문제를 구조화하는 방식과 문제 해결 접근에 다른 사람을 포함하지 않았다. 이것은 이 작업engagement에서 조직에서 행해지는 방식과 같이 자신도 유사하게 **힘의 오용/남용**misuse of the power을 **미러링**하는 것이다.[46]

---

44) 무도회장에서on the dance floor: 행동이 있는 곳, 마찰, 소음, 긴장, 체계적 활동 등이 일어나는 곳, 결과적으로 일이 마무리 되는 곳이라는 의미이다. 『적응리더십』 김충선 역, 더난. 2012. p.395. 코치(앨런)도 무도회 장에 함께 있다면 당연히 현장의 소음, 마찰, 긴장, 리듬 등을 직접 느낄 수 있지 않는가. 즉 고객의 현장에 함께하는 것이다. 무도회장에서 함께 춤춘다. 결국 그런 시스템 역동의 일부가 된 것이다. 이를 코칭에서 활용하는 경우 방법은 현장성을 그대로 몸으로 느끼도록 안내하는 질문을 하는 것이다. here and now에 머물게 하는 질문이다.

45) 전문가는 자신이 수행하는 모든 일을 다른 전문가가 '들여다-보기super-vision' 할 수 있는 조건과 구도를 갖추고 진행해야 한다. 이런 개방성을 적극화하고 구조화한 것이 슈퍼비전이다. 그렇지 않으면 누구도 예외 없이 함정으로 미끄러질 가능성이 있다. 이런 미끄러질 가능성을 알면서도 그 지점에 자신을 두고 고객을 만나는 것 자체가 **윤리적 둔감함**이며 **오만한 방치**이다. 논평자는 '말려들 수밖에 없는 것 아닌가'라는 둔감함에 대한 의견을 적극적으로 제기한다고 이해된다.

46) 조직과 매니저들이 간접적으로 문제를 **당사자와 소통 없이** 개인화했듯이 앨런 역시 자신의 방법을 소통 없이(특히 코치이하고도) 실행했다는 점과 코치로서 힘과 권력의 일방적 사용이라는 점에서 거울처럼 같다는 점을 지적해 논평의 철저함을 관찰하고 있다. 이 같은 일방적인 계몽적 태도/관점은 코치-고객의 등가적 관계, 상호 협력적 의사소통이라는 주체적 관점과 대비된다. **코칭 관계는 계몽 관계가 아닌 주체의 등가적 협력 관계**이다.

앨런은 조직과 유사하게 자신의 전략을 숨김으로써 그 역시 자기식으로 작업 회피avoidance에 관여했을 가능성이 있다(Heifetz et al., 2009). 즉 이런 전략으로 사람과 조직이 지금-현재의 현실을 인정하게 하고owning up 더 건강하고 윤리적이며 생산적인 미래를 가꾸는 데 적극적으로 참여하게 하는 것은 어려운 일이다. '실천 가능한 통찰'을 생성하고 변화에 대한 헌신을 만드는 데 조직을 참여시키려면 ①계약과 재계약 과정으로 같이 만들어 가는 파트너십, ②학습과 변화에 대한 접근 방식을 **협상 자세**로 임하기, ③정직하고 건설적인 의사소통과 참여에 대한 약속이 요구된다. 이 사례에서는 이런 점들이 누락된 것으로 보인다.

성찰적 프랙티셔너로서의 코치

위에서 언급한 모든 이슈는 앨런이 비판적이고 창의적인 자기 성찰로 헌신적으로 실천에 참여했다면, 개별적으로나 자신의 실천 공동체에서 멘토나 수퍼바이저와 코칭 관계를 맺고 참여했다면 더 잘 해결되었을 것이다.[47] 도널드 쇤(Schon, 1983)에 따르면 코치들은 ①복잡성complexity ②모호성ambiguity ③불확실성uncertainty ④역동적인 변화로 가득 찬 맥락/상황 속에서 자기의 숙련된 전문성을 실연enact한다. 프랙티셔너들[코치]은 교육과 훈련 같은 통제된 상황에서 전문성의 좋은 부분을 습득하기 때문에, 변화무쌍한 상황 속에서 자신의 전문성을 실천으로 전환하기 위해서는 실천-한 가운데서in-the-midt-of-action 탐구inquiry하고 학습하는 것이 요구된다. 쇤은 이를 **전문적 앎**professional knowing이라고 언급한다.[48] 이 저서에서 그가 주장하는 포인트는 "많은 프랙티셔너가… 실천의 세계에서 성찰/반성을 야기할 만한 어떤 것도 발견하지 못한다. 그들은 ①부주의한 선택inattention, ②잡동사니 범주junk categories, ③상황 통제 기술에 너무 능숙해졌다"(p.69)는 지적이다.[49]

---

47) 먼저 앨런이 자기를 성찰하며 실천하는 것이 전제이다. 개인적으로는 함께 실천하는 동료 집단 안에서 동료들과 수퍼비전을 구조화하거나, 수퍼바이저와의 수퍼비전 세션 등, 성찰적 (코칭)관계 안에서 실천하는 것은 전문가의 기본적인 자세이다.
48) 코치로서의 **전문적 앎**이란 바로 실천-한가운데서in-the-midt-of-action 탐구inquiry하고 학습하는 과정에서 단련된다. 앎이란 위 ①~④ 안에서 ⓐ실천 중의 성찰, ⓑ실천 직후 실천에 관한 성찰, ⓒ실천 후(시간 경과) 결과를 포함한 성찰 ⓓ자신이 한 성찰에 관한 성찰로 이른바 **성찰의 4개 고리**를 통해 훈련 과정에서 확보한 전문성을 변화하는 현실에 적용할 수 있다. '실천 안에서 전문성 성찰'로 전문가적 앎이 구성된다. 코치 훈련 과정에서 자유 대련이나 동료 사이의 반복적 코칭 훈련은 이 같은 전문적 앎과는 거리가 크다.

이 사례에서 나는 앨런이 위와 같은 '전문적인 앎'에 관여했다는 조짐을 전혀 보지 못했다. 그의 전체 시스템적 접근과 전문성을 고려할 때 자기 자신에게 그 같은 접근법을 적용하는 것은 그에게 그리 큰 도약은 아닐 것이다. 결국 다른 전문성과 달리, 고객 코칭과 실천을 반성/성찰하는 것은 **거울에 비친 자신의 이미지**를 보는 것이다. 우리가 타인 안에서 [타인과 같이] 우리 자신을 개발하려고 하는 노력은 우리가 우리 자신과 함께 실천하는 것에 달려있다.[50]

앨런에게 만약 그가 **실천-한가운데서 탐구**in-the-midst-of-action inquiry하듯이 참여했다면, 즉 ①가정/추정을 표면화하고, ②배움의 **가장자리**learning edges를 확인하고, ③편견 없는unbiased 데이터를 수집하며, ④의미 형성과정을 돕는다면[51] 그것은 코치로서 자신의 효과성을 높이는 데 기여할 뿐만 아니라 더 윤리적인 사람이 되는데도 도움이 될 것이다.

---

49) 여기서 논평자는 전문적 앎에 대한 쇤의 견해를 빌려 앨런을 돌려서 그러나 강력하게 비판한다. 전문성 안에 매몰되어 (위) 전문가들의 실천에서 빠지는 **세 가지 태도**로 인해 성찰 지점을 갖지 못한다는 것이다. 잡동사니로 범주를 구분해버린 것인가? 그렇지 않다면 ^Q앨런은 선택적 부주의에 빠진 것인가? ^Q자기 눈으로 보기 위해 상황 통제 기술에 너무 능숙한 것인가?

코치 전문들 역시 실천 과정에서 깊은 성찰을 촉구/촉진하지 못하는 ❶단순성이 주는 즉흥성에 매몰될 수 있다. ❷실천적 경험 안에서 코칭 상황과 역동을 통제하지 못하고 이로 인해 '자기 불안을 관리'하지 못해 (무의식적으로) 차단하거나, ❸선택적 부주의, ❹여기저기서 빌려오거나 말 없이 가져온 잡동사니 같은 **앎의 조각** 등을 숙고하지 않고 이용하는 경우 이 같은 한계를 넘기 힘들다.

50) 우리가 실천 안에서/중에 성찰하는 것은 ①고객이 코치의 경청을 경험하며 자기 모습을 발견하듯, 코치 역시 고객 이야기를 경청하며 고객 안에서 자신의 모습(자신 안의 고객과 같은 점)을 보게 된다. 또 ②고객 이야기에 대한 자기 반응(역전이)을 보면서 **자기**를 보게 된다. 또 ③이런 두 양상을 보는 자기를 보게 된다. 이런 과정에서 ④현상에 반응하는 자기 무의식의 정동affect을 견디는 알 수 없는/불확실한 **정서적 모호함**을 감지한다. 성찰과 배움은 세션 안에서 우리(코치와 코치이)가 자기 자신과 함께하며, 두 사람 관계 안에서 각각의 자신과 함께하는가에 달려있다.

51) 이 네 가지 질문을 만들어 묻는 것도 (셀프) 코칭 프로세스가 될 것으로 보인다. '실천 후 실천에 대해 성찰하기'는 말 그대로 실천 후 두 사람과 실천한 내용을 There & then에 두고 되짚어 보는 것이다. 그렇지만 '실천 한 가운데서의 탐구'는 두 사람이 대화하는 **순간** 끊임없이 Here & now에 머무는 것에서 시작한다. 또 언제든 수시로 다시 HnN로 되돌아오는 것이다. ^Q지금도 그렇게 보시나요? ^Q지금은 그 사실/진실이 무엇인가요? ^Q저는 이렇게 보이는데 어떤가요? ^Q그 가정을 지금은 어떻게 보시나요? ^Q원하시는 변화의 문턱은 어떤 건가요? ^Q문지방에 서서 느껴보시겠어요? ^Q문지방 너머에서 말하시는 군요. 이쪽에서 다시 이야기해보시겠어요? ^Q당신은 그것을 어떻게 넘어가려고 하나요? ^Q반대로 +/- 정보는 어떤 것이 있나요? ^Q지금 보면 그 정보에 담긴 사실은 무엇인가요? ^Q상대방 입장에서 다시 이야기하시겠어요? ^Q열거하는 모든 자료 가운데 당신이 검토한 것은 몇 가지인가요? ^Q그 자료 전체는 무엇이라 이야기하나요? ^Q상대에게는 어떤 의미가 있다고 보나요? ^Q창문 밖에서 봐도 그것이 같은 의미인가요? ^Q오직 당신에게만 중요한 의미는 무엇인가요?

마치면서

이 논평을 통해 나는 **윤리**와 **실천** 효과의 **긴밀한 결합**을 보여주고자 노력했다. 계약 및 재계약 과정에서 합의/동의 확립을 위해 지속해서 **투명하게 의사소통**하는 것은 강압적인 힘/권력의 오남용을 피할 수 있게 한다. 힘/권력을 공유하고, 학습과 변화를 공동 촉진co-facilitating하는 것은 '실천 가능한 통찰'과 변화에 필요한 전념commitment과 방향direction 설정에 도움이 된다. 또 이것들은 코칭이 윤리적 원칙과 실천을 유지하도록 만드는 수단이다. '전략을 숨기는 것'은 이 사례의 많은 것 가운데 오직 한 가지 이슈일 뿐이다. 앨런이 그의 접근 방식을 명시적으로 더 잘 보이게 했다면, 내가 여기서 논의한 많은 다른 이슈들이 해결되었을 것이다.

이런 식으로 정직, 투명성, 파트너십과 같은 윤리적 원칙과 실천을 이용하면, 조직에 더 효과적인 시스템적 변화를 뿌리내리게 될 것이다.

■ **토론 제안**

1. 논평자와 역자의 주장을 중심으로 검토와 숙고가 필요한 내용을 발굴하고 이해를 강화하기 위해 그룹별 최소 세 가지 주제를 합의하고 토론한다.
    - 팀 진단, 팀 코칭과 일대일 코칭의 배합
    - 희생양 만들기
    - 컨스텔레이션
    - 생각하기에서 의미-형성까지
    - 성찰과 전문적-앎
2. 앨런의 코칭과 한계에 대한 두 논평자의 내용 중 동의하지 않는 점을 발굴하고 논의하자.

논평 2-2. B

헨리 수크리

이 사례에는 상호 연결해 성찰해야 할 세 가지 중요한 구별 지점이 있다. 앨런의 코칭 철학, 접근법 및 전략이다. **코칭 철학**은 조직에 대한 시스템적 관점으로 세워졌고, 더 넓은 조직적 맥락의 한 부분으로 개인과 관계 이슈에 대한 해석interpretation을 필요로 한다. 앨런의 **코칭 접근** 역시 그의 철학을 따른다. 그는 시스템 코칭 또는 그룹 코칭의 형태를 구현하는데, 이는 시스템 내의 다른 구성원들과 이해관계자들에게 무엇이 작동되는지, 더 나은 환경을 조성하는 데 그들의 집단적 기여에 대해 성찰하도록 시도한다. 반면에 앨런은 '방해하는 사람blocker'을 인지하고 있다. 그는 그 조직이 자신의 접근 방식을 수용하지 않을 것이라고 믿는다. '가정된 조직적 거부 반응rejection에 대한 앨런의 반응이 그의 **코칭 전략**으로 묘사된다. 그 조직에 자신의 코칭 접근법을 숨기고, **개인** 한 명을 코칭하는 것처럼 가정하여 전체 그룹을 코칭한다는 전략이다.[52]

나는 앨런의 철학이 코칭 과정에 진정한 가치를 가져다줄 수 있다고 믿는다. 코칭에 대한 시스템적 접근은 여러 상황에서 매우 효과적일 수 있다고 생각한다. 그렇지만 앨런이 **접근법을 숨기는 전략**은 문제가 있고 그의 철학과 접근 방식이 일치하지 않는다고 주장할 것이다. 이는 다음 세 가지 차원으로 논의할 것이다.

첫째, 조직 문제에 대한 **시스템 해석과 선택**을 검토한다. 조직은 조직 내 개인의 총합으로 축소할 수 없는 복잡한 사회 시스템이다. 많은 연구자는 문화적, 제도적institutional 시스템이 개인의 선택과 능력capabilities보다 조직적 결과에 더 큰 영향을 미친다고 주장한다. 예를 들어, 오코너와 카바나(O'Connor & Cavanagh, 2017)는 **개인**이 대부분 서양 코칭 접근의 분석 단위로 자주 사용되는 반면, 시스템 이론은 개인이 반드시 특권적인privileged 초점이 될 수 없는, 오직 가능한 분석 단위 가운데 하나일 뿐이라고 주장한다. 그들은 "개인(또는 개인 간의 관계)에 초점을 맞춰도 그것이 높은 성과를 올리기 위한 그룹과 팀 개발의 필요

◆ 필자: Hany Shoukry, Honorary 연구 협회, 옥스브르크 대학 humangene.org 설립자.
52) 짧은 사례 기술문을 보고 이렇게까지 코치의 의도를 해석해 구성한다는 것에 논평자의 실천적 감각, 코칭 현장 경험에서 오는 어떤 촉을 느낄 수 있다.

성을 충족시키지는 못한다"라고 문제를 제기한다(p.488).[53]

조직 안에서의 코칭은 ①조직 정치organizational politics, ②문화적 편견, ③구조적 불평등, 조직 내에서 어떻게 일이 진행되는가를 설명하는 ④일련의 독특한 과정을 배경으로 이루어진다. 이러한 복잡성을 이해하기 위해 호퍼(Hopper, 2013)는 **초점**을 개인에서 사회 시스템으로, 그리고 문화와 권력 구조와 같은 사회 시스템의 역할과 그 속성/특징properties으로 **전환**해야 한다고 제안한다. 그는 다음과 같이 지적한다.

"사람에 대해 조직 시스템적 과정으로 보며 특정한 자질이나 특성을 의인화personifications 하고, 수치화valences된 가치로 보는 식으로 배타적으로 보아서는 안 된다. 조직 자체를 사회 시스템으로 보면서도 그것도 역시 맥락적인 사회적societal 해석이 주어져야 한다는 점에 큰 관심을 기울여야 한다(p.268).[54] 환경, 즉 현재의 시스템 현실은 조직 내에서 코치이가 성장하고 수행할 확률/개연성probability을 높인다(Kahn, 2011).

그래서 나는 먼저 앨런처럼 맥락과 구조의 중요성에 대한 인식을 같이한다. 시스템 요인을 이해하는 것은 거의 모든 코칭 과정의 **성공에 핵심적인 요소**일 수 있다. 한편 이상적으로는 과연 누가 이런 시스템 이해를 구축해야 하는지 의문이 제기된다. 앨런의 경우, 그만이 그 시스템을 비판적으로 이해하려고 노력하는 유일한 사람, 즉 코치이/고객들과 공유하지 않는 특권으로 이것을 이해하는 것 같다. 따라서 앨런은 조직 안의 개인이 자신이 사는 현실에 대한 시스템적 견해를 구축할 수 있도록 **과정을 촉진**하기보다는 자신의 접근과 일치하는 현실에 대한 관점에 도달하기 위해 조직을 **조사하고 분석**하는 것처럼 보인다.[55]

두 번째로 앨런의 시스템 코칭 접근법을 탐색해보자. 앨런은 자신의 코칭 철학에 따라

---

53) 시스템 접근이 전제되지 않으면 개인 코칭의 성과가 반드시 (직접적으로) 그룹과 팀의 성과로 이어지기 힘들다는 주장으로 이해된다. 그렇지만 '조직 내 개인'은 조직과 개인을 분리해서 볼 수 없다. 환경 안에서 그 영향 안에서의 개인이다. 이것이 꼭 중점 선택의 문제일까 의문이 든다.
54) 시스템 접근은 개인의 특성을, 이를테면 'K유형의 인간'으로 의인화하고, 그 성격의 가치 정도를 숫자로 표시할 수 있다. 이를 통해 더 편견 없이 배타적이지 않게 볼 수 있다는 주장에 대한 우려로 이해된다. 또 조직 역시 인간의 특성과 자질에 영향을 주는 환경인 사회 시스템이며, 이 조직의 시스템 역시 더 넓은 사회적, 맥락적 시스템의 일부라는 의미로 이해된다.
55) 앨런의 접근은 조직 안의 개인이 시스템 관점을 갖고 자신이 처한 환경을 (함께) 이해하기 위해 걸어가는 **동행적 접근**, 과정을 같이 경험하는 **공유적 접근** 방식이 아니다. 자기 중심적이고(이런 점에서 권력 독점적이다) 현실을 **같이 경험**하기보다는 자기 방식으로 조사하고 검토하여 현실이 이렇다고 일방적으로 보여주는 계몽적 방식이다. '봐라. 현실이 이렇지 않은가'라고 정보를 제공하는 방식으로 활동한다. 현재 앨런의 활동 결과는 이 같은 활동 방식 때문이라고 논평자는 지적한다. 이런 접근은 먼저 코칭 대상은 물론 관계의 대상을 타자화한다. 이는 시스템적 관점을 지녔다 해도 한계가 있다고 논평자는 비판한다.

조직 내 개인인 코치이가 아니라 역기능적인 조직이 개선의 대상target for improvement이 될 필요가 있다고 보았다. 오코너와 카바나(O'Connor & Cavanagh, 2017)는 특정 팀원이 팀에 기능적인 방식으로 행동하지 못하는 점을 검토하며, 개인 수준의 설명에 의존하고 싶은 유혹이 강해져 '희생 전가 과정'으로 이어진다고 주장한다.[56] 그러나 "시스템 관점에서는 일반적으로 **개인의 성과**는 반대로 **팀 역동의 기능**에 의한 것이다"(p.491). 마찬가지로 휘팅턴(Whittington, 2012)은 시스템 내에서 증상symptoms으로 무엇인가 자주 표현된다면 이는 시스템적 접근만이 항구적인 효과를 가져 올 것이라고 주장한다. 그는 다음과 같이 말한다. "개인 수준에서만 작업하면 증상symptom을 제거할 수 있다는 것을 의미한다. 역동이 시스템적 수준에 속한 것이라면 단순하게 다시 창발하고re-emerge 나아가 다른 사람이나 다른 것을 통해 표현될 것이 분명하다"(p.8).[57]

시스템적 코칭/그룹 코칭 접근이 많은 사례에서 개별 코칭보다 더 효과적이라는 것을 잘 보여준다. 그렇지만 내 경험상 시스템 접근은 시스템이 그것들과 교전하기로engage 선택할 때만 효과적이다. 조직 시스템은 변경될 수 있지만 외부 접근으로 그렇게 하도록 초대받지 않는 한 시스템에서 지속 가능한 변화를 일으킬 수 있는 경우는 거의 없다.[58] 휘팅턴(2012)은 코치는 시스템적 방식으로 일할 수 있는 허가permission를 요청해야 한다고 주장한다. 더 중요한 것은 코치는 코칭받는 사람이 자신이 시스템에 접근하고 영향을 미칠 수 있게 허가permission할 수 있는 권한과 기관/대행사agency가 있다는 느낌을 확립establish하게 할 필요가 있다는 것이다.[59]

앨런은 코치이와 조직에 그런 **허가**를 구하지 않은 것 같다. 왜냐하면 그들은 자신들이 시스템적 코칭 접근법의 일부[대상]라는 것을 모르고 있기 때문이다. 결과적으로 나는 코

---

56) 조직 안에서 일어난 개인의 성과 이슈임에도 막상 평가나 분석할 때에는 조직 시스템과 개인을 분리해 이슈를 개인화하는 것이다. 이것 자체가 모순이다.
57) 국내 번역되었다. 『시스템 코칭과 컨스텔레이션』 존 휘팅턴 지음. 참고문헌 참조.
58) 시스템은 이를 외부에서 보고 문제를 제기하고 변경할 수 있는 계기를 공식적으로 잡고 진행해야 한다는 의미로 이해된다. 반면에 시스템도 결국 시스템을 이해하고 이에 맞춰 일할 수 있는 정확한 사람right men이 필요하다.
59) 시스템 안에 있는 개인이 시스템에 함몰되어 자기 문제로만 보거나, 시스템에 전혀 영향을 미칠 수 없는 허가 권한 밖에 있다고 좌절해 있기보다는, 조직-시스템을 하나의 독립된 실체/살아있는 대상으로 인식하는 것, 이를 통해 개인 의지와는 달리 독립된 흐름/역동을 지니고 있다는 인식상의 전제로 그 기관/대행사에 접근 할 수 있는 권한은 자신에게도 있고, 코치-코치이가 서로 확인해야 한다는 의미로 이해된다. 반대로 코치의 시스템적 접근이라는 태도만이 아니라 코치이와 이 같은 구체적인 접근과 합의가 중요하다.

칭 결과의 **지속 가능성**에 의문을 제기하지 않을 수 없다. 코칭 개입의 목적이 무엇인지에 대한 이해를 공유하지 못했기에, 인터뷰한 개인의 행동 변화는 지정된 코치이의 문제를 완화하는 데 도움이 될 수는 있지만, '희생 전가 문화'를 변화시키거나 문제의 근본 원인인 내재된 구조적 문제에 도전할 가능성은 작다.

이 점이 이 사례에서 앨런 전략의 가장 논란의 여지가 많은 차원으로 우리를 이끌어준다. 앨런은 조직의 모든 사람에게서 시스템 접근 방식을 숨기기로 했다. 시스템이 변해야 한다는 생각을 아무도 받아들이지 않을 정도로, '희생 전가/희생양 만들기'가 조직 문화에 내재됐다고 믿기 때문에 그렇게 했다. 물론 앨런의 믿음에는 어느 정도 진실이 있다고 할 수 있다. 조직들은 자주 문화적 구속lock-in, 즉 '기업이라는 보이지 않는 건축물의 점진적 강화'(Foster & Kaplan, 2001, p.16)로 어려움을 겪는다.[60] '희생 전가'는 그룹 역동에서 중요한 역할을 하게 되는데, "과제와 관련된 **불안을 피하기** 위한 그룹의 필요에 대응해 언제든 일어나고/창발되고 그룹 생존을 위한 이슈와 복잡하게 연결되어 있다"(McRae & Short, 2009, p.88).

그러나 조직의 경직성에 대한 앨런의 반응은 두 가지 주요한 이유로 문제가 된다. **첫째 이유**는 앨런은 모든 과제에서 동일한 전략을 채택한다. 그는 조직 체계 점검의 중요성을 아무도 이해할 수 없다는 의미에서 누구를 믿어야 할지, 오직 자신만을 믿어야 한다고 가정하는 것 같다. 나는 코칭에서 미리 계획된premeditated 전략을 갖게 되면 코치와 코치이 두 사람과 조직이라는 현실 사이의 단절disconnect로 이어질지 모른다는 점을 주장하고자 한다.[61] **두 번째 이유**는 자신의 접근 방식을 숨김으로써 앨런은 자신이 코칭하는 사람들에게서 영향력을 뺏고disempowering[무력화시키면서] 시스템 차원에서 지닌 어떤 형태의 영향력/지렛대leverage로 힘을 얻게 된다. 이 점은 아마도 내가 가장 크게 우려하는 점이다. 이와 관련해 코치가 정말 진짜 주인공protagonist이라는 식으로 주장하는 일반적인 논쟁이 있다. 코치는 시스템을 분석하고 그것에 도전하는 사람, 접근의 성공을 평가하는 사람이기 때문이라는 것이 그 근거이다. 초대받지 않고 은밀히 조직을 바꾸려 하는 앨런의 전략에는 그가 '구세주savior'가 된 느낌이 있고, 코치이는 그 여정에서 참여할 만한 역할이 거의 없게

---

[60] 조직 체계가 커지거나 복잡하고, 의사 결정과 소통 준칙이 강화되는 과정 자체가 시스템과 문화적 구속으로 개인에게 작용한다.
[61] 미리 계획된 전략premeditated strategy이 갖는 이 같은 위험이 코치의 코칭 기획과 고객 분석, 나아가 코칭 사례 개념화 작업 자체를 부정하는 것으로 이해되어서는 곤란하다. 사전에 계획된 이런 작업은 해결 의무감이나 전제로 인해 코칭 과정에서 '두 사람 관계'가 형성되는 과정의 산물이라고 본다. 대안이 코치의 시스템 사고와 수퍼비전이다.

내몰린다.[62]

비판적 코칭 철학과 시스템 코칭 접근의 목적은 시스템이라는 대행자agents가 시스템에 영향을 미치는affect 구조적 이슈를 밝혀내고 변화하도록 돕는 것이다. [시스템이라는] 대행자를 되찾음으로써, 조직과 개인에게 더 나은 결과를 제공하는 새로운 구조를 공동으로 창조할 수 있다. 그렇다면 질문은 다음과 같다. ^{Q.}대행자는 누구인가?' 대행자가 코치이, 커미셔닝 매니저 또는 조직 내부의 여러 사람으로 간주한다면, 그들이 대행자인 시스템에 도전하고 개선하는 것이 그들의 특권이고 그들의 임무여야 한다. 드레이크와 프리차드(Drake & Pritchard, 2017)는 코칭이 조직 전체의 발전에 시스템적 역할을 하려면 다음과 같은 중요한 질문에 대답해야 한다고 주장한다.

^{Q.}누구의 아젠다를 해결하고 있는가? ^{Q.}이 아젠다는 얼마나 명시적으로 인정되고 있는가?
^{Q.}각기 다른 아젠다와 얼마나 호환/적합/양립compatible할 수 있는가?

개인과 조직 아젠다가 충돌할 수 있는 일반적인 조직 구성에서는 변화의 기관-대행사agency가 변화를 지원하도록 하려고 숨겨진 전략의 일부로 (대행사를) 교묘히 조작하는manipulating 것은 적합하지 않다.[63]

이 사례의 세 차원(철학, 접근법, 전략)을 성찰하면서 배운 것이 많다. 결론적으로 주요한 교훈을 내 관점에서 다음과 같이 요약한다.

1. 코치는 사용할 전략이나 접근 방법에 대해 열린 마음을 유지하는 것이 무엇보다 유익하다. 이는 코치가 상황의 현실에 연결되고, 가장 적절한 방식으로 대응하게 한다.
2. 조직 안에서 의문의 여지가 없다고 당연하게 여겨온taken-for-granted 가정이나 전제, 목표, 시스템의 효과와 타당성에 의문을 제기하고, 코칭 철학과 접근 방식의 비판적 관

---

62) 코치가 조직 문제를 해결하고 구하고 있다는 구세주-됨, 일대일 관계에서도 문제 해결자이자 구원자로 더 나아가 마치 '신과 같이 되는godlikeness' 현상은 우려할 일이다. 이 점의 결정적 우려는 두 사람 사이의 등가等價성/동등성이 무너진다는 것이다. 한쪽은 언제나 오류가 있고, 해결하지 못하는, 구조받아야 하는 무기력한 위치로 내몰린다. 이런 현상은 코치의 미해결 과제에 의해 자기도 모르게 미끄러지거나, 코치이에 의해 유발/초래되기도 한다. 또 조직은 문제 해결을 외부에 위임하는 이런 대행자를 요구해 역할 대행을 하게 한다. 시작부터 등가적이고 수평적이지 못한 코칭 관계이며 이는 코치의 윤리적 둔감성에서 기인한다.
63) 사례는 앨런이 회사 임원이 '더 나은 관리자, 팀 목표 달성'을 위해 일대일 코칭을 추진하는 것이다. 그러나 시스템에 초점을 맞춘다는 생각에, 조직-임원 사이의 아젠다가 충돌하는 상황/희생자 만들기 상황에서 변화의 대행자(여기서는 코치가 자임하고 있다)의 전략 숨기기는 적합하지 않다.

점을 통합하는 것이 필요하다. 비판적 관점과 시스템 접근이 조직의 변화를 지원하는 데 더 효과적일 수 있지만, 이를 조직에 제안하고 다른 이해관계자가 이해하고 받아들이게 하는 것 역시 중요하다.

3. 코칭 개입에서 실제 대행자를 확인하고 모든 단계마다 권한을 부여하는 것이 필수적이다. 시스템을 분석하고 무엇이 성공으로 보이는지 정의 내리게 하고, 변화가 일어날 수 있는 방법을 결정하고 행동을 취하게 하는 것이다.

    시스템적 그룹 코치들은 참여적 탐구participative inquiry(Heron & Reason, 2008)와 같은 비교적 오래된 접근 방식이 대행사agency와 권한위임empowerment 이슈를 어떻게 다루어 왔는지를 이해하는 데 도움이 될 수 있다.[64]

4. 권한위임은 [위임된] 목표를 공개해야 하며, 상충되는 아젠다의 경우 모든 참가자가 공유한 이해를 뒷받침하는 투명한 대화 수준을 유지해야 한다.

결론

여러 가지 복합적인 아젠다의 이슈를 다루면서 상충하는 아젠다와 독이 든 선물과 같은 힘/권력으로 가득 찬 상황을 소개한 바 있다[제1장]. 여기서는 이슈의 개별화를 탐구하고, 코칭에서 알아야 할 대행사agency와 권력의 원천을 탐구했다. 전체적으로, 전문가들의 논평과 문헌을 검토한 결과 다음과 같은 연구 문제에 주의를 기울이기를 원한다.

코치의 힘/권력의 원천은 무엇인가? 일반적으로 코칭에서 힘/권력은 무엇인가?

프랜츠와 레빈스(French & Ravens)의 유형 분류(1959년)를 바탕으로, 연구 전문가들은 우리에게 권력에 대한 비공식적(전문가와 참조자) 기반뿐 아니라 공식적인(강압적, 보상적, 합법적) 기반도 고려하도록 권한다. [표 2.2]는 관련된 모든 이해관계자에서 비롯되는 코칭에서 힘/권력의 여러 근거를 제시한다.

코치들은 이런 근거를 어떻게 활용하며, 이로 인해 어떤 (윤리적인) 결과를 가져오는

---

[64] agency: '대행사'로 조직이라는 시스템 그 자체로 이해한다. agent: '대행자'로 개인이 아니라 조직 내에서 조직의 권한을 집행할 때 이를 담당하는 지위/권한 또는 이를 행사하는 사람으로 이해한다.

가? 특히 [연구] 전문가들이 제시한 바대로 코치들은 개입을 통해 무엇을 '얻어야gain' 하는지 자문해 봐야 한다. 특히 다른 사람을 도와서 얻는 유익에 관해서는 더 철저한 점검이 요구된다.

[표 2.2] 코칭에서 힘의 토대

힘의 근거	코칭에서 예
강압적인coercive	계약 하게 만들기; 제한적인 계약 경계선
보상적reward	돈; 긍정적이고 감사한 피드백; 고객의 변화
합법적인legitimate	정도degree; 위치positions
전문적expert	기술skill; 경험
참고적referent	비슷한 관심사; 개인적인 아우라

무슨 힘을 말하는가?

논평을 바탕으로 코칭에서 "사람에 대한over people" 힘과 "그 사람 자신의 행위에 의한 힘over one's acts"을 구분할 것을 제안한다.[65] 사실 전통적으로 힘/권력은 [사람 위에서] "사람에 대한" 힘으로 작용하는데, 코치든 코치이든 개인이 타인에게 완전히 동의하지 않는 일을 [결국] 강요하게 된다. 이는 지배/통치domination의 새로운 관행practice의 하나로 '코칭'을 이해하는 일반적인 비판도 여기에 해당한다. 그러나 힘/권력은 우리 – 연구 전문가들이 논의한 바와 같이 – '자신의 행위에 따른' 힘에 의해 그 개인이 자신의 삶과 환경에 실제로 어떤 영향을 미칠 수 있는가 여부로, 결과 지향적인 접근에 의한 대행사angeny를 되찾을 수 있는지에 초점을 맞추게 된다.[66]

이것은 프랑스의 정신과 의사이자 정신분석가 제라드 멘델(Gerard Mendel. 재인용

---

[65] over people: 사람 위에 있는 힘, over one's acts: 사람 위에서 행하는 행위로 이해된다. 그렇지만 결국 전자는 사람에 대한 힘/권력, 후자는 사람의 행위로 나타나는 힘/권력을 의미한다고 이해한다.

[66] 행위 대상자는 실제로 해보지 않았기에 충분히 알지 못한 채 동의하는 경우(즉 완전히 동의하지 못한 채) 행위의 대상이 되고 힘/권력의 대상이 된다. 이 경우 '사람 위/대상'이 아니라 '사람 위에서의 행동/사람에 대한 행위'로 힘/권력이 관행적으로 구사된다.

사람의 행위로 나타나는 힘/권력으로 인해 결과와 행위자가 코치 이외의 대행사agency에 대한 인식을 획득하는가가 중요하다. 조직에서 나왔지만 조직과는 분리된 조직적 힘의 대행사가 어떤 대상으로 인식된다. 이런 대행사에 대항해 코칭 세션 경험에서 코치-코치이 외에 '코칭의 제3 주체' 인식이 출현할 수 있다.

Arnaud, 2007)이 주장하는 '권력'(불어로 actepou voir)의 개념과 관련이 있다. 권력이란 "무엇인가를 수정하기 위해 자신의 행위acts에 따라 행동할 수 있는act upon 가능성"(p.414)으로 기술하고 있다. 멘델은 이런 활동에 초점을 맞춰 **자신의 행위에 대한 영유/전유**appropriation[67]에서 힘/권력에 대항할 것을 제안한다. 이런 활동의 중심을 멘델은 일에서의 소외, 즉 개인이 업무의 완전한 실현에 참여하지 못하게 되는 상황이나, 또는 심리적인 문제를 조직 구조 문제로 "퇴행regression"하는 것을 피하기 위한 필수적 조건으로 주장한다.[68]

아르나우드(Arnaud. 2007)는 조직에서 이슈를 비-심리적non-psychologized으로 해석해야 한다고 권고한다. 조직에 의문을 제기하는 증상symptom의 하나로 이슈를 사용하는 코칭이 되어서는 안 된다는 점에서 시스템 접근의 역할을 비판적으로 강조하는 전문가들은 이와 같은 권고를 되풀이echo하고 있다.

■ 토론 제안

1. 논평자는 코치의 철학-접근 방법-전략의 일치성을 강조한다.
   - 앨런 사례를 논평하면서 일치점을 검토한 논평을 다시 점검해보자.
2. 논평자가 제시한 네 가지 주장을 검토해보자.

---

[67] appropriation: 영유領有, 전유專有로 해석하고자 한다. 사르트르는 인간이란 결여적 존재이다. 이로 인해 인간에게 욕망이 존재하는 것을 중시하고, 인간은 결여분을 채우기 위해 행동한다. 이 같은 행동을 통해 자신이 바라는 것을 자기 것으로 하고자 한다. '나는 나뭇가지로 지팡이를 **만든다**, 이리하여 나는 지팡이를 **가진다**' '만들다=행하다' '가지다=있다'로 인식하듯 환원된다. 과학적 인식에서도 인식한다는 것은 그 대상을 자기 것으로 하는 것이다(기다 겐 외, 『현상학 사전』 이신철 옮김. 도서출판 b. 2011. p.255). 이처럼 논평자는 자신의 행위를 스스로 인지하게 하고 이를 통해 자신의 행위를 영유/전유하는 것이 인간의 자율성, 힘/권력의 작동에 대한 대처로 중요하다고 강조한다.

[68] 개인이 자신의 이슈/과제를 해결하는 주체로 나서기보다는 상황 탓, 조직 탓으로 위임하고 그 뒤로 숨게 된다. 이것이 조직 내 보신주의의 심리적 조건이다.

추가 사례 2-B. 코치 제임스, 독자적인 코칭 목록을 갖고 코칭한다.

코치 제임스는 최근 회사에서 코칭을 의뢰받고 반가운 마음에 수락했다. 사내 코치도 있고 그룹 차원의 별도 교육 훈련 조직은 물론 그곳과 관련을 맺은 그룹사 출신 코치도 여러 명이 있었지만 전혀 관련 없는 외부 코치에게 임원코칭을 요청한 것이다. 코치는 이 점이 문제가 되지 않았고 속으로 좋았다.

사실 제임스는 자기 나름의 고집스러운 신념을 갖고 있다. '언제나 같은 방식으로 코칭하는 코치', 'GROW만 있으면 충분하게 코칭한다는 코치'들과는 거리를 둔다. 또는 '잘한다는 평가를 들으면서도 막상 어떻게 코칭하는지 알 수 없다'라는 식으로 가벼운 피드백이나 이야기를 넌지시 던지는 코치들과는 먼저 멀리하고, 교류에 거리 두는 편이다. 또 자신은 최근 더는 올라갈 수 없는 지점까지 자격증을 갖추었기에 특별히 관심을 거두고 있다. 사실 코칭 회사들의 주장은 너무 복잡하다. 그들 가운데 몇 명은 이제 와 여러 주장을 하지만 몇 년 전 자신이 진행하는 Coaching-Show의 단골 참여자였다. 그들은 코칭 회사 브랜드 뒤에 숨어 있다는 생각이다. 제임스의 생각에 코칭의 핵심은 자기^{self} 확장이고 의식 확대이다. 그것이면 다 된다고 생각한다. 이것이 모든 것의 시작이자 끝이다. 또 아주 고액의 코칭비는 코칭 효과를 높인다. 높은 코칭비는 높은 코칭 집중력을 만들고 이것이 성과의 관건이 되기 때문이다. 이런 이유로 코칭비를 높게 부를 것을 주장한다.

HR 담당자를 별도로 만났다. 그들이 보는 임원의 코칭 아젠다와 입장을 충분히 들었고 코치가 제시한 코칭 방안에 만족해했다. 그룹 임원을 코칭했다는 사실을 홍보에 활용하기 위해 그룹 로고를 코치 강의 안내서에 넣어도 되는가 하는 점을 미리 확인받고자 했다. 자신의 PPT 해당 부분을 노트북으로 보여주었다. 언제나 코치가 가진 긍정성과 감사하는 태도는 그들의 마음을 열게 했고 신뢰를 끌만 했다.

코칭은 회사 내부로 들어가지 않고 건물 1층에 별도로 잘 꾸며진 Reception Room 한 곳에서 진행되었다. 완벽한 독립 공간이다. 회사의 다른 면모를 알기는 어려웠지만 특별히 문제될 것은 없었다. HR 담당자를 통해 소개받은 임원은 먼저 자기 이슈와 대화 내용이 직간접적으로 회사의 일부 임원에게 공유된다는 의심으로 우려를 드러냈다. 어떻게 그렇지 않을 수 있겠는가? 또 그가 제기하는 이슈는 현재 팀원으로는 주어진 성과를 달성할 수 없다는 점이다. 전년도 자신이 올린 눈부신 성과를 인정한다면 현재 팀원의 배치는 자신에 대한 억압과 배제나 다름없다는 생각이다. 이 팀으로 올해를 보낸다는 것은 악몽에 가까운 일이라고 주장했다.

이야기를 충분히 경청한 뒤 코치는 손으로 만든 워크북을 제공했다. 그 안에는 코칭에서 코치가 다루고자 하는 목록syllabus이 제시되었다. 물론 내용을 살펴보고 순서를 바꿀 수 있으며, 생략도 가능하다는 유연성을 분명히 설명했다. 또 주어진 리스트를 활용해 언제든 매회 자신이 하고 싶은 대화 주제를 충분히 이야기할 수 있다고 제안했다. 먼저 임원은 신기한 듯 살펴보았다.

3차례 세션이 진행되고 나서 임원은 이렇게 말했다. "음, 코칭에 이런 것도 있었군요. 다음도 이런 식인가요?" 웃으며 이야기한 뒤, 아주 미안한 표정으로 자신이 중국 출장이 다음 세션과 겹치기에 일정을 조정해달라며 양해를 구했다.

1. 앞의 사례와 논평을 참조하여 이 사례를 검토한다.
2. 코치의 신념과 코칭 접근 방식에 대해 어떻게 생각하는가?
3. 코칭이 3회 진행된 뒤 어떻게 되었는지 예상해 보고 그 근거를 제시해보자.

참고자료

Arnaud,G. (2007). Poweract and organizational work: Gerard Mendel'socio-psychoanalysis. *Organization Studies, 28*, 409-428.

Boal,K. B., & Hooijberg, R. (2000). Strategic leadership research: Moving on. *The Leadership Quarterly, 11*(4), 515-549.

Brandon, R., & Seldman, M. (2004). *Survival of the savvy*. New York, NY: Free Press.

Brennan, D., & Wildflower, L. (2014). Ethics in coaching. In E. Cox, T. Bachkirova,& D. A. Clutterbuck (Eds.), *The complete handbook of coaching* (pp.430-484). London: Sage Publications. 「코칭에서의 윤리의식」『코칭실천의 모든 것』 장환영, 연경심, 백평구 옮김. 2019. 서울: 교육과학 제 17장

Carroll, M. (2001).The spirituality of supervision (Chapter 6). In M. Carroll, & M.Tholstrup(Eds.), *Integrative approaches to supervision*. London: Jessica Kingsley Publishers.

Daft,R. L. (2001). *Organization theory and design* (7th ed.). Cincinnati, OH: South-Western College Publishing. 『조직이론의 설계: 13판』 김광점 옮김. 2020. 서울: 한경사. 추천: 『조직 개발과 변화: 10판』 Thomas G. Cummings, Christopher G. Worley. 이은형 외 옮김. 2016. 서울: 한경사

Drake,D., & Pritchard, J. (2017). Coaching for organization development. In T.Bachkirova, G. Spence, & D. Drake (Eds.), *The sage handbook of coaching* (pp.159-175). London: Sage Publications.

Fatien Diochon, P., & Nizet, J. (2015). Ethical codes and executive coaching: One size does not fit all. *The Journal of Applied Behavioral Science, 51*(2), 277-301.

Foster,R. N., & Kaplan, S. (2001). *Creative destruction: Why companies that are built to last under-peform the market and how to successfully transform them*. New York, NY: Currency. 『창조적 파괴_개정판』 정성묵 옮김. 2010. 서울: 21세기북스.

French, J. R. P., & Raven, B. (1959). The bases of social power. In D. Cartwright(Ed.), *Studies in social power* (pp.150-167). Ann Arbor, MI: University of Michigan, Institute for Social Research.

Greiner, L. E. (1998). Evolution and revolution as organizations grow. 1972. *Harvard Business Review, 76*(3), 55—68.

Hawkins, P. (2014). *Leadership team coaching: Developing collective transformational leadership* (2nd ed.). London: Kogan Page Limited.

Heifetz,R., Grashow,A., & Linksy, M. (2009). *The practice of adaptive leadership*. Boston, MA: Harvard Business Press. 『적응리더십』 김충선 옮김. 2012. 서울: 더난.

Heron,J., & Reason, P. (2008). The practice of co-operative inquiry: Research'with' rather than 'on' people. In P. Reason, & H. Bradbury (Eds.), *The sage handbook of action research: participative inquiry and practice* (pp.179-188). London: Sage Publications.

Hill,C.W. L. (2001). *Strategic management: Anintegrated approach, Annual update* (5th ed.) Boston: Houghton Mifflin.

Hopper,E. (2013). Consulting in/to organizations/societies as traumatized living human social systems. *International Journal of Group Psychotherapy, 63*(2), 267-272.

Ivy, D. (2016). *Gender speak: Communicating in a gendered world*. Dubuque, IA: Kendall Hunt Publishing Company.

Jones, G. R. (2006). *Organizational theory, design, and change* (4th Canadian ed.).Toronto: Pearson Prentice Hall.

Kahn, M. S. (2011). Coaching on the axis: An integrative and systemic approach to business coaching. *International Coaching Psychology Review, 6*(2), 194-210.

Kisfalvi,V.,& Pitcher, P. (2003). Doing what feels right: The influence of CEO character and emotions on top management team dynamics. *Journal of Management Inquiry, 12*(1),42-66.

Kotter,J. P. (1985). *Power and influence*. New York, NY: FreePress.

Krackhardt,D., & Hanson, J. (1993). Informal networks: The company behind the chart. *Harvard Business Review, 74*(4), 104—111.

Louis, D., & Fatien-Diochon, P. (2018).The coaching space: A production of power relationships in organizational settings. *Organization*(Paper conditionally accepted).

Maltbia,T. E., & Page, L. J. (2013). *Academic standards for graduate programs in executive and organizational coaching: Graduate school alliance for executive coaching*. Retrieved from www.gsaec.org/curriculum.html

McRae, M. B., & Short, E. L. (2009). *Racial and cultural dynamics in group and organizational life: Crossing boundaries*. London: Sage Publications.

Nielsen, A. E., & Norreklit, H. (2009).A discourse analysis of the disciplinary power of management coaching. *Society and Business Review,4*(3), 202—214.

O'Connor, S., & Cavanagh, M. (2017). Group and team coaching. In T. Bachkirova, G.Spence, & D. Drake (Eds.), *The sage handbook of coaching* (pp.486-504). London: Sage Publications.

Otter, K., & Paxton, D. (2017). A journey into collaborative leadership: Toward innovation and adaptability in turbulent times. In C. Etmanski, K. Bishop,& B. Page (Eds.), *Adult learning through collaborative leadership: New* directions for adult & continuing education (p.156). San Francisco, CA: Jossey-Bass.

Pfeffer, J. (1992a). *Managing with power: Politics and influence in organizations*. Boston, MA: Harvard Business School Press.

Pfeffer, J. (1992b). Understanding power in organizations. *California Management Review, 34*(2), 29-50. 『파워:리더십 위기를 타개하고 기업을 혁신하는 가장 강력한 에너지』 안세민 옮김. 2020. 서울: 시크릿 하우스 참고:『권력의 경영: 탁월한 경영자가 되려면 먼저 유능한 정치가가 되라』 배현 옮김. 2008. 서울: 지식노마드.

Reissner, S. C., & Du Toit, A. (2011). Power and the tale: Coaching as storyselling. *Journal of Management Development, 30*(3), 247—259.

Schon, D. A. (1983). *The reflective practitioner*. NewYork, NY: Basic Books. 『전문가의 조건』 배을규 옮김. 2018. 서울: 박영스토리

Senge, P., Hamilton, H., & Kania, J. (2015). The dawn of system leadership. *Stanford Social Innovation Review, 13*, 27-33.

Shoukry, H. (2017). Coaching for social change. In T. Bachkirova, G. Spence, & D. D. Drake (Eds.), *The sage handbook of coaching* (pp.176-194). London: Sage Publications.

Wageman, R., Richard Hackman, J., & Lehman, E. (2005). Team diagnostic survey: Development of an instrument. *The Journal of Applied Behavioral Science, 41*(4), 373-398.

Whittington, J.(2012, 2020). *Systemic coaching and constellations 3rd An introduction to the principles, practices and applications*. London: Kogan Page. 『시스템 코칭과 컨스텔레이션』 가향순, 문현숙, 임정희, 홍삼렬, 홍순지 옮김. 2021. 서울: 한국코칭수퍼비전아카데미

제3장

코칭에서 경계관리

소개

임원코칭은 서로 다른 경계boundaries를 지닌 실천practice이다.[1] **공간적**spatial **관점**에는 조직 사이의 경계, 지역 경계, 내부와 외부 각각의 경계로 이루어진다(Louis & Fatien Diochon, 2018). **이론이나 실천 관점**에서 보면 임원코칭은 경영 컨설팅, 심리치료psychotherapy, 멘토링, 트레이닝 등 비슷한 여러 분야와 경계를 이루고 있다(Kilburg, 1996).[2] **관계적인 관점**에서 볼 때 코치는 코치이와 조직 사이에 [양쪽과] **동등한 거리에 있는 경계**에 위치해 있으며, **양 당사자에게 가장 유익**이 되는 목표를 달성하기 위해 노력한다(Fatien Diochon & Louis, 2015).[3]

경계란 무엇인가? 사람을 포함하거나 제외하고 구분하는 영역을 말한다. 코치는 활동 중에 무심코 경계가 흐려져blurred 어느 한 방향으로든 경계를 넘도록 강요받는 지점에 서게 되고, 어디에 서야 할지, 어떻게 행동해야 할지, 위치나 행동 요령을 정하기가 쉽지 않다.

3장에서는 코치이와 조직 사이의 중립으로 추정되는 **제삼자 역할**third party과 관련된 경계 이슈를 구체적으로 검토한다. 실제로 다른 장에서도 보았듯, 코치의 '이상적인' 위치는 흔

---

[1] 코칭은 탄생 과정부터 인접 분야의 영역과 영향력에 영향받고 이를 흡수하면서도 구별하며, 독립적으로 자기 영역을 구축해왔다. 후발 분야로 다른 부분과 경계 교차/갈등/혼란이 불가피했다. 그렇기 때문에 코칭은 자신을 설명할 때 다른 분야와의 차이를 통해 자신을 설명하는 경우가 많았다. 비록 다른 분야와의 경계 짓기가 필요하긴 하지만 코칭이 출발부터 지니게 된 이런 경계 관리와 **융복합적 관점**과 **이종교배 정신**은 오히려 유지되어야 할 것이다.
[2] 타 분야와의 관계 구별, 관계 설정, 이에 대해 코치가 어떻게 인식하는가는 곧 코치의 입장과 활동에 영향을 준다. 코치들은 이 점과 관련한 자신의 견해를 건축해가야 한다.
[3] 조직과 코치이, 코치이와 코칭비를 지급하는 이해관계자 양쪽과 동등한 거리, 양 당사자 모두가 유익한 길을 견지하는 일은 매우 어려운 일이다. 즉 침로針路이며, 미끄러운 비탈길slippery slope이다. 코치는 민감하게 코칭 관계를 구조화해야 하는 주요한 부분이다.

히 **중립**neutrality을 취하는 다른 한 당사자로 그려지며, 다른 이해관계자 사이의 중간에 선 **중재자**intermediary로 묘사된다(Fatien Diochon & Louis, 2015). 그러나 '이상적인 중립적 위치'는 다양한 상황에 의해 언제나 도전받는다.[4]

코치가 조직에 의해 **도구화**instrumented되면 무력함helpless을 느끼게 되고, 자신과 유리될disengaged 때는 "꼭두각시puppet"가 될 위험이 있다.[5] 반면에 코치가 조로의 망토Zorro'cape를 착용하고 이해관계자 가운데 한 사람의 편을 들며 그의 이익을 지키기 위해 자신을 희생하게 될 수 있다.[6]

이 장의 사례는 코치가 이해관계자 가운데 한 명(첫 번째 경우 코치이, 두 번째 경우 고객 조직)의 편을 들기 위해 '이상적인 중립 입장'을 벗어난 상황을 살펴본다. **코치가 조로의 망토를 입고 있다**에서는, 15년 넘게 임원코칭과 리더십 개발 경험이 많은 노련한/숙련된seasoned 코치 루시Lucy의 사례이다. 그녀는 새 조직을 위해, 실제 문화에 적합하지 않은 임원을 코칭하기 위해 석유 및 가스 회사와 계약을 맺었다. 그녀의 임무 가운데 하나는 문화적 적합성fix을 달성하는 것이다. 그렇지만 코칭 과정 중간halfway쯤 임원이 해고된다. 루시는 자신과 코치이가 무엇인가 준비된 듯been set up[함정에 빠진 듯] 느끼고 결국 그녀는 코치이를 보호하게 된다.

조직이 주요 고객인가에서 우리는 커뮤니케이션 분야에서 성공적인 경력을 쌓은 후 10년 넘게 코칭과 비즈니스 이미지 컨설턴트로 일해온 캐롤라인을 만난다. 그녀는 미국 국제 열차 건설 회사에 채용되어 톰을 코칭한다. 톰은 최근에 승진했으며 새로운 역할에 적절하게 어울리는 복장을 해야 하는 것이 아젠다이다. 코칭 목표는 톰과 공유되지 않았으며, 캐롤라인은 톰에게 명확하게 의사소통하지 않고 이 목표 달성을 도와야 한다.

---

4) 과연 진정으로 제삼자 역할, 중재자 위치, 중립성 유지가 가능한가 검토해볼 필요가 있다. (1) 조직이 코칭비를 지급하고 코칭 계약을 주도하는 조직 코칭에서 조직과 코치이가 **다양한 수준**에서 이해가 대립되는 경우 이런 위치 유지가 얼마나 가능한가? (2) 코칭은 본질에서 어느 한쪽의 힘/권력을 보강하거나, 온화한 집행을 위한 것이라는 지적에 대해 어떻게 대답할 것인가? 코칭 관계가 한쪽으로 미끌어지지 않게 관리하는 것은 코치의 주요한 역량이다.
5) 계약에 따라 코치의 독자적 역할이 보장되고 보호되지 못하면 CEO나 조직 입장에 서게 되거나 (중립 위치로 철수 하는) 무기력하게 된다. 이외에도 지나치게 휘둘릴 수 있다. "결국 당신은 회사 입장이 아닌가?"라는 의문을 받게 된다.
6) 「무력한 느낌-꼭두각시처럼 휘둘리기-조로의 망토를 입은 사람 되기」 등은 모두 예가 좀 극단적으로 보이지만 스펙트럼의 한 위치로 이해될 수 있다. 다른 면에서 보면 그저 조직의 요구가 가장 중요하다는 생각에 또 다른 얼굴을 한 조직의 **대리자**가 되거나, 이와 달리 어쩔 수 없이 고객의 요구가 제일 중요하다는 식의 태도 등은 일종의 사유-부족이고, '사고하지 않음thoughtlessness', '무無사고'로 이어진다. 결국 무력감으로의 철수이다.

반면에 대리자로 자처함을 넘어 '정의의 사도'가 되거나 고객 지킴이로 자신을 무장하는 경우도 있다. 모두 코치의 포지션 위기이며 코칭에서 경계 관리 실패로 미끄러진 경우이다.

■ **사전 점검**

1. 코칭에서 경계 관련 이슈에는 어떤 것이 있는가?

    코칭은 '인간의 잠재력 개발과 가능성을 확대하는 것'이다. 이를 구현하기 위해

    (1) 코칭 활동 영역을 확대하고,

    (2) 코치 역할에 대한 적극적 개발이 필요하다.

    코칭 영역 확대, 코치 역할 다변화와 역할 강화는 코칭에서 경계 관리 관련 논의를 촉발하며 코칭 미래 발전에도 중요하다.

    - ADHD 코칭, 이미 일반화된 감정 코칭, 정서 기반 코칭 등도 경우에 따라 논쟁이 될 수 있다.
    - 이외에도 코칭 영역 확대가 필요한 방향, 분야를 논의해보자.

2. 코칭과 인접 분야와의 관계 관련 주제에도 쟁점이 있다. 심리치료, 멘토링, 컨설팅, 티칭 등과 어떻게 구별하고 공통 영역을 설명할 것인가?

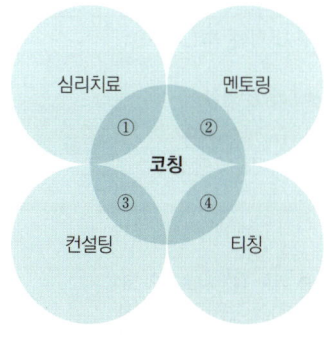

코칭과 인접 분야와의 공통점에 대한 이해

① 심리치료와 코칭
　치료가 아닌 그러나 치료적인 (코칭)
② 멘토링 기반 코칭 ↔ 코칭 활용 멘토링
③ 컨설팅 기반 코칭 ↔ 프로세스 컨설팅
④ 가르침 없는 배움 ↔ 대화식 교육

(1) 위 그림 ①②③④와 같이 타 영역과 겹치는 경우 코칭은 이 영역을 어떻게 설명할 수 있는가?

(2) ① '치료가 아닌, 그러나 치료적 접근은 코칭의 일부'라는 입장, '정신분석적 코칭의 입장'[7] 코칭심리학 기반 코칭(근거 기반 코칭)이 이에 해당된다.

(3) ④ 대화식 교육은 Teaching/교육에서 반복 훈련, 자기 통제력, Know-how/where,

---

[7] 『코치 앤 카우치』 맨프레드 F. R. 캐츠 드 브리스 외 지음. 조선경, 김상복, 이희상 옮김. 한국코칭수퍼비전아카데미

What에 방점을 둔다면 코칭은 '가르침 없이 배우기'라는 점에서 구별된다.

3. 코치는 자신의 코칭 영역으로 ①②③④ 영역을 포함하거나 제외하거나, ①②③④ 중 일부를 제외하고 자신의 코칭(영역)을 자유롭게 구축할 수 있다.

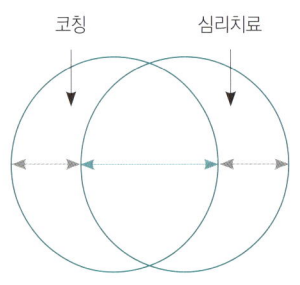

코칭과 심리치료의 공통점과 차이점

- 각자 어떻게 영역을 설정하는지 토론해보자.
- 코칭과 심리치료를 보면 공통점과 차이점을 다음과 같이 표시할 수 있다. 즉 공통점이 차이점보다 더 크다.
- 코칭을 코칭이게 하는 특징을 어떻게 설명할 것인가?

4. 코치의 역할에 대해 이해해보자.

   (1) 코치는 자신의 전문성을 제공하면서 필요에 따라 다양한 역할을 선택/배합/혼합할 수 있다. 이는 ① 코칭 관계와 코칭 과정에서 형성되는 구조에 따라 달라질 수 있으며, ② 코칭 난국에 대처하거나 코칭 진전을 위해 선택될 수 있다. ③ 근본적으로는 코칭 가설과 코칭 기획에 따라 선택할 수 있다. 아래 그 예를 제시해 본다.

코칭 관계와 코칭 여정에서 코치가 하게 될 다양한 역할

1. **거울**로서의 코치	거울을 보고 자기 조각을 구성할 수 있게 하는 거울
2. **사색**의 상대로서의 코치	고객의 숙고를 지켜보고 사색 과정을 함께하는 담소자
3. **스파링** 파트너로서의 코치	실전을 위한 준비와 연습 상대로서의 코치
4. 여행의 **안내자**로서의 코치	출발과 여정旅程, 갈림길과 위기에 대한 안내자로서의 코치
5. **동행자**로서의 코치	성과-성공-성장-성숙의 동행자로서의 코치
6. **정원사**로서의 코치	움틈과 다움을 가꾸고 궁극의 미美를 위한 정원사로서의 코치
7. **촉진자**로서의 코치	변화와 변형의 굴곡을 넘기 위해 발진하게 지원하는 촉진자
8. **응원자**로서의 코치	우여곡절과 고군분투를 응원하는 지원자로서의 코치
9. **버팀목**으로서의 코치	도전과 도약, 건너기, 뛰어 내리기를 위한 버팀목으로서의 코치
10. **페이스메이커**로서의 코치	속도와 각도, 호흡, 전력 질주를 위한 페이스메이커로서의 코치
11. **증언자**로서의 코치	성찰, 진실, 비밀을 위한 책임 있는 증언자로서의 코치
12. **목격자**로서의 코치	아하Aha에서 이크Eeeek까지 함께하는 유일한 목격자로서의 코치
13. **고고학자**로서의 코치	감춰진 보물을 탐험하고 발굴하는 고고학자로서의 코치
14. **중재자**로서의 코치	일과 일상, 내면, 원하는 세계(원함)를 연결(일치)하는 중재자
15. **공동창작자**로서의 코치	새 삶과 새 자기, 진실을 열고 만드는 공동 창작자로서의 코치
16. **수행자**로서의 코치	명성, 진실, 진리를 위한 서로 스승, 더불어 동지(수행자)

코치 김상복(2019)

   (2) ①부모, ②지나친 보호자, ③가르치는 자, ④일방적 구조자, ⑤신이 된 듯 완벽한 역할은 위험스러운 역할이 아닐 수 없다. 비슷한 역할이 또 있다면 무엇인가?

사례 3-1. 코치는 조로의 망토를 입고 있다.

루시는 18년 넘게 코치로 활동해왔다. 그동안 중요하게 배운 한 가지는 코치가 어떤 임무를 맡기 전, 반드시 모든 이해관계자가 코칭 과제에 합의하고 의견이 일치하는지 주의 깊게 확인해야 한다는 것이다. 이는 곧 그녀를 고용한 조직이 자기가 만나는 코치이와 일치된 의도를 가져야 한다는 의미이다. "오랜 경력에서" 볼 때 이해관계자 사이에 중요한 문제가 일치하지 못한 misalignments 경우는 거의 없었다. 하지만 최근 예전에 겪어본 적이 없는 상황을 경험했다.

그녀는 새로이 변화하는 조직 문화에 적응하지 못하는 임원을 코칭하게 되었다. 코칭 과제에는 당연히 조직 문화에 실제로 적합하지 않은 임원의 문화적 적합성 fit을 달성하는 과제가 포함되어 있다. 지정받은 designated 코치이는 남성 팀 가운데 유일한 여성이었고, 회사 내 자기 위치로 인해 매우 긴장하고 있었다. 아니나 다를까 sure enough 코칭 여정 중간 halfway 쯤에 그녀는 해고되었다.[8]

루시는 자신이 함정에 빠진 set up 느낌이 들었다. 회사는 임원에게 '도움'을 주기 위해 자신을 고용했지만, 실제는 직원을 해고하기 위한 방법의 하나일 것이라고 믿게 되었다. 루시는 코칭 과정에서 경험한 진실 integrity을 믿었기에 이용당했다고 느꼈다. 그녀는 스스로 질문을 던졌다. Q자신이 상황에 대해 제대로 판단했는가? 다시 돌아보아도 그녀는 자신의 판단에 의심 suspect할 이유가 전혀 없다고 생각했다.

성찰 질문
- 당신이 루시의 입장이라면 어떤 느낌이었을까? 특히 당신이 조직에 의해 함정에 빠지거나 이용당했다고 느낀 적이 있었는가?
- 만약 코치이가 중간에 해고된다면 당신은 어떻게 할 것인가?
- 고객 조직 안에서 여성 혐오나 편견의 또 다른 징후가 있다면 어떻게 대처하겠는가?

---

[8] 과연 ①코치가 해고를 사전에 전혀 몰랐는가? 아니면 ②어느 정도 짐작은 하고 있었는가가 불분명하다. 우리는 이 두 가지를 다 상정하고 이 사례를 검토하게 된다. 임원의 경우 매년 심지어는 언제든 해고될 여지가 있기에 코치는 이 점을 사전에 확인해야 하고 염두에 두어야 한다. 또 코칭 과정 중 회사 내 권력 갈등과 평가를 둘러싸고 잠재된 가능성이 언제든 드러날 수 있다.

루시는 임원이 해고되기 전에 사장과 회의를 했다. 사장은 매우 조급했으며 직원들이 **즉각적 변화**instant change의 필요성을 인식하지 못하고 있으며, 변화 과정이 **너무 오래 걸린다**고 언급했다. 루시로서는 전에 보지 못했던 **상사의 한 단면**이었다. 그녀는 코칭을 통해 개인이 새로운 행동을 배우고 실천하는 데는 **시간이 걸린다는 점**을 분명히 설명했다. 또 비밀준수confidentiality를 어기지 않는 수준에서 두 사람이 코칭 과정 중 어떤 지점에 머물러 있는지 말해주었다.[9] 루시는 그가 코칭에 만족하지 못하면 추가적으로 **전액 환불**해주겠다고 제안했다.[10] 좋은 일을 하고 고객을 만족시키는 것은 임원코치로서 그녀의 성실성integrity을 위해 중요했다. 그렇지만 사장은 자기 말을 오해하지 말라고 당부하고 루시를 신뢰한다며 안심시켰다.

코치이는 상반기 점검이 예정이었지만, 코칭 바로 2주 뒤 해고되었다. 루시는 사장으로부터 코치이의 전환 기간transition 계속 코칭하기 바란다는 이메일을 받았다. 루시는 매우 화가 났고, 코치이를 보호하고 싶은protective 감정이 들었다.

계약이 끝난 뒤에도 그녀는 코칭을 계속 진행했다. 오늘날까지 그녀는 자신의 '전former' 코치이를 매우 좋아하고 있으며, 그녀만큼은 무기한으로indefinitely 코칭을 활용할 수 있게 하려고 한다.

성찰 질문

- 전액 환불했던 경험이 있는가? 어떤 상황에서 이같이 하려 했는가?
- 코치는 해고됐다는 소식에 어떻게 반응했는가? 그 반응을 피드백한다면?
- 코치의 보호하고 싶음protectiveness을 이해할 수 있는가? 이에 피드백한다면?
- 당신은 비슷한 상황이라면 코칭 종결 후 코치이와 관계를 유지하겠는가?

---

9) 사실 어떻게 이것이 가능한지 의문의 여지가 있다. 제삼자의 예를 들거나 일반적인 설명을 한다 해도 대화의 장field이나 맥락 안에서 얼마든지 코칭의 현재 진행과 효과, 코치이의 지체나 상황 등이 노출될 여지가 있다. 코치가 이런 상황이라면 적절한 은유적인 내러티브, 필요한 절차 등이 필요하다.
10) 코칭 진행 중에 이런 언급을 한다는 것이 과연 적절한가 의문의 여지가 있다. 코치로서 이 상황에서 이런 언급이 필요했다면 이럴 수 있는 근거가 궁금하다.

■ 사례 점검

1. 논의 주제는 코치의 경계 관리이다. 위 내용 중 주제와 관련이 없는 의문이나 점검 사항을 먼저 검토해보자. 정보가 부족하다면 특정한 조건을 본인이 추가로 가정하고 검토한다.
2. 실제 코칭 현장에서 중간에 해고 조치 후 남은 코칭 회기를 계속하는 경우
   1) 이런 상황이면 코치는 어떻게 하겠는가?
   2) 본 사례처럼 남은 코칭을 계속하게 요청받은 경우 코치는 (코치이/고객 조직을 위해) 무엇을 어떻게 할 것인가?
   3) 코치 입장에서 코칭 계약 단계에서 취할 조치가 있다면 무엇인가?
   4) 중간 해고 조치를 보며, 코치/코칭을 방어하기 위한 코치의 심리적 경계 관리가 제기된다. 방안은 무엇인가?

■ 토론 제안

1. 젠더, 권력 갈등, 희생자-구조자 등 다양한 상황으로 코칭-관계 중인 코치이가 부당한 대우로 경력 위기-삶의 위기를 겪는다면 코칭 관계를 어떻게 관리할 것인가?
   1) 조직의 승인이 없는 한 코칭-관계 유지는 어렵다.
   2) 조직 승인 여부와 상관없이 특별히 종결되지 않은 코칭-관계는 유지해야 한다.
2. 위에 제기된 문제 상황을 위해 코칭 계약 과정에서 사전에 검토해야 할 것이 있다면 어떤 것인가?
3. 조직 내 갈등, 비즈니스의 복잡성, 성 관련 활동으로 드러난 **'사실'** 과 코치이와 코칭 관계에서 알게 되고, 나눈 내용에서 공유하게 된 **'진실'** 이 충돌할 때 코치가 취해야 할 대처 방안은 무엇인가? (사실과 진실의 충돌: 조직과 조직원/코치이 이해의 충돌)
이때 코치 역할과 활동의 경계 관리에 대해 검토해보자.

논평 3-1. A

클라라 만도스키 건

조직과 계약 체결 후 코칭 개입할 때, 코치는 일반적으로 역량competencies 계발이나 코치이의 태도attitudes 계발을 예상한다. 루시의 경우 두 가지 동기가 모두 있는 것으로 보인다. 그러나 코칭을 요청했는데도 조직은 이미 코치이를 해고하기로 결정한 것으로 보이고, 코치를 최후의 수단으로 채용해 이를 정당화해야 할 필요가 있었다. 루시는 조직이 지닌 "좋은" 의도를 신뢰하며 코칭 과제를 시작했기에 이 숨겨진 아젠다에 눈이 가지 않았을지 모른다.[11] 그렇지만 코치로서 고객 회사를 이런 점과 관련해 신뢰하지 못한다면, 아마 그 회사를 위해 **일해서는 안 될 것**이다. 따라서 루시는 숨겨진 아젠다를 확인하지 못한 죄책감까지 느낄 필요는 없을 것이다.

이 사례에서 코치이가 과정 중간에 해고되고, 스폰서가 코치에게 개입을 계속해줄 것을 요청할 때, 나는 코치가 **그렇게 해야 한다**고 믿는다. 실제로 코치의 관점perspective에서 볼 때 **코치이**와 **코칭 과정**이 제일 우선순위이다. 만약 코치이가 이 과정을 자신에게 효과가 있다고 느낀다면, 코치는 과제assignment를 완수해야 한다.[12]

코치로서 나는 코치이와 다른 이해관계자들 사이에 붙잡혀 중간에 끼여본 경험을 했다. 이 사례와 차이점distinction은 이해관계자들이 코치이를 해고하기로 결정했고, 코치는 그 결정에 동의하지 않는다는 점이다. 루시는 코칭 과정이 끝나지 않았고 시간이 더 필요하다고 주장하면서 결정이 공정하지 않다고 느낀다. 그녀는 스폰서가 말하는 동안 코치이가 목표를 향해 나아가고 있다고 설명하려 했다. 결과적으로 루시는 코칭 과제에서 지금까지 해왔던 작업만이 아니라 **한쪽을 택하고** 코치이를 **방어**하면서defending 경계를 넘어야cross a boundary 한다고 느낀 것이다.[13] 그러나 우리가 코치로서 이해관계자들의 결정에 동의하지 않는다

◆ **필자**: Clara Mandowsky Gun. PCC. 조직 및 팀 코치, 콜럼비아. cmgcoaching@yahoo.com

11) 코치가 이 점을 맹점 부분으로 놓칠 수 있고, 회사나 조직 대표의 (의도적인) 숨겨진 아젠다일 수 있다. 그러나 코칭 중에 이런 사례가 충분히 있을 수 있다는 것을 염두에 두어야 하며 현재 우리가 이 사례를 학습하는 이유이다.

12) Q논평자의 이 같은 주장에 찬성한다면 코치가 코치를 위해 추가로 해야 할 일, 새롭게 해야 할 일은 무엇인가? 반대한다면 그 이유는 무엇인가? 더욱 회사에 의해 (의도적으로) 숨긴 아젠다라면 코치로서 이 상황을 감당하며 코치이의 요구에 대응해야 한다.

13) 주어진 자료에 근거해 논평자가 이렇게 언급하는 것에 동의하는가? 논평자의 지적이 사실이라면 코치의 태도는 중립성을 벗어났고, 코치이를 방어하는 태도를 취해 경계를 위반했다고 논평하고 있다. 이를 어떻게 생각하는가?

고 해도, 그에 대해 이래라 저래라 논쟁할 자리는 아니다. 이 시나리오에서 코치이 편이 되어 그녀가 부당하게unfairly 대우받는다고 느끼는 것까지는 비교적 쉽다. 코치로서 우리는 때로 경계를 넘고 코치이의 편을 들려는 신념에 스스로 감동받는다. 그렇지만 이것이 코치가 **코치이와 스폰서 사이의 관계**에 관여하게 되는 **윤리적 딜레마**ethical dilemma를 만들 수 있다.

코치로서 내 자신의 경험에서 보면, 경계를 넘어야 할 필요를 느낄 때 나는 코치이와 나에게서 일어나고 있는 일에 대한 내 감정feeling의 **알아차림**을 높이며/주의를 기울이며 코칭 세션을 지속한다. 이 경우에 코치는 코치이를 보호하려는 노력이 경계를 넘고 있어 윤리적 딜레마를 드러낸다. 코치는 그녀의 **역할** 이외의 **문제**에 관여하고 있다.[14]

루시가 눈치채지not have detected 못한 점은 조직 내 여성혐오misogyny이다. 일반적으로 공공연히 드러나지 않는 이런 편견prejudice은 코치직을 사임해야 할 이유가 될 수 있다. 특히 코치이와 코치가 여성일 때 더욱 그렇다. 이런 편견이 조직에 존재한다면 코치가 어떤 행동을 하든, 코치이가 변화하든 아니든 결정은 오직 코치이를 해고했을 것이다. 만약 여성 혐오나 다른 편견bias이 조직에 있고, 코치가 그것을 발견한다면 당연히 스폰서에게 지적해야 한다. 그렇지만 이 문제를 지적할 때 코치는 자기 주장의 실질적 증거real proof를 보여줘야 한다. 윤리적 딜레마는 코치가 증명도 하지 않은 채 스폰서들에게 여성 혐오를 지적할 때 발생한다.

나는 이런 비슷한 상황을 경험한 적이 없고, 동료 가운데 누구도 그것에 대해 나에게 이야기한 적이 없었다. 이런 코칭 경험을 고려할 때 이는 내 관점일 뿐이다.

환불 문제refunding money는 코치이나 스폰서가 코칭 결과outcome에 만족하지 못하는 경우, 코치가 전액 환불해야 한다는 것이 내 관점이다. 코치와 고객 모두에게 매우 중요하다. 코치는 코칭 과정의 범위와 기대를 처음부터 분명히 해야 한다. 이것이 분명하고 코치이와 스폰서 중 한쪽이 결과에 만족하지 않으면 코치는 돈을 환불해야 한다.[15]

---

14) 코치가 코치이의 변화를 (대신) 설명하거나 해명하고, 심지어 설득하려 하고 있다는 점에 주목해야 한다. Q이것이 과연 경계 관리 실패/위험인가? Q윤리적 딜레마를 자초하는 것인가? Q이런 논평자의 견해에 동의하는가? Q최종적으로 코치는 어떤 역할로 미끄러지고 있다고 보는가? 역할과 경계를 구분해야 한다. 바람직한 역할은 무엇인가? 16가지 역할(p.104)을 참조하여 설명해보자.
15) 논평자의 이 같은 주장에 동의하는 의견은 코치 저서에서 찾아 볼 수 있다. 대표적인 주장 가운데 하나가 다음의 저서이다. 『리더십을 위한 코칭』 Marshall Goldsmith 외 지음. 고태현 옮김. 코치북스. 2017. 성과나 만족하지 않으면 코칭비 환불을 전제 조건으로 계약하며, 홍보에 활용한다.

■ **토론 제안**

1. 논평자가 주장하는 코치의 경계 침범/이탈 지점에 대해 충분히 공감하는가?
2. 윤리적 딜레마는 그 자체를 회피해야 하는가? 코치는 논평자가 지적하는 윤리적 딜레마가 드러났다면 이를 어떻게 대처해야 하는가?
3. 조직이 사전에 해고를 결정하지 않은 상태에서 조직과 '해고'와 관련한 의견이 대립될 때 코치는 어떻게 해야 하는가?
    1) 코칭 관계가 유지되는 상태
    2) 코칭 관계가 종결된 뒤 '해고'를 둘러싸고 견해가 대립될 경우
4. 코칭 결과에 만족하지 못한 경우 코칭비를 전액 환불해 준다는 입장에 대해 어떻게 생각하는가?
    1) 찬성한다면 이를 위한 필요 충분조건을 분명하게 논의해보자.
    2) 반대한다면 이에 대한 근거와 대처 방안을 논의해보자.
5. 코칭에 대한 범위와 기대가 명확했으나 코치이와 스폰서가 결과에 대한 만족도에서 의견이 상충되면 전액 환불해야 한다는 주장에 대해 어떻게 생각하는가?

논평 3-1. B

콘스탄틴 코로토브

이 사례는 코치가 경계에 대해 고심하는struggle with 예시이다. 이런 종류의 경계 관련 이슈는 연구자들과 프랙티셔너들의 관심에서 자주 벗어나곤 한다. 루시의 상황은 우리에게 조력 전문 분야에서 '정체성 경계'를 검토하게 한다. 정체성은 우리가 "나는 누구인가?"라는 질문에 답하는 방식the way이다. 이 질문에 대한 답은 우리 자신이 전문직 활동을 하는 자기를 어떻게 보는지 스스로 검토하는 데에서 시작해야 한다.[16]

도전이나 질문을 받고 평가절하devalued됨을 느낄 때, 전문직으로(때로는 그것이 아니더라도) 우리는 **외부에서 수신된 신호**에 비춰 보며, '우리 스스로가 누구인가'에 대한 잠재적 재평가potential reassessment에 간혹 취약하나 상처받을vulnerable 때가 많다. 이런 질문은 가치 평가assessment와 관련이 있어서, 우리는 정체성 위협으로 경험할 수 있다.[17] 자신이 인식하는 정체성이 공격받고 있다는 느낌이다. 또 업무의 질quality이나 특히 코칭 실패(이 사례에서는 코치의 해고dismissal)로 인식되는perceived failure 신호를 관찰하게 되면, 코치는 자연스럽게 다른 설명을 찾게 되고, 코치가 작업을 못 하게 만든 문제나 역량 관련 가설에 매달리게 된다.[18]

코칭은 다른 조력 전문직과 마찬가지로 ①**지식의 인식론적**epistemological **기초부터**[19] ②서포

◆ **필자:** Konstantin Korotov. PhD. 조직행동 교수, 리더십 개발 연구센터 대표. Associate Dean of Executive Education, ESMT-Berlin. konstantin. korotov@esmt.org

16) 특히 타 분야에서 이미 전문성을 확보했거나, 성과를 올린 리더인 경우 코칭 분야로 새롭게 시작할 때 '코치-되기'로 **변형**이 필요하다. 과거 경험의 연장선이 아니라 '코치-되기' 여정에서 어떤 마디 맺음/문턱/임계점이 필요하고, 코치-됨에 서서 뒤를 돌아보며 과거의 경험(자원)에서 필요한 것을 건져 올리는 코치 성장의 '계기'가 요구된다. 이른바 코치로서 정체성의 재구성 과정이다.

17) 코치로서 성장하며 코칭 비즈니스의 현실에 직면하여 코칭/코치 '업業'의 취약함, 코칭학의 얕팍함에 좌절하거나, 코칭 임상에서 고객의 표면적이거나 자술적 만족감을 보면서 놀란다. 진정한 변화와 변형, 성장과 관련한 결과가 불확실한 경우, 정체성 위협이 강화된다. 또 문제를 지나치게 환경/외부화하거나, 자신의 역량 부족으로 간주하게 된다. 이 같은 과제는 코칭 수퍼비전에서 자주 마주치는 주제이다.

18) 코치에게는 이 점을 성찰하고 함께 넘는 과정이 코칭 수퍼비전 과정이고 이 과정이 코칭의 난국/난기류를 넘어갈 수 있게 하는 공간이다.

19) Q.코칭은 상담과 무엇이 다른가? 사실상 베낀 것 아닌가? Q.사실상 심리치료의 기업 방문 판매용 아닌가? Q.코칭이 독자적인 학문/업이 되기에는 멀었다. 보조 영역에 불과하다. '누구나 할 수 있는 것 같은 별것 아니다'라는 식의 인식은 코칭 제공 관련 꼼꼼한 계약과 선불 조건이 아니면 수시로 코칭 여정과 성과를 위한 노력이 회수될 위기에 처한다.

터로서의 타인에 의해 일상적mundane으로 생계를 꾸려갈 수밖에 없기에 **경제적 질문,**[20] 예를 들어 '돕는 직업'에 대한 도전을 성찰하기 위해서는(Egan 2010을 참고)[21] 다양한 도전이 연이어 제기된다. 코칭은 무엇이고 무엇이 아닌지를 규정하는 데 여전히 어려움을 겪는 직업이기에 좋은 코치가 되기 위해 필요한 ③'**경계에 대한 의문**'[22]은 수년간 코칭해온 우리 가운데 그 누구에게도 어려운 퍼즐로 고심하게 한다.

코치의 내적 관점internal view과 자기 효능감self-efficacy은 코칭 **개입의 질**을 감지하게 되고 바람직한 결과 달성을 위한 코치의 역할에 영향을 미친다. 그렇기 때문에 코칭 개입에서 '**인지한/된 실패**perceived failure'는 코치에게는 의미심장한 정체성 위협이 된다.[23] 그러나 코치 정체성 발전의 중요한 부분은 코칭 과정의 **결과**에 근거해 코치 '역할의 경계'를 이해하는가 여부에 있다. 나는 아직 그 누구에게도 변혁적 결과transformational outcomes는 코치가 투입한

---

20) ^Q코칭으로는 돈이 안 된다. 그저 second job 정도에 불과하다. 그러니 본업에 충실하라. 여전히 코칭은 아직 업業으로 확립되지 못했다는 좌절을 겪는다. 코칭의 본질과 이름을 유지하며 끊임없이 블루 오션으로 진출하지 않으면 코치 사이의 경쟁마저 치열해진다. 그런 점에서 생계적 위험에 언제나 노출된다.

21) 적절한 조건만 주어지면 삶의 문제에 시달리는 사람을 도와줄 수 있는 사람은 많다. 세상은 그런 사람으로 가득하다. 공식적 상담자가 아니라도 위기나 어려움에 봉착한 사람을 돕는 제2선의 비공식적 상담 제공자는 다양하다. 기업 내 선후배, 교사, 마을 이웃, 미용사나 바텐더, 점술가 등. **전문적 상담사**란 이들과 차별화된 자세와 인격, 역량과 기술을 갖추고 역량 계발과 성숙을 향한 성찰이 요구된다. **전문가**는 자기 필요가 아니라, 내담자가 요구한 요청에 정확히 호응하고, 효과적 협력으로 바람직한 결과를 이뤄야 한다. 이른바 '충분히 계발된 상담사', '유능한 상담사'다. 이를 위해서는 상담의 그림자, 비관적 측면을 이해하고, 자신의 영리함에서 지혜로움으로, 내담자는 자기 통제의 지혜를 개방적으로 활용하는 것이 중요하다.
 • 인용 저서의 『유능한 상담사』는 2013년 현재 10판으로 개정되며 우리나라 상담 훈련의 기본 교과서로 널리 활용되어 왔고, 모든 조력 전문 분야, 사람을 상대로 돕는 역할이 일부 포함된 모든 분야에 깊은 성찰과 상상력을 제공해왔다.

22) 코치는 다른 영역과 분명히 구분하며 혼합 활동하기에 신중하고 소극적인 활동을 한다. 그렇지만, 다른 분야의 경우 단지 코칭을 배우고-자격 인증은 (받든/안 받든) 중요하게 생각 하지 않고- 코칭을 자기 분야에 활용할 **일부분**으로 적극적으로 수용해 활용하고 있다. 물론 이런 활동을 위한 자체 이론 근거도 갖추고 있다. 코칭도 소극성을 벗어나 기업 조직 영역, 개인의 삶과 일상 영역, 전 세대에 대해 다양한 개입 영역을 적극적으로 개척/확대해내야 한다. 코칭을 중심으로 경계 확장이 필요하다. 이와 관련한 경계 관련 의문이 코치가 **스스로 설치한** 머리 위 지붕이 되어서는 곤란하다.

23) 코치가 실패로 인지한 사례, 예감, 또는 그런 판단에서 오는 실패의 '감정/정서'는 수퍼비전의 주요한 주제이다. 사례에 대한 규명, 실패'감' 해소/극복은 수퍼바이지 코치가 자기를 강화하는 데 필요한 요소이다. 반면에 실패로 **인지한 사례**에 둔감하거나 드러내지 않는 숨겨진 느낌과 정서를 방치하거나, 좌절을 품은 채 활동 공간 이동을 통해 무마하는 경우, 코치 성장은 지체된다. 수퍼비전 공간은 이를 다루기 위한 안전한 공간이다.

코칭 **과정에서 지원**받은 코치이의 작업 결과라는 전제에 반대하는 주장을 보지 못했다.[24]

이 사례에서 루시는 어렵고 비포용적인non-inclusive 환경[25]에서 코치가 길을 만들도록 함께 분투하는 상황을 마주하고 있다. 코칭 과정 중간에 코치이가 해고되면 코치는 코치이의 퇴장 과정을 촉진하기 위해 코칭이 설치된 것 같은 함정에 빠진 느낌을 당연히 받는다. 실패를 사장과 검토하는 것은 루시가 코치이의 해고dismissal가 자신이 잘못하거나, 정확하게 작업하지 못해 자신이 해고에 기여한 것으로 받아들일 수 있음을 보여준다.[26] 그렇지만 코칭이 조직의 정치적 목적에 활용되었다는 코치의 의혹, 혐의suspicion를 쉽게 무시, 기각dismissed 해서는 안 된다(좋은 사례로 레이놀즈Reynolds, 2012, 『임원코칭의 블랙박스』 참조[27]).

실제로 이 조직은 코칭 개입을 사회적 방어 메커니즘으로 사용했을지 모른다. 다른 임원의 행동과 잠재적으로 역기능적인dysfunctional 기업 문화로 인해 일부 심각한 조치를 취해야 하는 경우를 사전에 피하기 위한 것이다. 그들은 조직 문화에 분석과 변화가 필요한지 자문하기보다, 회사 임원으로서 자신이 옳은 일을 했다고 확신하고, 현 상태status quo를 받아들이겠다는 궁극적 목표를 갖고 외부 코치에게 이 이슈를 넘긴 것이다. 때로 코치들이 이런 비슷한 시나리오에 자신들이 처하게 되거나 말려들어 가는 경우를 발견하게 된다.[28]

그렇지만 곤혹스러운 것은 루시에게 친숙한 환경으로 알았던 곳에 코칭이 함정으로 설

---

[24] 모든 변화와 성공은 코치이-코치의 협력과 합작의 결과이다. 그러므로 코칭 과정에서 확인한 코치의 정체성과 경계(의 질과) 역할로 '좋은 결과에 기여'했다는 사실(확인)이 곧 코치의 **정체성과 역할**을 확고히 정의내릴 수 있게 하는 근거가 된다. 수퍼바이저는 이 점을 미세한 영역까지 파악해 발굴하고 확인하고 강화한다.

[25] 여성 조직원에 대한 ①유리 천장, ②가봐야만 알게 되는 막다른 골목 ③승진이 (문화적/제도적) 한정되거나 이미 분리된 (전문)직군 ④개인 간의 경쟁적이고 비협조적 여성 견제 조직 문화 등을 열거할 수 있다. 역으로 성 차이를 불문하고 스스로 **천장**을 설치하거나 자신의 능력을 언제나 **낮출 수 있는** 계단을 스스로 지닌 반대의 경우도 볼 수 있다.

[26] 흔히 홀로 걸으며 갖게 되는 '자기-의심'이다. 코치는 의심을 의문으로 전환하는 셀프 코칭을 견지해야 한다.

[27] 저서 제14장 「막다른 길에서도 코칭이 가능한가?」 사례는 루시의 사례와 비교해 다른 각도에서 참고해볼 만하다. 비록 경계 이슈는 아니지만, 유리 천장으로 사실상 승진 길이 막힌 여성 리더 코칭에서 코치는 본서의 비슷한 주제와는 다른 입장을 주장한다. 특히 어려운 이슈를 조직 외부로 아웃소싱하기 위해 코칭을 도입한 경우 이에 대해 코치가 어떻게 대처해야 하는가에 관한 사례이다. 이 사례와의 차이는 조직은 방치된 막다른 골목으로 계획적으로 가게 했다는 점이고, 코치이가 능동적 이직을 선택했다는 점이다.

    두 사례를 검토해보자. ^{Q.}코치의 태도에는 어떤 특징/차이점이 있는가?

[28] 문제의 외부화로 은폐하기 위해 코칭을 이용하는 것이며, 코치가 이를 용인/외면/말려듦에서 근본적인 윤리적 딜레마가 초래된다. 코치 역시 코칭 여부를 판단할 수 있고 자신의 가치에 근거해 거부 또는 계약할 수 있다는 자부심에 근거한 활동이 요구된다. 비록 코칭 비즈니스가 황량한 서부 시대 활극과 같은 환경이라도 더욱 그렇다.

치되었다는 느낌이다. 조직과 문화적 조화cultural fit를 이루기 위해 임원을 지원한다는 명시적 목표를 갖고 과제를 맡았다는 점을 볼 때 루시는 회사 문화를 자신이 잘 이해하고 있다고 인식했을 것이다. 심지어 자신의 코칭 사업 확보를 위해 조직과 친숙하다는 점을 이용했을지 모른다.

그녀가 회사에서 행한 일에 윤리적 이슈가 없고, 실제로 코칭이 잘 되었다고 가정한다면, 적어도 이 사례가 설정set up되었다는 느낌은 **의문시 된다**. 물론 경계 관점에서 보면 루시는 코칭 관계와 과제에 대해 자기를 스스로 가장假裝했는지, 설정에 눈 감았는지 질문해보는 것은 의미 있는 일이다. ^{Q.}회사에 대한 충성loyalty이나 코칭으로 해결하려는 재정적 의존financial dependence이 이 과제의 실행 가능성feasibility을 판단하는 데 영향을 미쳤을 수 있다.[29]

코칭비 환불 제안에는 어떤 점들이 반영되었는지 살펴보자. ^①고객을 만족시키려는 루시의 **의지**willingness, ^②코치이를 보호하고 싶다는 그녀의 필요, ^③이해관계자들에 대한 자기 작업의 전문적 책임감 등으로 볼 때 그녀는 ^④높은 내적 감정internal feeling(이를테면 자존심)을 가졌음을 시사한다. 여기서 경계 주제topic가 다시 시작된다. ^{Q.}고객(조직)이나 코치이를 대신하여 코치가 얼마나 멀리까지 가야 하는가? 어떤 비용을 치르더라도 고객과 코치이를 만족시키려는 루시의 욕구desire와 동시에 루시가 "**구조자 증후군**rescuer syndrome"에 시달리고 있을지 모른다는 것이 나에게 떠오르는 작업가설이다. 코치 작업engagement은 기본적으로 결과에 책임을 져야 한다고 생각하는 그녀는 자신과 코치이, 조직의 기대에 실패했다고 느낀다. 영웅이 총을 놓쳤거나 말에서 떨어진 것이다. 구조자 증후군의 함의에 대한 논의는 코로토브 프로랑-트리시, 케츠 드 브리스, 베른하르트(Korotov, Florent- Treacy, Kets de Vries, & Bernhardt. 2012.『임원코칭의 블랙박스』「제2장. 구조자 증후군」)을 참조할 만하다.[30]

즉각적 결과가 부족하다고 불평하는 사장과 루시의 대화는 그녀가 조직 문화와 코치이에게 활용 가능한 **지원**이 무엇인가를 주제로 더욱 교감할 수 있는 중요한 순간이다. 고객 조직 대표가 중간이나 최종 결과에 짜증irritation이나 조급함impatience을 보이는 것은 많은 코치들에게 겁나는scary 순간이다. 그렇지만 이런 상황은 **코치이**가 조직 시스템에 실질적인

---

29) 이른바 깨끗한 질문(clear, clean, full), 깊은 성찰을 촉구하는 비-판단적 질문을 해보는 것이 가능하다. 하지만 이를 직면하는 데는 한계가 있다. 수퍼비전 관계 안에서는 조금 더 분명히 검토할 수 있으며, 자기 강화를 하며 앞으로 나아 갈 수 있다.

30) 본문에 인용한 글과 함께 또 다른 글「구조자 증후군이라는 덫」『정신역동, 마음챙김 리더십』(맨프레드 F. R. 케츠 드 브리스. 김상복 외 옮김. 2021. 한국코칭수퍼비전아카데미)을 같이 읽어보자. 코치가 공통적으로 빠지기 쉬운 구조자 증후군에 대한 성찰과 극복에 영감을 준다.

영향을 미칠 수 있는 좋은 기회가 될지 모른다. 루시는 사장에게 지금까지 ①코치이의 **노력**에 대해 관찰한 것, ②자신과 동료들이 예상되는 변화를 지원하기 위해 했던 **작업**, ③코치이의 문화 적응에 방해되는 **장애물**이 무엇인지 물어볼 수 있었다. 더 나아가서 내가 보기에 진행 상황을 평가하고evaluate ④코치이가 이용할 수 있는 **추가 자원**additional resources을 탐색하기 위해 코치, 사장, 루시가 참여하는 회의를 제안할 수 있었다.[31] 루시가 그렇게 할 수 없었다는 것[**무능**inablity]과 그에 따른 [코칭이] 설치되었다는 **의혹**suspicion은 오히려 조직과 루시 사이의 가능한 상호 협력에 대한 토론 기회가 필요했다는 점을 시사한다.[32]

루시의 입장에서 환불 제안은 코칭 수퍼바이저와 논의해야 할 좋은 주제이고, 적어도 코치의 입장에서 자기 성찰self-reflection을 위한 좋은 순간이다. 만약 루시가 코치이와 자신이 코칭 과정에 **어느 위치에 있는지 이해**하고 있다면, 그녀는 사장이 본 대로 코치이의 '진전이 부족'하다는 인식을 정당화justify하는 데 압박을 느끼지 말아야 한다.[33] 때로는 코칭 세션의 결과에 따라 '고객이 지급'하는 기회를 제공하는 것도 상상할 수 있다[34](예로, 코치가 코칭에 익숙하지 않거나 독립 코치인 경우).

환불 제안은 루시가 자신의 일을 공정하게 제대로 하지 않고 있다는 것을 **의미**할 수 있고, 또는 어떤 대가를 치르더라도 고객을 계속 유지하기를 원한다는 **의미**일 수 있다. 그리고 이런 태도는 조력 전문가인 코치로서 그녀의 정체성을 구성하는데 명확성이 부족하다

---

31) ①코치이가 지닌 자원, ②코치이가 (유보해 둔) 활용할 수 있는 자원, ③조직의 지원 ④코치의 전문적 지원 등이다. 이에 더 나아가 ⑤조직에서 활용 가능한 추가적 지원을 요구하거나, ⑥코치와 함께 설계한 (삶 전체에서 발굴, 설계한) 후원 환경에 의한 코치이의 지원 등을 꼼꼼하게 살펴볼 수 있다. 이렇게 보면 활용 지점은 매우 풍부하다.
　루시가 이를 위한 적극적 대처를 하지 못한 이유도 궁금하다. 그는 코칭이 기획되었다는 판단, 이를 알 수 있었음에도 놓친 것에 대한 자책, 고객과 2인조에 매몰되어 고객의 유익에 집중하겠다(조직에 대한 보복)는 의욕에 이런 **적극적 대처를 놓친 것**이 아닌가를 논평자는 우회적으로 비판하는 것으로 이해된다.

32) Q.코치의 **무능**과 코칭이 설치되었다는 **의혹** 중 어떤 것이 선행되었는가? 또 이 두 가지가 상호 영향을 주었을 수 있다. 논평자는 이 두 가지에 루시가 적극적으로 대처하지 못했다고 지적한다. 이에 대한 성찰이 필요하다. 무능감과 의혹(=의심의 뭉침)은 코치가 쉽게 빠질 수 있는 함정이다.

33) 코치는 코치이와 코칭 과정의 어느 지점/위치/역할에 대한 인식을 정확히 하고 있다면 향후의 예상도 가능하기 때문에 사례 예시처럼 그렇게까지 무엇인가 증명하려고 압박을 느껴 애를 쓰지 않을 수 있지 않겠는가?

34) 이런 방안이 초보 코치에게 과연 실제 가능한지 의문이 든다. 조직에 속한 개인이 자유로이 비용을 지급하며 코칭받을 수 있고, 코칭 회사에 속하지 않고 개인적으로 활동하는 독립 코치 역시 개별적인 계약이 가능하다는 일반적인 의미로 이해된다. 이 경우 남은 코칭 회기를 조직에서 보장하고 있다. 물론 이후 두 사람이 자유로이 코칭 (계약) 관계를 유지할 수 있다.

고 다시 평가될 수 있다.[35]

마지막으로, 코치이에 가까이 다가가 **보호하려는 감정**을 느끼는 것은 또 **다른 경계 이슈**이다. 코치와 코치이는 코칭 개입이 끝난 뒤 우호적인 관계friendly relationship[36]를 발전시키는 것은 상상할 수 있다. 루시가 그녀의 코치로 무기한으로 활용 가능하게 남아 있으려는 의도는 **관계에 대한 그녀의 의존도**dependency가 증가하고 있음을 나타내는 것일지 모른다.[37] 이 사례에서 루시는 자기 정체성의 어떤 측면이 활성화되고 있는지, 그리고 코칭의 어떤 범위가 코치이의 최선의 이익을 위해 발휘되고 있는지 스스로 자기 정의self-definition를 해보고 싶었을지도 모른다.[38]

---

35) 논평자는 '환불 제안'을 둘러싼 상황/맥락에서 제기될 수 있는 내용을 모두 제시한다. 코칭 여정 중간에 고객의 변화에 대한 사장의 문제 제기 상황에서 코치의 대응이라는 점에 근거하고 있다. 이외의 환불 제안 경우는 ①마케팅을 위한 방안으로 환불 제안, ②골드 스미스 코치의 주장처럼 마케팅 단계와 코칭 구조로 설계, ③코치의 기본 소신으로의 환불 제안이 있다.

36) 코칭 개입 종결 후 코치이와 우호적 관계를 맺는 주제는 그 내용과 수준이 '윤리적 쟁점'이 될 수 있다. 스스로 원칙을 정하고 민감성과 성숙성을 갖고 상황과 조건에 따라 대응해야 한다. 직면하는 윤리적 딜레마는 수퍼바이저, 동료들과 평소 논의해 두어야 한다.

37) 2020년부터 시행되는 ICF 코칭 역량 모델 역량 3-11. 「코치는 고객의 코칭 경험을 존중하는 방식으로 코칭 관계 종결을 위해 파트너로 협력한다」고 명시했다. 이때 코치가 점검해야 할 경험에는 둘의 코칭 경험, 고객과 코치 자신의 경험이다.

영국의 정신역동 코치인 캐서린 샌들러는 종결 관련하여 **애착과 의존성**을 점검하고 관리해야 할 과제로 제시한다. 상세한 논의는 『정신역동과 임원코칭』 김상복 옮김. 2019. 11장 「결론」

38) 코치 루시가 붙들고 있는 것은 코치이인가? 코칭 과정에서 오는 필요이기보다는 코치의 의존 필요성/욕구일지 모른다는 논평자의 시각에서 코치의 **자기 정체성**, 코칭 과정에 대한 검토가 필요하다고 주장한다. 특히 코치이와의 관계(방식)와 자기가 무슨 역할을 하는지/하려는지 **역할에 대한 자기 정의**self-definition가 필요하다. 일반적으로 파트너, 코치이의 도전에 대한 안내자, 지지자, 후원자, 촉진자, 동행자 등이 일반적이다(2장 P.104에 제시한 다양한 16가지 역할 가운데 추가할 만한 역할 참조).

논평자는 루시가 정체성 혼란을 겪고 있거나, 구원자 역할로 기울었다고 본다. 이는 **경계 이탈**을 시사한다. 사례 상황에서 코치의 의존도가 높아지고, 구조자 역할이 아닌 다른 코치의 역할을 찾는다면 어떤 역할을 할 수 있겠는가? 구조자 증후군을 **건전한 구조자**로 전환할 수 있는 계기/방법에는 어떤 것이 있는가?

■ 주 35. 윤리적 기준 적용을 위하여

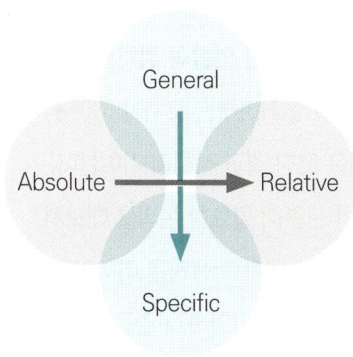

[윤리 문제]

Q. 고객이 코치가 자기가 있는 지역으로 여행 중인 것을 알고 코치를 저녁식사에 초대했다. 이에 응할 것인가?

Q. 코치가 1년 전 코칭을 마쳤던 고객을 파티에서 우연히 만났다. 고객은 싱글이고 파트너를 찾고 있다 single and available. 고객이 같이 가서 술 한 잔 하자고 have a drink to together 제안했다. 어떻게 할 것인가?

■ 세계비즈니스코치협회 WABC 코칭 역량 Core Coaching Skill-Base 중 종결과 관련한 부분

4. Facilitating the Personal Transformation

d) 코칭 종결 관리 Managing termination of coaching

- 코칭 종료에 대한 고객의 준비성을 평가한다. Assess the client's readiness for termination of coaching.
- 고객이 자기 계발을 지속할 수 있도록 필요한 모든 조치를 취한다. Take whatever steps are necessary to ensure that the client can continue his/her development.
- 고객이 해야 할 후속 작업 과제를 명확히 한다. Clarify with the client any follow-up arrangements.
- 장기적 발전 계획을 도출해 고객과 다른 이해관계자에게 안내한다. Guide the client and other stakeholders in devising a long-range development plan.
- 고객과 조직의 요구에 가장 적합한 내적, 외적 개발 방법을 제안한다. Recommend internal and external means of development that best fit the needs of the client and the organization.
- 정기적인 진행 상황 검토는 물론 고객의 향후 개발 계획에 대한 약속을 다짐받기 위해 고객의 관리자, 다른 이해관계자와 의사소통한다. Communicate with the client's manager or other stakeholders to ensure commitment to the client's future development, including regular progress reviews.
- 코칭 종결 후 질문을 주고받고 설명을 들을 수 있도록 한다. Make yourself available for questions and clarification after the coaching ends.
- 필요에 따라 고객과 체크할 수 있는 관계를 유지한다. Check in with the client occasionally, as appropriate, to maintain the relationship.

■ **토론 제안**

1. 본문 주석에 대한 검토를 통해 필요한 논의를 한다.
2. 합의한 코칭 이슈와 해결을 위해 코칭 과정에서 코치는 **다양한 역할과 위치**를 잡거나 내 몰리게 된다. 고객의 자율성을 침해하지 않고, 코칭 결과에 기여하는 코치가 해야 할 적절한 역할은 다양하다. 결과적으로 코치의 특정한 역할은 코칭 결과 성취에 기여한다.
   이 과정에 필요한 것이 역할 경계 관리이다. 이 사례와 관련해 필요한 논의를 해보자.
3. 타인의 성장과 발전을 위한 **후원과 지원을 제공**하면서 그 대가로 생계를 이어간다는 점, 이를 넘는 전문직으로서의 코치 정체성 확립은 어떤 점에서 다양하게 갈등하고 충돌할 가능성이 있다.
4. 코칭 결과와 연동한 코칭비 환불 제안: 코칭 결과 연동 코칭비 지급 제안 활동을 경험한 적이 있는가? 이유와 상황에 대해 공유하고, 이를 논의해보자.
5. 조력 전문직에서 보이는 구조자 증후군은 여러 분야에서 지적되고 있다. 코칭에서 일어나는 사례를 찾아보고, 이것이 이슈가 되는 이유가 무엇인지 논의해보자.

추가 사례 3-A. 코치 딕, 안전사고와 기타 문제로 구속된 사장의 요청

견실한 건설 분야 하청 기업을 코칭해왔던 **코치 딕**은 회사 관련자에게 연락을 받았다. 안전사고와 기타 문제가 얽혀 사장이 구속되었다. 사장은 자기 대신 경영관리를 하는 임원 네 명을 신속하게 코칭해줄 것을 요청하며, 구속 기간이 그리 길지 않겠지만 먼저 부사장부터 서둘러 진행했으면 한다는 제안을 전해왔다.

회사는 터 파기 중심 토목공사 하청을 전문으로 하며, 지하 구조물 전체 공사가 들어가기 직전까지가 사업 영역이다. 사실 이 부분은 공사 시작 전 매우 민감한 민원 관리가 필요하고, 지하 공사 과정에서 예기치 않은 사태에 직면할 수 있기에 공사 프로젝트가 안정화되기까지 신경이 집중되어 여간 힘든 게 아니다. 모든 회사 일이 그렇지만 특히 프로젝트 초기에는 전 직원의 일사불란한 집중이 무엇보다 중요했다. 반면에 이런 집중은 직원 각자의 자발성과 자율성에 기초할 때 더 활성화되지 않을까. 이 점이 사장에게는 언제나 **핵심적인 고민 주제**였다.

사장은 영업 활동과 공사를 지속해서 수주하는 데 주력했고, 부사장은 공사 프로젝트 전체의 공정 설계와 진행을 관리하고 해당 직원들의 배치를 전담해왔다. 회사 회계와 결제관리, 재정과 자금 및 구매관리, 하청 업체 관리, 총무 및 인사관리 등 사장 포함 5명의 임원과 20명의 직원이 전부이고 나머지는 협력업체 네트워크로 일하고 있다.

코치 딕은 시작 전 이해관계자이자 임원들의 상급자인 사장을 면회하고 그의 의도와 이슈에 대해 점검하는 기회를 가졌다. "너무 심각하게 긴장하거나 호들갑 떨지 않고 차분히 그동안 해온 사업 기조와 원칙을 지키며 정속 주행해야 한다."라는 사장의 우려는 충분히 이해할 만한 상황이지만 코치는 내면의 자기 반응으로 그의 불안을 감지했다. 임원 4명의 코칭은 같은 주에 동시에 시작했다. 공통된 아젠다는 '위기 상황에서 각자의 역할과 책임RnR 정비와 협력적 리더십 구축'을 공통으로 하고, 각 개인의 리더십 영향력 점검과 효율화와 개발 요인 등을 점검하며 개별 아젠다를 확정하기로 했다. 이후 진행 일정은 각자의 코칭 경과에 맞추고, 코칭의 '정기성'을 확보하기 위해 출장이 있는 임원의 경우 온라인과 대면 코칭을 여건에 따라 혼합해서 진행하기로 했다. 사실 코치 딕에게 이런 방식으로 한 조직의 임원 4명을 동시에 진행하는 작업은 전체적인 코칭 일정에 압박이 되었고, 스스로 운영해온 주 단위 코칭 시간 배정을 넘어서는 과제였다.

부사장과의 코칭이 4회 남짓 지난 뒤 그는 어려운 이야기를 꺼냈다. 회사에 이런 일이 터지기 직전 사장과 자신의 이직을 논의했었다는 사실, 좀 작지만 같이 네트워크로 협력하는 회사의 경영 사장으로 제안받았다는 것이다. 사장은 반대했지만 자신은 결심한 상태였다는 것이다. 현재 사장이 없는 상황에서 부사장의 이직은 회사의 큰 위기가 되고 또 도리가 아닌 어려운 상황이다. 그의 고백을 들으며 한편 이해가 되었으나, 코치는 자신이 긴장하고 있다는 점을 감지했으며, 조심스럽게 물었다. 혹시 임원이나 직원 중에도 같이 가려는 사람이 있는가? ….

이 같은 주제는 '위기적 상황에 대한 조직의 효과적 대처와 리더십 강화'라는 현재 수준의 코칭 아젠다를 넘는 것이다. 그런데도 (코치는) 적어도 사장 출소 전까지는 임직원의 이탈을 막아야 하지 않는가? 그러지 않으면 날개 없이 추락할 수 있지 않은가? 이런 건설업계 소 네트워크에서의 움직임은 단일 회사를 넘는 또 다른 외부 메커니즘이 작동한 것은 아닐까? 그렇다면 사장이 코칭을 의뢰한 이유는 무엇인가, 이 같은 상황도 염두에 둔 것인가…?

코칭 아젠다가 출발 지점과는 매우 다른 상황으로 가고 있다는 것은 오히려 성급한 판단이 아닐까? 숨겨져 있던 부사장의 이직 의사는 조직 내 어느 정도 공개되어 있는가? 과거에 [집단적-]협력적 리더십 구축이라는 조직적 필요와 개별 리더십 이슈가 충돌했거나 보이지 않는 갈등이 이제 표면화되었는가? 상황을 깊이 탐색하지 못한 채 사장의 위기=회사의 위기=코칭 요청을 너무 성급하게 받아들인 것은 아닌가? 코치는 주어진 역할 이상의 버거움을 느끼지 않을 수 없었다.

중간 작업

1. 주요 고객(부사장)의 부하 균형 load balance을 살피고 코칭 과제를 감당할 이해관계자는 누구인가?
2. 코치의 코칭 기획(회사 접근)에는 어떤 특징이 있는가?
3. 초기 3자 회의를 통해 코치이들과 이해관계자의 이슈가 불일치하면 어떻게 할 것인가? 이 단계가 생략되면 또 어떻게 될 것인가?

1. 1장과 2장에서 제기한 논평을 참조하여 코치 딕의 활동에서 검토해야 할 논점들을 발굴하여 모두 열거해보자.
2. 먼저 각 논평자의 주장을 근거로 이 사례에 대한 논평을 위해 토론해보자.

    이 사례의 경계 이슈는 무엇인가?
3. 각 장의 논평자의 주장 근거 외에 본인의 입장에서 이를 코칭한다면 어떻게 접근하겠는가. 그 프로세스와 내용을 항목으로 정리해보자.

    제1장 복잡한 아젠다, 제2장 코칭에서의 권력, **제3장 코칭에서의 경계, 코치의 역할** 등의 주제와 각 논평자의 주장을 염두에 두고 정리해보자.
4. 사장의 핵심적인 고민 주제는 무엇일까? 충분히 추론하여 주제를 발굴해보자.

    자신의 노력과 경험, 자본을 투자해서 회사를 설립한 Owner-CEO이다.

사례 3-2. 조직이 주요 고객인 경우

캐롤라인은 유럽에 본사를 둔 미국 내 국제 열차 건설 조직의 이사인 톰을 코칭하기 위해 고용되었다. 톰은 엔지니어로 회사를 위해 열심히 일해 왔으며, 기술 관련 업무와 문제 해결에 열정적이고, 전문 기술 역량이 높아 조직 전반에 걸쳐 존경을 받아왔다.[39] 그가 현재 도전받는 과제는 기업 사다리를 따라 이사가 된 뒤 **관리 이슈**에 초점을 둔 다양한 회의에 참석하며 부딪힌 상황이다. 회의에서 그는 프로젝트가 왜 늦어지는지 설명하고, 팀에 필요한 예산을 얻기 위해 설득하고, 더 많은 사업을 따내기 위해 영향력을 행사해야 했다.

책임자가 된 뒤 성과에 대한 본사 피드백은 톰이 회의에서 아무런 영향도 미치지 못하며, 마땅히 해야 할 만큼 적극적으로 참여하지 않는다는 것이다. 그가 회의에서 필요한 역할을 잘했을 때는 아무도 몰랐다. 그의 강력한 기술적 배경을 회의 참석자들은 알지 못했기에 그의 의견을 진지하게 받아들이지 않았다. 그들의 관점에서 볼 때 톰은 역할과 책임에 별 관심이 없고 매사에 단순하거나, 그저 수줍음이 많은 것으로 여겨졌다.

이전부터 회사와 협업해온 캐롤라인이 미국 사무실의 훈련 책임자 Head of Training 에 의해 불려오기 전까지 톰의 이런 변화 과제는 오랫동안 해결되지 않고 계속되었다. 회사는 톰에게 다양한 교육훈련 과정을 제공했지만 아무런 도움이 되지 않았고, 이제 그들은 '회의에서 톰의 태도를 바꾸는 데 초점'을 맞춘 코칭으로 눈을 돌렸다. 그들은 그가 반응적 reactive 이기보다는 더 자신감 있게 말하고 주도하기를 원했다. 다른 사람들은 톰이 자신들이 무슨 말을 하는지 알고 있다고 믿는다. 게다가 그들은 톰이 외모에 변화를 주기를 원했다. 그가 "엔지니어처럼" 옷을 입고 있다고 느꼈는데, 그것은 그의 새로운 역할과 지위에 맞지 않는다고 생각했다. 물론 이것은 민감한 문제이다. 그들은 외부 조직의 누군가가 이런 변화의 필요성을 그에게 설득해 주기를 원했다. 자신들이 이슈를 직접 거론할 경우 "내가 좋아하는 옷을 입었다."라는 식으로 답할 것이고, 이대로가 좋으니 바꾸고 싶지 않다고 대답할 것으로 우려했다.[40]

훈련 책임자는 톰의 코칭에 관해 잠깐 이야기를 나누었지만 자세한 내용은 논의하지 않았다. 그들은 캐롤라인이 단지 자신들이 '하기 싫은 일 dirty work'을 해주길 원했다.

---

39) 톰이 임원 승진에 필요한 조건은 이 정도면 충분하다고 보는가? ^Q 오늘날 기업 현실에서 임원 승진의 조건, 임원 리더십의 조건은 무엇인가?
40) 기업 조직에서 임원코칭 아젠다 설명으로는 특이하다. 코치는 이런 정보를 어떻게 다루어야 하는가? 그렇다고 가볍게 보거나 무시할 수는 없다.

성찰 질문

- 조직이 코치이와 대면하고 싶지 않은 일을 코치에게 대신할 것을 요청하는 조직에 대해 코치로서 어떻게 대처해야 하는가?
- 만약 당신이 캐롤라인이라면 위 사례의 코칭 요청을 받아들일 것인가?
- 코치이의 옷차림과 같은 민감하거나 개인적인 문제 등은 어떻게 다룰 것인가?

캐롤라인은 자기에게 보내준 회사의 신뢰에 감사하고, 회사가 추구하는 결과를 확실히 원했기 때문에 코칭 요청을 받아들였다.

톰과의 첫 세션에서 그에게 왜 이곳에 있는지 생각해 보았느냐고 물었지만 그는 전혀 이해하지 못했다[코칭받게 된 경위를 알지 못했다]. 그는 이런 만남이 그저 자신의 발전을 위해 회사가 제공하는 지원의 한 가지일 거라고 말했다. 물론 그는 처음에는 코칭을 약간 꺼려했다reluctant. 그는 이사직을 제공하기 전에 회사가 자신이 누구인지 이미 알고 있었기에 특별히 뭔가를 바꿀 필요는 없다고 생각했다.[41]

몇 세션 후 캐롤라인은 조직이 요청한 변화 요구사항을 언급하지 않고 다른 사람들이 그를 어떻게 인식하는지 스스로 알아보게 했다. 그녀는 그가 누구인지who was he와 직장에서 자신이 어떻게 행동하는지 그 차이를 구별하는 작업을 함께했다.[42] 그는 이 과제를 자신을 바꾸는 과제로 보기보다는 '게임을 하는 것playing the game'으로 봐야 한다고 톰을 안내했다.[43] 그녀는 그가 스스로 이 같은 지점에 도달하도록 도왔기 때문에 저항을 덜 드러내고

---

41) 임원 생활에서 이런 자기 인식에 대한 의문이 제기된다. 대단한 전문적 기술이 없다면 보기 어려운 태도이다. 아니면 상황에 대한 둔감함인가, 거부 또는 외면하는가? 아니면 이런 판단으로 대응하는 특별한 이유가 있는가?

42) 이 같은 개입의 구체적 내용은 무엇인가? 질문으로 개입했다면 다음과 같다. 특정 상황에 대해 고객이 이야기할 경우 ①좀 더 자세한 설명을 요청하거나 경우에 따라서는 당시의 감정과 의도도 드러내게 경청한 후 ②Q.다른 사람은 어떻게 볼 것인가? ③이런 여러 위치(상급-동료-하급) 또는 ④권력역동상의 대응 관계 안에서 살펴보는 관점 ⑤사업부별 관점 등 어느 하나를 들어 검토할 것으로 보인다. ⑥또 다른 개입 방안이 있다면 무엇인가?

43) '게임을 하는 것'으로 보는 것은 정확히 어떤 의미인가? (1) 자기가 변화해야 한다 생각하지 말고 자신의 변화 행동을 그냥 놀이/게임하듯 하게 한다. 코치의 개입을 따라해 볼 것을 권유했다면, 세션 안에서 이런 놀이로 대화하는 경험을 함께하고 피드백 대화를 나눌 것으로 보인다. 이런 시도는 톰의 저항을 회피하거나 우회하기 위해 필요했을 것이고, 코치는 '게임'이라는 형식을 통한 경험을 톰이 스스로 하게 한다면 가능하겠다. (2) 반면에 'Playing the game'은 게임하듯 편하고 정정당당하게 해보라는 적극적 제안이기도 하다. 자신 그대로의 행동을 (세션 안에서) 투명하게 할 때 자신에 대한 타인의 눈길과 피드백에 대한 톰 스스로의 수용력이 커질 수 있다. 이런 톰의 에너지 변화는 톰과 임원진의 관계에도 영향을 주고 교류의 폭과 질이 달라질 수 있다. 궁극에는 톰을 보는 그들의 태도에 변화를 줄 수 있다. 하지만 이런 결과는 너무 순진한 기대일 수 있다. 그렇다면 여기서 중요한 점은 코치에게 톰에 대한 교정적 접근/의도가 있었는가 여부이다.

변화에 매우 개방적이 되었다.

성찰 질문
- 캐롤라인의 접근을 어떻게 생각하는가?
- 코칭의 주 고객이 누구라고 생각하는가? 돈을 지급하는 고객인가 아니면 코치이인가?
- 당신은 캐롤라인이 실제적인 코칭 아젠다를 코치이에게 숨기는 것에 대해 어떻게 느끼는가?

■ **사전 점검**

1. 성찰 질문 내용에 대한 검토와 함께, 이 사례 내용과 관련하여 쟁점이 될 만한 부분/논평해야 할 이슈를 모두 찾아 열거해보자.
2. 톰의 변화를 단순한 '게임'으로 보자고 안내하는 캐롤라인의 개입에 대해 어떻게 평가하는가?
3. 또 다른 다양한 접근 방법과 논리 개발을 연상할 수 있다. 또 다른 방안이 있다면 이야기해보자.
   (1) '정체성 확대나 심화'로 접근하기/ 또는 가치 확대와 심화를 위한 접근
   (2) 개인 가치와 조직(문화)의 가치 충돌로 보고 그 일치를 위해 접근하기
   (3) 환경과 조건, 이른바 생태계의 변화에 따라 조직이든 사람이든 적응적 변화가 필요하다는 점에서 이 같은 적응적 변화를 성찰하기
   (4) 자기 편의 또는 외적 필요에 근거해 또 다른 페르소나 개발의 필요성으로 접근하기

논평 3-2. A

테오 그루트

설명된 사례는 매우 일반적이고 잘 알 수 있게 서술되었다. 문제 해결fix을 위해 조직이 코칭을 요청한 상황을 잘 보여준다. 톰은 노련하고 존경받는 엔지니어로 점차 기업 승진 사다리를 올라갔지만 새로운 이사 역할은 이전의 수석 엔지니어 역할과는 상당히 다르다.[44] 본사는 톰이 새로운 책임을 수행하는 방식에 실망했다. 적극적이고/확신에 찬assertive 모습이 아니고, 회의에서 설득력이 없으며, 특히 "적절한 옷차림"이 아니다. 이에 대한 해결책은 여러 차례 교육훈련을 받도록 하는 것이었지만 기대한 결과를 얻지 못했다. 결국 훈련 책임자는 '문제를 해결'할, 어려운 일the dirty work을 할 사람을 불러와야 했다. 캐롤라인은 이전부터 협업을 해온 훈련 책임자를 알고 있었으며 그를 실망시키고 싶지 않고, 미래의 작업[이 조직과의 코칭 비즈니스]을 위태롭게 하고jeopardize 싶지 않기 때문에 일을 했을 것이다. 이는 모든 코치가 고군분투하며 겪는 상황이다.[45]

모든 구성요소ingredients는 연속극을 위해 각자 제자리에 있거나, 프로듀서와 무대 매니저 역을 하는 캐롤라인과 함께 '개인 드라마'를 위해 작업하고 있다고 하자. 오프닝 장면에서 캐롤라인과 톰은 첫 코칭 세션을 위해 만난다. 코칭은 일반적으로 코치의 지원을 받는 코치이가 자기 이해와 자기 변화(de Haan, 2008)를 통해 사적 또는 직업적 영역에서 알게 된 도전을 다루는 활동이다. 따라서 오프닝 장면은 아마도 톰이 왜 코치를 만나고 있는지, 톰이 이 만남이 자신의 발전과 관련 있는 만남인지 전혀 모르겠다고 고백할 때는 놀라움을 금치 못한 장면이 연출될 것이다. 드라마가 전개되면서 우리는 프로듀서의 도움으로 톰이 어떻게 "게임 하는 법"을 배우는지 보게 된다.

◆ **필자:** Theo L. M. Groot: 기술경영 Msc, 조직개발, 독립 코치, 퍼실리테이터.
theogroot@icloud.com

44) 수석 엔지니어와 임원의 역할은 질적 수준이 다른 새로운 '되기' 영역이다. 역할과 책임에서 확연히 다르다. 존재의 재정의와 그로 인한 기존 영향력 점검과 새로운 확대를 도모하는 변형 영역이다. 코칭도 이에 대한 각별한 대응이 요구된다.

45) 코칭 계약 기회를 확보하거나 제안받고, 이를 코칭 비즈니스 관계 유지와 발전을 위해 코치들은 다양한 노력을 기울인다. 이 과정에서 논평자가 말하는 ①어려운 작업을 마다하지 않는 게 현실이다. 이외에도 ②교정적 과제 ③문제를 외부화/하청화한 과제, ④코칭을 마지막 시도로서의 '독이 든 선물'로 제공하는 주제도 불가피하게 과제로 떠맡는다.

코칭 철학, 코칭의 경계, 코치의 역할 등을 위협하는 윤리적 딜레마가 발생할 수 있는 민감한 주제이다. 우리는 코치의 수용력capacity을 확대하며 이 점을 진지하게 검토하고 각자 의견을 정립하며 코치 활동의 길을 모색해야 한다.

우리는 최종 결과에 대해 긴장하고 있지만, 캐롤라인이 톰과 함께 문제를 고치고, 세상 물정에 밝은 엔지니어가 되어 본사와 훈련 담당 책임자의 만족을 위해 임원으로서 현재 '게임을 하는', 모두 함께 행복하게 끝나는 드라마로 막 내린다는 것을 알 수 있다.

우리는 "끝이 좋으면 모든 것이 좋다all's well that ends well."라고 말하고 싶은 유혹을 느끼지만, 똑같은 긍정적 결말이 아닌 완전히 다른 결말이 발생할 수 있다. 이 사례는 코칭의 복잡한 상황과 관련된 몇 가지 흥미로운 학습 포인트를 제공한다. 나는 먼저 코치가 운영하는 [코칭] 내부 장소inner place와 제안된 접근 방식에 대한 알아차림을 높일 것이고, 그런 다음 삼각 계약triangular contracts에서 코치가 알아야 할 사각지대에 관해 논의할 것이다.

내부 공간inner space

우리가 검토하는 이 사례에서 충격을 주는 것은 의도를 갖고 추천된 코치이 톰이 **계약 과정에서 완전히 제외**되었다는 사실이다. 그는 오직 개입의 "대상object"이다. 코칭이 코치이가 운전석에 앉고 아젠다를 결정하는 것이라면, 엄격하게 말해 캐롤라인과 톰 사이에는 아무런 코칭 관계도 **없는 것**이다. 다음 캐롤라인은 청구서를 제시하고, 예상되는 코칭 결과를 위해 아젠다를 설정하는 고객(조직)과 계약을 체결한다. 이것만 보면 비윤리적인 행동에 접촉하는 다소 희한한bizarre 상황이며, 캐롤라인이 운영하는 코칭의 내부 장소inner place가 어떤 것인지 의문이 올라온다. 도대체 Q.정말 고객은 누구인가? 톰인가 아니면 이 경우 스폰서인 훈련 책임자인가?

오토 샤머Otto Scharmer(2009)는 그의 저서 《이론 U》에서 우리가 운영하는 내적 장소와 그 안의 상호작용interactions에 있는 맹점에 대해 언급한다. 그의 통찰은 코칭 맥락에도 쉽게 적용할 수 있다. 우리는 코칭이 일어나는 근원 차원source dimension에 대해서는 모른 체 한다. 코치들이 무엇을 하고 어떻게 하는지에 관해 많은 것을 알고 있지만, 우리는 코치가 운영하는 근원인source 내부 장소에 대해 거의 알지 못한다.[46]

---

[46] 논평자가 말하는 내부 공간inner space/내적 장소inner place는 코치-코치이가 언어적/비언어적 상호작용을 하는 공간이며, 둘 만이 공유하는 외부와 분리된 코칭의 내부 공간으로 이해된다. 두 용어에 대한 특별한 구별 없이 사용하고 있다. 전문가의 기본 자세는 이 공간은 전문가 사이에서 전문가 윤리 하에 서로 자발적으로 '들여다-보기(super-vision)' 하게 하고, 피드백을 요청하는, 또 책임을 갖고 볼 수 있어야 하는 공간이다. 이 공간에서 일어나는 모든 것을 지속해서 성찰 학습(모델)하는 코치의 자기 성찰 공간과 코칭 수퍼비전 공간(방법과 모델)이 되기도 한다.

반면에 역자가 보기에 이 공간은 두 사람이 같이 '공유하고-만드는' 공간과 더불어 두 사람 각자의 자기 '내면 공간'과 '코칭 공간'이 겹쳐 있거나 분리되어 있다. 즉 함께 공유하는 내적 공간과 이와 연동 또는 분리된 각자의 내적 공간과 병존한다고 이해한다.

오닐O'Neill(2000)은 구조 모델Rescue model과 고객 책임 모델Client Responsibility model을 소개한다.[47] 에드가 샤인Edgar Schein은 이를 각각 의사-환자 모델과 프로세스 컨설팅Process Consultation 모델이라고 불렀다(Schein, 1999). 「구조 모델과 의사-환자 모델」이란 코치가 고객의 어깨에서 부담burden을 떠안고, 촉진facilitation과 조언advising과 같은 다양한 기술을 사용하여 고객에게서 해결책을 이끌어내는 것이다. 「고객 책임 모델이나 프로세스 컨설팅 모델」은 코치가 자신의 포지션을 이용해 [문제의 현주소인] 테이블에서 정보를 얻고, 조직 내에서 대화를 통해 변화를 시도하는 것이다. 이 사례의 경우 톰과 훈련 책임자 모두 책임을 되찾도록 격려할 수 있다.

캐롤라인이 분명히 작업하기로 선택한 내부 공간은 '구조 모델'이며 이는 특정 문제를 해결할 수 있지만, 고객 시스템에서 유사한 문제가 재발할reoccurring 가능성이 크다. 또 그녀는 [이 모델로 필요한] 촉진이나 중재mediation가 더 적절할 때 코칭을 주요한 접근으로 활용한다. 그렇지만 '고객 책임 모델'의 공간에서 작업할 때 코치는 그 상황에 주요 선수가 아니고 상황에 따라 부차적이다[이 또한 그녀가 이해해야 한다].

맹점(사각지대)

삼자 계약triangular contracts은 코칭 전문직에는 자주 있는 현상이다. 특별히 이 사례에서 당사자는 조직을 대표하고 코치와 계약을 체결하는 훈련 책임자(스폰서), 코칭을 받을 사람으로서 톰(코치이), 코치인 캐롤라인이다. 가장 바람직한 상황은 스폰서와 코치이가 모든 논의를 합의하고, 코치에게 지원을 요청하는 것이 코치이를 위해 좋다. 그리고 조직은 이를 코칭 과정(재정적, 시간 배정 보장)으로 지원하는 것이다. 그래도 코칭 과정을 위태롭게

---

[47] 『경영자 코칭』(조윤정 옮김. 아시아코칭센타. 2009). 제4장 「삼각형 관계에서의 코치」

구조 모델rescue model: 코치가 고객 책임을 부담하기에 효과적이지 않은 방식이며, 코치가 상황에서 가짜 리더 역할을 [임시로] 하게 된다. 고객은 잠시 불안을 덜 수 있다. 코치가 코치이뿐만 아니라 팀원, 상사, 쟁점 등과 관계 맺게 되어 코치에 대한 의존도가 높아진다. 코치이와 문제의 관계는 악화되고 뒤로 물러나는 경우가 생긴다. 또 코치가 관계 촉진, 훈련, 가이드라인 설정, 충고 등을 이끌게 된다. 코치가 없으면 문제가 다시 수면 위로 올라온다.

고객 책임 모델client responsibility model: 삼각관계에서 코치가 자기 위치를 활용하여 시스템 관련 정보를 전면에 드러낸다. 코치이와 시스템의 다른 부분이 각자 능력을 되찾고 서로 관계를 만들어 간다. 코치는 뒤로 물러나게 되고 코치이와 다른 관계 사이에 끼는 상황을 피할 수 있다. 또 관계의 통합성을 온전히 유지할 수 있다. 관계 촉진, 훈련, 조언 등을 할 수 있지만 코치이가 진행, 해결, 결정에 책임을 진다. 코치는 문제 상황에서 부차적이며 일차적 당사자가 아니라는 사실이 존중된다.

jeopardize 할 수 있는 여러 **사각지대**가 있다. 이 사례가 어디가 잘못 될 수 있는지 분명히 보여주기에 고려해야 할 질문과 개념을 열거한다.[48]

- 누가 코치를 선택하는가?
- 누가 아젠다를 정하는가?
- 투명성과 숨겨진 아젠다
- 비밀유지와 스폰서에게 보고

계약

조직에는 '피리 부는 사람에게 돈을 준 사람이 곡을 선택한다'는 무언의 규칙이 있다. 스폰서가 코치를 고용하고 계약이 협상된 코치가 코치이를 만난다. 코치가 아무리 전문적일지라도, 코치와 코치이 사이의 상호 관계inter-relational가 화학적으로[이른바 케미] 통하지 않으면 코칭 과정은 기대한 결과를 산출하지 못할 것이라는 것쯤은 모두 안다.

여기서 문제가 되는 것은 계약이 단순히 **행정적**인administrative 것이 아니라는 점이다. 무엇보다 먼저 **심리적인 것**이다. 존스Jones(2015)는 코치와 코치의 매칭을 연구한 결과, ①지식, ②경험, ③젠더라는 초기 기준 외에 ④신뢰(경계와 기밀유지), ⑤손길touch, [가볍게] "클릭click" 하기, ⑥편안한 느낌, ⑦사람에 대한 **전체적 접근**whole person approach과 같은 **관계**가 성공적인 코칭을 위해 훨씬 더 중요하다는 점을 발견했다. 따라서 드 한De Haan과 덕워스Duckworth(2012)는 코칭 집단coaching circles에서 자주 언급되는 "시험trial 세션"이나 "케미스트리chemistry 미팅"을 중요하게 제안한다.[49]

---

[48] 『본질에서 답을 찾아라』 오토 샤머, 카트린 카우퍼 지음. 엄성수 옮김. 티핑포인트. 2014. U프로세스와 사각지대 관련 검토가 필요하다.

[49] 이 같은 일곱 가지 계약 결정 요인과 더불어 확실한 관계 발전을 위해 시범 세션(유료/무료), 케미스트리 미팅/세션 등 두 가지 진행 방안을 갖거나, 두 내용을 구별하는 방안도 검토 가능하다. 두 방안의 미세한 차이와 활용 용도의 구별 등에 대한 임상 경험 정리와 상세 연구가 필요하다. 또 코치에게는 이를 구별하는 것에 어떤 도움이 있는가도 중요하기에 검토가 필요하다.

반면에 위 인용된 De Haan and Duckworth(2011. p.195.) 연구에 따르면 "고객과 코치가 물리적으로 만나 인터뷰나 시험 세션을 하고, 그 후 고객은 코칭 관계의 강도strength에 대한 첫 인상에 기초해 해당 코치와의 진행여부를 결정한다."라고 언급하고 있다.

아젠다 정하기

사례에서 캐롤라인은 스폰서로부터 명확한 과제clear assignment를 받았다. ①문제를 해결하고 fix, ②톰의 태도를 바꾸게 하고, ③자신감을 갖고 이야기할 수 있도록 도와주며, 무엇보다도 ④ 회사 이사 지위에 걸맞게 옷을 입게 하는 것이다. 캐롤라인은 코칭 아젠다를 받아들였을 뿐 아니라 톰에게 숨기기로 결심하기까지 했다. 내 생각에는 여기에서 선을 넘은 것 같다. 나는 코치이가 아젠다를 소유하고 관계가 전개됨에 따라 조정되고 창발하는emerging 코칭 과정을 생각한다. 간단히 말해 아젠다를 코치이가 소유하지 않을 때는 코칭이 이뤄지지 않는다.

언제나 코칭이 코치이를 위해 가치 있는 지원이 될 것으로 전제하고, 스폰서와 코치가 일반적으로 결정하고, 그들은 코칭 아젠다의 개요를 거칠게roughly 대략 동의한다. 그러나 코칭 과정이 진행되면 작업하려는 초기 주제topic는 자주 변화하고change 바뀐다shift. 그러므로 이 과정은 코치이 스스로에 의해 직접 주도되어야 한다.[50]

나는 캐롤라인이 스폰서와 다루는 두 가지 투명한 방법이 있다고 생각한다. 비록 톰이 코칭을 요청하지 않았지만 캐롤라인은 본사의 우려를 그에게 전달하고 이런 이슈를 인식했는지 확인할 수 있었다. 그가 정말로 충분한 예산을 확보하지 못하고, 회의에서 자기 주장을 펼칠 수 없었고, 더 많은 사업을 끌고 오지 못했는가? 그런데도 이런 이슈들을 어떻게 다루어야 할지 모른다면 톰은 당연히 이런 상황을 장악하고take ownership 캐롤라인과 같이 **작업에 합의**하고 코칭 대화에서 이슈들을 탐구했을 것이다. 그렇지만 코치가 톰을 진짜 고객으로 삼고, '**고객 책임 모델**'로 작업하는 경우 코칭은 스스로 생각하는 대로 문제를 고치는 것이 아니라 조직에 또 다른 결과를 가져올 수 있을 것이다.[51]

이 사례에서 만약 캐롤라인이 '**구조 모델**'의 자리에서 일하기로 결정한다면, 그녀는 계약한 고객에게 자신이 까다로운tricky 문제를 아웃소싱할 수 있는 "(부정한 방법도 불사하는) 해결사fixer"가 아니며, 그런 코칭은 톰에게 답이 아니라는 것을 분명히 할 수 있을 것이다. 게다가 그녀는 자신이 도울 수 있는 위치에 있다는 점을 분명히 할 수 있지만, 그녀의

---

50) ICF 역량 모델에서 강조하는 코치이의 자율성(ICF 역량 모델 8-3), 코치이가 코칭에 책임감을 갖도록 코치가 노력해야 한다는 점 등을 두고 하는 말이다. 특히 코칭이라는 상품 자체가 다른 조력 분야보다 구매자 관여도가 높은 상품(서비스)이라는 점이다. 사례와 같은 일방적 진행은 코칭 철학과 윤리에 너무 거리를 둔 태도이다.
51) **고객 책임 모델**로 코치는 한 발 뒤로 물러서고 훈련 책임자, 이사회 등 톰 관련 다른 생각을 가진 단위들과 대화와 문제 공유 및 해결을 위한 논의가 활성화된다면 코칭을 의뢰한 훈련 책임자의 기대와는 달리 톰과 다른 임원/훈련 책임자 등과 또 다른 새로운 아젠다가 부각될 여지는 매우 크다.

역할은 오히려 촉진자이자 중재자일 것이다. 그녀는 서로 다른 당사자들을 한데 모아 대화를 촉진할 수 있었다. 또 다른 대안으로 그녀는 우선 모든 당사자와 일대일로 대화를 나누면서 중간자 역할in-between을 하는 것이 더 낫다고 결정할 수 있었다.[52]

숨겨진 의제

세 번째 사각지대는 투명성의 결여이다. 이 사례는 세 가지 관계가 있지만 각 관계는 다른 관계가 없는 상태에서 일어난다. **코치**로서 캐롤라인은 톰과 훈련 책임자 사이에서 일어났거나 서로 이야기하지 못한 대화는 알지 못한다. 결국 **톰**은 캐롤라인과 훈련 책임자 사이에 합의된 것을 알지 못한다. 마지막으로 **훈련 책임자**는 캐롤라인과 톰 사이의 코칭 과정에 관한 정보를 갖지 못한 채로 있다. **캐롤라인**은 스폰서와 코치이인 톰 사이에 무슨 말을 했고 하지 않았는지 아는 것이 중요하다.

그녀는 두 가지 버전을 모두 들을 필요가 있다. **계약**에 대해 논의하는 동안, 스폰서는 의심할 여지없이 자신의 입장에서 이야기할 것이다. 계약서에 서명하기 전에 캐롤라인은 톰과 (유료) 케미스트리 미팅을 하자고 주장할 수 있었다. 이를 통해 관계 가능성에 대한 아이디어를 얻는 것 외에도, 그녀는 코칭이 어떻게 제안되었는지에 대한 톰의 이야기도 알게 될 것이다. 만약 톰이 코치 캐롤라인과 편안하게 느낀다면, 그녀는 스폰서와 협상을 마무리하고 톰과 계약을 공유할 수 있을 것이다

기밀유지

마지막 사각지대는 삼각 계약의 기밀유지confidentiality 문제이다. 톰과 캐롤라인 사이의 코칭 계약 내용의 심리적 부분을 고려할 때, 코치이로서는 코칭 대화에서 말한 것이 그와 코치만이 간직한다는 것을 절대적으로 확신할 수 있어야 한다. 코치는 스폰서에게 결코 내용에

---

[52] **구조 모델**에서 코치는 문제 해결자로 회사의 어려운 일을 처리하는 해결사가 아니지만, 최소한 톰과 조직의 다른 부분과 야기되는 견해의 차이, 가치 충돌 등을 적극 중재하거나 중립 입장에서 양자의 갈등 중재를 시도할 수 있다. 경우에 따라서는 톰의 적극성 여부에 따라 갈등관리 코칭으로 전개 될 수 있다.

그러나 현실에서는 계약을 거부하거나, 문제를 제기하기보다는 계약자와 적절히 공모하며 모든 쟁점을 불분명한 대로 놓아두고 코칭을 진행한 것이 아닌가? 이는 코치의 비즈니스적 필요와 조직과의 친분이 영향을 끼쳤다고 본다.

대해 보고하지 않을 것이다. 단지 코치이 코칭에 대한 비용 청구를 위해 출석표attendance sheet 또는 그와 비슷한 것에 사인을 받을 수 있다.[53] 이런 점과 관련해 계약서에 기밀유지에 대해 아주 분명하게 명시하는 것이 중요하다.

때로 스폰서들은 진행 상황을 계속 알려주어야 한다고 주장한다. 이것이 만약 이 사례의 경우라면 두 가지 선택이 가능하다. 코치이가 직접 자신의 라인 매니저에게 원하는 정보를 주고 자신이 공유하고 싶은 것을 공유하거나, 아니면 코치가 라인 매니저와 공유할 수 있는 것을 톰이 선택할 수 있게 짧은 개요를 적어 두는 것이다.

결론

삼각 계약 체결을 요청받았을 때, 코치는 자신이 운영하고 싶은 방안(구조 모델 또는 고객 책임 모델)을 명확히 하고, 적절한 접근(코칭, 촉진, 중재mediation)을 제안하며, 그 과정에서 다른 사각지대를 숙지해야 한다.

■ 토론 제안

1. 논평자가 주장하는 구조 모델-고객 책임 모델에 근거해 사례 비평을 하고 있다. 모델이 유효한지? 모델에 대해 검토할 점은 없는가?
2. 코칭 계약이 지닌 복합적 성격을 이해하는가?
   - 계약이 지닌 관리 행정적인administrative인 부분, 심리적인 부분에 대해 이해해보자.
   - 존스(Jones, 2015)의 코치와 코치의 매칭을 연구한 결과는
   - ①지식, ②경험, ③젠더라는 초기 기준 외에 ④신뢰(경계와 기밀유지), ⑤손길touch, [가볍게]"클릭click" 하기, ⑥편안한 느낌, ⑦사람에 대한 전체적 접근whole person approach 등이다.
   - 시험 세션이나 케미스트리 미팅의 중요성과 유의할 점에 대해 검토해보자.

---

[53] 코칭 진행 여부와 일자를 누구에게 언제 제공하는가 역시 기밀유지 사항과 관련이 있다. 코칭 참여 회수를 체크하고 서명을 받는 방식, 또는 출석 회수와 날짜를 기록하는 서명 양식 등이 필요하나 이를 **언제 제출**하는가도 예민한 사항이 될 수 있다. 이를테면 동일 조직 임원진을 동시에 코칭할 경우 또는 한 코치가 동일 조직의 CEO를 코칭할 경우 그 민감성은 높아진다.

논평 3-2. B

스칼렛 살만

대규모 조직에서 미리 규정한prescribed 코칭은 일명 '부드러운 기술soft skill[남들과 소통을 잘하는 자질]'과 '정서지능', '사회적 지능'을 개발하고 개선하기 위해 공식적으로 의도된 것이다(Goleman, 1995, 2006). 1990년대 이후 대규모 조직은 경영진이 새로운 관계와 의사소통 기술을 습득하고 보여주기를 기대해왔다. 이 사례 연구는 유럽계 생산 분야 다국적 기업의 엔지니어 출신 이사인 톰의 만족스럽지 못한 경영 접근에 관한 것이다.

회사는 그를 경영 훈련 과정에 보냈으나 효과가 없었기에 코치를 불러들인다. 이는 경영에 필요한 '대인관계interpersonal 기술' 습득을 목적으로 한 전형적 코칭 사례다. 회사는 톰의 옷차림처럼 관리자 역할을 충분히 구현embody하지 못하기에 자기 임무를 제대로 못 한다고 생각하는 것 같다.

이 사례는 코칭과 코칭을 활용하는 조직 모두에서 두 가지 주요 이슈를 보여준다. **첫 번째**는 ①코칭을 통한 "문제"의 외부화externalization와 ②경영진의 불만족스러운 책임을 개별(경영자)에게 전가shifting하는 이슈이다.[54] **둘째로는** ③직원들employee, 특히 관리자들의 대인관계 기술에 관한 조직의 **기대**가 있다는 점과 ④그들의 대인관계 기술에 의문question이 있다는 **우려**이다. 이 같은 구성configuration[55]을 볼 때 코치의 역할은 무엇인가?

외부화라는 용어는 제삼자에게, 회사의 외부 또는 사내에 있는 계층적인 관계 밖으로 그 사실the fact을 이전하는transferring 것을 의미하며, 그 분야의 전문가를 고려하게 된다. 여기서 본사와 훈련 책임자는 그들이 관리 부족insufficiency으로 인식한 문제 해결을 코치에게 위임

◆ **필자:** Scarlett Salman: PhD. 파리-Est대 부교수, Marne-la- Vallee, UFR SHS (인문 & 사회과학부), 사회학부. 혁신 사회과학 학제 간 실험연구실(CNRS, ESIEE Paris, INRA, UPEM). scarlett.salman@w-pemfr

54) 코칭 주문자/후원자에 의한 '문제의 외주화'와 '이슈를 개별화'하는 조직에 대한 코치의 코칭 접근이 한쪽으로 기울 우려가 있다. 최소한의 균형을 위해서라도 코치의 전체론적 접근, 시스템적 접근이 필수적이다.

55) configuration: 구성, 형태를 의미하나 이는 심리적/내면적인 구성/형태의 의미를 적극 포함한 것으로 이해한다. 그렇기에 내부-외부를 구별하는 선으로 구성된 형태로서의 frame과 다르다. 일종의 점묘법처럼 점으로 구성되어 어떤 형태를 갖추게 되어 경계가 분명하지 않은 '구성'으로 이해한다. 이러한 어휘 사용은 경계가 불투명 또는 명확하지 않다는 점, 구성물 자체가 고체가 아니라는 점 등으로 사실 관련 쟁점과 고정된, 이른바 '문제'가 아니라는 연상을 준다.

하고, [경영진이] 암묵적으로 기대하는 역할에 코치이를 맞추게 하는 임무를 맡긴다.[56] 상황을 정의 내리면서 '변화해야 할 사람은 톰이라고' 해석을 **개인화**한다.

외부화 자체는 여러 이유로 조직의 관점에서 적절한 해결책으로 보인다. **첫째로** 코칭은 개인이 지닌 문제에 전문적이고 적합한 분야이고, 코치이에게 도움을 주어야 하기에 코칭이 적절한 해결책으로 제시된다. [도움을 준다는] 바로 이 점 때문에 코치이의 경력 경로 career path를 위한, 마치 관리자들을 [조직이] 지원하고 돌보는 것으로 보이게 만든다. **둘째로** [문제를 외부화하여] 그것이 간접적이 되기 때문에 너무 직접적이거나 하향식 top-down처럼 보일 수 있는 명령 injunction을 직접 집행하지 않음으로써 (톰의) 어떤 **반란도 방지**한다. 따라서 사람들은 이것이 권력 관계를 **완곡하게** euphemizes 만든다고 할 수 있고, 관리자들이 자신들의 태도를 바꾸도록 하는 데 더 **관대해지고** 효과적이라고 여기게 된다. 때로는 이 같은 외부화가 필요하지만, 이것은 문제의 개별화 individualization를 강화하고 그에 대한 책임을 개인에게 전가시켜, 조직이 짊어져야 할 **책임에 대한 심각성을 완화**할 수 있다.[57]

현 사례는 **문제의 개별화**를 위해 코칭을 활용해 톰의 관리 방식에 대한 경영진의 불만 관련 책임을 그에게 전가하는 것이다. 이와 대칭적 symmetrical으로 검증하더라도 [즉 톰이 아니라 스폰서의 문제로 보고 코칭을 활용하더라도 개별화는] 마찬가지다. 그러나 ^{Q.}조직은 경영자들을 위한 자체 채용 recruitment [내부 승진] 정책을 비판적으로 검토해본 적이 있는가? ^{Q.}왜 대규모 기업에서 엔지니어들에게 이런 직책을 맡도록 결정하는가?(Guillaume & Pochic, 2007). ^{Q.}경영 포지션에 톰처럼 기술 전문성이 강하지만 그 직무에 대한 경영 능력 skill과 관심을 고려하지 않는 기술자들에게 승진을 부여하는 이유는 무엇인가[어떤 판단 근거가 있었는가]? 톰은 "기술자처럼" 옷을 입는다는 비판을 받는데 실제로 정확히 말하면 그는 기술자라는 이유로 승진했다. 그러므로 고려하지 못한 첫 번째 **조직적 모순** contradiction이 먼저 있는 것이다. 더구나 ^{Q.}[그 회사의] 경영 개념에 대해 스스로 성찰/반성하는 데 개방적인지 의문이다. 톰에게 기대하는 경영적 역할 managerial role에 대한 요청은 근본적인 해석으로 자신들이 주장하고 영향력과 권한을 행사하는 최고 책임자로서의 [역할을 염두에 둔]

---

56) 문제-해결 problem-solving 코칭으로 넓게 이해할 수 있다. 문제의 원인과 결과, 양상, 관여도와 방식을 다시 보게 하면서, 해결 방안을 모색하려는 것으로 이해된다. 그렇지만 이 점이 교정적 코칭과 어떻게 다른지 검토와 구분이 필요하다.

57) 부드러운 손, 우회적 작업, 웃는 얼굴로서의 코칭이 조직이 외부화, 개별화한 과제를 해결/대행한다는 근본적 성격. 즉 조직 의사의 (외부) 대행자 agent로의 코칭 성격의 한 부분을 지적하고 있다고 이해된다. 이런 식의 문제 해결은 근본적으로는 조직이라는 무형의 실체 agency의 책임 **부담 '덜기'**이나 곧 책임 '회피'일 수 있다. 코치는 이런 복합적 의미까지를 이해해야 한다.

과장된 해석으로 보인다(Cohen, 2013).[58]

비록 외부화로 인해 완곡하게 표현되었지만, 그 명령은 마치 톰에게 너의 랭킹ranks을 지켜라! 조심해!라고 명령하는 소리처럼 들린다.[59] 매트릭스 조직[톰을 승진 시켰듯이]과 부드럽게be fluid 보이길 원했던 이 회사는 그 당시는 이렇게 해야 할 근거를 명시적으로 해두지 않았다. 특히 기존의 음흉하고insidious 고전적인 계층적hierarchical 조직 개념과 이는 모순된다.[60] 본사는 '경영자의 조직적 구성organizational making'(Guillaume & Pochic, 2007)이라는 회사의 정책[기술직 승진 등 경영진 구성의 다양성 추구]과 [기존 자신들의] 경영 개념의 모순을 비판적으로 검토하기보다는 경영의 전문화professionalization가 불충분하다. 그런 '기술진을 경영진에 합류하게 하다니!'라는 진단 뒤에 숨어서 세간에 유명한 경영적 기술을 취득하기 위한 수단으로 코칭에 의존하는 것을 선호하고 있다.

이것이 내가 코칭의 '**일시적 처방**palliative **기능**'이라고 부르는 것이다(Salman, 2008). 즉 조직의 **역기능을 보상**하기 위한 시도이다. 여기서는 기술자에게 승진 형태로 경영 책임을 위임하는 선택으로 보상하는 처방이지만, 매트릭스 조직과 계층적 기능이 모순되기에 어떤 금지를 위한 경고injunctions 행위로 이런 처방을 시도한 것으로 보인다. 또는 경영진에 대한 불만족스러운 문제인 조직의 블랙박스를 완전히 **개방하는 것을 피하기** 위한 방편이다. 문제는 이런 점들이 코칭을 통해 **개별화**되고individualized **개인화**되며personalized **외부화**된다externalized는 점이다.[61]

두 번째 이슈는 톰에게 기대하고 코칭에 의존하는 회사의 주요 임무mandate인 대인관계 기술에 대한 우려이다. 벨리에(Bellier, 2004)에 따르면, 이런 식의 문제 제기를 흐릿한 [퍼지] 개념fuzzy concept[62]으로 이해한다. 이를테면 성격personality 면에서 톰은 너무 수줍어하

---

[58] 기술 분야 출신인 톰을 선발한 것은 특별한 이유가 있는 것이고, 최고 책임자 자신들의 R&R을 전제로 한 어떤 필요성이 있어서 선발한 것이다. 그렇다면 그 수준에서 스스로 자신들의 결정을 검토해야 했다. 톰에게 기대하는 별도의 이유가 있었을 것이고 그를 승진시킨 조직 내부적 근거가 있었을 것이다. 이에 대한 반성 없이 문제를 개인화하고 있다는 것이 논평자의 주장이다.

[59] 조직은 이런 이중 메시지를 갖고 조직 상층을 **무언의 길들이기**를 시도할 수 있다는 점을 염두에 두어야한다는 논평자의 의견으로 이해된다. 논평자의 매우 예리한 지적이다.

[60] 처음에는 메트리스 조직 운영이 필요하다며 기술직에서 임원을 선출해 놓고, 이제 자신들이 참을 수 없고 불편해하며, 이를 어떤 우려로 포장해 외부화, 개별화하고 있는 것은 아닌가?

[61] 경영진이나 조직의 이런 복잡한 의도와 일시적 처방 조치에 코치 역시 이 점을 '근본적 해결' 보다는 '일시적 처방'으로 동원되어 개별화, 개인화, 외부화를 사실화한다는 점을 분명히 알고 있어야 한다는 의견으로 이해된다.

[62] fuzzy concept: 캘리포니아 버클리 대학 제대Zadeh에 의해 제안됨. 애매하고 불분명한 상황에서 여러 문제를 두뇌가 판단 결정하는 과정에 대한 수학적 접근 이론이다. 자기 부인의 아름다운 외모를 정확한 수치로 환산해서 '아름다움의 절대 평가 기준'을 만들려는 시도로 연구되었다는 일화가 있다.

는 것으로 간주하고, 지위에 맞는 복장 관련한 대응 행동 면에서 톰은 회의에서 자신을 주장할 것으로 예상된다. 톰의 경우 부족한 듯한 **인지적**cognitive 측면(합성/종합의 정신spirit of synthesis, 창의성 등), 심지어 **도덕적** 측면(충성loyalty 등)에 이르기까지 매우 다양한 면을 애매하게 아우른다. 그는 자신의 경영적 역할을 '옷 입는 방식'까지 해석하는 식으로 비판받고 있는 중이다.

사례 설명에 조직이 직접 옷을 다르게 입으라고 요청할 경우 예상 가능한 반응을 언급한 것을 보면 한 인간으로서 톰의 청렴성/성실성integrity을 어느 정도는 존중하는 듯 보여 우리의 관심을 끌게 한다.[63] 이런 식의 조직의 **기대**는 도덕적이고 정치적인 관점에서 개인과 전문직 사이의 경계가 어떠 해야 하는지 의문이 들지 않을 수 없다. 도덕이라는 것이 개인의 프라이버시를 존중한다는 명목이지만, 푸코주의자들의 비판은 이것이 주체subjects를 통제하고control, 그들을 [어떤 모양으로] 만들고/형상화하고shape, [주체의] 자유, 특히 그들이 원하는 대로 옷을 입을 수 있는 자유를 제한하려는 조직의 주장/의도라고 공격한다. 또한 이는 '**관리를 위한 과잉 인간화**managerial over-humanization'(Linhart, 2015)라는 공개적이고 맹렬한 비난denunciation과 맞물려 정치적 쟁점이 될 수 있다. 신체뿐만 아니라 주관성subjectivity을 착취하는 새로운 형태의 소외alienation, 즉 코칭에 의해 평준화되어 버린다는 비판이다.[64]

그러나 이러한 도덕적, 정치적 고려와는 별도로, Q.경영자의 역할 자체에 대한 조직의 **기대**는 어떠한가? Q.회사 이사들과 HR 관리자들은 정말로 마음을 조작/조종manipulate하려고 애쓰는 것일까? Q.그들이 실제로 원하는 것은 무엇인가? 추상화, 서비스화tertiarization의 증가와 같은 업무 변화는 관리 직원의 일상생활 일부를 모순적으로 침해한다. 이는 그들이 해야만 하고, 할 수밖에 없던 노력을 통해 끊임없이 자기 자신을 업데이트하지만 이를 상쇄할 수 있기에 조직 내에서 더 많은 의사소통을 필요로 한다.[65]

---

63) 사례 설명에서 나오듯 조직은 톰이 '내가 좋아하는 옷을 입는다. 이대로가 좋기에 바꾸고 싶지 않다'는 식의 반응에 대한 조직의 반응으로 조직의 애매한 영향력, fuzzy 개념으로 표현되는 톰의 성실성integrity을 설명하는 논평자의 관점이 예사롭지 않다. 아울러 코치가 이 점까지 인식을 심화하고 있는가에 대한 논평자의 피드백으로 이해된다.

64) 코칭이 평준화 작업에 기여한다는 비판이 눈에 들어온다. 코칭이 이런 비판에 직면하고 검토하며 발전해야 한다는 의미로 이해된다. 그렇다면 코칭이 추구하는 자기 계발은 여타의 것과 다른 '과잉 인간화'에 일조하는 신체적이고, 주관성을 착취하는 새로운 형태의 근본적 소외가 아니고 이를 극복하는 분야여야 한다는 의미인가? 그렇다. 이에 대해 코칭은 충분하게 설명할 수 있어야 한다. 코칭 역시 이런 비판에 답하고 넘어서지 못한다면 시대의 대안이 될 수 없다. 이른바 '자기 계발'류에 대한 이 같은 문제 의식의 비판적 연구는 다음을 참조할 수 있다. 『자유의 의지 자기 계발의 의지』 서동진. 돌베게. 2009

65) 조직 내부/외부 고객 관련 업무의 서비스 부분이 양적으로 증대하고, 질적으로도 높여야 한다. 상세히 설명하고, 불만이 없게 최선을 다해야 하며 피드백 평점도 관리해야 한다. 이를 위해 자신이

관계 기술은 단지 경영상의 기분/변덕whim이 아니라 일의 변혁과도 일치해야 한다. 여기서 우리는 톰의 실제 업무job와 그의 부서에 대해 더 자세한 정보를 가져와야 어떤 유형의 문제가 발생했고, 과연 본사가 관리자로서 그의 성과/수행에 대해 **우려**할 만한 일인지 알 수 있다. 예를 들어, 톰이 수줍어서 소극적이라 [조직의 우려를] 진지하게 받아들이지 못한다는 식으로 언급한 것을 보면 조직은 메시지를 혼란스럽게 전달하기보다는, 계층적이고 합법적statutory인 힘을 고려해 실제적이고 생산적인 요구를 톰에게 [또는 코치에게] 명확하게 해야 할 필요가 있다.[66]

코칭이 제공하는 이런 도전에 대한 해답은 복잡하다. 어떤 의미에서 코칭은 "부드러운 지배soft domination"라는 혐의(Courpasson, 2000)를 받는다. 이유는 코칭이 관리자의 변화를 위해 회사의 비노골적non-explicit 요구를 담당하고 있기 때문이다. 이 사례에서 코치는 톰의 변화를 위해 우회적roundabout 방법을 사용하므로, 명령은 더욱더 눈에 보이지 않게 된다. 첫째, 명시적이지 않게, 둘째, 톰의 변화를 다른 사람들이 인지할 수 있게 해 그가 [변화를] 내면화internalize하도록 촉진하여 효과를 높이고 있다.

윤리적 관점에서 볼 때, 두 가지는 코치로서 자기 입장을 설명하는 방법이 될 수 있다. 직장에서의 톰을 행동과 '사람'으로 분리dissociating해, **톰의 진실성**integrity을 지키려고 노력하는 것이다.[67] 그녀는 이런 구별을 수행하는 데 어려움이 없다. 왜냐하면 비즈니스를 대상object으로 이미지를 가져 오고, 이를 [마치 제삼자로] 자율화autonomize해 의사소통 세계communication world로 가져왔기 때문이다. 이런 분리는 코칭을 더욱 효과적으로 만들어 **코칭의 일치성**integrity 더 잘 보존할 수 있는 것으로 보인다.[68]

두 번째로는 대인관계 기술이 코칭의 목적이라고 미리 규정하는prescribed 코칭 원칙에 동의한다면, "사람"과 비즈니스에서 수행하는 '역할'을 구분하는 것이 더 낫다. 그러나 이런 행동은 눈에 보이지 않게invisible 만들어지는 '부드러운 지배soft domination'로 여겨지기/구성되

적응하고 변화해야 한다. 그렇지만 조직은 이런 노력과 변화를 당연시하며 더 업데이트할 것을 요구한다. 이는 현대 일상생활 전반이 그렇다. 이런 관점을 알 수 있는 책으로는 다음이 있다. 『그림자 노동』 이반 일리치 지음. 노승영 옮김. 2015. 사월의 책. 『그림자 노동의 역습』 크레이그 램버트 지음. 이현주 옮김. 2016. 민음사

[66] 이는 조직이 알아서 할 일이라고 보기보다는 코치 역시 인식 지평, 실천 지평을 넓혀야 하는 요인이다. 코치가 이 지점에 이르기까지 세밀하게 염두에 두어야 한다고 이해해야 한다.

[67] 이런 접근 자체가 코치의 윤리적 태도이다. 사람을 직접 (교정) 대상으로 작업하거나, (판단을 갖고) 부드럽게 침범하기보다는 사람과 분리해 '행동'을 (미래) 가상의 세계로 초대할 수 있기 때문이다. 이것이 "만약에~ 한다면as if" 접근이 갖는 마법의 긍정적 측면이다. 코칭 공간은 행동과 변화 상황을 미리 실험해보는 실험실 공간이기도 하다.

[68] 먼저 비즈니스 현장에서 가져온 [바람직한] 이미지나 상황을 지금의 톰과 비교하게 병치/병렬juxtaposition하거나 반대로 톰의 의사소통 방식을 더 나은 의사소통 이미지를 질문을 통해 자율적

기constitute 때문에 **투명성**에 대한 민주적 개념과 충돌할 수 있을지 모른다.[69] 더구나 Q.코칭이 개인에 대한 전체적holistic [접근] 개념이라 주장하는데, 과연 어느 지점까지 사적인 개인과 직업인 사이의 이런 구별이 정당화될 수 있을까? 독립 컨설턴트인 코치는 포트폴리오 시장에서 명령자prescriber, 채용자recruiter의 요구를 충족해야만 한다. "네트워크 시장"에서는 평판이 중요하기 때문에 아마도 그녀의 고객인 명령자-담당자에게 의존할 수밖에 없을 것이다(Karpik, 2007). 그런데도 궁극적으로 만약 그 기대가 충분히 명시적이지 않다면, 오히려 그녀(이 경우 코치)는 명령자를 실망시키게 될 위험이 있다.[70]

문제를 개별화하지 않고, 해결할 수 있는 다른 **대안적인 방법**은, 톰이 관리하는 팀의 실제 요구사항뿐 아니라 그가 회사 내부에서 접촉하는 다른 사람들의 실제 요구사항도 분석하는 것이다. Q.리더십을 **구성**configuration할 때 어떤 유형이 적합한가? Q.조직은 정말로 톰이 이사의 역할에 대한 계층적이고 합법적 개념을 갖기를 기대하는가?[71] 이렇게 하면 임원 채용과 훈련 관행은 물론 조직의 업무 자체를 동등하게 검토할 수 있고, 직면한 문제들을 해결할 다른 방법을 관찰/직시envisage할 수 있을 것이다. 이런 점 때문에도 조직이 무엇을 기대하는지 명시적으로 표현하게 질문하는 것이 필요하다.

이고 evocative/provocative 대화로 대답하게 하는 것 등 모두 가능하다. 또 이 장면은 코칭에서 코치와 코치이가 대화하는 세션의 '지금-여기hear and now'를 공유하며, '그때 거기there and then'를 보도록 초대할 수 있다. 이로 인해 논평자가 말하는 사람과 행동이 분리되어 사고하게 되고, 새로운 의사소통 세계가 열린다. 이런 초대 과정(지금 여기에 근거하면서도 그때 거기의 세계를 내러티브로 구성하는 과정)은 논평자의 비즈니스 대상으로의 '이미지'를 (제삼자로) 자율화autonomizes 한다는 의미와 동일하게 이해된다. 이런 설명을 통해 코칭과 코치가 윤리적/민주적 개념과의 충돌을 피할 수 있는 방안으로 제시해 최소한 코치와 고객 모두 자기 일치성을 유지하는 방안으로 제시할 수 있다고 이해된다. 계몽적인 방식을 피하고 고객을 주체화하는 방식이다. 하지만 이어서 더 근본적인 문제를 제기하고 있다.

69) 민주적이려면 투명하게 전모를 밝히고 사전에 동의를 얻고 진행해야 할 텐데 언급할 수 없다는 점 때문에 미심쩍다는 우려를 표현하고 있다. 코칭에 대한 근본적 비판과 연결된다. 이를 피하는 개입은 미시적으로는 코치에 의한 '허가/요청'이 삽입되지 않으면 안 된다. 그렇지만 우리는 '투명성'에 대한 근본적 비판에 답해야 한다. 현재로서는 이를 피하는 가장 절제된 개입이 [주 68] 병치/병렬하는 것이다. 코치는 이렇게 할 뿐 그다음은 코치이의 통찰-자각에 일임하는 방식이다. 상호 통찰/자각 인식을 교환하는 의사소통이 곧 코칭 대화이다. 오직 이 지점에 한정해 멈출 수 있는 코치의 소극적 능력negative capability이 요구된다.

70) 업業으로 코칭이 지닌 딜레마이다. 고객을 위한 전체론적 접근과 직업인이라는 인간의 한 부분에 작업을 해야 한다는 요구, 이를 위해 코치가 채용자의 명확한 요구와 기대를 파악하거나 요구하면 할수록 이런 부분적 요구를 분명히 해결해야 한다. 그러면 코치의 전체론적 관점과 실천 사이의 구별/차이는 더욱 커진다. 그렇다고 채용자의 요구와 기대를 분명히 정리하고 대처하지 않으면 성과가 불분명한 평판에 직면하게 된다. 당연히 이 사례에서는 훈련 책임자와 캐롤라인 두 사람의 관계가 이런 관계이다.

71) 위에 있는 임원이니 이렇게 저렇게 할 수 있다. 조직의 결정이고 조직 관행이니 따라야 한다는 식의 리더십은 톰 이외의 임원들 유형이다.

코치가 자기를 채용한 사람에게서 좀 더 독립적일 수 있으려면 이 같은 가능성을 열어달라고 요청할 수 있다. 그렇지만 과연 ᵒ명령자에게 채용되는 위치에 있음에도 코치들이 그렇게 할 방법이 있을까? 그리고 ᵒ회사의 전체 시스템을 모르고 장님이 코끼리 만지듯 톰과 톰이 지닌 이슈를 통해 회사를 보고 있는데도 코치들이 스스로 이에 대해 결정을 내릴 수 있을까? 만약 이 사례에서 코치가 조직의 기대를 주제로 토론하는 3자 면담을 요청할 만큼 독립적이지 못하다면, 적어도 다른 컨설턴트와 힘을 합쳐 처방자이자 명령자가 문제를 개별화하지 않도록 질문을 제기하게 할 수 있을 것이다.[72]

■ 토론 제안

1. 모든 역주에 언급한 문제 제기를 검토해보고 그룹에서 토론해보자.
   1) 수직적, 계층적 조직에서 매트릭스 조직으로 바뀌었는가? 그런 변화의 일환으로 관리 부분에서 임원으로 승진한 것이 아니라 엔지니어 부분에서 톰이 임원으로 승진한 것인가? 과거 이런 승진 정책에 대한 평가 없이 문제를 개별화, 개인화, 외부화하고 있다.
   2) 코칭이 자칫 관리적인 **과잉 인간화**할 수 있다는 푸코리안의 주장을 어떻게 이해해야 하는가?
   3) 코칭이 지닌 부드러운 지배를 통해 총체적, 전체적 접근이라는 주장과는 달리 인간 인격의 한 측면을 분리해 이미지화하여 직업적으로 필요한 부분만을 변화하는 새로운 페르소나로 개발한다는 지적과 논평자의 비판이 어떻게 경계 관리 주제와 연결되는가?
2. 논평자가 주장하는 코칭의 '일시적 처방' 기능에 대해 검토해보자.
3. 코치의 정체성, 역할, 책임과 관련된 경계 관리에 대한 결론적 내용과 참고 자료에 있는 구조자 증후군 관련해서 구조자 역할에서 건설적 구조자로의 **질적 전환**(6단계_주 74)을 검토해보자.

---

[72] 조직 진단 전문가, 코칭 이슈를 접수하고 배분하는 코치 측의 전문 PM 등의 시스템을 갖추거나 협업을 고려할 수 있다. 그러나 우리는 코치의 이런 구조가 지닌 간접적인 사전 접촉이 갖는 한계 또한 잘 알아야 한다.

결론

위의 사례와 논평을 통해 코칭의 경계boundaries 이슈를 코치의 **정체성**, **역할**, 목표 달성에 대한 코치의 **책임** 등과 관련해 살펴보았다.

첫째로 코치의 정체성은 코치가 인식하는 자기-정체성 또는 다른 이해관계자들에 의해 투사된 정체성으로 그들이 요구하는 의견이 구석구석 스며들어 만연해지는 복잡한 상황이다. 어떤 전문가가 지적한 바와 같이 정체성은 언제든 의문을 가질 여지가 충분할 뿐 아니라 언제나 "공격받을 수 있다." 자기 반성self-reflection을 통해 코치는 자신의 정체성을 수시로 재평가re-assess한다. 실제로 이런 코치의 전문적 직업 정체성은 코치와 고객(코치이 또는 지급하는 고객) 사이에 매-순간-순간-에 근거해on-moment-by-moment bases "그 현장에 맞게 표시되고, 협상되고, 공동 구성co-constructed 된다."(Rettinger, 2011, p.442)라는 사실을 상기시킨다. 따라서 코치는 이러한 중요한 순간들과 그것이 자기 정체성에 어떻게 영향을 미치는지 성찰하는 것이 중요하다.[73]

위에서 살펴본 것처럼 코치는 때때로 구조자rescuer의 역할을 할 수 있다. 코로토브(Korotov et al., 2012. 『임원코칭의 블랙박스』 제2장. 「구조자 증후군」)가 지적했듯이 이는 역기능적이고 강박적compulsive인 도움 행동과 관련이 있을 수 있지만, 코치에게서 알아차림이 높아지면 관계 내에서 상호성reciprocity을 창출하고, 도움을 주는 과정에서 촉매 역할을 하며, 고객이 문제와 자신의 변혁을 소유하고 있다는 것을 설명함으로써 "**건설적 구조자**constructive rescuer" 역할로 전환될 수 있다.[74] 이것은 코칭 목표 달성에 대한 코치의 책임인 마지막 지점과 밀접하게 관련되어 있다.

사실, 위의 논평에서 강조했듯이, **코치**는 그 책임이 코치, 코치이, 조직 간에 서로 공유된 것이라는 것을 계속해 자신에게 상기시킬 필요가 있다. 각자는 이 책임을 받아들여야

---

[73] 코치 정체성은 '코치로서 자신은 누구인가, 어떤 사람인가, 어떤 역할을 하는 사람인가'에 대한 응답으로 구성될 수 있다. 그러나 이런 응답과 고백으로 구성된 코치의 정체성은 코치이와 코칭 이해관계자와의 관계, 그들의 (돈을 지급하며 함께 제시하는) 요구와 투사에 영향을 받는다. 이런 영향은 코치의 역할뿐 아니라 정체성에도 민감하게 영향을 끼친다. 더 나아가 코칭 관계-코칭 세션 안에서는 매 순간 그 영향은 더욱 민감하게 상호작용한다. 이 같은 순간에 대한 성찰은 코칭수퍼비전에서 대인관계 과정 회상interpersonal process recall(IPR) 기법으로 다시 성찰할 수 있다.

[74] 「①구조자 역할→②역기능적 강박적 도움 행동→③관계 안에서 상호성 창출→④촉매 역할→⑤고객이 문제와 변형을 소유하고 있다는 설명[문제의 전유appropriation]→⑥건설적 구조자」로의 역할 **전환/질적 변화**는 어떻게 가능한가? 해당 논문을 보고 여섯 가지 변화 단계를 파악해야 한다.

한다. 즉 **코치이**가 아젠다를 소유하고, 코칭 과정에 완전히 참여하고 fully engaged, **조직**은 문제를 개별화하는 것이 아니라 문제에 대한 책임의 몫을 코치에게 외부화하기보다는 받아들이는 것이다.[75]

결론적으로, 코칭이라는 직업/전문성은 여전히 발전하고 있는 만큼, 코치들이 자신의 위치 position, 역할 role 경계 짓기, 코칭 개입 결과의 기여도에 관계없이, 그들의 직업/전문성에 서서 다른 경계 지점에 대해 이해하고 알아차림을 연마하는 것이 중요하다. 이를 통해 지속 가능한 변화를 이루기 위해서는 서로 다른 이해관계자와의 토론과 건전한 조건 조성에 노력해야 한다.

---

[75] 아젠다/이슈/코칭 과제, 결과를 중심으로 한 코칭 3자의 공유-전유에 대한 내용이 여기서도 해당된다. 2장 주 31(P.30), 주 42(P.83) 참조

추가 사례 3-B. 코치 존, 욕-생활을 하는 중간 관리자 코칭을 의뢰받다.

코치 존John은 국제적으로 유명한 브랜드 스포츠 관련 용품 제조-판매 회사와 오랜 관계를 맺어 왔다. 존이 대표로 있는 코칭 회사는 전 현직 임원은 물론 중견 팀장들과 코칭, 팀 코칭을 통해 교류해왔기에 신뢰가 돈독한 편이다. 그는 최근 회사 부사장에게서 '코칭 관련' 논의를 위해 직접 방문 요청을 받고 의아해했다. 코칭은 자기 회사의 코칭 담당 팀장과 회사의 HR 임원이 오래 전부터 협의해왔기 때문이다.

부사장의 요지는 최근 회사 내부 감사를 통해 일부 여성 중간 직원들의 SNS 대화 채널에서 상사, 특히 주요 임원에 대한 욕설이 매우 심각해 충격을 받았다는 것이다. 회사 내 사적 공간에서 그들 사이의 대화에 섞여 있는 묵직한 '욕설' 단어가 감사를 통해 드러났지만 사내 통신망과 다른 업무용/비업무용 문자 대화에서 그 내용이 드러났기에 이를 공식화하기는 어려운 일이다. 다만 '정기 업무 감사' 과정을 통해 그 가운데 몇 명은 담당 업무가 아닌 일이긴 해도 업무적 규정 위반이 적지 않게 드러나 '감사 결과'를 이유로 대기발령 조치를 했다. 그렇지만 욕설 문자는 어떻게 대처할 것인가 하는 요지다.

코치 존은 감사로 드러난 결과는 표면적 이유이고, 일단 직원의 '욕-생활'[76]보다는 '욕-대상'의 심기가 더 크게 작용하고 있다는 점을 눈치챘으나 이를 굳이 그에게 언급하지 않았다. 사건 발생의 전후 순서가 어떻게 되었든, 이런 사실이 욕-대상에게 전달되었고, 조직의 반응이 공적인 감사 이슈로 우회해서 대처해야 하는, 이로 인해 드러나는 상황의 복잡성이 우려되고 한편 이해되었다. 다만 코칭이 이런 주제와 이슈로 활용되는 것이 유쾌하지는 않았다. 또 개인적으로는 그들의 욕-의도, 욕-진실을 경영진이 주목하지 않는다는 점도 무척 아쉬웠다.

존의 입장에서는 부사장이 직접 요청했기에, 코칭을 회사 내 담당 팀장에게만 진행하게 할 수 없었고, 팀장 코치와 공유하지 않을 수 없는 일이다. 팀장 코치의 주도하에

---

[76] 욕-생활, 프로이트가 『꿈의 해석(1900)』에서 '꿈 생활'이라는 표현으로 꿈과 일상 생활을 구분하여 서술한 방식을 오마주한다. 욕을 언어생활에서 즐기고, 자신의 정서를 표현하며, 욕을 나누며 공유하는 일상을 표현했다. 이처럼 욕과 관련한 현상을 사유 대상으로 구분하고자 욕-공유, 욕-의미, 욕-내용 등도 같은 취지이다.

여성 임직원 대상 코칭 프로그램으로 기획되고, 팀장급 이하지만 해당 직원들도 포함한 코칭 기획을 추진하기까지 HR과 협의하는 데 무리는 없었다. 또 '조직 생활과 스트레스 관리' 사전 진단을 무기명으로 전 직원을 대상으로 실시하고 그 결과를 향후 조직 내 다른 작업에도 활용할 여지를 두었다. HR의 사업 계획과 관련성이 높은 제안이었기에 일이 빠르게 진행될 수 있었다. 팀장급 이하 직원을 대상으로 매우 신속히 진척되는 가운데. 욕-생활 대상자도 포함해 코칭 대상을 선정했고, 존도 다른 코치와 함께 해당자를 코칭하게 되었다.

존은 자기 회사 자문단과의 준비 회의에서 '욕-생활'에 대한 이해를 높이는 기회를 가졌다. '욕-공유' 관계는 하위 문화 집단 형성에 중요한 경계가 되며, 일상적 친밀감을 넘어 동질감 형성에 중요하다는 점을 이해했다. 일부 사람들에게는 욕-공유와 욕-생활이 언어 수준에서 일상화되었고, 어떤 면에서는 오히려 '욕-의미'는 해체되고, 욕-단어만이 접속사로 사용되는 욕-언어생활이 이뤄진다는 점도 알게 되었다. 그러나 이런 의미 해체와 구성이 지닌 욕-언어가 과연 욕-생활에서 욕-의도까지 욕을 통해 소거消去extinxction될 수 있는 것일까? 단순 욕-언어 생활과 의미 없는 욕-공유가 가능한 것인지 의문이 남았다. 물론 욕-대상이 된 사람(최고 임원, 오너)은 욕-내용이 자신에게 향해 있는 점이 불편한 것인지, 욕-내용에 있는 것인지, 욕-생활 자체에 있는 것인지는 의도를 분명하게 할 필요는 있지만 이 또한 명확히 하기가 쉽지 않은 것 아닌가? 또 반대로 욕-생활 자체를 개인별로 이슈화할 수는 없는 일 아닌가? 그렇다면 이것은 조직 문화에서 하위 문화 관련 이슈가 아닌가?

코칭은 준비된 절차에 의해 진행되었다. 직상급자와 코칭 아젠다를 개발하고 일치점을 찾는 초기 미팅, '조직 생활과 스트레스 관리' 관련 조직 전체와 개인 진단 결과 발표. 이를 근거로 코치-코치이들의 개인별 이슈 마련을 위한 케미 세션도 진행했다. 그러나 모든 코칭 대상자에게 이른바 욕-생활, 여성 직원 중심의 하위 문화 등을 이슈로 제기할 수 없었다. 이는 당연한 것이다. 또 이런 접근은 젠더 이슈로 비화될 가능성이 있지 않은가?

코칭이 진행되는 기간에 부사장이 언급한 욕-생활 (여)직원들은 대부분 이직을 이유로 사표를 냈고, 여성 임원을 제외하고 코칭 대상 중 다른 두 명은 세션에서 이직 의사와 이를 검토하는 주제를 이슈로 제기했다. 대체로 이직 사유는 다양했지만 회사 역시 더는 개입하지 않았고 모든 이직 의사가 있는 직원에게 계획된 코칭 과정을 진행하게 지원했다.

코칭 프로젝트가 마무리되기 전에 존의 회사는 HR을 통해 기존의 임원코칭을 소규모 회사인 계열사 전부로 확대하자는 제안을 새롭게 받았다. 이것은 계획된 것은 아닌 보상인 것으로 이해했다.

코치 존은 욕-생활 이슈로 제기된 중심 인물 매니저 클라라를 코칭했다. 팀장 코치 외 다른 코치에게 배정하는 건 곤란하다는 판단이었다. 클라라는 전략 기획 파트 소속으로 매사에 거침없는 성격이고 업무상 여러 파트와 교류해왔다. 사교성도 높고 쎈 언니 분위기로 신망이 높았다. 그녀는 최근의 감사와 대기발령 자체에 매우 흥분했다. 물론 회사는 일주일간 진행된 감사 기간에는 회사에 출근하지 않도록 조치했다는 점과 작년에도 감사를 했는데 또 한다는 점, 예년과 달리 올해는 자신에게도 대기발령한 조치에 더 자극받았던 것으로 보인다.

업무 관련 감사 결과가 최대 3개월 감봉 정도로 예상되었으나 클라라는 이직을 이유로 사표를 제출했다. 다른 사람들은 정말 발 빠르게 다른 회사로 이직했으나 클라라는 남은 휴가 일정을 회사 근무 일정으로 소화해 퇴직 일정을 확정했고, 실제 휴식과 여행을 이유로 코칭 세션도 한 달 뒤로 미루고 중단했다.

이 와중에서 여성 임원을 담당했던 여성 코치에게서 새로운 이슈가 제기되었다. 여성 임원은 여성 매니저들과는 일정 부분만 정서적으로 교류할 뿐 조직 내 여성 리더십의 정점 포지션으로 간주되지 않은 임원이다. 그녀 인격의 남성성 부분만 조직 리더십으로 차출되어 있었다. 다른 시각에서 보면 그녀가 조직 내 여성 매니저와 거리가 있는 것은 이른바 '명예 남성'[77]으로 넘어가 있었기 때문이라는 지적/비난이 가능하다. 코칭 회사에서 정기적으로 진행되는 내부 그룹 수퍼비전 세션에서 이 문제를 논의하

---

77) 남성 중심의 부권적 사회 및 조직 구조를 인정하고, 남성 문화나 가치, 태도를 적극적으로 받아들여 적극적으로 합류한다. 차별과 벽을 넘어 실력과 능력을 발휘하는 분투와 성과 쟁취, 자신의 일부인 남성성의 활용과는 구별된다. 가부장적 남성 집단과의 동질화, 남성화하고 성차별적 행동과 태도이다. 위에서는 정당한 여성 활동을 비난하는 의미로 오용되고 있다.

던 중 급기야 코치 팀 전체의 젠더 감수성이 노출되고 대립과 혼란이 야기되었다.

그렇다면 조직 내 여성 리더십의 내용과 위상은 무엇이고 어떻게 설정되어야 하는가? 이것과 조직 내 여성 리더와는 어떤 관계인가? 논쟁은 일파만파가 되었다. 남성 코치들의 젠더 감수성이 도마에 오르기도 했다. 쟁점은 필요한 만큼 논의되지 않으면 봉합되기 어렵게 되었다.

1. 두 논평자의 주장과 그룹 토론에 근거해 이 사례의 논점을 발굴하고 논평해보자.
2. 이 사례에서 추가로 제기되는 쟁점이 있다면 무엇인가?
3. 동료 그룹 수퍼비전에서 제기된 코치의 젠더 감수성 차이, 조직 내 여성 리더십에 대해 검토해보자.

참고자료

Bellier,S. 2004. Le savoir-etre dans L'entreprise. Utilite en gestion des ressources humaines (2nd edition). Paris:Vuibert.

Cohen,Y.(2013). *Le siecle des chefs: Une histoire transnationale ducommandement et de Vautorité*. Paris: Amsterdam Ed.

Courpasson, D. (2000). *L'actioncontrainte: Organisations liberates et domination*. Paris: PUF.

de Haan, E. (2008). *Coaching: Journeys towards mastering one-to-one learning*. Padstow, UK: John Wiley & Sons.

de Haan, E., & Duckworth, A. (2012). The coaching relationship and other "common factors" in executive coaching outcome. In E. de Haan & C. Sills(Eds.), *Coaching Relationships: The relational coaching field book*, pp. 185-196. Oxfordshire: Libri.

Egan, G. (2010). *The skilled helper* (9thed.). Belmont, CA: Brooks/Cole, Cengage Learning. 『유능한 상담사』 제라드 이건, 제석봉 옮김. 학지사. 2015

Fatien Diochon, P., &Louis, D. (2015). De Zorro a Polichinelle: Quand le coach est mis a l'epreuvedans son role de tiers. *Revue Inter disciplinaire Management, Homme(s) & Entreprise, J*(15), 85-103.

Goleman, D. (1995). *Emotional intelligence: Why it can matter more than IQ*. New York, NY: Bantam Books.

Goleman, D. (2006). *Social intelligence: The new science of human relationship*. New York, NY: Random House Large Print.

Guillaume, C., & Pochic, S. (2007). La fabrication organisationnelle des dirigeants: Un regard sur le plafond de verre. *Travail, genre etsocietks, 17*(1), 79-103.

Jones, C.W. (2015). *Choosing your coach: What matters and when: An interpretative phenomenological exploration of the voice of the coachee* (PhD thesis), Oxford Brookes University. Retrieved from https://radar.brookes.ac.Uk/radar/file/5f4a52f7-efc5-4530-9134-ac62660bd0e7/l/jones2015choosing.pdf

Karpik,L. (2007). *L'economie des singularity*. Paris: Gallimard.

Kilburg,R. R. (1996). Executive coaching as an emerging competency in the practice of consultation. *Consulting Psychology Journal: Practice and Research, 48*, 59-60.

Korotov,K., Florent-Treacy, E., Kets deVries, M. F. R., & Bernhardt A. (2012). The Rescuer Syndrome. In K. Korotov, E. Florent-Treacy, M. F. R. Kets deVries,& A. Bernhardt (Eds.), *Tricky coaching: Difficult cases in leadership coaching* (pp. 25-40). London: Palgrave MacMillan. 『임원코칭의 블랙박스』 한숙기 옮김. 한국코칭수퍼비젼아카데미 2018. 제 2장. 「구조자 증후군」

Linhart,D. (2015). *La comedie humaine du travail: De ladeshumanisation taylorienne a la sur-humanisation manageriale*. Paris: Eres.

Louis,D., & Fatien Diochon, P. (2018). The coaching space: A production of power relationships in organizational settings. *Organization*(Paper conditionally accepted).

O'Neill, M. B. (2000). *Executive coaching with backbone and heart*. SanFrancisco, CA:Jossey-Bass Publishing. 『경영자 코칭』 조윤정. 아시아코칭센타, 2009

Rettinger,S. (2011). Construction and display of competence and (professional) identity in coaching interactions. *Journal of Business Communication, 48*(4), 426-445.

Reynolds,M. (2012). Can you coach around a dead end? In K. Korotov, E. Florent-Treacy, M. Kets deVries, & A. Bernhardt (Eds.), *Tricky coaching: Difficult cases in leadership coaching* (pp. 139-145). New York, NY: Palgrave MacMillan. 『임원코칭의 블랙박스』 한숙기 옮김. 한국코칭수퍼비젼아카데미 2018. 제 14장. 「막다른 길에도 코칭이 가능한가」

Salman,S. (2008). La fonction palliative du coaching en entreprise. *Sociologiespratiques, 17*(2), 43-54.

Scharmer,O. (2009). *Theory U: Leading from the future as it emerges*. SanFrancisco, CA: Berret-Koehler Publishers. 『본질에서 답을 찾아라』 엄성수 옮김. 티핑포인트 2014.

Schein, E. H. (1999). *Process consultation revisited: Building the helping relationship*. Reading, MA: Addison-Wesley Publishing.

제4장

코칭에서 가치

도입

가치values는 무엇이 바람직한지desirable에 대한 기본적인 신념convictions을 나타낸다. '옳은 것right', '잘못된 것wrong', '좋은 것good', '나쁜 것bad' 등, 이것들을 시스템으로 묶어 분류하고, 정보를 구조화해 세상을 이해하는 데 도움이 되는 참조 틀reference이나 세계관을 형성한다(Mitchell, 1993). 가치 시스템은 우리가 스스로에게 묻지 않아도 질문에 답하는 일상의 **대처 장치**coping devices로 기능한다. 그러나 코칭에서 이해관계자와 가치가 충돌하면 어떤 일이 일어나는가?

조력 전문직helping professions에서 전형적인 "충돌clashing" 상황은 ①정치적 견해, ②종교적 신념, ③성적 지향에 의해 발생한다.[1] 예를 들어, 녹색 운동가인 코치는 원자력 발전소의 코칭을 받아들여야 하는가? 낙태 합법화에 반대하는 코치는 낙태 의도를 밝힌 고객과 같이 작업해야 하는가? 자유주의자인 코치가 공산주의자인 시장을 위해 일해야 하는가? 종교적 신념에 따른 코칭 그룹의 구조constitution(미국의 많은 기독교 기반 코칭협회 참조), 성적 지향에 따른 조직을 어떻게 보아야 하는가?(게이 코칭동맹Gay Coaching Alliances 참조)[2]

---

1) ④인종 차별, ⑤(국내/국외) 지역적 편견, ⑥개인 경험에서 형성된 가치와 편견(혐오)을 추가할 수 있다. 반면에 자신의 가치를 점검하는 경우 이런 범주는 너무 크기에 개인적 가치 기준을 세부적으로 적용하며 구체적으로 성찰하지 않으면 의미가 크지 않다. 특히 최근의 '혐오' 문화와 대립은 개인의 태도와 관련해 '코칭 세션'에서 다루기 매우 어려운 주제가 되었다. 이는 코치의 사회적 가치, 세계관과도 관련 된다. 코치는 개인의 경험과 견해로 형성된 가치 기준을 다양하게 (항목별로) 구별하여 '코칭 윤리와 가치 기준'으로 점검할 필요가 있다. 또 교육훈련 과정, 인증 취득 후 임상 활동에서 다양한 가치 충돌을 경험할 수 있다. 이는 코칭 수퍼비전의 중요한 주제이다.

2) 이 조직들은 뚜렷한 가치 지향과 태도를 내세우는 코칭 조직이다. 이런 가치 기준에 입각한 코칭 조직을 더 찾아보고 이런 활동의 불가피성과 특성에 대해 이해하는 것이 필요하다.

중립성neutrality은 코칭에서 자주 논의되는 주제다. 코치가 얼마나 중립적이어야 하고(가치 중립value neutrality), 가치 배제value-free를 해야 하는가?[3] 코치들은 그 어떤 상황, 어떤 고객과도 일할 수 있다고 주장한다. 이런 주장이 있는데도 가치가 작용하는 힘을 검토하지 않고 너무 빨리 포기하거나, 이를 그냥 무시하게 되면 **가치 강요/부과**value imposition의 위험이 증가한다. 즉 고객의 가치, 태도, 신념 및 행동을 채택하도록 직접 영향력을 행사하는 수동적 또는 적극적 시도가 발생한다(Corey, Corey, Corey, & Callan, 2015).[4]

코치 마틴은 강력한 환경 옹호자로 금광 회사와 일할지를 결정해야 한다. 코치의 가치가 충돌하는 특정 산업에서 일할지를 선택할 때 '나쁘고 큰 늑대'를 위해 일할 경우 코칭에서 가치 이슈가 걸리게 된다.

사내internal 코치인 엘렌은 정리해고를 정당화하기 위해 코치이 중 한 명에 대해 코칭 스킬 평가 정보를 제공해 달라는 고용주에게 큰 도덕적 갈등을 느끼고 어떻게 대응해야 할지 고민한다.

■ 사전 점검

1. 용어 검토와 개입 방법에 관해 이야기해보자.
   - 가치 중립, 가치 충돌, 가치 배제, 가치 부과
   - 가치 명료화, 가치 심화, 가치 확대
2. 코치로 활동하며 자신의 가치와 고객 가치가 충돌했던 경험을 한 적이 있는가?
   - 이때 자신이 어떻게 대응하고 해결했는지 이야기해보자.

---

[3] 3장에서 논의한 역할/경계에서의 중립성, 중재자의 의미와 관련되지만, 이와 달리, 코칭 관계에서 코치의 가치 중립, 배제에 대한 문제를 제기한다. 코치의 가치 중립과 가치 배제는 어떤 차이가 있는가? 이를 이해하고 현실에 적용하기 위해서는 특별한 성찰과 훈련이 필요하다.

[4] ①가치 강요/부과, ②가치 중립, ③가치 배제, ④가치 충돌을 적극적인 이슈로 검토한다. 코칭에서 가치와 관련한 이 같은 네 가지 외에 코치이에게 필요한 ⓐ가치 지향(명료화), ⓑ가치 심화와 ⓒ확대 ⓓ통합 등의 가치 이슈 다루기와 관련해서도 추가적 이해가 필요하다.

논평자가 인용한 저서(p.87). 치료사들의 **기본적 가치**가 치료의 기초가 되기도 하고, 정도의 차이가 있을 뿐 직접 표현하지 않으려 해도 자신의 가치관이 내담자에게 불가피하게 전달된다는 점을 지적하고 있다(p.86).

사례 4-1. 나쁘고 큰 늑대를 위해 일하기

마틴은 금광 회사 고위 임원들의 성과 향상을 위한 팀 코칭을 요청받았다. 그렇지만 이 회사가 많은 환경 스캔들에 직면해 있었기에 코칭이 우려되었다. 이들의 사업 관행은 지역 생태계ecosystems, 강과 물고기 개체군에 자주 피해를 입혔다. 이는 마틴의 가치에 반하는 것이다. 회사는 환경을 손상시키고도 아무런 조치를 취하지 않고 있어 비윤리적이라고 생각했다. 이 제안은 마틴에게 다음과 같은 의문을 갖게 되었다..
^{Q.}코치로서 이런 회사와 일하고 싶은가? ^{Q.}어떤 기준criteria으로 결정을 내려야 하는가?

성찰 질문
- 이 상황이 당신에게 어떤 윤리적 딜레마를 불러일으키는가 한 번 점검해보자.
- 코치 입장에서 코칭 계약을 수락하기 전에 그들의 사업과 업무 방식을 고려해야 하는가? (또 일반적으로는 어떤 점들을 고려하는가?)

한편으로 마틴은 이런 회사와 연관되기를 원하지 않는다. 그렇지만 그가 이런 식으로 회사를 판단하기 시작하면, 탄산 음료, 정크 푸드, 제약, 화학, 석유 회사 심지어 은행들까지도 함께 일할 수 없을 것이라고 속으로 생각했다. 그는 과연 개인 윤리와 정치가 일치되는align 사람들과만 일해야 하는가?[5]

또 그가 윤리적 판단에 따라 특정 고객과 일하지 않기로 결정함으로써 코치이들을 작업에서 제외하게 되면 오히려 그들의 진화evolve 가능성을 박탈하는 것은 아닌가도 우려되었다. 이번 코칭 작업이 비록 아주 작은 것이더라도, 이 기회는 그들이 변화를 일으킬 수 있는 기회가 될지 모른다.[6] 그는 고객에게 도전하는 코치로 명성을 얻었으므로 이번 과제를 받아들이더라도 잃을 것이 없다고 생각했다.

---

[5] 문제 제기 대상 폭이 매우 넓다. 최근 ESGEnvironmental, Social, Govenance 경영 혁신과 관련해서도, 투자자들의 판단을 매우 중시하는 적극적 정책이 요구된다. 반대로 현재 재판에 회부되어 다툼 중이거나 일방적으로 기업이 승소해 사회 중심 아젠다가 되지 못하는 사례도 많다. 예를들면, '가습기 살균제 피해자'와 기업의 비윤리적 모습에 대한 논의도 그 가운데 하나이다. 기업의 사회적 책임과 가치 구현에 대해 코치는 사회적, 개인적으로 어떤 태도를 지닐 것이며, 코치 개인 비즈니스는 어떤 태도를 가져야 하는지 자문하지 않을 수 없다.

[6] 기업에 대한 태도와 기업 구성원과의 관계는 다르다. 조직 밖 일상에서는 시민의 일원이다. 시민 윤리와 기업 윤리가 한 개인에게는 대립할 수 있다.

^{Q.}왜 그는 가장 필요한 곳에서 일할 기회를 피해야 하는가? 그는 이것을 조직의 고위 간부들에게 도전하는 기회로 보고, 강 오염과 물고기 떼죽음에 대한 질문을 제기할 수 있지 않은가? 코치로서 그들과 함께하는 것은 그들 성장의 한 부분이고, 그들이 이런 이슈를 생각하게 하는 기회이다.[7]

여전히 결정을 못한 마틴은 수퍼바이저에게 의견을 구했고, 결국 이 과제를 받아들이기로 결정했다.

성찰 질문

- 마틴의 의사결정 과정에 대해 어떻게 생각하는가?
- 만약 당신이 비슷한 딜레마에 직면한다면 외부의 도움을 구할 것인가? 그렇다면 구체적으로 어떤 도움을 요청할 것인가?
- 마틴이 코칭 과제를 그가 신경 쓰는 환경 문제 해결의 기회로 삼으려는 의도에 대해 어떻게 생각하는가? 이런 태도는 고객 아젠다가 아니라 자신의 아젠다를 진전시키는 것으로 간주될 수 있지 않은가?

---

[7] 우리는 사례에 제시된 회사와 일하는 경우를 너무 이례적인 일로 볼 필요는 없다. 최근에 우리도 사회적으로 비난을 받고 재판에서 장기간 다투는 기업이 많기에 이런 기회를 얼마든지 상정해볼 수 있다. Owner, CEO, 임원의 윤리 의식과 행동 제고, 윤리적 딜레마 대처, 기업 문화와 조직원들의 윤리적 실천 수준 향상 등은 향후 매우 중요한 코칭 영역이 될 수 있다.

■ **사례 사전 점검**

1. 코치 활동 중 코치 사이의 가치 충돌, 고객과의 가치 충돌을 경험한 적이 있는가? 중심 내용을 한 문장으로 정리해보자.

    1) 자신의 가치 기준이 사회적, 개인적으로 쟁점이 되는 부분이 있는지 파악하고 이를 정리해 두어야 한다(정치, 종교, 성적 지향은 물론 불평등, 불공정…).

    2) 고객/코치이와 가치 충돌이 예상될 경우 이를 언제 어떻게 공개하는가에 대해 자신의 견해를 정리해 두어야 한다.

2. 마틴 식으로 코칭을 회피하는 것은 고객의 진화나 성찰 기회를 박탈하는 것으로 보거나, 반대로 그들과의 코칭을 고위 리더들에게 '윤리적 자각'을 촉구하는 기회라고 본다면 코칭을 마다할 필요는 없다.

    – 이 같은 주장에 대해 논의해보자.

3. 비즈니스 코칭 분야에서 활동한다면 기업 조직의 윤리적 기준, 윤리 경영에 대한 기본 이해가 필요하다. 기업 활동의 윤리적 수준은 기업마다 다양하며, 은폐되어 있거나, 안팎이 다를 수 있다. 또 조직이 제기하는 윤리적 원칙과 조직원이 직면한 현실이 다를 수 있으며, 많은 부분 '관행'으로 묵시적으로 덮혀 있을 수 있다. 이런 점에서 조직과 조직원 사이의 윤리적 갈등이 언제든 일어날 수 있다.

    코칭 현장에서 다뤄질 기업 조직원의 윤리적 딜레마를 어떻게 코칭할 것인가? 이를 위해 코치가 준비해야 할 것이 있다면 무엇인가?

논평 4-1. A

케네스 묄베르크 요르겐센

마틴의 상황은 코칭에서 중요한 윤리적 문제를 야기하는데, 나는 한나 아렌트Hannah Arendt가 주장한 윤리와 정치의 구별을 염두에 두고 접근해보기로 한다. 그녀는 **윤리**의 중심은 **자기**self이고 **정치**의 중심은 **세계**the world라고 주장한다. 이 점에서 그녀는 도덕적 숙고considerations의 중심을 개인이 고독solitude 속에 있는 자기와의 개별적 대화로 국한시켰다. 따라서 도덕성morality은 이런 특이성singularity 안에 있는 각 개별에 관한 것이며, 옳고 그름의 기준criterion은 개인이 자신에 대해 어떤 결정을 내리는가에 달려 있다(Arendt, 2003, p.97). 이런 숙고는 그녀가 자신과 **혼자 하는 2인 대화**two-in-one dialogue로 진행되는데, 이는 그가 독특하게 주장하는 **생각하기**thinking[8]를 구성한다constitute(Arendt, 2003).

이 '생각하는 공간thinking space'은 중요하다. '생각하기'란 사람들이 자기와 자기 안의 또 다른 자기와 스스로 단 둘이 있는, '자유롭고' 다른 사람들에 의해 손길이 닿지 않는 순간을 말한다. 이때 도덕적 행동 강령conduct의 궁극적 기준은 자기에 대한 관심concern이며, 이에 대한 언명dictum은 자신과 대립/불화하기at odds with보다는 세계 전체와 대립/불화하는 것이 더 낫다는 것이다[자기와 세계의 불화]. 다시 말해 [자기] 가치에 반하여 거스르기보다는 그로 인해 발생한 긍정적이지 않은 결과consequence를 감수하는 것이 더 낫다.[9] 생각하기thinking와 기억하기remembering는 인간이 뿌리를 내리고 정착하는 방식이며, 특별하지 않은

◆ **필자:** Kenneth Mølbjerg Jorgensen: PhD. 독일 Aalborg 대학 비즈니스 경영학부 교수
  kmj@business.aau.dk

[8] 일반적으로 한나 아렌트 저서의 한국어 번역은 thinking을 '사유함'으로 번역했다. 사유함/사유하지 않음/무사유 등으로 이 주제를 연결하며 다룬다. 그렇지만 이 책 번역에서는 이를 '생각하기'로 번역한다. 이는 thought '사고'와 구별하기 위해서이다. **thinking**생각하기을 현재성, 즉시성 안에서 행하기를 강조하는 한나 아렌트의 의미와 일치한다고 본다. 지금의 현실과 대면하는 우리의 '생각하기' 자세의 중요성으로 동적 의미를 강조하고자 한다. 이와는 별도로 '생각하기-성찰-사고'의 연쇄로 성찰 이전 단계로 thinking-thought를 구별한다. 우리는 '생각하기'라는 행위에는 이를 반복하는 과정/성찰하는 과정이 잉태되어 있으며 - (코칭) 대화는 이 성찰을 자극하고 강화한다 - 점차 성찰을 통해 생각하기는 '**사고**thought'된 것으로 전환되고 그 앎으로 된다.

[9] 자기는 생각하기 공간에서 충분히 숙고한 결과로 내적 일치를 도모하고, 이로 인해 사회적 행동적 언명과 의견 제시가 필요한 경우 발생하는 결과가 자신과 다른 경우 자기 자신과 대립/불화하기보다는 사회/세계와 불화하길 택한다. 이로 인한 내적 평화와 평정을 중시하는 태도로 이해된다. 코치의 일치성integrity이라는 윤리 원칙에 유사하다. 이런 태도를 세계와 관계 맺고 사회활동 방침으로까지 확장한다.

사람people에서 **개인**person이 되는become 과정이다(Arendt, 2003, p.100).[10]

우리는 윤리적인 입장stance을 취하고, '생각하기'를 통해 우리의 가치를 명확하게 한다. 마틴은 코칭 계약을 받아들이는 것보다 코칭 고객을 잃는 것이 더 낫다는 주장이 가능하다. 이는 사소한minor 결과로 돈을 잃거나 더 심각한 결과로 직업job을 잃을 수 있다. 마틴이 남은 생애를 함께 살아야 한다고 확신할 수 있는 유일한 사람은 오직 **자신**뿐이라는 점에서 이 윤리적 해결책은 정당하다고 볼 수 있다. 그러나 문제는 이런 윤리적 입장을 견지하며 마틴이 세계에서 **철수**withdraw하기로 결심하는 경우다. 이로 인해 그는 행동하고 변화할 능력capability을 상실하게 된다. 위에서 말했듯 이 점이 코칭 계약을 수락할지에 대해 마틴이 숙고하는 부분이다. 그가 계약을 수락할 경우 코치이들의 **진화 가능성**을 인정하면서 또한 세계 안의 배우/실행자as an actor in the world로 **자신의 위치**를 암묵적으로 인정하게 된다recognized.[11]

이 점이 언급한 윤리와 정치의 구별을 이해하는 열쇠이다. 아렌트가 고독 속에서 행한 **도덕적 성찰**을 오직 변화와 변혁과 관련된 한계적marginal 역할만 부여한 것도 이 때문이다. 변화와 변혁은 실천action과 사람들과의 상호작용interaction을 통해 일어난다. 아렌트의 용어로는 '고독 속에서 생각하기'는 자기 정화 과정self-purification에 효과적일 뿐, 실천 지침이 아니기 때문에 **윤리에서 정치**가 필요하며 윤리에서 정치로 이동이 이루어져야만 한다. 아렌트에게 변혁적 실천은 윤리적 원칙과 순수한 **가치가 훼손/침해**violated되는 정치적 선택이 포함된다. 그렇다고 해서 고독 속에서 이루어진 '생각하기'가 중요하지 않다는 뜻은 아니다. 자신의 가치를 명확히 하는 것이 필요하다. 그러나 이를 명확히 하는 과정clarification process이 철수withdrawal로 이어진다면, '생각하기'는 그 의미와 목적을 상실한다. 사람들이 세상을 변화시킬 수 있는 것은 **실천/행동**을 통해서 뿐이다.[12] 세계에서 철수하는 것은 극단적 상황에서 할 수 있는 윤리적인 태도stance이며, 실천/행동할 수 있는 합리적인 공간이 없을 때만 정당화될 뿐이다.

---

10) [원문삽입] Thinking and remembering is the human way of striking roots, the processes through which people become persons instead of nobodies(Arendt, 2003, p.100). 생각하기와 기억하기 작업을 통해서 people이 person이 된다.
11) 개인의 내적 일치와 세계와의 불화는 본질에서 불가피하다. 세계와 불화하는 인물은 많다. 하나같이 불안하며, 고뇌하고, 박해받고, 경계에 서게 된다. 반대로 세계 안에서 실천하는 실행자/배우가 자기 중심을 유지하여 애써 부여잡고 세계와 이리 저리 정치적으로 접촉할 수 있다.
12) 세계에서 철수하고/담을 쌓고 자기 안에서 '윤리적으로 생각하기'에 머물러 있는 것을 비판/반대하는 입장이다. 아렌트의 입장에서는 '생각하기'가 매우 중요한데도 이같이 '실천/행동'을 강조하는 것이기에, 기본적으로는 상호 연결된 것이다. 논평자는 이를 근거로 자기 의견을 제시하고 있다.

아렌트의 윤리적 숙고(Arendt, 2006)에 많은 자료를 제공한 홀로코스트Holocaust는 명백히 극단적인 상황이었다. **비참여**non-participation는 살인을 하거나 살인을 저지르는 어떤 시스템에도 참여하지 않겠다는 윤리적 태도의 결과였다. "자기 자신보다는 세상과 대립/불화하는 것이 낫다."는 윤리적 입장은 많은 시민이 그것에 어떻게 할 수 있는 처지가 아니기 때문에 완벽하게 적용된다. 이런 언명은 또한 사회화socialization에 저항하는 것이 도덕적 책임이 된다(Arendt, 2006, p.292). 이 같은 극단적 상황에 따라오는 도덕적 언명 가운데 하나가 **비참여**non-participation이다. 왜냐하면 참여는 – 심지어 기능인들functionaries의 지위rank라도 – 지원 행위이기 때문이다(Arendt, 2003, p.48).[13]

마틴의 사례로 옮겨보면 그들을 코칭하는 것이 그들의 사업을 지원하는 실천 행위가 될 것이기에 마틴은 회사와 코칭 계약을 받아 들여서는 안 된다. 그러나 위에서 언급했듯, 이런 대응은 사람들이 어떤 것도 할 수 없는 **극단적인 상황**에서만 가능하다. 반면에 마틴이 코칭 계약을 통해 회사 가치에 영향을 줄 수 있다고 생각한다면 이 사례는 다르다. 마틴은 임원들을 실천하고 변화transform 가능하게 하는 어떤 자유의 공간space of freedom이 있다고 믿는 것이다. 푸코(Foucault, 1997)가 주장했듯이 **자유**가 핵심이며, 이것이 우리가 윤리에 대해 말할 수 있는 이유이기도 하다.[14]

이런 접근은 마틴이 처한 윤리적 딜레마를 어느 정도 명확하게 할 수 있다. **비참여**non-participation는 그가 행동할 자유가 없고 따라서 회사를 환경에 대해 더 윤리적인 입장으로 전환할 자유가 없는 경우에만 가능하다. 반면 어느 정도의 자유가 있다면, 이 자유에 근거해

---

[13] 아렌트는 홀로코스트 상황에서 나치 2인자 아이히만의 악의 가담에 대한 변호와 주장에 대해 반박하는 과정에서 단지 명령을 수행하는 **기능인으로 악에 가담**했다면, 바로 '생각하기'를 하지 않았다는 점에서 비판받아 마땅하고(무 사고는 악의 근원이고 이런 점에서 악은 특별한 것이 아니다. 누구든 생각하기를 멈추면 악에 서 있을 수 있다. **악의 평범성**), 생각하기 공간 안에 머물며 극단적 세계와 불화를 선택하는 윤리적 태도(곧 정치)는 곧 비-참여뿐이라고 주장한다. 이런 아렌트의 윤리(인간의 내적 판단), 정치(상황 속에서 행동)를 구분하고 통일해 가는 입장에 근거해 논평자는 사례를 검토하고 있다.

[14] 푸코의 '자기의 테크놀로지'는 개인이 자기 자신을 수단으로 이용하거나, 타인의 도움을 받아 자기 자신의 신체와 영혼, 사고, 행위, 존재 방법을 일련의 작전을 통해 효과적으로 조정할 수 있도록 해준다고 정의한다.『자기의 테크놀로지』(p.36. 이희원 옮김. 동문선). 자기 테크놀로지의 시작점이었던 델포이 신전의 〈너 자신을 알라gnothi sautton/know thyself〉는 〈너 자신이 신이라고 생각지 말라〉를 의미하며, 그리스 로마 문헌에서 자신에 대해 알아야 한다는 명령은 항상 **자기 자신을 배려**해야 한다는 다른 원리와 밀접하게 연관되어 있다. 델포이 신탁을 실행에 옮기기 전에 **인간은 먼저 자기 자신에 대해 전념**해야 했다. 즉 〈너 자신을 인식하라〉가 〈너 자신을 배려하라〉의 의미를 은폐해 왔기에, 그리스 로마 문화에서 자기 인식(너 자신을 알라)은 자기 배려의 결과라고 본다. **자기를 배려해야 자기를 알 수 있는 것이다**. 이를 〈자기 테크놀로지〉의 출발로 삼았다 (p.33-43 참조).

그것은 실제로 아렌트의 글에서 파생될derived from 수 있는 또 다른 윤리적 요구, 즉 **참여하고 실천/행동**을 통해 회사의 방향을 바꾸려고 노력해야하는 것도 가능한 일이 된다. 이는 윤리에서 정치로 넘어 가는 이동이 새롭고 더 지속 가능한 실천을 위해 고위 임원들에게 영향을 미치려고 단일한 요구로 비틀어twisted into 버리는 것을 의미한다. 그러므로 이것이 일정하게 가능한 정도만큼이라도 코칭 계약에 명시되어야 한다.[15]

그렇지만 ^Q회사 성과를 높이는 것은 실제로 무엇을 의미하는가? ^Q코칭은 회사가 이미 하고 있는 일에 효과를 더하는 것뿐 아닌가? ^Q아니면 고위 임원의 입장에서 더 실질적이고, 개인적, 사회적, 전문적인 숙고를 하게 하는 것도 포함하는가? 이런 점들은 현재 요청 받은 코칭 이슈와도 연결된다.

코칭은 여러 가지 다른 접근 방식이 내재된 중요한/우산담론umbrella discourse이다. 하나는 리더십-기반 코칭인데, 코칭 공간은 사실상 기업의 전략과 가치에 의해 관리되고 통제된다. 따라서 코칭은 **권력** 기술로 **자기에 대한 특정한 훈련** 기술[공간으]로 간주될 수 있다(Foucault, 1988; Townley, 1995). 여기서 코칭 공간은 **고백하는 공간**confessional space에 비유될 수 있다(Edwards, 2008).[16] 마틴이 그런 코칭을 받아들이기란 쉽지 않을 것이다. 그렇게 되면 그는 자신의 가치와 달리 비윤리적인 전략과 관행을 대표하는representative 역할을 하게 된다. 코치로서 코칭 공간 안에서의 특정 역할에 국한되기에 이런 역할은 코치의 자유를 심각하게 제한할 것이다.[17]

그러나 다른 유형의 코칭이 존재한다. 도덕적 숙고에 더 개방적이고 마틴이 원하는 [코치

---

15) 홀로코스트라는 역사적 경험과 그 후 예루살렘에서 아이히만의 세계적 재판을 성찰한 윤리-정치적 숙고를 통해 아렌트의 주장에 동의하는 논평자는, 마틴의 사례를 논평하며 동일한 무게감으로 코칭 참여를 검토한다. 비윤리적 경영을 하는 임원에게 그들의 실천을 성찰하도록 영향을 미치는 경우, 그들이 제기한 요구를 그들이 지속할 수 있는 어떤 행동과 변화를 요구하는 코칭 이슈로 반영해 '비틀어서twisted into' 표현하고 또 그 정도만이라도 '코칭 계약'에 명시할 수 있어야 함을 강조하고 있다.

코치가 자기 주장의 입지점으로 ESG 경영 전략을 제기하고 확보하는 것은 매우 자연스럽게 접근하게 한다.
16) R. Edwards에 의하면(인용 p.31) 고백하는 것은 이를 통해 자신에 대한 '진실'을 발견하는 것이다. 강조점은 자신에 대해 이야기할 수 있는 '열려 있다'는 사실, 완전히 낯선 사람들과 '사적인' 삶의 가장 친밀한 세부사항을 공유할 준비를 하는 것이다. 고백을 들은 사람은 그를 이해하게 되고, 부분적이나마 면죄하거나 증언해야 하는 책임 관계가 된다. 즉 상대를 용인해주는 기능이다.
17) 아렌트적 엄밀성에 의해 코칭 비-참여가 아니라 코칭 참여를 하면서, '나쁘고 큰 늑대'인 회사의 임원으로 회사의 또는 비즈니스의 비윤리적인 크고 나쁜 행위를 고백하게 되고 이를 경청하고 함께하는 세션을 운영하게 된다. 때로는 마틴 자신도 고백에 함께하는 존재로 스스로 자유를 제한하거나, 실천행동이 묶이게 된다. 나쁜 늑대의 역할을 보조하는 일원으로 전락할 수 있다. 그렇지만 고백 공간이 아니더라도 코칭 관계 자체가 이 점에서 얼마나 자유로울 수 있는지 의문이다.

이의] 자기 주도적self-directed 변화와 변혁에 초점을 맞춘 유형이다. 이런 형태 가운데 하나로 **내러티브 코칭**(Hede, 2010)이 이에 속한다. 코칭에 참가하는 사람들은 위 리더십 코칭 같은 권력 관계에 따라오는 내러티브를 변화시키기 위해 발화發話하는 과정에서 자신이 속한 권력 관계에 대해 성찰한다. 내러티브 코칭은 지배적인 내러티브를 문제화하고problematize 질문을 통해 해체deconstruction를 시도한다(Boje, 2008; Jørgensen & Boje, 2010).[18]

세 번째 접근법인 프로트렙시스protrepsis[19](Kirkeby, 2008)는 소크라테스적 대화 전통에서 영감을 얻어, 아름다운 것, 정의로운 것, 진실한 것, 옳고 그름 등으로 깊은 도덕적 가치에 관한 대화와 성찰을 더욱 분명하게 지향한다. 리더십에 기반을 둔 코칭과 내러티브 코칭은 자기에 대한 진단 분석을 통해 성과 향상의 원천으로 자기 알아차림self-awareness으로 운영되지만, 프로트렙시스는 임원코칭에 사용되며 깊은 도덕적 가치에 참여적이고 열린 대화를 통해 개인의 **자기 형성**self-formation 아이디어에 작용한다.[20]

중요한 점은 윤리적 숙고가 내러티브 코칭에 뿌리 깊게 배어ingrained 있다는 점이다. 그 안에는 그들이 관여하고 실연하는enact 권력 관계를 성찰하는 부분이 포함되어 있다. 윤리적 숙고는 또한 깊은 도덕적 가치에 대한 대화와 관련된 아이디어에도 박혀embedded있다.[21] 내러티브 접근과 프로트렙시스는 성찰성reflexivity과 대화를 통해 실천할 수 있는 자유를 갖

---

18) 제3세대 코칭으로 새롭게 대두되는 '내러티브 코칭'은 그 출발부터 코치이의 주도성과 중심성을 더 강조한다. narrative는 서사敍事 '경험한 이야기/이야기로 된 경험'이다. '이야기하기'를 통한 자유로운 발화는 이야기 과정에서 구성-재구성되며, 이야기하는 시간과 공간에 함께하는 사람(코치)은 상대가 경험한 이야기/서사의 구성과정-해체-재구성 과정에 듣는 사람으로 참여하며 곧 공동 창작자가 된다. 이때 이야기하는 사람-듣는 사람의 성찰과 공동 성찰이 반영된다. 이 과정은 리더십 코칭, 기존의 코칭과는 달리 더 성찰적이고, 두 사람 관계가 더 등가적인 것으로 간주된다. 이런 내러티브 코칭의 성격에 대한 더 깊은 이해를 위해 참고할 자료는 다음과 같다.
「4장 내러티브 상호협력코칭 이론과 실제」『내러티브 상호협력 코칭』라인하드 스텔터, 최병현 외 옮김.『내러티브 코칭: 새로운 스토리와 삶을 위한 확실한 길잡이』드레이크 저 김혜연 김상복 서정미 역. 2021.

19) 철학적 코칭을 칭한다. protrepsis: 철학자에서 철학적 경로를 따르는 것을 목표로 한 권고로, 누군가가 무엇인가를 추구하거나 포기하도록 하는 도덕적, 철학적 권고라는 의미로 이해된다. 내러티브를 발화하는 과정, 또는 내러티브 안에 반성/성찰이 내재되어 있는 것과 달리 프로트렙시스는 철학자가 제시한 경로로 따라 들어가며 철학적으로 자극받고 자유롭고 주체적인 사유로 안내한다.

20) protrepsis 정신(방법?)에 입각한 (코칭) 대화가 리더십 코칭, 내러티브 코칭과 달리 어떤 점에서 더 자기 형성self-formation에 기여하는지 입론자 개인의 주장 이외에는 현재로서는 쉽게 접할 수 없다. Kirkeby, Ole. Fogh.『The New Protreptic: The Concept and the Art』Conpenhagen Business School Press. 2009

21) 이 같은 주장, 즉 윤리적 숙고-도덕적 가치(입장)-(인간) 의지와 실천-양심의 문제를 가장 깊게 천착한 학자가 한나 아렌트(책임과 판단)이다. 논평자는 이런 철학에 근거한 방법으로 내러티브 코칭과 근본적으로는 프로트렙시스 대화(철학적 코칭)를 제시하고 있다.

고 작동한다. 그러나 마틴은 자신의 가치를 참가자들에게 강요할 수 없다. 그는 스스로 반성/성찰하고 진화할 수 있는 코치이들의 **자유를 존중**해야 한다. 코칭에 대한 세 가지 접근법은 토바이어스 댐 헤드Tobias Dam Hede의 연구에서 도출된 아래 [표 4.1]에 설명되어 있다(Hede, 2010, pp.23-33). 이 표는 어려운 도덕적 딜레마에 빠진 경우, 어떤 종류의 코칭 계약을 받아 들여야 하는지에 관한 더 체계적인 숙고를 위해 활용될 수 있다.

[표 4.1] 코칭에 대한 세 가지 접근

리더십 기반 코칭	내러티브 코칭	프로트렙시스
• 코치는 리더십의 힘power을 표현한다. • 코칭은 리더십과 의사소통 기술이다. 코칭을 통한 리더/코치가 (아래) 세 가지 목표로 힘/권력을 활용한다. 1. 코칭을 활용하여 신뢰할 수 있는 프레임을 설정하기 위해, 비전, 임무, 목표, 직원들의 기여 사이에 명확한 연결고리를 수립한다. 2. 명확한 목표와 실천 계획을 개발한다. 3. 후속follow-up 코칭으로 직원들이 합의한 목표를 달성하고 적절한 역량을 개발할 수 있도록 돕는 코칭을 통해 지속적인 학습 과정을 만드는 것이다. • 제한된 자유 공간으로 코칭의 효과가 코칭 공간을 지배하고 통제한다.	• 권력 관계 성찰로서의 코칭 • 코칭의 목적은 조직이 문제를 해결하고 목표에 도달하는 것이 아니다. 미리 정해진 목적지에 도달하기보다는 자신만의 내러티브와 스토리에 대한 반성의 기회를 주는 것이 목적이다. • 내러티브와 스토리는 이 실천의 중심에 있으며, 담론을 정상화하고 재분배한다. • 코칭 공간은 기존의 담론을 깨뜨리는 대안적인 언어 게임을 허용해야 한다. • 주어진 방향도, 필요한 결과도 없는 의미에서 열린 코칭 공간이다.	• Protrepo: 무엇이 선good인지에 대한 지식을 얻음으로써 사람들을 선한 실천으로 돌린다. • Protrepsis: 규범적 시각으로 사고하고 철학하는 것 선good은 무엇인가? 정의just란 무엇인가? 행위dedes는 무엇인가? 의무obligation란 무엇인가? • 개인 차원에서 개인의 해방, 그것은 공동체와 사회를 향한 의무가 유지되는 윤리적 관점의 대상이 된다. • 선입견이나 예상된 결과 없이 정의the just, 옳음the right, 선한the good 것이 무엇인지 깊은 대화를 중심으로 하는 열린 코칭 공간이다. • 의도는 개인의 성장growth이다.

■ **토론 제안**

1. 한나 아렌트, 미셸 푸코의 엄밀한 전제에 의하면 마틴은 코칭할 수 있다. 코칭을 통해 깊은 성찰과 **자기 배려에 근거한 자기 이해**에 도달하도록 하는 것이 필요하다. 접근 방법에서 내러티브 코칭, 새롭게 제시한 철학적 통찰(프로트랩시스)을 제시하고 있다.

    현대 철학에서 두 철학자의 위치와 영향은 확고하다. 코치 활동에 대한 윤리적, 정치적, 철학적 근거로 제시되어 코칭 발전을 이론적으로 뒷받침하고 있다.

    1) 현대 코칭의 발전을 위해 우리의 이론적 기반을 넓혀야 한다.
    2) 코치 활동 대상과 이슈가 더욱 더 넓어져야 한다. 이른바 악의 평범성이 제기하는 도전에 대처해야 한다.
        - 이것은 사유하지 않음, 무사유無思惟, 생각하기의 결여 nonthought 등도 코칭의 범주로 들어와야 한다. 이것은 악과 무책임한 방조로 귀결되는 태도의 출발이기 때문이다.

2. '아렌트는 우리가 마치 다른 어딘가에 있는 장미가 아니라 바로 우리 정원에 피어난 특정 장미를 아름답다고 판단하는 것과 같은 방식으로 도덕적이고 정치적인 현상들도 판단할 수 있다고 믿었다. (중략) 이런 문제들에 있어 우리의 판단은 자유롭다(서유경 역 『책임과 판단』 한나 아렌트, 2019. 편집자 제롬 콘의 서문 p.46).

논평 4-1. B

린다 페이지

우리는 '가치'를 '어떤 것things'처럼 말하지만, 가치는 목표, 목적, 도덕에 대한 우리의 **주관적인 선택**과 관련된 추상적이며, 사실상 우리가 중요하다고 생각하는 것, 옳고, 가치 있고 worthwhile, 의미 있다고 **생각**하는 것이다. 가치는 객관적인 검증verification에 열려있는 사실facts이 아니다. 오히려 우리가 그것을 **선택**한다. 우리는 행동에서 가치를 추론할 수 있지만, 가치는 우리가 취하는 실천[행위]the action과 일치하는 것은 아니며, 우리가 취하는 실천행동 역시 고수하려는 가치와 반드시 일치하는 것은 아니다. 우리가 선호하는 가치를 표현할 때 우리는 그 행동을 "윤리적"이라고 라벨을 붙인다. 여러 코칭 조직에서 요구하는 윤리적 기준Ethical standards은 코칭 전문직의 특성인 **가치**에 따라 행동을 규제하려는 시도이다.[22]

코치의 가치와 일치하지 않는 조직에서 코칭을 제안받는 딜레마는 자주 있는 일이다. 마틴의 상황은 오히려 우리가 모두 자신의 가치를 점검하고 코칭의 가치에 대해 생각할 기회를 제공한다.

'**크고 나쁜 늑대를 위해 일하기**'라는 제목은 동화 '빨간 모자Little Red Riding Hood를 쓴 아이' 비유를 활용한다. 늑대가 할머니로 가장하여 이야기의 어린 여주인공을 유혹해 잡아먹으려 한다는 이야기이다. 작은 빨간 모자와 할머니는 도끼로 늑대를 죽인 나무꾼에 의해 구조된다. 이 비유를 마틴의 상황에 적용해보자. 그는 많은 환경 스캔들에 직면해 있는 금광회사 고위 임원의 "성과를 높이기 위해" 코칭을 제안받았다. 이 회사를 '크고', '나쁜' 늑대 패거리wolf pack로 비유하면, 마틴을 패거리 리더의 코칭에 기용한 목적이 그들을 돕고 늑대 패거리 전체가 '더 크고' '나쁘게' 되도록 돕기 위한 것임을 시사한다. 즉 마틴이 가치로 주장하는 환경보호에 반대되는 성취를 위한 일이다.

마틴은 대립/직면적인confrontational 자신의 스타일이 코치이인 늑대들을 자극하여 그들의 "나쁜" 행동을 개선ameliorate하게 할 것이라는 희망으로 코칭 작업 수용을 합리화한다. 그러나 만약 그 무리가 크게 될 만큼 성공한다면, 리더들은 그들의 이전 행동을 자기 패거리의

◆ 필자: Linda J. Page: PhD. 캐나다 토론토 아들러 전문 대학원 설립 및 책임자. ipage@adler.ca
22) 개인과 조직의 가치보다 우선하는 것이 코칭 조직의 윤리적 기준이라는 입장이다. 개인과 조직의 가치 구현은 소속 코칭 조직의 윤리적 기준 범위 내에서 가능하다.

성공 기여 요인으로 보고 [오히려] 바꾸기를 꺼릴 것unwilling to이라는 점은 충분히 가정할 수 있다. 이런 행동 밑에 숨겨진 가치는 "단백질의 울부짖음" 또 "더 많은 할머니 맛taste, 나무꾼 추가 없음" 식의 마케팅 용어로 표현될 수 있다. 그들은 "늑대들의 건강과 웰빙을 위한 글로벌 리더십"과 같은 이상적인 사명 선언 뒤에 숨어 있을 수 있지만, 이는 단지 실천 중 실연enacted되는 것과는 다른 그저 [자신들의] 가치를 옹호하는espoused 짓일 뿐이다. 마틴은 할머니들 공급이 격감되지 않게 단백질 자원source을 찾도록 코치이들을 도전하게 해 무리들의 사명 선언이 지닌 '이상ideal'을 지렛대로 활용할 수 있기를 희망할지 모른다.[23]

그러나 기업 무리들에게 성공은 공개적인 선언이 무엇이든, 비록 그간의 활동이 결국 늑대들 자신들의 생존을 위협하는 돌이킬 수 없는 결과를 의미한다 해도 관심이 없다. 오직 단기적으로 더 많은 이익을 축적할 수 있다면 **모든** 이점을 활용해 경영하게 된다. 우리는 늑대 무리의 코치인 마틴이 팀 구성원들에게 무리의 나쁜 행동 – 또는 대중의 인식 – 을 개선하면서 동시에 이익을 보호하거나 심지어 증가시키는 방법을 고안하도록 도전하게 할 것이라고 상상할 수 있다.

예를 들어, 환경보호 운동 그룹에 거액을 기부(수익의 아주 적은 비율일지라도)할 수 있다. 아니면 무리의 행동이 환경에 부정적 영향을 미친다는 주장을 후원하는 과학에 의문을 제기하는 싱크 탱크에 자금을 지원한다. 또는 경제학자들에게 자금을 지원해 '할머니들'의 인구 과잉을 줄이는 것이 노인을 돌보는 부담을 덜어줄 수 있는 방법이라는 식의 책을 쓰게 하거나, 기껏해야 알파 늑대가 소셜 미디어에 나가 모든 책임을 지고 최근의 스캔들에 대해 진심으로 사과하게 할 수 있다.[24]

이런 식의 늑대 무리의 원로들에게 도전하는 좋은 코칭은 그들의 창의성을 자극하고 마틴이 정말로 그들을 보고 "크지는 않더라도 작은 변화로 달라졌다."라고 느끼게 만들 수 있다. 그렇지만 Q.그렇다고 할머니들이 과연 더 안전할까?

---

23) 현실에서 전혀 불가능한 것은 아니다. 오너 기업 개인의 가치와 성찰로 사회 공헌 활동을 적극적으로 나서는 경우, 또 최근 ESG 경영 전환을 요구하는 사업 환경은 변화와 사회 압력으로 높아지고 있다. 환경 오염, 자원 고갈에 대처하기 위한 기술 개발과 기업의 윤리적 대응, 행동 차원의 투자는 세계적 추세이다. 그러나 이것은 사회 운동 차원의 집단적 노력의 성과일 뿐 개별 기업이나 개인적인 수준의 행동과는 조금 다르다. ESG의 확산은 코치로서 '가치 기반 코칭'을 위한 사회심리적, 코칭 기획 차원의 대응 여건을 높인다.
24) 이런 대응은 '여론 관리', '소송 대응'을 위한 관리 차원의 기술적 도입으로 이루진다는 점에 본질이 있다. 시민사회라는 공론의 장에서 게임의 문제로 둔감하게 만들어버린다. 이런 시도는 장기적으로는 시민사회 존립 자체, 최근에는 기후 문제에서 보듯 지구의 위기, 지속 가능성의 위기로 전환되고 있음을 목격한다.

마틴의 딜레마는 다국적 무리와 코칭 계약으로 명성을 높이면서도, 물질적 보상에 맞서 환경보호를 옹호하는 자신이 지지하는 가치에 흠집pit이 남는 것이다. 물질적 보상이 승리한다고 해도 이는 놀랄 일은 아니다. 칼 마르크스는 궁극적으로 물질적 관심이 우세하다고 보았다. 우리는 물질 세계의 물질적 생명체creatures이다.[25]

마틴이 지적했듯이, 만약 그가 윤리적, 정치적 견해가 자신과 다른 잠재적인 코치이를 배제한다면 그의 유일한 고객은 거울 속에 비친 자신이 될 것이며, 이로 인해 그의 테이블에 고기를 올려놓지 못하는 결과가 될 것이다. 전문가로서 코치들은 우리에게 돈을 주는 사람들의 가치의 실연/재연enactment[26]을 돕기 위해 때로는 우리가 선택한 가치, 아젠다를 따로 제쳐두어야 한다. 이 사례의 경우 늑대의 옷을 입은 양이 될 수 있다.[27]

우리는 마틴의 코칭 참여 결과를 알지 못한다. 아마도 그는 무리에 대한 내면의 진실을 밝히기 위해 도끼를 들고 나무꾼 역할을 연기하면서 내부 고발자whistleblower가 되기로 결심한 코치이와 씨름하게 될지 모른다.[28] 그러나 많은 개혁자가 발견했듯이 마틴은 늑대의 본성을 바꾸기 어렵다는 사실을 발견할 가능성이 더 크다. 우리의 이윤추구 시스템profit-driven system은 근본적인 구조에 영향을 미치려는 "매우 소소한minuscule" 노력에 면역이 되어 있다는 점을 보여준다. 2008년 경기침체 등 세계적인 주요 사건도 여기에 해당한다. 그때만큼 개별 코칭 같은 제한된 활동이 지배적인 경제 시스템에 대대적인 변화를 가져올 수

---

25) 마르크스의 주장은 인간은 물질적 생명체이고 물질적 관심이 높아서 물질적 보상이 늘 모든 판단에 우선한다는 주장은 마르크스의 주장과 관련이 약하다. 마르크스에 따르면 생산 양식이라는 하부 구조에 근거해 상부 구조(의식, 이데올로기)가 조건 지워진다는 것이다. 자본주의적 생산 양식이 자본주의적 의식에 선행한다는 것이다.
26) enact를 실연하다로 enactment를 실연實演으로 번역하고, 코칭의 중요한 개념으로 확보해야 한다. 코칭 관계 안에서 코칭 대화는 코치이가 지닌 개인의 독특성과 가치가 실제로 재연하는 방식으로 실연된다. 이 과정에서 그 개인의 독특한 내면의 소리에 주목하게 된다. 객관적 사실들 사이에 있는 그만의 진심은 무엇이고, 또 '진실'이 무엇인가이다. 이 진실을 추구하는 **진실 역동**은 그의 삶을 전회轉回한다. 코치는 이 진실의 순간에 대한 목격자이며 증언자이다. 그러나 이것은 개별적인 차원이지 사회 제도, 체제, 시스템과는 다른 영역이다.
27) 모든 대화 치료talk cure의 기본 특징은 세션 안에서 실연enactment이 실현되고 이런 재경험이 이슈 해결을 위한 첫걸음이다. 이 과정에서 기존 자신의 행동-사고-의도-정서-트라우마 등을 다시 경험하고 자각 인식과 성찰을 한다. 이 사례의 경우 코치는 세션 안에서 함께 재경험하면서 환경보호에 대한 가치를 내려놓고 경청-공감-인정과 승인-격려의 태도에 서 있게 된다. 늑대였던 코치이 개인은 실은 양이라는 사실이 확인된다. "그들도 만나보니 정말 착한 사람이었고, 개인적으로는 성실한 사람이다." 환경 오염 방지를 위해 나름 최선을 다하는 사람이다. 그리고 이것은 진실에 가깝다. 이런 점에서 「논평 4-1. A」 한나 아렌트의 문제 제기가 가능하다.
28) 충분히 상정 가능한 현실이다. 일례로 내부 고발(의도나 결심)을 코칭 주제로 제기하는 경우다. 코치는 적어도 관련 상식과 이로 인해 초래될 상황에 대한 현실적 감각을 지녀야 한다.

있을지 최근 역사에서 일어나기 어렵다.[29] 아마도 마틴의 노력은 회사가 자신의 행동을 이끄는 근본적인 사업 모델을 변화시키지 않으면서, 가치를 더 설득력 있게convincingly 옹호하는 경우에 도움이 될 것이다.

만약 마틴이 코칭을 통해 기업이 더 윤리적으로 보일 수 있는 방법을 도출하는 데 성공하면 이는 자신의 가치를 배신하는 것이 된다. 만약 팀이 코칭 성과를 높이지 못하고 이익이 떨어지면 마틴은 코칭 과제에 실패한 것이다. 이것이야말로 정말로 딜레마다.

물론 은유metaphors는 객관적으로 검증 가능한가? 은유는 사실이 아니다not true. 금광 회사 임원들도 늑대가 아니다. 그렇지만 은유는 이런 상황에서 상상할 만한 또 다른 실제 상황real one 같은 의미를 전달해 준다. 의미에 대해 은유로 강조하면 은유를 가치의 영역realm에서 사고하게 한다. 은유의 유용성은 얼마나 '사실true'인가가 아니라 상상할 만한 상황이 실제 상황actual situation에 얼마나 잘 들어맞는지fit에 의해 측정된다. **크고 나쁜 늑대** 은유는 우리가 지지하고espoused 실연하는enacted 가치 사이의 차이를 이해하게 돕는 데 유용하다. 그러나 기업 임원들이 늑대가 아니라는 점에서 포식적인predatory 행동을 보일지라도 그것은 마틴의 딜레마와는 전혀 들어맞지 않는다.

오히려 전 세계의 코치와 기업 임원, 직원들과 고객 등 우리는 모두 차이점보다 유사점이 천 여배나 더 많은 [인간이라는] 같은 종種이다. 우리는 각자 자신이 선택하지 않는 상황circumstances에서 태어난다. 특권을 갖고 태어난 일부 사람들은 자기들이 다른 사람들보다 더 대우받아 마땅하다는 생각을 갖는다. 모든 사람은 어떤 차이가 있을지라도 모두 동등하게 가치 있다는 믿음과 "나 같은 종류my kind"만이 가치 있고 나머지는 없어도 되고 불필요하다는dispensable 믿음 사이에 갈등을 만들어낸다. 그렇지만 [코칭은] 고객의 관점을 존중하고, 그들의 이야기를 경청하고, 자신의 의미를 탐구하도록 격려하며, 그들의 강점을 인정하고, 변화할 수 있는 능력capacity을 믿고, 그들의 실천을 뒷받침하는 데 중점을 둔다. 일반적으로 코

---

29) 이런 주제가 코칭의 목표가 될 수 있는지 발상이 놀랍다. 코칭이 직접적으로 이를 목표로 할 수 있는가? 이런 점을 목표로 한 고객/코치이가 자신의 목표를 달성하는 데 지원받고자 코칭을 고용하는 경우/코치가 이를 수락하고 감당하는 경우에나 이런 코칭 상황과 목표를 상정할 수 있다고 생각한다.

코칭이 지향할 수 있는 궁극의 결과로, 코칭의 정신으로, 이런 목표 설정이 가능할 수 있다. 추상적이지만, 말하자면 '시대의 대안으로써 코칭'이다. 그러나 이런 주장은 슬로건일 뿐 아직은 구체적인 내용이 없다. 2008년 세계 경기 침체와 위기의 주요 원인은 행위자였던 글로벌 기업 임원의 비윤리적 행동과 윤리적 둔감함이 큰 이유였다고 볼 때 이런 기업 윤리에 대한 코칭은 충분히 예상할 수 있다. 영화 「빅 쇼트The Big Short(2015)」는 당시를 이해할 수 있는 영화이다.

칭은 모든 사람의 독특함uniqueness과 진가를 제대로 알아볼 수 있는 가치를 실연한다enact.[30]

다른 어떤 노력endeavor과 마찬가지로 마틴이 코칭하는 것을 비난하는 것은 불공평하다. [이 순간] 여기 지금here and now 말고는 다른 행동을 할 수 없다. 우리가 행동하기로 결정했을 그 시간에 직면한 상황 이외의 다른 상황을 만들고자 할 수는 없다. 그러나 우리는 우리가 지지하는 추상적인 가치와 고객과 작업하는 모든 시간에 우리가 실연하는 가치 사이의 차이를 얼버무리고 넘어가며 피할 수 있다. 그렇지만 가치가 충돌할 경우 "나는 어느 편인가?"라고 질문해야만 한다.[31]

지역 토착문화와 고대문화는 이와 비슷한 이야기를 들려준다. 우리는 각자 한쪽에 배고픈 늑대를 품고 있는데, 그들은 자신이 원하는 걸 얻기 위해 폭력적인 포식에 의존한다. 또한 각자의 필요를 충족하기 위해 협력collaboration에 의존하는 충성스러운 동반견loyal companion canine을 반대편에 두고 있다. 이 둘은 서로 지배dominance를 위해 투쟁한다. 어느 쪽이 이길 것인가? 결국 우리가 늑대와 동반견 중 누구에게 매일 먹이를 주고, 상호작용하는가에 달려 있다. 실제로도 편을 들 수 있을 만큼 가치 있는 쪽을 우리는 매 순간 선택한다.[32]

---

30) 코치는 이 과정에서 한 개인이 추구하는 진정한 진실에 주목한다. 고객이 특권적 가치를 가졌을지라도, 이것이 코치의 가치와 충돌한다 할지라도 코치의 본분으로 열거한 노력을 기울이며, 이같은 위치를 유지한다. 윤리에 근거한 계약 관계가 지닌 불가피함이다.
31) 세션 안에서 고객의 가치와 그만의 진실을 경청하며 코치는 가치 갈등과 충돌을 내적으로 경험한다. 이에 대해 코치가 고객이 말하는 당시, 그 순간 어떤 태도를 보일 것인가? 먼저 고객의 가치와 진실을 경청하고 조건 없이 수용하는 일련의 태도가 권장된다. 코치의 이런 태도는 그가 자신의 가치와 진실을 성찰하는 공간이 될 것이다. 가치 충돌에서 오는 코치의 내적 갈등은 수퍼비전 과제이다.

반면에 코치는 적절한 기회에 자신의 가치를 드러내고 고객과 대화해야 한다는 견해가 가능하다. 가치 기반 코치의 경우 이런 견해가 더욱 체계적일 수 있다. 또 가치 중립적인 '성찰 공간' 형성을 보장해야 할 것이다. 또 이를 위한 별도의 접근법이 마련되어야 한다. 「논평 4-1. A」의 내러티브 코칭, 프로트렙시스Protrepsis 접근, 실존주의 코칭 접근이 검토할 만하다.
32) 한나 아렌트는 이런 엄숙한 홀로코스트 상황과 폭력이 작동하는 순간 우리가 어떻게 살아야 하는가라는 근본적 물음을 던진다. 윤리-도덕적 숙고 이후, 위기적 현실과 상황에서 우리 삶을 어떻게 할지에 관한 질문을 던진다. 우리는 매 순간 자신의 가치를 확인하고 이를 선택하여야만 한다. 이런 순간(점點) 선택과 순간(점)의 변화율이 우리 생의 선線을 긋게 된다. 두 논평자는 이런 긴장으로 코치의 가치와 가치 구현을 논평하고 있다.

■ **토론 제안**

1. 논평자는 코칭 관계 안에서 코치이의 진실된 삶이 실연되어 드러날 것이며 코칭 관계 안에서 두 사람의 경험은 어떻게든 진실을 마주하게 된다는 점을 강조한다. 이 점에 대해 토론해보자.
2. 고객 개인이나 조직의 가치가 코치 개인과 소속된 코칭 조직의 윤리에 어긋나는 경우 어떻게 할 것인가?
3. 코칭은 아직도 비규제 산업이다. 소속 조직 없이 누구나 개인 활동으로 코치 활동의 가치를 판단할 수 있다. 현재 우리 사회에서 이로 인한 현실 사례가 있다면 의견을 나눠보자.

추가사례 4-A. 코치 쿤, 마피아 두목을 코칭할 수 있는가?

앤소니 소프라노(일명 토니)는 배가 나온 중년 남자로 뉴 저지에 기반을 둔 범죄 조직의 부두목이다. 배짱과 머리, 리더십도 있어서 부하들에게 인기가 높으나 가족들에겐 전혀 그렇지 못하다. 비열하고 뻔뻔하며 냉혹한 면이 있으며, 나쁜 짓도 직업상 불가피하다고 생각하고 양심의 가책을 받지 않는 프로페셔널이다. 직업상 스트레스가 너무 심해 일상에서도 가끔 분노 폭발이 장난 아니다. 어쩌다 공황발작으로 실신하기도 했다. 애인과 바람도 잘 피우고 한 번에 한 애인만 두지만 언제나 끝은 그다지 좋지 않다.

그는 정신과 의사 제니퍼 멀피에게 정기적인 치료를 받아왔다. 그녀는 토니를 선천적인 소시오패스라기보다는 인간관계에서 비롯된 지속적 스트레스와 마피아 생활에서 오는 고단함으로 사람들에게 환멸을 갖게 되었다고 본다. 멀피는 마피아를 환자로 둔 죄로 이런 저런 고생을 심하게 했다. 부담감에 못 견디어 한때 알콜 중독도 되고, 위험한 환자에 대한 집착으로 다른 정신과 의사의 치료나 코치에게 코칭을 받기도 했다. 나름대로 치료에 최선을 다해 3년 남짓 후 토니는 빠르게 안정되었고, 토니는 자기 사업의 영향력도 확대되고 직위도 안정되자 모든 것이 급격히 좋아졌다. 감정 관리도 정상 범주에 속해 일과 가정을 나름의 기준으로 잘 운영하게 되었다. 잠시 쉬는 동안 이런 경험을 다시 하고 싶지 않은 멀피는 평소 잘 알던 코치 쿤에게 토니를 부탁했다.

토니의 일은 사실 조직 원칙과 규율이 분명하긴 하지만 이제는 직접적 행동과는 거리가 멀다. 엄격한 원칙과 규율이라는 울타리 안에서 모든 일은 안정된 진행과 관리가 필요한 일이 되었다. 토니가 하는 일도 대부분 [1]기획 과정에서의 종합성과 현실적 판단, [2]꼭 필요한 시기에 해야 할 적절한 결정과 그 결정 순간을 감당해내기, [3]거액의 투자 결정, [4]성격과 특성이 다양한 부하들 역량에 따른 효과적 역량 [5]사업을 합법화하기 위한 전략적 구상 등 중요한 것들이다.

현재 토니는 변호사들이 중심이 된 로펌과 긴밀한 관계를 맺고 있으며, 코치 쿤 역시 같은 회사에서 긴밀하게 협력하고 있다. 쿤에게는 토니가 좋은 리더십 코칭의 종합적 내용을 지닌 고객이 아닐 수 없다. 계약의 주체가 로펌이 된다면, 회사 차원에서 법률적 자문과 지원 이외의 부분을 감당하는 쿤은 코칭으로 서비스를 제공할 수 있을 것이다. 쿤의 입장에서는 이 같은 코칭 관계는 문제될 것이 없다는 입장이다.

사실 코치 쿤은 멀피를 통해 알게 된 뉴욕 마피아 두목 폴의 이야기에 감명을 받았다. 그는 갑작스런 공포감에 공황발작을 일으키는 불안장애가 심했지만 정신분석가 벤의 도움으로 아버지 죽음에 대한 트라우마와 오이디프스 콤플렉스를 소화했다. 이후 그는 마피아를 탈퇴하고 교도소 복역을 선택했다. 마음의 자유를 얻자 새로운 삶을 살게 되었던 것이다.

또 코치 쿤은 그동안 토니를 감당해온 멀피의 노력을 누구보다 잘 알고 있다. 치료사도 인간이기에 토니 삶의 어지러움이나 범죄 속에서 그가 한 사람으로서 지닌 진실성을 감지하지 못했다면 그를 위해 함께할 수 있었겠는가? 누구나 완벽할 수 없는 법, 멀피 역시 비틀거리고 왔다 갔다 흔들리며 토니와 함께 해왔다. 이제 한 고비 넘긴 멀피가 자신에게 토니를 의뢰한 심정을 십분 이해한다.

1. 코치 쿤은 로펌의 하청으로 토니와의 코칭 관계를 맺으려 한다. 이에 대해 찬성하는가? 그렇다면 그 근거는 무엇인가? 반대한다면 또 그 이유는 무엇인가?
2. 사례에서 코치 쿤은 코치이가 어떤 사람인지 알고 있다. 그렇지만 치료사 멀피는 세션이 진행되고 나서야 토니가 마피아라는 사실을 알게 되었다. 그러나 두 사람 모두 '크고 나쁜 늑대'가 자신의 역할을 더 잘할 수 있게 되는 결과를 초래한다. 사례 논평자의 문제 제기에 근거해 검토해보자.

위 스토리는 미국 HBO 드라마 소프라노스sopranos 총 86부작, 영화 「애널라이즈 디스」(1999. 감독 해롤드 래미스)의 등장인물과 스토리를 합작하여 재구성한 것이다.

사례 4-2. 큰 도덕적 갈등

엘렌은 내부 트레이너 겸 인재 관리 전문가talent management specialist로 보험 회사에서 5년 넘게 근무했다. 그녀의 책임 가운데 하나는 내부 코치 활동이다. 인재 개발 프로그램을 담당하는 여러 주니어들과 함께 일해 왔으며, 몇 년 동안 시니어 역할을 맡을 준비를 해왔다. 그러나 2008년 금융 위기가 닥치자 조직은 일부 직원을 해고하기 시작했다. HR 책임자인 매니저는 엘렌에게 보고서를 요청했다. 그 대상에는 코치이가 포함되어 있다. 코치이가 다른 사람들과 어떤 기술에서 격차가 있고 불충분한 점이 있는지 보고하고, 평가 자료를 첨부하라는 것이다. 이는 엘렌에게 중대한 도덕적 갈등을 초래했다.

엘렌은 매니저에게 코치이를 해고할 만한 근거가 부족하다는 의견을 제시하고 결정을 미뤄달라고 요청했다. 또 코치이에게는 역량을 증명할 기회를 주고 싶어서, 특정 기간 동안 '목표에 대한 **집중적인**intensive 역량 개발 계획'을 제안했다.

엘렌은 매니저가 동의하긴 했지만 이미 결심을 굳혔고, 자신이 쓸 보고서는 코치이를 해고하는 데 활용될 것이라는 우려를 떨쳐버릴 수 없다. 정리해고의 주된 이유가 재정적인 것이기에 비록 무슨 일을 하더라도 그는 결국 해고될 가능성이 크다. 이 요청으로 여전히 마음이 편치 않았다.

성찰 질문
- 이와 유사한 상황으로 도덕적 갈등을 야기한 경험이 있는가?
- 당신이 엘렌의 입장이라면 어떻게 하겠는가?
- 그런 상황이라면 당신은 어떤 감정일까?
- 엘렌이 외부 코치였다면 상황이 달랐을 거라고 생각하는가?

엘렌은 보고서를 제출하더라도 자신은 기밀유지를 깨지 않을 것이고, 사전에 코치이와 논의되지 않은 어떤 것도 포함하지 않겠다고 결정했다. 그러면서도 그녀는 조직과 고용주에게도 역시 책임감을 느꼈다. 그들이 보고서를 어떻게 사용할지에 관계없이 보고서를 요청하는 것은 그들의 권리라고 믿었다. 특히 금융 위기인 현 상황에서 자신의 지위마저 위태롭게 하고 싶지 않았다.

엘렌은 이런 판단reasoning에 여전히 화가 나고 힘이 없다고powerless 느꼈고 이용당했다는 생각이 들었다. 그리고 이 상황에서 자신이 영향을 줄 수 있는 다른 방법은 없는지 여전히

궁금했다.[33]

성찰 질문
- 보고서를 제공하는 엘렌의 결정에 동의하는가?
- 이 상황에서 엘렌이 할 수 있는 일이 있다고 생각하는가?

■ **사례 사전 점검**

1. 이 같은 상황은 코칭 관계가 아니라도 조직에서 쉽게 경험할 수 있는 상황이다. 이는 코치를 윤리적 딜레마에 처하게 한다. 또 다른 비슷한 사례가 있다면 찾아보자.
    1) 이와 유사하게 윤리적 갈등이나 죄책감을 갖고 고객을 코칭한 경험이 있는가? 이 경우 코치는 어떤 접근을 할 수 있는가?
    2) 인증 사내 코치라면 이런 경우에 직면하여 수퍼비전 코칭을 요청할 수 있다. 당신이 수퍼바이저라면 어떻게 할 것인가?
2. 엘렌은 화, 힘 없는 느낌, 이용당한 기분이 든다. 코치라면 이 정서 그대로를 스스로 어떻게 다루어야 하는가? 만약 혼자 힘으로 이것이 청결하게 되지 않는다면 또 다른 방법은 무엇인가?

---

[33] 코칭 진행 중에 또는 코칭이 종료된 뒤에 고객을 해고하는 다른 장의 사례와 비교

논평 4-2. A

밥 가비

안타깝게도, 이런 사건은 모든 분야의 대규모 조직에서 흔히 일어나는 일이다. 그런데도 내가 보기에 이 사례는 많은 윤리적 질문을 제기한다.

엘렌의 상사는 HR 담당 책임자이다. 그는 이 역할 외에도 조직의 가치를 증명하고 보여주고 행동해야 할 책임이 있다. 안타깝게도 HR 담당 책임자는 첫 번째 단계에서 실패한다. 해고Lay-offs는 비용을 절감하기 위한 HR 전술tactic 가운데 하나이다. 당연히 이에 대한 다른 대안이 있을 수 있으나 이 전술의 적절성appropriateness에 대한 고려나 다른 대안에 대해 여기서는 거의 언급하지 않았다. 이 전술을 통상적인 기업 전술이자 규범으로 받아들이는 것 같다.

페퍼Pfeffer는 1998년의 책 『휴먼 이퀘이션The Human equation: 사람을 우선해서 수익을 창출하기』에서, 재정적 우려financial concerns로 인한 기본 대응에는 해고 이외의 다른 많은 대안을 사례로 제시한다.[34] 그렇지만 관대하게 생각해 HR 책임자가 이 점을 고려했다고 가정해 보자. 그가 "어떤 특정 기술에 격차가 있다거나 불충분함이 있다."는 증거를 제공받으려는 목적으로 엘렌과 가까운 동료에 대한 그녀의 정보를 명시적으로 활용한 보고서를 요청한다는 사실은 솔직히 터무니없고 비인간적이다. EU 법에 따르면 HR 이사 때문에 회사에 무제한으로 벌금unlimited fine을 부과받을 가능성이 있고, 회사는 매우 불공정한 관행grossly unfair practice에 대해 책임져야 할 일이다.[35] HR 책임자는 이 점을 알아야 한다. 내가 적법성legality이 도덕과 같다고 말하는 것은 아니지만, 법은 적어도 이런 부당함injustices을 다룰 가능성이 있다. 엘렌이 걱정하는 것은 매우 당연한 일이다.

◆ 필자: Bob Garvey: PhD. 리오 파트너십. 관리 파트너. r.garvey@easynet.co.uk

34) 인용한 저서에는 경제 위기 대처에서 '사람 중심 경영'이 실제 조직 성과로 이어진 개별 사례가 다양하게 제시되어 있다(2장). 기업에서 '가치 경영에서 사람 중심 경영으로'라는 주장이 화두가 된 지 오래 되어, 이제는 신선함이 덜하다. 그래도 코치들은 가치 경영-사람 중심 경영을 구체적으로 검토해 활용할 만하다. 물론 기업은 중요한 의사결정 시에 이런 방침에 근거해 개별 사례에 적용해 결정하기보다는 그 이상의 다른 근거를 갖고 조직에 유리하게 활용한다. 그런데도 코치는 기업의 사람 중심 경영 방식과 실제 경제적 성과 사이의 연관 관계에 대한 입증 자료를 축적하고 검토하는 노력이 요구된다.

35) 이런 활동이 법의 어떤 점에 저촉된 것인지 확인이 필요하다. (결과적으로) 해고로 활용하기 위해 불공정한 평가를 올리도록 명시적으로 명령을 내린 것 자체는 문제이다. 법은 해고 실행 후 절차의 정당성을 검증하는 것이 가능할 뿐 의사결정에 얼마나 저지 효과가 있을지는 사안에 따라 다르다. 우리나라의 경우 상대적으로 해고 절차가 엄격하다는 주장이 있지만 '경영상의 판단'이라는 근거가 명확하다면 현장에서 외부 코치가 특별히 고려하기는 어려운 일이다.

엘렌은 "증거가 불충분하다는 점"을 책임자에게 말하고, 코치이에게는 "**집중적**intensive" 개발 계획을 마련해야 한다고 제안하며, 책임감 있게 행동하려고 시도했다. 이는 좀 더 부드러운 접근이 될 수 있고, 공정한 결과를 만들 가능성이 있다. 그러나 "집중적"이라는 단어의 사용은 이 계획이 "동료를 실패로 설정하는 것"일 수 있음을 시사해 조금 걱정스럽다. 이를 "강력하게intense" 하려 들면, 코치이는 실제로 자신이 반드시 고쳐야만 하는 기술skill 문제나 개발해야 할 것이 있다고 추측할 수 있다!

또 이런 말을 들은 HR 책임자는 오히려 동료를 해고하려는 목표를 지지하는 "초록불"로 볼 가능성이 있다. 이런 점에서 엘렌은 불합리한 요구에 응하는 것으로 보일 수 있다. 반면 엘렌 역시 HR 책임자의 부적절한 권력 사용의 희생자라는 주장도 나올 수 있어 그만큼 그녀의 위치가 위태롭게 된다.

나는 "조직과 고용주에게 책임 의식을 갖고 보고서를 어떻게 사용할지 관계없이 보고서를 요구하는 것이 그들의 권리"라고 믿는 것은 너무 **지나친 준법 행위**라고 생각한다. 이 보고서는 논쟁의 여지없이 무능의 "증거"를 제공하는 수단이며, 공정성fairness을 지연하고 "끄덕임nod"[찬성]으로 간주할 수 있다. 당연히 그녀의 행동은 도덕적 비겁함cowardice으로 비칠 수 있다. 내가 엘렌이라면, 이 조직의 맥락/상황은 독성toxic이 있는 것으로 보기 때문에 다른 직업을 찾아야 될 수 있다. 재정적 압박financial pressures이 있더라도 우리는 윤리적 행동이 가능하다 – 정직과 성실성integrity은 가능하며 언제나 권장되어야 한다. 이 조직은 분명 다른 길을 선택했기 때문이다.

나는 중요한 책임이 HR 책임자에게 있다고 본다. 이런 행위는 코칭을 도입한 전체적인 근거에 의문을 제기한다. 사람들에게 코칭을 반대로 활용하는 사례이다. 많은 코칭 문헌은 조직적 맥락에서 코칭의 **자율적**autonomous이고 **해방적**emancipatory인 성격[36]을 강조한다. 이 사례는 이런 칭찬할 만한 개념을 찾기에는 많은 취약점frailty을 보여준다. 이 조직에서 코칭이란 단순히 (많은 HR 관행이 그렇듯이) 감시surveillance 도구가 되고, 또 다르게는 경영진이 한 입으로 두 말하는, 한쪽에 대해서는 입 다물고 다른 것은 대화하는 식forked tongue으로 활용하는 전형적 사례를 보여준다.

---

36) Hany, Shoukry. 세 편의 논문이 주목된다. (1) 『억압 환경에서의 코칭 프레임워크』(2016) Coaching for Emancipation: A framework for coaching in oppressive environments. Oxford Brookes University. Oxford, UK (2) 『사회변화를 위한 코칭』(2017) Coaching for Social Change (3) 『사회적 과정으로서의 코칭』(2018) Coaching as a social process. 등을 들 수 있다. 연구자는 30년간 이집트를 지배했던 무바라크를 몰아낸 2011년 이집트 시민 혁명의 경험을 성찰하며 코칭의 해방적 성격을 입론하고 있다.

■ **토론 제안**

1. 논평자는 독성적 문화를 지닌 조직이기에 사내 코치인 엘렌은 이런 조직에서 탈출해야 한다고 언급한다. 이 밖에도 논평자의 다른 의견에 대해 검토해보자.
   - 독성 조직에 대한 대처, 조직 문화 혁신, 조직과 구성원의 윤리적 수준 높이기 등은 적극적으로 코칭이 접근할 수 있는 주제 영역이다. 이에 대한 경험 사례, 코칭 비즈니스 개척 방향 등을 나눠보자.
2. 논평자가 언급한 코칭이 지닌 자율적이고 해방적 성격이 무엇인가 토론해본다면?
3. 일반적으로 코칭이 조직원에 대한 감시 도구로 활용될 수 있다면 이런 상황은 어떤 상황인가? 다양한 상황을 추론해보고, 코치로서 이에 대한 대처 방안은 무엇인지 토론한다.
4. HR에게 책임을 두는 논평자의 주장을 검토해보자.

논평 4-2. B

폴 스톡스

엘렌 상황은 조직 안에서 코칭 윤리에 대한 여러 문제를 제기한다. 이런 문제들에는 개인의 전문적 충실성loyalty은 물론 전문직 경계 사이의 긴장도 포함된다. 나는 윤리적 도식scheme[37]으로 '도덕적 갈등'을 중요하게 검토하는 것이 도움이 된다고 생각한다. 이런 시도는 더욱 심도 있게 이슈를 분석할 수 있고, 코치를 위한 실천 대안을 제안할 수 있다.

캐롤과 쇼(Carroll & Shaw, 2013)는 이 사례를 검토하고 몇 가지 잠정적인 결론을 도출할 수 있는 프레임을 제시했다.

1. 윤리적 민감성sensitivity

윤리적 민감성은 ①행동의 **영향**과 ②결과가 끼칠 **해악**harm, ③자기 **알아차림**을 말한다.[38] 첫 단계에서 엘렌은 자신의 실천이 코치이에게 잠재적인 해를 끼친다는 점을 매우 강하게 인식하고 있다. 반면에 그녀 자신의 **실천행동**과 **감정**에 대한 고려는 조금 분명하지 않다. 그녀는 '불편하다uncomfortable'고 언급하지만 이 불편함의 정확한 원인은 설명되지 않는다. 또 전혀 보이지 않고 존재하지 않는 것은 엘렌 자신의 재정적 이익self-interest이다.[39]

◆ 필자: Paul Stokes: PhD. 서필드 할람 대학 서필드 비즈니스 스쿨 경영 부문 주요 강사. 코칭 멘토링 연구 담당. p.k.stokes@shu.ac.uk

[37] 윤리적 도식/계획/방안ethical scheme은 윤리적 실천을 위한 중요한 과정이자 방법이다. **윤리적 성숙성**은 전문 실천 활동에서 감지할 수 있는 딜레마를 민감하게 파악하고, 윤리적으로 숙고하는 과정이자 능력을 말한다. 도식은 윤리적 딜레마 숙고 과정, 윤리적 오류 제기와 처리 과정 일체를 지칭한다. 논평자가 서술하는 잠정적 결론 도출을 위한 프로세스를 말한다.

[38] **윤리적 민감성**을 위해 논평자는 세 가지를 제시한다. 코치로서 자신의 일거수일투족一擧手一投足이 끼치는 '영향', 어떤 경우에도 결코 '해가 되지 말아야 한다Thou shalt no harm'(이는 히포크라테스 선서의 주요 내용이다)는 점, 이 과정에서 **자기 자신에 대한 알아차림**을 할 수 있어야 한다. 이와 반대로 **윤리적 둔감성**은 코치 전문직의 심각한 오류로 귀결된다. 예를들면 '자신에 대한 알아차림'은 윤리적 사안을 민감하게 알아차리는 것이 시작이다. 민감성 관련한 다양한 정의가 있을 수 있다. 이를 위한 특별한 훈련은 코치-되기, 코치-성숙의 중요한 내용이다. 또 민감한 윤리적 인식과 더불어 이에 대해 반응하는 자기 자신의 감정/정서와 사고방식, 가치, 한계 등에 대한 알아차림도 포함된다.

[39] 논평자는 당연히 코치의 재정적 유익, 코칭 비즈니스의 필요성과 절실성 역시 같이 다뤄야 한다는 것을 언급한다. 코치의 태도 결정에 영향을 미치는 중요한 요인으로 파악한다.

2. 윤리적 분별discernment

이것은 ①성찰(과정)과 ②정서적 알아차림, ③문제-해결 및 ④윤리적 의사 결정 **과정**과 관련이 있다. 엘렌의 첫 번째 본능instinct적 반응은 HR 책임자의 요청에 반대하거나 윤리적 딜레마를 표명하기보다는 그의 경영 담론managerial discourse과 결탁하여colluding, 요청에 대한 **선택**이다(Western, 2012). 웨스턴(Western, 2012, p.179)이 주장하듯이, 이런 경영 관점은 "**코치이의 개인적 정체성**에서 벗어나 대신 '사람이-갖고 있는-역할the person-in-role'에 초점을 맞춘 것이다."라고 지적한다.[40] **HR 책임자**는 왓슨Watson(2006)이 말하는 조직의 시스템 제어 프레임system-control framing 차원의 대응으로 엘렌이 자신과 결탁하도록 초대하고, 합리적 프로세스, 규칙, 시스템 관리방식governance을 활용하도록 강조하는 태도이다.

다만 HR 책임자의 요청으로 해고 결정은 이미 내려진 것이 분명하다. 엘렌이 요청받았다는 보고서는 그를 해고하기로 한 결정을 알리기 위해 코치이의 기술적 차이나 부족함을 탐색하기 위한 것이 아니다. 오히려 2008년 금융 위기의 맥락을 고려할 때, 그런 결정을 알려야만 하는 또 다른 아젠다가 있는 것이 분명하다. 제시된 바와 같이 만약 엘렌이 개인을 내보내야 한다는 것을 이해한다면, (a) 왜 그녀는 매니저에게 실행 결정을 미루라고 제안하면서, [동료에게] "목표를 향한 집중적인 역량 개발 계획"을 제안했는가? 더 중요한 점은 (b) 왜 HR 책임자가 그것에 동의하는가? 내 견해로는 엘렌과 HR 책임자 모두 이런 맥락에서 상당히 영향력을 잃고 무력감을 느꼈다disempowered는 판단이다. HR 책임자는 다른 이유로 어쨌든 그가 내릴 결정을 정당화하기 위한 보고서가 필요한 것 같고, 엘렌은 위에서 제시한 이유 때문에 비슷하게 강요받는constrained 느낌을 느낀다. 이 사례 전반에 걸쳐 문제가 되는 것은 엘렌이나 HR 책임자 모두 이런 윤리적 문제를 해결하기 위해 사용할 수 있는 **프레임**을 갖추지 못한 것으로 보인다.[41]

---

40) 코칭은 전통적으로 역할과 사람을 구별하고, 역할보다는 그 사람에 더 초점을 맞춘다.
41) 시스템 관점에서 볼 때 두 사람 모두 이런 상황을 윤리적 입장에서 검토할 프레임을 갖고 있지 않다는 시각이다. 또 2008년 금융 위기에 대해 전체적 시각이 필요할 수 있다는 점을 제기한다. 이는 두 사람 다 염두에 두지 못한 관점이다. 이 같은 상황/맥락에 대한 메타 인식을 강조한다. 코치 엘렌은 개인적으로는 코치로서 HR 책임자와 '깨끗한 대화clean clear full'가 필요하다. 수퍼비전 메타 모델도 참고할 만하다.(David Gray and Peter Jackson. 「Coaching supervision in the historical context of psychotherapeutic and counselling models: a meta-model」 『Coaching and Mentoring Supervision Theory and Practice』 Edited by Tatiana Bachkirova, Peter Jackson and David Clutterbuck Open University Press 2013. p.20. 참조)

3. 윤리적 구현implementation

이 과정은 사실상 윤리적 결정을 이행하는 데 "Q.무엇이 나를 방해하는가?/Q.무엇이 나를 지지하는가?"를 말한다. 엘렌은 자신의 "일이 뒤틀리는 것arm to be twisted"을 허용해 아지리스Argyris와 숀Schon(1996)이 말하는 **방어적인 일상**defensive routine을 실연enacting하고 있다고 생각된다. 방어적 일상은 조직 생활에서 우리를 당혹감이나 위협에서 보호하기 위해 사용하는 메커니즘/프로세스이다. 그들은 다른 대행자/기관agency, 즉 다른 사람/그룹 또는 IT 시스템/HR 프로세스와 같은 무생물로 책임을 돌리려고 노력한다. 그러나 이런 류의 방어적 일상이 실연되는 순간 중요한 점은 '내가 이런 일을 하고 있다'는 것을 스스로 인정하거나acknowledge/부인, 거부deny하지 않는 것이다.[42]

그대신 엘렌은 여기서 보듯 조직에 대한 자신의 책임으로 **규칙**이나 **합리성**을 언급함으로써 자신의 **행동을 정당화**하려고 한다는 점이다. 코칭 세계에서도 이런 일상적인 문제와 관련해 규칙과 합리성마저도 당황하거나 위협할 수 있기에, 긴장과 실수를 의식해 **침묵함**으로써 배움과 성찰을 스스로 막아 버린다는 것이다.[43]

이런 점이 엘렌이 보고서를 작성하기로 한 결정에 도달하기까지 자신의 성찰 과정을 완전히 인정하지acknowledge 못하게 방해한다. 조직 내에서 자신의 지위를 위태롭게 하고 싶지 않은 자기 보존self-preservation은 인정하면서도, 보고서 작성을 위한 합리적 주장을 중심에 놓고 동시에 자기 자신의 반응에 대한 성찰은 한쪽으로 밀어 둔다는 느낌이다.[44]

---

[42] 내가 하는 일이 아니라 '회사'가 하는 일이라 어쩔 수 없다는 태도를 자주 접한다. 이 순간 자신의 일은 회사라는 제3의 대행자가 시키는 일로 인식한다. 왜냐하면 내가 아는 '사장'은 그런 사람이 아니고 직원 한 사람 한 사람을 소중하게 여긴다, 상황상 어쩔 수 없다, 그렇기에 지금 상황 역시 나로서는 어쩔 수 없다는 태도이다. 이런 '방어적 일상은 조직과 조직 내 개인의 대응 방식으로 문제를 집단적으로 회피한다.

  논평자는 회사의 대행자로 자신은 벗어나서 (상황에) 임하기보다는 '직접적 행사자'라는 당사자 인식을 갖자는 제안이다. '직접적 접촉' 태도와 접근이 (상대에 대한) 진정한 공감과 (자신에 대한) 성찰이 가능하며, 더 윤리적인 태도이다. 반면 엘렌이 이런 태도를 취할 때 코치로서의 아픔/소진은 어떻게 해야 하는가?

[43] 조직 당사자들은 '다른 대행자/기관agency, 즉 다른 사람/그룹 또는 IT 시스템/HR 프로세스와 같은 무생물로 책임'을 돌리면서 자신의 책임이 아니라고 합리화하고/일상적으로 방어한다. 코치 역시도 불가피한 조직의 규칙이나 나름의 합리성이 있을 것으로 (짐작하며) 책임을 돌리는 정당화에 동조하거나 넘어가는 대화를 한다. (코칭 관계와 대화마저도 이렇게 진행될 경우) 양자 모두 성찰/배움과 거리가 있고 심지어 '생각하지 않음'(아렌트 참조)에 동조하는 모습이 된다.

[44] 방어적 일상을 살게 만드는 기관, 즉 무생물에게 책임을 전가해 놓고 보고서 쓰는 것을 (윤리적 검토) 중심에 두는 윤리적 숙고는 본질에 대한 성찰/직면을 외면하는 것이라는 논평자의 지적으로 이해된다.

4. 윤리적 대화

이것은 ①개인이 자기 결정을 방어하고, ②공개하고, ③원칙에 연결하는 방식을 의미한다. 엘렌은 이용당했다는 느낌과 어쩔 수 없는 무력함powerlessness을 보고한다. 그녀는 이 결정을 정당화하기 위해 자신과 씨름하는 것 같다. 아마 그녀는 이 문제와 사람들의 해고에 대해 결정권이 없기 때문일 것이다. 게다가 트레이너 및 인재 관리 전문가로서의 역할은 코치이들의 경력개발에 개인적 투자personal investment를 하고 있음을 암시한다. 이와 관련해 분명히 명시하고 있지 않지만, 그녀가 코치이와 조직 사이의 **심리적 계약**contract을 개발하는 데 중요한 역할/조율을 했을 가능성이 크다.[45]

또 코칭 공간에서는 코치이와 사실을 밝히고disclosure 친밀감intimacy으로 부추겼을 것으로 보인다. 엘렌은 코치이와 논의하지 않으면 자신의 보고서에는 아무것도 포함시키지 않을 것이라고 합리화하지만, 만약 코치이 보고서 내용들이 조직 축소 계획organizational downsizing initiative의 일부로 사용될 수 있다는 걸 알았다면 이를 코치이가 엘렌과 논의했겠는가? 나는 아닌 것 같다. 그녀가 HR 책임자와 코치이와 각각 계약에 관해 이런 수준의 대화를 한 것을 볼 때 엘렌은 그들을 도울 정도로 충분히 깊은 대화가 이루어지지는 않은 것 같다.

5. 윤리적 평화peace

이것은 ①윤리적 결정, ②지원 네트워크 활용, ③한계로 인한 위기crises of limits를 안고/감수하고 사는 것live with만 아니라, ④**과정**에서 배우고, ⑤**내려놓는 것**을 말한다. 엘렌이 내린 결정이 분명히 평화가 아니라는 것은 이 사례 분석에서 분명하다. 그녀는 자신이 무엇을 다르게 했는지 잘 모르며 단지 그 과정에서 불편하다는 점을 자신에게 묻고 있다. 그러나 엘렌이 조직 내 업무의 하나로 ⑥코칭 수퍼비전에 접근할 수 있었는지는 분명하지 않다. 보험

---

[45] 코치이와 조직 사이 계약의 **심리적 부분**은 무엇인가? 후술하는 6장에서는 **계약의 정신적/심리적 부분**을 다음과 같이 언급한다. 코칭 참여에 직접 관여하는 사람들이 개인적으로 말하지 못하는 무언의unspoken 요구와 각 이해관계자들이 가진 '신념'과 더 관련이 있는 내용이다. 이 부분에는 ①코치가 구조화하는 코칭 관계와 ②고객의 기대, 이와 관련해 맺는 ③둘 사이의 '약속promissory' 등이다. 논평자는 회사 HR과 이런 논의를 가능하게 하는 코치이와 조직 사이의 계약(심리적 부분)이 있다고 추론한다.

엘렌은 윤리적 검토를 위한 깨끗한 대화로 동료 수퍼비전, 일대일 수퍼비전에서 자기 가치에 근거한 내적인 성찰 대화(그 예시 가운데 하나가 논평 4-1. A 한나 아렌트의 제안이다)를 진행할 수 있다. 논평자는 이런 대화를 통해서만 제시된 내용과 같은 인식이 카메라 렌즈 안에(시각 지평) 새롭게 들어올 수 있다는 점을 제시하고 있다.

회사 내에서 파트타임 사내 코치internal coach이며 HR 역할의 일환으로 이 작업을 하는 것을 감안할 때, 그녀가 수퍼바이저와 접촉한다는 것은 희박해 보인다.

이 이슈를 수퍼비아저와 논의하는 것은 (a) 보고서를 작성하기로 결정하고 (b) 한 번 내린 결정에 따라 살아가도록 도와줬을지 모른다. 나는 특히 파트타임 사내 코치들이 어려운 윤리적 결정에 직면하여 고립된 느낌을 피하기 위해 어떤 종류든 지원받는 것이 중요하다고 생각한다. 그러나 또 다른 중요한 점은 그녀가 결정을 내렸기 때문에, 이를 견디기 위해 그녀의 **지원 네트워크**를 활용할 수 있다는 점이다. 나는 엘렌이 그녀가 해온 방식으로 보고서를 쓰기로 한 결정에 동의하지 않는다. 그렇지만 그것을 이해할 수 있다. ①자신의 **과정**에 대해 성찰reflexive하고 그녀의 ②결정 뒤에 있는 모든 **동기**를 인식하는 것은 윤리적 성장과 코치로서의 발전으로 이어질 가능성이 크다.

6. 품성character 개발과 윤리적 성장

이는 ①도덕 관련 자기 앎self-knowledge을 풍부하게 하고, ②윤리 이해를 확장한다. 이를 ③적용/조율하며, ④유능하게competent 활용하는 것이다. 이 사례의 모든 이슈와 충분히 접촉한 엘렌은 이제 이를 성찰하고 불편함의 근원을 인식할 수 있을 것이다. 이런 노력은 향후 뭔가 다른 일을 할 때 그의 잠재력을 높인다.

예를 들어, 향후 비슷한 요청을 받으면 고객과, 이 경우에는 HR 관리자와 윤리적 도전을 서로 **공유하는 선택**을 할 수 있다. 그녀는 코칭 관계에서 신뢰가 얼마나 중요한지 지적할 수 있으며, 보고서를 작성하는 것이 코치로 일하는 회사의 모든 직원에 대한 신뢰를 얼마나 위태롭게 할 수 있는지를 지적할 수 있다. 또 조직의 이익을 위해 장기적으로 적절한 일을 하고 싶은 자신의 딜레마를 HR 책임자와 공유할 수 있다.[46]

---

46) 반면에 코치의 윤리적 성숙함에서 오는 자신감이 있을 때 HR 책임자와 깨끗한 대화와 에너지 전환이 이뤄지는 대화의 장field을 형성할 수 있다. 더 높은 성숙성의 진전은 논평자가 제시한 윤리적 검토 프레임을 실천적으로 통과하는(그냥 읽고 생각하는 수준과 다르다) 여정을 경험하며 성찰을 쌓아가고, 이를 깊게 하는 수퍼비전 관계에 의해 획득된다.
　성찰과 성찰 대상과 관련해 몇 가지 모델 참고. (1) 성찰 단계에 대한 로저스 모델, (2) 성찰 양상에 대한 토버트 모델, (3) 성찰 양상에 대한 캐롤 모델 등이다. 『코칭·컨설팅 수퍼비전의 관계적 접근』 에릭 드 한 지음. 조선경, 김상복, 최병현 옮김. p.90.

끝맺음

코치로서, 코칭 관계에서 얻은 지식을 "조직의 이익을 위해" 활용하게 요청받는 일은 흔한 딜레마이다. 사내 코치에게만 특별한 것은 아니다 - 나는 이것을 직접 경험했고 실천 영역에서 다른 코치들을 수퍼비전해 왔다.

사내 코치는 경영적 역할, 리더십 역할을 같이 해야 하는 도전을 받는 경우가 많다. 이로 인해 코치 역할과는 다른 방향으로 끌려가게 된다. 엘렌의 사례에서 HR 책임자가 그녀에게 보고서를 작성하도록 요청하기 전까지는 그녀의 재능 관리 역할talent management role은 그녀의 코치 역할과 상당히 일치했다. 당연하게도 엘렌은 '조직'이 요구하는 일을 하기로 결심했지만, (a) 보고서를 어떻게 사용할지에 대해 HR 책임자에게 개입함으로써 그것이 주는 영향을 완화하려고 노력하고, (b) 자신의 윤리적 가치로 자신의 결정을 합리화하고 정당화하려고 한다.

불행히도 이는 그녀가 해야 한다고 생각한 것과 그녀의 존재로 인해 선택된 행동의 영향과 불협화음을 만들어 냈다.[47] 만약 그녀가 캐롤과 쇼(2013)의 프레임을 가졌다면 나는 그녀가 실천 전체를 다른 방식으로 접근했을지 모르고, 어쩌면 전혀 ①딜레마를 경험하지 않았을지 모른다고 생각한다. 이 하나가 ②처음부터 비밀유지와 역할에 관한 경계에서 코치이를 포함해 다양한 이해관계자들과 더 잘 계약하는 것이다. 또 엘렌은 논의에 참여하며 ③빠질 수 있는 잠재적인 **도덕적 함정**traps을 식별하는 데 도움이 되는 독립적인 코칭 수퍼비전과 같은 지원 서비스를 활용할 수 있다.[48]

수퍼비전은 그녀가 ①HR 책임자와 이 이슈를 논의하기 위한 어휘 목록vocabulary 개발에 도움을 줄 수 있고, ②그의 행동 조치에도 영향을 줄 수 있다. 또 ③그녀가 그런 대화의 결과를 어떻게 다룰지에 대해 더 명확한 경로를 규정하는 데 도움 받을 수 있었을 것이다.

예를 들어, 엘렌이 조직의 요구에 도움을 주기 위해 개인과 코칭 관계를 유지하는 동안, 다른 동료에게 독립적으로 코치이의 기술과 속성attributes에 대한 진정한 검토를 요청하는 것도 가능한 일이다. 반면 코치이가 조직에서 나올 경우에도 엘렌은 이를 긍정적으로 관리

---

47) 해야 한다는 doing과 being 존재(로 인해 선택한 행동)의 충돌이다.
48) 보험 회사에서 코치로 활동하는 엘렌에게 회사에서 제공하는 사내 수퍼비전은 한계가 있다. 그 수퍼비전 구조 역시 회사 사내 코치 체계의 일부이기 때문이다. 외부 독립된 수퍼비전은 엘렌 자신의 강화를 위해 더 독립적 논의가 가능하다는 의미로 이해된다.

하고, 새로운 기회를 찾도록 코치이를 지원하는 **윤리적 통합성**ethical integrity을 유지했을지도 모른다.[49]

내 생각에, 이 사례에서 얻은 가장 가치 있는 교훈은 비판적 성찰성critical reflexivity의 중요성, 즉 현재 실천 안에서 무슨 일이 일어나고 있는지 충분히 성찰할 수 있는 능력, 그 성찰에 근거하여 도전적인 맥락에 직면해 코치의 **가치와 일치**하는 전향적인 방법을 찾아내는 능력이다.

■ 토론 제안

1. 캐롤과 쇼(Carroll & Shaw, 2013)의 윤리적 접근 프로세스를 정확히 이해하고, 엘렌의 상황에 적용한 것을 숙지할 필요가 있다. 코치는 자기 나름대로 윤리적 실천을 성찰할 수 있는 프레임/프로세스를 갖고/개발하고 이를 적용하며 더 객관적이고 통합적인 접근을 할 수 있다.
단계마다 엘렌의 상황을 분석하고 피드백하고 있다. 이에 대한 검토가 필요하다.
2. 자신의 윤리적 실천 프레임으로 HR 책임자와 공감할 수 있는 언어 만들기, 코치이에 대한 제3의 동료 평가를 통해 윤리적 딜레마를 피하고 코치이의 자율성을 증진하는 방안에 대해 검토해보자.

---

[49] Q.여기서 엘렌이 도달해야 할 윤리적 통합성/일치성 내용은 무엇인가? 코치 활동 전체를 일정한 윤리적 도식scheme(논평자가 제시한 것과 같은)을 기준으로 철저히 검토하는 것이다. 이런 전체(경로)를 알고 한 걸음씩 상황과 맥락을 검토해 구체적인 방도를 찾는 경우 마주치는 딜레마 상황에 대한 방안 가운데 하나로, ①(결국) 자신을 위해 보고서를 쓰기로 결정하고, ②코치이와 HR과는 상황/맥락을 쪼개서 각각 대응하며 ③윤리적 검토로 안내하고, ④코치이하고도 별도의 길을 모색하는 것이다. 물론 이런 작업이 사태의 본질은 전혀 수정하지 못하는, 발전되지 못한 상태의 실천이 된다 할지라도 의미 있다. 매 순간 침로針路를 찾아가는 것, 이런 발걸음은 인식과 실천의 피상성, 코치 삶의 피상성皮相性을 피해 갈 수 있다.

결론

코칭이 컴퓨터 기반 프로그램을 통해 제공된다면 컴퓨터-코치 사이에는 어떤 '관계' 이슈가 발생할 수 있을까? 오늘날 가치-관련 도전 과제가 대두되는 것은 아마도 근본적으로 코칭이 사람-기반 개입이기 때문일 것이다. 그렇지만 어떻게 보면 우리는 이런 가치 기반 도전 과제에서 일어나는 불안정한unsettling 상황에 스스로 만족하고 있을지 모른다. "나는 의심한다. 고로 나는 (좋은 코치로) 존재한다.I doubt, therefore, I am [a good coach]."라고 말이다.

코칭에서 중립성neutrality이 중요하다는 점이 여러 차례 언급되어 왔으나 사실 **실천**practice에서 막상 가치의 역할은 오히려 **과소평가**된다. 무엇보다 가치는 '뜻밖에도' 훈련이 끝나지 않은 코치들에게는 가이드 역할을 한다. 그러나 이후 막상 **활동**activity 중에는 '눈이 멀거나 바보'가 된 듯 거리를 둔다. 반면에 **개입**intervention에서 코치들은 **가치-판단적**value-laden 선택을 한다(Fatien Diochon & Nizet, 2012).[50] 코치는 주저하지 않고 입장을 취하게 되고, 감시surveillance를 실천하거나, 이익만을 제공하거나, 환경을 무시하거나, 심지어 목적을 위한 군사적 마무리military ends를 위해 일한다.[51] 이런 점들은 연구 전문가들에 의해 철저히 논의되었다. 여기서는 전문가들이 지적한 두 가지 근거와 이슈만을 강조한다.

첫째, 전문가들은 자신의 논평을 통해, 가치 갈등value conflicts이 개인, 팀, 조직, 산업, 사회 수준 등 다양한 수준에서 그리고 그 사이in-between에서 나타난다고 강조한다. **코치의 개인적 가치**는 조직의 가치와 충돌할 수 있으며, 코치이의 가치는 팀의 가치, 기타 등등과 상충할 수 있다.[52]

---

50) 매우 뼈 아픈 지적이다. 코치의 [가치] 중립성neutrality은 자주 이야기되고 동의된다. 그러나 이를 위한 철저한 이론적 수준에서 규명하거나 이해하지 못한 채 당연한 듯 받아들인다. 이것이 의미하는 바가 무엇이고, 어떻게 실천해야 하는가를 이해하기understanding를 넘어 자기 것으로 경험하는 과정이 필요하다. 경험적으로 소화하는 과정은 '구현을 경험하는 것experience embodiment'과 '경험을 구현하는 것embodiment experience'을 교차하는 여정에서 습득된다. 훈련 과정에서 개념적으로 이해하고, 사례나 상황, 내러티브를 살펴보고 이를 개인적으로 소화해 자기 경험으로 구술하는 과정, 즉 자기 경험으로 이야기하기를 거쳐야 한다. 논평자는 코치의 중립성을 이해하고, **코치-활동**(코칭 보급 활동, 코치 간 교류 활동, 코칭 비즈니스 활동 등)에서는 이를 유지하나, 정작 고객과의 코칭 세션에서 **코칭-개입**에서는 오히려 가치-판단적인 태도에 빠진다고 지적하고 하고 있다.

51) ①코칭이 [누군가를 위한] 감시를 실천하거나 ②오직 [특정한] 이익만을 제공하거나 ③환경을 무시하거나 ④목적에 집중하는 군사적 태도를 견지하는 경우가 어떻게 가치-판단적인 활동으로 귀결되는지 살펴볼 필요가 있다. 이는 코치 중립성의 원칙을 일반적 견지에서 구체화로, 절대적에서 상대적으로, 두 방향의 스펙트럼과 이의 교차를 통해 사례별로 규명해야 할 것이다. 이러한 성찰의 세례를 행하지 않고는 가치 판단에서 벗어나기 힘들다.

52) 이런 가치 갈등/충돌의 복잡성과 복합성은 뒤엉켜 있고 상황에 따라 다양하게 영향받는다/정동된다affect. 적어도 코칭-개입의 미시적 진동에 코치는 섬세한 대응이 요구된다. 느림slowness, 마음챙김만으로는 충분하지 않다.

둘째, 가치는 지원 메커니즘(서론의 '대처 메커니즘')으로 긍정적으로 묘사되지만, 오히려 **시야를 좁게 하는 장벽과 필터**로도 작용할 수 있다. 겉으로 보이는 선함goodness의 베일 아래에서, 가치 시스템은 코치에 의해 외부에서 부여된 **통제 장치**controlling devices 역할을 할 수 있다.[53]

따라서 연구 전문가들은 강령code의 지원, 도덕적 프레임, 수퍼바이저 같은 외부의 도덕적 점검consultation을 권장한다. 그들은 또한 반사성reflectivity을[54] 넘어 자기 성찰성self-reflexivity과 비판적 성찰성critical reflexivity의 중요성을 강조한다.

반사성reflectivity은 기본적으로 거울 활동mirror activity을 말한다. 즉 무엇이 달성되었고, 어떻게/얼마나 달성되었는지를 되돌아보게 한다. 반면 **성찰성**reflexivity은 자신의 가정/전제에 대한 도전과 관련이 있다. 그것은 "우리와 다른 사람들이 당연히 받아들이고 있는 것, 말하고 있고what is being said 말하지 않는 것에 의문을 제기하고, 이것이 초래할 수 있는 영향을 검토하는 것examining"을 말한다(Cunliffe, 2016, p.741). 그리고 **자기 성찰성**은 자기 반성self-examination(자신의 신념과 가치, 타인과의 관계의 본질에 대한 자기와의 대화에 참여)을 목표로 한다. 반면에 **비판적 성찰성**은 조직의 실천/관행, 정책, 사회 구조, 지식 기반에 초점을 맞추는 것이다(Cunliffe, 2016).

예를 들어, 코칭에서 **자기 성찰성**은 이슈와 자신과의 관계를 검토하고, 자기 해석에 영향을 주거나 방해할 수 있는 이야기들과 그 사이에서 일어나는 공명resonance을 확인하는 것이다. **비판적 성찰성**은 조직에서 코칭 활용을 지속하게 하는 담론, 코칭이 말하는 이데올로기와 이론적 가정, 통제control와 규율discipline 등을 새롭게 실천하기 위해 코칭의 역할을 (논평에서 강조했듯이) 검토하는 것을 말한다(Nielsen & Nørreklit, 2009). 이러한 알아차림이 높아지면, 코치들은 한나 아렌트가 제기한 자유의 핵심적 차원인 행동 돌입 여부에 대해 우리가 말하는 전문성에 따라 결정할 수 있다.

---

53) 이런 위험은 언제나 존재한다. 개인의 비판적 성찰과 수퍼비전이 이를 방지한다. 논평자는 코치의 다양한 성찰을 구별하여 잘 설명하고 있다.

54) reflectivity 반사성, reflexivity 성찰성으로 번역한다.
　　성찰성reflexivity은 지식과 사회의 관계, 연구자와 연구 주제 관계에 대한 특징화로, 사회적 행위자 그 자신 및 그가 처한 사회적 맥락에 대한 지속적 성찰reflection에 초점을 맞춘다. 개인적 성찰성은 능동적 인간 행위가 인간이 어떻게 행동할 것이냐 또는 어떻게 행동해야 한다는 자연과학자들의 예측에 혼란을 초래할 수 있음을 의미하고, 이른바 '사회' 역시 개인과 분리된 고정되고 객관적인 실체라기보다 지속적인 사회적 구성물임을 보여준다. 『사회학의 핵심 개념들』 앤서니 기든스, 필립 W. 서튼 지음. 김봉석 옮김. 동녘. p.87

추가사례 4-B. 코치 케빈, 윤리적 갈등을 하는 사장의 방문을 받았다.

코치 케빈은 언제나 코칭 회기가 불규칙했던 CEO에게서 이른 아침 급하게 코칭 세션을 청하는 전화를 받았다. 시간을 잡기 어려웠던 두 사람은 당일 점심시간에 간단한 식사를 하며 코칭 대화를 하기로 했다.

그는 1년 전에 스카웃한 선임 연구원이 주축이 되어 진행한 연구 프로젝트를 검토하며 어떤 중요한 결정을 해야 했다. 회사 연구 프로젝트 팀 차원에서 진행한 새로운 도전은 환경법과 정부의 물질 관련 안전 규정 준수를 기본으로 한다. 그렇지만 이번 신제품의 경우 아직 환경부 승인이 안 된 물질을 사용한 제품이다. 이 물질은 해외에서는 이미 안전함이 충분히 밝혀졌으며, 국내에서도 3개월 내에 승인 리스트에 오를 것은 분명했다. 그러나 이런 일이라는 것이 언제나 예측대로 되지 않는다. 이 물질을 사용해야만 제품 수준이 완성되고 경쟁력을 확보할 수 있다. 물론 현행 규정에 의하면 공식 승인 전에 이 물질을 사용해서는 안 된다. 승인받기를 기다린다면 OO시 공장의 반은 가동을 중단해야 하며 임시직까지 포함해 3백 명을 손 놓게 해야 한다. 솔직히 이는 상당한 비용(희생)이며 피하고 싶다. 임시직은 몰라도 무리하게 해고를 추진할 수 있으나 그리 쉽지 않은 일이다, 관련 하청 업체까지 감안한다면 영향이 매우 크다.

이 상황은 보는 이에 따라서는 해고를 불사하지 않으면 회사는 생존 자체를 위협받게 된다. 남들은 이해할 수 없는 일이지만 자금 흐름이 여러 지점에서 적신호가 왔고, 최근 한 달 동안 백방으로 노력해온 일이다. 물론 정규직 50여 명만 구제하는 방안도 있다. 몇 년 전만 해도 그렇게 했을 것이다. 그러나 언제부터인가 모든 일에 신중해진 자신을 발견했다. 이번에는 코치와 솔직히 대화해야겠다는 판단이다. ①법규를 준수해야 하는 점은 당연하다 그렇다면 손해가 막심하고, 한 번 흔들린 재정 위기는 파동이 심할 것이 분명하다. 이에 더해 ②공장 운영 수준을 유지하고, 일자리를 유지해야 할 것인가? 문제는 이런 파동은 더 커질 것이다. 물론 ③조금 불편하지만 공장 운영 축소, 일자리 감소를 단행할 것인가? 특히 환경부 승인 절차가 늘어질 위험도 있지 않은가? ④오너인 내가 거리를 두고 있으면 충성심이 높은 부사장이 총대를 맬 것이다. 두 눈 감고 미리 생산하고 창고에 적재해 두고 출하를 조정하며 조절할 것이다…. 그러나 과연 그렇게 해야 하는가?

경영 위기를 줄타기하는 오너 CEO는 회사 경영 후 복잡한 딜레마와 위기를 높은 스트레스로 마주하고 있다. 하락을 반전해야 하는 그에게는 작은 무게를 덜어내는 것도 매우 중요하다. 몇 달 안에 승인이 예상되더라도 하루가 급한 것이 사실이다. 모든 법과 규정을 모두 지키며 경영하기는 쉽지 않다. 생각할 수 있는 모든 경우를 고민해온 그는 코치와 (비연속 단일회기 중) 코칭을 통해 마지막 결정을 앞두고 가벼운 마음으로 코치를 만났다. 코치 케빈은 어떻게 해야 하는가?

1. 이 사례를 캐롤과 쇼의 윤리적 프레임으로 검토해 보자.
2. 코치가 이 사례를 세션에서 다루며 접근해야 할 질문 프로세스를 설계해보자.

이 사례는 자료를 근거로 논의를 위해 구성한 것이다.

참고자료

Arendt, H. (2003). *Responsibility and judgment*. NewYork, NY: Schocken Books. 한나 아렌트 『책임과 판단』 서유경 옮김. 필로소픽. 2019.

Arendt, H. (2006). *Eichmann in Jerusalem*. New York, NY: Penguin Books. 한나 아렌트 『예루살렘의 아이히만』 김선욱 옮김. 한길사. 2006.

Argyris, C., & Schon, D. (1996). *Organisational learning II: Theory, method and practice*. New York, NY: Addison-Wesley. 참조: 「숙달된 무능함을 극복하라」 『효과적 커뮤니케이션』 심영우 옮김. 21세기북스. 참조: 「똑똑한 사람들에게 학습하는 방법 가르치기」 『인적자원관리』 정욱, 강혜영 옮김. 매일경제

Boje, D. M. (2008). Story Ethics. In D. M. Boje (Ed.), *Critical theory ethics for business and public administration* (pp. 97-117).London: Sage Publications.

Carroll, M., & Shaw, E. (2013). *Ethical maturity in the helping professions: Making difficult life and work decisions*. London: Jessica Kingsley. 참조: 「조직상담의 윤리적 쟁점」 『기업, 조직상담 핸드북』 이상희 옮김. 학지사. 2019.

Cunliffe, A. L. (2016). On becoming a critically reflexive practitioner redux: What does it mean to be reflexive? *Journal of Management Education, 406*, 740-746.

Corey, G., Corey, M.,Corey, C., & Callanan, P. (2015). *Issues and ethics in the helping professions* (9th ed.). Belmont, CA: Brooks/Cole, Cengage Learning. 『상담 및 심리치료 윤리』 서경현 정선진 옮김. 박영사. 2014

Edwards, R. (2008). Actively seeking subjects. In A. Fejes & K. Nicoll (Eds.), *Foucaultand lifelong learning: Governing the subject* (pp. 21-33) 수록. London: Routledge.

Fatien Diochon, P., & Nizet, J. (2012). Les coachs, ni muets ni inactifs face à la dimension critique de leur travail! *Management & Avenir, 53*(3), 162—182. (영)Fatien Diochon, P., & Nizet, J. (2012). The coaches, neither silent nor inactive in the face of the critical dimension of their work! *Management & Avenir, 53* (3), 162—182.

Foucault, M. (1988). Technologies of the self. In R. Martin, H. Gutman, & P. H. Hutton (Eds.), *Technologies of the self: A seminar with Michel Foucault* (pp. 16—49). Amherst, MA: University of Massachusetts Press. 『자기의 테크놀로지』 이희원 옮김. 동문선 1997. 참고: 『주체의 해석학』 심세광 옮김. 동문선. 1997

Foucault, M. (1997). The ethics of the concern of the self as a practice of freedom. In P. Rabinow (Ed.), *Ethics: Subjectivity and truth*. London: Allen Lane.

Hede,T.A. (2010). *Coaching: Samtalekunst eller ledelsesdisciplin (Coaching: An art of conversation or a discipline of leadership)*. Kobenhavn: Samfundslitteratur.

Jørgensen,K. M., & Boje, D. M. (2010). Resituating narrative and story in business ethics. *Business Ethics: A European Review, 19*(3), 251—262.

Kirkeby, O. F. (2008). *Protreptik: Filosofsk coaching i ledelse (Protrepsis: Philosophical coaching in leadership)*. København: Samfundslitteratur. 참고: The New Protreptic; The Concept and the art.(2009) Copenhagen Business School. 참고: The Virtue of Leadership. (2008) Copenhagen Business School.

Mitchell, D. (1993). When the values of clients and counsellors clash: Some conceptual and ethical propositions. *Canadian Journal of Counselling, 27*(3), 203-211.

Nielsen, A. E., & Nørreklit, H. (2009). A discourse analysis of the disciplinary power of management coaching. *Society and Business Review, 4*(3), 202-214.

Pfeffer,J.(1998). *The human equation: Building profits by putting people first*. Boston, MA: Harvard Business School Press. 『휴먼 이퀘이션:신자유주의 경영방식에 대한 반론과 대안』 윤세준. 박상언 옮김. 지샘. 2001. 참고: 『파워-리더십 위기를 타개하고 기업을 혁신하는 가장 강력한 에너지』 안세민 옮김. 시크릿하우스. 2020.

Townley, B. (1995). Know thyself': Self-awareness, self-formation and managing. *Organization, 2*(2),271-289.

Watson, T. (2006). *Organising and managing work* (2nd ed.). London: Pearson.

Western, S. (2012). *Coaching & mentoring: Acritical text*. London: Sage Publications.

제5장
코칭에서 문화적 이슈

도입

점차 증가하는 글로벌 환경을 고려할 때, **문화-관련 이슈**[1]는 경영 활동과 비즈니스 관계에서 중요한 역할을 한다. 구체적인 코칭 상황/맥락에서 문화-관련 이슈는 ①의사소통의 어려움, ②복잡한complicated 코치-고객 관계, ③코칭 관계의 구조화setting에서 제기되는 기대의 차이, ④코치 역할에 대한 오해 등이 발생하지만 반드시 이런 요인에만 국한되지 않는다(Milner, Ostmeicr, & Franke, 2013).

더구나, 임원코칭이 서구의 사고, 비즈니스 관행, 문화적 특성에 뿌리를 둔 개념이 지배적이기에predominately(Lam, 2016) 흥미로운 도전을 던져 준다. 이를테면 서양의 코칭 접근법은 "자원을 지닌resourceful, 자기 주도적self-directive 개인"(Shoukry, 2016)을 높이 추켜세우지만celebrate, 이는 비서구 문화와는 관련이 덜 하다. 코칭이 세계적으로 인기와 입지/존재감presence을 얻고 있지만, 서양에서 영감을 받은Western-inspired 코칭 개념과 관행이 다른 세계

---

[1] 코칭에서 문화-관련 이슈는 우리 사회에서 이미 일반화되었다. 코칭의 미래를 위해 우리 사회 내의 각종 문화적 이슈 현황을 파악하고 코칭 대응에 대한 준비가 필요하다. 현재는 코칭 현장이 협소하고 실제 삶의 현장과 호흡이 이뤄지지 못해 코칭 안에 중요한 이슈로 부각되지 못하는 실정이다.

에서 보편적으로 적용 가능한지(Nanga- lia & Nangalia, 2010) 당연히 의문을 가질 만하다.[2] 또 코칭 산업 전체 수준과 달리 코치의 개별적인 실천 수준에서 요구되는 나름의 고려 사항이 있을 수 있다.[3]

5장에서는 사례 두 가지로 코칭의 문화적 이슈를 다룬다. **칼리메라!**Kalimera!에서는 그리스에 본사를 둔 회사의 CFO가 영국 코치인 그렉Greg과 직접 계약을 맺었다. 그렉은 그리스 출신이라 CFO에게 선택되었다. 그렇지만 그는 그리스에 살았던 적이 없으며 그리스 문화에 관해 거의 알지 못한다. 코칭을 시작하며 그는 자신이 준비하지 못한 문화적 차이에 직면했고, 대처하는 법을 배워야 했다.

문화적 장벽 깨기 Breaking the cultural barriers에서, 로라Laura는 조직 내 문화적 장벽을 조정하고 극복하기 위해 비영리 단체에 고용되어 주로 이민자immigrants인 저임금 노동자를 코칭하게 된다. 로라의 코치이 가운데 필리핀 출신의 안젤라Angela는 지역 병원의 식당 요리실에서 일한다. 그녀는 미국에서 더 좋고 안정적인 직업을 얻고 문화적, 언어적 장벽을 극복하기 위해 로라의 지원이 필요했다.

---

[2] Q.이런 주장에 동의하는가? 현대 코칭은 1968년을 정점으로 하는 60년대 전반에 걸친 전 세계적인 사회 격변기(68혁명/문화혁명, 베트남 전쟁 반대 운동, 반 스탈린 운동, 제3세계 민족 해방 운동)를 배경에 두고, 또 다른 독자적 흐름인 '인간의 가능성 확대와 잠재력 회복 운동'에 기반을 둔 문화운동을 배경으로 북미, 유럽, 남미로 확산하였다. 이후 코칭이라는 독립된 서비스 형태로 비즈니스, 스포츠 분야와 접목되는 가운데, 1990년대 세계 주요 도시의 대기업에서 **거의 동시에 출현**한다. 각 문화권의 대도시를 중심으로 코칭이 확산하고 호응하는 부분은 이런 흐름에 동조하는 각 문화권의 선진 기업 리더들이다. 또 각 문화권 기업에 수용되면서 ①코칭이 출현하는 과정에서 문화적 차이가 사전에 고려되었으며(내부적으로 소화하며 보편적 부분을 중심으로 적용해 왔으며) ②각 문화권의 발전 내용을 수용하는 융복합적 발전 과정을 밟으며 내용에서 공통성을 형성해 왔다(이상 『코칭의 역사』 비키블럭 저. 김경회 외 옮김. 코칭북스. 2015. 6장, 7장 참조. The state and future of coaching supervision. J. Thomas Tkach & Joel A, DiGirolamo. International Coaching Psyhology Review. Vol. 12. No. 1 March, 2017)

이런 점에서 ③코칭은 동서양의 지혜와 여러 종교의 가르침을 수용하는 문화적 보편성과 지역 특수성이 결합된 구성이고, 유연성이라는 내적 특성을 갖고 발전해왔다. 또 성립 과정에서 문화적 이슈를 포함/해결해왔다. 이런 다양성 보장과 함께 통일성을 위해 코칭 조직들은 코칭에 대한 정의와 (일대일 코칭을 위한) '코칭 핵심 역량'이라는 **최소한의 공통 기준**이 필요하게 된다. 코칭 분야의 독특한 대안이다(상담, 심리치료 등에 '핵심 역량'이란 것은 없다).

[3] 전체 산업 수준에서의 코칭과 개별 코칭 수준의 코칭 관계(고객 조직 또는 코칭 대상자와)는 당연히 실천 수준에 차이가 있다. 일대일 코칭 관계에서 코칭 산업 수준이라는 것은 중요한 외적 영향의 한 가지이다. 일대일 코칭 관계에서 이런 외적 환경에 대처하는 코칭-관계 관리가 필요하며, 이를 위한 코치 개인의 수용력capacity이 중요하다. 그렇지만 일대일 수준에서 문화적 요인이 어떻게 미세하게 드러나고 이를 다뤄야 하는가에 대한 관심이 이 장의 주요 내용이다.

■ **사전 점검**

1. 코칭에서 '문화' 관련 쟁점은 우리 현실과는 거리가 있다고 생각할 수 있다. 코칭 확산을 위해, 점차 변화하는 우리 사회 현실에 코칭이 좀 더 다가가야 한다는 점에서 이 주제를 탐구해볼 필요가 있다.
   - 다문화 사회가 된 지 오래이며, 이제 2세대, 3세대가 출현하고 있다. 빈부 격차에서 오는 불평등, 공정 이슈와 달리 인종적 차이, 외모, 원가족에서 오는 문화적 차이 등으로 고통받는 고객을 현장에서 접할 수 있으며, 이런 요소들이 한 개인이나 코칭 관계에서는 혼합되어 있다.
   - 이와 관련한 코칭 경험을 정리해보자.
2. 세대 간 문화적 차이가 두드러진 지 이미 오래 되었다. 세대 간 갈등인가 문화적 차이인가? 코칭에서는 이를 어떻게 수용하고 대처해야 하는가?

사례 5-1. 칼리메라!

그렉은 새로운 코칭 과제assignment에 기분이 매우 좋았다. 그리스에 본사를 둔 다국적 조직의 CFO인 이오아니스Ioannis를 코칭할 예정이다. CFO는 그렉에게 직접 연락하여 자신의 전문성 개발을 위한 코칭을 요청했다. 그렉이 유명하고 좋은 코칭 회사의 일원이기에 선택한다고 언급했다. 그렉은 영국에서 태어나 평생 그곳에서만 살았다. 그리스어를 전혀 하지 못했고, 그리스 문화에 대해서도 거의 아는 게 없었다. 단지 몇 번 그곳에 휴가를 갔을 뿐이다. 그는 이오아니스와 라포를 잘 맺고 싶었기에 이 점을 미리 설명했다.

그렉은 해외 고객과 코칭은 처음이다. 그렇지만 이 점이 영국에서 그가 맡은 다른 코칭 과제와 그렇게 크게 다를 것이라고 예상하지 못했다. 그는 언제나 자기 스타일을 고객에게 맞게 조정하려고 노력했으며, 문화적 차이로 어떤 일이 생겨도 마찬가지일 것으로 생각했다.[4] 이런 태도를 보였지만 그렉은 자신이 직면하게 된 이슈에 대해 아직 준비되지 못했다.

성찰 질문

- 코치와 코치이가 같은 나라 출신이거나, 같은 문화를 지니면 도움이 된다고 보는가? 이유는 무엇인가? 도움이 되지 않는다면 이유는 무엇인가?
- 코칭 접근과 실천을 수정하여 다른 문화권 고객에게 적응할 것인가? 아니면 코치가 왜 어떻게 일을 하는지 고객을 이해시키고 당신의 접근 방식에 고객이 적응하게 할 것인가?

첫 번째 이슈는 대면 세션과 관련해 제기되었다. 그렉은 모든 코칭 세션을 화상 회의 시스템을 통해 진행해왔다. 그러나 이오아니스는 적어도 첫 번째 세션은 대면해서 진행될 것으로 예상했다. 영국에서는 직접 만나지 않고 고객을 코칭하는 경우가 많고, 그는 이를 잘

---

4) ICF 핵심 역량 모델 3.(Establishes and Maintains Agreements. 3-5. Partners with the client to determine client-coach compatibility. 코치-고객 사이의 적합성을 밝히기 위해/알아내기 위해 파트너로 협력한다.
  compatibility: 양립성, 호환성, 적합성으로 번역되기에 세 가지 의미를 모두 수용하는 것이 바람직하다고 본다. 코치와 고객의 상호 독립과 협력 관계, 쌍방향성을 강조하며, 코치의 코칭 방법에 대한 상호 인식과 동의, 고객에게 맞춤 설계 가능성 확인 등은 물론 가치와 문화적 차이에 대한 인식도 해당한다고 본다.
  반면에 코치는 코칭 고객의 요구와 경험을 중심에 둔 ①개별 맞춤을 위한 코치의 시도는 꼭 필요한 코칭의 특성이다. 이는 ②지속성, ③쌍방향성과 함께 코칭의 중요한 3대 요소이다. (『コーチングの基本』コーチ・エィ(著), 鈴木義幸(監修) 2019, p.70)

운영해 왔다. 그렇지만 이오아니스는 그렇지 못했다.[5]

   그렉에게 도전이 된 또 하나는 이오아니스가 그렉의 사생활personal life에 대해 질문을 많이 한다는 점이다. 그로서는 그냥 참견이나 간섭하려는 것은 아니고 프로답지 못한 사람이라 그런 것도 아니다. 그저 그렉을 코치로가 아니라 한 인간으로, 그 밖에 단지 어떤 사람인지 이해하기만 하면 되었다. 이오아니스로서는 개인적인 관계 구축이 꼭 필요한 일이었다. 반면에 그렉은 이것이 그가 알고 있는perceives 바 그대로 코치와 코치이의 관계를 위태롭게 만들기 때문에 이 점과 씨름하며 어려움을 겪었다.[6] 영국에서 경험하는 그렉의 고객들은 그가 누구인지에 특별히 관심이 없다.[7] 코칭 목표 외에는 그다지 중요하지 않았다.

   그렉은 이오아니스를 돕고 그의 발전을 위해 조직의 다른 사람과 접근을 요청하자 또 다른 장벽에 직면했다. 코치이가 직접 코치를 고용해도 그렉은 그를 더 잘 알기 위해 360도 평가를 실시해왔다. 그렇지만 이오아니스는 이마저도 거절했다. 그렉은 나중에 그가 조직에서 체면을 잃고lose face 싶어 하지 않는다는 점을 이해했는데 이는 그리스 문화에서는 공통적인 우려였다.[8]

---

5) '화상 세션'을 둘러싼 문화적 차이만 언급하고 있다. 그렇지만 대면 세션과 화상 세션의 질적 차이와 이런 진행 장단점, 코칭-관계에 어떤 영향을 주는지 다양한 연구(경험적 연구 포함)가 부족하다. 또 이에 더해 코로나 이전과 이후 상황(사회심리적 환경의 변화)에 따른 영향과 변화에 대한 추가 연구가 요청된다. 코칭은 발생 초기부터 '전화에 의한 코칭'에 다른 분야에 비해 개방적이었기에 이에 대한 관심이 부족했던 것은 사실이다. 이 차이를 당연히 하는 것, 코로나 이후 오히려 더욱 일반적 흐름으로, 대면 접촉의 중요성이 축소되는 경향 등은 일단 새로운 관심이 요구된다.

6) 정신분석, 심리치료, 상담 등 조력 분야의 영향을 받아 코칭 관계에서도 '코치'의 사생활 정보를 제공하지 않는 것이 일반적이다. Q.그 이유는 무엇인가?
①코치가 제공하는 필요한 정보는 홈페이지나 코치 소개에 이미 공개되어 있다. ②코치의 (과거) 경험은 코칭 대화에서 필요한 경우 자기 개방으로 제시할 수 있다. ③이외에 고객이 코치의 사생활이나 정보, 경험에 관해 질문할 때 코치는 이를 적절히 다뤄야 한다.

7) 연구 근거 제시 없이 너무 단정적이다. 고객의 관심 여부와 무관하게 코칭 계약 이전에 고객은 코치에 관해 충분히 알 수 있도록 정보를 제공해야 하며, 기타 궁금한 점에 대해서도 질문할 기회를 제공해야 한다. 경우에 따라 고객은 코치에 대해 과거 인터넷 활동 정보, 현재 SNS 활동 관련한 정보, 코칭 업계 여론과 동료 평가, 저서나 집필 내용 등 코치의 예상을 넘어 꼼꼼히 조사하고 올 수 있다. 당연히 종교적, 정치적 지향에도 관심을 둘 것이다.

8) 360° 다면평가는 문화적 차이 이외에도 동일 문화권에서는 ①기밀유지에 대한 신뢰 부족 ②진단 과정에 대한 불신과 ③결과에 대한 무의식적 부인, ④결과를 근거로 한 교정적 접근에 대한 거부/반대로 ⑤예절을 유지하려는 공손한 태도로 (존재와의 접촉을 유보한 채) 적극적 수용, ⑥무관심을 가장한 가벼운 수용 등 다양하다. 코칭 세션에서는 이렇게 개별 특수한 반응이 제기되고, 코치는 이 점을 세심하게 염두에 두고 다양한 저항을 넘어서야 한다. 360° 다면평가를 코칭 세션에서 주요하게 다루면서도 이 같은 고객의 초기 대응을 넘어서지 못하면 그의 내면 극장에 입장하지 못하고 밖으로 실연enactment되는 것을 이야기로 전달받는 것과 다를 바 없다.

같은 이유로 이오아니스는 코칭을 마친 후 그렉에게 추천서를 주는 것을 거절했다. 이오아니스는 헤드 헌터나 임원 검색 전문가executive search specialist가 자신이 코칭받았다는 사실을 알게 될 것을 꺼려했다. 그리스에서는 코치와 함께 일하는 것은 여전히 낙인stigma이 되는 분위기이다.[9]

성찰 질문

- 다른 문화권 사람과 일할 때 코치가 직면하는 특별한 도전 과제는 무엇이라 생각하는가?
- 코치는 문화적 차이를 어떻게 다루어야 할까?

■ 사례 점검

성찰 질문에서 제기한 내용을 검토해보자.

■ 토론 제안

1. 우리 사회 역시 사실상 다문화 사회에 돌입해 있다.
   (1) 문화적 차이를 염두에 두어야 할 고객의 예를 모두 열거해보자.
   (2) 나열한 대상의 공통점을 찾아 묶어보고 유념해야 할 코칭에 필요한 문화적 차이에 대해 살펴보자.

---

[9] 코칭에 허용적인 문화에서도 개인은 이를 불편해할 수 있다. 더 나아가 HR 차원에서 회사의 임원 코칭 사실을 코치의 홍보에 활용하거나, 회사 로고를 사용하는 것을 거부하는 경우도 있다. 코치들의 지나친 과잉 홍보에 대한 이미지 관리로 보인다. 반면에 코칭받았다는 사실, ○○도 ○○ 코치의 주요 고객이었다는 사실 등을 코치는 자신의 홍보로 직간접적으로 활용하려 한다.
　　[Q]이런 행위는 코칭 윤리와 관련이 없는가? [Q]고객 또는 고객 조직이 허락하면 문제가 없는가? 경우에 따라서는 고객이 이런 일체의 홍보를 하지 말 것을 계약 단계에서 확인을 요구하는 경우, 코치도 의향을 확인할 수 있다.

논평 5-1. A

시빌 페르손

영국 코치의 이 사례는 문화적 차이의 주요 흐름을 극복하고, 문화 이슈에 대한 성찰적reflexive이고 비판적 사고를 발전하게 하는 모범적 예시이다. 나는 그렉이 프랑스의 철학자 프랑수아 줄리앙Francios Jullien을 읽어본 적이 없을 것으로 추측한다. 그는 신학자이자 문헌 연구자이다. 프랑스어, 독일어, 고전 중국어 및 그리스어를 읽을 수 있는 줄리앙은 원본의 의미를 존중하지 못하는 번역문 대신 원문 텍스트를 검토하는 데 익숙하다. 사고 분석thought analysis은 근본적으로는 언어로 시작한다(Wenzel, 2010). 언어 없이는 생각하는 것이 불가능하다. 무엇보다 먼저 그렉의 딜레마도 평가를 위해 언어 이슈를 살펴야 할 것이다.

언어 너머, 그렉의 딜레마

영국 코치의 불편한 감정은 현실이며 고려할 필요가 있다. 그렇지만 어떻게? 그렉은 앵글로 색슨 출신 수퍼바이저를 찾아가야 하는가? 만약 그렉이 그리스에 살았다면 일이 더 간단하지 않았을까? **칼리메라**의 사례(칼리메라Kalimera는 신의 날 또는 그리스어로 좋은 아침을 의미한다)는 코칭 상호작용interaction에 어떤 언어가 사용되는지 명시하지 않았지만, 분명히 코칭받는 CFO가 영어를 구사했다고 추측할 수 있다. 코칭 세션에서 그렉은 자신의 언어(영어)를 사용할 수 있지만, 두 사람의 행동과 문화적 습관 사이의 거리를 경험한다.

비어즈비스카(Wierzbicka, 2014)는 비교문화cross-cultural[10] 접근에서 어떻게 수백만 명의 사람들이 "영어의 죄수"가 될 수 있는지 설명한다. 학계, 변호사, 외교관, 작가, 학자, 그리고 국제적인 맥락에서 일하는 코치들도 영향을 받는다. 심지어 비교문화 연구에서도 사람들은 영어, 특히 문화-특수적[11] 개념culture-specific concepts에 갇혀 있다. 개념과 생각하는

◆ **필자:** Sybille Persson: PhD. 프랑스 ICN 비즈니스 스쿨 교수. HR 조직행동 담당. 금융경제 및 경영관리 유럽 연구센터CEREFIGE 로렌느 대학. sybi/le.persson@icn-artem.com

[10] cross-cultural「비교문화」로 번역한다. 향후 코칭계에서 자주 활용하게 될 문화 관련 용어의 번역은 모두 다음 번역 저서의 번역 용어를 참조한다.『비교문화심리학』John W. Berry 외 지음, 김영란 외 옮김. 시그마프레스.

[11] '문화-특수적 개념'을 다음과 같은 설명으로 이해를 대신하고자 한다. "민속학자들은 다른 언어에서는 명확한 동질성이 발견될 수 없다는 점에서 정서는 문화 특수적이라고 설명해왔다. 이것이 바로 문화 특수적 정서 개념culture-specific emotion concepts이라고 불린다. 이에 대한 기술記述은 언제나 매우 상세하며, 정서 단어의 차이를 문화 특수적 의미에 연결시켜 준다"(『비교문화심리학』John W. Berry 외 지음, 김영란 외 옮김. 시그마프레스. p.155)

방식^{way of thinking}은 자주 무시되고 **사고하지-않기**^{un-though} 때문이다. 그렇지만 이는 언어 사용보다 더 중요하다. 비어즈비스카(2014, p.64)는 다음과 같이 경고한다.

> 영어가 사실상 세계화된^{globalized} 세계에서 효과적으로 최초의 세계 공통어^{lingua franca}가 되었다. 반면에 전 세계가 영어로 생각하지 않는다는 사실은 점차 쉽게 잊힌다. 만약 인류가 글로벌 윤리를 구축할 수 있는 어떤 깊은 도덕적 직관^{moral intuitions}을 공유한다 하더라도 이런 직관들은 특정한 언어를 사용하는 화자^{speaker}의 개념적 세계^{conceptual worlds}와 관련 있기 마련이다.[12]

오늘날 많은 임원이 자신의 언어가 아닌 다른 언어로 의사소통할 수 있다. 영어 원어민들은 그렇지 않다. 영국인이나 미국인 코치들이 그들 자신의 언어 외에 다른 언어를 얼마나 말할 수 있는가?[13]

그렉은 사실 언어를 넘어, 윤리적 딜레마에 바로 직면한 것으로 보인다. 그는 ^{Q.}앵글로색슨 틀^{mold}에서 형성된 코치의 통상적 보호^{reserve}에서 벗어나, 중립적인 그늘 안에서 좋은 코치의 규범적 규약^{normative code}을 따르는 것을 과연 중단해야 하는가? ^{Q.}그는 이런 특이한 상황을 충분히 수용한 뒤에도 불편하거나 죄책감을 느끼지 않고, 적응하고 심지어 그것을 이용할 수 있을까?[14] 이런 질문들을 실천적 수준에서 살펴본 뒤에 나는 줄리앙^{Jullien}의 접

---

[12] 직관을 공유하더라도 말하는 사람의 언어 세계가 다르면 그 개념과 '생각하기-방식'이 (문화-특수적으로) 다르기 때문이다. '도덕적' 직관이란 사회 문화적 영향이 더욱 크다. 일반적으로 '직관'의 경우는 동일 언어권에서도 그것을 설명하는 사람의 경험과 사고 체계가 달라 내용이 모두 같다고 보장하기 어렵다. 사실 직관이란 내면 세계의 일부이기에 개인의 경험과 사고 체계, 특히 생각하기-방식에 따라 내용이 다를 수 있다. 대인관계 신경생물학적 설명은 이런 차이를 넘어 공통적 설명으로 이해될 수 있지 않는가?
  코치는 세션에서 자신의 '직관'을 사용하고 코치이의 직관을 수용한다(ICF 핵심 역량 모델 2-5). 이때 이 내용을 이해하기 위해서는 분석보다는 비교를 통해 구별^{distinction}하는 방식으로 접근한다.

[13] 모국어^{mother tongue} 이외에 다른 언어를 취득하는 과정에서 그 언어를 배울 당시의 맥락에 따라 다른 정체성을 갖게 된다. 개별 사례이지만 모국어가 한국어인 고객이 영어, 불어를 말할 때 그는 자기 안의 또 다른 자기, 스타일과 성격이 다른 사람이 된다는 느낌을 지닌다는 말에 공감한 적이 있다. 이와 반대로 다른 언어를 통해 이런 다른 정체성을 구성해본 경험이 없는 경우, 과연 그 언어가 주는 정체성(구성 과정)을 공감할 수 있겠는가?

[14] 솔직하게 코치를 직면하게 하는 질문이다. 윤리적 태도는 ①그리스 문화에 익숙한 코치에게 의뢰하던지, ②규범적 규약을 따라 '고객 중심'이라는 코칭의 원칙에 호응해 고객 요구를 수용하며 '적당히(?)' 고객에게 맞춰 코칭하면 되지 않는가? 아니면 ③이것이 본인의 가치에 어긋남에도 자신이 세운 코칭 실천 기준을 포기하면서까지 다른 문화에서 제기한 가치 기준을 과연 수용할 수 있는가? 근본적 질문을 제기하고 있다.

근 방식에 더 깊이 들어가볼 것을 제안한다.

실천적 차원에서

"한 가지 사이즈는 모두에게 맞지 않는다!One size does not fit all"(Fatien Diochon & Nizet, 2015)[15] 코칭의 구체적 맥락에서 보면 윤리 행동 강령codes of conduct은 한계가 있다고 논쟁을 제기한다. 행동 강령은 훌륭한 기여자들의 헌신과 숙고로 만들었어도 구체적 현실에 적합하다고 보기 힘들다. 특히 서로 다른 문화intercultural에서 진행된 코칭 상황을 살펴보면 더욱 그렇다. 그렉은 자신의 행동 강령을 준수해도 이오아니스에게는 거리감을 느낄 수 있다. 이런 생각이 들면 자기가 행동 강령대로 할 수 없다는 점을 받아들여야 한다.

서로 다른 문화 사이에서 행동 강령을 코칭 대화에 활용할 때는 민감성sensitivity과 연민심compassion을 단절하지 말아야 한다. 코치이를 이해할 수 있는 명료함intelligibility을 갖기 위해서는 더욱 실천적 접근이 필요하다(Boyatzis, Smith & Blaize, 2006). 코치는 특히 자기 고객을 이해해야 하는 위치이다. 그렇기에 오로지 자기 민족 중심적 관점ethnocentric perspective에서 구축된 진실truth, 정의justice 또는 절대적 의미에 대해 주문 외우 듯incantatory 탐구만을 장려하는 것은 결코 바람직하지 않다.[16]

내가 그렉의 수퍼바이저라면, 그의 말을 주의 깊게 듣고, **성찰성**reflexivity과 **연민심**compassion에 기초한 성찰reflection을 공유했을 것이다.

1. 그렉이 자신의 불편함을 정당하다고 느끼고, 그것을 수용하도록 한다.
2. 이런 상황을 활용해 문화에 대한 성찰성을 더 개발하고, 코칭받는 CFO의 문화를 환영할 수 있도록 지원한다.
3. 그렉이
   1) 코칭받는 CFO 앞에서 원하는 대로 자유롭게 행동할 수 있는 자유를 느끼도록 보

---

15) 본 저서의 필자 중 한 명이다. 인용한 연구 논문에 주장의 근거를 제시하고 있다. 개인 코칭을 정립한 토마스 레너드 역시 베스킨라빈스 아이스크림이 왜 32가지인가?라는 은유를 통해 다양성의 의미를 코치에게 던진다. 이는 코칭과 코치 활동의 유연성을 강조하는 의미로 이해된다.

16) '주문을 외우는 듯한 탐구'란 예를 들면, 윤리 조문을 언어로 반복하는 것으로 윤리적 탐색을 하는 태도를 말한다. 그런 것이 있고 중요하다는 식의 일방적인 반복을 넘어 코치이가 말하는 것과 관련해 사실fact, 정의, 진실, 절대적 의미, 진심 등의 내용과 독특성을 구별하는 접근이 필요하다. 이 과정에서 개인의 가치와 의도를 함께 공유하게 된다. 이 점은 윤리적 딜레마를 숙고하는 윤리적 프로세스의 첫 걸음이다.

호protection 하고,

2) 그가 평소 따르던 행동 강령에서 해방emancipate하도록 허용한다.

4. 그렉이 코칭 대화coaching exchange를 해낼 수 있게 훈련하고, 진정한 '문화 간 대화'를 시작할 수 있게 코칭받는 임원을 위한 적절한 설명을 준비하도록 요청한다.

윤리적 관점에서 보면 그렉의 불편한discomfort 느낌은 코치이와의 문화적 거리의 알아차림을 나타내는 첫 번째 징후다. 이를 위해 줄리앙의 실천적 문화 자원cultural resources 개념이 도움이 된다.

프랑수아 줄리앙의 문화 자원

줄리앙François Jullien은 대략 40여 권의 책을 썼는데, 그 가운데 대다수는 30개 언어로 번역되었다. 특히 당시 가장 독창적이고 강력한 사상의 하나인 삶의 철학을 해체하고de-construct 재구성하기re-construct 위해 전통적인 중국 사상의 뿌리를 활용했다. 학제 간 접근 방식interdisciplinary approach을 통한 그의 작업은 조직 및 경영학 연구에 독창적이고 신선한 견해를 제공해주었다.

코칭과 관련된 경영 주제로는 ①HRD 관련한 이슈(Persson & Wasieieski, 2015; Persson & Shrivastava, 2016; Persson, Agostini & Kteber, 2017), ②효능감efficacy과 ③전략(Chia, 2013; Shrivastava & Persson, 2014), ④전환transition과 ⑤변화(Chia, 2014; Ivanova & Pers) 등을 살펴볼 만하다.

줄리앙(2016)은 문화적 정체성cultural identity이라는 개념을 아주 불신한다. 그의 접근 방식은 문화 자원culture resources이라는 개념을 통해 각 문화를 더 잘 활용하기 위한 문화 비교culture compare 방식을 거부하는 주장에 이미 내재하여 있다. 줄리앙은 **정체성** 대신 **자원**에 초점을 맞춤으로써 끊임없이 진화하는 문화들 '사이between'의 실제적이고 깊은 대화를 위한 여건을 조성한다.[17] 그의 견해에 따르면 작업자가 흔히 암묵적으로 어떤 규범의 선험적 체계를 선호하지 않고 문화를 비교한다는 것 자체가 불가능하다는 것이다. 홉스테드Hofstede

---

17) 프랑수아 줄리앙은 "문화의 본질을 정체성으로 규정하려 함으로써 각각의 문화를 서로 격리하는 '차이'가 아닌 간극間隙ècarts의 의미로 문화의 다양성을 다루었습니다. 간극은 문화 자원을 모험적으로 탐색하는 동시에 대면관계에 놓음으로 문화 자원 간의 사이entre를 나타나게 합니다"(『문화적 정체성은 없다』 이근세 옮김. 교육서가. p.5. 저자의 한국어판 서문)라고 밝힌다.

의 문화적 **차이**에 관한 유명한 연구는 비교 과정에서 이미 서구의 규범(측정과 가치) 체계를 채택하고 있다. 그가 민족 중심적ethnocentric일 의도는 분명히 없었더라도 불행히도 그럴 수밖에 없었다.[18] 심지어 일부에서 비판받더라도(예를 들어 McSweeny, 2002; Fang, 2012) 대부분 문화 간 연구intercultural studies(강의 또는 연구)는 이런 **비교 접근법**을 사용한다. 코칭 과정에서는 그런 일이 있어서는 안 된다.[19]

보편적인 것과 획일적인 것

비교문화cross-cultural 연구에서 민족 중심주의의 위험 요소를 인식하고, 세계화 시대의 까다로운tricky 혼란을 피하기 위해 보편[범용]universal과 획일[균일]uniform 두 개념에 대한 줄리앙의 설명을 개략적으로 살펴보자(Jullien, 2014). 이는 비교문화 맥락에서 일하는 코치들이 특별히 관심을 가져야 할 내용이다.

'**보편**'이란 철학과 모든 인간에게 의심의 여지가 없는 초규범hyper norms을 말한다(Jullien, 2014). 서구 사회 지배적인 초규범은 플라톤적인 이상적 가치 유산과 유럽 도덕 철학에서 발전했다. 초규범은 '옳음right과 선good의 기본 개념'이기에(Donaldson & Dunfee, 1999, p.52), "인간 존재의 근본 원리"에 내재하여 있다. … 우리는 이 점이 종교, 철학적, 문화적 신념의 융합convergence에 반영되기를 기대한다(Donaldson & Dunfee, 1994, p.265).

'**획일**'은 경제-지향을 위한 표준화와 관련된다. 이는 경영을 위한 조직 행동으로 글로벌화의 메아리다echoes(그리고 코칭도).[20] 만일 생산을 위한 가치 규모가 점점 '획일화'된다 하더라도 그것이 곧 도덕적 의미에서 '보편' 가치는 아니다(Jullien, 2014). **보편적인 것은**

---

[18] 그의 중심 저서 『세계의 문화와 조직: 정신의 소프트웨어』를 중심으로 살펴보면 연구의 출발과 방법론은 **문화 간 비교 연구**이다. 전 세계에 걸친 사업 망을 갖춘 IBM 조직을 기반으로 자체 기업 전략을 위해 각국 문화 연구를 시작했다. 문화 비교를 다양한 주제로 분석해 문화 간 '차이'를 스펙트럼의 여러 위치로 측정해 보여준다. 이를테면 권력(평등과 불평등), 개인 문화와 집단 문화, 여성과 남성 등이 비교 주제이다. 그렇지만 위에서 언급한 대로 프랑수아 줄리앙의 비판에 직면해 있으며 논평자는 이런 문화-차이와 비교에 대한 접근은 코칭에 그다지 유효하지 않다고 논평하고 있다.

[19] 코치가 문화 관련 인식에 철저하지 못하면 '문화-비교'의 관점에 매몰될 수 있다. 이는 코칭이 형성된 서구 문화의 암묵적 규범을 선호하는 것으로 드러난다. 논평자는 이 점을 우려하고 있다고 이해된다.

[20] 획일/균일은 글로벌화를 위해 필요하고, 이로 인한 메아리로 다시 돌아와 적용된다는 의미에서 양방향으로 반복된다. echo는 그대로 단순 복제 반복의 의미를 강조하는 의미로 이해된다. 반사성reflectivity, 반복repetition과 구별한다. '같음'을 만들어내면서도 절대 같음을 이룰 수 없는 '다름'을 수용하는, 같음-다름의 역동의 여지를 사고하지 않는 의미로 이해된다.

획일적인 의미는 아니다.

서구의 경제적 삶의 방식에서 찾을 수 있는 획일은 이제 전 세계로 퍼져 나갔다. 경제적 목적은 단지 목적일 뿐, 그것이 곧 직접 우월한 가치를 구현하는 것은 아니다. 마찬가지로 경영 관행이나 실천 역시 전 세계적으로 획일화할 필요가 없다(Li, Leung, Chen, & Luo, 2012).[21] 특히 근본적으로 뿌리 깊은 **이슈의 공통 묶음/배열**common array을 고려해야 한다(Persson & Shrivastava, 2016).[22] 여기에는 고유한 환경(해당 전문 분야, 기후, 날씨, 문화, 부문-국영, 관영, 민간 또는 혼합경제 부문sector이나 산업 등) 조건 하에 인적 자원을 지원하기 위한 최상의 조건과 프로세스가 포함된다. 이것은 코칭 프랙티스에서도 마찬가지다.[23]

---

[21] 인용 논문에서 보듯 경영 분야, 코칭 분야에 대한 중국, 인도 등의 연구자에게 보이는 주장이다.

[22] 관련 논문을 살펴보면 다음과 같다. "줄리앙(2014)은 세계화라는 상황에서 '보편[범용]'(철학 지향), '획일[균일]'(경제 지향, 표준화), 그리고 공통common'(정치 지향-공유)이라는 개념적 차이를 명시하며 보편[범용] 개념을 문제 삼는다. 서구에서는 생활방식의 획일성이 경제적 목적으로 채택되었다. 그렇다고 경영 실천이 전 세계적으로 통일될 필요는 없다. 일반적으로 (현실 상황에서) 거슬러 올라오는 이슈의 공통 묶음/배열을 고려해야 한다." 이 같은 주장에서 조직의 하부는 개인적으로도 실제 생활환경을 조직이 관리하기에 위로 거슬러 올라오는 이슈의 공통 묶음/배열을 주목하는 것이 흥미롭다. 즉 기업 조직이 처한 현실에서 일상적으로 올라오는 보통의 '이슈의 배열'을 볼 필요가 있다는 것이다.

줄리앙에게 '배열'은 중국 문화를 연구하는 매우 중요한 개념이다. **배열은 곧 잠재력**이다. 세勢(세력, 기세, 기운, 잠재된 힘)는 정靜(고요함)과 동動(움직임)을 오가며 드러내고 감추기를 한다. 즉 보이거나 숨겨져 있는 잠재성이며 양극의 개념을 지니고 번갈아 나타난다 - 군대의 진陣, 붓글씨나 회화에서의 사물의 배열과 여백에서 나오는 긴장감, 문학에서 기호가 설정해주는 배열의 문제 등 - 즉 '사이'에서 단순한 '상호작용'에 의해 '저절로' 파생되고 '번갈아 나타나며' 발달하는 경향성 등을 연상해보자(프랑수아 줄리앙 「배열에서 발생하는 잠재력」 『사물의 성향』 박희영 옮김. 한울. 2009. 참조). 코칭 역시 보편-범용, 획일-균일에 매몰되기보다는 일반적인 공통 [이슈의] 배열이 중요하고, 고객과의 관계 안에서 나타나는 고객의 보이지 않는 잠재력은 이슈, 언어 구사, 태도, 내러티브 등의 배열이 갖는 잠재력은 이런 **경향성**을 더 고려해야 한다는 연상이 가능하다.

[23] 비교문화 '사이'에 주목하고, '문화 자원'이라는 관점 전환이 필요하듯, 글로벌 경영 기준 역시 보편성을 중시하고, 획일적 접근의 함정에 빠져서는 안 된다. 주어진 환경 안에서 공통으로 공유된 것, 거슬러 올라오는 공통 이슈 묶음/배열 등의 독특성에 주목해야 한다. 이런 발상과 접근은 코칭 프랙티스를 결정해 가는 과정에서도 견지되어야 한다고 논평자는 주장한다. 특히 잠재력에 주목하는 코칭은 중국 문화 분석에 근거한 '배열이 주는 잠재력'이라는 주장은 참고할 만하다.

코칭 임상에서 고객이 제기하는 이슈의 나열, 배열에 대해 단순히 ①무엇이 중요한지 선별하도록 질문하거나 ②다른 위치에서 바라보게 하여 자신이 제시한 이슈 배열을 다르게, 거리 두고 보게 한다거나 ③의도적으로 순서를 바꾸게 하거나 ④묶음/배열 전체를 연결/통합해 보게 하는 것 자체가 주는 의미를 중요하게 받아들이는 경우로 보인다. 이런 발상은 ①보임과 보임 없는 보임, ②직관과 통찰, ③병치juxtaposition, ④짜임관계constellation, ⑤구성configuration 등으로 이어지는 세勢, 배열로 보며 고객의 숨겨진 잠재력, (무한한) 가능성을 포착할 수 있다고 연상해본다.

결론으로

줄리앙에게 '윤리적으로 일차적으로 가장 긴급한 것은 문화 간^{between} 지적 대화(2014, p. 143)이다. "[문화] 주체는 어떻게 하면 자신의 마음속으로 한 발짝 물러나, 자신이 매몰되어 퇴적된 편견$^{sedimented\ prejudice}$을 재고$^{re-consider}$할 수 있는지, 어떻게 생각하기^{thinking}에서 이니셔티브를 재발견^{rediscover}할 수 있는지, 바로 이런 범위 안에서만 자신을 구성할 수 있다.[24]" **칼리메라**! 사례의 문화 간^{intercultural} 맥락에서 코칭 현장의 핵심 주제이고 진정한 성찰성^{reflexivity}이 이에 대한 보상이다.

캘런과 라베하리소아(Callon & Rabeharisoa, 2004)가 사회학적 연구에서 밝힌 바에 따르면, **성찰성**^{reflexivity}은 "[변화, 발전] 단계에 있는$^{being\ in\ phase}$" 요소에서 민감하게 "정동^{情動}되며$^{being\ affected}$/영향을 받으며 강화된다(Juliien, 2007)[25]". 정동되는 것은 대상/타자^{other}와 관련이 있다. '단계에 있다는 것$^{being\ in\ phase}$'은 환경과 사물의 특정한 행동 성향^{propensity}과 관련이 있다(Jullien, 1999). 특히 코칭 과정 안에서 함께하는 사람의 전문적인 환경과 관련이 있다.

'단계에 있는'지 여부는 "일부 어떤 규칙에 순응^{conformity}"하는 것으로 측정될 수 있는 것이 아니다.[26] "우리가 발을 잊게 될 때 그 신발이 적절하다"고 하듯이 잊어버림^{forgetfulness}이

---

24) 마음 안에서 한 발 물러나 다시 살필 수 있기에, 깊이 박혀 있고 겹겹이 쌓이고 쌓아둔 편견(조차) **다시 보고-해체하고-재구성**할 수 있다. 이를 생각하기^{thinking} 과정(이는 이미 생각해 둔 사고^{thought}와 다르다.)에서 이니셔티브를 되찾는 것이 중요하다. '생각하기의 주체화'이다. 이 과정은 곧 자신을 (재)구성하는 과정이다.
    물론 이 과정을 최소 혼자 할 수 있더라도 한계는 자명하다. '거울 없이는 화장도 쉽지 않다.' 우리 스스로 자기 모습을 연상하고 자기를 보는 '거울-반사성'을 넘어 그간의 자기 경험으로(이런 순간 바로) 내재된 성찰성이 드러나게 된다. 그러나 이를 촉진하고 **성찰을 성숙으로** 이끄는 역할을 전문으로 하는 사람이 곧 **코치**이다.

25) 거울의 반사성을 넘어 스스로 형성하고 구성해 가는 성찰성은 정서, 사고, 직관 또는 행동, 존재 등 어떤 수준의 위상이든 동일한 위상, 변화 발전의 단계 안에서 서로 맞게 돌아가는 것들에게 **정동되고/영향을 받아** 반복되며 깊어진다. 이런 동일한 위상에서 서로 맞아 돌아가는 민감성이 강화되고 이로 인해 성찰성을 높이게 된다. 무의식적 정동^{affect}이 정서적 민감성을 높이고, 이는 성찰을 확대하고 심화로 안내한다. 이를테면 성찰이 한 번도 경험해보지 못한 정서에 접촉하는 경우, 결국 진심/진리에 닿게 되고 이런 정서적 접촉을 통해 성찰성이 높아진다/민감해진다. '정동' 관련한 이해는 『정동이론』 멜리사 그레그 외, 최성희 외 옮김. 갈무리 2015. 특히 제3장 엘스페스 프로빈 「수치의 쓰기」 참조

26) 변화 과정은 상태와 단계로 구분한다. 변화 '상태'를 경험하는 것과 '단계'로 진입은 상호 밀접하게 영향을 주지만 엄밀히 다른 것이다. 코치는 상태의 변화인가 단계 변화인가를 구별하고 상태에서 단계로의 여정을 촉진한다.

곧 수용력capacity으로 측정될 수 있다(Juliien, 2007, p.109).[27] 현실에서는 이런 점이 조직 문화에 얼마나 구현되어 있는가라는 차원에서 살펴보아야 한다[28](Flores-Pereira, Davel & Cavedon, 2008).

■ **토론 제안**

1. 문화-차이 접근과 문화-자원 접근을 비교해 이해하고 각각 코칭에서 활용 시 어떤 차이가 있는지 비교해보자.
   - 프랑수아 줄리앙과 홉스테드 두 입장을 비교해서 살펴보자.
2. '발을 잊게 하는 적절한 신발' 은유로 잊어버림forgetfulness을 수용력capacity 개념과 연결해 설명하고 있다. 이 점을 이해하기 위해 필요한 논의를 해보자.
   - 상태의 변화와 단계의 변화에 대해 논의해보자.
3. 배열이 주는 잠재력이라는 프랑수아 줄리앙의 견해에 대해 이해해보자.

---

[27] 성찰성이 높아졌는가/민감해졌는가, 성찰성 역시 그 사람의 수용력/수용(할 수 있는) 용량capacity의 증대/심화로 이어진다. 오히려 단계의 변화는 자연스럽게 편안한 신발처럼 익숙해 '잊어버림forgetfulness'과 같다는 연상이 가능하다. 즉 단계 안에서의 변화란 곧 잊어버리는 그 자신의 일부가 된 것이다. 어떤 의미에서는 그릇(용기用器)이 바뀐 것이며, 비유하자면 이런 그릇이 곧 코치의 수용력-도가니crucible가 되어 고객과 담아내기container를 가능하게 하는 용기勇氣courage가 커지는 것으로 드러나게 된다.

[28] 윤리적 성찰성이 조직 문화로 구현된다면 그것은 눈에 보이는 글이나 그림, 액자 속 문구나 문서에 반복되는 로고, 말 머리에 언급되는 관형구가 결코 아니라는 점은 자명하다. 그것은 타자들이 보면 알고, 느낄 수 있거나 건물 안에 들어서면 알게 되고 조직 구성원을 만나면 충분히 확인되는 그런 것이다. '격格이 다르다'로 표현될 수 있다. 리처드 도킨스의 용어인 문화적 유전자Meam로 표현되기도 한다.

논평 5-1. B

이리나 토도로바

비교문화 코칭의 배경

비교문화cross-cultural라는 코칭 주제는 지난 20년 동안 광범위하게 논의되었고 최근에 더욱 두드러져 왔다. 이는 학문적 발전과 전문적 실천으로 성숙해진 **변형**variations[29] 등이 더 자세히 탐구되고 있다는 사실과 관련 있다. 코칭은 코치와 잠재 고객의 국제적 이동성international mobility이 높아지고, **지리적 영역**도 넓게 확장되어 왔다. 조직, 임원, 건강 등 여러 분야의 코치들은 문화 배경이 포함된 **다양성**diversity을 특징으로 코칭 관계를 개발하고 있다. 이런 다양성이 늘어나고 코치와 관련 조직과 개인들의 관심 증가로 **접근 방식**도 다양해졌고, 이에 따라 코칭이 실행되는 지역마다 **효과성**과 **기대**도 함께 높아지고 있다.

'칼리메라!' 사례가 제시하는 질문은 이런 다양성과 관련 있다. 이는 ①아젠다를 설정하는 단계, ②세션 제공logistics 전반을 합의하는 단계, ③관계의 본질에 대한 이해 등 코칭 대화 전반에 걸쳐 제기된다. 모든 사람은 서로 다른 국가에 걸쳐, 국가 내부의 일정한 지역에 규모와 속성이 다양한 서브 집단에 속해 있다. 이로 인해 서로 다른 차이를 드러내고, 비교문화cross-cultural 코칭은 이런 다양한 상황을 다루게 된다. **칼리메라!**는 국제적 성격의 코칭 실천을 보여주고 있지만, 관련 내용은 더 광범위하다. 서로 다른 문화적 배경을 가진 대화는 한 국가 내에서도 다양하게 이루어진다.[30]

니에르부르크(Nieuwerburgh, 2017)는 코칭에서 문화 간intercultural 민감성을 논의할 때,

---

◆ **필자:** Irina Todorova: PhD. 하버드 의과대학 코칭과 교수진 연구소, 역구 책임. 유럽 건강리협회 회원 및 편집자. 건강심리학과 행동의학 연구. Irina_todorova@post.harvard.edu

29) 오늘날 코칭을 둘러싼 환경의 변화, 코칭 대상의 요구와 필요의 변화, 코칭 성공과 효과를 높이기 위한 방법과 접근의 변화가 지속하고 있다. 이에 대응해 코치의 사색이 역사와 미래로 확대되는 것 역시 당연하다. 기후 변화나 코로나 경험이 주는 사회-심리적 영향, 재난과 위험이 일반화된 사회, 다인종, 다문화 사회, MZ세대로 드러나는 문화 갈등, 세대 간 단절 등이 코칭 환경에 영향을 준다.

코칭 대상과 주제의 외연 확대, 코칭 내용과 방식의 다양성 확대로 코칭 발전을 강화해야 한다. 코칭은 더욱더 다양하고 세분화되는 '변형'을 이뤄내야 한다.

30) 오늘날 우리 사회에도 이주민의 수가 백만이 넘으며, 2~3세대로 이어지고, 지역적으로 모여 거주하고 있다. 이런 변화에 대응한 다양한 실천을 위한 모색이 필요하다.

"문화" 관련 공식화formulation 작업31)으로 "일반적으로 받아들여지는 신념, 관습, 사회적 규범, 특정 그룹 구성원들과 관련한 행동"을 주요 요인으로 고려할 것을 제안한다(p.441). 비교문화cross-cultural 관계의 상당 부분은 점차 더 미묘한 차원(권력-거리, 개인주의-집단주의 등)에 따른 문화 유형 분류에 기초하고 있다(Hofstede, 2011). 이런 차원에서 유형 분류와 비교들은 중요한 이해를 할 수 있게 길을 열어준다. 반면에 코칭에 폭넓은 정보를 제공하지만 카테고리/스펙트럼 내 위치에 따라 문화적 배경에 대한 다양한 기대를 불러일으킬 수 있다.32)

내러티브 관점에서 문화는 '우리가 살아가는 이야기'로 볼 수 있다(Howard, 1991). 이에는 누구든 몰입하는 문화적 의미를 포함하고 있으며, 역사적, 사회적 맥락과 함께 구성되는 정체성(Drake, 2015, p.56)이다. 사람들의 **내러티브 정체성**33)은 대화적이며dialogical, 그들의 이야기story는 독특하고 개인적이며, 동시에 더 넓은 (문화적) 내러티브와 섞여 짜여 있다interweave. 광범위한 내러티브는 서로 모순될 수 있다. 집단과 개인을 침묵하게 할 뿐만 아니라, 권한을 부여하고, 계층구조hierarchies도 유지할 수 있게 한다(McDonald, 2014). 사람들은 몇 가지 지배적인 내러티브에 몰입되어immersed 살고 일하는데, 이 내러티브들은 내면화되고 그들 안에 자리잡게 한다(Drake, 2009). 문화적 내러티브는 코칭에서 펼쳐지는 젠더, 인종, 특권을 지닌 계급 차원과 불평등이 교차되어 구현/구체화한다embody(Greenstein, 2016). 이런 의미에서 코칭에서 문화적 민감성cultural sensitivity은 지속적인 경청에 개방적이 되게 하고, 실마리를 찾아 내러티브의 복잡성을 탐구하는 것을 의미한다.

---

31) 코칭 사례 개념화case conceptualization, 또는 공식화formulation를 말한다. 코치이와 코칭 여정을 위한 고객 분석과 작업가설, 코칭 여정을 설계하고 구성하는 방법론을 말한다. 논평자는 (코치가) 고려해야 할 '문화' 관련 사례 개념화 하부 요소로 ①신념, ②관습, ③사회적 규범, ④행동 등을 다룰 것을 다른 연구자를 인용해 제안하고 있다. 논평자는 비교문화(코칭)와 관련한 문화 작업을 강조한 것으로 이해된다. 특정 그룹의 구성원으로 자기-정체성을 지닌 사람들에 대한 '행동'의 문화적 요인을 중요하게 강조하며 문화적 접근을 제안한다.
32) 논평자 A는 프랑수아 줄리앙Jullien의 입장에 따라 홉스테드Hofstede와 거리를 두고 있다. 하지만 논평자 B는 홉스테드의 문화 비교 작업을 검토하고 활용할 것을 제안한다.
33) 문화 경험을 (이야기로 구성하여) '이야기하기'가 서사敍事narrative이다. 이야기하기 '과정'은 이야기 주인공을 분명히 강화하고, 이 과정에서 내러티브 정체성이 구성된다. 이 구성에는 당연히 문화적 배경 하의 개인 경험이 씨줄 날줄로 짜인다. 연상해보자. 이를테면 베틀로 옷감 짜기fabric weaving, 양탄자나 자수刺繡embroidery는 단순히 반복되는 한 땀 한 땀이 어느 순간에 이르면 완전히 다른 새로운 이미지로 창발된다. 제3의 새로운 것이 된다. 내러티브를 통해 구성된 정체성, 내러티브 자기self 역시 이런 식으로 출현한다. 이런 옷감 짜기나 자수, 패치워크patchwork, 모자이크 등 다양한 방식의 내러티브 조각 모음을 연상할 수 있다.

칼리메라!

비교문화 코칭은 코치이가 소속해 인식하고 있는 집단의 공유 의미에 대한 지식과 민감성을 가져야 하나entails, 코치가 이를 인식하지 못할 가능성이 있다. 그러므로 문화적 특성에 대한 일반적 지식뿐 아니라, 그것이 특정한 그 사람에게 어떤 **행동**으로 나타나는지, 어떻게 내면화되거나 **저항**으로 드러나는지에 대한 탐구로 전환shifting해야 한다. 코치는 문화적 특징이 코칭 관계와 코칭 자체에 어떤 문화적 의미와 기대를 가져다주는지 자기-성찰적인 알아차림self-reflective awareness을 필요로 한다.[34]

우리는 '칼리메라!'에 나온 구체적인 사례를 통해 '집단이 공유한 의미'로 문화 작업을 이해하고 이야기 속에 얽혀 있는 독특성을 논의할 수 있다. 이때 코치와 코치이 사이의 문화적 유사성은 어느 수준까지는 **상호 신뢰와 존중** 관계를 수립하는 데 도움이 된다. 두 사람이 많은 의미를 공유하고 이해할 수 있기에 이 같은 관계를 맺고 비교적 원활하게 흐를 수 있다. 이 사례에서 제기한 이슈는 ①의사소통 규범 이해, ②조직 위계질서에서 행동에 따른 기대의 차이, ③코칭 관계 안에서 상호 협동적 교류reciprocal exchanges와 수용성acceptability ④코칭이 서로 다른 문화 안에서 어떻게 보이는지 이해 여부 등이다. 또 다른 확실한 이슈는 ⑤사람들이 보고 웃는 유머 코드에서 드러나는 분명한 문화적 차이일 것이다.[35]

문화적 배경을 공유한 상황에서는 의미의 공통성commonality을 서로 추정할 수 있어 교류를 설명하거나 탐구할 필요가 없다. 코치와 코치이가 같은 국가, 집단 또는 하위 집단 출신일 때 빠른 가정/추정을 이끌어 낼 수 있다. 또 코치이의 말이 의미하는 가정은 듣기에 영향을 미치고 질문과 대화 방향에도 영향을 주고, 방향을 바꾸게 할 수 있다. 문화가 공유되었기에 코치는 코치이와 의사소통의 한계가 지닌 의미를 이해하는 것이 당연하다. 특히 두 사람이 공통된 문화를 공유할 때는 ①"알지 못함not-knowing" 포지션과 ②개방성, ③비-추정적non-assuming 태도와 ④상호작용에 적절히 작용하게 된다.

코치가 코치이의 문화적 배경을 심층적으로 이해했을 때도 가정assumptions하게 된다. 니에

---

[34] 문화에 대한 (일반적) 이해를 하더라도 그 문화 속에 있는 개인/코치이가 이를 어떻게 드러내는지는 개인마다 독특하다. 그런데도 문화에 대한 이해는 독특한 의미 파악을 위해 필요하다. 반면에 문화적 이해가 의미 파악 전에 어떤 가정/전제를 하게 만들어 방해받을 수 있다(이는 다른 사례에서 볼 수 있다). 그렇다고 문화적 이해가 불필요한 것은 아니다. 자기-성찰적 알아차림은 어느 하나에 고정된 것이 아니다.

[35] 이 같은 문화적 차이를 드러내는 코드는 세대 간 문화 차이에 적용해도 무방한 것으로 보인다. 이런 차이를 드러내는 코드가 그대로 작업가설, 코칭 사례 개념화의 주요 개념으로 적용될 수 있다.

우베르그(Nieuwerburgh, 2017, p.447)는 "개인적인 문화적 맥락에 대한 심층적 이해는 불필요할 수 있고, 어떤 경우에는 도움이 되지 않을 수 있다고 지적한다. 코치이의 문화적 정체성에 필요한 정보는 코치이와의 대화에서 얻을 수 있기 때문이다." 따라서 코치는 자신의 문화적 가정이 상호작용 안에서 어떻게 작용하는지 지속적인 성찰ongoing reflection이 요구된다(Abbot & Salomaa, 2017).[36]

그렉과 이오아니스의 경우, 그리스 유산이 공유되어 있는데도 서로 다른 나라에서 자랐다. 그렉은 자신이 그리스 문화에 익숙하지 않다는 것을 알고 코칭에 들어간다. 그러나 관계의 초기 단계에서 제기되는 몇 가지 이슈를 이해할 것을 요구 받자 그리스 문화의 특성에 대해 가정하게 한다. 한 국가에 대한 광범위한 일반화generalizations(또는 고정관념stereotypes)는 혼란스러운 순간에는 방향을 위해 도움이 될 수 있지만, 소규모 집단이나 개인과는 오히려 무관할 수 있다. 심지어 자기 나라나 지역의 다른 문화에서 일할 때도 고정 관념은 코치의 기대를 갖게 할 수 있겠지만 이것은 최소한 코치이와 구체적으로 관련이 있어야 한다.

예를 들어, 이오아니스는 그렉의 사생활에 관해 많은 질문을 하고 있다. 그렉은 이런 이오아니스에 대한 의문은 그리스 문화에서 비롯되었다고 추측한다. 개인주의-공생주의individualism-collectivism의 분류에 따르면 그리스 문화가 더 집단주의적collectivistic이라고 여겨지기에 이런 결론은 합리적인 면이 있다.[37] 또 인도India의 맥락에서 본 차트와니(Chatwani, 2015) 역시 비슷한 예를 제시하는데, 이런 집단주의 문화에서 사람들은 코칭 관계가 우정과 상호주의/호혜성reciprocity의 특성이 있다고 가정한다. 그런데도 그렉은 이오아니스와의 사이에 동등하게 열린 대화의 필요를 다루게 되면, 이것이 대화의 다른 길을 열어 줄 수 있는 무언가를 탐구하게 할지 모른다.[38] 아마도 그의 퍼스낼리티, 조직 내 위치, 문헌에서 보통 평등주의적 관계egalitarian relationship로 묘사되는 코치에 대한 일반적인 이해 등이다. 이오

---

[36] 문화적 이해가 오히려 사전에 가정을 하게 해 방해받을 수 있는 상황을 지적하며, 이에 대한 해결책은 역시 코치의 '지속적 성찰'이 해결책이다. 우리는 알 수 없는 곳을 여행하기 위해 '지도'를 살펴본다. 그러나 이를 염두에 둘 뿐 자유롭게 여행할 수 있다. 여행 중 움직이며 필요한 결정을 하기 때문이다.

[37] 홉스테드의 연구로 문화 비교를 위한 다양한 측면 중 한 가지 요소가 개인주의 문화-집단주의 문화이다. 그는 이를 하나의 연속적 스펙트럼과 평면에 놓고 각 나라별로 문화적인 위치를 판별하고 다양하게 비교한다. 『세계의 문화와 조직: 정신의 소프트웨어』 p.115 참조

[38] 이를테면 그렉은 코치이가 개인적인 질문을 하는 경우 여기에 대답하는 것은 코칭 관계에 도움이 된다고 생각하지 않았던 기존의 관점을, 집단주의적이고 공생적인 문화에서 오는 인간적 접촉과 상호 호혜적 관점으로 이해한다. 이런 관점으로 이동해 보면, 코치이의 요구를 동등하게 수렴하게 되고, 이 대화는 또 다른 길이 열리는 것이 아닌가? 논평자는 코치의 문화적 관점의 이해와 전환이 필요하다는 점을 돌려서 지적하고 있다고 이해된다.

아니스의 다른 정보들을 보면, 그는 조직 내에서 동료들과 많은 것을 공유하는 것을 주저하는 것 같다. ^{Q.}그렇다면 그는 자신의 역할에서 고립되었다고 느끼는 것은 아닐까? 그렉과 이오아니스는 서로에 대한 이해를 깊게 하기 위해 이런 가능성도 탐구할 수 있다.

그렉은 코치의 역할이나 자기 개방^{self-disclosure}과 관련해 '경계'에 대해 어떻게 이해하고 있는지 이오아니스와 공유할 수 있고, 아마도 이를 통해 유연성^{flexibility}을 조금 찾을 수 있을 것이다. 어떤 지역 문화를 존중한다고 해서 그렉이 곧 그에 맞춰 의사소통 유형에 적응해야 하는 것을 의미하지는 않는다. 이것이 코칭 관계에서 자신의 역할^{role}과 프레즌스/함께함^{presence}의 관점과 대립하는 것도 아니다. 오히려 문화에 대한 **이해와 비-판단적 태도**^{non-judgmental attitude}는 성공적인 코칭에 결정적으로 중요하다. 코치 자신의 문화적 가치를 강요하는 것은 비교문화 코칭에서 피해야 할 행동 가운데 하나이다(Nieuwerburgh, 2017). 동시에 이것이 개인이나 전문적 윤리 강령을 타협하거나 코치로서의 역할과 대립하는 방식으로 실천하는 것을 의미하지 않는다. 개방성과 비-판단적 태도가 코치가 비윤리적이고 안전하지 않거나^{unsafe} 차별적^{discriminatory}이라 보는 문화적 전통을 받아들이는 것을 의미한다고 볼 필요도 없다.

코칭은 물론 컨설팅, 멘토링, 상담 등은 실천의 의미와 수용성^{acceptability}을 더 넓은 현지^{local} 맥락에서 살펴보는 것이 중요하다. 차트와니(Chatwani, 2015)는 "코칭 과정 자체에 내재된 문화적 가정/전제"에 주목한다. 코칭은 이론적 틀과 실천적 접근 방식이 다양하지만 주로 서구적 관점에서 이루어진 것이기에 모든 곳에서 똑같이 공명하지 않을 수 있다. 개인의 번영^{flourishing}은 폭넓게 평가하지만, 어떤 맥락/상황에서는 그것은 개인의 번영과 공동체는 훨씬 더 밀접하게 얽혀있다(Chatwani, 2015). 코칭 연구는 주로 웰빙^{well-being}, 직무 참여^{job engagement}, 자기 효능감, 목표 달성과 같은 개별적 결과를 다뤄왔다. 최근에는 코칭 맥락과 그것이 프로세스와 결과에 미치는 영향을 다루어야 한다는 요구가 커지고(Athanas opoulou & Dopson, 2017) 있어서 코칭 자체가 지닌 현지의 의미를 이해하고 존중하는 것이 필요하다.

코칭 현장에서는 교정적 개입^{remedial intervention}이더라도(이오아니스에게는 당혹스러운 일이지만), 엘리트들만이 이용 가능한 서비스로, 또는 모든 사람이 이용할 수 있어야 하는 혜택으로 보기도 한다. 코칭이 이뤄지는 현지 상황에 따라 코칭 목적은 목표 달성, 생산성 향상 및 투자 수익^{ROI}과 관련되나 다른 상황에서는 성찰과 사색/명상^{contemplation}이 더 가치 있는 것이 될 수 있다(Chatwani, 2015). 이렇듯 코칭에서 모범 사례^{best practice}로 간주되는 것은 국가마다 다를 수 있다.

젠트리, 매닝, 울프, 헤르네즈-부룸과 엘렌(Gentry, Manning, Wolf, Hernez-Broome & Allen, 2013)은 유럽과 아시아 코치들의 모범사례에서 공통점과 차이점을 발견했다. 그 가운데 하나는 아시아의 코치들은 결과results, 목적objectives, 세션 목표goals에 초점을 맞추는 반면, 유럽의 모범사례 정의는 코치 자신의 성장/개발development(Gentry et al., 2013)이다.

코칭의 의미를 지역 현지 맥락/상황을 고려하는 민감성을 갖고 보면 코칭이 무엇"이다is" 또는 "이어야 한다should be"라는 식의 자기 민족 중심적인 시도/부담ethnocentric imposition을 피하는 것이 중요해 보인다. 그렉은 이오아니스와 같이 코칭을 준비하며 그리스의 코칭 역사와 실천을 함께 탐구할 수 있다.

그들은 둘이 어디가 편안한 지점인지 함께 알아내고, 360도 평가assessment가 중요한 이유를 함께 맥락/상황을 고려해 결정할 수 있다. 360도 평가는 조직과 그 안에서 이오아니스의 역할에 대한 맥락적 이해를 더해 주지만 그것을 계속 진행하려는 그렉의 주장은 조직 문화와 일치하지 않고 관계를 위태롭게 할 수 있다.[39] 문화적 민감성이나 무감각성insensitivity을 보여주는 코치의 행동과 관련한 추가 논의는 니에우베르그(Nieuweburgh, 2017)가 잘 요약하고 있다.

결론

비교문화 코칭은 개인적인 내러티브와 더 넓은 문화적 내러티브에 의해 형성되고 자리 잡은 방법들 사이의 오래된 의미와 현재 새로운 의미 사이의 춤이다. 궁극적으로는 ①경청, 개방성, 호기심에 근거한 관계, ②파트너 사이의 신뢰와 상호 존중, ③서로의 문화와 신념에 대한 존중 등을 주제로 한다. 아보트와 사이오마(Abbot & Saiomaa, 2017)가 지적하듯이, "역설적으로, 모든 코칭은 비교문화적이고… [그것 이외는] 아무것도 아니다"(p.342).

---

39) CFO로서의 전문성 개발이 이오아니스의 코칭 아젠다였다는 점을 환기해볼 때 360° 평가는 자신의 조직 내에서 객관적인 피드백을 받을 수 있는 좋은 기회이자 방법이다. 이것이 그리스에 본사를 둔 영국의 다국적 기업의 리더십에 꼭 필요하다면 고객은 앞서서 길 안내를 할 수 있다. 또 이런 도전에 코치가 초대할 수 있다. 그러나 이것이 그 조직의 현재 조직 문화와 마찰을 빚을 수 있거나, 이오아니스의 전문성 강화, 리더십 영향력에 '지금 현재' 바람직하지 않을 수 있다. 그러나 이 점을 두 사람이 함께 검토해 결론을 내리는 '과정'은 고객이 자신의 조직(일 '터')에서 분리되어 객관적으로, 또는 과거-현재-미래 등 역사적/전략적으로 살펴보게 하는 효과를 제공한다. 물론 이외에도 360° 평가에 대한 이오아니스 개인의 내적 '저항'인지 보이게/보이지 않게 드러날 수 있다. 코치의 민감성은 코칭을 피상성에 머물지 않게 한다.

비교문화 코칭은 글로벌 공동체 안에 위치한 문화적, 정치적, 역사적인 '지역 세계'에 깊이 내재되어 있는 과정이다.

■ 토론 제안

1. 오늘날 결혼, 취업, 전쟁 등에 의한 다양한 이주민에 대한 코칭만이 아니라 정치적 성향, 세대 간 차이 등에 의한 문화적 차이는 코칭의 중심 주제가 되었다.
   문화적 차이에 대한 민감성은 기본 태도이다.
2. 홉스테드 문화 연구의 비교 요소를 검토하고 이를 고객의 문화 인식을 구별하는 적용이 가능한지 살펴보자.
   1) 권력과의 거리: 평등 문화와 불평등 문화
   2) 개인주의 문화와 집단주의 문화
   3) 남성적 문화와 여성적 문화
   4) 불확실성 회피 문화와 수용 문화
   5) 장기 지향 문화와 단기 지향 문화
   6) 자기 만족적 indulgence 문화와 자제 restraint 문화

추가사례 5-A. 종교적 신념으로 이주해온 고객 코칭하기

종교적 신념으로 이주해온 나나미씨는 한국에 온 지 20년이 넘어, 이제 중년이 되었지만 아직도 낯선 이국적인 느낌을 버리지 못하고 있다. 아이들이 성장하는 동안 가정에 있었고, 몇 년 전부터 직장 생활을 시작했다. 직장에서 많은 교육을 받았다. 모든 내용이 자신에게는 보석 같다. 좀 더 젊었을 때 이런 교육을 받았다면 너무 좋았을 것이기에 안타까움이 크다. 중간 관리자가 된 나나미씨는 회사에서 그룹 코칭에 참여한 후 일대일 코칭을 처음 접했다.

남들은 어떻게 볼지 몰라도 나나미씨는 언제나 불안하고 전전긍긍하며 살아왔다. 가족에게 상처를 주고 고향을 떠났고, 한국에서 새 생활은 궁핍과 외로움이었다. 남편이든 교인들에게든 어느 누구하고도 속 시원히 이야기한 적이 없다. 같이 온 고향 친구들도 관계가 좁고 다 알고 있는 처지라 정말 깊은 속마음은 터놓기 힘들었다. 서로 잘 알아서 속 푸는 것 말고는 우려와 걱정에 대한 해결책도 대부분 거기서 거기였다.

그렇지만 직장 생활은 날개를 단 기분이다. 능력을 알아주고 믿어주니 좋았고, 나 자신에 대한 새로운 점을 발견하는 기쁨이 아주 컸다. 더욱이 코칭까지 받게 되어 정말 편안한 마음이다. 과연 일본에 계속 있었어도 이런 긴장과 변화의 맛을 볼 수 있었을까? ….

강의와 그룹 코칭에서 친분을 쌓은 코치에게 믿음이 갔다. 무엇보다도 속 이야기를 다 할 수 있어서 좋았다. 그는 경력이 얼마 안 돼서 그런지 매우 진지했고 언제나 자신보다 준비를 많이 했다. 회사 전체 직원을 상대로 한 첫 강의부터 따지면 거의 1년이 다 된 시간 덕분인지 코칭 대화는 심리적인 안정감을 더욱 높여주었다. 해야 할 과제마다 재미있고 신기해서 열심히 하면서 자신이 정서적으로 풍부해지고 자신감이 높아졌다고 생각한다.

코칭이 중반쯤 되었을 무렵이다, 한일전 축구로 모두 관심이 뜨거웠다. 한국에서 치러지는 대표팀 경기에서 한국 팀이 졌다. 과거부터 스포츠 경기나 이런 일이 생기면 나나미씨는 언제나 긴장했다. 한국에 온 초기 한일전 경기에서는 무조건 한국팀을 응원했던 기억이다. 그렇지만 점차 일본팀이 이기는 것이 나쁘진 않았다. 다만 그때는 남편에게도 표정 관리를 하며 조심했다. 과거에는 시장에서도 자신이 일본 사람이라는 것을 알게 될까 봐 조심했고 어떨 때는 군중들에게 꼭 공격받을 것 같은 두려움에 휩싸였다. 이런 감정의 소용돌이에서 벗어난 지 그리 오래되지 않았다. 이런 와중에 국내에서 벌어진 한일 축구 경기에서 한국팀이 진 것이다. 매번 그렇기는 했지만 이번에는 언론이나 사람들의 반응이 좀 색달랐다. 더욱 큰 실망감과 허탈함에 휩싸였지만 안에는 강한 분노 같은 것이 들어있다는 느낌이 들었다. 나나미씨는 이럴 때 더욱 조심해야 했고 이번에는 너무 긴장한 탓인지 몸이 목각인형처럼 딱딱해졌고 움직임도 부자연스러운 느낌이다.

이런 상황을 아는지 모르는지 코치가 웃음과 함께 가볍게 질문을 던졌다. "어제 한일전 어땠어요? 그럴 때는 어디를 응원하나요?" 나나미씨는 이 질문이 코칭에 들어가기 위한 질문이라는 것을 알고 있었다. 그렇지만 이 순간 이 질문은 그녀에게는 그렇지 못했다.

무엇인가 무거운 바위가 들춰진 듯했고 숨겨둔 감정이 들킨 듯 당황스러움을 야기했다. 묻지 않고 그냥 놓아두었다면 이런 복잡한 기분을 먼저 조금 이야기할 수 있었을 텐데 성급하게 툭 물어보는 코치에게 야속함이 올라왔다. 머리도 아파왔다. 나나미씨는 코치도 이런 질문을 한 것을 아차 하고 후회하고 있다는 느낌이 올라왔다. 세션이 어떻게 끝났는지 기억이 없다. 아니 기억하고 싶지 않았다. 2주가 지나고 세션이 다가오자 나나미씨는 지방 출장을 자원하고 이를 핑계로 코칭을 연기했다.

1. 코치의 라포 질문은 두 사람의 출신 배경과 문화적 맥락에서 파동이 크게 일어났다. 이에 대해 프랑수아 줄리앙, 홉스테드 두 입장에서 논평해보자.
2. 코치에게 피드백해보자.

사례 5-2. 문화 장벽 깨기

로라Laura는 싱가포르에서 태어나 성장했고 트레이너로 전문직 경력을 시작했다. 그녀는 전 세계와 연결된 싱가포르 회사에서 일했다. 독일, 네덜란드, 스페인, 중국, 홍콩 등 다른 국가들로 출장을 다니며 HR 관련 주제로 직원 교육을 담당했다. 각 나라마다 다른 접근을 해야 했고, 문화가 다른 사람들을 훈련하는 일을 통해 매우 넓은 문화적 알아차림awareness과 유연성을 지니게 되었다. 이런 문화에 대한 높은 인식은 그녀가 훈련생들과 관계를 맺고 다양한 문화에 적응하는 데 도움이 되었다.

지금 그녀는 미국에서 코치로 활동한다. 저임금 비원주민 이주nonnative 노동자[40]를 지원하는 비영리 단체에서 일한다. 그들이 미국 문화에 적응하고 당면한 직업 관련 도전에 다양하게 대처할 수 있도록 돕는다. 노동자들은 멕시코, 필리핀, 중국, 베트남, 러시아 등에서 왔다. 로라는 정기적으로 지역 병원에서 일하며 5층 산부인과 병동에서 하루를 보낸다. 코칭이 필요한 직원들은 약속 없이 들어올 수 있고, 필요한 만큼 세션을 지속할 수 있다.[41]

성찰 질문
- 고위 임원이나 CEO 코칭과 저임금 노동자 코칭에는 어떤 차이가 있는가?
- 조직의 요구에 따라 구체적인 코칭 아젠다를 갖고 코칭하는 것과 이처럼 열린 아젠다로 코칭하는 것과 어떤 차이가 있는가?
- 특정 목표, 시간, 세션 수를 정하지 않은 코칭은 얼마나 효율적인가?

어느 날 안젤라Angela가 들어와 코칭을 요청했다. 그녀는 필리핀 출신으로 그곳에서 대학을 마친 뒤 일본 남자와 결혼해 일본에서 살았다. 그곳에서 몇 년간 일하며 언어를 배웠고 이혼하게 되자 두 자녀와 함께 미국으로 이주했다. 가족이 미국에 있었기 때문이다. 병원 주방에서 아르바이트를 하며 일본에 이어 두 번째 직업을 가졌다. 싱글맘으로 가족을 부양하기 위

---

[40] 우리나라 관련 법률은 「외국인근로자의 고용 등에 관련 법률」이지만 단지 국경을 넘어 이주해 노동한다는 의미에서 '이주 노동자'라는 표현이 바람직하다. 외국인 노동자, 불법 체류자, 비원주민 등의 용어엔 보이지 않는 차별적 요소가 내포되어 있고, 구분과 차이를 연상하게 한다. '자본의 국제적 이동'이라는 현대 자본주의 발전에 대응한 '노동력의 국제적 이동'이 현대 삶의 근본 흐름이다.

[41] 이 같은 코칭 제공이 지닌 용이한 접근성, 코치 접촉의 편리함, 세션 운영의 개방성 등이 눈에 띈다. 이런 특성은 '공익 코칭'의 전형적 형식이 될 수 있겠다는 생각이다.

해 열심히 일했지만 보험도 가입하지 못하고 있었다. 자신은 더 많은 것을 성취할 수 있는 역량이 있다고 자부했지만 현지에 문화적으로 적응하기에 자신감이 부족하다고 생각한다.

로라는 정규직 직장을 얻는 것이 목표였던 안젤라와 몇 주 동안 작업했다. 코칭 세션에서 로라가 집중한 주요 이슈는 안젤라의 자신감을 높이고 문화적 차이와 언어적 도전에 **스스로 만든 장벽**을 허물 수 있도록 돕는 것이다.[42] 코칭 결과 안젤라는 밖으로 나가 야간 수업을 들었다. 스스로 준비를 갖추자 병원에 취업을 신청했고 일자리를 얻었다.

로라는 1년 후 병원에서 안젤라와 마주쳤고, 그녀의 급격한 변형/변혁 transformation이 눈에 띄었다. 그녀는 분명히 자신감 있어 보였다. 로라에게도 매우 보람된 경험이었다.

성찰 질문
- 문화 또는 언어적 차이로 인해 이주 노동자들이 직면하는 일반적 어려움은 무엇인가?
- 코칭이 과연 그들을 지원하는 좋은 방법인가? 그렇다면 어떻게, 어떤 점이 그러한가?
- 다른 국가와 문화에서 온 고객을 코칭할 때 국제적 배경 지식을 갖는 것이 얼마나 중요하다고 보는가?
- 위 상황에 코치가 필요한 기술과 경험은 무엇인가?

■ 사례 점검

1. 사례는 문화적 배경의 다양성 이외에 코칭 관계 구조화의 다양성, 공익 코칭 제공 구조 등도 제기한다,
   - 열린 코칭 관계, 공익 코칭 구조 등과 관련해 코치가 준비해야 할 점을 다양하게 발굴하고 논의해보자.

---

[42] 누구든 '경계' - 이 경우에는 국경 - 를 넘을 때는 한 번도 가져 보지 못한 중요한 계기와 결단을 갖고 있다. 엄청난 포부와 비전/꿈, 도전감을 갖고 경계를 건넌다. 새 출발을 위한 인생의 결단이다. 그리고 이것은 오래 지속된다. 반면에 고난을 피하거나 깊은 좌절에도 삶의 기저, 깊은 곳에 이와 관련한 내러티브는 여전히 흐르고 있다. 코치는 이 점을 유념해야 할 것이다.

논평 5-2. A

마루아틀라 차누트

비교문화cross-cultural 코칭은 특별한 코칭 분야이다. 최근까지 비교문화 코치들은 본질에서 공통 감각common sense, 의사소통 기술, 행동심리학, 정서지능과 같은 심리적 관점에 의존해 왔다. 글로벌하고 격동적인 환경에서 증가하는 도전을 감안할 때, 이 하위 분야subfield는 더 많은 훈련과 전략이 필요해 보인다. 로진스키(Rosinski, 2003)에 따르면, "전통적인" 코칭은 보편적 세계관이 참true이 아닌 세계관(즉, 미국적, 어느 정도 서유럽적인)으로 가정한다. 그러므로 글로벌 코칭이 효과적이려면 '문화'가 다르다는 점을 고려해야 한다고 주장한다. 이 주제와 관련한 전문적 성장은 연구자들의 관심 증가와 함께 이루어졌으며, 이는 1999년으로 거슬러 올라갈 수 있다(Hicks & Pelerson, 1999).

로라의 구체적인 사례에서, 우리는 나이와 사회적 양육upbringing이 불분명한 필리핀 여성인 코치이가 전문적인 도움을 기대하고 성취에 대한 개인적인 어려움을 해결하기 위해 병원의 코치 사무실에 나타난 것으로 보인다. 특히 안젤라는 두 번째 파트 타임 일자리를 풀 타임 정규직으로 전환하기를 원한다. 그녀는 또 미국 문화에 적응하기 위한 자신의 자신감 문제에 대해 코치와 상의한다.

국적 이탈expatriation을 한 후 직업적 성공을 위해 임금 목표를 낮추고 흥미가 덜한 직업적 기회로 전환해야 하는 상황은, 많은 국외 배우자와 이민자 여성들에게 매우 흔한 일이다(Expat Communication, 2011). 또 나는 여성들이 직업을 구하는 데 충분한 전문적 숙련도proficiency에 도달했을 때도 언어 장벽과 억양에 대한 자신감 부족으로 어떤 콤플렉스를 갖는다고 안다.

외국인 고객들과 일하며 코칭 프랙티스를 하는 나는 이들이 현지인들과의 관계에서 이해할 수 없는 다소 가혹한 위치에 처한다는 사실을 잘 안다. 현지인들은 이들을 잘 이해하지 못한다. 이런 어려운 출발은 그들에게 자주 정신적 장벽mental barrier을 남기며, 이것은 그들이 그 지역 언어로 자신을 표현하는 능력을 향상했을 때도 여전히 남아 있다.

이 사례에서 제기된 언어 장벽은 문화적 적응cultural adaptation이라는 더 큰 문제를 숨기고,

◆ **필자:** Marouatla Chanut: 독립 임원코치. 프랑스 피닉스 리소스 행복과학 설립자.
www.phoenixressources.com, www.la-science-du-bonheur.com,
www.the-science-of-happiness.com, maroussia.chanut@gmail.com

개인들이 새로운 문화에 적응하는 것을 방해한다고 나는 알고 있다. 그들이 한때 가졌던 [과거] 삶은 끝났다는 것을 받아들이기 어려울 수 있으며, 그들 자신에게 적합할 수 있는 완전히 새로운 경험을 다시 쌓아야 하는 비탄/슬픔grieve에 빠질 수 있다.

먼저 이런 현상이 남편/아내의 뒤를 따라다니며 시간이 흐를수록 아직도 자신이 "**따라다니는 사람**followers"[43]으로 간주되고 있음을 뒤늦게 알게 된 '배우자'가 되듯이, 이런 특정한 사례가 증가한다는 점을 언급해 둔다. 일단 그 장벽이라는 것이 연막smokescreen에 불과하다는 것을 깨닫고 나면[그런 순간], 그들은 밖으로 나가 새로운 관계를 시도하고 새로운 직업 목표를 성취하기 위해 더 많은 성취와 에너지를 갖는 경향이 있다.[44] 나는 그동안의 관찰과 과거 경험의 한계 안에서 가설을 갖게 되었다. 전통적으로 [남성은] 무의식적으로 (남성다움의) 과시unconscious machismo로 귀결되고, 여성들은 더 잘 적응하려고 자신을 억압하며 자기를 차별하고 자신감을 낮추는 경향이 있다는 것이다.[45]

국적 이탈 시 또 특정한 상황에서 문화적 차이에 대한 감정을 설명하기 위해, 리스가르드(Lysgaard, 1955)는 문화적응 4단계 과정을 강조한다. ①**허니문 단계**로 시작하는 문화적응 U-곡선U-curve of cultural adjustment은 이 단계를 국외 거주자expatriate가 자신의 새로운 주변 환경을 관광객처럼 자신의 기준 틀을 통해 (기쁘게) 발견하는 출발점으로 묘사한다. 다음 단계로는 ②**환멸**disillusionment과 **좌절**frustrations로 인해 **문화 충격**culture shock으로 상당히 어려운 국면이 발생한다. 이때 관찰할 수 있는 것은 사람들이 새로운 문화적 기준 틀에 적응하지 못하고 자신의 무능력으로 고통받는다. ㉠이미 알고 있는 것을 붙잡는 경향이 있고, ㉡이것이 위로가 되고 안전하다고 느끼게 된다. 잠재적으로 위험한 이 단계는 매우 ㉢**혼란스럽고**disconcerting ㉣**불안정**destabilizing할 수 있으므로, 어떤 사람들은 심리적인 차원에서 다음 단계로 이동했을 때조차도 생생한 부정적인 영향에 갇혀 있을 수 있다. 그들이 언제나 삶의 긍정적 요소를 포착할 수 있는 것은 아니다. 다음 단계는 ③**조정/적응**adjustment 또는 점진적인 **문화적 통합**

---

43) 부부 또는 커플 사이에 어느 한쪽이 '따라 다니는 사람' 관계는 일반적이다. 그들은 자신들 삶과 커플 관계 유지를 위해 필요한 부분에서 역할을 분담하거나, 갈등과 힘 겨루기를 하고 나서 조정으로 적절히 역할을 분배하게 된다. 이를테면 쇼핑에는 남성이 전적으로 따라다니거나, 경제적 의사 결정은 어느 한쪽이 전담하고 한쪽은 전적으로 따르는 관계 등이다. 두 사람은 특정한 분야에서는 어느 한쪽이 전적으로 상대를 '따르는 위치'를 유지한다. 논평자는 이것이 다른 문화권/낯선 곳에서는 더욱 두드러진다는 주장으로 이해된다.
44) 커플 관계, 해외-국내 이주 커플 관계에서 우리는 이와 관련한 다양한 내러티브를 접할 수 있다.
45) 낙담의 '틀'에 갇히는 전형적인 모습으로 이해된다. 환경이나 타인과의 관계에서 온 '환멸'과 일정한 도전과 실패에 의한 '좌절'이 계기가 되어 '낙담'의 틀에 장기간 (스스로) 갇혀 있거나 체류한다. 낮은 생산성과 높은 체념, 낮은 에너지로 생활하는 고객을 본다. 이른바 '이생망' 고객이다. 어떻게 코칭할 것인가?

cultural integration 단계로, 국외 거주자가 자신의 것을 놓지 않고 새로운 기준 틀을 채택할 준비가 될 때 즉시 발생한다.[46] ④ **숙련**mastery이라고 불리는 마지막 단계는 개인이 새로운 문화에서 활동하며 지역 규칙을 자신의 것으로 통합하는 과정으로 진전되는 것이 특징이다.

안젤라의 경우, 제공된 정보를 바탕으로 보면 '문화 충격 단계'를 벗어나 '조정/적응 단계'로 이동하기 때문에 코칭을 찾고 있다고 가정할 수 있다. 이 점은 안젤라가 변화할 준비가 되어 있다는 것을 의미하기 때문이다. 비영리 단체의 일부인 이런 유형의 코칭이 코치와는 구조화되지 않은 관계일 뿐만 아니라 비구체적인unspecific 목표, 기간, 세션 수와 관련하여 제시하는 과제를 염두에 두면서 변화에 대한 준비를 했음을 의미한다. 그렇기에 로라로서도 잡을 수 있는 좋은 기회였다.[47]

로라가 고려할 수 있는 다른 한 가지는 코칭이 어떻게 비원주민 직원인 안젤라를 지원하는 좋은 방법이 될 수 있는가 하는 점이다. 로라는 코치의 **관점**과 코치이의 토착 문화native cultures의 관점에서 지배적인prevailing 코칭 스타일을 근거로 생각 해볼 수 있다. 미국에서는 코칭이 오히려 비지시적non-directive이다. 코치는 고객의 초점이나 목표를 통제하지 않는다(Frank Brossor Consulting, 2009). 오히려 코칭의 초점을 고객과의 상호 협력적collaborative 파트너십으로 관계를 공동 창조한다(Sherpa Coaching, 2015).[48]

사실은 북미 지역에서 확립된 비지시적 코칭에서 지시적 코칭에 이르기까지 전체적으로 보아 '지배적인 코칭 스타일'이라는 것은 없다. 또 세계 다른 지역에서 많이 볼 수 있는 주된 방법인 대면 코칭 방식과는 달리 북미에서는 컴퓨터를 활용한 코칭virtual coaching(보통 전화로)이 상당히 많다. 다만 주목할 점은 고객-코치 관계가 상호 협력적인 파트너십으로 공동으로 생성되며, 코칭의 초점을 고객이 지시한다는directing 점이다. 코치는 고객의 초점이나 목표가 무엇이든 통제하지 않는다.[49]

---

46) 이 「자신의 것을 **놓지 않고** ≒ 새로운 프레임을 **채택할 준비**」가 가능한 것. 이것이 경계 또는 틀을 다루는 경우에 해당한다. 이 '문지방 넘어서기'에 코치는 전념해야한다. 물론 ①변화의 문지방까지 함께 오는 것도 쉽지 않다. 그러나 ②자신의 경계와 틀에 접촉한 뒤에도 시간이 필요하다. ③ 결코 문지방에 서기도 힘들지만 ④올라선 뒤에도 누구나 앞을 충분히 살피지 않으면 안 된다. "반려묘 동물은 이를 혼자 하나 사람에게는 동행자가 필요하다."
47) 자료 제시가 충분하지 않지만, 코칭 구조의 특징이 고객의 자발성과 주도성에 영향을 끼쳤다는 주장도 가능하다.
48) 이 같은 비지시적 코칭이 미국에서 지배적이라는 주장에 쉽게 동의되지 않는다.
49) 본문에 제시된 일부 연구자들이 북미 지역이 더 비지시적이라는 주장을 하지만 실제로는 지배적인 코칭 스타일은 없다고 논평자는 주장한다. 그렇지만 실제 안젤라의 경우 코칭 목표나 시간, 횟수 등이 비구조적이고, 비지시적인 코칭이었기에 효과가 있었다고 논평자는 우회해서 주장한다고 이해된다. 이런 접근이 오히려 안젤라의 코칭 성공에 기여한 것으로 보인다.

아시아에도 '지배적인 코칭스타일'이란 없다. 다른 대륙과 비교할 때 지시적directive코칭으로 기울어진 경향이 있다. 2009년 프랭크 브레서 컨털팅 설문조사Frank Bresser Consulting Survey에서 13개국(필리핀 포함)이 주로 지시적인 것으로 확인되었지만, 6개국(일본, 말레이시아, 싱가포르, 타지키스탄, 태국, 베트남)은 대부분 비지시적 코칭 스타일이라고 주장했다. 국가 및 지역 내에서, 코칭을 이해하고 전달하는 방식은 지역적 특성과 선호도에 따라 다양하다. 이런 점에서 보면 지배적 스타일은 없고 오히려 **다양성**diversity이 우세하다.

아시아에는 이미 지역 코칭 조직(APAC, ICF 챕터)이 등장했고, 코칭을 정의하고 발전하기 시작했다. 코칭은 분명히 확산하고 있으며 품질과 인프라 측면에서도 점차 성숙해지는 과정에 있다. 그러나 코칭은 여전히 다국적(기업) 고객에 의해 주도되고 결정되는 경향이 있다. 그 결과 특정한 아시아식 코칭 형태와 접근 방식은 거의 발견되지 않는다. 이런 점에서 아시아는 지역적 이니셔티브가 점점 늘어나고 있지만, 아직은 한계가 있다.

학문적 관점에서 우리는 비지시적 접근이 지배적인 토착 문화가 지시적 접근이 지배하는 코치이에게 적합한지 자문할 수 있다. 내 경험상, 다른 문화와 의사소통의 불확실성uncertainty을 완화하기 위해 고안된 프레임과 비교문화 도구를 사용하여 코칭하는 데에는 한계가 있다고 본다. 또 코칭 개입에서 긍정적 결과를 얻기 위해 코치이 문화의 많은 미묘한subtleties 부분을 숙달할 필요가 있다는 의견에도 동의하지 않는다. 일반적인 지식, 융주의자들의 원형Jungian archetypes, 통찰력insights만으로도 충분할 수 있다. 코치이들은 자신들의 국제적 코치가 그들의 문화적 배경을 공유하지 않는다는 점을 잘 안다.50) 대체로 코치는 문화 이슈와 관련될 필요가 없는 특정한 근거를 지닌 코치이에 의해 선택될 것이다.51) 이런 경우 성공을 평가하는evaluating 실용적이고 개방적인 성공 평가 방법을 채택하는 것이 관건이다. Q.코칭이 효과가 있었는가? Q.결과가 양쪽 모두에게 충분히 보상되었는가? 나는 그동안 경험해온 시간과 실천 경험에서 볼 때 코칭 개입의 성공 여부는 고객의 마음 프레임frame of mind과 코치의 열린 마음가짐mindedness에 크게 좌우된다고 믿게 되었다.

고객의 마음 프레임을 다루기 위해, 민족-정신적 접근ethno-psychiatric approach이 도움이 될

---

50) 논평자는 코치들의 태도를 코치이가 이런 문화적 차이에서 오는 영향을 알고 전제하며 코칭을 소화할 수 있을 것으로 강조하고 있다고 이해된다. 그러나 앞에 제시한 사례의 고객 이오아니스는 그렇지 않았다.
51) (일시/장기) 해외 거주 고객의 경우 자신과 문화적 배경을 가진 코치를 오히려 선택하는 경우를 경험한 바 있다. 선교활동, 교육 또는 사업 이주의 경우 현지 이슈 해결보다는 자기 이슈 해결을 위해 오히려 모국어로 더 깊이 소통하길 원하는 경우이다. 최근의 zoom 환경은 이런 점을 더욱 촉진할 수 있다고 본다.

수 있다. 이는 코치가 문화적 전체성wholeness에 대한 느낌/울림feeling을 가져다주지 못하는 이른바 비토착 문화nonnative culture에 대해 다르다는 느낌을 내면에서 민감하게sensitivity 느낄 수 있기 때문이다.[52] 그 시작점은 코치이가 무엇을 느끼든, 코치이가 어떻게 느끼든 그의 영혼soul으로 가는 여정은 우리가 전 세계를 누비는 만큼이나 황홀하고ravishing 매우 충격적stunning인 것일지 모른다. 내 생각에 코치이가 생각하고 표현하는 것이 무엇이든 모든 것을 깊은 진실truth로 받아들이는 것이 필수적이며, 코치는 이를 위해 자신의 진실을 내려놓을 준비가 되어 있어야 한다고 생각한다. 이것은 코치이가 그의 생각을 나중에 선택할 수 있는 모든 범위의 옵션까지 자신의 생각을 넓힐 수 있도록 하기 위해 **신뢰를 확립**하는 중요한 단계이다.

나는 개인적으로 국제적인 배경에서 오는 것이 자동적으로 도움이 될 수 있을지 의심스럽다. 특히 이런 국제적 배경이라는 환경이 언제나 그 나름 표준/규범이고, 성찰적인reflexive 질문이나 의문을 지닐 필요나 공간이 없었기에 무엇이든 거부감을 느꼈던 경험이 없었다.[53]

사실 사람들은 소원해지는estranged 느낌이 어떤 것인지 조금도 이해하지 못한 채 타인들과 서로 얽히거나intertwining 교차하며crossing 길을 건너고 삶을 살아 갈 수 있다. 내 가설은 사람들이 문화적 변화를 이해하고 발전하는 데 도움을 주기 위해서라도 낯선 환경unfamiliar environment에서 부적절unfit하다고 느껴볼 필요가 있다는 것이다.[54]

또 다른 비유는 뤼스가르드Lysgaard U-곡선U-Curve Theory of Adjustment을 다시 사용하는 것이다. 코칭 과정이 코치와 코치이가 모두 같이 경험하는 여정이기에 서로 조금씩 위험을 감수하지 않을 수 없다. 첫 번째 **허니문 단계**에서 코치가 새로운 인간을 발견하는 것은 정말로 흥미진진한 기쁨이다. 모든 것이 조화롭지는 않지만 고객이 훌륭하고 흥미롭게 보인다. 코치

---

52) 코치는 민족-정신적 접근을 통해 자기와 다른 문화에 속한 코치이에 대해 코치가 내적 느낌이 다르다고 인식하게 될 경우 오히려 코치는 '문화적 전체성', 전체로서의 문화에 대한 자신의 느낌…, '아! 문화가 달라서 그런가'라고 느낄 수 있고 또는 전체로서 문화가 서로 통하는 구나' 식은 알아차림을 못 할 수 있다고 주장한다. 논평자는 이 점을 우려하며, 코치이의 느낌에 공감적으로 직접 소통하기를 강조하는 것으로 보인다.
53) 국제적인 것, 국제적인 기준/표준이라는 이유로 일반적 규범으로 수용되거나 국제적인 것에 대해 의문과 질문, 거리두기, 낯설게 대하기 등을 통해 일종의 거부감을 느껴보는 경험 없이 (또는 사유하지 않은 채) 받아들이는 경우, 자동적으로 수용하는 경우, 이런 무매개적이고 성찰이 없는 채 어떤 것으로 다뤄진다면 - 적어도 코치에게는- 문제가 있는 것 아닌가? 그것으로 과연 두 사람이 진정 진리를 즐길 수 있을까? 논평자는 이런 의문을 제기한다.
54) 우리는 낯선 것을 거리를 두고/소원하게 대해보고 검토해볼 필요가 있다. 성큼 집어삼키거나 흡입하거나 득템하듯 섣부르게 장착하기보다는 살펴보는 것이 마땅하고 정상적인 것이다. 코칭 역시 예외가 아니다. 이를 위해서는 성찰적 질문이나 의문을 던지고 다룰 수 있는 사유하는 '공간'이 필요하다.

이도 자신에게 문제가 있지만 에너지와 동기가 넘친다. 그는 자신에게 좋은 일이 일어날 수 있다는 것을 느낀다. 다음 **문화 충격**culture shock 지점(예를 들어, 가치 충돌value clash이 발생할 수 있음)에서 코치에게 환멸disenchantment이 있을 수 있다(이 시점에서 코치이에 대한 코치 자신의 이슈를 해결할 수 있게 수퍼바이저가 큰 도움을 줄 수 있다). 코치이는 코치가 한 말, 또는 그가 그린 어떤 선line에 동의하지 않을 수 있으며, 그것을 표현하지 않고 보여줄 수 있다. 이 단계는 잠재적으로 위험할 수 있으며, 코치는 극도로 신중해야 한다.

또 코칭 과정을 지속하기 위해 방해가 될지 모르는 어떤 것이라도 분명히 할 필요가 있다. 폭풍우를 다루게 되면 코치는 코치이가 자신의 이전 참조 프레임을 내려놓지 않고 자신의 새로운 참조 프레임을 조정하도록 도울 것이다(조정adjustment 단계). **상호 성장**mutual growth이란 정말로 이 단계부터 시작된다. 코칭이 끝날 때 쯤이면 두 사람 모두 정점acme에 서게 될 것이고, 마지막 **숙련**mastery **단계**로 성숙하게 된다. 코치이는 강력하고 자율적autonomous인 느낌이 들며, 그는 이제 혼자서 스스로 모든 것을 진전시킬 수 있고 코치와 자신의 업적을 공유하는 것을 자랑스럽게 여긴다. 코치는 마치 자신이 알고 있는 모든 것을 막 먹이고 가르친 부모 새처럼 만족과 기쁨으로 가득 차 있고, 자식들이 날아가는 동안 자랑스럽게 그들을 지켜보게 된다. 그러면 그들은 작별 인사를 준비할 수 있고, 당연히 서로에게 멋진 여행을 기원할 수 있게 된다!

■ 토론 제안

1. 논평자는 코치이의 문화적 배경을 염두에 두기보다는 진정한 소통과 접촉을 우선시한다. 그렇다면 무엇이든 '진정한 소통'을 하면 다 되는 것 아닌가? 다시 출발 지점으로 환원된다. 문화적 배경, 차이에 대한 이해와 수용은 그렇게 중요하지 않게 된다.
   - 문화에 대한 이해와 수용을 배제하는 것이 아니라 이를 매개로한 진정한 소통으로의 변증법적 지양aufheben止揚[부정하여 폐지하는 과정에서 의미 보전, 유지 고양]으로 볼 수 있는가?
2. U 커브 곡선으로 이질적 문화/관계가 성장을 위해 접촉해가는 일반적 과정으로 볼 수 있다. 변화 과정과 현상을 그대로 묘사하고 수용하는 이해 방식이다.
   이 곡선에 대해 최소한의 질문이 필요하다. 허니문 단계에서 숙련 단계로 가기까지 현 단계에서 다음 단계로 가게 되는, 갈 수밖에 없는 핵심적 요인, 질적 요인은 무엇인가? 시간이 지나면/경험이 축적되면 다음 단계로 가는 것인가?

논평 5-2. B

크리스티안 반 니우어버그

나는 이 사례 연구를 성찰하며 "비교문화corss-cultural" 또는 "다문화 사이intercultural"에 초점을 맞출 것이다. 비교문화 코칭은 서로 다른 문화를 가진 사람들이 효과적으로 의사소통하는 데 문제가 될 수 있다는 가정에 대한 대응이다. 이 사례 연구를 논의하기 전에 먼저 나는 일본 어머니에 의해 레바논에서 자랐고 현재 영국에 거주하는 벨기에 시민으로 이를 성찰한다는 점을 밝혀 둔다. 나 역시 사례에 논평할 기회가 주어졌을 때 이런 특징이 흥미와 특별한 관점을 지닐 수 있기에 논평하기로 했다. 나는 다양성diversity을 축하하고, 자신이 규정한self-identified 문화 집단과 관련 없이 사람들을 존중하고 대우하는 실천을 격려하는 내 나름의 편향bias이 있다. 이 사례를 연구하는 일부 독자들 역시 나와 비슷한 관심이나 편향을 공유할 수 있다.

사례 안의 코치와 코치이는 모두 문화적으로 다양한 경험을 갖고 있다. 코칭은 미국(제3국)에서 이뤄졌고, 둘 다 미국에서 생활하기로 선택했다. 여러 면에서 보면 이것은 비교적 전형적인 코칭 주제로 보인다. 코치들은 언제나 사람들이 잠재력을 달성하는 데 필요한 자신감을 개발하도록 지원한다. 이 분야의 선도적인 전문가인 로진스키(Rosinski, 2010)에 따르면, '다른 문화 간intercultural' 코칭은 높은 수준의 유연성과 문화적 알아차림cultural awareness을 필요로 한다. 그리고 이 사례에서 코치인 로라는 HR 임원으로 여러 나라 사람들을 훈련시킨 의미 있는 경험을 한 것으로 보인다. 이런 경험은 의심할 여지없이 로라의 코칭 실천에 다양한 정보를 제공했을 것이다. 어쩌면 더 중요한 것은 문화적 이슈가 제기될 수 있는 곳에서 코칭 대화를 하는 데 따른 로라 자신의 자신감에 긍정적인 영향을 준다는 점이다.

이 사례 연구는 로진스키가 다문화 간 코칭intercultural coaching을 정의하는 좋은 예이다. "국제적으로, 다양한 조직과 배경을 지닌 사람들과 함께 작업할 때 문화 전반에 걸쳐 더 효과적인 작업을 가능하게 하고", "본질에서 창의적인 코칭을 제공하기 위한"(Rosinskl, p. 121) 것을 다문화 간 코칭으로 정의했다.

◆ **필자**: Christian van Nieuwarburgh: PhD. 코칭과 긍정심리학 교수, 이스트 런던 대학 심리학부 (UK). chrisvn@uel.ac.uk

로라는 안젤라의 코칭 과제 설명에서 더 자신감을 갖게 지원할 수 있었던 것으로 보인다. 안젤라가 자기 목표를 성취하기 위해서는 자신이 인식하게 된 문화적 장벽이나 차이(언어 포함)를 극복하는 것이 필요했다. 결과는 안젤라가 직면한 도전에 좀 더 창의적으로 생각할 수 있게 되어 성공적 결과가 가능했다.[55]

아보트와 살로마(Abbot & Salomaa, 2017)는 우리가 사는 세계가 점점 더 상호 연결되고 있다는 점을 인용하면서, 비교문화cross-cultural 코칭이 필요하고 새롭게 떠오르는 프랙티스라고 주장한다. 이들에 따르면, 문화 전반에 걸친 "코치는 물론 여러 분야의 프랙티셔너들이 문화 전반에 걸쳐 넘어야 하는 매우 맥락적이고 창발적인 분야emergent field이다. 코치들은 코칭 고객의 **개인적**individual이고 **독특한**unique 도전에 이런 접근 방식을 적용하는 전문가가 되어야 한다."(pp.465-466)라고 주장한다.

로라가 안젤라와 함께 이 일을 잘할 수 있었다는 점은 거의 의심의 여지가 없다. 그 결과 고객은 스스로 부여한self-imposed 장벽을 극복하고 중요한 직업적 목표를 향해 주도적인 역할을 하게 되었다. 지금까지 설명으로 비교문화 코칭을 강력하게 지지endorsement하지만, 이 관점에 다음 질문을 하는 것이 도움이 될 것이다. 코치가 문화적 알아차림이 높다는 것이 얼마나 중요한 일/의미인가? '문화적' 이슈가 과연 어느 정도 중요한가?

코치가 문화적 인식이 높다는 것이 얼마나 중요한 일인가?

이 질문에 대한 답은 없지만, 나는 코치의 높은 문화적 인식 수준과 인생 경험 중 어느 것이 성공적인 코칭 대화의 일차적 이유였는지 궁금하다. 훌륭한 코치는(로라와 같은 인생 경험이 없이도) 안젤라를 성공적으로 지원할 수 있지 않았을까?

"문화"라는 이슈는 과연 어느 정도 중요한가?

사례 연구를 읽은 나는 고객의 주된 장애물이 특정 문화적 이슈보다는 자신감 부족이라고 생각한다. 짧은 인생의 요약을 살펴보면 안젤라는 분명히 적극적proactive이며 회복탄력성resilient이 크다. 그녀에게 일시적으로 부족한 것은 자신의 열망aspirations을 추구할 자신감이었

---

[55] 논평자는 '문화적 차이', 배경의 차이 등이 코칭 성공 요인이기보다는 코치의 자신감, 코치이 스스로 창의적 실행이 성공 요인이라는 점을 강조한 것으로 이해된다. 다만 이를 위해 두 사람이 가진 다문화 경험에 바탕을 둔 '(다문화 간) 코칭 대화'가 이를 가능하게 했다는 점을 배경으로 언급한다.

다. 이러한 이유로, 우리는 "문화적 이슈"가 단순히 맥락적 요인contextual factors일 수 있는 경우라 오히려 신중하게 다루어야 한다.[56]

한 가지 합의할 수 있는 것은 사례 연구가 좋은 코칭 실천을 위한 중요한 예라는 것이다. 우리는 (로라보다 다문화적으로 경험이 덜한) 유능한 코치도 이 고객을 지원할 수 있었으면 좋겠다는 희망을 갖는다. 우리가 무심코inadvertently 문화적 차이를 "문제화"하지 않도록 하는 것이 코치로서 필수적이다. 다른 문화 간[다문화] 코칭에 대한 많은 글들이 여전히 다름/차이difference를 강조한다. 위험은 혹시나 코치들이 "다르게 사는 것being different"이 문제라고 **가정**하는 것이다. 예를 들어, 코칭에서 다양성(Passmore, 2013)을 다루면서 "남성과의 코칭: 알파 남성", "여성과의 코칭", "장애인과의 코칭", "게이와 레즈비언 고객 코칭"이라는 "코칭 차이"를 제목의 장으로 구분하고 있다는 점이다.[57] 의도는 긍정적이지만, 내 우려는 그러한 "차이"를 강조하는 것이 궁극적으로 오늘날 우리가 직면하고 있는 또 다른 도전의 일부라는 생각이다.

나는 다른 곳에서(van Nieuwerburgh, 2017) 코치들이 "다른 문화에 대한 감수성/민감성intercultural sensitivity"을 개발하는 것이 도움이 된다고 주장해왔다(Bennett가 1993년 소개한 용어). 다문화/문화 간 감수성intercultural sensitivity은 고객을 동등하게 존중받는 사람으로 만나는 능력ability을 말한다. 고객의 문화적 배경에 대한 심층적 이해를 요구하는 것은 아니지만, "판단 없이 코치이의 문화적 견해와 사회적 규범을 수용"할 필요가 있다(van Nieuwerburgh, 2017, p.175). 이것은 프랙티스에서 코칭 대화 중에 코칭 고객이 판단 받는다는 느낌을 갖지 않도록 하는 것을 의미한다.

따라서 '차이'라는 감각sense이 고객에게 영향을 미치지 않도록 모든 코칭 관계에서 새로운 '문화'를 창조해낼 생각을 하는 것이 도움이 될 수 있다. 초기 계약 단계에서 코치와 코치이는 **코칭 관계의 "문화"**(합의된 규칙, 행동 방식 등)를 개략적으로 설명할 수 있다. 왜

---

[56] 맥락/상황적 요인은 인정할 수 있고 코칭에서 일반적으로 공유하는 문제 인식이지만 성공의 핵심 요인은 고객으로서의 안젤라 자신에게 있지 않은가? 그렇기에 문화적 이슈가 있다고 이것을 특수하게 먼저 다룰 이유는 본래 없다고 주장한다.

[57] 다양한 연구자들의 성과를 모은 이 책은 유럽, 북미, 호주는 물론 남아프리카, 브라질, 중국, 중동, 인도, 러시아, 일본, 중앙아메리카 등 전 지역 코칭의 현황과 특징을 정리했다. 또 위에 열거한 특정한 성격의 남성(알파 남성) 여성(젠더 이슈), 장애인과 게이·레즈비언의 코칭, 코칭과 정신건강 등 코칭 대상별 주제를 다루며 대상 이해와 접근과 고려할 점 등에 관한 연구를 망라하고 있다. 논평자가 코칭 대상의 독특성과 차이에 대한 연구 자체를 지적한다면 지나친 확대 비판으로 보인다. 우리는 이런 차이/특수성에 대한 연구를 하고, 이를 딛고 지향하는 코칭의 보편적 접근으로 나가야 한다고 본다.

냐하면 이 '문화'는 '코치이'나 '코치'의 문화도 아니고 둘 다 동등한 지위(equal status)에 있고, 둘 다 이 문화에 "속하기(belong)" 때문이다. 그러면 각자는 코칭 대화를 목적으로 만들어진 코칭 문화 '안'에서 활동하면서 상대방의 자기 정체성 문화 집단을 서로 존중할 수 있다. 궁극적으로 가장 중요한 것은 코치와 코치이 **관계의 질**이다. 이 관계에서 어느 쪽도 '외국인(foreigner)', '외부인(outsider)', '다른 사람(other)'으로 느껴서는 안 된다. 두 사람 모두 인간으로서 동등한 가치를 지닌 '관계'다. 모든 코칭은 코치이들이 자신의 가치관과 원칙에 부합하는 코치이의 특정한 맥락에서 실행 가능한 실용적인 해결책을 개발하도록 지원해야 한다.

■ 토론 제안

1. 첫 논평자와의 차이점은 무엇인가?
2. 논평자는 문화적 차이, 다문화 등을 코칭에서 어떻게 다루도록 제안하는지 검토해보자.

결론

코치들이 문화 지향 프레임Cultural Orientation Framework(Gilbert & Rosinski, 2008)과 비교문화 만화경Kaleidoscope(Plaister-Ten, 2013), 아시아 고객을 위한 코칭의 문화 적응을 위한 프레임(Nanga-lia & Nangalia, 2010) 등 비교문화 구조화에 활용할 수 있는 코치들을 위한 많은 도구와 프레임들이 있다. 물론 이것들이 지닌 확실한 유용성이 있지만, 이것만으로 충분하지 않다. 위의 논평들은 코칭이 문화 전반에 대해 효과적이려면, 문화 차이에 대한 이해와 사고방식/마음가짐mindset을 개발해야 하며, 자기 문화가 그들에게 어떤 영향을 미치는지, 코치이와 상호작용에 대해 성찰해야 한다고 지적한다(Milner, Ostmeier & Franke, 2013). 이를 통해 문화 전반에 걸쳐 코치이들을 지원하는 지식과 기술을 개발할 수 있다. 특히 해외에서 온 거주자 코칭에서 중요한 역할을 하며, "방법을 알고knowing-how", "이유를 알고knowing-why", "대상을 아는knowing-whom" 능력capability은 경력 자본career capital 개발에 상당한 영향을 미친다(Salomaa & Makela, 2017).[58]

연구 전문가들에 따르면, 비교문화 코칭은 코치가 다른 문화의 전문가가 될 필요는 없으며, 국제 경험이나 비교문화 의사소통 기술과 인식을 [특별히 더] 가질 필요는 없다. 확실히 코치나 코치이가 모국어가 아닌 언어nonnative language를 사용하는 경우, 그것이 장벽이 될 수 있고, 의사소통은 훨씬 더 까다로워진다. 그렇지만 주의 깊은 경청과 추측과 가정을 피하는 것이 더 중요해 보이며 실제 이슈가 "번역으로 손실되지 않도록" 노력해야 한다. 언어와 의사소통 외에도 코치이의 현지 맥락에서 살펴보고, 코치 개인적인 선호에 의존하지 않는 코치의 추가 노력이 반드시 필요하다.

마지막으로, 위에서 강조한 바와 같이, 민족 문화national cultures를 넘어, 비교문화 코칭에 사용할 수 있는 기술들은 또한 우리가 한 그룹 사람들 사이에서 의미, 가치, 믿음을 공유하는 조직 문화와 같은 다른 유형의 문화에도 적용 가능하다. 이는 코치와 코치이 사이에 존재하는 모든 차이를 해결하는 데 적절할 수 있으며, 코치는 이전 경험과 배경을 기반으로 가정과 기대를 할 수 있고, 이는 현재 코칭 관계에 영향을 줄 수 있다.[59]

---

58) 오늘날 이런 이주민 2세대, 3세대가 우리 사회에 적응하고 있다. 이들은 성장 발달 단계에서 해결해야 할 과제와 부모와의 가족 내 문화와 사회 문화와의 갈등에 직면해서 코칭 영역에 들어오고 있다.
59) 논평자는 비교문화 코칭, 다문화 코칭은 코치가 조직 문화 안에서의 다양한 차이와 접하는 것과 사실상 유사하다고 주장하고 있다. 코치와 코치이의 삶의 경험과 배경에 의한 가정과 기대-집단이 가진 공통된 의미, 가치, 신념의 공유 외에 이것의 '차이'로 인해 관련된 '이슈'가 두 사람 사이에 있고, 이것이 더욱 중요한 점이라는 주장으로 이해된다.

추가사례 5-B. 필리핀에서 온 메리

결혼으로 한국에 온 메리는 필리핀 출신 이주 가정주부이다. 한국에 온 지 10년이 되고 아이가 셋이고, 1년 전에 힘겹게 이혼했다. 툭하면 손찌검하는 남편과 다투며 견디기 힘들었지만 이혼이 더 어려웠다. 결혼해서 한국에 오는 것보다 더 큰 용기와 끈기가 필요했다. 이혼 후에도 이어진 끈질긴 남편의 간섭과 공격을 어느 정도 이겨내고 홀로 서기를 하고 나니 더는 어려운 일이 없었고 못 할 일도 없다는 생각이 들었다. 가정부, 영어 방문 가정교사, 간단한 편지 번역, 옷 가게 점원이나 식당 서빙 파트타임 등, 때로는 막내를 등에 업고 다니며 있는 힘을 다해 살아 왔다. 첫 아이는 초등학교 다니지만 둘째는 어쩔 도리가 없이 손잡고 데리고 다니지 않으면 혼자 집에 남겨두어야 했다. 서투른 한국어도 문제지만 한글이 어려웠고, 인터넷 적응은 더 힘들었다. 이렇게 1년이 지난 후 친절한 동네 분 소개로 필리핀 이주 여성의 정착을 돕는 사회 복지단체에서 파트타임이지만 정기적으로 일하게 되었다. 이주해 온 지 얼마 안 되는 필리핀 여성들의 정착과 생활 안정, 심리적 안정을 돕는 일이다. 그들 가운데 영어가 가능한 분들도 있지만 모국어로도 소통이 가능하기 때문에 메리는 어느새 그곳에서 중요한 사람이 되었다. 또 그곳 직원들 가운데 몇 명과는 더욱 가까워져 친언니 같이 의지하게 되고 생활도 크게 안정되었다.

메리는 이런 자신의 생활 안정에는 복지센터 팀장의 보이지 않는 관심과 지원 덕분이라는 것을 잘 알고 있다. 그는 몇 달 전부터 복지단체 직원들에게 제공하는 코칭을 메리에게도 연결해주었다. 너무 편안함을 주는 큰언니 같은 40대 후반의 코치다. 화면으로 만나는 주 1회 코칭은 메리를 또 다른 세계로 안내했다. 육아, 메리 자신이 한국에서 열심히 살기 위한 방법이나 정보 찾기 등 어려운 문제를 해결했지만, 무엇보다 심리적으로 의지가 되는 시간이었다. 영어, 한국어를 다 사용하고, 때로는 눈치와 마음으로 소통이 되어 코칭에 불편함이 전혀 없다. 코치와의 대화로 사람들의 마음이나 생각을 이해할 수 있었고, 무엇보다 남자들에 대한 이해도 더 할 수 있었다.

20여 회가 지난 어느 날 코치는 메리의 한국어 실력과 영어 등 그동안 했던 코칭 대화를 바탕으로 여성부에서 지원하는 취업과 경력 안정을 위한 교육 지원 제도를 소개하며 도전해보기를 제안했다. 또 구체적 방안으로는 대학의 한국어 학당도 소개했다.

2년이 지나 메리는 필리핀 여성 대상의 한국어 교사가 되었으며, 2년 단위 계약직이

긴 하지만 안정적 직업을 갖게 되었다. 아이들과 필리핀에 다녀왔다. 또 코치 사무실도 자주 방문한다. 코치가 대학원에 유학 온 여러 국적의 외국인 학생들에게 코칭을 강의하는 데 지원 강사로 옆에서 같이 참여하고 있다. 코치는 이런 아르바이트가 있으면 언제나 메리를 부른다.

1. 코치의 접근에서 문화적 차이가 어느 정도 고려되었다고 보는가?
2. 코치가 주요하게 주목했을 법한 점, 개입 지점은 무엇으로 보는가?
3. 메리의 변화 요인은 무엇인가?

참고자료

Abbot, G. N., & Salomaa, R. (2017). Cross-cultural coaching: An emerging practice. In T. Bachkirova, G. Spence, & D. Drake (Eds.), *The sage handbook of coaching* (pp. 453—469). London: Sage Publications.

Athanasopoulou, A., & Dopson, S. (2017). A systematic review of executive coaching outcomes: Is it the journey or the destination that matters the most? *The Leadership Quarterly, 29*(1), 70-88.

Bennett, M.J. (1993). Towards ethnorelativism: A developmental model of intercultural sensitivity. In R. M. Paige (Ed.), *Education for the intercultural experience* (2nd ed., pp. 21-71). Yarmouth, ME: Intercultural Press.

Boyatzis, R. E., Smith, M. L., & Blaize, N. (2006). Developing sustainable leaders through coaching and compassion. *Academy of Management Learning & Education, 5*(1), 8-24.

Callon, M., & Rabeharisoa,V. (2004). Gino's lesson on humanity: Genetics, mutual entanglements and the sociologists role. *Economy and Society, 33*(1), 1—27.

Chatwani, N. (2015). A cross-cultural approach in coaching as viewed through the Guru-Sisya Parampara. InV. Pereira, & A. Malik (Eds.), *Investigating cultural aspects in Indian organizations* (pp. 69-78). NewYork, NY: Springer International Publishing.

Chia, R. (2013). In praise of strategic indirection: An essay on the efficacy of oblique ways of responding. *M@n@gement, 16*(5), 667-679.

Chia, R. (2014). Reflection: In praise of silent transformation — allowing change through letting happen. *Journal of Change Management, 14*(1), 8-27.

Donaldson,T., & Dunfee, T.W. (1994).Toward a unified conception of business ethics: Integrative social contracts theory. *Academy of Management Review, 19*(2), 252-284.

Donaldson,T., & Dunfee,T.W. (1999). *Ties that bind: A social contracts approach to business ethics*. Cambridge, MA: Harvard Business School Press.

Drake, D. (2009). Identity, liminality and development through coaching: An intrapersonal view of intercultural sensitivity. In M. Moral, & G. Abbott (Eds.), *The Routledge companion to international business coaching* (pp. 61-74). London: Routledge.

Drake, D. (2015). *Narrative coaching: Bringing our stories to life*. Petaluma, CA: CNC Press.

Expat Communication (2011). *Panorama de l'expatriation au feminin*. Retrieved from www. expatcommunication.com

Fang,T. (2012).YinYang:A new perspective on culture. *Management and Organization Review, 8*(1), 25-50.

Fatien Diochon, P., & Nizet, J. (2015). Ethical codes and executive coaches: One size does not fit all. *The Journal of Applied Behavioral Science, 51*(2), 1—25.

Flores-Pereira, M.T., Davel, E., & Cavedon, N. R. (2008). Drinking beer and understanding organizational culture embodiment. *Human Relations, 61*(7), 1007-1026.

Frank Bresser Consulting (2009). *Consulting report: Global coaching survey*. Retrieved from www.frank-bresser-consulting.com

Gentry, W. A., Manning, L., Wolf, A. K., Hernez-Broome, G., & Allen, L.W. (2013). What coaches believe are best practices for coaching: A qualitative study of interviews from coaches residing in Asia and Emope. *Journal of Leadership Studies, 7*(2), 18—31.

Gilbert, K., & Rosinski, P. (2008). Accessing cultural orientations: The online cultural orientations framework assessment as a tool for coaching. *Coaching: An International Journal of Theory, Research, and Practice, 1*(1), 81-92.

Greenstein, G. (2016). *Intersectionality and executive coaching. Transforming perspectives*. (PhD thesis). Columbia University,Teachers College.

Hicks, M., & Peterson, D. (1999). Leaders coaching across borders. In W. H. Mobley, M. J. Gessner, &V. H. Arnold (Eds.), *Advances in global leadership* (Vol. 1). Stamford, CT:Jai Press.

Hofstede, G. (2011). Dimensionalizing cultures: The Hofstede model in context. *Online Readings in Psychology and Culture, 2*(1). 참고:『세계의 문화와 조직:정신의 소프트웨어』 나은영 외 옮김. 학지사. 2014

Howard, G. S. (1991). Culture tales: A narrative approach to thinking, cross-cultural psychology, and psychotherapy. *American Psychologist, 46*(3), 187-197.

Ivanova, O., & Persson, S. (2017).Transition as a ubiquitous and a continuous process: Overcoming the Western view. *Journal of Change Management, 17*(1), 31-46.

Jullien, F. (1999). *The propensity of things. Toward a story of efficacy in China*. NewYork, NY: Zone Books. 『사물의 성향』-중국인의 사유방식, 프랑수아 줄리앙, 박희영 옮김, 한울. 2009.

Jullien, F. (2007). *Vital nourishment departing from happiness*. NewYork, NY: Zone Books.

Jullien, F. (2014). *On the universal, the uniform, the common and dialogue between cultures*. Cambridge: Polity Press.

Jullien, F. (2016). *Il n'y a pas d'identite cultmelle*. Paris: Editions de l'Herne. 『문화적 정체성은 없다』 프랑수아 줄리앙. 이근세 옮김 교유서가 2020

Lam, P. (2016). Chinese culture and coaching in Hong Kong. *International Journal of Evidence Based Coaching and Mentoring, 14*(1), 57—73.

Li, P. P., Leung, K., Chen, C. C., & Luo, J. D. (2012). Indigenous research on Chinese management: What and how. *Management and Organization Review, 8*(1), 7-24.

Lysgaard, S. (1955). Adjustment in a foreign society: Norwegian fulbright grantees visiting the United States. *International Social Science Bulletin, 7*, 45—51.

McDonald, B. (2014). Coaching whiteness: Stories of 'Pacifica exotica' in Australia high school rugby. *Sport, Education and Society, 21*(3), 465-482.

McSweeney, B. (2002). Hofstede's model of national cultural differences and their consequences: A triumph of faith a failure of analysis. *Human Relations, 55*(l), 89-118.

Milner, J., Ostmeier, E., & Franke, R. (2013). Critical incidents in cross-cultural coaching: The view from German coaches. *International Journal of Evidence Based Coaching and Mentoring, 11*(2), 19-32.

Nangalia, L., & Nangalia, A. (2010). The coaching in Asian society: Impact of social hierarchy on the coaching relationship. *International Journal of Evidence Based Coaching and Mentoring, 8*(1), 51-66.

Nieuwerburg van Christian. (2017). An Introduction to Coaching Skills: A practical guide. SAGE.

Passmore, J. (Ed.). (2013). *Diversity in coaching: Working with gender, culture, race and age* (2nd ed.). London: Kogan Page.

Persson, S., Agostini, B., & Kleber, A. (2017). In Praise of a Flexible and Sustainable HR Support, *Journal of Management Development, 36*(3), 298-308.

Persson, S., & Shrivastava, P. (2016). Sustainable development of human resources inspired by Chinese philosophies: A repositioning based on Francois Jullien's works. *Management and Organization Review, 12*(3), 503-524.

Persson, S., & Wasieleski, D. (2015). The seasons of the psychological contract: Overcoming the silent transformations of the employer-employee relationship. *Human Resource Management Review, 25*(4), 368-383.

Plaister-Ten, J. (2013). Raising culturally-derived awareness and building culturally-appropriate responsibility: The development of the cross-cultural kaleidoscope. *International Journal of Evidence Based Coaching and Mentoring, 11*(2), 53—69.

Rosinski, P. (2003). *Coaching across cultures*. Boston, MA: Nicholas Brealey.

Rosinski, P. (2010). *Global coaching: An integrated approach for long-lasting results*. London: Nicholas Brealey.

Salomaa, R., & Makela, L. (2017). Coaching for career capital development: A study of expatriates' narratives. *International Journal of Evidence Based Coaching and Mentoring, 15*(1), 114-132.

Sherpa Coaching (2015). *Executive global coaching survey*. Retrieved from www.sherpacoaching.com

Shoukry, H. (2016). Coaching for emancipation: A framework for coaching in oppressive environments. *International Journal of Evidence Based Coaching and Mentoring, 14*(2), 15-30.

Shrivastava, P., & Persson, S. (2014). A theory of strategy: Learning from China: From walking to sailing. *M@n@gement, 17*(1), 621-644.

van Nieuwerburgh, C. (2017). Interculturally sensitive coaching. In T. Bachkirova, G. Spence, & D. Drake (Eds.), *The sage handbook of coaching* (pp. 439-452). London: Sage Publications.

Wenzel, C. H. (2010). Isolation and involvement: Wilhem von Humbold, Francois Jullien and more. *Philosophy East and West, 60*(4), 458-475.

Wierzbicka, A. (2014). *Imprisoned in English*. New York, NY: Oxford University Press. 참고 『다문화 의사소통론-비교문화 활용론과 인간 상호작용의 의미론』 애나 비어즈비스카. 이정애 외 옮김. 연락. 2013.

제6장

코칭 계약

소개

코칭 계약은 성공적 개입을 위한 구성요소building blocks의 하나로 자주 언급된다. 이는 계약이 지닌 복잡성complexity을 과소평가해서는 안 되기 때문이다.

첫째, 계약이 지닌 다양성multiplicity을 인정하는 것이 중요하다(Fielder & Starr, 2008). 계약에는 배움과 관련된 **학습 관련 계약**learning contract이 포함되어 있다.[1] 달성해야 할 주어진 목표objectives, 본인이 이루려는 목적purpose, 잠재적 사정/평가assessment와 평가 기간 등이다. 예를 들면 ①서비스 기준, ②코칭 비즈니스 실행 안내, ③기밀유지 내용과 관련 문장, ④비용과 지급 관련 세부사항 등이다.

다음은 **관계 관련 계약**relational contract이다.[2] 코치와 코치이 사이의 정직성, 개방성, 신뢰성reliability지침이 이에 해당된다. ①피드백 제공과 수신 관련 세부사항, ②코치 활용과 후속조치, ③문서의 보관과 폐기 사항 등이다. 계약은 당사자의 역할을 분명히 하고, 명확한 목표를 설

---

1) 열거한 내용이 학습과 배움 관련 계약인 이유를 검토해보아야 한다. 목표와 목적, 사정 등을 진행하며 공유하는 과정, 이를 근거로 구체적인 계약 내용을 구성한다는 점. 고정된 계약 내용이기에 앞서 고객(조직과 코치이)과 함께 만들어가는 '과정'이 바로 학습과 배움의 성격을 지닌다는 것이다.
2) 처음 만난 고객과 관계를 설정하는 것은 **코칭 관계 구조화**이고, 이는 향후 코칭 관계의 질적 수준을 드러낸다. 열거한 세부 항목이 어떻게 코칭 관계와 연결되는지 충분한 이해가 필요하다.

정하고, 비즈니스와 대인관계 관행을 정의해 오해를 피함으로써 모든 이해관계자에게 긍정적인 결과를 보장하는 것을 목표로 한다(Ennis, Goodman, Otto & Stern, 2012).

세 번째, 계약에는 **명시적**이고 **암묵적**(Fatien, 2012)인 내용들이 있다. 법적 계약은 대부분 공식적이고 명시적이지만, 학습과 관계 관련 계약 부분은 암묵적인 경우가 많아 여러 가지 잠재적 도전을 초래할 수 있다.[3]

실제로, 계약 조건(들)을 정의하고 설정할 때 의사결정 전에 상당한 주의due diligence를 해도 이해관계자들의 서로 다른 기대의 일치/정렬을 보장하기가 충분하지 않을 수 있다. 이것이 이장에서 탐구할 내용이다. 먼저 하청과 관련된 것이고 다음은 기밀유지 협정과 관련된 것이다.

첫 번째 사례, **코칭은 코치이를 위한 것인가, 그의 매니저를 위한 것인가**는 하청 계약으로 고객을 코칭하는 캐롤Carol의 사례를 제시한다. 컨설팅 회사가 고객 조직에 코칭을 제공하기 위해 코치를 고용한 상황이다. 이 경우는 이해관계자가 추가되고, 코칭 관계와 상호 책임 관계가 다양해진다. 코칭 전달deliverable에도 복잡성이 늘어난다. 특히 캐롤의 사례는 코칭하게 될 코치acting coach가 고객 조직과 초기 대화에 실제로 참여하지 못했다. 이런 초기 부재initial absence로 아젠다 설정이나 계약상의 합의에 코치의 개입이 허용되지 않는다. 계약을 합의하고 코칭 개입이 진행되면서 다른 어려운 과제도 새로이 나타날 수 있다. 캐롤은 뒤늦게 자기와 코칭하는 코치이의 매니저에게서 자신이 코치이의 특정 행동에 영향 미치기를 원한다는 사실을 동료 코치를 통해 전달 받았다. 이에 어떻게 반응해야 할지 확신이 서지 못했다.

두 번째 사례에서 **말할 것인가 말 것인가**To tell or not to tell로 고민한다. 기밀유지가 코칭 계약의 필수 부분이지만, 코치의 견해는 계약에 어떻게 접근하느냐에 따라 달라질 수 있다고 생각한다. 우리는 안나Anna의 사례를 살펴보며 경력 초기에는 계약의 일환으로 기밀유지 협정을 활용했지만, 나중에는 그녀의 실천 방식에 장애impediment가 되어 완전히 기밀유지를 내려놓고 활동하기로 결정한 사례이다.

---

[3] 코칭 계약에서 코칭 진행 과정(두 사람의 코칭 여정)을 서로 '유지 관리'해야 한다는 점도 중요한 추가 사항이다. 코칭 여정은 예측하기 어려우며 다양한 도전이 수시로 드러날 수 있다. 계약 기간 중 계약에 영향을 줄 다양한 도전은 명시적-암묵적 부분으로 드러난다.

■ 사전 점검

1. 코칭 회사에서 팀으로 프로젝트를 수행할 경우 [1]팀 동료 코치 사이의 아젠다 관리, [2]다양한 이해관계자의 요구 조정과 합의, [3]코치들끼리 고객 개인의 비밀 준수와 관리 등 다양한 상황을 예상할 수 있다.
   - 이 경우 예상되는 쟁점을 모두 찾아보자.
2. 코칭 회사와 코치의 관계가 다양하다. 자신이 경험해온 관계를 유형별로 열거해보자. 전속 관계인가, 프로젝트에 한정된 관계인가, 각 관계별 예상되는 쟁점과 어려움, 윤리적 딜레마 등을 검토해보자.
3. 코치와 고객 개인이 직접 계약을 체결하는 경우 코칭 계약 관련해서는 어떤 쟁점이 있을 수 있는지 검토해보자.

사례 6-1. 코칭은 코치이를 위한 것인가, 그의 매니저를 위한 것인가?

캐롤은 코칭 회사 소속 임원코치다. 코칭 회사는 컨설팅 회사와 계약을 맺고, 컨설팅 회사의 고객사 임원을 코칭하기로 했다. 컨설팅 회사에게 하청받는 코칭은 코치가 감당해야할 몫이 복잡하다. 캐롤의 코칭 회사는 컨설팅 회사가 고객 회사와 코칭 아젠다를 수립한 후 하청받았고, 고객 조직을 접촉했다. 캐롤과 동료들은 자기 의견이나 동의 없이 코칭 회사에서 합의된 내용을 전달받았다. 캐롤은 고객 회사의 임원 벤Ben을 코칭하고, 캐롤의 동료 마이클Michael은 다른 임원인 벤의 매니저를 코칭하게 배치되었다. 캐롤은 기대가 분명하고, 목표가 일치하는지 확인하기 위해 코칭 시작 전 코치이의 매니저와 꼭 만난다. 그러나 하청을 준 컨설팅 회사가 이미 고객 조직과 이런 대화를 나눈 상태였고, 캐롤은 특별한 이유를 모른 채 이를 진행하지 못했다.

코칭이 시작된 몇 주 후, 벤의 매니저는 자기 코치인 마이클에게 이렇게 말했다. "벤의 행동에 변화가 있는지 정말 보고 싶다. 벤이 이번 기회에 코칭을 통해 결과를 확실히 얻을 수 있게 신경 써줄 수 있는가?" 그렇지만 이와 관련한 내용은 처음에 알게 된 코칭 목표의 일부가 아니었다. 마이클은 캐롤에게 이렇게 의사를 전했다. "캐롤, 당신이 벤과 함께 이 점을 성사시켜야 합니다!" 이 요청은 두 코치 사이에 조금 긴장을 유발했다. 캐롤은 동료가 자기에게 원래 합의된 계약에서 벗어난 요청으로 느꼈기 때문이다. 그녀는 이 요청이 자신의 작업 범위에 있다고 생각하지 않았고, "내가 그렇게 해야 하는가?"라고 혼자 생각하게 되었다. 결과적으로 그녀는 자신의 역할에 대해 긴장tension과 저항resistance, 혼란confusion을 느꼈다.[4]

성찰 질문

- 상위 관리자나 다른 이해관계자가 코칭 중간에 코칭 아젠다를 바꾸고 싶어 할 때 당신은 어떻게 하는가?
- 하청받은 조직이 코칭 과제를 다루며, 코칭이나 이해관계자들의 권력역동이 영향이 미칠 때 이를 어떻게 대처하는가?

---

4) 한 코칭 회사에 소속된 코치들이 같은 회사의 임원을 대상으로 (한시적이라도) 코칭하는 경우, 우리 현실에서는 코치들의 협력이 당연하며, 코치이의 코칭 성공에 상호 협력과 보조를 맞추는 것은 당연하다는 생각이다. 그러나 이 같은 당연한 태도 역시 검토가 필요하다. 같은 팀이 함께 임원코칭을 진행하는 것이면, 캐롤이 합의한 코칭 이슈와 매니저에 의해 간접적으로 전달된 이슈를 이렇게 예민하게 구분해야 하는가 의문이 제기된다. 엄밀히 보면 우리 현실에서는 단순 정보 확인, 제안과 검토, 재계약 시도, 암묵적 공모 등 여러 가지가 드러나기도 한다.

컨설팅 회사를 중개intermediary로 함께 일하는 것은 그녀의 평소 코칭 접근과는 분명히 달랐다. 그녀가 고객과 직접 계약을 맺었을 때는 이런 과정을 잘 통제할 수 있었다. 잠재적인 기대를 명확히 하는 것, 의사소통, 코칭 관계 확립 등을 잘해왔다. 그러나 현재 상황은 그녀에게 여러 가지 복잡한 상황을 야기했다.

첫째로 그녀는 벤이 얻고자 하는 직접적인 유익을 확인하고 그에게 도움이 되도록 최선의 관심을 제공하고, 그에게 솔직한 사람이 되고 싶었다. **둘째** 벤의 매니저가 요청한 것을 합리적으로 느낀 동료 코치 마이클과의 관계를 다룰 필요가 있었다. 벤의 매니저는 정말로 어떤 변화를 보고 싶어 했지만, 그녀로서는 코치이 벤이 희생양이 되는 것은 보고 싶지 않았다. **마지막으로** 하청을 준 컨설팅 회사와 코칭 회사가 체결한 계약도 고려해야 했다.

그녀는 이런 상황과 마이클을 통해 얻은 새로운 정보를 먼저 자기 고객을 돕는 데 활용할 수 있는지 의문이 들었다. 아울러 철저한 기밀유지를 보장하기 위해 정보원을 공개disclose하지 않도록 주의도 해야 했다.[5]

캐롤은 마침내 동료에게 돌아가 현 상황에 대한 생각과 감정을 설명하기로 했다. 벤과 그의 매니저가 서로 분명히 논의되지 않은 이슈라면 애초 자신의 계획을 수정modify하지 않을 것이라고 말했다. 그녀는 마이클에게 벤의 매니저가 어떻게 하면 매니저 역할을 잘 수행할 수 있는지 코칭할 수 있게 기회를 잡도록 마이클을 격려했다.

성찰 질문
- 캐롤이 처한 상황을 보며 당신은 어떤 윤리적인 이슈를 제기할 수 있는가? 이유는 무엇인가?
- 캐롤과 같은 상황이라면 당신은 동료에게 어떻게 대처하겠는가?
- 컨설팅 회사의 계약과 활동에 피드백을 한다면 어떻게 할 수 있는가?

---

[5] 같은 회사를 코칭하는 팀 또는 코치들끼리 의사소통과 상호 영향은 '기밀유지'와 관련한 경계 관리가 이슈로 제기된다. 이 이슈에는 코치들의 집단/개인 역동도 포함된다. 전문가들이 전문가 수준에서 어떻게 관계를 맺어야 하는가 하는 과제이다. 또 코치 회사 조직 차원에서는 개인과 집단을 위한 수퍼비전 체계를 구축해야 하는 과제도 제기된다.

■ 사례 검토

1. 하청받은 코칭 프로젝트를 코칭 회사 차원에서 진행하는 경우도 있지만 코칭 회사와 관계 없는 독립 코치가 팀이 구성된 후 중간에 참여하게 되는 경우도 있다. 코칭 회사 내부에 다양한 형태의 수퍼비전 구조가 없는 경우 등 현실은 더 복잡하고 다양할 수 있다. 이때 독립 코치의 코칭 윤리, 코칭 계약과 관련해 사전에 점검할 내용이 있다면 무엇인가? 모두 열거해보자.

2. 위와 같은 조건은 코치이-코치의 코칭 관계 구조화coaching setting를 중심으로 볼 때 사전/사후에 영향을 미치는 외적 환경이 된다. 외적 환경을 고려하면서도 코칭-관계 구조화를 안전한 공간으로 설계하고 유지 관리해야 하는 것은 코치의 책임이다. 특별히 유념해야 할 점이 있다면 모두 열거해보자.

3. 캐롤과 마이클 두 코치는 어떤 관계적 특성을 갖는가? 동등성, 윤리적 민감성, 코칭 접근 방법 등이 다를 수 있다. 이 관계 관리를 위해 코치가 준비해야 할 자세나 내용은 무엇인가?

4. 사례 설명만 보면 벤과 그 매니저는 어떤 관계인지 의문이 든다. 코치와의 관계를 매개로 해 암암리에 간접적으로 의사소통하는 것은 아닌가? 일단 직접 소통할 수 없다면 잠재적 이슈가 있는 관계이다. 이럴 경우 코치인 벤과 마이클은 이 이슈를 어떻게 해야 하는가?

논평 6-1. A

샤를라인 S. 루소

코칭 계약은 "더 생산적인 결과를 촉진facilitate하고…, 앞으로 예상되는 오해와 실패 가능성을 줄이는 것"(Bluckert, 2006, p.38)이 핵심이다. 이는 "코칭의 개인적, 조직적 목표를 모두 정립하고, 이 과정에서 모든 사람의 역할과 책임을 명확히 해야" 달성된다(p.39). 이 사례는 서로 다른 이해관계자들의 목표objective와 역할이 명확하지 않아 캐롤에게 긴장, 저항, 전반적인 혼란을 주었다. 이 점은 고객 벤에게 중요한 기회를 잠재적으로 놓치게 하거나 심지어 손해를 입힐 수 있다.[6] 우리는 이 사례에서 숨겨진 아젠다가 명시적인 아젠다와 어떻게 공존하는지 알 수 있다. 이런 상황에서 하청을 준 회사의 역할에 따라 관련 계약과 이해관계자의 수만큼 복잡성이 추가로 발생한다.

실제 코칭 계약에는 서로 관련된 일반적 내용이 포함된다. 베른(Berne, 1974)은 계약을 관리 부분과 전문성 부분, 정신적/심리적 부분 등 세 가지로 성격을 구분한다. **계약의 관리적 부분**The Administrative Contract은 ①세션 빈도와 횟수, 기간, ②시작과 종료 날짜, ③코칭비, ④제공할 서비스와 법적 제한 등을 포함한 비즈니스 계약이다(Hay, 1995).[7] **계약의 전문성 부분**The Psychological Contract은 ①달성 가능한achievable 목표, ②방법론, ③관찰 가능한observable 결과, ④두 사람이 합의한 결과, ⑤그 실현을 위한 이해관계자의 역할을 명확히 하는 것 등이 포함된다(Krausz, 2005).[8] 이 계약은 보통 직접 상위 매니저, 코치이와 코치 사이의 관계이기에 삼각 계약Three Cornered Contract(English, 1975)이라고 부르며, 때로는 HR이 네 번째로 포함되기도 한다. **계약의 정신적/심리적 부분**The Psychological Contract은 코칭 참여에 직접 관여하는 사

◆ 필자: Charline S. Russo: 펜실베니아 대학(PA), 미국 예술 및 과학 스쿨, 조직 역동학과 창시자. The CampoMarzioGroup, LLC. campontarzio@gmail.com

6) 벤에게 주어진 코칭 기회를 충분히 활용하여 자기 성장과 성숙의 발판을 마련할 수 있다는 점에서 볼 때 이 같은 명확하지 못한 진행은 결국 코치이에게 손실이다. 계약과 관련해 이런 수준까지 확대해 성찰해야 한다는 논평이다. 벤에게 예상되는 현실적인 잠재적 손해를 연상해 본다면 어떤 것이 있는가? 유사한 사례도 찾아보자.

7) 세션 진행에서 ①정기성, ②지속성을 어떻게 합의하느냐, 적절한 코칭 회기와 기간 설정 관련 ③고객 맞춤(이를 코칭 관계 구조화를 위한 3원칙으로 주장한다.) 등이 고려된다. 또 단일회기 코칭, One-day 코칭, 걷기/산책(을 겸하는) 코칭 등 세션 구성의 다양성에 따라 계약의 관리적 부분이 검토될 수 있다.

8) 코칭 결과 측정 방식에 대한 사전 합의(내용과 이미지 수준에서의 일치) 등도 포함된다.

람들이 개인적으로 말하지 못한 무언의unspoken 요구와 각 이해관계자들이 가진 '신념'과 관련이 있다(Rousseau, 1989). 이 부분에는 ①코치가 구조화하는 코칭 관계와 ②고객의 기대, 이와 관련해 맺는 ③둘 사이의 '약속promissory'이 계약에 모두 포함된다(Salicru, 2009).

캐롤이 하청받은 상황은 Q.코칭 계약의 기준과 어떤 점이 다른가? Q.이해관계자는 누구이며 각자와 관련한 계약 부분이 얼마나 명시적이며, 코칭 결과는 어떻게 되는가?

계약의 관리적 부분은 캐롤의 코칭 회사를 하청 업체로 둔 컨설팅 회사와 조직 고객 사이에서 설정된다. 이 사례는 캐롤의 코칭 회사는 컨설팅 회사의 하청 업체이고, 고객 조직이기에 한 겹layer의 복잡성이 추가된다. 캐롤이 이 상황picture에 들어가기 전에 계약의 관리적 부분이 진행되었기에, 그녀는 합의된 계약에 어떤 의견도 투입할 수 없었다. 더구나 그녀는 계약 내용에 관한 명확한 이해awareness 없이 코칭 과제를 **받아들인 것**으로 보인다. 결과적으로 캐롤은 하청 업체 코치로서 자신의 의견이나 동의 없이 합의된 것을 전달받았다. 그렇다면 그녀는 이를 수용함으로써 단지 '전달받은 자'일 뿐, 계약을 수립하면서 이를 통해 **가치를 추가**하는 사람이 아닌 것이다. Q.코칭 계약은 실제로 언제 시작되는가? Q.계약의 관리적 부분도 코칭 과정의 중요한 일부가 아니란 말인가?[9] 이 점은 다른 의문으로 이어진다.

계약의 전문성 부분은 삼각 계약이다(English, 1975)이다. 그러나 이 사례의 경우, 컨설팅 조직, 고객 조직, 캐롤이 일하는 코칭 회사, 벤의 매니저, 마이클(벤의 매니저의 코치), 벤(캐롤의 코치이), 캐롤 등을 포함해 관여하게 될 주체가 더 많이 있을 수 있다. 계약 경계를 위협하는 이런 도전은 캐롤에게 혼란을 야기한다. 벤의 매니저는 마이클을 동원해 계약의 전문성 부분을 위반하면서 벤의 행동을 변화시키려는 새로운 기대를 소개하자 그녀는 그들이 무엇을 벤에게 전달하기를 기대하는지 불확실한 채 남겨진다.[10]

계약의 정신적/심리적 부분은 무언의unspoken 기대를 포함한다. 코칭 관계에 이해관계자로 얽혀 있는 사람들이 말을 못하거나 안 할 수 있지만 이 사례처럼 반대로 표면화 될 수 있다. 리(Lee, 2012)가 지적했듯이, 계약의 정신적/심리적 부분은 주로 이것이 위반될 때

---

9) 코치는 비록 전달받는 과정이라도, 내용을 충분히 확인할 필요가 있다. 전달받는 자의 위치에 머물러서는 안 된다. 원칙적으로는 계약의 **관리적 부분도 코칭**이라는 것이 논평자의 주장이다. 벤을 만나는 첫 만남과 초기 과정에서 코칭 주제를 명확히 하고, 이해관계자와 상호 합의를 하는 과정에서 코칭 목표를 합의한다. 코치는 주제와 목표 **개발**을 통해 코칭 **가치를 추가**할 수 있다. 코치가 이 점을 하지 못한 점은 곧 코치이 벤의 잠재적 손해이다. 최소한 계약의 관리적 부분에 대해 캐롤이 부실하다는 논평자의 시각이다.

10) 캐롤은 코치로서 주체성이 혼란된 채 상황과 구조에 떠밀려 갈 수 있다. 이는 캐롤과 벤 모두에게 영향을 미친다. 코칭 계약과 관련한 코치의 전문성은 손상당할 수 있다. 캐롤에게 수퍼비전 구조가 있다면 이 점을 탐색하고 대처해야 한다.

오히려 분명해진다.[11] 벤의 매니저의 말하지 않은 기대가 표면화된 것이다. 이 요청은 확실히 윤리적인 이슈(행동적 순응/맞춤/형태일치이지만, 이것은 또 다른 주제다!)이다.[12] 우리는 코칭 준비를 위한 초기 회의 중 말하지 못한/않은 무언의 기대가 분명하지 않을 때 윤리적 딜레마가 어떻게 발생하는지 이를 통해 알 수 있다. 이런 딜레마는 '고객이 소망하는 해석과 비현실적 기대'에서 비롯된다(Lee, 2012, p.52). 내 경험상 고객 조직, 관리자, 코치이와의 명확성과 이해 부족은 대체로 결과 달성과 관련해서는 **성취 부족**으로 귀결된다(이 사례에서 요청이란 단지 요청일 뿐 이해나 합의의 일부가 아니었기 때문에). 또 프로세스 후반에 이르면 당사자 사이의 어려운 대화로 이어지게 된다.[13]

코치가 하청 계약assignments으로 일하는 기회는 드문 일이 아니다. 그러나 이것이 코치가 효과적이고 잠재적으로 성공적인 코칭 계약을 달성하는 것을 방해하지 않아야 한다. 따라서 코치가 캐롤처럼 하청 계약을 물려받았을 때, Q."건강한" 진행 방식은 무엇인가? 캐롤에게 이것은 가능한 한 **평소의 과정을 최대한 따르려고 노력**하는 것을 의미한다.[14]

첫째, **계약의 관리 부분**은 캐롤이 계약 성립에 참여하지 않았음에도 컨설팅 회사-고객 조직의 계약 설명clarification을 위한 접촉을 요청할 수 있다.

둘째, 캐롤은 계약 초기 단계에서 **계약의 전문성 부분**을 수정할 수 있는 기회가 있다. 그

---

11) 말 못 하거나 안 하는 잠복된 아젠다가 코칭 여정에서 코치이는 언제나 드러내 돌출할 수 있다. 계약 단계에서 이를 언급하고 기본 규칙으로 보장해 두어야 한다. 또 이로 인해 코칭 여정과 결과에 영향을 주는 경우의 대안 조항, 계약 변경 여부 등도 검토해야 한다. 코치는 사전에 점검하는 소신과 민감함이 필요하며, 여정 중에도 이에 적절히 대처해야 한다.

12) behavioral conformation: 순응 행동. 이를 윤리적 차원에서 어떻게 이해할 것인가? 고객은 말할 수 없는/못 하는 자신의 기대, 원함 등을 조직 현실이나 상황, 코치의 태도나 코칭 관계, 자기 이슈 때문에 ①말하지 못하고 순응, ②적극적인 맞춤 행동, ③그냥 마음 관련 없이 형식 맞추기 등의 태도를 유지할 수 있다. 이를 코치가 모른 척 안주/외면/무의식적 공모를 한다면 이는 곧 윤리적 이슈가 된다. 이런 계약의 정신적 심리적 부분을 다루지 못하면 이는 성취가 부족한 코칭 결과를 초래한다는 것이 논평자의 시각이다.

13) 고객, 이해관계자의 ①'요청' 사항, 이를 듣고 ②'이해'한 사항, 코치와 ③'합의' 사항 등을 논평자는 엄밀히 구별하고 있다. 중간에 전달된 것일 뿐 캐롤의 코칭에 반영 여부는 관련 당사자 모두 합의가 이뤄지지 않는다면 나중에 문제가 애매하게 된다. 이를 모두 외면하는 것은 무/의식적 '공모'이다. 전달받은 위치에 있는 캐롤이 윤리적 비탈길로 몰릴 수 있다. 만약 벤이(조직 내 사내 정치에 밀려) 나중에 같은 문제를 제기하게 되면 코치의 '능력'이 이슈가 될 수 있다.

14) 이런 평범한 의도와 기본적 접근은 코치의 기본 자세이다. 그러나 코칭 비즈니스 관계는 경우에 따라 캐롤이 현실 경험이 적거나 잘 모르는 무능하거나, 너무 민감하고, 까다로운 코치로 평가받게 될 수 있다(부드럽게 배제되거나 소외되는 결과). 이는 전문가 사이의 윤리적 수준, 유지 관리와 관련해 코치나 코칭 회사와 다양한 이슈가 맞물린 이슈는 잠복된다. 코치로서 비즈니스 계약에서는 기회를 잃을 수 있다. 그러나 코치는 오로지 자기 중심을 갖고 의식과 성장/성숙의 여정을 이어가야 한다. 초보자를 벗어나더라도 초심자의 마음가짐은 유지해야 한다.

녀는 ①컨설팅 조직과 그 고객 조직이 체결한 계약을 검토하고 기대에 대한 명확성과 일치를 확인하고 보장받을 수 있다. 그다음 이 ②계약의 다른 당사자corners를 만나 코칭의 필요성(Why?) 기대(What?), 그것이 미치는 영향temporality(왜 지금이고, 코칭 계약 기간이 어느 정도인가?), 개입 과정(How?)을 검토할 수 있다. 벤의 코치로서 캐롤은 그를 ③개별적으로 만나 현안pending issues들을 논의할 수 있고, ④마이클과도 이야기하여 그녀의 코칭 과정, 기밀유지의 경계, ⑤코칭 과정에서 개인의 프라이버시 영역에 대한 지원 시스템을 마땅히 검토할 수 있다.[15]

셋째, **계약의 정신적/심리적 부분**은 암묵적 특징을 감안할 때, 이를 명시적으로 만들려고 하는 것은 역설적이다. 그런데도 코치들은 이런 **암묵적인 기대**가 항상 과제engagement의 일부라는 것을 알아야 한다. 이 사례는 무언의 기대가 어떻게 혼란과 긴장을 조성하는지 잘 보여준다. 캐롤의 경우, 정신적/심리적 계약 부분은 벤의 매니저가 스스로 제기한 것이 아니라 그의 코치 마이클에 의해 명시적으로 이루어졌다는 사실에 더 복잡한 점이 있다. 이것은 코칭 프로세스에 추가적인 간섭interference을 야기하는 행동이다. 내가 보기에 마이클이 캐롤과 나눈 대화는 부적절해 보인다. 고객의 기밀유지를 침해하고 코치 캐롤의 행동에 대한 윤리적인 도전이다. 또 마이클은 코치이가 숨겨둔 자기의 원함을 언급하자 동료 코치인 캐롤에게 아마도 자신이 영향을 줄 수 있다는 메시지를 그에게 보낸 것으로 짐작된다. 캐롤이 동료인 마이클과 이야기를 나누고, 그 상황에 대해 자기 생각이나 느낌을 설명하기로 한 것은 적절하고, 마이클과 **계약의 전문성 부분**을 검토하는 것이 필요해 보인다. 그러나 캐롤이 "이 기회를 잡아 벤의 매니저가 어떻게 자기 역할을 수행할지" 다루도록 마이클을 격려하는 것은 이제 캐롤이 마이클과 그의 고객인 벤의 매니저 사이의 코칭 공간을 "침입invading"하는 것이 된다. 마이클은 캐롤과 함께/동시에 서로 다른 사람을 코칭하고 있기에 부적절한 것이다.[16] 캐롤은 이제 마이클에게 그의 코치이와 무엇을 할지 말함으로써 그의 "우려"를 되돌려 준다. 그녀의 요청은 편파적partiality이기에 부적절하다. 그녀는 마이클과의 상호작용에서 들은 것을 근거로 이 피드백하고 있기 때문이다. 그녀는 마이클과의

---

15) 논평자는 자기 평소 원칙에 준해 적극적 활동을 제안하고 있다. 코칭 회사 팀 차원에서 사전 정보 수집(그러나 이 경우에 이슈가 증폭될 우려가 있다), 담당 코치가 사전 준비 단계에서 직접 파악(특히 상위 관리자)을 같이/따로 면담할 수 있다. 그러나 이는 청구되기 어려운 코칭 비용이다.
16) 함께 프로젝트를 하는 코치들이, 고객 조직의 서로 이해관계가 얽힌 대상을 동시에 코칭하는 경우 코치들 사이의 '경계' 관리를 논평자는 민감하게 지적한다. 두 코치가 같은 조직의 상하 관계라는 점에서 두 코치 사이의 경계는 더욱 엄격해야 한다. 그러나 동일한 수퍼비전 관계 안에 있다면 어떻게 되는가? (주 17 참조)

상호작용에서 알게 된 것 외에 또 다른 자료를 가지고 있는가? 그녀는 현 시점에서 그녀의 코치이인 벤에게도 피드백조차 받지 못했다. 그녀가 가진 것은 모두 마이클의 중계 정보relayed information뿐이다.[17]

전체적으로 나에게 눈에 띄는 것은 이 과정에서 캐롤이 그녀의 코치이인 벤에게 집중(거의 집중하지 않는 듯)을 늦추고 있는 것 아닌가 하는 점이다. 만약 캐롤이 이 과정 초기에 고객에게 집중했다면, 그녀는 이런 이슈를 피하거나 최소한 완화할 수 있었을 것이다. **계약의 전문성 부분**의 한 당사자인 벤과 캐롤 사이의 **계약의 정신적/심리적 부분**의 개인적 측면이 이처럼 간과되지 않았을 것이다. 또 그녀가 현재 직면한 윤리적 도전, 특히 코칭 계약에서 고객 기밀유지와 내용을 고객과 다시 확인identification[18]해야 하는 혼란은 피할 수 있었을 것이다.

이런 암묵적이고 명시적인 여러 가지 계약 관련 이슈를 초기에 해결하는 것은 긍정적인 코칭 관계를 위해 필수적이다. 물론 이중 일부는 어려운 작업이다. 그렇다고 코칭이 진전됨에 따라 실제로 어려움이 줄어드는 것도 아니다. 사실, 코칭 과정에서 이런 새로운 점들이 더 문제가 되고 이로 인해 아주 힘들어질 수 있다. 실패한 코칭 관계와 고객 실망의 소용돌이가 거듭되면 원뿔처럼 밑으로 가라앉게 된다.

나는 초기 시작 단계에 계약의 세 부분을 해결할 것을 제시한다. 이런 논의는 코치이, 그들의 관리자, 고객 조직과 기밀유지 지침과 프라이버시 영역을 재설정re-establishment할 수 있

---

[17] 마이클에게 이처럼 개입하는 것은 캐롤 역시 과도하다는 지적이다. 캐롤과 벤, 마이클과 벤의 매니저는 상호 독립적이고 경계가 분명한 코칭 공간으로 이해된다. 서로 상대의 코칭 공간을 개입하거나 피드백할 수 있는 직접적 근거는 없다. 마이클에 의해 제기된 정보라는 간접적인 것뿐이다. 그렇지만 캐롤과 마이클이 동료 수퍼비전 관계, 같은 수퍼바이저와 그룹 수퍼비전 관계가 이뤄져 있다면 이것은 가능한가? 물론 수퍼비전 관계 역시 동일한 코칭 윤리 아래 있다는 점은 자명하다. 이 경우 논평자의 주장은 어떻게 되는가?

[18] 여기서는 고객 이슈 확인client identification을 다시 확인해야 하는가를 제기한다. 코치가 코치이의 코칭 주제와 이슈를 확인하고, 조직 고객/이해관계자의 그것과 일치를 파악/재조정하는 것은 기본이다. 이후에도 코치가 이슈 관리와 진행을 잘 관리하고, 주도성을 유지해야 한다. 마이클이 개입의 여지/정신적 심리적으로 개입할 엄두를 내지 못하는 독점적 위치를 논평자는 지적하는 것으로 이해된다. 만약 캐롤이 자부심/자기 중심성이 취약하거나 마이클과 동료이기보다는 상하/경험의 많고 적음이 작용한다면 사안은 더욱 복잡해진다. 이 점에서 캐롤의 고객 이슈 재확인을 더욱 강조한다. 코치는 고객은 누구인가, 어떤 사람인가, 코칭을 통해 무엇을 추구하는가(고객에 대한 구별된 인식), 확고한 내 고객에 대한 내 코칭 영역(무엇을 어떻게 코칭할 것인가? 코칭하고 있는가) 지키기 등이 애매하지 않고 분명해야 한다. 코치에게 고객은 확실한 내 파트너이다. 물론 이슈의 변화 가능성, 영향을 미치는 요인 등에도 민감하게 대응해야 하나 다른 코치와의 관계에서 주도성은 중요하다.

게 해 준다. 또 이런 노력은 코치를 포함한 모든 참가자의 신뢰 관계를 안전하게 지켜준다. [표 6.1]은 캐롤의 코칭 딜레마에 대한 계약 초점에서 논의되는 이슈를 요약한 것이다.

[표 6.1] 캐롤이 확인해야 할 계약 요소

측면	정의	캐롤 사례에 적용	제안
관리적 부분	세션 빈도와 횟수, 코칭 기간, 세션 시작 날짜, 코칭비, 제공되는 서비스, 법적 제한 등 비즈니스 계약 부분	캐롤이 전반적 상황에 들어가기 전에 고객 조직과 컨설팅 회사 사이에 협의된 내용을 그녀와 공유하지 않았다.	캐롤은 합의된 조건을 충분히 이해하기 위해 이 계약에 접근을 요청한다.
전문성 부분	코칭 목표와 코치의 역할, 코칭 방법론, 관찰 가능한/측정 가능한 코칭 결과	5명의 당사자들은 일치되어 있지 못했고, 코칭 과정에서 각자는 명확한 기대가 제시되지 않았다.	캐롤은 컨설팅 회사 및 고객 조직과 계약의 전문성 부분을 검토한 뒤 두 가지 회의를 한다. 1) 벤과 매니저 2) 마이클
정신적/심리적 부분	일반적으로 은폐되거나 알려지지 않은 소망과 우려를 포함한다. 직접적으로 관련된 사람들의 무언의 욕구/필요 등이 돌출될 수 있다.	고객(조직과 코치이 등)과 논의되지 않았다. 각 고객은 이 코칭 계약에서 충족될 것으로 예상되는 요구를 알지 못할 수 있다.	캐롤은 각 고객을 만나 일치와 불일치에 주의를 기울이며 개입을 검토한다. 표면화되지 않은 요구는 필요성이 알려지지 않거나, 발굴되지 않을 경우 그 내용은 무산된다.

■ 토론 제안

1. 논평자가 제시하는 계약의 세 가지 측면을 구분하여 내용을 충분히 검토하는 것이 필요하다. 코칭 계약의 각 부분을 구분하여 쟁점이 될 수 있는 사례와 대처 방안, 코치의 자세 등을 논평자의 주장을 정리해보자.
2. 동일 프로젝트를 함께하는 코치들이 공동으로 노력해야 할 계약 관리에는 어떤 것들이 있으며 효과적 관리를 위한 방해 요인을 발굴 검토해보자.

논평 6-1. B

펠리페 파이바

코칭 개입intervensions은 코치와 돈을 지급하는 코치이와의 단순하고 직접적 관계이다. 그렇지만 이 사례에서 보듯이 네 명의 이해관계자가 관여되어 캐롤에게 **복잡한 다층적 관계**multi-layed로 언제든 전개될 수 있다. 코치이, 고객 회사, 컨설팅 회사, 코칭 회사가 만들어내는 다양한 유형의 모습[구성/형태configuration[19]]은 반드시 논리적으로 복잡하게 드러난다. 그녀의 역할은 컨설팅 회사와 코칭 회사의 사전 합의로 사전에 미리 결정되었고, 개별적으로 운영상의 여지나 윤리적 접근을 견지하려는 의도와는 관련이 거의 없어 보인다.

내가 보기에 컨설팅 회사는 조직 전체에 메시지를 전달하고, 전달된 정보에 의한 경영진의 기대에 맞춰, 코치가 고객 회사 내부의 변화 과정을 촉진하는 도구적 해결instrumental solution로 코칭을 규정한 것 같다. 이런 조직의 기대는 캐롤의 기대와 일치하지 않았다. 또 캐롤, 코칭 팀, 코칭 회사, 컨설팅 회사, 고객 회사 등 각기 다른 이해관계자들의 역할, 책임 및 윤리 역시 일치하지 않았다. 거미줄처럼 복잡한 관계에서 일치된 기대의 부재는 캐롤을 **불확실성**uncertainty, **의심**doubt, **불편함**discomfort에 빠지게 한다.

이런 불확실성과 불편함을 완화alleviating하는 한 가지 방법은 캐롤이 코칭 작업을 위한 절차에서 그녀의 계약자인 코칭 회사와 더 강한 일치alignment에 도달하는 것이다. 이는 ①역할, ②책임, ③경계, ④윤리적 기준을 명확하게 규정하는 것을 말한다. 하청을 받은 코치인 캐롤

◆ **필자**: Felipe C. Paiva: 아르티장 컨설턴트 파트너. https://www.artisanconsultoria.com
 felipe@artisanconsultoria.com

19) 문장의 의미와 직접 관련이 없더라도 다양한 개인과 집단 심리적 구성/형태가 다르다는 의미로 파악할 수 있다. 관여자의 '수'에서 오는 복잡성과 더불어 심리적 복잡성을 포함하는 의미로 해석하고 싶다. 또 각 심리적 복잡성의 경계가 파스텔 톤으로 선처럼 명확하게 그을 수 없다는 의미로 이해된다. 접촉과 자극에 의해서 변형이 가능하다.

configuration의 의미는 내적/심리적/마음과 관련한 배열을 갖는 '형태'이다. '[심리]내적 구성/형태'를 의미한다. form은 외부와 구별해 보이는 선線이 그어져 드러나는 '형태'이기에 이 용어와 구별된다. 마치 점묘법처럼 점으로 구성되어/배열되어 점차 어떤 형태를 갖게 되는 **의미 형태**이다. 그렇기에 형태의 가장자리가 선으로 분명하지 않은, 모호하고 희미할 수 있으며 불투명한 이미지/의미로 이 단어를 이해하고자 한다. 참고로 이런 이해는 constellation: 성좌, 짜임 관계와 비교되며, 현재로서는 constellation에서 좀 더 형태를 지닌 configuration으로 형태가 더 드러난 상태/입체화로 의미를 구별하고 연결해 연상한다. 이런 구성은 모자이크(전체 형태를 전제한 다양한 구성물 작업), 패치워크(전체 형태가 전제되지 않은 구성물 작업)등 다양한 구성물로 연결 가능하다.

은 애매모호함ambiguity을 줄이기 위해 ⑤기밀유지와 ⑥수퍼비전, ⑦코치들 사이의 의사소통, ⑧고객사와 컨설팅 회사와의 의사소통 문제를 명확하게 할 수 있을 것이다. 그러나 ⑨코칭 회사는 다른 접근법이 있을 수 있기에 ⑩더 큰 조직과 협상하는 것은 개별 코치에게 어려울 것[20]으로 보인다.

이런 **모호함**을 해결하기 위한 다른 전략은 ⑪코치이와 그의 상사와의 코칭 목표를 명확히 하는 것이다. 코치이와 상사 두 사람의 기대, 목표 및 절차를 일치시키지 않고 코칭 작업을 시작하는 것은 코칭의 질을 높이는 데 위험을 초래할 수 있다. 캐롤의 경우에는 허락되지 않았지만, 그녀는 코치이와 함께 상사와 직접만나 목표를 명확히 하기 위해 일할 수 있었다. 캐롤은 이 같은 조직적 맥락에서 **상호 협력**collaboration에 대한 **경계**를 관리하며, 코칭 파트너인 마이클과 함께 문제를 해결할 수 있다. 나아가 그녀는 코치이와 목표를 직접 다루기 위해 마이클이 그의 코치이와 함께 작업하도록 도전할 수도 있다.[21]

코칭 회사의 수퍼비전 부재로 캐롤은 마이클과 이야기를 나눠 경계를 명확히 하고, 업무에 대한 정보 교환과 기대의 한계limits를 직접 설정했어야 했다. 이 사례에서 알 수 있듯이 캐롤은 이중 구속double bind 상태에 있다. 한편으로는 코칭 회사와 좋은 관계를 유지하고 싶고, 다른 한편으로는 코칭 고객을 위해 최선을 다하면서 전문직 윤리에 충실하겠다는 것이다.[22] 영업적 관점commercial perspective에서 코칭 회사는 캐롤의 주요 고객으로 장기적으로 많은 기회를 제공할 수 있지만, 코칭 고객은 일회성one-time 일자리를 대표한다. 그러나 코칭

---

20) 독립 코치로서 코칭 회사와 계약 관계, 한시적 계약 관계일 경우 이 어려움을 어떻게 해결할지 근본적인 우려가 있다. 이에 대한 검토가 필요하다. 그러나 열한 가지 점검 사항 중 독립 코치라는 변수에서 오는 우려는 오히려 마지막 과제이다.
21) 캐롤은 주어진 환경과 조건에서 (자기) 코칭의 원칙을 견지하기 위해 모든 노력과 기회를 활용해야 한다. 코치이가 자기 상사(마이클의 코치이)와 목표 일치, 상호 협력을 위한 경계 설정을 하면서 코칭을 시작하고, 이런 조건에서 캐롤이 마이클과 협력 작업을 하는 조건을 형성하고, 마이클이 자기 코치이의 대행자가 아니라 벤의 매니저가 직접 활동하도록 상황을 조성하기 위해 마이클이 도전하게 피드백하는 것 등 모든 경우를 다 포함한다는 것이 논평자의 시각으로 이해된다. 이런 시각은 앞의 논평자와는 다른 견해이다.
22) 캐롤이 자신을 지원하는 코칭 회사와 좋은 관계를 유지하고, 코칭 윤리 관련 자기 기준을 부드럽게 유지하는 것이 얼마나 어려운 일이겠는가? 현실에서 코치는 코칭 회사와는 수직적 **고용 관계**, 또는 '을'의 관계이고, 동료 코치와는 **경쟁 관계**(정신적 심리적으로는 예절로 포장된 시기심)에 있다. 동료 코치와의 관계의 질적 수준은 낮고, 위로 코칭 회사와는 충성을 드러내야 하는 관계이다. 이 상황에서도 Q.'적당한 것은 좋은 것이고, 오래 가는 것이다'는 태도는 따를 만한가? 심지어 이런 이슈들이 ①갈등을 회피하는 코치스러운 '태도'로 겉 포장되는 코치 진영 내의 문화나, ②이를 비판하며 자신을 구별하는 끼리들의 소집단화, ③독립 활동을 통해 거리두며 구별하는 태도 역시 검토해야 할 이슈이다.

프랙티셔너의 관점에서 볼 때 코칭 고객이 주요 고객이며 핵심이고 서비스 대상이다.[23]

시장이 급변shift하고, 기업들이 많은 사업체(기업과 지역)를 위해 원스톱one-stop 업체와 단일 계약single contract에 의존하기 시작한다. 대형 코칭 회사들은 지역 코칭 회사(국가적으로나 국제적으로)들과 제휴를 맺거나, 현지 코치들을 직접 고용하여 코치, 조직 고객, 코치이들에게 혼란을 줄 수 있는 다양한 프랙티스를 혼합하고 있다.[24]

대형 계약을 맺은 코칭 회사는 특히 **코치가 포화 상태인 시장**에서, 자신들이 코치들에게 직접 계약 조건을 부여할 수 있는 지위와 강점이 있다. 이 사례는 독립 코치가 전문적인 성실성integrity을 유지하면서 계약자와 조건을 협상하는 데 어려움이 있다는 점을 보여준다. 명확한 지침이 없거나 모호한 맥락일지라도, 코치는 이것이 계약서에 설명된 것보다 더 많은 작업을 하고, 보수 없이without pay 일하는 경우라 할지라도(예: 코치이의 상사와 목표를 명확하게 하기 위한 추가extra 세션/만남/시간 투자 등 포함), 코치 관계의 기초를 명확히 설정해야 할 책임이 있다.[25]

---

23) 코칭 전문 프랙티셔너로 집중해야 할 것은 나와 관계하는 코칭-고객, 즉 코치이이다. 그에게 최대의 유익이 되게 활동해야 한다는 논평자의 주장이다. 이 점을 분명히 점검해보자. 논평자는 캐롤이 이 점에 대해 매우 분명하고 즉각적인 태도가 보이지 않는다고 **간접적으로 지적하는 것**으로 이해된다.

24) 글로벌 코칭 회사나 네트워크를 통해 현지 코치를 직접 고용하는 형태가 늘고 있다. 이 경우 현지의 고객 조직과 지역의 코치가 코칭 상황의 복잡성에 대응하고 있는지 드러난 사례는 없다. 향후 관심을 가져야 할 과제이다.

25) 코치는 ①구조자/보호자가 되는 윤리적 딜레마에 빠지지 않으면서도, ②계약서에 설명된 것보다 더 많은 ③맥락/상황의 의미를 찾아 지키는, ④스스로 자기가 세운 윤리적 원칙을 견지하는, ⑤이를 위해 추가 접촉의 무보수를 마다하지 않는 헌신으로 행동하는 ⑥고독한 산보자散步者가 될 수밖에 없다. 장 자크 루소는 『고독한 산보자의 꿈』에서 사회와 불화하고 저항하는 자신에 대해 10여 가지의 주제로 산보하며 자기를 밝힌다. 증명하거나 변명하기보다 자기를 밝힐 뿐이다.

추가사례 6-A. 결과적으로 승진 경쟁자를 동시에 코칭하는 존

조직의 상층 리더를 코칭하고 싶은 존John은 임원 경력이 없었기에 Tier 1 이외의 모든 임직원을 대상으로 활동해왔다. 컨설턴트를 지원하고 하부 과제를 전담하며 사례 분석을 해온 그는 주제별 강의와 워크숍을 잘 진행해 신뢰가 높았다. 이런 활동은 조직 HR의 요구와 의도를 대행하는 일이다. 참여 대상들이 얼마나 심리적 만족을 느끼고 실제 도움을 받는지는 확인하기 어렵다. 교육 후 돌아서는 자신은 만족하고, 피드백도 좋은 편이지만, 조직 내 실제 성과를 창출하는 집단이며 힘을 갖고 변화를 주도하거나 여건을 조성하는 그룹과 서로 긴장감을 갖고 공동 작업하고 싶은 욕구는 점차 높아졌다.

프리랜서가 되어 중간 관리자로 활동 초점을 명확히 했다. 팀장 리더십 그룹 코칭을 징검다리로 T1으로 확대하는 것이 목표다. 강의나 주제별 워크숍을 진행하지만 이는 중간 리더를 대상으로 그룹/팀 코칭을 하기 위한 밑자락이다. 어느 날 컨설턴트 네트워크에서 연락이 왔다. 임원코칭 팀에 합류를 제안받았다. 이는 코치로 활동한 지 3년이 되고, 어떤 일이든 확실하게 해온 존의 능력을 눈여겨 본 시니어들 덕분이다.

여섯 명 코치가 한 팀으로 임원코칭을 진행하는 중, 중간에 합류한 존은 승진 후보 다섯 명 중 두 명을 코칭한다. 전체 진행 계획서(일정과 컨설팅 회사의 제안서, 참여 코치)와 존이 담당할 잠재 고객에 대한 360도 결과와 연락처를 받았다. 존에게는 모처럼 역량을 보여주고, 향후 비즈니스에 좋은 계기를 만들 수 있는 기회이다. 존은 배정받은 승진 후보 두 명에게 정성을 들여 사무적 느낌이 배제된 안내 메일을 보냈고, 정식 세션이 아닌 첫 미팅을 제안했다.

존이 코칭할 후보에 대한 코치팀-HR이 협의한 성과 관리 진단 결과에 첨부된 코칭 아젠다는 '리더십 역향력 확대'이다. [1]360° 전방향으로의 소통 확대와 심화 [2]성과 달성을 위한 '전략적 견인' 역량을 갖추게 지원하는 것이다. 또 이를 위한 [3]내적 장애물 점검과 성찰 등이다. 그러나 첫 미팅에서 드러난 코치이의 이슈는 뉘앙스가 달랐다. 그는 이번 [4]승진 기회를 긍정적인 기회로 활용하는 에너지 전환 등 구체적 대응 방안으로 매우 노골적이고 실용적인 과제를 제기했다. 지난 해 기회를 놓친 그로서는 이번이 사실상 마지막 기회였기 때문이다. 반면에 존은 HR이 언급한 '내적 장애물' 점검이 무엇인지 미팅 전에 구체적으로 파악을 못한 자신을 발견했다.

또 한 명은 자료와 달리 첫 인상이 DISC CD(설계자형 주도) 유형으로 보였으며 강력한 첫 승진 후보이다. HR의 제안서에는 '공평하고 일관된 의사소통 노력'이 이슈로 제시되었다. 미팅에서 그는 예절 바른 개방적 자세로 '무엇이든 자신은 좋은 성과를 기대한다며, 진단 결과와 HR 이슈에 대부분 수용적이었다. 그렇지만 존에게는 오히려 그가 매우 방어적이라는 느낌이 올라왔다.

존이 보기에 자신에게 예민한 문제는 승진 경쟁자를 동시에 한 코치가 코칭한다는 점이다. 뒤늦게 참여한 그로서는 두 고객과 첫 세션 전에 프로젝트 담당 코치와 HR 책임자를 포함한 미팅 일정을 잡기 어려운 상황이었다. 존의 적극적 문의로 컨설팅 회사를 운영하는 프로젝트 담당 코치에게 연락이 왔다.

먼저 코칭 진행은 제공된 자료를 근거로 코치가 책임지고 코칭을 진행하면 된다는 점. 코칭 배경으로는 컨설팅 완료 보고 후 프로세스 컨설팅의 일환으로 코칭이 제공된다는 내용이다. 함께 보내온 자료에는 매회 코칭 진행 일정과 주요 내용(한 문장으로 예시됨)을 기본으로 한 보고를 세션 뒤 보내달라는 것이며, 최종 결과 보고서에는 (1) 코칭을 통해 고객에게 확인되고 강화된 강점 세 가지, (2) 코칭의 성과 세 가지, (3) 향후 과제 세 가지 등 아홉 가지를 적는 양식이다.

존은 자신이 경험했던 컨설팅 방식이 떠올랐다. 컨설팅 계획의 일부로 제시된 코칭 진행과 보고 과정이 이래서는 곤란하다는 생각이 들었다. 형식적이고 겉만 코칭한다는 느낌이다. 또 이미 탈락 임원이 정해졌고 승진 후보 역시 정해진 것이 아닌가 의문이 올라왔다. 자신은 컨설팅 회사 소속 코치로 명함만 있을 뿐 하청으로 코칭 6회 정도 수주받았다는 사실을 인지하고 있지만 컨설팅 결과로 제시되는 전략 변화와 이에 따른 조직개발 포인트를 알아야 한다는 판단도 들었다.

적어도 자신이 꿈꿔 오고 계획했던 임원코칭과는 거리가 있었다. 이런 수준의 팀 플레이도 전혀 흡족하지 못했다. 또 시간당 수익 역시 형편없는 수준이다. 존은 자신이 임원코치가 되기 위해서는 어떤 전략적 검토가 필요하다는 생각이 들었다.

1. 전체 일정이 정해졌고 진행 과정대로 긴밀하게 돌아가는 설계된 코칭 계획에 중간에 참여한 코치 존이 할 수 있는 일은 어떤 것이 있는가?
2. 주어진 여건에서 코치의 가치 지향에 최선을 다할 수 있는 방안이 있다면 어떻게 진행해야 하는가?
3. 존은 전략적 검토를 위해 무엇을 어떻게 해야 하는가? 구체적 방안을 토론해보자.
4. 제시된 사례 내용을 근거로 두 논평자의 관점을 활용하여 존의 사례를 논평해보자.

사례 6-2. 말할 것인가 말 것인가

안나Anna는 코칭 경력 초기에는 본인이 가입한 전문 코칭협회의 행동 강령code of conduct을 글자대로 따랐다. 코칭 과제assignment에 대한 기밀유지도 물론 포함된다. 그녀는 새로운 고객을 만날 때마다 코칭 세션에서 논의된 모든 내용은 철저히 기밀로 유지될 것이라고 설명했다. 코칭 종결 후 최종 보고서를 제공하지만, 오로지 처음 합의된 아젠다agreed-upon agenda와 관련한 변화와 진전 부분에 초점을 맞춘다. 물론 그녀는 고객과 계약할 때 계약서의 일부에 기밀유지 조항을 포함시켰다.

성찰 질문
- 기밀유지 관련한 당신의 전체적인 견해는 무엇인가?
- 기밀유지 합의 방식의 하나로 계약 문서에 문구를 삽입하는 것을 어떻게 생각하는가?
- 코치는 어떤 유형의 기밀 정보를 다시 작성해야 하며, 어떤 유형의 정보를 제삼자와 공유될 수 있거나, 공유되야 한다고 생각하는가?

여러 해 동안 안나는 기밀유지 합의agreements가 좀 제한적restrictive이라고 느껴왔다. 그녀는 조직을 코칭하는 것은 코치이와 매니저 모두와 관계를 구축해야 하고, 무엇보다 조직을 위해 100% 집중해 일해야 한다는 생각이다. 조직에서 임원코칭을 요청받은 경우, 성과나 행동 등 어떤 이슈든 **임원이 조직에 어려움을 주고** 있기에 요청한다.[26] 그녀는 조직을 위해 최선의 유익을 보장해야 한다고 믿었다. 조직이 그녀에게 돈을 지급하고 있지 않은가? 그녀는 조직이 원하는 것을 코치이에게 전달해야할 필요가 있다고 생각한다.

얼마 전부터 안나는 다른 코치들보다 매니저에게 더 많은 것을 공개해왔다. 예를 들어, 코치이와 공유하지 않고 그에 대해 정직한 평가를 제공한다. 그녀는 이 정보를 자신들에게 적합한 그들 방식대로 활용하는 것은 그 조직에 달려 있다는 생각이다. 자신의 이런 태도는 코칭 계약이 끝난 뒤 코치이의 미래 발전에 도움이 될 것으로 생각한다.

물론 그녀는 코치이의 사생활이나 가족 관련 문제 등 어떤 개인 정보도 공유하지 않고 있다. 그러나 코치이의 성과와 관련있거나 조직에 영향을 미칠 수 있는 것은 무엇을 공유하

---

26) 이런 포괄적 인식에 대해 검토해보자. 이것이 임원코칭에 대한 협소한 인식을 보여주는 것이라면 검토가 필요하다.

든 문제가 없다는 생각이다. 이것은 전혀 특정한 개인적 내용이 아닌 비-인격impersonal적인 내용이기에 이런 공유에 대해 불편한 감정을 계속 지니고 있을 이유가 없다는 판단이다.

성찰 질문
- 비밀유지에 대한 안나의 이런 태도에 대해 어떻게 생각하는가?
- 안나가 조직을 주 고객으로 보는 견해에 동의하는가?

■ 토론 제안

1. 안나의 태도에 대해 검토해보자. 아울러 아래와 같은 쟁점이 있다. 검토해보자.
   - 조직 고객은 1차 고객이고, 코칭받는 조직 내 개인은 2차 고객이다. 이는 중요도에 차이가 있다.
   - 아니다 꼭 구별해야 한다면 1차 고객은 코치와 파트너를 이루고 코칭을 함께하는 조직 내 개인인 '코치이'이다.
2. 안나의 이런 생각은 임원코칭 경험 후 이에 근거해 자신의 생각을 바꾼 것이다. 기밀유지에 국한하지 않더라도 코칭 경험을 통해 윤리적 태도가 달라진 것이다. 이처럼 실천 과정에서 탄력적이고 유연해야 한다고 생각한 윤리 쟁점이 있다면 찾아보고 서로 논의해보자.
3. 윤리적 민감성과 대칭적으로 윤리적 성숙성을 언급한다. 성숙성의 의미는 아래와 같다.

   「윤리적 성숙」은 [1]무엇이 옳고 그른지 판단할 수 있는 성찰적, 합리적, 정서적 능력을 갖추는 것, [2]그런 판단을 실행에 옮길 수 있는 용기를 갖는 것, [3]그런 판단에 대해 윤리적 책임을 지는 것이다(Carroll, M. Ethical Maturity. Presentation to CSTD and Bath Consultancy Graduate Group, Bath, UK. 2009).

   윤리적 딜레마, 윤리적 성숙성이라는 관점에서 안나의 사례를 검토해보자.

논평 6-2. A

줄리안 P. 험프리스

프라이버시를 포기하면 우리는 무엇을 잃고 무엇을 얻는가? 이것이 사례의 핵심 질문이다. 코치인 안나가 스폰서 조직과 공유하는 코치이 정보가 "거의 모두 특정한 개인적 내용이 아닌 비-인격적impersonal인 내용이기에, 이런 공유에 불편한 감정을 오래 지니고 있을 이유가 없다"며, 있는 그대로matter-of-factly 객관적으로 '말할 것인지 말 것인지'를 묻고 있다. 안나의 말에 따르면, "코칭 계약이 끝난 뒤 이 정보가 향후 코치이의 발전에 실제로 도움이 될 것"이라고 주장한다. 물론 그럴 수 있지만 코치이의 향후 발전에 도움이 되지 **않을 수도** 있다. 이것이 왜 그렇게 중요한지를 이해하기 위해서는 먼저 기밀유지 계약 합의agreements의 목적과 가치를 더욱 폭넓게 검토하는 시간을 가져야 한다. 이 검토 과정에서 나는 **수행적 관점**performative perspective에 기초한 철학적 접근을 취하고자 한다. 즉 글로 쓰거나 언어를 통해 드러난 말words은 세계를 단순히 묘사하는 것이 아니라, 세계 안에서 행동하고acting upon, 그것을 우리가 경험 그대로 경험하면서 세상을 만들어 간다는[생산한다는] 관점(Austin, 1962)이다.[27] 그리고 이 논의가 지나치게 추상적이고 이론적으로 진행되지 않게 사례를 중심으로 두 가지 대조적인 시나리오 접근법을 적용하고자 한다.

시나리오 1이다. 안나는 전문 코칭협회의 행동 강령을 글자 그대로 따른다. 우리는 그녀가 어떤 협회에 속하는지 모르지만, 현재 가장 크고 세계적으로 인정받는 국제코칭연맹International Coaching Federation이라고 가정해보자. 안나는 ICF의 윤리 강령에 따라 행동하기 위해 "코치, 코치이, 스폰서 사이에서 코칭 정보가 어떻게 교환될지 명확히 합의해야 한

◆ **필자:** Julian P. Humphreys: PhD, PCC. 임원, 리더십 코치. 국제저널 Philosophy of Coaching 창간 및 대표 편집위원. humphreysjulian@gmail.com

27) 논평자가 인용한 저서로 이 같은 주장을 이해하기가 어렵다. 아래는 역자의 견해이다.

우리는 언어(비언어 포함)로 상상하고 언어로 의사소통한다. 언어로 상상하고 표현하기에 언어적 한계가 곧 상상력의 한계이며, 표현하는 언어로 세계를 구성한다. 모든 언어적 발화發話에는 다양한 의미와 의도, 의지를 담고 있다. 언어를 활용해 자기 세계를 만들고 그 안에서 생활한다. 말로 구현된 세계가 곧 자기 세계이며 이 세계를 벗어날 수 없다. 말로 언급할 수 없는 세계는 존재-없음이다. '침묵=말 없음'이듯 침묵조차 말과 관련되어 드러난다.

말로 구성된 세계는 말이 풍부하면 그 세계도 풍부하고 빈약한 말로 구성된 세계는 역시 빈약한 세계이다. 나선형으로 반복되는 말은 반복-과정을 통해 계기적으로 비약적으로 재-구성되고 재-창조된다. 이것이 곧 새로이 구성된 삶이 된다. 세계는 말로 구성되고 창조되는 것이다(이 세계의 주체가 내러티브 정체성이고 내러티브-자기self이다).

다"(ICF, 2015). 또 기밀유지confidentiality를 하지 못하는 조건을 코치이와 스폰서에게 전달해야 하며, 그들 모두와 기밀성의 한계를 명시한 서면으로 합의해야 한다.

이 시나리오에서 안나는 "각자와 개별적으로 공유하지 않고 코치이에 대한 정직한 평가"를 제공하겠다는 입장에서 코치이, 스폰서 조직과 합의 작업을 배제하는 것은 있을 수 없다는 점을 유의할 필요가 있다. 코치이의 명시적 동의consent없이 그렇게 하는 것은 그녀를 협회 윤리 강령의 잘못된 편에 서게 할 수 있다.

시나리오 2로, 그녀가 "다른 코치들보다 더 많이" 매니저에게 공개하는disclose 경우이다. 그녀는 아마도 조직과 자유롭게 정보를 공유하는 권리를 포함한 기밀유지 계약을 협상하지 않고, 코치이 정보를 조직이 활용하도록 권한을 부여하기를 결정했다.[28] 그녀는 (a) 코치이와 공유하지 않았고, (b) 조직과 공유하도록 코치이에게 권한을 부여받지 않았다. 그런데도 이렇게 공유한 이유는 자신에게 코칭비를 지급하는 조직에 최선을 다할 의무가 있다고 생각하기 때문이다. 여기에는 공개 가능한 다른 정보에는 "코치이에 대한 그녀의 정직한 평가"를 조직에 제공하는 것도 포함된다.

두 시나리오를 수행적 관점에서 보면 과연 어떤 세계가 만들어지고 있는가? 시나리오 1에서 코치, 코치이, 스폰서는 전문 코치 협회의 보호 하에aegis 코칭 커뮤니티의 고위 멤버들이 작성한 윤리 강령code of ethics(당신이 지켜야 할 헌법)에 명시된 규칙rules set out에 의해 지배받는 세계에 존재한다. 강령 내용은 다른 윤리 강령과 마찬가지로, 모범 사례best practice와 법적인 고려, 광범위한 협상negotiations의 오랜 결과물이다. 물론 윤리 자체는 명확한 기원이 없고 수천 년 전부터 이어 온 암묵적이고 명시적인 협상의 결과물이다.[29] 코치, 코치이, 스폰서는 이런 규칙에 지배받기로 합의함으로써 신뢰를 구축하고 유지하기 위한 명확한 틀을 갖추게 된다. 이런 노력은 코칭 윤리 역시 코칭 관계가 지닌 모든 우려에 대해 가장 효과적인 결과를 도출하는 데 필요한 것으로 암묵적으로 받아들여졌다는 의미이다.[30]

---

28) [저자 주] 이 점과 관련해 정확히 어떤 합의 조항이 만들어졌는지 주어진 사례에서는 알 수 없다.
29) 타인을 돕는 조력helping 분야와 관련된 윤리적 숙고는 고대 히포크라테스와 소크라테스까지 거슬러 올라간다. 코칭과 관련한 윤리 형성과 발전은 코칭윤리 체계 확립을 위한 국제적 노력이 선도적으로 있어 왔다. 코칭윤리는 '세계인권선언'에 기초하고, 심리학자들을 중심으로 한 보편적 윤리 원칙 선언(2008년 베를린 선언)에 한층 고무받고, 의료윤리, 상담윤리와의 부합을 검토하며 여러 차례 국제 조직의 논의를 통해 지금에 이르렀다. 보다 상세한 논의는 「코칭에서의 윤리적 체계」 『코칭 수퍼비전』 조나단 패스모어 지음. 권수영, 김상복, 박순 옮김. 시그마프레스 참조.
30) 코칭-윤리에 의해 구축된 세계는 코칭-역량과 밀접한 관계를 갖는다. 체득된 역량이 실천을 통해 드러나지만 코칭 실천 윤리에 부합하게 활용해야 한다. 또 코칭 윤리가 조문의 의미가 아니라 살아 숨 쉬는 실천이 되어야 한다면 이를 구현하는 역량이 있어야 가능하다. 그러므로 실천 윤리를 위한 윤리적 민감성과 성숙성은 곧 윤리 역량의 민감한 구현과 성숙한 적용을 의미한다.

시나리오 2는 상황이 조금 불명확하다. 안나는 코치이에게 "코치이의 개인 생활과 가족과 관련된 문제"는 기밀로 유지될 것이라고 말한다. 과연 그 내용 중에는 ^Q"안나가 느끼는 모든 것은 코치이의 성과/수행과 관련이 있거나 조직에 영향을 미칠 수 있는" 것이 전혀 없다는 말인가? ^Q이것이 과연 가능한가? ^Q안나가 추측하듯 개인적인 것과 조직적인 것이 쉽게 구별될 수 있는가? 그리고 ^Q언제 공유해야 하는지 그녀의 감정feelings은 충분히 신뢰할 만한 지표indicator인가? 다양한 의문이 제기된다.

시나리오 2에는 많은 모호함murkiness이 있기에 이를 피하기 위해 나는 시나리오 1로 후퇴하고 싶은 유혹이 들었다. 안나가 비밀유지를 위해 좀 더 **자연스러운 접근**casual approach을 추구하는 데는 어떤 가치가 있을지 몰라 그 가능성을 숙고하고 싶다. 내가 이 사례를 처음 읽으면서는 기밀유지에 대한 안나의 **무심한 접근**cavalier approach이 부적절하고 메마르게 잘라내는 듯cut and dry 보여 좀 주저하며 검토하게 되었다. 기밀유지에 자연스럽게 접근하는 것은 코치이와 스폰서 모두에게 유익하고 안나에게도 유익이 될지 모른 다는 생각이 들었다. 그렇다면 안나와는 별도로 다른 관점에서 탐색할 필요가 있다고 생각했다.

시나리오 2에서 창조되는 세계는 극도의 불확실성uncertainty 세계이다. 관계하는 각 당사자들은 각자가 최적으로 성공할 수 있는 상황을 탐색하고 스스로 창조해 길을 찾아 항해해야 한다. 이런 식으로 중요한 도전을 해결하는 과정은 신뢰 구축과 유지 문제에 대한 해결이 "규격품off the shelf"이 아니라, 훨씬 더 발전적으로 성장할 수 있다.[31] 이런 가능성을 탐구하며 내게 영향을 준 솔로몬과 플로로스(Solomon & Flores, 2001)의 **비즈니스, 정치, 관계 및 삶에서의 '신뢰 쌓기'**를 인용한다.

> 신뢰하기trusting는 우리가 **개별적**으로 하는 것이다. 그것은 우리가 만들고, 창조하고, 쌓아가고, 유지하는 것이다. 우리의 약속, 헌신, 정서, 일치성/성실성integrity에 대한 감sense으로 지탱하는 것이다…. 진정한 신뢰는 불신의 배제exclusion를 필요로 하지 않는다. 오히려 그것은 신뢰의 필수적인 부분으로 불신distrust과 배신betrayal을 가능성으로 포용한다embrace(pp.5-6).[32]

---

[31] 도전적 과제를 주저하거나 회피하기보다는 대응하는 과정(새로운 언어/내러티브를 만들어낸다)이 중요하다. 이 과정에서 새롭게 구성되는 시나리오가 (여러 가지로) 만들어지고, 논평자가 말하는 이 같은 수행 과정은 삶을 새롭게 창조하는 과정이 된다. 이는 결코 규격품에 한정될 수 없다.

[32] 신뢰란 함께 만들어가는 것이며, 불신과 배신이 없어야 신뢰하는 것이 아니라, 이를 내부에 품고 있는 수준(그럼더라도 신뢰하기)이라는 인식, 그것이 신뢰의 진정한 모습이다. 이런 이해가 코치가 지녀야 할 '신뢰'에 관한 인식과 실천의 지평이다. 우리가 고객과 쌓아나가는 '신뢰'를 이런 수준으로

당사자들은 외부에서 부과된 규칙이나 의무의 지팡이crutch에 의지함 없이 자유롭게 신뢰를 구축하려고 분투하며, 단순히 신뢰를 실행하기보다는 그것을 **만들기 위해** 양심에 입각한 일치성/성실성conscientious integrity을 갖고 실천하기를 요구받는다. 이렇게 구축된 신뢰는 잠재적으로 더 현실적이고, 실질적이며, 변혁적이다. 진정한 신뢰authentic trust를 위해서는 윤리적 성숙과 기존에 관계된 모든 당사자의 헌신이 요구된다. 우리가 이것을 사실the case로 믿는지 여부는 부분적으로 인간 본성에 대한 우리 각자의 관점에 달려 있다. 당신은 인간 본성에 대해 비관론자인 토마스 홉스Thomas Hobbes처럼 인간은 본질에서 이기적이고, 외부적으로 부과된 규칙의 가혹한 부과 없이는 삶은 "끔찍하고nasty, 잔인하고brutish, 짧다"고 믿는가? 아니면 존 로크John Locke처럼 낙관주의자인가? 인간이 본질에서 사회적 창조물이며, 자신의 규칙을 협상하고 평화롭게 스스로를 다스릴 수 있다고 믿는가?

안나가 비밀유지 동의 계약에 대한 자신의 접근 방식을 통해 확인한 변화shift에 나는 어느 정도 공감할 수 있다. 나 역시 코칭 경력 초기에 안나 같이 코치-코치이-스폰서 관계를 관리하는 코칭협회의 윤리 강령에 크게 의존했다. 그렇지만 나는 어떤 식으로든 타협과 절충이 필요한 상황에 자주 직면하는 자신을 발견했다. 스폰서가 나에게 코치이에 대한 비밀 정보를 제공하면 이는 나에게 코치이에 대해 무언가를 숨기고 있다는 느낌을 갖게 했다.[33] 또는 스폰서가 겉보기에는 나를 승산이 없는 상황에 놓이게 하는 코치이에 대한 정보를 요구하기도 한다.[34] 나는 윤리 강령을 발동하여 스폰서를 화나게 하거나, 그렇지 않으면 타협하여 스폰서를 만족하게 할 수 있다. 이것 역시 윤리적 딜레마 가운데 하나이다.

요즘도 나는 코치이와의 첫 만남에서 윤리 강령을 언급한다. 그러나 상세히 하든 대충 하든 절차상으로 지나가듯 그렇게 한다. 이유는 신뢰를 쌓고 유지하는 공식적 매카니즘이

이해할 것을 제시하고 있다. 논평자의 인용은 아주 오래된 연구 결과에 의존하고 있다.

현대는 **신뢰 위기**의 사회, **신뢰 이동**의 사회이다. 신뢰 위기는 개인, 가족, 연인, 경찰, 언론, 정치 등 사회 전반에 고질화되어 있다. 신뢰 위기 사회에서 코칭 관계에서 신뢰 회복 경험은 코치이에게 신뢰 재건축의 주춧돌이 된다. 『심리학으로 말하다. 신뢰』 Ken J. Rotenberg 지음. 권현민 옮김. 돌배나무. 2020. 참조. 다양한 영역에서 '신뢰'를 논한다.

[33] 어떤 상황인가? 코칭이 진행되고 있는데 코치이에 대해 새로운/숨겨진/사실로 간주되는 정보를 스폰서가 맥락에 맞게/무관하게 제공받는 경우가 있다. 이런 정보로 코치를 입막음할 수가 없다. 마치 코치이를 걱정하거나 때로는 코치를 걱정하며 비밀을 공유하듯 일방적으로 제기하기 때문이다. 이는 역으로 코치에게 어떤 정보(Yes든 No든 관계없다)를 제공하길 유도한다. 코치는 이 같은 상황을 어떻게 대처해야 하는가? 또 이를 통해 얻은 정보를 (코칭에서) 어떻게 관리해야 하는가?

[34] 도움을 주고 싶다는 태도를 앞세우는 경우 코칭 공간으로 침입하려는 숨겨진 의도를 지닌다. 마치 수렁에 빠진 코치를 지원하려는 듯… (도와주겠다는 듯) 코치이에 대한 정보를 말하게 한다.

비공식적 과정에서 흐트러져 산만해지는 것을 원치 않기 때문이다. 아이러니하게도 나는 윤리 강령에 덜 의존하게 된 이후 윤리적으로 위태로움을 훨씬 더 느낀다.[35] 스폰서가 나에게 코치이에 대한 기밀 정보를 제공하면, 그가 코치이에게 직접 피드백을 제공하도록 오히려 강력하게 그를 지지한다. 그것이 가능하지 않으면, 나는 스폰서의 관점에서 정보 제공하려는 행동의 이유가 무엇인지 알아낸다. **마찬가지로** 스폰서가 나에게 코치이에 대한 기밀 정보를 요청하면, 단순히 윤리 강령을 발동하는 것이 아니라, 스폰서에게 오히려 더 많은 정보를 요청하는 질문을 한다. Q.당신이 정말로 알고 싶어하는 것이 무엇인가요? Q.코치이와 스폰서 사이에 그 정보가 자유롭게 전달되면 되는데 이를 방해하는 것이 무엇인가요? 다시 말해 나는 단순히 윤리 강령을 들먹이는 것이 아니라 타협해야 할 잠재적 상황에서 **벗어나는 방법**으로 대응한다.

스폰서와 코치이의 관계 발전이 코칭 참여 결과로 감소되기보다는 오히려 더 강화된다. 공식적인 기밀유지 동의 협정을 발동한 결과로 올라갈 수 있던 소통의 장벽은 낮아지거나 없어지고, 코치-코치이-스폰서 관계는 **중재**되고 mediated 구조화되는 것에서 비공식적으로 공동창조 co-created되고 공동책임 co-responsible으로 전환된다.

즉석에서 자발적으로 상호 윤리 mutual ethics를 위해 윤리 강령에 엄격이 의존하는 것은 오히려 잠재적 위험이 많다. 그러나 상당한 유익도 있다. 솔로몬과 플로레스(2001)가 지적했듯이, "정확히 서로를 진정으로 신뢰하는 사람들은 그렇지 않은 사람들보다 더 활기차고 모험적인 세상에 살고 있다"(p.91). 문서보다는 윤리 강령의 **정신**을 따르는 것은 더 진정성 있는 신뢰 관계가 가능해진다는 것을 의미한다. 모든 사람이 항상 법을 준수해야 한다고 느끼는 사회가 [오히려] 지나치게 제약을 받는다고 느끼는 것처럼(우리는 궁극적으로 하지 않기로 선택했어도 무단횡단을 할 수 있다고 느끼고 싶어 한다), 윤리 강령에 엄격하게 구속되는 삼각관계 triadic relationship도 마찬가지다.

결론적으로 나는 a) 안나가 윤리 강령에 의존을 줄인 이유에는 동의하지 않는다. b) 나는 안나가 스폰서와 코치이와의 관계에서 무책임 irresponsible하게 행동하고 있다고 우려한다. c) 그녀가 진정으로 신뢰 관계를 구축하는 **복잡한 과정을 받아들일 윤리적 성숙함**이 있다

---

[35] 기밀유지에 대한 강조와 서명보다는 실제 코칭 과정에서 확인되는 신뢰를 확인하는 것, 신뢰할 수 없다는 의심과 불신을 부정하지 않는, 그런데도 상호 코칭 과정에서 확인하고 서로 만들어 가는 신뢰가 중요하기 때문이다. 코치가 이 같은 느낌이나 판단을 하게 되는 상황과 맥락에 대해 실천 경험을 상세하게 검토할 필요가 있다. 또 논평자의 언급을 최소한 공감은 아니더라도 이해하는 것이 필요하다.

고 확신할 수 없다. 그러나 그녀가 d) 더 나은 대안을 찾는 것을 단도직입적으로 비난할 수는 없다.

■ **토론 제안**

1. 코치가 느끼는 윤리적 딜레마 상황에 대한 이해와 이에 대한 대응 방안을 검토해보자.
   - 두 사람 논평자의 견해가 다르다. 이를 비교하고 검토해보자.
2. 기밀유지 조항이 위태로울 수 있는 상황에 대해 두 번째 논평자의 대응 방안에 대해 검토해보자.
   - 기밀정보를 요구하는 사람에게 적극적 질문을 통해 상황에서 벗어나거나, 요구의 배경을 탐색하게 한다.
3. 코칭 회사에서 PM 주도하의 코치(업무) 회의 구조를 검토해보자.
   - 코치들 사이의 코칭 진행 관련 의사결정 회의인가 코치들 사이의 자문회의인가.
   - 동일 조직 내 코치들의 동료 수퍼비전 구조인가. 내부/외부 수퍼바이저가 참여하는가?
   - 코치 이외의 전문가가 함께하는 이른바 인터비전인가?
   - 이런 회의 구조 이외에 공동 프로젝트에 참여하는 코치들 사이의 수평적 동등성을 어떻게 보장해야 하는가?

논평 6-2. B

C. B. 보우먼

이 사례의 논점은 임원코칭의 기밀유지 관련 코치의 헌신에 대한 문제다. 논의가 필요한 점은 **코칭의 법적 측면**THE LEGAL ASPECTS OF COACHING(논평자 강조)과 현장field과의 관계이다. 조직 고객에게 호의를 보이는 안나의 신념 체계와는 별도로 그녀의 신념에 내재된 편견뿐 아니라, **기밀유지 관련 법**과 직접적인 충돌이 드러난다.

코칭 현장에서 자주 혼란을 주는 행동 강령code of conduct은 기밀유지 조항이다. 행동 강령은 코치 전문 협회의 의무사항/명령mandate이며, 계약 서류에 기밀유지 조항clauses이 명시될 수 있으나 이것은 실제 적법성legalities과 관련이 없다.

미국의 경우 임원코치라는 전문 직업은 오래 전에 확립된, 연방의 의무화된 전문 직업mandated professions과 동일한 법적 지배를 받지 않는다.[36] 그러나 우리는 코칭이 정책과 규정을 갖춘 전문 직업으로 성숙할 수 있도록 이런 전문직 관련법으로 검토하고 지침으로 사용하는 것은 현명한 방안이다.[37]

국제 회계사 연맹International Federation of Accountants provides은 2007년에 국제모범실행지침International Good Practice Guidance의 "조직을 위한 효과적인 행동 강령 정의와 개발Defining and Developing an Effective Code of Conduct for Organizations"에서 다음과 같이 제시한다. "조직의 의사결정, 절차, 기준과 행동 규칙으로 아래와 같은 조직 시스템과 절차를 안내한다. ①핵심 이해관계자들의 복지에 기여하고 ②그 운영에 영향을 받는 모든 구성원의 권리를 존중한다."(국제회계사연맹, 2007). 행동 강령code of conduct은 "③조직이 노동자와 경영진에게 기본 가치와

◆ **필자:** C. B. Bowman: MBA, MCEC, CMC, BCC. 기업임원코치. 기업임원코치협회ACEC. MEECO 리더십 연구소. cb@acec-association.org

[36] 의사, 약사, 변호사 회계사 등 다른 전문직과 코치와 비교하면 자명한 현실이다. 우리나라에서 코치를 이 같은 전문직과 견주려는 인식은 생소하다. 이는 코치들 내부에서도 마찬가지다. 코칭을 전문직 분야로 발전하게 하려는 주장은 코칭 초창기부터 일부 코치들이 가진 비전이었다. 코치들은 과거 세계적으로 FTA 협정 체결이 확대되고 있는 시기에는 이 같은 비전 설천에 적극적이었다.

[37] 전문직이라는 '코치'와 전문직 활동을 위한 실천 윤리를 실행하며 의사, 변호사, 회계사 영역의 기준을 근거로 검토하는 방안은 코칭 윤리 확립을 위한 초창기부터의 작업이었다. '전문직'의 기준에 맞춰 코칭 윤리나 기타 기준을 비교하고 노력하는 것은 전문직으로 발전을 위한 **전략적 선택**이었다.

윤리 기준에 따라 행동하도록 돕기 위해 발행한 서면 지침 모음"으로 정의한다(Business Dictionary,n.d.).

기밀유지는 "특정 유형의 정보에 접근을 제한制限limits하거나, 제약制約restrictions을 두는 일련의 규칙 또는 약속"으로 정의된다(Tech Target, n.d.). **기밀유지 동의협정**confidentiality agreement은 **비공개 협정**non-disclosure agreement(NDA)으로 알려진 법률 문서legal document이다. 이것은 a) 당사자가 상호 기밀유지와 특정 목적을 위해 특정 정보를 공개하려는 의도를 표명하고, b) 의도하는 목적intended purposes에만 정보가 사용되는 것을 동의하는 두 명 이상의 당사자 사이의 비공개 계약이다. 또 이 정보에 대한 다른 사람의 접근은 제약된다(Massachusetts Medical Society, 2014). 그러나 대부분 코치와 코치이가 깨닫지 못하는 것은 이 계약은 의사와 환자 또는 변호사와 고객 사이의 동의agreements/계약contacts과는 다르며, 동일한 보호 권리를 제공하**지 못한다는 것**이다.

"**의사-환자 기밀유지**" 개념은 영국의 관습법common law에서 유래되어, 많은 미국 주州의 법령statutes에 성문화되었다. 이것은 법보다 윤리에 기반을 두고, 적어도 의사들이 하는 히포크라테스 선서만큼 거슬러 올라간다. 법적 개념인 '**의사-환자 특권**'[38])과는 다르다. 그러나 둘 다 법적 문제는 기밀유지의 윤리적 의무가 법적 특권에 **적용되는 정도**를 별도로 확립[판정]하도록 요구받고 있다. 법적 특권에는 "특별한 관계special relationship" 상황에서 얻은 정보의 공개나 누설을 자제할 수 있는 권리 및/또는 **증거**의 **발견**을 보류할 수 있는 권리가 포함된다. 특별한 관계는 ①의사와 환자, ②변호사와 의뢰인, ③성직자와 고백자 또는 측근confiders, 보호자guardians, ④피보호자wards[법원 후견인의 법률적 보호를 받는] 등이다.[39])

히포크라테스 선서Oath를 활용한 신임 의사들의 전통적인 선서에는 "내 직업적 서비스와 관련 여부와 관계없이 내가 보거나 듣는 것은 널리 퍼져 입에 오르내리지 말아야 할 사람

---

38) [저자 주] 의사-환자 특권은 의사의 기밀유지 의무로 인한 **법적 특권**이다. 그것은 환자가 공개에 동의하지 않는 한, 환자가 진단이나 치료 목적으로 의사와 나눈 비밀 통신을 법적 절차에서 확인과 증거로 배제할 수 있는 권리를 말한다. 이 특권은 의사가 아닌 환자에게 속하므로 **환자만이 특권을 포기**할 수 있다. 의사가 증언을 통해 자신을 침해하면 환자는 의사에게 손해 배상을 청구할 수 있다. 미국에서는 연방 증거 규칙이 의사-환자 특권을 인정하지 않는다. 주 차원에서 특권의 범위는 해당 관할권의 법에 따라 다르다. 예를 들어, 텍사스에서는 형사 소송 및 민사 소송에서 의사-환자 특권이 제한되어 있다. https://definitions.uslegal.com/d/doctor-patient-privilege/

39) 윤리적 의무가 법적 특권으로 보호받을 수 있는 정도, 즉 내용과 수준이 각 나라마다 관련 법률에 의해 다양하게 규정되어 있으며, 그런 특별한 관계 역시 규정되어 있다. 결론적으로 우리가 이미 알고 있듯이 코치-코치이-스폰서 간의 기밀유지는 법적 특권으로 보호되는 '특별한 관계'로 규정되지 않는다. 이런 의미에서 논평자는 '윤리적 의무'를 법적 특권과 엄격하게 구분하고 있다.

들의 삶을 위해 나는 그 모든 것이 비밀로 유지되어야 한다는 생각으로 이를 누설하지 않을 것이다."라는 내용이 포함되어 있다.[40] 히포크라테스의 법law은 더 나아가 "성스러운 것들은 신성한 사람들에게만 전해져야 하며 그것은 과학의 신비로 간주되기 전까지 불경한 profane 사람에게 전해지는 것은 적법하지 않다."라고 명시한다.

의사-환자의 기밀유지는 장래의 환자가 의사의 조언, 진료, 치료를 요청할 때 발생하는 특별한 관계에서 비롯된다. 의료 지원이나 조언을 구하는 개인이 자신의 의료적 관심사나 조건이 다른 사람들에게 공개될 것을 우려해 방해받거나 억제되어서는 안 된다는 일반적인 원칙에 근거한다. 그렇지만 환자들은 자신의 개인적인 지식을 의사에게 맡기고, 이는 한쪽이 취약한vulnerability 위치에 서는 평평하지 않은 관계를 만든다. 일반적으로 환자는 의사들이 특별한 지식을 확신을 갖고 환자의 이익을 위해서만 독점적으로 사용할 것으로 기대한다.

전문직의 기밀유지 의무는 환자가 의사에게 무엇을 밝혔는가 뿐만 아니라 의사들이 환자의 **검사**examination, **평가**assessment를 토대로 독립적으로 내린 결론이나 의견 형성을 한 것도 포함한다. 기밀유지는 일반적으로 환자와 의사의 의사소통뿐만 아니라 모든 의료 기록(X선 검사, 검사 보고서 등), 의사와 함께 일하는 다른 전문 직원과 환자와의 의사소통도 포함된다. 치료 뒤에도 기밀유지의 의무는 지속된다. 일단 의사들이 기밀유지 의무를 지게 되면, 그들은 환자 동의 없이 환자에 대한 어떤 의료 정보를 제삼자에게 누설할 수 없다. 그러나 이 규칙에는 **예외**가 있다(USLegal, n.d.a).

변호사-고객 특권은 고객과 변호사 사이의 통신을 보호하고 이 통신을 기밀로 유지하는 증거 규칙evidentiary rule이다. 변호사와 고객 모두가 법률적 충고나 도움을 제공하거나 얻을 목적으로 만들어진 비밀 통신을 공개하는 것을 강요받지 않도록 보호한다. 이 특권은 고객이 제공할 수 있는 모든 관련 정보를 알고 충분히 준비된 변호사가 고객의 법적 요구를 유능하게 처리하도록 이들 사이의 솔직하고 개방적이며 제한되지 않은 담론을 형성하기 위해 설계되었다. 변호사-고객의 특권은 소송절차, 민사, 형사 또는 행정소송, 재판 과정, 재판 뒤까지 절차를 진행하는 동안 언제든지 제기될 수 있다.

그러나 모든 요구 사항이 충족된 경우에도, 법원은 여전히 찾고 있는 정보를 공개하도

---

[40] 히포크라테스 선서에는 이 외에도 여러 내용이 있다. 선서 전체에는 ①신들 앞에서의 증언, ②스승과 공동체에 대한 의무, ③환자나 여성 관련 의료 제공에 대한 금지사항, ④삶의 경건함과 생활 자세, ⑤성 관계 금지 등 여러 내용이 추가되어 있다. 『히포크라테스 선집』 여인석 외 옮김. 나남. 2011. 선서에 관한 상세 연구는 『히포크라테스 선서』 반덕진 역해. 계축문화사. 2018. 참조.

록 요구할 수 있다. 미국 법원은 연방증거규칙 501조에 따라 예외를 두고 있으며, 이 규정에 따르면, "비밀 관계 특권 인정은… 사건별로 근거에 의해 결정되어야 한다." 법원은 사건별로 특권을 검토할 때, 그들의 특권이 부정될 때 야기되는 손해에 대해 특권을 유지(변호사와 의뢰인의 신뢰를 보존)함으로써 얻을 수 있는 혜택을 평가한다. 이렇게 변호사-고객 특권은 법률상 이용 가능한 가장 강력한 특권 가운데 하나로 간주된다(USLegal, n.d.b).[41]

이 같은 점을 고려할 때, 코칭의 기밀유지 협정의 유효성과 이용에 대한 문제가 제기된다. 이런 협정들은 코치, 코치이, 고용 당사자 사이의 **피상적인/표면적인**superficial 특권만을 가진 "좋은 느낌을 주는" 문서 정도의 의미이다.[42] 그렇지만 기밀유지 관련한 말을 언급한 이상 ①자신 및/또는 타인에게 해가 되는 경우를 제외하고는 모든 정보가 코치와 코치이 사이에 밀접하게closely 보관되어야 한다고 생각한다. ②기타 다른 정보는 의도된 용도intended use와 범위를 명확히 해 특정 당사자에게 공개될 수 있다. 또한 ③정보를 받는 당사자는 코치와 코치이 사이의 기밀유지 합의와 동일하게 책임져야 한다.[43]

이 사례는 코치가 최종 보고서로 제공하는 내용은 처음에 합의한 아젠다와 관련해 진전progress된 부분만 오로지 초점을 맞출 것이라고 언급한다. 그렇지만 이런 진술 자체는 비밀을 밝힐 수 있는 기회에 문을 활짝 열어 둔 것이다. 코치이가 기밀로 간직하고 싶다는 의사가 드러날지 모르는 보고서를 삭제/살균화sanitize한다는 것은 정말 어려운 일이 아닐 것이다. 예를 들어 다음과 같다.

> 존 스미스는 직원들 사이의 의사소통 향상을 보여줌으로써 리더십 5단계를 현저하게 이해했고 활용할 수 있다는 점을 보여 주었고, 이것은 재-작업re-work하는 직원과 초과 근무를 줄였으며, 부서의 매출을 증가시켰다.

---

41) 우리나라의 경우 의사-환자의 특권과 변호사-의뢰인 특권 중 비밀유지 강조가 어떤 상황인지는 역자의 능력 밖이다. 또 개인정보 보호법도 검토가 필요하다.
42) 이런 성격이 코칭에서 **기밀유지**와 관련 문건의 명백한 실체이다. 이에 대한 분명한 이해가 필요하다 그러나 논평자는 윤리적 의미에 근거해 기밀유지를 설명하면서도, 법률로 특권으로 요구 받는 의사, 변호사 등 특별한 관계에서의 기밀유지가 유지되는 경우와 차이를 설명하며 적절한 이해를 촉구하고 있다. 또 변호사와 의뢰인의 경우 엄격한 법률적 특권은 사안별로 판례나 재판 판정을 근거로 검토될 수 있다는 취지로 기밀유지에 대한 이해를 강조한다. 현재 코치에게 이를 보완할 수 있는 법적 근거는 '개인정보 보호법'이다.
43) 일반적인 내용이나 분명히 이해해야 할 내용이다. 또 코치 사이에서 들은 정보, 코치들 사이의 자문 대화를 통해 얻은 정보 관리에 대해서도 세심한 관심과 관리가 요구된다.

기밀유지로 '공개'되는 것은 그가 효과적인 의사소통 기법이 부족하다는 것과 조직의 이윤, 직원 강화, 삶의 질에 어떤 영향을 미치는지에 관한 것이다.[44] 안나와 같은 진술은 기밀유지와 관련하여 미끄러운 경사slippery slope를 걷는 위험함을 보여주며, 관련된 당사자 가운데 어느 누구에게도 법적 보호를 제공하지 못한다. 가능한 법적 파장의 노출을 관리하려면 지급/고용 당사자가 코치와 코치이와 성공 요인[코칭의 결과]에 관해 구체적으로 알아야 할 것을 미리 정해 두는 것이 가장 좋다. 안나가 비밀을 관리할 수 있는 가능한 해결책(안나가 코치이보다 자기를 채용한 사람을 보호하는 경향이 있다는 것을 아는 것)[45]은 코치이의 허락을 받아 매니저가 행동을 관찰할 수 있도록 하고, 그룹으로 "토론을 통한 학습"을 하는 것일 수 있다.

내가 제시한 시나리오에서는 코치 고용 당사자는 단지 관찰만 하면 될 것이다. 그 결과는 코치에게 보고받지 않고, 코치이의 변화된 행동으로 직원의 재작업이 줄고, 초과 근무를 줄였으며, 판매량이 늘어난 것이다. 이처럼 관찰 가능한 결과는 신뢰를 깨뜨리지 않으려 노력할 때 강력한 도구가 될 수 있다.[46]

결론

코칭을 확실한 직업으로 확립하기 위한 노력은 비교적 오래되지 않았지만 빠르게 진전하고 있다. 코칭은 서로 다른 이해관계자와 여러 유형의 계약이 결합되어 복잡성을 띠게 된다. 언제나 높은 기준과 윤리를 유지하기 위한 계약은 코치에게는 유연성flexibility과 융통성malleability을 필요로 한다.

우리 전문가는 철학적 또는 수행적 관점에서 엄격한 법적 관점까지 서로 다른 관점을 채택하고, 행정적, 법적, 심리적, 관계적 계약에 이르기까지 다양한 유형의 계약 문제를 다루

---

44) 예시로 전달된 정보를 어떻게 평가하는가? 코치-코치이-이해관계자 간에 '의사소통 부재/저조'에 대한 대처/향상이 초기 회의에서 3자가 합의하지 않은 이상 이런 정도의 보고에도 매우 많은 정보가 들어가 있으며 사실상 기밀유지 가능성을 '살균'하기는 어렵다.
45) 회사/HR, 사장이 코칭을 제공하는 이유를 알고, 코치는 그것을 위한 부드러운 **대행자**이자 코치이 이슈에 함께 도전하는 해결 **파트너**라는 인식을 공유하는 것이 필요하다. 초기 회의에서 합의한 이런 공유를 근거로 기밀유지 요인을 합의하는 것도 필요하지 않을까? 코칭이 지닌 역설적 측면이다.
46) Q.무엇을 보면 코칭의 성공 결과를 알 수 있는가? 이 질문에 대한 상호 이해가 얼마나 중요한지 확인할 수 있다. 코치이의 이해관계자와 코치가 별도로 성공 결과(직접적 행동 변화, 또는 이로 인해 드러나는 변화된 효과)를 합의한다면 '관찰 가능한 결과' 합의는 강력한 코칭 계약이다.

기 위해 이를 해부해 보았다.

모든 논평에서 제일 중요한 핵심은 코칭 관계는 여러 단계에 걸쳐, 서로 다른 이해관계자의 기대, 코칭 프로세스, 윤리적 기준의 명확성을 보장하는 것이다. 이슈는 개입/중재를 넘어 언제나 발생할 수 있다. 이 사례에서 보듯이 다른 이해관계자들의 이해가 나중에 관계 안에서 표면화되거나 코칭의 결과로 바뀔 수 있다. 실제로 우리는 코칭 관계를 **살아있는 것으로** a living part, 코칭 관계의 전개와 함께 발전하고 진화할 수 있는 계약(들)으로 볼 것을 제안한다.[47] 그리고 이런 복잡성과 관련된 변화가 다른 이해관계자들의 권리와 최선의 이익을 유지하는 방식으로 다루어지도록 하는 것은 **코치의 책임**으로 보인다(Fielder & Starr, 2008).

연구 전문가들에 따르면, 그 책임을 달성하기 위해 도움이 되는 건강한 프랙티스는 ①모호한 문제가 발생할 때 이를 조명하고 명확히 하는 것에서부터, ②서로 다른 이해관계자들과 개방된 의사소통 채널과 신뢰를 유지하는 것, 그리고 ③기술된 윤리 규정, 가이드라인 또는 계약을 살펴보고, ④필요시 다른 계약을 위해 재차 만남을 실행하는 것까지 방안은 다양하다.

■ 토론 제안

1. 논평자의 주장을 감안해 볼 때 예로 들은 존 스미스에 관한 결과 보고는 어떻게 평가할 수 있는가?
    - 무엇을 보면 코칭 성공 결과를 알 수 있는가? 이른바 '관찰로 알 수 있는 (코칭) 결과에 대해 합의하는 방식.
2. 논평자 입장에서 기밀유지 사항에 대한 합의, 코치이와 스폰서의 요구를 반영하는 프로세스를 설명해보자.
3. 두 논평자의 주장을 비교해 이해관계자와 기밀유지를 위한 전적인 합의 방안/절차 등의 다른 점이 어떤 것이 있을지 모색해보자.

---

47) '정치는 생물이다'라는 언론의 말처럼 코칭 관계야말로 살아있는 생물이다. 코칭 관계는 살아 움직인다. 모든 관여자의 내면 역동과 시스템에서 오는 변동이 수시로 분출되기에 복잡하고 시시각각으로 변화한다. 성장하는 생물체와 같다. 어제가 다르고 오늘이 다르며, 같은 반복이 있을 수 없다고 보는 것이 타당하다.

추가사례 6-B. 고객의 내면을 알수록 결과 보고서 쓰기가 힘든 코치 게일

코치 게일과 말릭의 코칭은 대체로 순조로웠다. 말릭은 자기 업무와 관련해 과거 분기별 업무 성과와 진행하며 부딪친 어려움과 드러난 문제를 발굴하고, 새로운 시각으로 대안을 모색하는 대화를 잘했다. 그의 업무는 언제나 관리회계와 숫자를 중심으로 제시 되었으며, 전체 전략기획실 팀장과 수시로 교신해 밑 자료를 튼튼하게 보강했다. 또 영업 현장과 밀접하게 소통해 현실에 바탕을 둔 보수적 제시가 특징이다. 그동안 중심 팀원이 이동했고, CDP로 재배치되어 손이 덜 익숙한 인원으로 구성된 팀이었어도 흔들림 없이 일해왔다.

그러나 코칭을 통해 이루려는 그의 목표는 임원 승진 성공이다. 이를 위해 중요한 요인을 확인해 정확히 실행하는 것이다. 이번 기회에 승진하지 못하면 진로 변화를 결정을 해야 한다는 판단이다. 뚝심 인재-만년 부장의 길이냐, 어려운 일이긴 하지만 승진하지 못하면 이직이냐의 두 갈림길이다. 적어도 현재 조직 분위기도 그렇다.

HR이 제기한 말릭의 코칭 주제는 리더십 영향력 확대-조직 전략 방침의 하부 관철이다. 이를 위해 [1]하부에 대한 '전략적 견인', [2]부진한 부분에 대한 '성공을 위한 견인'은 기본 작업이다. [3]내적 장애물 제거를 위한 긍정적 에너지 전환은 염두에 둬야 할 일이며 꼭 필요한 것이 있다면 [4]인내심과 기다림이다.

두 사람(특히 게일)은 이 같은 이슈를 공유하고 검토했지만 말릭 자신의 이슈와 조직이 제기한 과제와의 일치를 정교화하지 못했다. 코치 게일은 말릭이 승진에 성공하고 싶다는 목표와 요구를 동력으로 활용하며, 조직이 제기한 코칭 목표 설정을 정돈하고 합의해야 했다. 게일과 말릭이 서로 자기 이슈에 전념하면서 힘 있게 서로 맞서며, 제3의 일치된 목표 설정을 문장화하고, 성공 결과에 대한 일치된 내용을 만들어 내기보다는 서로 상대의 주장을 인정하며 세션을 이어갔다.

여러 세션이 변화 없이 진행된 뒤였다. 임원회의에서 말릭이 발표를 촬영한 비디오를 보고나서, 코치는 당시 말릭에게 일어났던 경관을 관찰자로 보도록 안내했다. 속생각과 이와 연결된 감정을 노출하도록 격려했다. 둘 사이에 충분한 경청이 쌓인 뒤에 말릭에게 **알아차림**이 올라왔다. 그에게는 T1들의 언어와 행동에서 지나친 견제와 잠재된 경쟁이 한눈에 들어왔다. 또 자신이 진행하는 과제 가운데 특정한 업무의 마무리 작업과 몇 가지 힘을 주는 발언의 초점은 그들 사이의 경쟁에 어느 한쪽의 이해와 접목 또는 상충된다는 사실도 인지했다. 이런 얽힌 과제에 대해 매우 소극적인 태도를 취하게 만드는 자신의 내면 풍경도 짐작되었다. 자신이 보기에도 비디오 속 자기는 언제나 기복이 심했다. 아마 내면 풍경의 흐름은 아주 자연스럽게 그의 (외적) 태도로 드러난 것으로 해석된다. 그가 조직 내에서 성취하며 보여준 역량과는 달리 그의 (외적) 태도는 HR의 판단과 다르지 않으며, 내면의 풍경은 늘 복잡한 상태였던 것이다. 코치의 **해석적 개입**은 통찰의 실마리를 제공했다.

문제는 코치 게일이 이런 코칭 과정과 이어지는 이슈 해결(과정)의 성과를 회사가 요구하는 (자신도 동의했던) 항목으로 적기가 힘들다는 점이다. 말릭이 동의하기 어려우며, 어떠한 표현으로도 기밀유지가 어렵다는 점이다. 그럴듯한 공식적 언어의 옷을 입히고, 조직의 비전과 조직 문화에 익숙한 표현, HR이 요구하는 언어로 분칠을 해야 채울 수 있었다. 그러나 이런 보고는 현실과 거리가 매우 크다. 게일은 조직의 요구 충족을 위해 별도로 노력해야 하는가?

두 사람은 코칭하며 초래될 사태를 다루며 일치감이 높았지만 게일은 윤리적 딜레마에 봉착했다. 또 게일은 이런 코치의 고충을 컨설팅 회사 대표이자 프로젝트 담당 코치와는 1도 공유하기 어렵다는 것이 현실이다.

1. 코치는 처음 합의한 코칭 결과보고서와 실제 코칭 진행과 결과에 대해 보고하는데 큰 차이를 느낀다. 어떤 표현으로 이것이 가능하겠는가?
   - 말릭과의 기밀유지 한계, 조직의 요구, 게일 자신의 유능성 유지를 충족하는 코칭 보고서를 작성하는 방안을 논의하고 예시해보자.
2. 두 논평자의 견해를 참고해 대안을 만들어보자.

참고자료

Austin,J. L. (1962). *How to do things with words*. Cambridge, MA: Harvard University Press. 『말과 행위-오스틴의 언어철학, 의미론, 화용론』 김영진 옮김. 서광사. 2019.

Berne, E. (1966). *Principles of group treatment*. New York, NY: Grove Press.

Berne, E. (1974). *What do you say after you say hello?: The psychology of human destiny*. New York, NY: Bantam Books(original work published 1972).

Bluckert, P. (2006). *Psychological dimensions of executive coaching* (pp.38-39). Buckingham, UK: Open University Press.

Business Dictionary (n. d.) Code of ethics definition. Retrieved from www.businessdictionary.com/defmition/code-of-ethics.html

English, E (1975).The three-cornered contract. *Transactional Analysis Journal, 5*(19), 152-154.

Ennis, S., Goodman, R., Otto, J., & Stern, L. (Eds.). (2012). *The executive coaching handbook: principles and guidelines for a successful coaching partnership*. Wellesley, MA: The Executive Coaching Forum.

Fatien,P. (2012). Ethical issues in coaching. In M. Esposito, M. Smith, & P.O'Sullivan (Eds.), *Business ethics: A critical approach: Integrating ethics across the business world* (pp.302-316). London: Routledge.

Fielder, J. H., & Starr, L. M. (2008). What's the big deal about coaching contracts? *The International Journal of Coaching in Organizations, 4*, 14-27.

Hay, J. (1995). *Transformational mentoring*. London, UK: Sherwood Publishing.

International Coaching Federation (2015). *Code of ethics*. Retrieved from www.coachfederation.org/about/ethics.aspx?ItemNumber=854

International Federation of Accountants (2007). *International good practice guidance*. Retrieved from www.ifac.org/publications-resources/defining-and-developing-effective-code-conduct-organizations

Krausz, R. K. (2005). Transactional executive coaching. *Transactional Analysis Journal, 35*(4), 368.

Lee, R. J. (2012).The role of contracting in coaching: Balancing individual client and organizational issues. In J. Passmore, D. B. Peterson, & T. Freire (Eds.), *The Wiley-Blackwell handbook of the psychology of coaching and mentoring* (pp. 40-57). Chichester, West Sussex, UK: John Wiley & Sons, Ltd.

Massachusetts Medical Society (2014). *Mutual confidentiality and non disclosure agreement*. Retrieved from www.massmed.org/Physicians/Practice-Management/Practice-Ownership-and-Operations/Mutual-Confidentiality-and-Non-Disclosure-Agreement/#.WgXFEoZrwyk

Rousseau, D. M. (1989). Psychological and implied contracts in organizations. *Employee Responsibilities and Rights Journal, 2*(2), 121-139.

Salicru, S. (2009). *The impact of the psychological contract in executive coaching*. Paper presented at the Australian and New Zealand Academy of Management (ANZAM) Conference, December, Melbourne (Australia).

Solomon, R. C., & Flores, F. (2001). *Building trust: in business, politics, relationships, and life*. New York, NY: Oxford University Press.

Tech Target(n.d.). *Confidentiality definition*. Retrieved from http://whatis.techtarget.com/definition/confidentiality

USLegal(n.d.a). *Doctor patient confidentiality*. Retrieved from https://healthcare.uslegal.com/doctor-patient-confidentiality/

USLegal(n.d.b). *Attorney-client privilege law and legal definition*. Retrieved from https://definitions.uslegal.com/a/attorney-client-privilege/

제7장

코칭과 돈

서론

'돈'이라는 주제는 다른 전문 분야처럼 코칭에서도 '관계' 관련해 "다면적이고many-faceted" 복합적 역할을 한다. 돈은 생활을 유지하고 보상과 동기를 부여하며 장벽을 극복하게 한다. 코치는 돈을 위해 개업하지만 때로는 이로 인해 주의집중이 방해받고 산만해지며, 품격도 떨어지고, 일을 왜곡할 수 있다(May, 1999). 코칭이 돈을 받는 전문 직업이나 이따금 이를 회피하고 싶을 때가 있다. 그러나 이는 피하기보다는 해결해야 할 문제이다.

임원 수준은 시간당 500달러 넘는 코칭비로 비용이 많이 드는 투자다. 돈을 지급하는 고객(많은 경우 조직) 입장에서도 돈은 관계에서 중요한 역할을 한다(Conference Board, 2008 report[1]). 조직은 자신이 투자하는 가치만큼 증거를 끊임없이 찾기 마련이다.

코치에게 코칭 실천은 분명 수입원이다. 그러나 때로는 다른 조력 전문직과 마찬가지로 타인에게 도움을 주고 싶은 '욕구' 다음으로 중요하게 밀리기도 한다.[2] 때로는 고객을 위

---

[1] 현재로서는 자료 출처를 찾을 수 없다.
[2] 코치가 돈/재정적 수입을 앞세우기보다는 자신의 가치 실현, 활동 보람, 타인에게 도움을 주고자 하는 욕구 다음으로 의미를 두는 경향은 표면상으로는 일반적이다.

한 코치의 헌신과 노력은 개입이 주는 재정적 수익을 "초월"한다(May, 1999). 이때 코치에게 오는 유익은 금전적 측면에서만 평가되는 것이 아니라, 자기 충족self-fulfilling을 중요하게 평가한다(이는 코치가 다른 사람을 도와서 얻는 만족에서 온다).[3]

7장에서는 먼저 독립-전문직이 되려고 애쓰는 코치들의 상황을 점검한다. 첫 커리어로 코칭을 선택했거나, 대부분 코치처럼 커리어 전환으로 코칭을 선택했든 구별없이 살펴본다(Louis, 2015). 사실 두 경우 모두 코치에게 많은 재정적 어려움을 안겨준다. 코치들은 수입이 불안정한 상황인데도 고객을 확보하며 코치 생활을 하기 위해 고군분투한다. 이로 인해 특정한 코칭 과제나 임무에 자신감이 없어도 돈 때문에 자기에게 돌아오는 코칭 과제를 모두 맡아야 하고 이를 감당해야 하는 압력을 느끼게 된다.

전직 HR 관리자였던 컨설턴트 아담Adam이 코치로 전환한 사례로 '나는 고객이 필요하다!'를 탐색한다. 자동차 회사에서 성과 이슈에 매우 한가한disengaged 크리스Chris를 코칭해달라는 요청을 받자, 아담은 재정적 어려움을 겪는 상황에서 코칭을 받아들일지 아니면 성공하지 못할 고객인 것 같아 거절해야할 지 결정해야 했다.

두 번째 사례인 "안하는 것보다 늦게라도 하는 것이 낫다"는 작업을 잘하고well-established 경험이 풍부한 코치들도 관련 있는 도전 과제를 다룬다. 코치는 코칭 스킬 외에도 신규 고객 확보를 위한 영업 활동, 코칭 브랜드를 위한 마케팅, 계약,경영과 재정 관리 작업 등 부차적 스킬을 개발해야 한다. 이 사례에서 패트Pat는 계약서 서명 없이 구두로만 코칭비 조건에 합의하고, 팀 코칭 과제를 먼저 시작해 어려움을 겪는다. 패트는 코칭 과정과 고객에 대한 헌신에 영향을 주지 않고도 코칭비 관련 협상이 어려운 고객과 계약의 재정적 측면을 처리해야 한다.

---

[3] 코치의 헌신은 돈으로 환산하면 코칭비 수준을 초과할 정도로 가치가 크다. 금전적 평가보다는 코치 스스로 고객을 위한 조력 활동을 통해 얻는 자기 만족감을 중요시하는 경향이 있다. Q.이 같은 주장에 동의하는가?

■ 사례 검토

가. 조력helping 활동을 '직업'으로 영업 활동하기

심리적·정신적으로 구체적 어려움이 있거나, 분명한 해결책을 제시해야 하는 분야와 코칭은 다른 점이 있다.

코칭은 고객이 가진 자원을 스스로 활용하도록 돕고, 이를 위해 함께 작업하여, 상대가 원하는 결과를 스스로 성취하게 지원한다. 어떤 면에서는 다소 완화된 '조력 활동'이다. 이같이 부드럽게 남을 돕는 활동은 공익을 위한 '봉사'가 아니라 '직업'으로 선택해 영업활동을 해야 한다는 점에서 코치들에게는 내적인 주저와 저항이 있기 마련이다.

나. '이웃 사랑'을 상품화하기

코칭 비즈니스는 구매자가 확실한 회사나 공공 조직, 사람을 상대하는 마케팅과 영업 활동과는 조금 다르다. 대체로 코칭은 '이웃 사랑'을 몸소 나누며 헌신하는 자세가 기본으로 깔려 있다. 또 궁극에는 '삶의 질'을 높이는 것이다. 그렇지만 이런 이웃사랑과 삶의 질을 높이는 행위를 '상품화'한다는 점에서 코치의 내적 동기는 언제나 도전을 받는다.

다. 코칭은 스스로 할 수 있는 이른바 '자기 개발'과 큰 차이가 없으면서도, 이를 전문성과 직업으로 성립하기 위해 이것과는 다른 차별성이 있어야 한다. 그렇지 않으면 대부분 사람이 스스로 할 수 있는 것을 돈을 받고 해야 하는 자가 당착에 빠지게 된다. 그렇다면 돈을 받을 수 있는 차별성은 무엇인가?

라. 코치 자신의 필요에 의해 구조자 증후군으로 쉽게 미끄러지거나 '구조자-희생자-가해자 증후군'에 말려들 수 있다. 이는 코칭을 자신의 구조자 증후군을 해결하는 적절한 창구로 활용하려는 경향 때문이다. 구조자 증후군을 건전한 구조자로 전환해야 한다. 그렇지 않으면 피상적 수준의 활동과 낮은 코칭 생산성, 자기 문제 해결로 코칭계에 머물기, 코칭계에 왔다가 조기 이탈하는 등의 현상을 넘어서기 힘들다.

1. 위 논의를 검토하고 경험과 사례를 나누고, 내적 저항과 주저, 재정 수익 관련한 낮은 동기 등에 관해 논의해보자.
2. '코칭과 돈'의 관계가 코치 활동의 주요 요인이 되어야 한다. 이것만이 코칭 산업이 발전하고 직업으로서의 '코치'가 확고하게 뿌리내리는 길이다.

사례 7-1. 나는 고객이 필요하다!

아담은 HR 컨설턴트로 몇 년간 일한 뒤 최근 임원코칭으로 경력을 전환career shift했다. 그는 코칭을 사랑하고 조직에 많은 유익을 줄 수 있다고 믿기에 현재 경력에 매우 만족한다. 컨설팅 회사에 매이는 대신 독립 코치로 일할 수 있는 자유도 좋다. 그는 고객 기반을 잡고 명성을 쌓기 위해 열정적으로 활동했다. 그러나 이는 처음 생각했던 것보다 힘들었다. 그가 HR 컨설턴트로 구축한 네트워크에 크게 의존했던 지난 6개월 동안 코칭 계약은 매우 부족했다. 과연 재정적으로 코칭을 사업으로 유지할 수 있을지 걱정되었다. 이 무렵 아담은 전에 컨설턴트로 일했던 조직에서 기쁜 전화를 받았다.

HR에서는 임원 가운데 한 명인 크리스Chris의 성과 관련 이슈로 코칭해 달라고 요청했다. 그들 말에 따르면 크리스는 한마디로 "다듬어지지 않았다a little rough around the edges". 이 점이 조직과 큰 거래big accounts를 하는 고객들 사이에서 문제가 되었다. 아담은 크리스의 매니저를 만나 이 문제에 대한 정보를 추가로 부탁했지만 내용은 HR이 코칭 제안하며 언급한 내용과 일치했다. 이어서 아담은 크리스를 만났다. 크리스 역시 코칭 아젠다에 동의하고 기꺼이 참여할 용의가 있다고 말하며 매우 순응적compliant인 듯 보였다. 그렇지만 아담은 마음속 깊은 곳에서 크리스의 진정성authenticity에 의구심이 올라왔다. 크리스가 정말로 변화의 필요성을 받아들였는지 믿음이 가지 않았고, 그와 신뢰 관계를 맺기가 어쩐지 어려워 보였다. 아담은 대화가 어떻게 돌아가든 편안하지 않았다. 크리스는 코칭받는 것에 동의했지만 그런 동의에 이르는 프로세스에 적극적으로 참여하지 않는다고 느꼈다. 아담은 코칭 과제가 성과 없이 실패할 운명이라는 느낌이 들었다. 이 점이 그를 더 어려운 처지에 놓이게 했다. 그는 재정이 어려운 실정이라 요구받은 코칭 계약을 수락해야 할지 거절해야 할지 확신이 들지 않았다. 코칭이 성공할 것이라고 확신하지 못했기 때문이다.

성찰 질문
- 당신은 잠재적으로 성공 가능성이 의심되어도 코칭 계약/과제를 받아들이겠는가?
- 코치들이 경력 초기에 재정적 이유로/또는 고객 포트폴리오 구축을 위해 코칭 과제를 수락하는 경우가 많다. 이 점에 대해 어떻게 생각하는가?
- 이런 상황에서도 코치들이 작업하면 어떤 결과가 나타날 것으로 보는가?

아담은 '긍정적 결과'를 얻어야만 돈을 받을 수 있다는 입장이기에 코칭 과제를 맡아야 할지를 검토했다. 그러나 그는 자신이 확신이 부족한 일에 많은 시간과 에너지를 투자하고 싶지 않았기에 이 옵션을 신속하게 포기했다. 결국 HR 부서를 만나 코칭 성공에 대한 우려를 분명히 표현하기로 마음먹었다. 크리스가 코칭에 참여할 준비가 되었다는 믿음이 서지 않으며, 이런 사실을 말하지 않고 예산을 낭비하거나, 이런 생각을 전달하지 않아 코치의 명성에 손상을 입고 싶지 않다고 그들에게 말했다. 그들은 코칭 계약을 체결하지 않기로 했다.

성찰 질문

- 위와 같은 아담 결정에 동의하는가?
- 당신이라면 어떻게 하겠는가?
- 결과에 대한 고객 만족에 따라 코칭비 지급 여부를 결정하는 코칭 계약을 해 본 적이 있는가?

■ 토론 제안

1. 위 성찰 질문을 함께 나누고 서로 공통된 입장과 차이점을 정리한다.
2. 코치-코치이-이해관계자 3자 관계에서 코칭 아젠다와 이슈를 정리하고, 코칭 과제를 합의한다. 코치는 나름대로 절차와 계약 관련한 의사 결정에 자신만의 견해가 있다. 각자가 지닌 방안과 관련 내용을 서로 나눠보자.
3. 아담과 비슷하게 코칭을 포기했던 경험이 있다면 이를 요약하고 차이점이 있다면 이를 확인한다.
4. 코칭 결과에 따라 코칭비를 받기로 계약했던 경험이 있다면 어떤 상황이었는지 공유해보자.

논평 7-1. A

브랜다 둘리

모든 임원코치는 특히 경력 초기에 계약 수락 여부와 관련해 다양한 이유로 **딜레마**를 경험한다. ①잠재적 소득을 확보해야 한다는 분명한 동기 외에도 ②명성을 쌓고 유지해야 하며 ③신뢰 형성과 고객 기반을 확보하려는 시도와 ④현재 코칭을 다른 기회를 위한 도약의 발판으로 삼고 싶기 때문이다. 물론 계약 수용 결정에는 다른 요소도 있다. 그러나 나는 코칭 과제를 받아들일 때 **중요한 점**은 코치가 고객의 태도와 행동 변화를 촉진하는 **의미 있는 관계**를 발전시킬 전문 역량과 자신감을 가졌는지 여부라고 본다.

아담의 사례는 상대적으로 경험이 부족했기에 겉으로는 동의할지 몰라도, 사실은 저항적인 고객이라 거부했다. 그렇지만 그의 **전문적인 순진성**naivety이 더 많은 영향을 미쳤을지 모른다. 사례는 아담이 공식적인 자격을 취득했는지에 관해 언급이 없다. 이런 이슈를 이해하고 코치에게 도움이 되는 적절한 접근approaches, 도구tools 및 방법methodologies 모음[4] 등을 개발했는지 언급이 없다. 이 사례를 검토하며 나는 ①코칭 성공 후 코칭비 지급 같은 **조건부 코칭비**contingent fee coaching, ②전문 역량 개발, ③계약 단계, ④수퍼비전의 가치에 관한 이슈를 살펴보고, 향후 과제를 도울 수 있는 ⑤신뢰 형성과 라포 개발 방식 등을 제시하고자 한다.

이 사례에서 가장 흥미로운 점 하나는 예약 단계reservations인데도 아담은 긍정적 결과를 얻어야만 보상받을 수 있다는 입장에서 코칭 과제를 맡을지 검토했다는 점이다. 개인적으로 나는 성공 여부를 조건으로 코칭하는 사례를 접하지 못했고, 이런 조건으로 코칭을 제공하거나 받아들이지 않을 것이다. 어쩌면 이런 생각은 아담의 **상대적 경험 부족** 때문일 수 있다. 아니면 그가 HR 컨설턴트로 일할 때 이런 접근에 대해 어떤 경험을 했을 수 있다는 생각이 든다. 나는 '승리가 없으면 수수료도 없다no foal, no fee'는 원칙이 주로 개인 상해 사건과 관련해 법조계에서 이루어진다는 점은 알고 있지만, 비즈니스 분야에 이런 점이 적용된다는 말은 듣지 못했다.[5] 이런 식의 구체적인 결과 여하에 따른 코칭비 지급방식은

◆ **필자:** Brenda Dooley: MA, DipPsych, FCIPD. 더블린. 임원 및 리더십 코치
　　www.brendadooley.ie

4) 코칭-접근approaches, 도구tools, 방법론methodologies, 기술technique, 테크놀로지technology, 스킬skill 등 용어에 대한 엄밀한 정의, 쉽게 알 수 있는 예시 등 서로 어떻게 다른지 설명할 수 있는 분명한 정의가 우리에게 필요하다.

5) 같은 회사를 코칭하는 팀 또는 코치들끼리 의사소통과 상호 영향은 '기밀유지'와 관련한 경계 관리가 이슈로 제기된다. 이 이슈에는 코치들의 집단/개인 역동도 포함된다. 전문가들이 전문가 수준에서 어떻게 관계 맺어야 하는가하는 과제이다. 또 코치 회사 조직 차원에서는 개인과 집단을 위한 수퍼비전 체계를 구축해야 하는 과제도 제기된다.

많은 근본적인 문제를 제기한다. 물론 코치로서 우리는 긍정적 결과와 고객의 행동과 태도 변화를 추구하지만, 고객이나 조직에 그것을 보장할 수는 없다. 다운스(Downs. 2002, p.235)가 말한 것처럼, "코칭에서 유익을 얻는 것은 회사나 코치가 아니라 오로지 고객에게 달려 있다". 오래된 영국 속담으로 "말을 물가로 데려올 수는 있지만 마시게 할 수는 없다You can bring a horse to water but you can't make it drink."는 말이 떠오른다.

다음으로 위와 같은 접근은 코칭의 진정성과 동기부여에 직접적인 영향을 미친다는 점에서 윤리적 딜레마를 야기한다. 물론 우리는 자기 일에 대가를 받고 싶어 하지만, 만약 어떤 결과에 따라 지급 여부가 결정된다면, 그것은 고객이나 코칭 과정이 아니라 코치를 위한 동기가 주가 된다. 이는 곧 고객을 대상화/객관화objectifies하고 코칭을 성장 과정이 아닌 거래로 만든다.

코칭 산업은 여전히 규제를 받지 않고 있지만unregulated, 프랙티스와 **전문 역량**에 관심 있는 진지한 코치들은 지속적인 전문성 개발ongoing professional development[6]에 전념하고 있으며, 인정받는 코칭협회 중 어느 한 곳에서 회원 자격을 유지하고 있다. 유럽 멘토링·코칭협의회EMCC는 우수한 실천과 수행 능력을 구체적으로 언급한 통합된 **글로벌 윤리 강령**Global Code of Ethics을 개발했다. 「4.1항」은 "회원들은 고객의 요구를 충족하고, 적절한 역량의 한계limits 내에서 운영하기에 적합한 자격, 기술 및 경험을 갖추어야 한다. 회원은 고객이 경험 많고 적당한 자격을 갖춘 코치, 멘토 또는 전문가에게 더 적합할 경우 고객을 의뢰해야 한다."라고 되어 있다.

나는 아담이 코치로서 적합한 인증 자격을 받았는지 또는 자신의 전문성 개발에 전념했는지 의문이 든다. 아담이 '실패할 운명doomed to failure'이라고 성급하게 생각한 것은 충격적이다. 크리스가 코칭에 참여할 의향willingness이 있는데도[7], 아담은 처음 대화가 어떻게 진행됐는지, 이에 만족하지 못했고, 그를 믿지 않았다. 경험이 풍부한 코치라면 저항이라 느낀

---

[6] 「지속적인 전문성 개발」, ICF가 2020년 새롭게 업데이트 한 8가지 코칭 핵심 역량 모델에서는 서문에서 「지속적 성찰 훈련ongoing reflective practice」 등을 제시한다. 그 동안 코치 훈련의 근간이 된 훈련 모델로 체계적 방식으로 정리된 모델이 「전문성의 지속적 개발continuing professional development(CPD)」 모델이고 그 업데이트가 「전문성과 개인의 지속적 개발continuing professional and personal development(CPPD)」 모델이다. 그러나 특별한 이론적 근거를 지닌 용어보다는 일반적인 용어를 사용하고 있다. 참조 『코칭수퍼비전』 조나단 패스모어 외 저. 권수영, 김상복, 박순 역. 시그마프레스

[7] 코칭 분야에서도 윤리적 덕목virtue과 관련해 고객/코치이-코치 간의 'willingnessthe fact of wanting or not refusing to do something-unwillingnessthe fact of not wanting to do something'에 대한 탐색이 필요하다. 두 사람 사이의 '마음먹음/의향-마음이 내키지 않음'은 ICF 역량 3-5. 고객-코치 사이의 적합성을 밝히기 위해 협력한다Partners with the client to determine client-coach compatibility. 역량 8. 정의 중. 코치는 코칭 과정에서 고객의 자율성을 높인다Promotes client autonomy in the coaching process 등과 연관된다. 조력 전문가의 윤리 차원에서 검토가 필요하다.

진정한 이유를 함께 탐구하지 않고는 그런 판단을 하지 않았을 것이다.

만약 그 임무가 그의 전문적 역량 범위를 벗어났다면 아담이 코칭 기회를 거절하기로 한 결정은 옳다. 그렇지만 나는 그의 거절을 조직에 전달한 이유에 대해서는 의문이다. 코칭 제공의 실패로(지난 6개월 동안 코칭 계약이 부족해 거의 코칭하지 못했다) 또 코치로서 자신의 명성을 손상받고 싶지 않다는 그의 언급을 나는 구체적 이슈로 제기한다. 이것은 그가 코칭 과제를 거부한 주된 동기가 그만의 개인적인 것이고, 크리스의 능력ability이나 무능력inability과 관련이 없다는 것을 분명히 보여준다.[8] 게다가 그는 크리스가 참여 의사를 이미 밝혔는데도 코칭 준비가 안 되었다고 조직에 말했다. 조직 내 크리스의 명성과 HR이나 경영진이 어떻게 반응할 것인지는 거의 고려하지 않은 것 같다.[9] 아담은 크리스와 함께 문제를 탐구할 자신감과 능력을 갖췄어야 했고, 만약 크리스가 준비되어 있지 않았다면, 스스로 결론을 내리고 경영진에게 조언할 수 있다.

나는 최근에 잠재 고객을 만나라는 요청을 받았다. 우리가 케미스트리 미팅을 하는 동안 상대는 코칭에 반대하지는 않지만, 자신이 내게 일방적으로 보내졌다고 느꼈다고 설명했다. 그녀는 자신이 언제나 뛰어난 평가를 받았기에 왜 그런지 이유를 잘 몰랐고, 360도 피드백은 그녀가 매니저로 좋은 성과를 내고 있다는 것을 보여주었다. 나는 논의의 비밀유지를 확인하고, 일반적으로 어떤 일이 일어났는지에 관해 간단하게 질문했다. 그녀에게 지난 일 년 동안 유일한 부정적 사건은 조직을 떠나는 직원에게 불평의 대상[10]이 되었다는 것이라고 그녀는 밝혔다. 그렇지만 문제는 별도로 조사되어, 성가신 불만 사항vexatious complaint으로 판명되었고, 매니저는 모든 잘못을 해소했다. 그러나 본부장은 그녀에게 코칭을 받으라고 제안했다. 그녀는 이 일로 상처를 입었지만 토론을 마친 뒤, 그녀가 조직 관점에서 코칭이 필요하다는 점을 확인[11]하기 위해 그녀의 매니저와 본부 책임자에게 돌아가 점검해야 한다고 결론지었다. 그 뒤 우리는 다시 만났고, 코칭 관계는 잘 확립되었다. 우리는 모

---

8) 인증 취득 후 코치 활동 초기에 직면한 이런 이슈는 코칭 훈련과 교육만으로는 대처/관리하기 어려운 이슈이다. 이는 오로지 전문적 코칭수퍼비전 관계 안에서 시도 될 수 있다.
9) 크리스와 코칭 계약이 확정되지 않았지만 고객이 동의하지 않았다면 기밀유지 윤리 검토가 필요하다. 계약 확정 전 사전 접촉 순간부터 코치는 윤리적 원칙을 견지해야 한다.
　참고로 코칭 의사를 확인한 후 코치가 첫 메일로 고객과 접촉할 때부터 코치는 윤리 기준을 사전에 제공해야 한다. 윤리 기준이 적용된다는 점과 고객 정보에 대한 기밀유지 원칙 공지가 그것이다.
10) 이른바 조직에서 '퇴직자 면담'을 하는 경우 퇴직자가 제기하는 내용에는 조직에 대한 다양한 반응을 남긴다. 그 활용 여부가 조직 내 개인은 민감할 수 있다.
11) 당사자 입장에서는 상위 이해관계자와 '확인'이 필요하며, 코치와의 관계에서는 두 사람 사이 코칭 과제 확립이 필요했다. 논평자는 잠재 고객과 이 '과정'을 진행했다.

든 당사자가 서로 합의한 개발/성장 계획을 세웠다.

나는 아담이 모든 당사자에 의해 코칭 요구가 합의되지 않았다는 점에서 계약 과정을 어떻게 관리했는지가 취약점weakness으로 보인다.

아담이 직면한 문제는 **수퍼비전**에서 다뤄야 할 이상적인 코칭 시나리오를 제공한다. ① 그가 과제를 받아들여야 할지와, ②무엇이 그의 결정에 어떤 동기와 역동이 일어나게 했는지를 이슈로 다뤄야 한다. 더 중요한 것은 수퍼비전은 크리스에 대한 판단에서 그가 ③신뢰를 쌓으며 저항적인 고객을 다루는 전략을 논의할 기회를 줄 것이라는 점이다.

각 코칭협회는 회원들에게 인증 목적만이 아니라 좋은 성찰적 실천과 '지속적인 전문성 개발'을 위해 수퍼비전에 참여할 것을 권고한다. 이것은 경험이 더 많은seasoned 코치와 경험과 딜레마를 논의할 수 있는 **안전한 공간**을 제공한다. 초보 코치로서 아담은 자신의 실천을 위한 윤리적 프레임ethical framework 개발에 도움받는 것은 물론 역량과 필요한 알아차림을 확립할 수 있는 코칭 수퍼바이저를 먼저 확보해야 한다.[12]

수퍼바이저는 또한 아담에게 코칭 프로세스의 첫 단계는 **신뢰 관계** 수립이며, 코칭을 진행하면서 고객 역시 코치의 **관계 기술**과 **전문적인 신뢰성**credibility을 평가한다(Kampa-Kokesch & Anderson, 2001). 아담은 크리스와 라포를 수립하고, 신뢰하는 관계를 맺는 것이 어렵다는 것을 알았다. 분명히 그는 신뢰가 코칭 관계가 발전하고 유지하는 토대가 된다는 것을 사실로 알고 있지만, 고객과 중요한 관계를 확립할 방법을 찾을 만큼 충분한 경험이 없는 것 같다.

신뢰는 상호관계이므로 나는 이렇게 묻고 싶다. Q크리스가 자신을 신뢰한다는 것을 확실히 확인하기 위해 아담은 무엇을 했는가? 대답은 아담이 이미 컨설팅을 통해 그 조직과 일했었다는 사실에 있다. 그래서 Q크리스는 이 때문에 완전히 공정하다고 믿을 수 없다고 느꼈던 것은 아닐까? Q아담은 코치 역할의 하나로 고객 기밀유지를 위해 엄격히 경계를 긋는다는 점을 개략적으로 설명했는가?[13] 더구나 아담은 HR과 그의 매니저에게 브리핑을 받으며 그가 얻은 것 외에 크리스에 대해 어떤 사전 지식이 있었는가? 그가 이미 브

---

12) 유료 고객을 만나는 실전을 위한 첫걸음은 수퍼비전에 참여하며 시작해야 한다. 인증 과정에서 요구되는 수퍼비전이나 멘토코칭 경험은 엄밀하게는 수련 코치가 고객을 체험하는 범주에 속한다. 이때 활용하는 수퍼비전 코칭 모델은 '역량개발 모델'이다. 실전 코칭을 하는 과정에서 진행하는 수퍼비전은 다른 차원과 모델이 요구된다.

13) 과거에 이 조직에 대해 컨설팅 한 바가 있다면, 이 점에 대해 더욱 소상히 설명해야 했다. 컨설팅 관계나 결과와 이 코칭과 관계(있고, 없음)도 분명하게 설명해야 하며, 고객 동의를 충분히 확인해야 한다. 코치가 회사에 대해 (이미) 알고 있다는 식의 태도는 금물이다. Q그에게 이런 민감함을 충분히 알아차리는 문제 의식이나 훈련 경험이 있었는가?

리핑을 토대로 크리스에 대한 판단을 형성했고 크리스는 그에게서 이를 감지한 것은 아닐까?[14] 코칭 필요성을 조직 관점에서 이해하는 것도 중요하지만, 코치는 이 정보를 고객에 대한 사전 판단pre-judgement과는 반대로 별도 코칭을 위한 작업가설working hypothesis을 개발하는 근거로 활용할 수 있다.

고객을 처음 만날 때, 나는 칼 로저스의 인간중심 접근person-centered approach을 채택한다. 요셉(Joseph, 2010)에 따르면, 이러한 접근은 내담자가 자기 자신에 대한 최고의 전문가[15]라는 철학적 가정에 근거를 두며, 모든 인간은 성장과 개발에 대한 본질적 동기intrinsic motivation가 있다고 한다. 이 접근의 핵심 조건은 신뢰 관계 개발을 촉진하고 코치가 조건 없는 긍정적 존중unconditional positive regard, 공감empathy, 상호 일치/적합성congruence을 상대와 함께 경험하게 실례로 보여줄 것을 요구한다. 코치는 ①현재에 같이 존재하고, ②고객의 요구에 완전히 적응하고, ③성찰적 경청reflective listening를 통해 고객의 관점을 이해하려고 한다. 나는 고객을 처음 만날 때 특히 이런 식으로 접근한다.[16]

---

14) 만약 그렇다면 아담은 더 철저히 '성찰을 위한 수퍼비전'이 필요하다. 윤리적 둔감함을 넘어 이런 순진성과 서투름이 주는 미해결 과제가 그에게 있을 수 있다. 과거 컨설팅 관계가 있었기에 아담은 이 점을 더욱 세심하게 처리해야 한다.

15) 칼 로저스의 이런 입장에 자극받아 다음과 같이 확대해볼 수 있다. 고객/코치이는 누구인가? 그는 ①자기 문제의 최고 전문가이며, ②코칭의 최고 의사결정자이다. 아울러 그는 ③코칭 가치의 공동 창조자이며, ④코칭 결과의 최후 수혜자이다(코칭튠업21).

16) 논평자가 인용한 논문은 내용이 더 풍부하다. 사람 중심 접근법과 자기결정이론Self-Determinational Theory(SDT)을 결합해 '사람은 자발적인 성장 중심 개체이므로 자신이 움직일 수 있는 환경 내에서 자신의 가능성을 실제화한다. 이런 실제화를 위한 유기체적 경향성은 변증법적 인터페이스라는 한 극과 다른 극이 공존하는 합성 경향성을 촉진하거나 억제하는 사회적 환경이 된다…. 각 개인은 그들 내부에 자기 이해를 비롯하여 자신의 기본 관념, 태도, 자기 주도적 행동을 변화시킬 수 있는 엄청난 자원을 이미 갖추고 있다. 촉진적 심리 태도facilitative psychological attitude를 규명할 수 있을 만한 환경에서 이런 자원이 드러날 수 있게 된다.'라고 칼 로저스에 기반을 두고 주장을 확대하고 있다.

이 같은 주장은 코칭에서 ①후원 환경 설계의 중요성, ②조직 내 개인의 변화와 성장을 위한 조직 문화에 의한 환경 지원 ③시스템 코칭에서 주장하는 조직과 개인 역동에 대한 시스템적 이해 등과 결합해 심리학, 치료 이론에 의해 벼려내는 코칭 이론 안에서 다른 흐름의 코칭(학)을 정립하는 흐름이 될 수 있다. 「사람중심 코칭 접근법」『코칭 이론의 모든 것』 장환영 외 옮김. 교육과학사. 2019. p.109

인간중심 접근의 치료 사례는 다음 책이 참조할 만하다. 『인간중심 상담의 임상적 적용』 Brian Thorne, Dave Mearns 저. 주은선 옮김. 학지사. 2012.

[표 7.1] 인간중심 접근법의 핵심 조건

조건 없는 긍정적 배려/관심	코치는 고객에 대한 긍정적이고 비판단적인 수용태도를 경험한다.
공감적 이해	코치는 고객이 경험하는 감정을 정확하게 감지하고, 이러한 이해를 고객과 의사소통한다.
적합성/일치	코치는 자신의 내면 경험과 감정에 맞춰져 있으며, 적절하다면 정직하고 공개적으로 표현할 수 있다.

내가 아담의 입장이었다면, [1]그것이 자신의 전문적 역량 수준을 벗어났다고 느꼈다면 그 임무를 받아들이지 않았을 것이다. [2]나는 코칭 목표를 수립하고 상호 합의를 위해 크리스와 그의 매니저와 3자 회담을 했을 것이다. [3]내가 만약 크리스와 일대일로 대화를 나누며 그가 여전히 저항한다고 느낀다면, 크리스와 그것을 공유하고 더 자세히 탐구하여 근본적인 이유를 파악하고 해결할 것이다. [4]크리스가 코칭을 원하지 않는다고 판단했다면, 그가 저항에 근거해 직접 코칭을 거부하기보다는 경영진에게 돌아가 코칭을 사양하도록 보장할 것이다. 마지막으로, [5]만약 사람이 신뢰성과 진실성을 가지고 정직하게 행동한다면, 코치로서의 명성을 걱정할 필요는 없다고 믿는다.

■ 토론 제안

1. 아담 사례에 대한 논평자의 논평 요점 가운데 코치와 코치 그룹 차원에서 검토할 주제는 아래와 같다.
   (1) 전문가적 순진성 극복, (2) 성공 조건부 코칭비, (3) 경험 부족에 대한 코치의 준비, (4) 코치 자신의 미해결 과제 성찰, (5) 수퍼비전 구조 확립의 필요성, (6) 코칭 관련 자신의 중심적 접근 방법
2. 아담의 사례는 실전 코칭에서 초기 단계 코치들의 어려움과 해결과제를 제시한다. 우리는 누구든지 이 초기 단계의 미숙함을 거쳐 왔다. 자기 경험에 근거해 아담의 경험을 논평해보자.
   - 초기 단계 이후 재정 관련한 코치의 어려움이 있다면 어떤 점이 있는지 제시해보자.

논평 7-1. B

데이비드 A. 레인

이 사례에 대한 내 생각은 무엇인가?

이 사례를 읽으며 아담의 우려를 알게 되었다. 그는 새로운 비즈니스를 시작하기 전에 어떤 조언을 들었던 것일까? 몇 년 전 나 역시 안전한 직장에서 자영업으로 전환을 고려했을 때 여러 가지 현명한 조언을 들었다. ①파트너와 함께 얼마나 작은 집에서 살 준비가 되어 있는지를 살펴보라. ②지금 수입과 향후 수입의 차이에 대해 생각해보았는가, ③두 사람이 모두 까먹을 수 있는 재정 총액을 계산해 보았는가, ④실패할 준비가 되어있지 않으면 시작하지 마라. ⑤만약 그래도 여전히 하고 싶다는 생각이 들면 계획을 세우고, ⑥앞서 시작한 사람들의 조언을 듣고, ⑦자신이 주요하게 접근할 시장을 이해하고, ⑧구체적인 잠재 고객 회사에서 지출 결정을 내릴 사람을 확실히 찾아내고, ⑨시장에서 당신의 가치를 발휘할 준비는 물론 이를 **실행**하여야 하고, ⑩의사 결정자가 당신의 서비스에 비용을 지급하도록 유도할 수 있는 결정적인 것이 무엇인지 확인하라.[17]

아담에 대한 내 우려는 그가 이런 준비를 한 것 같지 않다는 점이다. 오히려 그는 코칭을 사랑하고 자신이 사장이 되고 싶었기에 사업을 시작한 것 같다. 이 시장은 고객보다 **코치들이 더 많이 붐비는 시장**이다. 만약 이해관계자들에게 여러분의 가치를 자신 있게 제대로 이해시키지 못하면, 돈에 대한 걱정이 여러분의 활동을 끌고 갈 것이다. 이 사례에서도 현금 흐름cash flow이 그의 삶을 지배한다면 아담의 코칭 사랑은 지속하기 어려울 것이다. 그러나 아담에 대한 이런 우려 외에도, 나는 개인적 교정 과정remedial process으로 코칭을 도입하려는 HR의 개념도 걱정이다. 코칭에 대한 이런 접근은 무엇인가 부족한 생각으로 보인다.

나는 이 사례에 대한 우려를 성찰하며, 아담과 조직이 다루어야 할 네 가지 영역을 확인할 것이다. 아담이 코칭에 대한 마음으로 비즈니스 창업 세계로 뛰어 들기 전에, 진정으로

◆ **필자:** David A. Lane: PhD. 미들섹스 대학 방문교수, 캔터버리 기독교 대학. 직업개발학과 책임자 Development Foundation, david.lane@pdf.net

[17] 위 열 가지 이외에 개인 경험을 추가한다면 선배 코치는 코칭 회사 창업 후 사무실과 직원을 채용하려면 최소 3개의 회사와 계약을 수립한 후 검토하라는 조언을 들었다. 이 같은 점검 리스트는 코칭 개업을 위한 주요 내용이다.

'코칭'을 활용해 사업을 탐구하는 작업을 확대했으면 하는 아쉬움이 있다.[18]

사업 창업

사업을 시작하려는 사람들을 위한 자원은 얼마든지 있다. 책, 코스, 워크숍, 비디오, 인큐베이터, 심지어 보조금도 풍부하다. 만약 당신이 코칭을 사업으로 시작하려면, 전문 서비스업이라는 사실을 기억하라. 코칭 사업은 업무 접촉 연락처, 네트워킹, 프로필 구축을 위한 광범위한 권유 전화cold calling에 의존해야 할 것이다. 또 당신이 제공할 수 있는 것을 이해하고, 그것에 가치를 더해야 한다. 아담은 이제라도 늦지 않았기에 다시 이 작업을 충실히 해야 한다. 자금이 바닥나기 전에 조언을 구하지 못하면 결국 작은 집으로 이사해야 할 것이다(George, 2003).

이전의 명성

제로 베이스에서 코칭을 하러 오는 사람은 없다. 우리는 모두 코치가 되기 전에 이미 다른 존재였다. 우리의 명성은 다른 성공에 바탕을 두고 있다. 이전에 당신을 알던 회사에서 요청을 받았다면 이는 곧 현재 그들의 관심을 끌기 이전의 당신, **과거의 성공**을 찾아온 것이다. 아담은 컨설턴트였다. 그는 Q.컨설팅 모델에 근거해 어떤 조언을 했을까? 만약 그가 문제 해결사로 여겨졌다면 HR은 그가 교정적 실천을 제공할 수 있다는 생각으로 접근한 것이다. 새로운 명성을 쌓으려면 과거에서 벗어나거나, 과거를 이용해 미래를 구축하는 새로운 안무와 연출choreographed이 이뤄져야 한다.[19] 아담은 HR이 자신을 어떻게 보는지, 자기가 무엇을 제공할 수 있다고 믿는지에 관해 대화를 나누며 이 점을 해결할 필요가 있다. 아담은 그들을 알고 있다. HR은 그를 긍정적으로 본다.[20] 그렇다면 그들이 지금 찾고 있는 것에 대

---

18) 코치 초기 활동, 코칭 비즈니스 창업, 상품 및 고객개발, 코치의 중심이론 확대 등도 코칭 수퍼비전의 주요 주제이다. 또 이런 특별한 주제 영역과 관련해 코치 사이의 멘토 코칭도 가능하다. 이런 주제를 위해 멘토와 수퍼바이저를 선정한다면 확실한 성과나 경험은 물론 함께 비즈니스 모델을 설계 할 수 있어야 함은 물론이다.
19) 토마스 레너드 『101 Coaching Mistake to avoid』 #52 「과거 전문적 역할 속으로 미끄러지기」가 있다. 이른바 코치가 빠지기 쉬운 실수 가운데 한 가지로 언급한다. 코치들이 자신의 전문성이나 경력, 역할을 가졌기에, 해왔던 경험으로 미끄러지는 것은 자연스러운 일이다. 그러나 현재는 코치이고 코칭은 코칭 스킬과 코치의 전략과 방법으로 이루어지는 독특한 구성물이라는 것을 기억해야 한다. 자신이 미끄러지면 이를 알아차리고 과거의 역할과 경험을 내려놓고 코치로 돌아올 것을 권한다. 아울러 2~3년 이내에 이런 경향이 멈출 것이라고 덧붙인다.

해 서로가 지닌 **이전의 관점**과 그 **함의**는 무엇인가?(Lane, Kahn & Chapman, 2016)

맥락에 대한 초기 검토

코칭을 제안하는 고객을 만날 때 바로 코칭이 시작되는 것이 아니라 첫 코칭 회기에서 코칭이 시작된다.[21] 비즈니스를 위해 당신은 다양한 고객(Kahn, 2014)을 만나야 하며 많은 고객을 이해할 필요가 있다. 고객 조직의 맥락을 제대로 이해한 다음 이를 근거로 명확한 주문commission을 만들어야 한다.

조직은 이번 코칭을 교정remedial 또는 성과performance 코칭으로 해결하고자 크리스의 개별적인 문제를 주제로 제시했다. 이는 그들이 성과와 코칭에 대해 좁은 시각을 가졌음을 시사한다. 아담은 무엇을 코칭해야 하며 어떤 것이 성과를 끌어낸다고 보는지 그들과 함께 탐구하는 데 시간을 할애해야 한다. 이 점은 HR 담당자가 개인의 개별적 노력이 아니라 조직 상황/맥락이 가치 창출value creation을 촉진하는 주요 부분이라는 것을 이해할 수 있게 대화를 포함한다. 크리스가 해야 할 역할과 그가 가져다주는 가치는 조직의 결과에 기여하는 더 많은 역할과 가치사슬의 일부분이다(Kahn, 2014).

일단 아담이 HR 책임자 관점에서 이 점을 이해했다면, 그는 어떤 다른 이야기를 들어야 하는가? HR 책임자는 크리스 외에 누구와 더 이야기할 수 있었을까? 그는 여러 관점을 지닌 사람들과 이야기 했을 것이다. Q아담은 이런 관점으로 크리스와 같이 그의 성과와 조직 내 역할을 어떻게 보고 있는지, 조직 내에서 서로 다른 가치사슬이 어떻게 상호 연관되어 있는지에 대한 이해를 함께 탐구할 수 있다.[22] 아마도 크리스는 과거에 성공을 거두어 임

---

20) 아담이 갖춘 컨설턴트 역량은 코치인 지금 새롭게 재구성되어야 한다. 이를 통해 코치 정체성을 분명히 해야 자기 스타일의 코칭을 구성할 수 있으며, 그의 컨설팅 기반 코칭도 가능하다. 회사 HR과 아담은 서로가 알고 있는 과거의 것을 전제/신뢰하고 만난 것이다. HR의 코칭에 대한 교정적 관점과 아담의 과거 활동 - 컨설팅으로 보여준 역량 - 의 일치점으로 시작한 코칭이라는 점을 논평자는 언급하고 있다.

21) ICF 역량 모델 2-1. 코치는 고객이 (자신의) 선택에 책임이 있다는 점을 인정한다Acknowledges that clients are responsible for their own choices. 이는 고객만이 아니라 코치가 민감하게 고객이 알게 해야 한다는 의미가 포함된다. 이 과정에서 고객의 자율성을 확인하고 충분히 보장하는 것이다.

코칭 제안을 받으면 고객과 다양하게 접촉을 시작한다. 전화, 이메일, 사전 확정 의향 파악 또는 문의를 위한 만남 등이다. 이후 준비가 갖춰지면 코칭 계약을 위한 만남/첫 코칭 세션(chemistry metting, intake session, trial session 등)이 이뤄지고, 이 모든 과정이 코칭을 위한 '고객 준비시키기/세우기' 과정이 된다. 상세한 설명과 코치의 준비와 관련해서는 다음을 참고할 수 있다. 『첫고객・첫세션 어떻게 할 것인가』 김상복 저. 한국코칭수퍼비전아카데미.

원급 수준에 도달했을 것이다. 그렇다면 ^Q크리스는 자신의 과거 성공을 어떻게 이해하고, 지금과는 무엇이 다르다고 보는가?[23]

이런 초기 검토를 통해 아담이 조직 내부를 더 넓은 시각에서 탐색한다면, 팀 코칭의 필요성이나 크리스와 작업 범위 및 추가 세션의 필요성을 검토할 수 있게 된다. 현재 아담의 입장에서 보면 상황을 전적으로 개인적 이슈로 파악해 크리스가 책임지는 것으로 돼 있고 [HR의 견해로], 아담은 이를 그대로 받아들일 수밖에 없는 위치이다. 좀 더 넓은 범주에서 살펴보면, 크리스가 조직이 지닌 문제의 희생양이 된 것이고, 그로 인해 크리스가 코칭 요구에 어쩔 수 없이 응락compliance(또는 아마도 무기력impotence과 사임resignation)했을 가능성이 있다. 심지어 아담은 자신이 이 과제에 실패할지 모르며, 이 때문에 자신의 평판이 손상될 수 있다고 염려하지만 이는 크리스가 마지못해 응락했듯이 그에 따른 실패를 아담이 미러링하고 있다는 느낌이 든다.[24]

아담은 이 작업에서 자기가 한 역할에 성찰이 필요하다. 그는 자신이 보호해야 할 명성이 있다고 생각하는 것 같지만, 그것은 컨설턴트로서 과거에서 온 것이다. 그는 초기 대화에서 코치로서 자신에 대한 자존감을 구축하지 못했다.

아담의 딜레마 성찰하기

아담에 따르면, 자신이 직면한 딜레마는 실패할 가능성을 떠맡아 초래될 재정적인 우려와 평판상의 피해reputational damages를 균형 잡는 문제라고 한다. 내가 아담을 수퍼비전한다면, 이 문제를 반드시 탐구하고 싶을 것이다. 그는 "다듬어지지 않았다a little rough around the edges"는

---

[22] HR 책임자의 관점, 그를 통해 알 수 있는 다른 관점들은 모두 관점-가치의 사슬이다. 코치가 조직 내 다양한 관점을 이해한 채 크리스의 관점과 그가 연상하는 다양한 관점으로 자신을 보게 하는 대화 과정은 크리스의 자각인식을 높일 수 있다.

[23] 과거의 성공은 오늘 날 관점에서 **재정의**해야 한다. 과거 성공이 곧 오늘의 성공을 직접 담보하는 것은 아니다. 코치는 고객의 성공/과시를 수용하면서도 저항없이 자신의 성공을 다시 검토하게 안내해야 한다. **성공** 경험의 재정의(노력과 자원, 기여자나 후원자, 자신의 가치, 시간), **실패**나 고난의 점검(무엇/어떻게, 지지자나 후원자, 가치와 역량, 시간)에 대해 코치가 준비하게 되면 고객이 폭넓게 자각하게 지원할 수 있다.

[24] 복잡한 상황이지만 충분히 이해할 수 있다. 코치가 줌-아웃해 조직을 더 넓은 맥락에서 보면 크리스가 희생양의 위치에 있을지 모른다는 알아차림을 갖는다. 이런 알아차림은 크리스와 대화에서 크리스가 조직의 명령이나 요구에 응락하고 - 겉모습은 무기력하게 또는 사임하겠다고 체념하고 - 코칭에 임한다는 사실이 의식으로 드러날 수 있다. 일종의 코치에 의해 '포착된 직관'이다. 이런 크리스의 태도가 은연중에 다시 아담에게 미러링되어 아담은 '코칭 실패'를 예감하게 된다. 물론 이런 아담의 태도는 아담의 자신감 부족에서 오는 무의식의 태도가 (크리스에 의해/스스로) 건드려졌다고 볼 수 있다.

크리스와 비슷한 사람일지 모른다. ^{Q.}그는 어떤 명성을 쌓고 싶은가? ^{Q.}어려운 도전을 탐구할 수 있는 코치인가, 아니면 성공률이 높은 단순한 사례만 다루는 코치인가? ^{Q.}왜 이 사례는 실패할 가능성이 있다고 보는가? ^{Q.}그것이 크리스와 또는 그가 수행하기로 예상되는 조직적 맥락과 관련이 있는가?[25] 아담은 이런 모든 딜레마를 코칭 세션에서 크리스와 함께 다룰 가능성이 있다는 점을 알아야 한다.

컨설턴트의 명성을 고려할 때, 그는 별도로 코칭 사업을 시작하거나, 코칭을 컨설팅 사업과 나란히 코칭을 제시하고 비용을 청구하는 컨설턴트로 일할 수 있다. 코치들은 대부분 여러 가지 다른 일(경력 포트폴리오를 쌓는 것)을 함께 겸한다. 초기부터 코칭을 통해 자신을 유지할 만한 충분한 수입을 얻는 사람은 거의 없다. 그런데도 ^{Q.}왜 그는 재정과 코칭을 융합하고 싶어 하는 걸까? 수퍼비전에서 이 같은 이슈도 탐구하고 싶다. 그는 자기 사업을 위해 만들고자 하는 브랜드를 중심에 두고 다시 성찰할 필요가 있다. "나는 코칭을 좋아하고, 내 스스로 사장이 되고 싶어 한다"라는 식의 브랜드로는 매우 곤란하다. 딜레마는 돈에 대한 욕구와 코치로서의 성공을 대조하여 제시되지만, 그는 현재 이 조직에서 크리스를 코칭하는 것이 어떤 것이고 무엇을 해야 하는지 진정으로 탐구하지 않았다. 그는 ^{Q.}자신과 크리스, 조직의 다른 이해관계자들에게 어떤 리스크가 있다고 생각하는가?

그는 결과에 따른 코칭비 지급을 거부한다. 이 상황에서 매우 현명한 조치이다. 결과에 따른 코칭비 지급은 각 당사자가 성공에 대한 실질적 지분을 갖는 방식으로 코칭을 설정할 수 있을 때 작동 되며[효과가 있고], 단순한 행동 용어behavioral terms로 결과를 측정하게 된다.

모든 이해관계자는 코칭이 어떤 행동을 끌어내기 위한 것인지, 코칭이 자신에게 왜 중요한지, 그리고 코칭이 의미 있는 방식으로 어떻게 측정될 수 있는지를 이해해야 한다.[26] 결과에 따른 지급은 선형적인 과정으로, 단순한(또는 난해한complicated) 관심사concerns에는 괜찮지만 복잡한complexity것과 혼란스러운chaos 것에는 적합하지 않다ill-fitted(Down, & Lane, 2015).[27]

여기서 주된 문제는 [코칭 실패에 대한] 직감/예감hunch 이상으로 우려를 표현하려고 HR

---

25) 코치는 주어진 과제를 최선을 다해 근본적 탐구foundation exploration를 해야 한다. 이것이 최선의 프랙티스를 추구하는 코치의 **윤리적 자세**이다. 이른바 눈에 드러난 이슈/고객이 이야기하는 날 것 그대로의 이슈를 받아들이는 것, 최소한 '이면 들여다보기'조차 하지 않는다거나 기본 모델 중심의 대화에 머문다면 이런 식의 '성공률 관리'는 전문가 자세가 아니다.
26) 2020년 ICF 핵심 역량 모델 「3-8. 개별 세션이나 코칭 기간 중 언제라도 성취하려는 과제의 성공과 측정 방식을 정의하고 재확인한다.」로 새롭게 제시되어 있다.
27) 논평자가 인용한 자료를 근거로 '결과에 따른 코칭비' 주제에 유보적으로 설명하고 있다. ^{Q.}선형적이고 단순하거나, 뒤얽혀 있는 난해한complicated 과제는 가능한가? 복잡(계)성complexity과 혼란/무질서chaos한 것에는 적합하지 않다는 주장이다. 동의하는가?

로 돌아가기로 한 조급한 결정premature decision이다. 만약 HR 책임자가 그 결정을 뒷받침할 증거가 있냐고 이의를 제기하면 아담은 뭐라고 말할 수 있을까?[28] 먼저 핵심 이해관계자들과 필요한 대화를 나누지 않고 그가 이런 판단을 내릴 입장은 아니다. 그렇다면 탐구해야 할 핵심 주제는 무엇인가?

1. 브랜딩

a. 코치로서 아담의 브랜드는 무엇인가?

아담은 자신의 코칭 브랜드에 대한 상세한 반성이 필요하다. 그는 자신이 고객의 가치를 높이기 위해 무엇을 제공할 수 있는지 검토해야 하며,[29] 이를 위해 (고객) 조직들이 어떻게 일하고 있는 지 자신의 모든 경험과 알고 있는 것을 활용해야 한다. Q.과연 아담이 자신의 경험과 알고 있는 것을 활용할 수 있을까?

b. "코칭 브랜드"는 조직이 볼 때 어떤 모습일까?

조직[회사]이 코칭 지점을 어디에/어떻게 보는가는 모든 계약/과제를 위한 탐색의 중요 부분이다. 이 사례처럼 초점이 좁게 맞춰져 있는 경우 초기 코칭 대화는 다른 관점의 잠재적 부분으로 움직이며 넓게 탐색할 필요가 있다. Q.아담은 이 계약을 거절하기 전에 이런 점을 탐색할 수 있었을까?

2. 초기 계약

---

[28] "그 양반은 코칭해도 안 되겠는데요? 어찌 보세요/그렇지 않나요?"식으로 넌지시 이야기하거나 의사를 떠보는 식은 곤란하다. 마치 자신이 이런 류의 고객을 잘 알고 있거나, 코칭 대상을 엄격하게 구별한다는 식의 '척/채' 뒤에 숨는 태도다. 손쉬운 대상을 선택하거나 주제만을 무의식적으로 좇는 코칭도 곤란하다. 이것을 모르고 한다면 또는 알고도 자신 없어서 가면을 쓰고 있다면 이 점은 수퍼비전이 필요하다.

[29] 가치 제안Value propositions: 가치란 고객이 처한 갈증을 해결해 주거나 니즈를 충족시켜주는 바로 그 요소다. 고객 세그먼트가 가진 니즈에 부합하는 상품, 서비스, 또는 이 둘이 혼합된 형태로 만들어진다. **가치 제안**이란 기업이 고객에게 무엇을 줄 수 있는지를 총괄한 실체 그 자체이다. Q.고객에게 어떤 가치를 전달할 것인가? Q.우리가 제공하는 가치가 고객의 니즈를 충족시켜 주는가? Q.제각기 다른 고객 세그먼트에 맞게 어떤 상품이나 서비스를 제공하고 있는가? 그 실체는 무엇인가? (『비즈니스 모델의 탄생』 알렉산더 오스터왈 외. 유효상 옮김. 타임비즈. 2011. p.29)

'가치 제안 **설계**' 핵심은 고객이 원하는 가치 제안을 찾기 위해 복잡한 조사 활동 도구를 적용하고 후속 조사 활동을 통해 가치 제안을 고객이 원하는 것과 계속 조화시켜 나가는 데 있다(『밸류 프로포지션 디자인』 알렉스 오터왈더 외. 조자현 옮김. 생각정리연구소. 2016. p.13).

a. 이해관계자는 누구인가?

조직에서 계약은 코치와 코치이 사이에만 이뤄지는 것이 아니다. 결과에 이해 관계를 가진 모든 사람이 고려되어야 한다. 이 과정은 단순한 계약 협상이 아니라 코칭 대화의 일부이다. 아담은 이런 이해관계자들을 파악하려고 노력해야 한다.

b. 무슨 이야기를 들어야 하는가?

이 사례에서 HR 책임자가 교정적인 이야기remedial story를 제시했다. 그렇다면 또 다른 이야기들은 없는가, 들어볼 만한 사람들이 더 없는가는 당연히 제기되는 의문이다. 아담은 이런 질문을 할 수 있었다. ^{Q.}이 조직을 이해하기 위해서는 누구에게 더 들어야 하는가?

3. 가치 제안value proposition을 구조화하기

a. 가치 사슬value chain은 조직 내에서 어떤 모습인가?

코칭은 개인의 가치 사슬과 비즈니스에 필요한 '역할과 기여' 범위 안에서 운영된다. 이런 가치 사슬, 팀, 동료, 고객 속에 자리 잡고 있다. 아담이 가치 사슬을 이해하고 있다면 그는 가치를 추가하기 위해 고객에게 더 잘 구조화할 수 있다.

b. 코치로서 아담의 가치는 무엇인가?

아담은 코칭뿐 아니라 다양한 경험을 했다. ^{Q.}코칭을 활용하여 어떻게 이 고객의 가치를 향상할 수 있는지, 어떻게 하면 그가 스스로 가치 제안을 만들어낼 수 있는가?

4. 조직 문화와 코칭

a. 성공 지원을 위해 조직 문화는 어떤 영향을 주고 있는가?

코칭은 저성과자 한 명의 교정으로 성공하는 것이 아니다. 조직이 조직원에게 성공을 지원하는 방식에 영향을 줌으로써 성공한다. ^{Q.}아담은 조직의 성과를 활성화(비활성화)하기 위해 문화가 작동하는 방식을 탐색할 수 있는가? 조직 문화의 고장disabling에서 초래된 부산물/결과를 바로잡기 위해 고안된 코칭은 해결책이 될 수 없고 오직 반창고를 제공할 뿐이다.[30]

b. 코치가 어떻게 그 문화에 가치를 더할 수 있을까?

코치는 조직이 성공을 지원하는 접근 방식을 수정하도록 도와줌으로써 부분적으로 가치를 추가할 수 있다.[31] Q·아담은 코칭 과제에 이해관계자를 최대한 참여시켜 가치를 추가할 수 있게 접근할 수 있는가?

결론 – 코치가 조직 맥락 안에서 자신의 가치 제안을 분명히 밝히는 코칭

아담은 아직 코치 경력 초기이며 열정적으로 사업venture에 착수했지만 준비는 매우 부족해 보인다. 그는 사업을 통해 무엇을 제안할 것인지 생각할 수 있게 도와줄 '코치'를 찾아야 한다. 또 코칭을 제안받으면 코칭 조건을 의문의 여지없이 수락하고, 바로 추천된 개인과 작업하는 것으로 생각하는 것 같다.

아마 10년 전쯤만 해도 조직에서 코칭을 그런 것으로 보았을 테지만 이제는 조직에서 코칭의 **가치 제안**은 여러 이해관계자의 참여를 의미한다는 사실을 대부분 사람도 인식하고 있다(Gray, Garvey & Lane, 2016). 이것은 초기 만남에서 주어진 과제를 받아들이는 것이 아니라, 조직이 직면한 과제를 탐색하고, 코칭이 이 과제에 어떻게 적합한지 성찰하는 것이 도움이 된다는 의미이다. 조직의 가치 사슬은 코치 앞에 앉아 있는 사람들만이 아니라 이 모두를 훨씬 넘어선다. 아담은 아마도 돈에 대한 반성만이 아니라 그런 관계 사슬 내의 가치에 대해 성찰하도록 도움을 받을 수 있다.

---

30) 조직의 성과 관련 성공은 성공을 지원하는 '조직 문화'가 관건이라는 문제 의식으로 이해된다. 이런 시각에서는 컨설턴트뿐 아니라 전문 코치에 의한 「조직 문화 혁신과 조직개발」이 코칭의 주요 영역으로 대두된다. CEO나 Owner의 일대일 코칭은 이들이 변화와 변화 관리에 대한 비전을 갖고 지원할 수 있는 버팀목이 되게 함께하면 효과가 크다. 또 이런 접근 안에서 조직원에 대한 일대일 코칭의 초점은 변화의 물결에 합류하거나 주도자가 되게 하는 태도 변화를 지원하는 것이 아닐까 한다.
31) 조직의 성공 지원 방식 변화를 코치가 지원한다면 '시스템 코칭'을 의미하는 것으로 이해된다.

■ **토론 제안**

1. 아담 사례에 대한 논평자의 요점 가운데 좀 더 성찰적 검토가 필요한 점은 무엇인가? 경력 전환과 코치 성장의 초기 단계에 대한 경험적 정리와 대안 마련은 이에 직면한 코치에게는 물론 향후 멘토코치, 수퍼비전 활동을 위해서 필요하다.
   (1) 코칭 비즈니스 시작을 위한 검토 사항
   (2) 코치 이전의 경력이나 명성에 대한 검토
2. 교정적 접근을 넘어설 수 있는 코치의 대안, HR이나 조직 의사결정권자의 요구와 기대를 넘어설 수 있는 코치의 대안이 있다면 무엇인가 토론해보자?

추가사례 7-A. 코치의 숨겨둔 미해결 과제: 돈

코치 린다는 코칭 회사 소속 전문 코치로 비즈니스 코칭을 한다. 최근 들어 개별 계약으로 라이프 코칭을 병행하고 있다. 그동안은 코칭 회기와 주제, 평가에 이르기까지 코칭 회사의 지침에 따르고, 코치이와 개별 과제 역시 PM과 긴밀히 협의하에 진행했다. 과제 중심 비즈니스 코칭은 내용과 깊이가 조금 제약을 받는 느낌이다. 좀 규격화된 상품을 파는 기분이며 내면 깊숙이 접촉하며 실질적 변화를 도모하는 느낌이 제한적이고, 그래서 그런지 보람마저 점차 희미해지는 점을 느낀다. 변화를 약속하고 실천하고, 결과 피드백과 사후 진단에 뚜렷한 차이/변화가 있지만 이는 조직 내 위치와 역할이라는 구조 안에서의 일이다. 코치이 상황에 맞추고, 조직이 요구하는 역할과 임무에 맞춰 자신을 계속 깎아내게 요구하는 것인가라는 의문을 갖게 했다.

린다의 탈출구는 개별 계약에 의한 라이프 코칭이다. 이는 코칭 관계 구조화가 자유롭고, 피상적 반성을 넘어서도록 집중할 수 있고, 개인마다 시스템 변화가 뒷받침하지 않으면 한계가 뚜렷한 그런 염려도 없다. 몇 차례 단독 계약을 진행한 뒤, 린다는 수퍼바이저를 찾았다. 한 사람 한 사람이 주는 주제의 무게가 남달랐기 때문이다.

수퍼바이저는 린다가 제기하는 코치이와의 아젠다를 주로 다루었지만 회기가 지속될수록 서서히 어떤 흐름으로 안내하고 있다는 느낌을 주었다. 자기 스스로 자전自轉하게 하면서도 둘이 함께 어떤 축을 중심으로 공전公轉한다는 의식이 갈수록 뚜렷했다. 또 헬리콥터 능력이랄까…. 함께 높은 곳에서 내려다보게 하는 듯하다가도, 어떤 순간에는 하강해 머물며 세밀하게 이야기하게 안내했다. 특히 라이프 코칭 고객을 처음 접촉하고 계약을 완료하고, 전체 회기 가운데 초기에는 더 오래 더듬듯 천천히 저공비행을 했고, 조금 진행된 회기를 다루는 동안에도 수시로 초기 단계로 돌아와 궁금한 듯 다시 질문을 했다.

린다는 사실 라이프 코칭의 코칭비에 만족하지 못했다. 자연스럽게 '돈은 비즈니스 코칭에서 보람은 라이프 코칭'으로… 구분하게 되었다. 비즈니스 코칭에서 만난 고객이 개인 코칭을 요구하는 경우, 린다의 가격 정책은 달랐고 가격차이가 매우 컸다. 또 한쪽은 보람이 크지 않았고 다른 한쪽은 헌신하는 만큼 만족이 크지 않았다. 이 점에 대한 자각이 아주 뚜렷해질 무렵 자신이 돈 문제에 대해 언제나 거리를 둘 뿐 아니라, 이를 주제로 이야기하는 게 자연스럽지 않고 피해왔다는 모습이 거울 보듯 보였다.

수퍼바이저는 언제나 고객의 아젠다와 코칭 접근을 모색하려는 주제를 응수하면서도, 자기의 이런 지점을 지속래서 지적해 왔다는 점을 떠올렸다. 아니 못 들은 척 외면해 오다 슬그머니 인정하게 되었다는 표현이 더 정확했다.

수퍼바이저와의 공전은 코칭을 두 영역으로 분리하고, 이중 가격을 채택하고 양쪽에서 별도의 만족을 추구하는 것 자체를 검토하게 하려는 것은 아닌가? 사실 린다는 고객과 돈 이야기하는 게 쉽지 않다. 자신의 비즈니스 코칭 구조는 회사에서 모든 것을 진행한다. 자신은 입금만 확인하면 된다. 그러나 라이프 코칭은 이를 직접 다룬다. 린다는 코칭비를 지나치게 낮게 책정했고, 입금 관리에 직접적 관심을 표명하지 않았다. 알아서 하도록 내버려둔다고나 할까….

린다는 자신이 언제나 '내 것'을 챙기고 분명히 하는 일, 내 것을 요구 하는 일 등에 소극적이라는 것, 양보 우선적 발상을 한다는 사실을 알고 있었다. 그렇지만 자신의 이런 태도가 코치 활동에서 코칭비와 그 관리에도 영향을 끼치는 자기 모습의 한 편린片鱗으로 다시 출현한다는 점에 전율했다.

"단순한 방치라는 건가요? 아니면 having과 관련한 근본 태도인가요?" 돈 이슈 관련해 자신의 불일치를 고백하자 수퍼바이저가 넌지시 던진 질문이다. 자기가 알고 있는 자각 인식을 말로 드러내며 한 발 다가가자, 그는 호응해주기보다는 오히려 한 발 더 앞으로 걸어 나간 느낌이 들었다. 혼자 내버려 두고 자기가 가야할 길을 가버리는 느낌이다. 마치 내 자전은 알아서 하고 자신은 공전 경로로 흘러가는 태도였다. 아동을 잠시 내려두고 자기 걸음을 가는 '엄마'의 모습인가…. 알아서 걸어오라는 뜻인가? 린다는 의심과 의문으로 동시에 내몰렸다.

린다는 라이프 코칭은 고객의 코칭비 지급 능력 기준으로 세분화했고, 월별 결제를 택했다. 그러나 수퍼바이저는 고객이 선불로 지급하기 직전 회기에 맞춰 코치가 직접 카드기로 결제하거나 구두로 입금 확인을 요청하라고 제안했다. 그의 이런 언급이 흔쾌하지 않았다. 꼭 한 끝 더 나가게 해 절벽으로 밀어내는 기분을 만들기 때문이다.

1. 린다가 해결하지 못하고 있는 '돈' 관련 과제는 구체적으로 무엇인가?
2. 코치의 미해결 과제는 코칭과 코칭 관계에 어떤 영향을 끼치는가?
3. 린다는 자신이 동의하는 자기 과제를 어떻게 도전하고 있는가?

4. 돈, 재정 관련 자신이 지닌 해결 과제가 있다면 무엇인지 나눠보자.
5. 비즈니스 코칭과 라이프 코칭 두 영역이 비용과 만족감에 불균형이 드러났다. 이런 상황이 초래된 원인과 해결을 위한 피드백을 해보자.

[부록 7-1] 돈을 책임있게 관리하지 못하는 사람을 어떻게 코칭할 것인가?[32]

How to Coach Anyone: #59. How do you coach the client who won't handle their money responsibly?
- Thomas Leonard

■ 안녕. 토마스

돈 관리에 대해 질색인 두 명의 고객이 있습니다. 이에 대해 뭔가를 해야 한다는 것을 알면서도 실제로 행동하지 않거나 조금 움직이다가 결국 포기합니다. 그 가운데 한 명은 큰 빚을 지고 있고 다른 한 명은 은퇴 후의 미래를 위해 저축해둔 것도 없습니다. 이런 고객을 코칭하기 위한 가장 좋은 방법은 무엇일까요?

■ 돈, 돈 관리에 대해서는 여러 가지 '더 큰 진실'이 있다.

1. 저축하며 사는 사람과 소비하며 사는 사람들이 있다.
   - 돈을 소비하는 사람이 저축하는 사람이 되도록 설득하는 것은 사실상 불가능하다. 당신이 노력해볼 수는 있고 작동할 수 있지만, 재무 설계사로서의 내 경험으로는 매우 드문 일이다.

2. 대부분 사람은 돈 문제를 해결해야만 할 때까지/막다른 골목에 도달할 때까지 해결하지 않는다.
   - 왜? 누가 알겠는가? 그러나 인생의 모든 일과 마찬가지로 사람들이 동기부여받는 것은 상당한 고통 pain이다.

3. 빚을 지는 것은 국민적인 오락이다 Being in debt is the national pastime.
   - 광고의 놀라운 힘에 저항할 수 있는 의지가 과연 있다고 생각하는가?

---

[32] Thomas Leonard's How to coach ANYONE: solution to 59 common coaching situation. 2009.

- 은행, 신용카드사, 상품 생산/소매상 사회적/문화적 규범 등을 볼 때 희망이 거의 없다.[33]

4. 현대 생활이 주는 스트레스로 인해 많은 사람이 구매와 외식을 한다.
   - 과도한 자극으로 언제나 가능하다. 구매는 흥분을 주며, 과식은 사람들을 진정시키는 약과 같다.

5. 많은 베이비 부머 baby boomers가 자신들의 70년대, 80년대에서 일한다.
   - 그것이 그들 대부분이 재정적으로 생존할 수 있는 유일한 방법이다(반드시 나쁜 것은 아니다. 특히 당신이 전문적으로 일하는 것을 사랑한다면 은퇴 자체는 과대평가된 것이다).

6. 사람들은 돈에 대해 불평하지만 그것에 대해 거의 행동하지 않는다.
   - 좋은 의도가 있기에 더욱 그렇다.

7. 99% 사람들은 재정적으로 앞서기 위해 생활 방식을 특별히 바꾸려는 의지를 갖고 있지 않다.
   - 이런 것이 사실이 아니었으면 하지만 내 경험상 그렇다. 사람들은 재정적으로 독립하기보다는 생활 방식이 더 중요하다. 그들은 단지 그렇게 한다.

■ 이런 경우 어떻게 코칭할 것인가?

1. 오직 호기심을 가져라.
   - 자신이 돈을 관리하지 못하거나 재정적 독립을 위해 계획을 잘 세우지 않는 고객을 아무리 밀거나, 도전하고, 강요하거나 그들을 위해 골머리를 써도 거의 희망이 없다는 것을 알게 되었다.

---

[33] 오늘날 신용카드의 손쉬운 활용, 온라인 쇼핑몰과 인터넷 생활에 밀접히 결합된 광고, 일정한 수준의 소비를 요구하는 사회적 분위기를 염두에 둘 때 어려운 상황이다. 소비가 미덕, 기본 통신료의 증가, 대형마트, 자동차, 어린 성장기부터 브랜드에 노출되어 이를 중요시하는 아동(이른바 Brand child)의 성장 등을 연상해보자.

그래서 나는 무슨 일이 일어나고 있는지, 왜 돈에 대해 고민하지 않는지, 그들의 계획이 무엇인지 등에 호기심을 갖기 시작했다(IAC_15 Proficiency "호기심 갖고 항해하기").

- 고객에게 판단/밀어보기보다는 호기심을 갖는 것 자체가 진실이 더욱 쉽게 드러난다. 반면에 일부 고객에게는 깨어나기 위한 강력한 찔러주기nudge/일어나라고 재촉하는 것이 필요하다.

2. 고객이 돈보다는 다른 것에 집중하게 한다.
   - 나는 사람들이 무엇인가에서 영감을 받으면 역으로 돈을 잘 관리한다는 것을 알았다. 어쩌면 새로운 목표, 새집, 휴학이나 복학, 코치되기 등 무엇이든 좋다.
   - 핵심 단어는 영감을 받기inspired이다. 물론 절박함도 효과적이다! 가능한 것에 대한 고객의 인식perception을 확대할 수 있을 때 그들은 자연스럽게 영감을 받는다.

3. 고객들에게 완전한 삶perfect life의 개념을 소개한다.
   - The Perfect Life(http://www.aperfectlife.com) 프로그램을 소개한다[현재는 중단됨]. 고객의 완벽한 삶 25가지 구성요소를 파악한 다음 각 구성요소를 정의 내리고 각각을 개발하는 프로그램이다.
   - 무엇이든 완전한 삶의 요소가 확인되면 고객은 자신의 완전한 삶을 위한 돈의 역할을 보고 그에 대한 책임을 지기 시작한다.

4. 고객을 재정 설계사나 Money 코치에게 연결한다.
   - 때로 고객이 이 영역에 대해 모든 것을 진지하게 받아들이기 위해서는 이 분야의 전문가를 고용하는 것이 필요하다(돈을 저축하기 위해 돈을 쓰는 것이다).

5. 추가적, 수동적인 수입원을 확인하도록 지원한다.
   - 웹 활용 전자상거래 활동이 새로운 수입원이 된다는 점은 이미 증명되었다. 자신의 활동과 생활을 공유할 의지가 있다면 인터넷을 활용하여 새로운 소득원을 찾을 수 있다.
   - 웹 기반 활동으로 수입을 올리는 사람들에게 물어보자.

6. 삶을 간소화하고 재정을 회복한 사람들의 사례를 공유하자.
   - 이와 관련해서는 많은 책을 찾을 수 있다. 검색을 하면 적어도 고객이 매우 다른 삶의 길을 열게 한다.
   - 그들 자신의 생활 방식을 분석하게 해 자신의 생활 방식을 개선하거나 재정적 독립의 길로 가는데 필요한 급진적 변화를 확고하게 만들어 낼 수 있다.

■ 마지막 코멘트

- 사람들은 미래 삶을 보장할 충분한 돈과 저축이 없다는 사실에 흥분한다. 낮은 저축률, 증시 버블, 높아지는 부동산, 카드 빚 등을 고려하면 사람들은 분명히 '현재'에 맞춰 살고 있다(적어도 미국에서는).
- 이것이 뭐가 문제인가? 사람들도 선택을 한다. 고객의 선택 자체를 바꾸도록 하는 게 과연 코치의 역할인가? 나는 아니다.
- 내 개인적 입장은 고객이 돈 문제로 흥분하게 되고, 그들의 삶을 단순화하며, 지금까지 자신이 활용하거나/판매되지 않은 기술을 활용하고, 그들이 아는 것을 소득원이 되도록 영감을 줄 수 있다.
- 나머지는 재무 설계사에게 달려있다.

사례 7-2. 안 하는 것보다 늦게라도 하는 것이 낫다

패트Pat는 최근 팀 코칭을 새로 시작하게 되었다. 그는 처음부터 이번 코칭 계약에 매우 만족했다. 계약 마무리 전에 이전의 관행대로 상황을 이해하기 위해 다른 팀원들을 만났고, 팀 관리자와 계약 조건을 구두로 논의했다. 팀 코칭 회기와 빈도, 전체 예산, 지급 일정 등을 검토했고, 이는 초기에 수행하는 프로세스이다. 서명 계약서가 아직 도착하지 않았지만 특별히 걱정하지 않았다. 아마 여름 휴가로 행정 서비스 부서의 작업 일정이 지연된 것으로 생각했다. 팀 코칭 세션 뒤, 그는 첫 청구서를 보냈다. 그렇지만 놀랍게도 팀 관리자는 내용에 이슈를 제기했다. 청구서가 계약서와 일치하지 않는다고 답신한 것이다. 패트는 긴장했고 불편했다.

성찰 질문
- 만약 당신이 이와 비슷한 상황에 처했다면 어떤 기분이겠는가?
- 거래 계약이 완결되기 전, 코칭을 시작하는 것은 차후 어떤 일이 발생할 수 있는가?
- 이 경우 팀 관리자들의 반응을 어떻게 다룰 것인가?

패트는 해결되지 않은 이 이슈가 고객과 대면하기confronting와 뒤얽혀 코칭에 방해 가 될 수 있다고 느꼈다. 영업 계약이 마무리되지 않았으므로 그는 특히 매니저에게 정직한 피드백을 제공하는 것이 사실상 곤란했다. 그렇지만 예상하지 못했던 그녀의 행동에 도전하고 싶었다. 그녀가 왜 서로 구두로 합의한 것에 갑자기 의문을 품는지, 패트는 자신이 말해 왔던 "조작적/조종적manipulative" 행동을 확인하며, 그녀가 팀원들과도 이런 행동을 보일지 우려하게 되었다. 만약 그렇다면 그는 이 이슈를 놓고 그녀와 정면으로 부딪치는 것이 팀 코치로서의 자기 작업의 일부라고 생각했다.

패트는 코칭에서 영업 활동과 코칭이라는 두 개의 모자를 착용하는 것은 언제나 주의해서 다뤄야하는touchy 일이라고 생각했다. 게다가 영업과 코치 활동이 서로 모순되는contradict 느낌이 들었다. 그가 영업용 모자를 쓰고 있을 때는 고객을 기쁘게 해야 했다. 반면에 코칭 모자를 쓰고 있을 때는 공감적이면서도 대립을 일삼는 일confrontational을 동시에 해야 한다. 특히 대립적 직면을 일삼는 것이 언제나 고객이 원하는 것은 아니다. 패트는 고객이 변화를 구현하고 싶다고 말하며 코칭을 구매하지만, 실제로 기꺼이 그렇게 하기는 어렵고 그렇게 하려는 것이 아닐 수 있다는 점을 안다. 그들은 "같은" 상태를 유지하기 위해 더 부드럽게 직면하는 코치를 고용할 수 있다. 패트는 자신의 고객에 의해 무력감powerless에 빠질 수 있다. 해결되지 않은 재정 이슈를 통해 유세를 떨며 자신을 지배하는 고객 때문에, 팀 코치로 작업이 어렵게 될 수 있다는 점이 조금 두려웠다.

성찰 질문
- 코치 모자와 영업 모자를 같이 써야 하는 패트의 불안을 이해할 수 있는가?
- 패트처럼 당신도 두 역할이 언제나 모순적이라고 보는가? 이유는 무엇인가?
- 두 가지 외에 코치들이 어떤 모자를 더 쓰는가?
- 코칭에서 돈이 하는 역할은 대체로 무엇인가? 코치들이 직면해야 할 돈 관련 이슈에는 무엇이 있는가?
- 당신이 패트라면 코칭은 시작되었고 계약은 체결되지 않은 지금 무엇을 어떻게 할 것인가?

■ 토론 제안

다음과 같은 상황은 어떻게 대처하고 관리해야 하는가?

1. 코칭 계약이 철저하지 못했거나 지급 계획이 지켜지지 않은 경우
2. 회사 조직 대표인 CEO와 합의를 이뤘지만 집행 과정이 까다로운 경우
3. 이미 합의된 계획과 일정이 진행 중에 관련 책임자(HR 임원)가 새롭게 배치되어 자기 존재 증명을 위해 열심히 점검하는 듯 행동하는 경우
4. 초기 상황과 달리 진행 중에 코치의 '영업' 활동적 대응이 필요한 경우

논평 7-2. A

제프 애벗

이 사례를 몇 가지 주제로 모아 보자. 가장 중요한 것은 코칭 영업과 이해관계자와 목표 달성에 따른 서로 "다른" 요인들 사이의 내재적, 역설적인 긴장paradoxical tension을 관리하는 방식이다. 패트는 코치의 정체성과 역할을 어떻게 보는지 궁금하다. 이외에도 의사소통의 명확성을 둘러싼 이슈도 보인다.

역설적이고 양극화된 생각

패트는 '두 개의 모자 쓰기'에 대해 언급한다. 물론 머리는 하나뿐이라는 것을 안다. 모자 두 개를 동시에 쓰는 것은 문제가 있고problematic, 어색하고awkward, 매력적이지 않다. 그의 '모자' 은유는 두 관점이 지닌 가치를 [지렛대로] 활용할 기회를 볼 수 없게 제한할 수 있다. 돈이라는 것은 실행자들이 아무리 인위적으로 경계를 그어도 코치와 방 안에 같이 있기 마련이다.

이 주제를 문화적 지향과 차원이 다른 비교문화 코칭cross-cultural coaching[34] 맥락에서 과거에 써둔 글이 있다(Abbott, 2014). "문화적" 차원에서 보면 "계약적contractual, 재무적 통제"의 문화와 "팀과 임원의 육성/개발executive development" 문화가 공존한다. 패트는 계약적, 재무적 차원을 다루려는 팀 관리자의 태도에 더 확대된 이슈의 징후symptomatic가 있을 수 있다. 이것이 팀과 임원 육성 차원에 영향을 미치지만, 더 깊이 볼 때 두 가지는 관련이 없거나 관련지어서는 "안 된다should not"는 입장이다.

이를 어떻게 구별할 수 있을까? 나는 내러티브를 통해 두 손이 함께 일하는 아이디어를 소개한다. 도전 과제는 이 두 차원이 긍정적이고 창조적인 긴장을 유지할 수 있는 방법을 찾는 것이다. 이것은 역설적인 사고paradoxical thinking를 적용하는 것으로 이른바 양극성 지도

◆ **필자:** Geoff Abbott: 호주 OUT 비즈니스 대학원 임원코칭 책임자. 국제 비즈니스 코칭 설립, 책임자. geojfrey.abbott@qut.edu.au

[34] 논평자의 논문을 번역한 국내 문헌은 'cross-cultural'을 '범문화적', 'intercultural'을 '이종 문화 간' 등으로 번역하여 이와 관련한 코칭 이론을 제시하고 있다. 문화 연구 분야와 연계가 되면서도, 이 주제 관련 코칭 이론의 정립을 위해 용어 통일이 검토되어야 한다. 「범문화적 코칭: 역설적 관점」『코칭 실천의 모든 것: 실천편』 장환영 외 옮김. 교육과학사. 2019. p.267.

polarity map(Johnson, 1991)의 도움을 받을 수 있다.[35]

양극성 지도는 사람들의 목표와 목적, 의도의 성취와 관련해 내재한 긴장의 근원을 확인하고 탐구할 수 있는 지형landscape을 제공한다. 이것은 개인, 팀, 부서, 조직, 심지어 사회적 수준에서도 가능하다. 이 사례에서 보면 긴장의 근원은 건설과 육성을 위한 문화 안에서 **재정과 통제에 우위**를 부여하는 문화와 **팀 개발에 우선**을 두는 문화 사이에 양극성 대립이다. 양극성 지도의 도움으로 "실행자actor"들은 주의를 기울여야 할 경로, 해결책, 접근 방식의 장단점을 알아내려고 한다. 결과는 둘 다 유효하다는 것을 받아들이고 둘 사이의 흐름, 긴장과 에너지에 대한 모니터링, 탐색과 영향을 미치는 방법을 확인하는 것이다. 양극성 지도 그리기mapping는 그룬크와 폴리니(Glunk & Folini, 2010)에 의해 과거에 코칭에서 탐구되었다. 이 모델은 코치가 고객에게 ①양극화된 생각(하기thinking)을 발견하고, ②양쪽 극을 탐색하고, ③경계를 완화하여, ④상호 의존적인 대립에 더 익숙해지는 과정을 어떻게 안내할 수 있는지를 설명한다.[36]

"놀이 좋아하기playful와 진지함은 동시에 가능하고, 이는 이상적인 정신 상태라고 규정한" 사람은 교육가이자 철학자는 존 듀이이다. 그는 통찰에 의해 역설을 활용하여 놀이 감각sense of play을 격려한다. 코치는 고객과 함께 어떤 일이 벌어지는지 탐구하고, 긴장을 기회로 삼을 수 있는 마음가짐/사고방식mindset을 격려하는 역설적인 놀이에 참여하는 배우이다

---

[35] 위 논평자의 논문에 따르면, '역설 이론에 입각한 코칭을 통해 '차이점' 또는 '다름'을 활용하여 이분법적 사고에서 벗어나 동일한 방향으로 문화적 차원을 재구성할 수 있다. 이를 통해 특정한 맥락에서 접근 방법을 함께 제안하고 이를 통합하는 과정을 거쳐 의뢰인에게 가장 도움이 될 만한 방안을 개발하게 된다'라고 설명한다. 구체적 방안으로 켄 윌버의 **통합 사분면, 복잡계 이론, 해리슨 평가 패러독스 그래프** 등을 활용할 것을 제시한다. 위 책. p 285~288. 이 같은 방안을 참조하여 양극화된 사고에 대한 질문 기법으로 고객과 함께 성찰적 통합으로 나갈 수 있다.

[36] 논평자가 인용한 논문에 따르면, 양극성, 정반대되는 두 가지 생각을 마음에 품고 이 복잡함을 헤쳐 나갈 수 있는 능력은 성공적 리더십의 특징이다. 'And의 천재', '양손잡이' 등으로 표현하고 있다. 리더십 차원에서 이런 양극성을 어떻게 이해하고, 해결 할 수 있는지 기본 인식과 코칭적 접근을 탐색한다. 본문에 제시된 네 가지로 **변혁의 발걸음**에 초대한다.

질문을 예시하면 Q두 극을 모두 보유한다면 어떤 기분인가요? Q(어느 다른) 한 극을 선호하는 경우 무엇이 바뀌었는지 어떻게 알 수 있는가? Q행동과 성찰을 동시에 하게 되는 경우 어떻게 될 것인가? Q통제를 위한 손을 내려놓는다는 것은 얼마나 중요한가? Q실용적 이상주의자라면 어떻게 할 것인가. Q어떻게 하면 전문적 역할을 통해 레퍼토리를 실제로 확대할 수 있는가?

양극성에 대한 코칭은 전문적 정체성의 정의에 내재해 있는 **금기와 편견**에 대한 탐색과 의문을 제기하는 것을 배운다는 의미에서 삼중 고리 학습과 관련된다. 이밖에도 논평자는 해당 논문에서 리더의 양극성에 대한 '통합적 사고'의 예시를 위해 다음의 책을 논문 안에서 인용하고 있다.
참고. 『생각이 차이를 만든다The Opposable Mind』 로저 마틴 저. 김정혜 옮김.

(Dewey, 1910, p.218).[37]

정체성

우리는 개인과 조직이 (다른 방식으로 정의된) 성공하도록 돕기 위해 나타난 동질적인 집단 homogeneus group의 일원으로 "코치들"을 이야기한다. 훈련 training에서의 변화/변주 variations는 실천 practice에서 변화를 가능하게 한다. 표면을 긁어내면, 여러분은 공통의 가치 common values 와 관행 practice을 지닌 개별들의 집합 collection of individuals이지만, 방아쇠가 다양하게 당겨질 때마다 나오는 깊이 뿌리박힌 **입장, 신념, 문화적 틀, 가정** 등을 갖고 있다. 돈, 권력, 조작 manipulation은 모든 것을 촉발하게 하는 훌륭한 방법이구나! 일부 코치들은 이 사례 연구 상황을 설명하면 시간 가는 줄 모르고 눈도 깜빡이지 않을 것이다.

나는 CEO에서 변신한 임원코치의 사례를 제시한다. 사례에서 그녀는 이 이슈를 전혀 이해할 수 없다고 했다. "그냥 테이블 위에 분명하게 올려놓고, 각자 상대방 처지/조건을 인정하고, 코칭을 계속하거나, 동의할 수 없다면 그냥 떠나면 된다." 패트의 경우, 팀 코칭으로 옮기기 전에 사내 internal 코칭 경력(10년 전)이 있었다는 점을 알았다. 그는 권력을 지닌 자와 겨루기 이슈에 아직도 민감한 태도를 보이는 것일까?[38] 구체적으로는 코치가 계약을 협상해야 하는 위치이고 협상 상대는 프로그램 참가자이기에 코칭 계약을 해야 하는 영업 현실에 대해 그는 상대적으로 경험이 부족한 것 같다. 마지막으로 패트는 단순히 물러날 수 있는 재정을 확보하고 있을 수 있거나 그렇지 못할 수도 있다.[39]

---

37) 고객도 코치도 이미 '놀이'를 즐기고 놀이적 태도 playfulness를 몸에 익히지 못한 성장 과정에서 이것이 진정 가능한 일인가? 그러나 아동의 놀이와 놀이 세계 안에서 일어나는 다양한 활동과 사물과 의미부여 방식, 상상력이 지닌 놀이적 태도가 점진적으로 일하는 태도 work attitude의 일부가 되는 관련성을 상세히 논한다. 참조.『하우 위 싱크: 과학적 사고 방법과 교육』존 듀이 저. 정희욱 옮김. 학이시습. 2011. p.185-192. 이를 리더십 코칭에 활용한 예는 『정신역동 마음챙김 리더십』맨프레드 F.R. 케츠 드 브리스 지음, 김상복, 이혜진, 최병현 옮김. 한국코칭수퍼비전아카데미. 2021. 제7장, 제8장.

38) 사례 자료에 사내코치 경력이 있었다는 언급은 없다. 논평자만 알고 있는 정보다. 논평자는 패트의 이런 경험으로 조직 내 권력 이슈에 너무 민감하다고 평하고 있다. CEO에서 코치로 변신한 논평자의 언급처럼 깨끗한 대화를 통해 정리하면 될 문제라는 주장으로 이해된다.

39) 계약 하나 하나가 수입과 직결되는 코치 입장에서 이런 ①재정 현실과 ②영업 관련 협상, ③코칭을 소신 있게 진행하는 것 등이 상호 영향을 줄 수 있기에 이에 대한 의식적 관리가 요구된다. **코칭 수요보다는 코치가 넘쳐나는 현실**에서 정부 기관이나 유력 기관의 코칭 발주에 서로 잘 알고 코치 협회 등 비영업적 교류 현장에서 친분 쌓던 코치들이 몰려들어 서로 대기실에서 민망하게 마주치거나 경쟁하던 현실이 그리 오래전 일이 아니다. ④그만큼 코치(코칭 회사) 간 내부 경쟁 또한 치열하다. 코칭계 내부 경쟁의 경우 막 진입한 신입/후발 코치를 대상으로 한 경쟁에서 방향을 전환해 새로운 코칭 주제나 영역 확대로 코칭 시장 자체를 확대하기 위한 새로운 미개척지로 향한 질주가 필요하다.

패트는 심리적/정신역동적 관점을 훈련받은 것으로 보인다. 아마도 자신의 가치와 가정assumptions을 살펴보도록 요청받았을 것이다. 팀 관리자와 상호작용에서 오는 압박감에 시달리게 되어 그에 따른 불확실성이 전문적인 기본foundations에서 멀어지게 했는지 여러 가지 가능성이 있다. 이 가운데 어느 것도 그 자체로 "잘못"되거나 "문제"가 될 만한 것은 없을 것이다. 누구든 방아쇠가 당겨질 때는 언제나 도전받기 마련이다. 도망flight, 싸움fight, 얼어붙음freeze 등의 반응은 수준 높은 기능을 발휘하지 못하고 우회하게 만드는 경향이 있다.[40]

원칙은 "자신을 아는know thy self" 자세에서 나오고, 방아쇠가 당겨지는 느낌feeling triggered을 받을 때는 물러 설 수 있다는 것이다. 이 위치에서 (상황) 맥락-안에서-자기 앎knowledge of self-in-context을 순간으로 불러와[41] 더 나은 결정을 내리기가 더 쉽다(이러한 접근 방식은 성인 발달의 맥락에서 주체-객체 전환, 마음 챙김, 정서지능, 이를 포함한 많은 관련 연구와 실천에서 비롯된 것이다). 자기 알아차림self-awareness은 또한 방아쇠가 당겨지는 순간, "현실적으로" 누군가가 방아쇠를 당기고 있는지 상황을 알아차리는 데 도움이 된다.[42]

이 상황에서 무엇이 사실fact이며 무엇이 믿음belief인지에 대한 질문이 도움이 될 수 있다. 예를 들어, CEO가 조작적인 행동manipulative behavior을 보이는 것이 사실인가? CEO의 이전 비열한 행동이 폴에게 영향을 미치는 심리적 전이psychological transference가 있을 수 있다. 그리

---

[40] 리더십과 flight-fight-freeze 세 가지 반응의 특징에 관한 상세한 연구와 사례 제시는 다음 책이 매우 유효하다. 세 가지 대응 패턴은 우리가 모두 가진 우리의 일부이다. 다만 두드러지는 패턴에 따라 세 유형이 갖는 성격 행동적 특성이 있고 이에 대한 코치의 대처가 제시된다. 참조.『정신역동과 임원코칭』캐서린 샌들러 저. 김상복 옮김. 제 7장.「정서 프로파일 삼각형」

[41] 상황/맥락 안에 함께 있는 또는 맥락에 맞는 자기self에 대한 앎. 우리는 자기 자신에 대한 앎을 사색할 때 대부분 맥락/상황을 누락한 채 '자기'를 강조하고 주목한다. 그렇지만 그것이 진정한 앎이 되려면 맥락 안에서 사색해야 한다. 맥락 안에서 맥락에 대응하는 반응, 이런 자기의 반응으로 드러나는 앎/지식knowledge을 말한다(일단 상황/맥락과 연결됨 없음-차단된 자기self와는 다르다).
　　상황/맥락 안에 함께 있는 한 자기self는 반응을 하나 그것이 반드시 ①'**맥락-안에서-자기-앎**'의 형태로 **유일한 것**인가에는 의문의 여지가 있다. ②지식/앎으로 완성되지 못했거나(앎의 조각), ③구성 중이거나(과정이기에 고체가 아니다), ④느낌 비슷한 그러나 알 수 없는 정서(e-motion 움직이는 에너지?)로 오거나(불확실해 흔들리는 앎), ⑤스쳐가듯 희미한 빛glimmer 같을 수 있다(번쩍이듯 뚜렷한 것은 아니다). 고객에게 일어나는 이 모든 불확실한 경우를 코치는 다룰 수 있어야 한다.

[42] 궁극적으로 '자신을 알고 있음'에서 시작되지만, 방아쇠가 당겨지고 있다는 상황을 감지하는 순간 그 상황 밖으로 나오는 것, 상황 밖에서 방아쇠가 당겨지는 그 상황을 바라보게 하는 '알아차림'을 말한다. 이는 평소 꾸준한 훈련과 자기 관찰 노력의 결과이다. 이른바 **'수행자로서의 코치'** 정체성 확립 결과이다.
　　반면에 (코치-되기 전부터) '자신은 이런 점을 잘 알아차린다'라는 주장이라든지, '믿는 자만이 알 수 있는 어떤 것이 있다. 자기에게서 온 것인지 그가 말하는 것인지… 구별된다'라는 식의 일반적 설명을 한다면 이것이 이런 수행을 통한 훈련된 반응과 같은 것인지는 쉽게 알 수 없다.

고 그는 이 상황을 그런 렌즈를 통해서 해석한다. 또는 그렇지 않을 수 있다.[43]

의사소통

코치들은 꽤 많은 보수를 받는데 그 이유 가운데 하나는 그들에게 고객-후원자-코치 상호작용을 포함한 복잡한 상황적 도전을 항해하며 길 찾기를^{navigate} 기대하기 때문이다. 매우 유능한$^{highly\ effective}$ 코치들은 도전을 즐기고 인지적, 정서적 기술을 활용하여 성공적인 결과를 위한 유익을 분명하게 살필 것이다(성공은 진흙투성이 구조물$^{muddy\ construct}$이라는 점을 주목하자. 코치를 포함한 조직 행위자 모두 코칭 성공을 무엇으로/어떻게 볼 것인지 그들마다 정도의 차이가 있고 관점이 다를 것이다).[44]

무엇이 어떻게 전달되고 있는지 내용을 보면 게임에서 일어날 수 있는 일에 대한 이해의 깊이를 어떻게 반영하는지 알 수 있다. 그렇다고 한다면 의사소통에서 명확성이 얼마나 중요한지 과소평가가 되어서는 안 된다. 코칭 고객이 언제나 훌륭한 의사소통을 하는 사람은 아니다. 이 사례의 팀 관리자는 몇 가지 어려움이 있는 것 같다. 이것은 코치에게, 1) 계약에 대해 어떻게 이해했는지 서로 나누면서 대화를 해 나가고, 2) 팀 관리자와 팀을 구별하는 방법을 찾을 수 있는 기회이다. 장애물은 역설^{paradox}과 놀이^{play}의 세계에서 마주칠 기회들이다.[45]

사례를 꼼꼼히 살펴보기

위의 세 가지 요소(역설적 사고, 정체성, 의사소통)를 염두에 두고, 상황에 초점을 어디에 어떻게 둘 것인가를 간단히 숙고하는 것만으로도 팻트에게 어느 정도 명료함을 줄 수 있을 것이다. 그는 개발을 위해 팀을 코칭하는 것과 관리자의 재무적, 계약적 통제 이슈를 다루

---

[43] 논평의 맥락이 패트와 팀 관리자와의 관계에서 'CEO'를 소환해 설명하고 있다. 이 점도 사례 예시에서 제시된 내용은 없다. 그렇다면 팀 관리자 배후에 이해관계자로 CEO가 있다는 말인가? CEO와 팀 관리자는 다르다. 여기서는 이를 배후 역동으로 이해하고 이런 관심에 따라 팀 관리자가 반응한 것으로 이해된다.

[44] 실제 성공은 아름다운 과정일까? 성공이란 진흙투성이 속에서 실현되는 것이다. 성공을 다툼하는 사람들은 무엇이 성공인지 각자 만족스러운 수준과 초점이 다르다. 코치 역시 진흙 속에 함께 뒹굴며 모두 각자의 시각에 맞는 성공이 무엇인지 찾아야 한다.

[45] 두 사람의 위치가 양극에 자리 잡고 있으므로 논평자는 자신의 논평 앞부분에서 제시했던 방안을 주장하고 있다. 양극의 **역설과 놀이**라는 상황에 대처하며 진흙투성이 속에서 각자와 코치에게 최적의 성공을 만들어가야 한다는 의미로 이해된다.

는 것이 결과에 크게 영향을 줘 **점차 높은 가치**가 될 수 있다는 전제를 받아들여야 할 것이다. 세부적인 내용을 알지 못한 채 몇 가지 생각을 적어 본다.

- 패트는 자신의 불편함을 알아차리고 코치의 성장 동기로 이를 활용할 수 있다.
  - "좋아, 이것은 힘든 것이지만, 특히 내가 더 높은 수준의 과제에 다다를 때 이런 일들이 더 많이 있을 것으로 확신한다. 코치로 성장하려면 이런 도전이 필요하다."
     팀 관리자의 손을 들어줄 경우 발생할 수 있는 최악의 상황은 그가 돈을 받지 못하고 떠나는 것이다. 이것은 그의 경력에서 필요로 하는 발전 단계일 수 있고, 시장에서 내보이는 상징badge이 될 수 있다.[46]
  - "Q.내가 설파한 것을 실천하지 않고 내 가치관을 고수하지 않는다면 나는 어떤 코치가 되겠다는 말인가?"[47]

- CEO는 코칭에 주목하고 있다. 그렇지 않으면 청구서bill에 의문을 제기하지 않았을 것이다. 패트는 이 점을 CEO와 계약을 맺을 때 긍정적인 요소로 반영하기 위해 이를 선택할 수 있다.
  - "나는 CEO가 팀 코칭이 작동하는 방식에 관심을 두게 되면, 다른 팀원들이 참여하도록 권장하거나 그들이 스스로 알아서 한다는 것을 알았다. 이런 식으로 문제를 해결해보자."[48]

- 이 사건은 기업 문화에 '돈의-가치value-for-money'가 포함되어 있다는 증거일 수 있다. 만약 그렇다면 폴은 이 기회를 놓치지 않고 팀 코칭에 전념하도록 이 점을 활용할 수 있다.
  - "이 회사는 당신들의 팀 코칭 세션과 상호작용에서 분명히 가치를 얻고 싶어한다.

---

46) 계약 횡포, 사례의 팀 매니저 같은 조작적 활동 등에 주목하기보다는 오로지 코칭 구조에서 만난 고객과 조직의 과제에 전념하는 가치 지향 코치로 태도를 분명히 밝히는 것이다.
47) 마음을 비우고, 자신의 코칭에 자신감과 자부심을 갖고 임하는 것이 필요하다. 내 가치를 알지 못하거나 내 코칭으로 인한 성과를 얻을 기회를 고객이 놓치는 것이 안타까울 뿐이다. 재정적 압박에서 벗어나 자유롭게 내 코칭을 위한 내 길을 갈 뿐이다.
48) 팀 관리자의 이슈는 회사 CEO의 관심과 관련되어 있다. CEO는 조직 내 팀 코칭의 진행과 효과, 투자에 따른 ROI 등에 관심이 있다. 당연히 팀 코칭 참여자도 긴장하고, 몰입을 권장하는 분위기가 조성될 것이다. 이 점을 코치는 코칭의 조직 자원으로 활용할 수 있다. 이런 구조 하의 코칭은 반드시 성과 있게 마무리되지 않겠는가?

나는 이런 회사의 견해를 이해하고 공유한다. 이를 위해서도 계약과 가격에 대해 명확하게 파악하는 것이 중요하다."[49]

■ **토론 제안**

1. 리더십 코칭 아젠다로 양극적 사고-역설적 상황을 어떻게 접근할 것인가?

   논평자가 인용한 다양한 제시 툴을 근거로 코칭적 접근에 대해 탐색해보자.

   1) 현실에서 예시 찾아보기

   2) And의 천재, 양손잡이의 의미

   3) 켄 윌버의 4분면, 복잡계적 접근, 해리슨 평가 패러독스 그래프

   4) 변혁의 발걸음으로의 초대

2. 경력 전환transition과 정체성 변화shift, 컨설턴트와 코치의 정체성 확립에 대해 논의해보자.

3. 논평자가 제기하는 돈의 가치를 넘는 코칭의 가치 제안은 무엇을 말하는가? 특히 여러 각주를 검토하고 본인에게 의미 있는 내용을 피드백해보자.

---

49) 앞의 예와 마찬가지지만 투자 대비 코칭 효과는 물론, 가격에 대한 분명한 태도가 필요하다. 내 코칭은 당신이 지급하는 가치만큼 충분한 또는 그 이상의 가치가 있다. 그러므로 나를 고용하려면 내 제안을 100% 수용하라. 무엇보다 자신이 진행하는 코칭 수준 관리를 위한 지속적인 R&D 노력이 뒷받침되어야 한다.

논평 7-2. B

대니얼 도허티

새로운 코칭 과제 유형

모든 일은 전망 좋게 시작되었다. 몇 달 동안 팀 코칭 계약 체결을 따내기 위해 노력하던 끝에 기차에서 우연히 마주친 매우 유력한 영업 고객[사장]의 뒤를 좇아 그와 같이 걷는 기회를 얻었다. - 그 무렵은 아마 일주일 동안 진행된 팀 코칭 인증 과정 비용을 받아야 했을 때였을 것이다. - CEO는 내 제안을 듣자 전혀 실수한 적 없는intact 자기 팀과 일하자고 내게 제안했다. 금융 보상이 활짝 열린 담대한 마케팅 계획에 그 팀이 잘 맞지 않고 일치되지 않는다고not aligned 느꼈기 때문이다. 이런 요청을 받자 나는 우쭐해졌다.

첫 미팅에서 나는 권력자가 된 듯 자신감에 사로잡혀, 자기 고민을 드러내는 고해성사 테이블confessional table에 자리를 함께하는 듯한 전율frisson을 경험했다.[50] 그는 내게 빨리 시작하길 바란다고 말하며 긴박함을 토로했고, 비용과 작업 방식modus operandi(MO)을 설명하기 위해 그의 말 흐름을 내가 방해하자 조급하게 고개를 끄덕였다. 그는 간단히 말했다. "계약 체결 조건 의향서heads of agreement에 당신의 작업 방식을 제시하세요. 그러면 재무담당 이사에게 서명하라고 하겠습니다. 지금 여기서 계약 관련 부차적인 내용으로/잡초contractual weeds로 길을 잃지 맙시다." 그는 계속해서 "우리 사이에 호흡chemistry이 좋으니 그냥 잘 맞는 최적의 방식으로 진행하면 좋겠네요. 그럼 시도해볼 만한 실천계획이 있으면 다시 보고해 주시지요."라고 말했다.

그 시점부터 모든 것이 빠르게 움직이기 시작했다. 나는 내 일정을 정리하고, 팀과 함께 입문entry-gaining 과정을 즐기며 신뢰와 라포를 쌓아 나갔다. 또 경영진에게 전달하기 위해 팀 역동의 초기 진단을 종합했다. 논쟁의 여지가 있는 이슈가 드러났지만 나는 내 분석이 확고하다는 확신이 들었다. 그러나 임원 피드백 회의가 있던 날 아침, CEO는 복도에서 나를 멈춰 세우고 "지금 즉시 내 사무실로!"라며 대화를 나눠야겠다고 말했다. 그는 내 예비

◆ 필자: Daniel Doherty: PhD. 비판적 코칭연구 그룹 대표. www.criticalcoaching.com. dandoh123@gmail.com

50) 코치가 초기 대화에서 이런 느낌에 사로잡혔다. Q.어떤 현상인가? Q.코치는 이것을 어떻게 검토해야 하는가?

청구서preliminary invoice를 보았다. 예상보다 훨씬 많은 금액이라며 이렇게 말했다. "단도직입적으로 말하는데, 나는 결제하지 않을 겁니다."

그는 내가 우리의 계약 체결 (조건) 의향서를 떠올리게 하자 조금 코웃음을 쳤다. 그는 작업이 끝날 무렵에야 총합계global sum를 지급할 준비가 되겠지만, 내가 매번 몫quantum realistic을 받는 편이 좋지 않겠냐고 말했다.[51] 그는 내게 명망있는 컨설팅 회사로 가거나, 간단히 중단하는pulling the plug 두 가지 선택권이 있다는 점을 상기시켰다. 또 독단적이고 개성이 강한maverick 일부 팀원들과 문제를 야기하고 있어서 걱정된다고 하며, 현 시점에서는 내 부가가치value-add를 인정하기가 어렵다는 말을 덧붙였다.[52]

나는 충격에 휩싸인 채 그의 사무실을 나와 최고경영진들C-suite이 공유하는 유리창 사무실이 당혹스러워 눈길을 아래로 내리깔고 지나왔다. 즉각적인 감정은 재정 관련 계약을 더 튼튼하게robust 하지 못한 나 자신을 회초리로 때리는 기분이었다. 나는 차에 앉아 좌절감에 휩싸여 운전대를 두드렸다. 마치 거대한 함정gigantic trap에 빠진 것 같았다. 이 난장판에서 빠져나갈 방법을 찾는 것은 내게 달려있다는 점 역시 분명했다. 그렇지만 나는 벗어날 방법을 쉽게 찾을 수 없었다. 근거가 불확실하고 불안정한precarious 사업에 시간과 돈을 투자하며 팀 코칭 하는 것을 걱정했던 가족들에게 무슨 말을 해야 하나? 다음 주 동료 코치 그룹과 정기 미팅이 있는데 어떻게 그들과 마주할 수 있는가? 그동안 전망 좋은 작업을 한다며 그들에게 자랑해왔건만, 이런 굴욕적인 벼랑의 위기에 처해 버렸다는 사실을 그들과 어떻게 마주할 수 있겠는가?

차 안에 앉아 진정하려고 애쓰면서, 나는 이전에 규모는 작지만, 초기 개입 단계에서 이런 배신을 경험한 것이 **처음이 아니라는 사실**을 깨달았다. 이번처럼 일을 대행하며 달갑지 않은 상황에 부닥쳤던 많은 부분이, 작업이 지닌 상업적 가치에 도전받지 않을 만큼 오직 일을 계속하고 싶고, 잘하고 싶어하는 내 패턴 때문이라는 사실을 깨달았다.[53]

나는 2010년 데이비드 메긴슨David Megginson이 주도한 비판적 코칭 연구 그룹의 도발적이

---

51) 코칭 비용을 합의하고 진행에 따른 추가 옵션과 지급 일정이 포함된 계약에 서명한 뒤 코칭을 진행했다고 이해된다. 코칭 후 성공에 따른 총합계 수준의 금액을 지급할 준비는 되어 있지만, 추가 옵션을 포기하고 코치 몫을 지금 현실적으로 계산하는 게 좋겠다는 경고성 조언으로 말을 바꾸고 있다.
52) 코칭 진행 중간에 CEO는 '명망 있고 유명한 자기 회사와 코칭했다는 평판을 활용해 다른 좋은 컨설팅 회사로 갈 것인지 지금 그만 둘 것인지 **코치를 몰아세우고**, 또 코칭 세션에서 팀원들과 나눈 대화 내용을 특별한 청취 통로에 대한 언급 없이 직접 문제시하며 **코치를 공격하고 있다**. 끝내는 근거 없이 코칭 과정 중간에 코칭 **효과도 부인하고** 있다는 의미로 이해된다.
53) 실제 언급과는 달리 계약 관계의 이면 의도로 이해된다. 이를테면, 매출액 대비 (성공) 비율로 코칭비를 받는다든지, 상업적 교환을 뛰어넘는 계약을 추구해왔던 것으로 이해된다.

고 자극을 불러일으키는 질문provacative question,54) 바로 "Q. 계약이 당신을 더 작게 만드는가?"라는 질문을 검토한 적이 있다. 당시에는 "그냥 시작 해보자let's just get on with it"하며 이를 정당화했던 생각이 떠올랐다.55)

대화가 표면의 저항 껍질outer layers of resistance을 벗겨내고,56) 새로운 주제가 표면으로 진전되기까지 고객이 무엇을 할지 어떻게 알 수 있겠는가? 오직 어느 시점에서 일단 계약의 심리적 부분이 확립되면, 우리는 개입 전략과 코칭비 구조화fee structuring의 더 깊은 측면에 대해 의미 있게 대화를 할 수 있다. 나는 여전히 이런 분석과 지혜에 동의하지만 비상 전략이 필요한 지금 시점에서 이 같은 옹호advocacy는 특별한 경우 말고는 나에게 효과가 없다.

어떻게 진행해야 할지 정말 몰랐으나 다음 주에 수퍼비전이 예약되어 있다는 생각이 났다. 내 이런 딜레마를 감당하기에 좋은 장소인 것 같았다. 나는 아직 이런 혼란으로 우리의 번영prosperity과 내 자존감에 끼치는 위협을 가족과 공유할 수 없었기 때문이다.

수퍼비전에 내 딜레마를 가져가며

수퍼바이저는 전개되는 드라마를 보며 내게 말을 걸면서 조심스럽게 귀를 기울였고, 컨설

---

54) provacative question : 도발적. 열정을 자극하는, 숨겨진 것을 꺼내게 촉진하는 질문대화이다. 논자에 따라 다양하게 설명할 수 있지만 단순한 질문 문장으로 이해하는 것으로는 충분하지 않다. ①코치-고객 관계의 질, ②코칭 대화의 상황/맥락 안에서 잘 준비된 코치의 질문과 ③코치의 섬세한 제공(언어 톤, 표정 주름 등)이 결합될 때, ④무엇보다도 고객 내면에서 무엇인가 알 수 없는 것(정서)이 충분히 숙성될 때 그 진면목을 경험 할 수 있다. 상대적으로 Evocative Question과 쌍을 이뤄 이해하고 활용하는 것이 바람직하다. 상세한 안내 『코칭 튠업21』 김상복 저. 한국코칭수퍼비전아카데미. 2017. 「12장 Evacative 대화와 Provacative 대화」 참조.

55) 논평자는 과거 코치 훈련 중에 'Q.코칭 계약이 당신을 더 작게 만드는가?'라는 의미 있는 성찰을 한 바 있었다. 당시에는 이 질문을 숙고하고, '편하게 그냥 오로지 시작하면 된다'는 나름 의미 있는 응답을 했던 것으로 보인다. 그러나 지금 이 순간 자신의 실천에 대한 성찰을 하며, 과거의 성찰은 다시 검토되고 현재 경험을 더욱 깊이 탐색하게 이끌고 있다. 또 다시 당시를 성찰해 보니 당시에는 그럴듯한 응답으로 이를 정당화했다는 새로운 성찰을 하고 있다. 당시의 성찰과 응답은 코치를 한 발 나가게 했다. 새로운 상황에서 성찰은 그를 다시 뒤로 돌아가 다시 성찰하게 한다. ①박음질하듯 나아가기, ②이보 전진을 위한 일보 후퇴, ③비틀거리고 흔들리며 나아가는 모든 성장의 참모습이다.

56) 코치 쪽에서 본다면 사실 계약을 위한 접촉, 협상과 조율 과정, 계약 추진 단계에서 자신이 작아지거나, 자신이 없거나, 겸손과 진정성이라는 명분 뒤에 숨는 등 많은 다양한 주저함을 경험한다. 특히 자신의 가치를 낮추거나 저평가하는 경향도 드러난다. 반면에 계약 성사를 위해 확대와 과장을 통해 높은 조건을 유지하려고 애를 쓸 수 있다. 내면에서 스스로 가면/사기꾼 증후군imposter syndrome을 경험하면서도…, 더 문제는 코치들 사이에서는 후자를, 고객 앞에서는 전자와 같은 이중적 태도를 보이는 경우다. 논평자의 고백과 같은 과제들 역시 코치들이 함께 건너야 할 계곡이다. 반면에 고객 역시 비슷하다. 계약의 심리적 부분(암묵적 부분)이 확립되기 전까지는 내부 의심과 주변의 부추김에 의해 코칭 계약 여부가 흔들리고 있을 것이다.

팅 "텐트-말뚝tent-pegs"을 완전히 박기 전에 요금을 부과하는 내 패턴을 언급하며 고개를 끄덕였다. 그녀가 내 드러나지 않은 근본적인underlying 정서 상태를 물었을 때, 나는 도망flight과 싸움fight 사이에서 갈팡질팡 하며 고민하고 있다고 표현했다.

도망 충동flight instincts은 내가 재정 계약의 안전함secure을 포함해 나를 위한 몇 가지 보호 조치protections를 챙기지 않은 채 '고도로 정치화된 문화highly politicized culture'에서 팀 코칭 개입을 해낼 수 있다고 생각하는 것 자체가 어리석다고 말하고 있었다.[57] "당신의 손실은 줄여라."라는 도망의 목소리는 시간 단위로 요금을 부과하는 일대일 코칭 사업방식으로 이제라도 돌아가라고 한다. 이는 모두가 이해하는 간단한 처리 방식arrangement이라고 덧붙인다.[58] 도망은 "이 CEO와 그의 게임 방식games-playing이라는 힘든 상황/관계를 멀리하고, 더 깊게 개입했다가는 당신의 가치 감각을 심각하게 훼손하기에 그 전에 그동안 배운 교훈을 그대로 에피소드를 작성하라."라고 말한다.[59]

"그리고 싸움fight의 목소리는?" 수퍼바이저가 물었다.[60] 숨을 들이마시고 나서, 그를 한 대 치고 싶다고 말했다. 수퍼바이저는 CEO의 접근 방식이 괴롭히는bullying 성격이라고 내 인터뷰를 통해 얻은 모든 정보를 활용해, 그를 '사기꾼trickster'으로 보고, 나를 대하는 그의

---

57) 영업 능력이 검증된 유명한 CEO가 구상하는 '금융 보상이 활짝 열린 담대한 마케팅 계획'과 코칭해야 할 팀은 '실패 한 적이 없는intact 자기 팀이다. 그러나 그 팀은 뭔가 맞지 않고/일치하지 않은not aligned 팀(이유는 모른다)'이다. 어떤 회사 조직인지는 정확히 알 수 없으나 논평자는 수퍼비전 세션에서 이를 '고도로 정치화된 문화'로 표현하고, 이 조직의 사업 모델이나 조직 문화 등에 대한 검토 없이 성급한 팀 코칭 개입을 서둘렀다는 점을 성찰하고 있다. 이런 성찰은 수퍼비전에서 수퍼바이지가 '도망' 정서를 드러내면서 이를 탐색하며 얻은 통찰이다.
58) 이 계약은 팀 코칭의 결과로 추가적 금융 보상이 보장되는 계약이 아니라, 일대일 코칭이 시간/회기당 코칭비를 정산하는 방식이 좋다는 것이다. 욕심이 난 코칭 영업이라 할지라도 안전한 방식으로 접근하는 것이 필요했다는 성찰이다. '도망치고 싶다'는 내면을 수퍼비전 세션에서 성찰한 논평자의 자기 피드백으로 보인다.
59) 질문으로 표현한다면, Q.'도망'하는 모습이 충분히 떠오르나요? Q.그 느낌은 어떤 것인지 표현해 줄 수 있나요? Q.그렇군요. (만약~) 도망치는 그때 그는 어떤 생각을 했을까요? Q.지금 생각하기에 도망치는 그 사람이 할 방안이 있었다면 무엇이라 생각하나요? Q.그것이 그때 가능했나요? 어떤 점이 그것을 방해했다고 생각하는지? Q.협상 상대, 그의 주장과 태도, 협상 관계를 검토하며 그 상황을 글로 정리할 수 있을까요? Q.당신이 평소 알고 있는 대로 이 사건을 기술한다면… 가능한 가요? Q.내용의 일부를 지금 요약해 이야기해본다면? 수퍼비전 세션의 질문은 이런 것으로 유추할 수 있다.
60) 수퍼바이저는 수퍼바이지에게 경험한 사례를 보고하며 느끼는 겉 감정(분노나 억울함, 자책 등)을 지나 도망가고 싶기도 하고, 이어서 한 번 붙어보고 싶은 정서를 드러나게 했다. 사실 이 내용은 눈에 보이듯 쉽게 이해될 듯 보인다. 그렇지만 깊은 신뢰관계에서나 가능한 일이다. 현실에서는 아무 일 없었다는 듯 이 사건 경험에서 '회피/도망갈 수 있으나 가족과 동료 코치들에게 창피한 일이다. 한바탕 붙어서 싸우는 것은 후환이나 파장이 두려운 일이다. 심지어 코치의 재정 상태가 어렵다면 진퇴양난이 아닐 수 없다. 그렇지만 이 정서를 드러내고 이를 수퍼비전 코칭 관계 안에서 실험실처럼 다루고 있다.

대우treatment가 그런 괴롭히기 증상으로symptomatic 보인다는 점을 지적했다. CEO가 그런 대화를 허락할지 정말 의심스럽지만 여기서는 '병렬/평행 과정parallel process'의 근거가 아주 잘 드러나 있다.[61] '싸움'을 하는 경우 어떻게 할 것인가? CEO를 폭로하며 고발하고(내부 팀원), 무슨 일이 일어났는지 팀원들에게 밝히고(코치), 변화를 극적으로 촉매 작용하는catalying 방법으로 나와 팀원들이 공동의 대의common cause를 위해 함께할 것을 촉구할 수 있는 옵션을 생각해보았다.[62] 이 말을 하며 신나는 표정을 지을 일이지만, 나는 이 도전을 지지할 만큼 강한 네트워크가 없다는 점을 이미 마음속으로 알고 있다. 싸움의 하나로 법적 조치를 취하겠다고 이야기할 수 있지만, 법적 다툼 시나리오에는 오직 한 명의 승자만이 있을 것이라는 점 역시 분명하다. 회사의 깊은 주머니와 맞붙는 것이 꼭 나여야 하는가? 내가 아니어도 된다는 점을 알고 있다.[63]

도망과 싸움의 중간쯤 어디에선가 내 가격을 내리고, 끝까지 이 일을 보고, 모든 것을 경험하고 나가는 것도 한 가지 선택이다. 내가 이 순종적인 길submissive route을 택하면 배신에 대한 내 상처와 분노가 분명히 새어나올 것이라는 점을 알고 있고, 그 어느 때보다도 나는 더 능력 부족ineffectual으로 보일 것이다.

나는 과거 팀 코치 훈련 상황을 다시 한번 생각해보았다. 그것에서 배운 이론과 프랙티스가 어떻게 나를 도울 수 있는지 질문해 보았다. 토버트Torbert 리더십 행동 스펙트럼continuum of leadership behaviors에서 우리가 배운 CEO의 사기꾼trickster 같은 본성을 어떻게 설명하는지 알 수 있다. 기업 사이코패스 문학corporate psychopath literature에서 이를 어떤 식으로 표현하는지도 알고 있다. 그렇지만 그렇게 많은 비용을 들게 했던 그 훈련 과정은 내 영업적 딜

---

61) 그때 CEO와 대화는 겉으로는 적어도 평범하게 대화했고, 주인공은 충격을 받고 내몰리는 상황이다. 그렇지만 당시 그의 '밑 마음-정서'는 도망-싸움을 오고 갔을 것이 분명하다. 이런 감정은 차안으로 돌아와 진정하려고 애쓰며 뭉친 격정이 가라앉고 여러 가지 상념이 들 수 있다. 싸우지 않은 것을 후회했을 수 있고, 적당히 빠져 나오거나 꼬리를 내려 아부/절충을 하고 싶었을 수 있다. 이런 내적 갈등과 진정과 소화하는 시간이 없었다 할지라도 이 현상이 수퍼비전 세션에서 수퍼바이저와 두 사람 사이에서 재연/실연으로 연기하듯 대화하고 있다는 점에서 이런 내적 심리 과정과 수퍼비전 세션 사이의 분명한 병렬/평행과정이다. 또 이런 세션 안에서의 경험은 사장과 다시 만날 때 어떤 행동을 취할 수 있다는 점에서 (예고된)병렬/평행과정이다.
62) 환상적인 구상이며 코치는 '정의의 사도'가 되어 싸움을 주도한다. 수퍼바이저와 안전한 공간에서 구상하고, 말로 해소하고 게임하듯 놀이 과정으로 진행하는 카타르시스로 볼 수 있다. 그렇지만 이런 과정으로도 우리는 전능감을 체험하며 좌절과 낙담에서 벗어날 수 있다.
63) 성찰에 민감한 코치는 '실천 후 실천에 대한 성찰'을 통해 여러 가지 시나리오를 검토하며 이런 결론에 도달할 수 있다. 물론 시간이 지나면서 감정을 소화하거나 가라앉고, 자기 정서에 접촉한 뒤라는 시간 비용이 들 수는 있다. 그러나 관계 기반 성찰적 수퍼비전은 더 신속하고 깊게 이에 다가간다. 또 수퍼바이저가 가보지 않은 지평선 너머로 함께할 수 있다. 이런 와중에서 '싸움' 안에서 내가 아니어도 된다는 회피의 근거를 만든다.

레마에 대한 즉각적 답을 제공하지 못했다.[64] 단지 유일한 도움이 된 통찰은 에드가 쉐인(Ed Schein, 1999)의 다음과 같은 질문에 있었다. "팀 리더가 문제인 경우가 오히려 가장 많다. 이럴 경우 개입하는 자/중재자interventionist는 무엇을 해야 하는가?"[65]

결국, 이런 성찰적 자극reflexive impulses[66]에 의해 우리[수퍼바이저와 수퍼바이지]의 논의는 내가 이 상황을 회피하지 않고, 재정 관련 만족스러운 재협상 결과에 따라, 코칭 지속 여부를 결정하고, 현재까지 발견한 것을 짧은 중간보고서로 작성하는 것이 검토할 만한 옵션으로 드러났다. 나는 이런 진단diagnosis의 힘[67]이 가능할 것이라는 가느다란 희망을 품고 이 옵션을 선택하기로 결심했다. 수퍼바이저는 이 에피소드로 인해 향후 내 계약이 얼마나 달라질 수 있는지 물었다. 이 질문을 성찰하며 나는 더 엄격한 계약 절차를 시행하고 포괄적인 EMCC 계약 템플릿을 활용했더라도, 그런 문서가 CEO가 마음먹은 사보타지를 멈추게 하는 기록이 될 수 있을지 여전히 의심스럽다고 생각했다. 이런 생각을 하며 나 자신을 조금 용서했다.

나는 가장 강력한 컨설턴트는 수수료가 필요하지 않은 컨설턴트라고 말한 딕 베커드Dick Beckhard의 말을 기억한다(1969).[68] 나는 이런 자명한 문구truism에 이끌렸지만, 더 나아가는 데는 도움이 되지 않았다. 사실 이런 명제는 내가 고객과 결탁하고 친절하게 대하기보다는 내 진실/일치integrity를 계속 따라야만 하는, 그로 인한 임박한 결핍/가난destitution에 대한 두려움을 강화했다.[69]

우리의 대화는 [서비스] 제공과 재정 관리 역할을 한 사람이 해서 갖게 될 긴장을 관리하

---

64) 코치-되기 훈련 과정에서 이 같은 배움이 막상 코칭 현장에서, 또 코치 활동에서의 일상적 성찰 과정에서 영업 딜레마 해결에 큰 효과가 없었다는 본인의 자평 내용은 유감이다. ^{Q.}어떤 훈련을 어떻게 했기에 이렇게 되었을까? ^{Q.}훈련 과정의 어떤 점이 결여되어 이런 결과를 초래했을까? 수퍼바이저는 수퍼바이지의 과거 훈련 경험, 즉 그의 자원에서 이 상황을 대처하고 소화할 수 있게 활용했을 것이 분명하다. 과거 교육 경험과 내용을 소환했을 것이다.
65) 이 시점에서 그는 컨설턴트 에드가 쉐인을 소환하고 있다. 컨설팅에서 '프로세스 컨설팅'을 주장하며 자주 인용된다. 이는 코칭 입장에서는 '컨설팅 베이스 코칭'으로 코칭과 내용이 겹치는 부분이다. 코치 훈련 과정에서의 성찰보다는 (과거) 컨설팅에서의 교훈을 언급한다는 점에서 아직 코치로서의 정체성이 분명하지 않다는 지적이 가능하다. 코칭에서도 변화의 주체이자 방해자로 조직 리더가 장애의 핵심인 경우가 많다.
66) reflexive impulses: 성찰적/반사적/반성적 자극 등의 의미로 특별히 구별하지 않는다. 다시 돌아가서 살펴보게 자극한다는 의미로 이해한다. 4장에서 reflectivity: 반사성, reflexivity: 성찰성으로 번역한 취지를 그대로 반영한다.
67) 왜 여기서 diagnosis라는 '진단' 의미의 용어를 사용했는가? 두 사람은 사장을 사이코패스로 파악해 이런 용어를 사용한 것으로 추측해본다.
68) ^{Q.}이 표현의 의미는 무엇인가?
69) ^{Q.}진리/진실을 믿고 원칙과 수준을 유지하며 활동해도 재정적 수준이 보장되는 활동은 정말 불가능한 일인가?

는 방식으로 바뀌었다. 대형 컨설팅 업체는 재무 계약과 보고서 납품을 분리하여 이런 긴장을 관리한다. 계약과 입금 관리를 전문 직원에게 맡겨 고객 조직의 조달과 인사 담당자를 관리 한다. 이런 식의 대안은 컨설팅 시스템에 등록하고, 생각과 행동의 독립성을 보호하며 보안을 조건으로 활동하는 것이다. 아니면 회사내 컨설턴트in-company consultant로 복귀해서 이전의 삶incarnation으로 돌아가 (지금과 같이) 외부에서 업무를 위탁받아, 파이프가 자주 삐걱거릴 때까지 그들을 압박하는 식이다.[70] 나는 이제 고객으로 인한 모든 리스크를 감수하는 독립 활동가들이 재정적으로 힘들게 했던 것이 무엇이었는지 부끄러운 마음을 알게 되었다.[71]

수퍼바이저는 먼저 이런 특정한 불쾌한 감정unpleasantness 부분을 먼저 해결하고, 현실 점검reality-check의 충격을 가라앉힌 다음에, 내가 선택할 수 있는 옵션을 고려하도록 격려했다. 그녀가 말한 것은 아주 좋은 것이지만, 내가 처한 모든 딜레마 가운데 일부는 서로 화해할 수 없어 보였다. 사실 선禪 같은 차분함Zen-like calm을 풍기는 그녀의 부족/불이행default하는 듯한 태도가 나를 짜증나게하고 괴롭히기annoy 시작했다. 마음속 깊은 곳에서 솟아오르는 분노의 섬광을 억누를 수 없었다.[72]

코칭이 세상을 더 좋게 만드는 유토피아적 사명을 지닌 것[73]은 아니라는 사실, 더 현실적으로 생각하는 것이 나 자신에게 유리할 것이라고 생각한다. 물론 코칭은 여전히 좋은 것이라 믿는다. 그러나 결국 대상을 조작manipulation하게 된다. 이 점에는 영업적 현실이 있다. 영업 시나리오 현실에서 나는 정의로운 편에 서 있지 못했다. 나는 어리석고foolish, 사기쳤고duped, 순진하고naive, 굴욕감humiliated을 느낀다. 이 고객뿐만 아니라, 밝고 빛나는 최신 교육을 내게 팔았던 마케터들에 의해, 나에게 몇 번이고 돈을 벌게 해줄 것이라고 확신을

---

[70] 컨설팅 시스템에 등록하든 컨설팅 회사에 입사하든 계약과 입금 관리와 컨설팅 보고서와 각 부분의 진행 결과를 넘겨주기 때문에 사례와 같은 위험에 빠지지 않을 수 있다. 이는 컨설턴트가 고객 접촉을 최소화하는 일반적인 방식이다. 코칭도 마찬가지다. 논평자는 이 같은 구조의 불가피성과 한계를 모두 언급하고 있는 것으로 이해된다.
  코칭 분야에서 이 같은 방식에서 벗어나 독립 코치로 활동하는 것, 또는 영업과 코칭을 동시에 병행하는 방식과 분리하는 방식 등의 특징과 이유에 대한 정리가 필요하다.
[71] 고객에게는 리스크를 독립 코치/컨설턴트에게는 재정적 곤궁을…. 그 사이에서 유익을 취하는 하청 중심 활동을 근본적으로 성찰하는 것으로 이해된다.
[72] 수퍼바이저의 부족/불이행default 태도는 당연하다. 소극적 능력negative capability, 즉 (무언가) 하고 있지 않은 듯한 태도는 그의 인내, 노력, 훈련을 통한 자제의 산물이다. 이로 인해 수퍼바이지는 ①부정적 전이, ②알 수 없는 정서/감정이 치고 올라오거나, 내가 ③내식으로 하고 말겠다는 보복적 행동을 하게 된다. 실로 매우 중요한 순간이 아닐 수 없다. 수퍼비전 관계가 깨지는 두려움, 서로를 놓칠 수 있다는 위기감이 서로에게 일어나며 두 사람은 이런 위기 상황에서 각자 스스로 살아남아야 한다. 그러나 이를 통해 사태의 주도권이 수퍼바이지에게 넘어가고 그의 주체성이 활성화된다.
[73] 마치 코칭이 모든 것의 긍적적 해결로 홍보하는 자기 도취적 태도는 어처구니없는 짓이다.

보여주었던 마케터들에 의해, 수익이 적으면 나름대로 보호와 안내를 제공하겠다고 약속했던 전문 기관들, 그리고 내가 가진 돈이 없더라도 전문성의 지속적 개발 CPD을 해야 한다고 주장해온 기관들도 모두 그렇다. 그리고 심지어 내 수퍼바이저 당신도 마찬가지다. 당신이 속한 기관은 내가 인증을 유지해야 한다고 주장한다.[74]

숨을 들이쉬었다. 이 고객은 투자수익률 return on investment(ROI)에 대한 증거를 보여야 한다고 주장한다. 나는 코칭을 통해 1:6으로 수익을 내는 고객을 자랑하는 컨설팅 업체를 알고 있지만, 그가 이에 대해 어떤 확신/보증 assurances도 할 수 없다는 것도 알고 있다. 나는 그들이 그런 식으로 영업 활동을 주입할까 걱정이다. 그들은 돈이 이야기한다는 점을 알고, 이를 위해 자신감과 설득이 필요하기에 그렇게 한다. 학자들은 죽을 때까지 코칭 관련 ROI를 연구하지만 지금까지는 확실한 증거가 없다.[75]

나는 코치로서 내 자신을 다른 모습으로 재창조하기 위해 reinvent 내 여분의 돈을 모두 투자했다. 나는 이제야 거대한 다단계 금융사기 ponzi scheme의 바닥에 앉아 있다는 것을 알았고, 이 이상한 춤에서 개인적인 ROI를 실현할 길을 찾을 수 없었다. 매몰 비용 sunk cost은 컸지만, 어쩌면 안하는 것보다 늦게라도 [이렇게] 하는 것이 나을 것이다.

내 모든 본능은 내가 할 수 있을 때, 이 환상이 깨지는 disillusionment 느낌과 분함 resentment이나 자신을 소모하기/사로잡기 전에 당장 나가라고 말한다. 나는 이제 당신들이 지긋지긋하다. 지금까지는 당신들을 충분히 참아왔어. 나는 확 돌아서서 나간다. 수퍼바이저의 반응을 기다리지 않고 문으로 향했다.[76]

---

74) 모든 활동에 영업 목적이 궁극의 의도가 아닌가? 통렬한 비판적 성찰을 전적으로 수용한다. ^{Q.}우리는 어떻게 이 엄정한 피드백과 현실을 넘어 코칭 철학을 구현하는 삶과 코칭 영업을 할 수 있는가? 분명한 것은 이 주제에 진정으로 동감하는 코치들이 대응해나가야 한다는 점이다. 점차 코치 육성과정과 훈련 사업이 독립된 수익 시장을 형성해 경쟁이 치열해지고 있다. 코치 육성을 위한 교육훈련 활동 분야를 책임 영역으로 한 코칭 윤리가 확립되어야 한다.
75) 코칭을 통해 큰 수익을 얻었다는 확실한 근거가 없어도 이런 주장으로 코칭 영업을 한다는 것이 과연 정당한가? 사실 이런 코칭 ROI 연구는 없다. 코칭 ROI는 여전히 많은 연구가 필요하다. 심지어 코치 활동에 의한 수익 보장 주장도 사실상 잘못된 것이다.
76) 통쾌한 순간이고, 벅찬 순간이다. 코칭 문헌에서 이런 글을 옮기게 되어 매우 감사한 마음에 여러 차례 읽는다. 이것이 수퍼바이지의 성찰 기술문이 아니라 직접 대면하여 말로 한 것이라면, 수퍼바이지의 이 말을 몸으로 듣고 있을 수퍼바이저에게 존경을 표하며, 그가 이를 감당해냈는지, 어떻게 감당하였을지 궁금하다. 여러 차례 경험했다면 어떻게 대처해야 하는지 궁금하다. 첫 경험이라고 가정한다면 ^{Q.}그에게 얼마의 시간이 필요했을까? ^{Q.}수퍼비전의 수퍼비전 세션은 어떻게 전개되었을까 궁금함이 이어진다.

수퍼바이지는 문을 열고 신발을 신으려고 뒤로 돌아서는 그것도 하지 말아야 하며, 곧장 세상으로 나가야 한다. 분명 그랬을 것이다.

■ **토론 제안**

1. 논평자는 다른 사람들과 달리 자기 사례와 경험을 있는 그대로 제시하여 논평을 대신한다.

    1) 활동과정에서 코칭 중 계약 취소, 독성적 성격을 지닌 의사결정권자나 관련자와의 갈등 관련 경험을 나눠보자.

    2) 코칭-시장에서 겪게 된 영업 경쟁이나 이와 관련 된 갈등, 코치-훈련 시장에서 코치-되기 훈련을 하며 경험했던 상황에 대해 비판적으로 성찰해보자.

    3) 수퍼바이저의 '선禪 같은 차분함Zen-like calm을 풍기는, 부족/불이행default 태도'에 대해 논의해보자. 수퍼바이지는 이에 대해 분노의 섬광flash of anger을 억누를 수 없었다고 고백한다.

    4) 수퍼바이지가 직접 언급한 기술문 내용에 대한 소감은 어떠한가?

결론

위의 사례와 논평이 보여주듯이, 코칭에서 돈 문제를 단독으로 다루기는 어렵다. 수입 문제와 코칭으로 생계를 유지하는 것 외에도 돈 문제는 ①계약, ②코칭의 재정적 가치 및 ③평판 관련 우려 등 다른 문제와 관련 있고 영향받는다.

계약 문제, 특히 계약의 재정적 부분을 살펴보자. 돈 지급 관련된 중요한 질문은 논평에서 "성공 사례 코칭비contingent fee coaching" 또는 "결과에 따른 지급"으로 언급된다. 이것은 합의된 결과에 도달한 경우에만 코치에게 코칭비를 지급하는 것을 말한다. 연구자들은 이런 접근 방식이 코치이와 조직의 최선의 이익을 위해 코칭 과정을 통해 무언가 이뤄지는 것이 아니라 계약서에서 언급된 명시적인 특정한 결과에 초점을 맞추는 코칭으로 절충되기 때문에 이런 접근에 심각한 우려를 제기한다.

이는 코치와 조직이 알고 있는 바와 같이 코치가 전달한 작업 가치인 돈과 코칭비와 관련된 또 다른 질문으로 이어진다. 위 논평에서 언급했듯이, 코칭 비용을 지급하는 조직은 투자수익률ROI을 기대한다. 그러나 코칭에서 성공을 측정하는 방법은 무엇인가? 그리고 이 재정적 가치가 어떤 성공과 연관될 수 있을까? 그랜트(Grant, 2012)는 코칭에서 투자수익률에 대한 이런 식의 초점을 거부하고, 코치이의 웰빙과 참여도를 측정하는 더 전체적인 접근을 요구한다.

또 투자수익율은 코치들이 제공하는 서비스의 가치와 작업으로 코칭비를 결정해야 하는 코치에게 중요한 일이다. 사실, 코치들은 자신들의 전문적인 명성은 물론 그들의 이전 경험, 그들이 투자한 훈련과 교육을 고려한다. 이는 코칭비 차이에 반영된다. 코치의 이전 경험은 코칭을 제안할 때 가치를 결정하는 중요한 요소이지만, 새로운 코칭 사업을 시작하는 것은 곧 새로운 명성을 쌓는 의미이며 바로 재정적 영향을 미칠 수 있다.[77]

이 장은 코칭 경력을 시작하게 된 동기는 도움을 주고자 하는 욕구, 코치이의 생활과 조직에 변화를 주고자 하는 욕구에 따라 주도 되었지만, 코치는 많은 기술을 개발하고, 다른 역할을 해야 한다. 그 가운데 하나는 코칭을 위한 영업적, 재정적 측면을 관리하는 것이다. 그러나 코치들이 항상 이를 다룰 준비가 되어있지 않다. 따라서 코치는 논평에서 제시한 바와 같이, 재정 이슈의 중요성과 그 파급 효과를 더 알아차려야 하고, 필요하다면 수퍼비전을 받아야 한다.

---

[77] 적정 코칭비 산출에 대한 검토가 필요하다. 필자의 주장은 코치의 과거 경력+교육 훈련 투자비+전문성 유지 관리비 등이 코칭비 차이에 반영되는 것으로 이해된다. 아울러 코치 개인(가족) 표준 생계비가 반영되어야 한다.

추가사례 7-B. 부자 관계 해결인가 부의 계승인가

비즈니스 코칭은 코칭 회사를 통해 활동하지만 그 외의 라이프 코칭은 독립 코치로 활동해온 린다는 모처럼 두 영역이 교차되는 느낌이 드는 코칭을 하게 되었다. 부자 갈등을 주요 주제로 시작했으나 뒷면은 회사의 리더십 승계 이슈가 배경이다. 코칭은 두 사람과 각각 진행했다. 린다는 수퍼비전에 참여하며, 양쪽을 오가며 코칭하며 '관계'를 여러 차례 검토했다.

수퍼비전 내용은 고객 이해와 접근 방법에 한정되지 않았다. 두 사람과 독립 코칭 회기로 진행한 후, 관계에 초점을 맞추는 조율이 있었고, 양쪽을 교대로 진행하도록 회기를 배치했다. ①전체적 기획과 회기 조율은 수퍼바이저와 함께 검토했지만, 코칭 계약을 넘어 실제 기획대로 진행하는 일이 쉬운 작업은 아니었다. 코치가 ②가족 체계에서 오는 관계 역동, ③두 사람 분량 이상으로 뿜어 나오는 둘 이상의 독성 감정에서 살아남기, ④불가피하게 정화기 역할을 부여받은 코치가 이를 감당하기에 이르기까지, 수퍼비전은 린다가 성찰적 코칭을 보장하고 강화할 수 있도록 지원했다.

여러 차례 우여곡절과 비틀거리며 난기류에 휘말리던 코칭이 분기점이 된 것은 부자 관계의 뿌리 깊은 갈등과 가족 경영과 리더십 승계가 교차되는 지점에서였다. 현실이 주는 압박으로 두 사람의 '필요'가 연결되면서 열리게 되었다. 부자 관계 **역동**과 리더십 승계를 둘러싼 **갈등**은 서로 긴밀히 관련되지만 겉모습은 전혀 별개의 것이다. 두 측면의 상호 영향을 최소화하고, 분리해 독립적으로 다뤄야 했다. 두 측면을 각 세션에서 충분히 다루고 난 뒤, 또 각자 자기 몫의 성찰이 진행되고 나서야, 둘은 코치를 사이에 두고 함께하는 세션을 진행했다. 이런 성과는 비즈니스 코칭과 라이프 코칭을 양 날개로 활동해온 린다에게는 뚜렷한 성취였다.

당장은 아니더라도 현재 중심 기업은 소유와 경영을 분리하며 전문 경영인을 후계자로 두고, 아들은 자신의 소신에 따라 운영하던 자기 사업체에 집중하는 것이다. 또 서로 독립과 책임을 분명히 정비하고, 협력을 위한 약속과 절차를 정하는 것은 현 상황을 볼 때 자연스럽고 불가피했다. 부자 관계 '역동'을 관리하는 것은 서로에 대한 '기대'를 분명히 하는 것이 먼저다. '상대 안에 있는 자기 모습'을 바라볼 시간이 현실적으로 필요했다. 또 두 사람 각각의 노년기 발달과제와 성인기 해결 과제는 엄밀히 말하면 각자의 몫이지 그 누가 대신해줄 수 있는 것이 아니다. 그렇다면 남는 것은 무엇인가? 의사소통 방식과 (의사)결정 과정을 잘 관리하는 것, 또 서로에게 던지는 각자의 견해와 판단을 관리하는 문제만 남는다. 그동안 중요한 타인인 상대에게 자기가 채우고자 할 필요needs를 의존하고, 상대에게 품은 기대는 사실 '한풀이'와 별 차이가 없었다. 린다는 이런 필요와 기대를 코칭 세션에서 풀게 하고, 복잡하게 얽힌 하소연을 분석하기보다는 누가 해결해야 할 과제인가를 분별/구별distinction하는 데 민감하게 개입했다. 이는 오로지 수퍼비전에서 배우고 물든 것이다.

부자 관계 개선의 극적인 지점을 지나서 몇 주 지난 종결을 앞둔 시점이었다. 린다는 보람과 자부심을 자제하며 다가 올 수퍼비전 회기를 준비하며 성찰점검을 했다. 그 무렵 부인/엄마에게 감사의 전화가 왔다. 부자 관계가 변화한 후 대화가 급물살로 진전되었다. 막혀 왔던 그간의 가족에 얽힌 상속 계획도 풀리게 되었다. 손도 못 쓰고 기다리고 있던 담당 회계사로부터 계획대로 순조롭게 진행되겠다는 전망을 통보받았다는 내용이다. 아들 회사는 아버지 회사에서 거래 은행 지급 보증으로, 아들은 아버지 회사에서 손을 떼고 등기 이사가 되었다. 사업 관련 여러 얽힌 관계에 피가 돌 듯 순조롭게 진행되어 고맙다는 감사의 말도 들었다.

린다는 보람과 자부심 밑에서 왠지 모를 불편함이 올라오는 것을 감지했다. 시간을 두고 성찰한 뒤에야 불편함의 정체를 어렴풋이 짐작할 수 있었다. 상속과 사업 관행의 모든 진행은 적법하게 이뤄진 것이다. 그러나 부자 관계 갈등이 관리되고, 조직의 리더십 갈등 조정이 진전되자, 그 여파로 순조로운 '부의 상속'까지 진행되는 긍정적 파고로 이어졌다. 하지만 개인과 관계 문제 해결을 위한 코칭이 순조로운 부의 승계로 이어진 현실이 왠지 불편했다. 어떤 문제나 부당함이 있는 것은 아니지만 십대를 입시 지옥 경험에서 비껴 외국에서 보내고, 유리한 조건에서 시작한 젊은이와 상대적으로 엄혹한 현실과 취업 전선에 매달려 있는 동시대 다른 젊은이가 대비되었다. 린다는 가치가 충돌함을 느꼈다. 그녀는 당시 사회적 이슈와 자신의 활동이 연결되어 아픈 정서를 안고 사색을 이어갔다.

수퍼비전 세션에서 린다의 이야기를 경청하던 수퍼바이저는 이번에도 안중에도 없다는 듯 톤을 높여 되물었다. **"아직도 having을 들고 있는 건가요?"** 그는 이슈를 사회적 관점에서 설명하는 린다의 언급을 일종의 주지화主知化Intellectualization 방어로 읽은 것이 틀림없었다. 오히려 '자기의 것'은 당연한 것으로 보고 타인은 안중에도 없이 당연히 행동하면서도, 경쟁할 것은 경쟁을 통해 만들어 가기를 양보하고(회피하고), 억압했던 린다의 과거에서 이어져온 패턴에 주목했다. 그리고 자신의 코칭 세션에는 방어기제를 동원하고 있다고 보았다.

린다는 '동생이 무엇을 가져야하는가?'를 위해 '나는 무엇을 가져야 하는가?'를 미뤄왔다. 그러면서도 아쉬움을 넘어 시기와 질투를 장녀라는 위치로 억눌러 왔다. 엄마와 아빠가 알아서 해 줄 것이다. 그들이 원하는 대로 행동하고 있으니…. 눌러 온 시기와 질투는 내면 극장의 비밀이자, 그녀가 모든 일에 적극적 행동과 태도를 갖게 하는 연료가 되어왔다. 린다가 즐기는 사회적 관심과 논평은 언제나 그녀의 고급스런 방어였다. 그 동안 수퍼바이저의 제안으로 진행했던 몇 차례의 자기 분석 회기는 말 못했던 비밀에 대해 주어진 수퍼바이저의 토론과 해석으로 해명되었다. 이후 수퍼바이저는 린다에게 자신의 내적 진실을 **수용하기**를 제안했다.

이번 세션 대화도 그동안의 대화의 연장일 듯했다. 수퍼바이저는 린다의 주지화 방어와 저항과 함께 구르며 여유를 주어 왔지만 이번에는 이런 기회를 허락하지 않았다. '아직도'라는 강조는 매우 직접적 질문이 되어 다가왔다.

여느 때와 달리 긴 침묵이 흘렀다. 린다는 자기와 대화 했다. "내가 수퍼비전 회기를 세미나로 만든 것일까? 내 저항과 함께 구르며 지나왔으면서도 이제와 내가 이런 껍질에서 벗어나기를 기다려 주지 않은 이유는 대체 무엇인가? 이 사람이 위기에 몰리거나 더는 참을 수 없을 때면 내 정당성을 풀어주고 내가 요구하는 것을 해결해 주었던 부모-양육자^{nurse}의 모자를 벗고, 느닷없이 개발자^{develop}의 모자, 안내자^{guardian} 모자를 쓰고 있는 이유는 무엇인가?[78]

린다는 고객에 대한 정의를 다시 검토했다. 내 고객은 누구이고, 코치이는 누구인가? 이해관계자들 사이의 이해는 반드시 일치하는가? 코치는 이에 대한 비중을 어떻게 구분해야 하는가? 그러나 이어서 자신이 모든 사람과 조금씩 나눠 동일시하고 있다는 생각이 올라왔다. 또 어떻게 해서라도 자기 것을 확보하는 아들의 자연스런 치밀함은 자신이 전혀 갖고 있지 못한 점이라는 것, 즉 자기의 시기심이며 투사적 동일시라는 사실을 알게 되었다.

---

[78] **개발자 역할**, 어떤 일이 일어나는지, 누구에 관한 것인지, 상황에 개입하게 된 사람이 누구로 보이는지 솔직히 공유해 수퍼바이지의 자기 개발을 돕는다. **안내자 역할**은 수퍼바이지가 공유하기로 결정한 것에 국한하고, 수퍼바이저가 발견한 것에 한정해 추천하고, 이해관계자들의 잠재적 갈등이나 전문가 규정과 충돌 가능성에 명확하게 대처하게 한다. **양육자 역할**은 현 사례를 검토하기 위한 시간과 공간을 갖도록 지원하고, 스트레스를 받으면 관심을 기울이고 균형회복을 돕는다. 상세한 내용은 『코칭·컨설팅 수퍼비전의 관계적 접근』 에릭 드 한 지음. 조선경, 김상복, 최병현 옮김. 한국코칭수퍼비전아카데미. 2019. 제 1장 참조.

1. 린다가 처한 내적 상황과 고객과 관련 상황, 수퍼비전 상황을 이해하는가?
2. 린다의 가치와 돈 관련한 해결 과제는 어떻게 연결되어 있는가?
3. 부부와 아들이라는 삼자 관계는 코칭의 이해관계자로 있다. 이들 사이에는 어떤 요구의 차이가 있었는가? 린다가 이해관계자의 삼자 관계를 삼각관계로 보았다면 어떤 피드백이 가능한가?
4. 수퍼바이저는 린다의 언급을 정면으로 직면하게 대처하고 있다. 수퍼바이저의 역할 포지션을 바꾸었다면 이유는 무엇인가?
5. 린다가 침묵 안에서 되새김질한 것은 무엇이며, 수용해야 할 내면의 진실은 무엇인가?

6. 불평등, 불공정이 사회적 쟁점을 넘어 사회적 가치가 되었다. 사회적 가치와 코치의 태도, 코칭 임상의 상호 관련성은 어떻게 검토해야 하는가?
7. 코치의 주지화 방어와 코치의 가치(구현)는 어떻게 구별할 수 있는가?
8. 코치의 해결 과제와 스스로 진행해온 코칭회기와 위 수퍼비전 회기를 보면서 피드백할 점이 있다면 논의해보자.

(내용은 구체적인 사실 관계와는 관련이 없으며 학습을 위해 재구성한 것임)

참고자료

Abbott, G. N. (2014). Cross-cultural coaching: A paradoxical perspective. In E. Cox, T.Bachkirova, & D. Clutterbuck (2010). *The complete hand book of coaching* (2nd ed., pp. 342- 360). London: Sage Publications. 「범문화적 코칭: 역설적 관점」『코칭 실천의 모든 것』 장환영 외 옮김. 교육과학사. 2019.

Association for Coaching (AC) & European Mentoring & Coaching Council. (2016). *Global code of ethics for coaches and mentors*. Retrieved from https://c.ymcdn.com/sites/www.associationforcoaching.com/resource/resmgr/Legal/Global_Code_of_Ethics.pdfFhhSearchTerms=%22code+and+ethics%22

Beckhard, R. (1969). *Organization development: Strategies and models*. Boston, MA: Addison. Conference Board 2008 report. Retrieved from www.conference-board.org

Dewey, J. (1910). *How we think*. New York, NY: D. C. Heath & Publishers. 『하우 위 싱크: 과학적 사고의 방법과 교육』

Down, M., & Lane, D. D. (2015). Leadership for resilient organisations: The changing context of organisational resilience and leadership. In P. Grant, U. Afridi, J. Sternemann, & E. Wilson (Eds.), *Business psychology in action: Creating flourishing organisations through evidence-based and emerging practices*. Kibworth Beauchamp: Matador.

Downs, A. (2002). *Secrets of an executive coach*. New York, NY: Amacom.

George, B. (2003). *Authentic leadership: Rediscovering the secrets to creating lasting value*. San Francisco, CA: Josey-Bass. 『진실의 리더십: 위대한 기업으로 나아가는 놀라운 길』 정성묵 옮김. 원원북스. 2004.

Glunk, U., & Folini, B. (2010). Polarities in executive coaching. *Journal of Management Development, 30*(2), 222-230.

Grant, A. M. (2012). ROI is a poor measure of coaching success: Towards a more holistic approach using a well-being and engagement framework. *Coaching: An International Journal of Theory, Research and Practice, 5*(2), 74-85.

Gray, D. E., Garvey, B., & Lane, D. A. (2016). *A critical introduction to coaching and mentoring*. London: Sage Publications.

Johnson, B. (1991). *Polarity management*. Amherst: Human Resource Development Press.

Joseph, S. (2010). The person-centred approach to coaching. In E. Cox, T. Bachkirova, & D. D. Clutterbuck (Eds.), *The complete handbook of coaching* (pp. 68—79). London: Sage Publications. 「사람중심 코칭 접근법」『코칭 이론의 모든 것』 장환영 외 옮김. 교육과학사. 2019.

Kahn, M. S. (2014). *Coaching on the axis: Working with complexity in business and executive coaching*. London: Karnac.

Kampa-Kokesch, S., & Anderson, M. Z. (2001). Executive coaching: A comprehensive review of the literature. *Consulting Psychology Journal: Practice and Research, 53*(4), 205-228.

Lane, D. A., Kahn, M. Simon., & Chapman, L. (2016). Adult learning an approach to coaching. In S. Palmer & A. Whybrow (Eds.), *Handbook of coaching psychology: A guide for practitioners* (2nd ed.). Hove: Routledge.

Louis, D. (2015). *Complexity in executive coaching: Toward a theoretical framework to analyze the nature and management of multiples take holders and agendas* (Unpublished doctoral dissertation). Grenoble Ecole de Management, France.

May, W. F. (1999). Money and the professions: medicine and law. *William Mitchell Law Review, 25*(1), 75-102.

Schein, E. (1999). *Process consultation revisited*. Boston, MA: Addison Wesley New.

[기타 본문 인용]
David Megginson provocative question
Torbert continuum of leadership behaviors

제8장

코칭에서 정서 다루기

소개

변화 과정을 다루는 코칭은 시작부터 모든 이해관계자에게 정서[1]적으로 부하를 주는 개입이다. 고객의 ①두려움fear, ②수치심shame, ③분노anger(Turner & Goodrich, 2010), ④불안anxiousness, ⑤정서적 분리emotional detachment(Cox & Bachkirova, 2007)는 존재being와 행동doing을 새로운 방식으로 전환하는 것을 지지하거나 방해할 수 있다. 코치들은 자기 역할로 인해 고객이나 여러 이해관계자가 **느끼고 표현하는 정서**에 끊임없이 마주한다. 이런 어려운 정서적 상황은 코치들에게 '나쁜 감정bad feeling'을 안기고, '어떤 면에서는 불편함uncomfortable을 느끼게 한다'(Cox & Bachkirova, 2007).[2] 그런 것들은 무력감helplessness, 좌절감frustration, 취약성vulnerability, 복잡하고 어려운 상황에 대한 분노, 불안 등과 같은 **특정한 상황**과 연결된 것일 수 있다.

또 코치들은 고객이든 이해관계자든 어떤 특정한 사람들에게서 슬픔sorrow이나 연민심compassion을 경험하기도 한다(Louis, 2015). 그러나 일단 복잡하고 어려운 상황이 성공적으

---

1) emotion은 정서, feeling을 감정으로 구별하여 번역한다. 다만 본문에서 명백하게 중의적 의미로 표현될 경우에 한해 emotion을 감정/정서로 표현한다.
2) Q.세션 중, 세션 후 고객으로 인해/으로부터 이런 부정적인 나쁜 감정, 불편한 상태를 감지했던 경험이 있는가? 코치가 이를 어떻게 알아차리고 대처하며, 세션을 진행해야 하는가? 이 점이 학습 과제이다.

로 처리되면 부정적 정서가 흥분/설렘excitement, 만족satisfaction, 행복happiness과 같은 긍정적 정서로 바뀔 수 있다는 점은 주목할 만 하다(Louis, 2015).[3]

이같이 정서가 구심적 역할centrality을 하는데도, 코칭은 본질에서 **합리적/이성적 과정**으로 그려지며, **코치 자신**의 정서는 자주 무시된다. 또 코치이의 정서는 충분히 검토되지 못하고 under-examined 변화 과정에서 중요성은 과소평가 된다. 이런 방치neglect는 코치의 의사 결정 과정과 행동에 **방해되지 않을 때**는 부정적이든 긍정적이든 정서의 유익한 힘을 활용할 기회를 놓치게 만든다(Cox & Bachkirova, 2007; Louis, 2015).[4]

첫 번째 사례인 "**스트레스 모드**stress mode"에서는 15년 이상의 코칭 경력을 가진 임원코치 수잔을 소개한다. 수잔은 통신 회사에서 연락을 받고 임원 가운데 한 명에게 개발/발달 코칭developmental coaching[5]을 제공한다. 코치와 코치이, 조직이 참여하는 3자 회의에서 **코치이의 성과 이슈**에 관해 이야기하며, 라인 매니저의 좌절감이 여실히 드러나 코치이는 스트레스를 유발한다. 수잔은 코치이와 라인 매니저 양쪽의 정서를 모두 느끼고, 세 사람 모두 대화가 금세 불편해진다.

두 번째 사례인 "**몸으로 느끼기**Feeling with your body"에서는 마케팅 임원으로 전문 경력을 가진 임원코치 데이비드의 상황을 살펴본다. 코칭 경력 초기에 데이비드는 세션에서 모든 종류의 정서와 직관intuitions을 경험하고 있음을 알아차린다. 그는 중립적이고 객관성을 유지하기 위해 이런 점들을 무시해야 할지, 아니면 인정하고 그것을 고려해야 할지 확신하지 못한다. 그는 조언을 구하러 수퍼바이저에게 간다.

---

3) 이런 '감정과 정서'는 두 사람 각자와 두 사람의 관계, 코칭 상황 등 출처가 다양하고, 코칭 전후 그 변화 역시 복잡하다. 코칭에서 이를 경험하지 못했다면 먼저 이 장 학습에서 이해의 단초를 마련해야 할 것으로 보인다. 코칭 세션에 대한 상세한 기록은 시간이 지난 뒤에도 다시 알아차리고 새로운 배움을 가능하게 하는 자료가 된다.
4) 코치가 자기 정서를 무시하거나, 코치이 정서를 충분히 민감하게 검토하지 못하면 코칭에서 '정서'를 활용할 기회를 놓치게 된다. 일반적으로 모든 코칭 분야에서 이 같은 '정서'를 다루고 이를 코칭의 자원으로 활용해야 한다는 주장으로 이해된다. 중요한 예시가 '**감정 관리**'이다. 그러나 이 장에서 제기하는 '정서'와 '신체' 관련 문제 제기는 사안별 접근과 근본적 접근을 모두 제기하고 있다. 정서, 감정 등은 심리치료나 상담에서만 다뤄야 하는 분야가 아니다. 이른바 '정서 중심 코칭'을 더 적극적으로 독립된 코칭 분야로 개발하고 발전시켜야 한다.
5) **개발/발달 코칭**developmental coaching은 「발달 코칭」 Elaine Cox & Peter Jackson. 『코칭 실천의 모든 것(실천편)』 정환영 외 역. 제2장(p.21) 참조. 인간 역량과 잠재력 관점에서 직원의 스킬과 잠재성, 일하는 과정에서 스킬을 개발하는 기회를 제공하거나 활용하는 법 등을 다루며, 코치나 관리자의 인식(변화)을 중심에 둔 코칭으로 설명한다. 이들은 스킬 코칭(특별한 행동 측면을 기술적으로 완벽하게 개발하는 것, 성과 코칭(복잡한 맥락에서 스킬의 효과적인 적용을 개발하는 것)과 구별하여 **발달 코칭**(현재와 미래의 도전에 다른 방식으로 관여하기 위해 개인이 변화하는 것을 돕는 것)을 제안한다.

■ **사전 점검**

1. 느낌/감정feeling, 정서emotion, 정동affect, 신체, 두 사람의 '관계', 두 사람이 함께하는 코칭 세션의 장場field 등을 코칭에서 중요한 주제로 인식하고, 이에 관한 관심과 활용 등을 검토하는 것이 중요하다.
   - 먼저 코치-되기, 코칭 실천 과정에서 이 주제에 직접적 경험이 없으면 실제 이해하기 어렵다. 그러나 경험을 회고해 보고 이 주제를 검토해보자.
   - 이 같은 주제가 코칭의 주요 영역이 아니라는 견해가 있다면 이를 충분히 논의해야 한다.

2. '생각'을 중심으로 의견이나 견해의 차이, 방법과 효율성 탐색을 중심으로 한 코칭은 일반적이다. 이에 더해 마음과 감정, 정서 등을 '관리' 방안의 일환으로 다뤄왔다면 이제는 신체에 근거한 감정/정서에 접근하는 확장이 필요하다.
   - 코칭 경험에서 '몸으로 느낀' 경험 사례에 대해 나눠보자.

3. 평소 상대의 생각이나 의도를 자연스럽게 알아챔/눈치챔이 남다른 경우 이를 점검해보자.
   - 그것이 생각이나 문장으로 떠오르는가? 이미지로 떠오르는가? 그것을 언어화하는가? 감정이나 느낌으로 느껴지는가? 아니면 이것이 신체적 압박과 같은 증세로 오는가? 상세하게 검토해보자.

사례 8-1. 스트레스 모드

수잔은 코치로 활동하면서 교정적 코칭remedial coaching[6]은 "실패할 사업losing proposition"으로 생각했기에 이를 회피해왔다.[7] 그녀는 이른바 "몰락의 지연retarding fall"보다는 "경력 가속화to accelerate를 위한 개발/발달 코칭을 선호한다. 15년 동안 코치 경험을 통해 이미 하향 곡선을 그리고 있는 경력이나 성과 이슈는 궤도를 바꾸기 어렵다는 것을 알게 되었다. 이런 이슈는 사실 뭔가 분명히 눈에 띄게 잘못되어 쉽게 고칠 수 있는 것이 아니라면, 변화를 성취하는 것은 너무 도전적이고 어려운 일이기 때문이다. 또 개발/발달 코칭에는 모든 사람이 일반적으로 프로세스에 대체로 전념하는 편이지만, 교정적 코칭에는 위험을 완화하려고 노력할 뿐 비교적 덜 참여less engaged하게 된다.[8]

이런 수잔의 입장에서 볼 때 이번 통신 회사의 주니어 임원인 케빈과 함께 개발/발달 코칭을 요청받는 전화는 기쁜 소식이 아닐 수 없다. 커미셔닝 매니저commissioning manager와의 초기 2자 회의에서 그는 케빈에 관해 매우 긍정적으로 말했고, 코칭 세션은 케빈의 커리어 진전career progression을 지원하기 위한 것이라고 설명했다. 수잔은 케빈과 커미셔닝 매니저와 3자 회의를 갖자고 요청했다. 그렇지만 이 만남에서 수잔은 매니저가 케빈의 면전에서 그의 성과에 대해 부정적인 말을 쏟아 내는 것을 듣고 매우 놀랐다.

수잔은 이런 상황이 케빈을 불편하게uncomfortable 만든다는 것을 알 수 있었다. 또 그녀는 그 이유도 이해했다. 그는 3자 회의의 낯선 사람 앞에서 그처럼 부정적인 피드백을 직접

---

[6] 「교정적 코칭」을 어떻게 정의할 것인가? 코치이의 지속적 성과를 방해하는 문제적problemaitc 태도나 행동 교정을 목표로 한다. 이는 기술skills, 성과, 개발/발달 코칭을 포함할 수 있다. 원하는 성과와 경력 기회를 실현할 수 있다면 변화가 필요하다고 알게 된 행동을 구별하여 이에 대응하는 교정을 시도하는 경우가 가장 많다. 기술, 성과, 개발/발달 코칭과 관련된 지식과 기술 외에도, 교정적 코칭에 참여하는 코치는 고객의 진전을 방해하는 태도나 행동 관련된 심리 및 행동 프로세스에 대한 역량과 이해를 갖추고 있다.
  David Bennett. https://www.davidbennettcoach.com/types-of-coaching(2021.2.2. 수집. redemial coaching)
[7] 코치는 교정적 코칭을 분명한 실패, 손해 볼 사업, 밑져야 본전 같은 것이라고 본다. 왜냐하면 시간이 지나면 언제나 본래 위치로 돌아올 가능성이 크기 때문이다.
[8] 고치겠다고 마음먹고 코칭을 선택하는 경우라도 사실은 **특별한 계기**가 필요하다. 교정적 코칭 역시 깊은 **실천적 성찰**을 매개하지 않으면 교정 '결심' 이상으로 발전하기 힘들다. 변화의 지속성이 어렵다. 고객의 코칭 선택 관련해서는 『첫고객, 첫세션 어떻게 할 것인가』 제 1장. 「고객 준비시키기와 세우기」 참조.
  교정적 코칭 범주 안에서 코치의 노력에서 빠뜨려서는 안 되는 것이 변화와 변화 지속성을 위한 '후원 환경 설계'이다. 토마스 레너드가 주도한 IAC 15가지 proficiency 중 '후원 환경 설계하기'는 7개 요소를 제시한다. ①관계(가족, 친구, 동료) ②무형의 자산(가치, 에너지, 감정들) ③신체적 환경(집/가정, 사무실, 소지품 등) ④자기(신체, 영성, 재능) ⑤문화적 유전자memetic(아이디어, 개념, 정보) ⑥네트워크(웹-고객 등급) ⑦자연(인생의 시즌, 아웃도어) 등이다.

들을 것으로 기대하지 않았을 것이다. 그는 점차 '스트레스 모드'가 되었다. 수잔 역시 스트레스를 느끼고 있었다! 그녀의 코치이인 케빈과 고객인 매니저 사이에 이슈가 있다는 것이 분명했다. 엎친 데 덮친 격으로 매니저는 관계 문제relational problem를 케빈 탓으로 돌리는 것으로 보였다.

수잔은 허를 찔린 듯했고, 방 안의 분위기는 무겁고 불편해졌다. 케빈은 자신을 보호하기 위해 완전히 입을 닫았고shut down, 몸짓 언어body language를 모두 차단하고 한마디도 하지 않았다. 당연히 수잔도 자신이 감당해야 할 힘들고, 스트레스가 높은 상황에 놓였다는 것을 알게 되었다.

수잔은 3자 회의에서 그녀가 할 수 있는 한 실제 이슈real issue를 최대한 알아내려고 노력했고, 매니저가 구체적concrete이고 분명한 메시지로 이해할 수 있게 말하도록 그를 격려했다. 또 케빈에게 응답할 기회를 주면서 그들 사이의 의사소통을 재정립하려고re-establish 노력했다. 대화는 어려웠고, 북받쳐 올라온 정서bottled-up emotions로 열띤 분위기 되었다.

성찰 질문
- 커미셔닝 매니저의 행동을 어떻게 해석하겠는가?
- 수잔과 비슷한 상황을 경험해본 적이 있는가? 수잔은 어떤 기분이었을까?
- 당신이라면 어떻게 하겠는가?

그러나 회의가 끝난 뒤에는 수잔이 던진 질문으로 그들의 관계에는 훨씬 더 큰 이슈가 있다는 것이 눈에 들어왔다.9) 그녀는 코칭 대신 갈등 해결conflict resolution 과정을 거치자고 제안했고 전문 컨설턴트를 추천했다. 커미셔닝 매니저는 제안을 생각해 보겠다고 했지만 결국 그렇게 하지 않기로 결정했다.

성찰 질문
- 수잔의 3자 회의 대처 방식에 대해 어떻게 생각하는가? 수잔의 추천이 옳은 결정이었다고 생각하는가?
- 코칭을 보완하거나 대체하기 위해 다른 유형의 지원을 추천해본 적이 있는가? 그랬다면 어떤 상황이었는가? 당장 추천하기 어려웠다면 추천은 언제가 적당했을까?

---

9) 코치는 초기 접촉 과정에서 고객 주제/아젠다를 개발development했고 이를 통해 잠복된 이슈가 더욱 분명해졌다. 또 이를 위한 별도의 대안을 제시한다. Q.전문가다운 코칭 접근인가?

■ 사전 점검

1. 결과적으로 2자 미팅과 3자 미팅 사이에 필요한 것이 있었다면 무엇인가? 또 이를 위해 2자 미팅이 필요했다면 다시 확인해야 할 내용이 무엇인가?
   - 수잔은 2자 미팅에서 매니저의 정서 역동, 특히 케빈에 관해 설명하는 매니저의 이면을 충분히 탐색하지 못했다는 의문이 든다.
   - 3자 회의에서 벌어진 상황을 예견하지 못했다고 할지라도 충분히 대처할 수 있는 상황으로 보인다.
2. 수잔에게 '갈등' 관리 코칭 전문성이 확보되어 있다면 이른바 갈등 관리 코칭이 가능하다. 고객의 초기 요청이나 기대와는 달리 갈등 관리 코칭을 제안하는 것은 가능한가?
3. 어떤 특별한 장소나 참여한 회합에서, 장소나 집단에 대해 연민심/슬픔을 느꼈던 경험이 있다면 나눠보자.

논평 8-1. A

토니 잠펠라

소개

이 사례의 결과는 코치 수잔이 예정했던 고객과 회의에서 일어난 스트레스 상황이다. 나는 초기 고객과의 통화에서 스트레스가 많았던 첫 회의까지 그 기간에 초점을 맞춘 존재론적 탐구ontological inquiry를 활용하여, 평가/사정assessment이 결과에 미치는 영향을 구체적으로 살펴본다. **존재론적 탐구**에서 우리가 존재being를 관찰하고 평가asses하는 방법은 ①**몸에서 정서가 어떻게 분명해지는지**manifest에 대한 알아차림과 ②**가능성 공간**으로 경청이 알려주는 것, 이른바 가능성 공간으로서의 경청을 통해[10] ③내러티브 구조structures, ④행동 성향predisposition for action을 듣고 알려준다(Sieler, 2007).

이런 점에 비춰볼 때 나는 수잔의 "스트레스 모드"가 코치로서 변화를 만들 가능성을 배제foreclose했다고 생각한다. 고객들 스스로 스트레스받는 상황 자체는 어쩔 수 없지만, 코치는 이를 위해 준비해야 한다.

1. 코치 존재로 존재하기 The being of being a coach

회의 중 이슈에 직면했던confronted 순간, 수잔은 이를 그녀가 '조절해야 할' '어려운 상황'으로 평가한 것 같다. 어쩌면 수잔은 '갈등'을 오직 심리적인 문제[11]로 여기고, 고정된 것이

◆ **필자**: Tony V. Zampella. MSOL. 리더십 개발의 코치 및 연구. Mercy 대학과 Rutgers 대학 조직 리더십 교수. Bhavana Learning Group 설립자. tony@bhavanalg.co

10) 경청은 이해, 공감, 질문을 위한 시작점이고 다음 단계로 가는 디딤돌이다. 그렇지만 이런 기능에만 한정되지 않는다. 경청이 도달해야 할 지점은 오로지 경청만으로도 경청하는 사람은 물론 경청받는 사람에게도 자각과 통찰이 일어나는 지점이 경청이 도달할 지점이다. 이른바 '칭찬은 고래를 춤추게 하지만 경청은 그 고래를 깨닫게 한다(헤럴드 경제, 2015. 11.4. 컬럼 광화문 광장). 상대가 깊이 경청할수록 말하는 사람은 자기 이야기를 스스로 더 분명히 듣게 된다. 비판단적 경청은 말하는 사람에게 전달되고 타인은 물론 말하는 사람 자신의 내부 비판에도 자유로워지고, 자기 이야기에서 스스로 새로운 점을 발견한다. **가능성의 공간**이 된다. 신경생물학적으로는 오토크라인 현상이다. 『코칭 튜업21: ICF 11가지 역량과 MCC 기본 역량』 김상복 저. 한국코칭수퍼비전아카데미. 2017. 제5장.

11) 논평자의 견해와 달리 갈등, 갈등관리와 해결을 심리적 관점에서 접근해야 한다는 견해는 뚜렷한 주장이 있다. 상호 이익을 조정과 타협, 절충으로 보고 감정을 배제한 협상과 중재로 접근하는 것보다는 이를 가능하게 하는 갈등 밑의 심리적 조건을 먼저 탐색하는 입장이다. 『갈등 조정의 심리학』 문용갑 저 2011 학지사. 『해결중심갈등관리』 Fredrike Bannink. 문용갑 외 옮김. 학지사. 2019.

거나 해결돼야 할 것으로 여긴 것으로 보인다.

- 문제를 진단하고 해결하기 위해 심리적 규범 렌즈$_{\text{normative lens}}$를 통해 코칭을 본다면, 우리는 **무엇이 작용하고** 무엇이 잘못되었으며 어떻게 해결해야 할지 스스로 관심/우려$_{\text{concern}}$를 갖게 된다. 규범적 생각$_{\text{idea}}$은 존재하지 말아야 할 '문제'보다 우선하므로, 우리는 먼저 처방을 내놓게 된다.
- 존재의 본질에서 존재론적 관점에서 검토하면, 우리는 미리 설계된/지정된 가능성$_{\text{designated possibility}}$이나 헌신/전념이 '**결여**'되거나 필수적인 것이 무엇인지, 그리고 그것을 어떻게 만들어 낼지 방법에 관심을 두게 된다. **자유**는 피할 수 없는 불가피하고 보편적인 문제보다 우선한다. 그래서 우리는 가능성을 만들어낸다$_{\text{invent}}$(Koestenbaum & Block, 2003).[12]

규범적 관점은 해결할 수 없는 문제를 **피한다**. 존재론적 관점은 변화에 직면하여 불가피하게 피할 수 없는 것으로 인식된 문제를 **예상한다**$_{\text{expect}}$.[13] 우리의 견해는 이것이 코치의 두 가지 **기본 자원**인 '관찰'과 '대화'에 영향을 미친다는 것이다. 만약 수잔이 '갈등'을 해결해야 할 문제가 아니라 '사람의 커리어를 가속화'하는 데 필수적인 요소로 간주했다면 어떻게 될 것인가?

요컨대, 존재론적 탐구에서 우리는 무엇이 옳고 그른지에 관한 것이 아니라 무엇이 누락되어 있는지, 즉 지적한 가능성$_{\text{designated possibility}}$이 현실이 되기 위해 필수적인 것이 아직 존재하지 않는다는 점에 관심을 둔다. 문제$_{\text{problem}}$란 곧 창발하는 (새로운) 미래$_{\text{emerging future}}$의 창조를 뒷받침하는 예측 가능한 패턴$_{\text{predictable patterns}}$이 단절$_{\text{breaks}}$되었다는 증거이다.[14]

---

12) 이를 테면(현재든 미래에 대해서든) 고객의 말과 행동, 의미가 고객에 의해 이미 지정된 것을 중심에 둔다면 언제나 할 수 있고, 알고 있는 가능성, 약속을 다루게 된다. 있을 것이 없다든지, 약속을 안 지켰다든지, 무엇을 만들 것인지…. 그러나 진정한 자유, **존재론적 자유**에 서서 자유를 위해 '지정된 가능성'이 아니라 자유 그 자체는 모든 것보다 우선하는 것이기에 그런 자유에 서서/서게 되면, 오직 자유로이 우리는 가능성을 만들어낼 수 있는 세계에 머물게 된다. 있다-없다, 했다-못했다에서 벗어나 오로지 자유롭게 자신이 지닌 가능성을 실현한다. 이런 의미로 이해된다.

13) expect는 (오기로 되어 있는 대상을) 기다리다. (어떤 일을 하기를) 기대하다. 바라다 등의 의미가 있다는 점에서 이런 관점이 의미가 남다르다.

14) Pro-blem 문제는 앞에(pre-) 놓여 있는 것이다. 앞으로 나가지 않으면 문제와 마주하지 않는다. 그래서 '문제'는 앞으로 나가려는 사람에게는 미래의 창발, 새로운 미래를 단절하기 위해 '문제가' 가로 놓여 있다. 결국 '문제'의 역설은 앞으로 나가기 위해/미래를 위해 놓여 있는 것이다. 옆으로 치우거나, 건너지 않으면 안 된다. 미래는 현재 안에 있는 예측 가능한 패턴의 반복이다. 문제가 인식 된다는 것/알아차리는 것은 앞으로 이 패턴의 반복이 단절될 수 있다는(미래에서 보내온) 상징으로 나타내는(emblematize/상징적으로 나타내다.) (미래) 방해의 증거이다. 이렇게 이

2. 세계관: 수리fix-it 또는 미래

수잔에게 코치로서 성과performance는 근본적으로 관찰하고 의사소통할 수 있는 수용력capacity과 관련이 있다. 수잔이 드러낸 여러 신념을 보면 "발달적" 또는 "교정적" 코칭의 현실에 대한 그녀의 직업과 고객 평가/사정에 대해 어떻게 추정하는지를 보여준다. 이러한 신념과 추정은 수잔의 작업 범위scope와 가능성의 지평horizon of possibility을 구성한다.[15)]

- 수잔은 문제-해결problem-solving이나 문제 수리fix problem를 위한 심리적 모델로 고객을 접근하고 있는가? 만약 그렇다면 이것은 가능성을 "개방open"에서 "폐쇄closed"로 줄이고, 과거에서 미래를 예측하기 위해 그 과거를 개선하겠다는 것이다.[16)]
- 아니면 그녀는 [새롭게] 창발하는 미래emerging future의 관점과 가능성을 확장하는 코칭 발견을 허용하는 존재론적 모델로 고객에게 접근하는 것인가?[17)]

이 모든 이슈는 '수잔이 어떻게 그 방에 존재하고 있었는지' 그 시작점을 가리키고 있다. 이를 밝히기 위해 우리는 초기 접근 과정intake process을 검토한다. 수잔은 시작부터 "개발/발달 코칭을 해달라는 전화"로 중요한 기대를 하고 이 고객을 만났다. 수잔 자신이 설명하듯이 "'밑져야 본전'인 교정적 코칭"보다 "커리어 가속화"를 위한 도구로 활용하는 개발/발달 코칭을 선호했다.

이런 접근은 일부 코치들 사이에서 흔히 볼 수 있는 주제다. 고용주가 코칭을 활용하여 직원을 '수정fix'하거나, 문제를 피하거나, 또는 누군가를 쉽게 물러나게 하려고 코칭을 활용하는 것이 사실 아닌가? 정보가 거의 없는 상태에서 수잔은 "케빈에 대해 매우 긍정적으

해된다. 반면 **이슈**는 현재 나를 잡고 있다고 판단하는 어떤 것이다. '해결중심'에서는 문제와 해결책은 서로 관련이 없다고 본다.

15) 이는 수잔만이 아니다. 코치는 자신의 역량과 능력 외에도 자신이 가진 믿음과 신념, 내면의 정동affect이 자기 코칭 작업 영역scope과 가능성을 제한할 수 있다. 코치가 믿지 못하는 두려움을 지닌 영역으로 어찌 고객과 함께 갈 수 있는가? 두 사람 ①관계의 신뢰와 ②코칭 공간의 안전성, ③실천을 둘러싼 상호 책임, ④코칭 여정의 우여곡절을 감당하는 작업동맹의 수준만큼, 그 가능성의 지평이 구성된다. 현재 코치의 인식-실천의 지평선은 앞으로 나가거나 인식이 심화될수록, 융합되고 확대될 수 있다.

16) 이때 그 과거the past는 현재에 영향을 미치는 과거이며, 그 과거를 개선해 현재를 해결하는 발상이다. 과거-현재-미래는 연속적이다. 현재는 과거의 집약이고 현재가 미래를 만든다. 그러나 이런 연결된 인식은 무한히 열어 둔 가능성이 아니라 닫힌 가능성이 아닌가 하고 논평자는 문제를 제기한다.

17) 미래는 가능성을 믿고 미래에 서서 현재에 머물 때 창발의 가능성이 확대되며 미래가 열린다. '내일에 서서 오늘을 바라보는 명상contemplation' 상태에 머묾으로 이해된다.

로 이야기하고 코칭 세션이 케빈의 경력 진전을 지원하기 위한 것"이라고 설명한 잠재 고객과의 첫 2자 회의에서, 그녀가 기대했던 것을 듣고 확인한 것으로 보인다. 이것은 더 이상의 정보나 대화 없이도 수잔의 기대에 딱 들어맞는 것이었다. 수잔이 케빈과 그녀의 고객인 커미셔닝 매니저와의 만남을 계획하는 데 이 점이 영향을 미쳤다.[18]

수잔은 예상하지 못한 점을 발견할 수 있는 초기 접수 과정 intake process 없이 고객의 요청을 처음부터 받아들였다. 그녀는 필요성과 적합성을 진단하는 쪽에 더 관심이 있는 것 같다. 특별한 대화 없이 "케빈의 경력 진전을 지원"하여 모두가 상호 헌신할 수 있는 미래 가능성을 제시한다(Flores, 2012).

케빈과 함께한 초기 접수 과정에서 부족했던 점의 결과는 분명히 드러났다. 수잔은 스트레스를 받는 순간 "무방비 상태 caught off guard"가 되었다. 그 영향은 '무거우면서도 불편한' 분위기이고, 방에서 일어나야 할 일과 해서는 안 될 일에 대한 수잔의 기대, 그리고 그녀가 '처리해야 할' 것에서 뚜렷하게 나타났다. 예상하는 일은 방에서 무슨 일이 일어났든 오직 그녀가 "대처해야 할 일"들이다. 대처 해야 할 마지막 관심사에 직면해 가능성을 확장하는 것이 필요하다고 보기보다는 오히려 [다른 전문가 추천으로] 스트레스나 갈등을 해결하거나 심지어 [자신은] 피해야 할 것으로 가정하는 데에서 그녀가 지닌 규범적 세계관을 알 수 있다.

3. 관찰과 평가

수잔은 첫 만남에서 코칭과 고객에 대한 예상을 강렬하게 확인했다. 바로 이런 이유로 코칭 개입이 처음부터 고객 적합성 fit 을 위한 사정/평가 과정이 돼버렸다. 코치 역시 인간이기에 관찰과 경청 방식에 영향을 주는 숨겨진 자기 가정에 의해 현실을 평가하고, 암묵적, 명시적으로 해석한다.

코치라는 **존재**는 경험을 내면화 internalize 하는 방식[19]에 따라 우리의 마음을 지배할 수 있

---

18) 적어도 주어진 사례 설명에 따르면 수잔의 코칭 선호도와 기대 상황이 2자 만남까지는 그대로 적중했다. 수잔은 ①2자 만남을 위한 사전 준비작업, ②2자 만남 내용에 대한 성찰적 검토, ③3자 만남에 대한 준비(케빈에 대한 사전 정보나 별도 만남의 가능성)에 대한 언급이 없다. 또 3자 만남에서 '초기 만남 조건에 대한 민감한 접근 - 케빈의 반응과 관계 형성에 대한 어떤 자료를 볼 수 없다. 말하자면 수잔에게는 코칭 접근에 자신이 중시해 온 모델만큼이나 최소한 **고객-존재 자체**에 대해 접근하려는 관점이 필요했다고 이해된다.
19) **내면화**는 주체 사이의 관계가 주체 내의 관계(갈등, 금지 등의 내면화)로 변화하는 과정을 가리킨다. 이 용어는 정신분석에서 빈번히 사용된다. 클라인 학파에 의해, 전체적인 또는 부분적인 〈좋은〉 또는 〈나쁜〉 대상에서 주체 내면으로 환상적으로 이행하는 의미로 받아들인다. 『정신분석 사전』 장 라플랑슈, 장 베르트랑 퐁탈리스. 임진수 역. 열린책들. 참조. 우리가 경험을 내면화하는 방식은 초기 유아와 양육자(엄마)와의 상호 과정에서 주요한 틀이 형성된다. '내면화'를 이해할 때 중요한 점은 '**관계 방식**'을 내면화한다는 점이다. 자기가 내면화한 방식에 따라 이후 다른 대인관계에 똑같이 대응하게 패턴화된다.

는 자기-평가self-assessments를 그대로 적용해 버릴 수 있다. 즉 우리가 마땅히 받아야 하고, 무엇이 가능한가에 대한 세계관과 신념(Labarre, 2000)이 우리가 경험하는 관찰자와의 대화를 형성한다shape(Sieler, 2003).[20]

결국 이런 검토되지 않고unexamined, 검증되지 않은untested 평가/사정은 우리가 이미 지니고 있는 관점을 넘어 관찰할 수 있는 가능성을 방해할 수 있다. 또 더 다루기 힘든 것은 우리에게 생긴 자동적 견해를 **사실임에 틀림없다**고 믿게 만든다.

심리적 관점에서 평가는 **과거**의 행동이나 사건에 대한 보고서이다. **존재론적 관점**에서 평가는 **미래**에 우리를 위해 어떤 종류의 행동 가능성이 열리고 닫히는지에 대한 중요한 선언critical declarations이다. 미래는 전념/헌신commitment이자 가능성으로 다른 무엇보다 가장 중요paramount하다.[21] **평가/사정**은 우리가 관찰한 것을 말해줄 뿐 아니라, 우리가 관찰자로서 어떤 사람인지 드러내고, 우리가 어떻게 미래를 위한 행동을 선언하는지를 형성한다.

코치로서 우리는 고객이 평가에 휩쓸리는 것을 완화하고, **의도적인 초기 접수** 과정을 통해 평가/사정을 테스트하고, 평가/사정을 근거로, 미래의 가능성을 위해 우리가 지닌 관찰자를 다듬을 수 있게 해야 한다.[22]

의도적 초기 접수

일반적으로 초기 접수intake process 과정은 "실제 작업real work"이 시작되기 전에 자주 간과되거나 최소 단계로 축소되는 경우가 많다. 그러나 초기 접수를 문제 진단diagnosing을 통해 발견을 확대하느냐 좁히느냐하는 현실 작업이다. 당사자가 서로 헌신mutually committed을 통해 미래의 가능성을 끌어낼 수 있게 확장할 수 있다. 예를 들어 "과정에 참여하고 헌신하는 것"은 수잔에게 중요하지만, 초기 접수 과정에서 명시적으로나 의도적으로 다뤄지지 않았으

---

20) 논평자가 인용한 자료인 **존재론적 코칭**의 일곱 가지 전제 중에 이 같은 언급이 있다. '인간은 자기 준거를 가진 존재이다. 세상이 어떻게 보이고 세상에 어떻게 관여하는 지는 각 개인이 세계에서 무엇이 중요한지, 즉 그의 관심사에 따라 항상 상대적이다.' 「존재론적 코칭」『코칭이론의 모든 것(이론편)』 장환영 외 옮김. p.172.
21) The future is paramount as a commitment and as a possibility. 이 문장을 '미래는 지금-현재에 (얼마나) 전념/헌신하는가에 의해 가능성/(현재) 잠재력의 출현으로 언제나 드러나는, 현재에 전념하는 자의 발길에 놓여있는 어떤 것 (일뿐)이다'라고 명상한다.
22) 코치가 고객 초기 만남에서 평가/사정assesment할 뿐 아니라 우리 자신도 평가/사정한다. 그러나 이런 평가는 본인이 가진 '가정', 인식의 한계를 넘기 어렵다. 특히 자기 평가는 점검과 테스트를 하지 않은 것이 대부분이고, 자기 자신에 대한 자기 견해는 더욱 그렇다. **존재론적 관점**(또 자신이 그리는 미래에 서서 오늘의 자기를 본다면)에서 평가한다면, 자기 관찰자는 미래의 눈으로, 가능성과 다짐을 중심으로 오늘의 자기를 보게 된다. 코치의 이런 시도는 상대에게 평소 현재의 관찰자와는 다른 관찰자/관찰적 자기를 구성하게 안내할 수 있다.

며, 첫 번째 회의의 [사전] 조건도 아니었다.

초기 접수는 고객에게 헌신할지에 대한 중요한 선택 기회를 제공하고, 스트레스에 직면해 예측할 수 없는 이슈를 다루게 되는 어려운 대화에 끌어들이기 위한 **관계 공간**relational space을 창조한다. 수잔의 상황에서는 세 참가자 사이에서 언제 그런 선택이 일어났는지 분명하지 않다.

그 대신 수잔은 계약 목표와 방향에 대해 암묵적 이해와 표현되지 못한 기대를 하고 회의에 초대된 각 참가자와 함께 그것들을 검토하지 않고 초기 회의(인터뷰) 자리를 떠났다. 그녀는 같은 회사 동료 두 명을 만나면서 조직과 조직의 미래, 상대에 대해 자기 관찰과 견해를 가졌기에 혼란이 초래될 가능성이 있다는 점을 알지 못했다.

게다가 수잔이 매니저와 했듯이 케빈과 동일한 회의를 해야 했음에도 이를 포기하게 된 근거는 무엇일까? 그녀는 케빈에 대한 어떤 사실을 가정/추측했는가? 그것이 그녀가 케빈과 첫 인터뷰를 하지 않고 바로 3자 회의를 할 준비가 되었다고 평가하게 했는가? 고객 적합성client-fit에 대해 평가하며 코칭이 케빈의 "경력 진전career progression"을 위한 것이라는 매니저의 예상이 질문을 포기하게 했는가? 그렇지 않다면 대체 어떤 관심/우려를 문의했는가?

결론적으로, 초기 접수에서 나타난 부족함은 **실행**action에 대한 수잔의 **자동적인** 성향automatic predispositions이 된 '가정과 평가/사정'에 의해 영향을 받았다는 점 때문임이 발견된다. 초기 접수 과정을 통해 이런 점들을 고려하지 못한 것은 코치로서의 행동action 가능성을 제한한다.

현실에 기반 두기being grounded

관찰자로서 내가 누구인지 다듬refine을 수 있는 또 다른 선택은 우리 자신, 타인, 현실에 대한 평가를 구성하는form 근본적인 가정, 증거와 신념을 테스트하는 것이다. 수잔은 처음부터 고객의 프로필에 선호도를 갖고 이미 결정한 '개발/발달 코칭 고객'에 대한 그녀의 가정에 의해 이끌린 듯 보였다. 이 점은 수잔이 무엇을 경청할 것인지와 행동 방침에 영향을 주었다. 예를 들어 그녀는

1. **교정적 코칭**을 참여도 낮은 사람들에게는 위험을 **완화하려** 애쓰는 "**실패할 제안**"으

로 보았다.[23]

2. "**몰락 지연**retarding the fall" 대신 "**경력 가속화**"를 위한 도구로 개발/발달 코칭을 선호했다.[24]

3. 눈에 띄게 잘못되고 **쉽게 고칠 수 있는 것**이 아니라면 **변화 달성**achieving change은 너무 **어려운 일**이 된다고 믿었다.

4. 이미 **내리막길**downward slope에 있을 때는 경력이나 성과 이슈의 궤적을 변경하는 것이 어렵다는 것을 알았다.

5. **모든 사람**이 개발/발달 코칭 과정에 **전념**할 것으로 기대했다.

이 같은 수잔의 구체적인(요약된) 평가assessment가 얼마나 오래전에 형성되었는지, 또 최근의 증거에 의해 검증되었는지 불분명하다. 자기 관점이나, 경청 수용 능력capacity이 평가방식을 구성한다는 것을 알고 있었는지, 또는 근거가 있든 없든 위의 것들이 일반적으로 타인에 대한(존재에 대한) 자기 평가에 영향 미치는 정도를 알고 있었는지도 명확하지 않다.

분명한 것은 코칭, 매니저와 케빈에 대한 그녀의 평가가 그녀를 좁은 가능성의 공간에 배치했고, 좁고 예측 가능한 기대만을 경청하기에 참가자들의 언어와 신체 언어에 스트레스가 분명해질 때까지 다른 단서를 놓칠 수 있다는 것이다.

결국 수잔은 그 회의에서 자동적인 평가에 좌지우지되었다. 그녀는 "실제 이슈를 알아내려 애쓰고…, 그들 사이의 의사소통을 재정립하고, 케빈에게 응답할 기회를 주려고" 시도했지만 "어려운" 그리고 "스트레스 많은" 상황에 대한 그녀 자신의 평가에 당황한 듯 보였다.

전문가로서 우리의 영향력은 평가 근거가 있는지 여부가 중요하다. 평가의 근거를 마련하기 위해 플로레스(Flores, 2012)는 다음과 같은 질문을 던져야 한다고 주장했다.

1. 이 평가를 내리는 내 **우려/관심**concern은 무엇인가? (이 평가를 통해 무엇을 **성취**하고 싶은가? 대체 어떤 목적으로 하고 있는가?)

---

[23] 코칭은 다른 조력 분야보다 더 고객/이해관계자/코치이의 코칭 참여, 관여, 개입 정도가 높은 서비스로 이해한다. 코치이 스스로 무엇인가를 고치고 교정해보겠다는 의지와 의도가 높다 할지라도 교정 코칭은 (사람에 따라)성과가 높지 않거나, 코칭 후 지속성이 떨어질 위험이 높다. 참여도가 낮은 대상은 더욱 성공과 지속성이 낮을 수 있다. 이 점과 관련해 자신의 견해를 검토해 보자.

[24] 임원이 된 성인에게 사실상 '몰락을 지연'하는 코칭 보다는 '경력 개발과 가속화'라는 방향으로 코칭하려는 코치의 '가치 지향'으로 이해한다. 그러나 이는 코치이와 고객의 가치 차이에 대한 검토가 우선한다.

2. 어떤 작업 **영역**domain of action 으로 제한하고 있는가?
3. 이 **평가**assertions를 지지하거나 반박하기 위해 어떤 주장을 할 수 있는가?
4. 내가 어떤 **기준**standards을 준수하고 있는가?
5. 이제 어떤 **실천행동**이 가능할까?

"코칭에서 다른 사람에 대한 강한 부정적인 평가 또는 부정적 자기 평가에 '잡힌' 것처럼 보일 때 기초 평가는 코칭에 매우 유용한 절차이다. 우리는 긍정적인 의견에 눈이 멀 수 있으며, 경험이 거의 없는 사람들에 대해 신중함이 부족할 수 있다(Sieler, 2003)."

4. 가능성과 다음 단계

수잔은 아직도 개입할 수 있다. 그녀는 매니저가 왜 진작 자기 우려를 제기하지 않았는지 이유를 묻거나, 아니면 개인적으로 그와 다시 계약re-engage할 수 있다. 더 효과적으로 수잔은 이 예측 가능한 패턴의 단절을 새로운 미래의 증거로 볼 수 있다. 그녀는 이 세션을 일시 중단하고 각 사람과 개별적으로 만나자고 제안할 수 있다. 일시 중지를 선택하면 중요한 정보를 보호할 시간이 주어지고, 어쩌면 계약을 재설정할 기회도 생긴다.

미래를 위한 헌신commitment을 탐색할 자유 없이, 우리의 신념을 형성하고, 오랫동안 유지해온 평가assessments를 근거로 삼을 용기가 없다면, "문제"는 어려운 대화를 다룰 때 가능한 것을 제한하고, 그로 인해 스트레스를 받는 상황으로 이어질 수 있다.

■ 토론 제안

1. 존재론적 관점으로 고객과 초기 접촉을 하는 코치의 관점과 시도에 대해 검토해보자.
   - 이 같은 관점을 취하지 않더라도 가정과 추측, 평가를 중심으로 고객을 이해하고 코칭을 진행했을 때 한계를 경험한 적이 있다면, 또 그로 인해 얻은 교훈이 있다면 점검해보자.
2. 자신의 가정, 추측, 평가 관련해 자기 한계 안에서 고객 보기를 극복하는 방안/디딤돌이 있다면 어떤 것이 있을지 생각을 모아보자.

논평 8-1. B

나딘 멘델렉 타이먼

이 사례는 커미셔닝 매니저가 리더에게 부정적인 피드백을 한 뒤, 코치 앞에서도 스트레스가 가중되는 상황에 세 명의 주인공이 함께 연루되어 있다. ᵠ커미셔닝 매니저의 입장에서는 무엇이 그런 반응reactivity을 유발하게 했는가? ᵠ코치는 이 상황을 어떻게 해석하며, 더 일반적으로 지각perceptions, 의견options, 판단judgments, 기대expectations, 주관적 현실 등의 차이에 어떻게 개입하고, 평온하고serenity 차분하고clam 일반적인 (겉)모습semblance을 회복restore할 것인가?

신경과학 연구에 따르면 신체적 위협을 감지하는 우리 뇌의 동일한 영역(편도체)이 사회적 위협도 같이 감지한다는 것이 밝혀졌다. 신체적 또는 사회적 위험을 느낄 때 스트레스 호르몬(코르티솔과 아드레날린)이 자율신경계에 쏟아져 들어와 범람하여 중요한 일이 일어나고 있음을 알려 주며, 우리는 살아남기 위해 싸움fight, 도피flee 또는 얼어붙는freeze 세 가지 본능적 반응을 보인다(Siegel, 2010).

도피는 회피하며 거리를 두는 전술을 이용하며 **유혹한다**tempt. **싸움** 또한 책임을 지지 않고 회피하기 위해 화를 내거나 방어적이 되며, 역시 **유혹한다**alluring. **얼어붙는 것도** 두려움을 느끼고, 소리를 내지 못하고, 입을 다물어 버리는 또 다른 선택이다.[25] 이러한 신체 지능somatic intelligence은 정서지능emotional intelligence과 밀접하게 연관되어 있으며, 두 가지 모두 그 사람의 인지지능cognitive intelligence과 해석의 질적 수준을 알려 준다.[26]

현재 보여주는 코칭 상황은 앞으로 보게 될 이 세 가지 본능적 반응을 보여준다. 스트레스 모드를 해석하는 것은 눈에 보이는 것보다 더 복잡하다. 정보에 입각한 결정을 내리려면 코치는 상황/맥락, 프로세스와 관계 차원을 고려해야 한다. 이를 차례대로 이해해보자.

상황/맥락적 이해는 물리적 공간, 규칙rules과 규제regulation, 조직 문화, 국가 문화 등 코칭

◆ **필자:** Nadine Mendelek Theimann: PhD. ICF PCC 임원 및 Skyline 그룹 코치. 서부 뉴 벤처 인증 통합 코치, IFS 인증 셀프 리더십 센타 실천 연구자. theimann@hotmail.com

25) 자주 설명되는 내용이기에 정확한 내용-사례-개입 방법 등을 충분히 이해해 두는 것이 필요하다. 『정신역동과 임원코칭』 캐서린 샌들러 저. 김상복 옮김. 제7장 「정서 프로파일 삼각형」, 각 사례는 8장~10장 참조.

26) 순서에 상관없이 이 세 가지 지능, 신체반응-정서반응-인지(생각)반응은 코칭에서 모두 활용된다. ①이것을 세션 안에서 언어로 표현하게 하거나 ②집중하는 것/HnN에 머물도록 요청하는 것, ③이를 '관계' 안에서 (다시) 경험으로 다루는 것, ④새로운 내러티브로 재구성하게 함께 작업하는 것, ⑤결국 이 각각을 구별하고, 일치/정렬할 수 있게 중재한다.

개입 이전에 존재하는 구조를 통합한다integrate.[27] 커미셔닝 매니저의 조치/행동은 사회적 위협 상황/맥락에서 볼 때 개발/발달 코칭 상황보다 교정적 코칭 상황에 더 가깝다고 볼 수 있다. 위협에 대한 매니저의 **싸움** 반응은 임원을 비난하고, 그를 이슈의 전체 원인으로 보고, 그에게 화를 내는 판단적 태도를 통해 분명히 표현되는 반면, 케빈의 반응은 입을 다물고 침묵함으로써 **얼어붙는** 것이다. 수잔이 자신의 불편함과 관련된 다른 사람들의 반응에 대해 "코칭보다는 갈등-해결을 거치자"라고 제안하는 것을 보아 **도피** 반응으로 해석될 수 있다.[28]

부드럽고 원활한 코칭 흐름을 촉진하는 **프로세스로 이해**해보면 개발/발달 단계에 대한 충분한 준비나 오해의 여지에 대해 사전 대화가 없는 상황에서 케빈의 매니저가 [자기 생각을 그냥] "터트린 것venting"으로 설명할 수 있다. 누군가 코칭을 요청하게 되면 커미셔닝 매니저와 임원은 성과 검토(2자 회의)에 이어 여러 가지 개발 목표를 개략적으로 설명하고, 이를 코치와 의사소통하고, 임원에 대한 소개와 만남을 주선한다.[29] 일단 코치와 임원 사이에 케미스트리 미팅이 열리면, 먼저 임원의 목표와 현재 업무 환경을 더 잘 이해하게 되고, 기대와 합의를 도출하고, 과정을 위한 일정과 계획을 개발하기 위해 그들 사이에서 첫 번째 목표 설정goal-setting 회의가 이루어진다. 360° 이해관계자 인터뷰나 온라인 보고서를 검토하며 여러 개발 목표를 더욱 구체화하고 도출하는 것이 좋은 실천이며, 몇 가지 추가 평가가 요청되기도 한다.[30]

그다음 코치, 임원, 커미셔닝 매니저commissioning manager와의 초기 조정 회의initial alignment meeting(3자 회의)에서 기대, 목표, 지원 및 시간을 조정할 수 있다.[31] 이런 조정 회의에서 코

---

[27] 이 작업을 초기 과정에 적용한다는 것은 고객의 모든 환경과 작동이 고객에게 편안한가, 어떻게 이해하고 대응하고 있는가, 무관심, 순응, 불화 여부, 또 각각의 상호 불일치나 갈등 여부 등을 이해하고 파악하는 것을 의미한다.

[28] 논평자와 같이 파악하는 것은 논평자의 작업가설, 중심이론 등이 이런 파악을 가능하게 한다. 두 논평자의 언급에서 보듯 코치의 초기 접촉은 그의 중심이론과 작업가설에 의해 다양하게 영향받는다.

[29] 이 과정은 코칭 전 조직 내에서 이미 진행되었어야 했다. 코치와의 만남 전에 이 과정이 생략되거나 불철저했다는 점에서 프로세스상 점검해야 할 점이다. 이 과정의 부재 자체가 일종의 권력 역동으로 파악된다. 코치와의 2자 회의와 달리 **내부 2자 회의**로 구별해 표현하는 것이 바람직해 보인다.

[30] 코치와 임원(코치이)의 2자 회의에서 코치는 코치이의 요구와 상황에 대한 이해는 물론 조직상황, 코칭, 코칭에 영향을 줄 수 있는 모든 내용을 **코치이의 관점**에서 충분히 들을 수 있다. 이 프로세스 역시 독립적으로 진행하는 것이 중요하다는 점으로 이해된다.

[31] 논평자는 커미셔닝 매니저 또는 코치와 연결하고 코칭 진행을 지원하는 HR 담당자, 코치이의 이해관계자인 라인 상급자 등 어느 부분과 코치와의 2자 회의를 언급하지 않고 있다. 이 과정 역시 프로세스에서 사전에 필요한 것으로 이해해야 한다. 이런 세 가지 2자 회의 후 3자 회의가 진행되어야 한다고 이해하는 것이 바람직하다.

치는 매니저와 임원 사이의 대화를 용이하게 한다. 케빈의 경우 이런 프로세스를 따랐다면, 코치는 임원에 대한 커미셔닝 매니저의 부정적 감정feelings을 일찍이 파악했을 것이다. 그러면 코칭 프로세스의 흐름을 재설정하고, 건강한 경계를 설정하기 위한 재평가로 다시 선회re-establish할 수 있었을 것이다.[32]

관계의 이해는 잠재적인 갈등을 해결하는 데 중요하다. 커미셔닝 매니저의 반응은 사회적 또는 정서적인 이슈를 매우 잘 드러낼 수 있으므로, 용기 있는 대화가 이루어져야 하며, 이것을 개발해보자.[33]

용감한 대화를 촉진하기 위해 어떻게 해야 할까?

리더십 기술의 특징은 이해관계자의 (변화) 민첩성agility으로 이해관계자를 이해하고 의견 차이를 해결의 중심으로 다룬다(Joiner & Josephs, 2006). 나는 내면 가족 체계Internal Family Systems(IFS) 방법론(Schwartz, 1997)을 활용해, 임원과 커미셔닝 매니저 사이의 대화를 권장하고 촉진한다. 두 행위자가 비-판단적non-judgmental이고 비판하지 않는non-critical 모드로 자신을 표현할 수 있는 **신뢰 공간**trust space을 만드는 기회를 잡을 것이다.

IFS 용어로 설명하면, 마음은 각각 고유한 전망perspective,[34] 관심사interests, 기억과 관점viewpoint을 지닌 많은 하위 성격sub-personalities 또는 부분으로 세분화되었다고 본다. 모든 사람은 자기self를 가졌으며, 자기는 개인 내부 시스템을 이끌 수 있고 이끌어야 한다. 슈바르츠(Schwartz, 1997)는 하위 성격들은 사람들이 상호작용하는 방식과 유사한 순서와 스타일로 내부에서 상호작용하는 우리 성격personality의 여러 측면이다. 각 부분은 생각, 감정, 감각

---

32) 코치의 입장에서 분명하지 못한 점이 있다면 필요한 2자회의와 3자회의를 통해 최종 합의를 분명하게 해야 한다는 것이 논평자의 취지로 이해된다. 그러나 이를 실제 코칭 현장에서 어떻게 적용하는가는 남은 과제이다. 코칭 회사 대행자가 있는 경우, 메일로 하는 경우도 상정 가능하지만 어려움은 남는다. 또 독립 코치의 경우는 어떻게 해야 하는가?
33) 코칭 **주제 개발 작업**은 2자, 3자 회의 과정에서 코치가 취하는 기본 입장이다. 코치는 이를 위해 다양한 코칭 메뉴를 개발하고 경험을 축적해가야 한다.
34) perspective가 다양한 의미가 있다는 점에 주목하고자 한다. 당연하지만 코칭 대화나 관계에서 이 용어가 주는 모든 의미를 모두 활용하여 연상하는 것이 필요하다는 생각이다. ①관점 ②시각 ③시야 ④전망 ⑤조망 ⑥지평 ⑦가능성 ⑧사고방식 ⑨총체적 관점 ⑩원근감 ⑪균형감 ⑫통찰력 등이다. 이런 다양한 의미로 이해하고 대화 맥락 안에서 어떤 의미로 교감하는가에 따라 코치의 질문은 달라질 수 있다고 본다. 『코칭튠업21』 8장 참조.

sensations, 이미지 등 여러 가지 방법으로 경험할 수 있다.[35]

 IFS의 핵심 이론은 개인의 행동이나 효과가 역효과counterproductive를 가져오거나 역기능dysfunction을 유발하더라도 모든 부분[내면의 많은 하위 요소]이 개인을 위한 긍정적인 의도를 가졌다는 것이다. 그렇기 때문에 이는 그런 부분과 싸우거나 강요하거나 제거하려고 노력할 이유가 없다는 것을 의미한다. IFS 방법은 모든 부분의 의도와 의제agenda에 대해 열린 가슴과 마음으로 환영하고 경청함으로써[36] 내부적인 연결connection과 조화harmony를 촉진한다. 내부 체계의 변화는 외부 체계의 변화에 영향을 미칠 것이며, 그 반대도 마찬가지다.

 이런 가정이 가진 함의는 시스템 내부와 외부 수준을 모두 평가해야 한다는 의미이다. 예를 들면, 갈등하는 부분은 여러 가지 방법, 즉 생각, 감정, 감각, 이미지 등으로 경험할 수 있다. 모든 부분은 개인에게 긍정적인 것을 원하며 내부 시스템 내에서 영향력을 얻기 위해 다양한 전략을 사용할 것이다. 결과적으로 그 부분들이 시스템 내에서 영향력을 얻으려고 할 때 양극화polarizations(내부 긴장과 갈등)가 생성되며, 양극화가 외부로 파급되어/유출되어, 개별적 교류에 영향을 미치기 때문에 양극화 위치를 재-실연하여reenacting 스트레스와 정서적 흥분/동요를 초래한다.[37]

 구체적으로 사례에 적용하면, 임원과 매니저 양쪽이 서로를 얼마나 촉발했는지 알게 되었을 때 두 사람 모두 천천히 속도를 늦추고, 지금 여기here and now에서 즉시 에너지 상태를 주의 깊게 관찰하도록 초대한다(마음챙김mindfulness은 곧 강력한 자기 알아차림 상태self-awareness state다). 그런 다음 나는 그들에게 몸 안에서 긴장이나 에너지가 활성화되는 곳을 알아차리라고 요청한다. **에너지는 주의attention를 따른다**. 따라서 신체에 초점을 집중하는 것은 그 사람이 존재하고 중심을 잡는 데 도움이 된다. 나는 그들이 그 감각sensation에 대해 어떻게 느끼는지, 어떤 생각이 떠오르는지 물어볼 것이다. 그것은 다른 사람들과 갈등으로

---

35) (논평자의 인용 저서) 참자기self는 정신과 조화가 핵심이 되어 우리 의식의 자리에 다가가는 것이며, 참자기 주변에 여러 개의 마음이 선회하면서 각 부분들이 참자기의 원심력에 다가가는 것이 어려울 때 서로 줄다리기를 하면서 전방위로 위협을 쏟아낸다. 반면에 참자기에게 접근하고 나면 물결 위에 놓인 점토처럼 중심을 잘 잡는다. (『내면가족체계치료』 p.72)
 이런 설명을 볼 때 참자기의 중심성/주도성이 취약하거나 부분 자기와의 관계 설정 여부에 따라 많은 정동affect이 야기되고, 이는 신체와 표정주름, 알기 어려운 정서적 흔들림, 정서와 감정의 출현 등을 야기할 것은 자명하다. 이런 흔들림이 각자의 삶의 태도와 관련한 삶의 리듬, 어조語調를 만들 것으로 보인다.
36) 이 점을 적용한다면 내적 독백-내적 대화보다 내적 경청(자기 내면 이야기를 무조건 긍정적, 수용적 태도로 경청하는 것), **내적 자기 경청**을 말하는 것으로 이해하고자 한다.
37) 바로 위 설명한 주18, 20과 같은 상황이 현실 관계에서 실연enact된 것이고, 이것이 대치되는 양극단 위치로 드러난 것으로 이해된다.

번지는 궁극적인 양극화나 내면의 갈등inner conflicts을 표면화할 것이다. 나는 그들이 의도intention나 의제agenda를 알아내려 애쓰기 위해 자신들의 생각이나 제한된 신념을 비판단적인 방식으로 탐색하고, 느끼고, 친구가 될 수 있도록 돕기 위해 질문할 것이다. 마지막으로 그들이 상상하거나 두려워하는 것이 무엇인지 질문하고, 그들의 제한된 신념과 감정적 반응의 기원을 찾아낸다.

커미셔닝 매니저의 내부 비판자inner critic 부분은 케빈에 대한 부정적 피드백의 배후에 있을 수 있으며, 그 안의 친근한 부분befriending part은 그가 자기 부하를 비난함으로써 자신을 보호하려는 긍정적인 의도 때문임을 스스로가 인식하도록 해줄 것이다. [이를 인식하면 결국 그의] 자기self는 이 부분에 긴장을 풀고, 한 발 뒤로 물러나 보고 듣고 난 뒤 케빈에 대한 연민심과 호기심을 허용할 수 있다. 이런 접근 방식은 피드백을 제공하는 데 훨씬 더 좋은 옵션을 구성하므로, 상대방도 마찬가지로 스스로 활성화activation되어 활동 중심에서 똑같이 대응할 수 있다. 그렇게 되면 두 파트너는 모두 방어에 대한 방아쇠와 책임을 소유하게 되며 역동적인 상호작용에서 차분함과 호기심을 회복할 수 있다.[38]

그 과정에서 나는 탐구를 촉진하도록 돕고, 각 개인 자기self의 손상되지 않은 핵심, 즉 긍정적이고 챔피언 역할로 전환shift할 수 있는 부분의 능력을 '피드포워드feedforward[39]' 하기 위해 강점에 집중할 것이다. IFS의 강력한 언어는 자기와 다른 사람들을 전체론적 방식으로 바라볼 수 있는 새로운 길을 열어 주며, 자기 공개와 행동에 대한 책임을 격려함과 동시에 "저항"과 부정denial을 다루는 방법을 제공한다.

차별화된, 참자기the Self는 역량 있고, 안전하며, 자기 확신self-assured이 있고, 편안하며, 피

---

[38] 이런 진행이 가능하게 하는 필요충분조건이 무엇인지 탐색해보자. 3명이 함께 있는 자리/공간에서 코치의 어떤 선행 조치와 공간 관리가 이 현상을 지원할 수 있는가? 매니저의 케빈에 대한 부정적 피드백 배후에 있는 내면의 비판자가 다른 부분에 의해 내적 과정으로 어떤 전환이 있어야 한다. 이어서 케빈에게도 이어지고, 다시 코치에 의해 관계의 긍정성이 강화되어야 한다. 이 과정을 설명해보자.

[39] feedforward: ①우리는 과거를 바꿀 수 없다. 오직 미래를 바꿀 수 있다. 이는 미래에 집중하는 것이다. ②사람들이 잘못되었다고 증명하기보다는 '올바르게' 되도록 배우는 것을 돕는 것이 더 생산적이다. ③피드포워드는 특히 성공한 사람들에게 적합하다. ④개별적으로 개인적 경험을 요청하기보다는 작업에 대해 아는 모든 사람에게 배울 수 있다. ⑤사람들은 피드백만큼 개인적으로 피드포워드를 받아들이지 않는다. ⑥피드백은 개인적인 고정관념stereotyping이나 부정적 자기 충족 예언을 강화할 수 있다. ⑦그것을 직면하라! 우리는 대부분 부정적 피드백받는 것을 싫어한다 그리고 그것을 주는 것을 좋아하지 않는다. ⑧피드포워드는 피드백과 거의 동일한 자료를 커버할 수 있다. ⑨피드포워드는 피드백보다 훨씬 빠르고 효율적이다. ⑩피드포워드는 매니저, 동료, 팀 구성원에게 적용할 수 있는 유용한 도구가 될 수 있다. ⑪사람들은 피드백보다 피드포워드에 더 주의를 기울이는 경향이 있다. M. Goldsmith. 「Try Feedforward, Instead of Feedback. Leader to Leater」, Harvard Business Summer. 2002.

드백에 귀를 기울이고 응답할 수 있다. 자기 주도적인self-led 개인은 대인관계의 상호작용interpersonal interactions에서 사용할 수 있는 몇 가지 본질적인 자질을 하나 또는 몇 가지를 갖고 있다. 즉 침착함calm, 호기심curiosity, 용기courage, 창의성creativity, 연결되어 있음connectedness, 명료성clarity, 연민심compassion, 자신감confidency, 참을성patience, 인내심perseverance, 놀 수 있는 태도playfulness를 더할 수 있다.

수잔의 지원과 방법

우리는 수잔이 교정적 코칭이나 성과 실패의 턱 밑jaws에서 승리를 낚아채거나, 경력의 하향 곡선에서 되돌아설 수 있다는 것을 믿지 않는다고 알고 있다. 실제 변화는 그런 어려운 상황에서는 힘들다는 것이 판명되었다. 그녀는 코칭 대신 갈등 해결을 제안했고 전문 컨설턴트를 추천했다. 그녀는 이 작업을 병행으로 실행하고 둘 중 하나 또는 두 가지 다 정신적으로 코칭 과정을 지원하기에 이를 제안했을 것이다.[40]

한편으로, 나는 수잔이 15년 동안 코칭을 해왔기에 자신의 한계를 알고 차 올라오는 정서bottled-up emotion에 직면할 수 있고, 전화 접촉을 통해 갈등을 처리할 능력이 있다고 생각한다. 반면에 자신의 방아쇠와 방어기제를 알 수 있는 수잔의 능력은 그녀가 제한적 신념과 위협에 대한 본능적인 반응, 즉 제 3의 갈등 중재자의 제안으로 증명된 **싸움**과 **얼어붙음**에 대한 **도망** 반응이라는 것을 인식하는 데 도움이 되었을 것이다.[41] 또 코치는 수퍼바이저의 도움을 받고 맥락과 프로세스를 둘러싼 복잡한 사례를 고심해 해결하며, 치료사처럼 코칭 경험에서 마주치는 도전적인 정서를 다루는 것이 유용하다.

코치를 위해 **내면 작업**을 하는 것은 방아쇠가 당겨지는 상황을 해결하기 위해 다음과 같은 흐름을 설정하는 것이 필요하다. ①자기-관찰self-observations은 자기-알아차림self-awareness으로 이어지고 ②자기-교정self-corrections을 허용한다. ③이것은 끊임없는 훈련practice을 통해 자기-생성self-generation으로 이어진다. ④훈련이 마스터master를 만든다. 정서적 스트레스를 다루는 모델과 도구가 코칭에 존재한다. 그러나 이를 직면하지 않으면 심각한 정신 건강 문제가 초래될 수 있다.

---

40) 갈등 관리 전문가와 코칭을 동시에 별도 진행하거나, 순차적으로 진행할 수 있다. 수잔이 전문성을 갖추고 있다면 고객 조직의 요구를 develop해서 본인이 순차적 동시 진행도 가능하다고 본다. 어떻게 생각하는가?
41) 케미스트리 매니저의 싸움, 케빈의 얼어붙음을 보면서 수잔 자신은 도망/도피 반응을 보인 것으로 논평자는 보기에, 코치 수잔 역시 이렇게 자기 인식을 했거나 했어야 한다고 주장한다.

나는 코치들에게 ①지속해서 학습하고 ②자신을 성장의 가장자리edge로 밀어 붙이고, ③의식 수준 향상을 위한 자기 노력을 지원할 것을 제안한다. '어려운' 고객은 거의 없다. ④코치들은 고객이 자아 성숙ego maturity의 다음 단계로 성장하고 지속해서 진화하여 탁월함excellence을 코칭할 의무가 있다.[42] 또 다른 방안은 코칭과 병행하거나parallel 또는 정신적 과다 각성psychological hyper-arousal과 외상trauma 사례일 경우를 분명하게 구별하는 것이다. 분명한 과정을 거쳐 코치가 이런 훈련을 갖추었다면 변화를 위한 코칭과 상담counseling이 가능하다. 다른 경우에는 고객을 심리치료사psychotherapist 또는 정신과 의사psychiatrist에게 소개하는 것이 좋다.[43]

---

[42] 7장에서 검토한 코치의 willingness-unwillingness를 소환하기 바란다. 어려운 고객이 자기에게 온 것은 **좌절**을 위한 것이 아니라 스승의 모습으로 다가온 것이다. '자고로 스승이 제자를 두는 것이 아니라 배우려는 자(제자)가 스승을 찾고 두는 법'인데, 고객의 성장을 지원하는 이 순간은 스승이 온 것이니 배우는 자/제자가 되어 큰 배움의 기회이고 기쁨이다. 오로지 이런 위치에 서나 (모두 스승이기에) 어려운 고객이 없고 자신을 변화의 가장자리로 밀어붙이는 동력이자 촉발자인 고객의 자기 성숙과 탁월함을 코칭할 수 있다.

[43] 먼저 전문성 훈련이 보장되어 있다면, (그러나 수퍼비전 관계를 추가한다면), 병행이 가능하다는 주장으로 이해된다. 그러나 동시 병행인가 순차적 병행인가? 분리 계약인가 단일 계약인가 등은 여전히 쟁점으로 남는다. 상담counseling과 심리치료psychotherapy의 통합이 논의되는 시점에서 각 영역의 분리 독립과 협업, 코치의 전문적 영역 확대 등이 다양하게 제기된다.

최근 『상담과 심리치료의 통합적 접근』 Gerald Corey 지음. 이상민 외 옮김. 박영스토리. 2021. 등은 코칭과 심리치료의 관계에 다양한 도전, 새로운 검토를 요구받는다. 심리치료와 코칭의 관계에 대한 참조는 Trevor Crowe. 「Coaching and Psychotherapy」. 『The Sage Handbook of Coaching』이다. 이 책은 (가칭)『코칭 이론과 실천』으로 2022년 출간 예정이다.

■ **토론 제안**

싸움-얼어붙음-도망이라는 삼각관계 해석과 달리 '코치-매니저-케빈'의 삼각관계 특징을 분석해보자. 매니저와 케빈의 대립은 이미 잠복하여 온 것이다. 평소 드러나거나 직접 부딪쳤다면 둘은 상처를 입고 조직 내에서 일정한 평가를 받게 된다. 이것이 드러나지 않은 역동으로 견제-대립-무시-순응-타협 등이 사안별로 나타나고 전체적인 저평가를 초래했을 가능성이 크다.

1. 아래의 예를 보고 충분한 이해를 위해 검토해보자.
   - 두 사람의 잠복한 대립 관계가 수잔을 만나는 계기로 드러났다. 수잔이라는 제삼자와 만남을 계기로 삼자관계는 새롭게 드러난다. 두 사람의 대립관계에 수잔이 말려들게 된다.

   수잔이 이를 염두에 둘 수 있었다면 그녀는 이 상황에서 삼각관계에 말려들기보다는 삼각관계 인식 속에서 당시/그 상황 이후 다른 접근이 모색될 수 있고 두 사람의 통찰에 접촉할 수 있다.[44]

   2자 대립과 영원한 제삼자

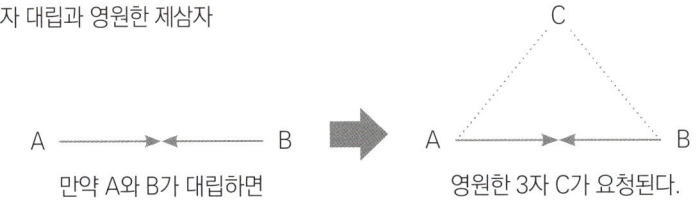

   만약 A와 B가 대립하면 → 영원한 3자 C가 요청된다.

   ▶ 영원한 제삼자 유형
   (1)열받는 변압기 (2)희생양 (3)피뢰침 (4)가짜 종마 (5)연합 파트너 (6)패배자 (7)마키아벨리언
   테오 콤파놀Theo Compernolle 『코치앤카우치』 제 2장

   위 그림에서 보듯 매니저와 케빈의 대립은 수잔이라는 제삼자의 출현을 계기로 분출된다. 삼자 상황으로 수잔을 '열 받는 변압기'로 활용하거나, 문제 해소, 은폐의 피뢰침, 희생양 등으로 삼을 수 있다. 아니면 두 사람 중 어느 한 명은 '연합 파트너'로 활용하려 한다. 수잔은 열거된 어떤 역할로 미끄러지거나 소비될 수 있다.
   - 수잔은 이런 상황을 염두에 둔 대처가 필요하다.

---

[44] 이런 삼각관계에 대한 분석은 다음을 참조할 수 있다. 테오 콤퍼놀Theo Compernolle 「시스템 관점으로 보는 발달적 코칭」 『코치앤카우치』, 조선경, 이희상, 김상복 옮김. 한국코칭수퍼비전아카데미. 2020.

추가사례 8-A. 팀 코칭과 일대일 코칭의 순차 진행과 정서 다루기

전문직 15년차 제인은 작은 사무실을 갖고 있다. 최근 근무한 지 10여 년 된 직원이 퇴직해 20대 후반 젊은 경력직원을 채용했다. 어떤 활력과 새로운 분위기를 기대했기 때문이다. 직원들도 신중하게 검토했고, 제인 역시 두 번이나 면접을 보고나서 나름 숙고해 결정했다. 새 직원이 들어온 지 6개월이 넘고 제인이 20여일 해외 출장을 다녀온 뒤의 일이다.

사무실에 들어오면 마치 시동을 끄지 않은 자동차 매연이 사무실에 가득한 듯 불편함이 올라왔다. 이런 이상한 느낌은 2~3일 지속했다. 처음에는 장기 출장 여파려니 생각했다. 사무실 분위기가 꼭 어색한 곳에 와있다는 느낌, 왠지 불편함이 자기도 모르게 올라오고, 그러나 무엇인지 알 수 없는 … 불편한 기분이 온몸을 휘감는 듯, 때로는 의자에 앉아 있기 싫은 그런 불편함이었다.

작년 이쯤된 시기였다. 제인도 참여한 팀 코칭을 회사 직원 모두와 함께했다. 개업한 지 10년이 넘었지만 팀워크와 단합을 넘어 One-team이 되어야 한다는 생각이었다. 팀워크란 무엇보다 먼저 '마음이 하나' 되어야 하고, 시기적절하고 정확한 의사소통이 부드럽게 순환되어야 능률이 높아지기 때문이다. 팀 코칭으로 서로 상대의 역량과 소질을 정확하게 이해할 수 있었다. 개인 생활의 어려움이나, 씨름하는 사정도 덤으로 알게 되었다. 각자의 일은 물론 개인 사정에 적절한 관심과 격려를 주고받는 사무실 문화는 무엇보다 소중하고 좋았다. 팀 코칭이 끝난 뒤에도 사무실은 밝아졌고, 만나면 읊조리던 "당신 멋져!"라는 우리만의 구호와 눈빛 교환은 즐거운 아침을 시작하게 했다. 한 달에 한 번의 전체 회식은 못다한 말을 풀어내는 자연스러운 사무실 생활의 리듬이 되었다.

그러나 자신이 출장을 다녀온 뒤 무엇인가 분위기가 달라졌다. "당신 멋져!"라는 미소 교환도 다시 하기 멋쩍어져서 꺼진 감동의 여진처럼 시들했다. 농담에서 진담까지 시종일관 촌철살인寸鐵殺人으로 좌중을 웃기고 이끌었던 사무장은 말이 현격하게 줄어들었다. 이런 와중에 유독 눈에 들어오는 사람이 새로 들어 온 신입직원이었다. 그녀는 동작이 유독 느린 느낌이고, 매사 천천히 움직여 한두 번 눈길을 주게 했다. 할 일은 다 하면서도 움직일 때마다 느껴지는 무거움, 낮은 에너지, 명랑함을 찾을 수 없고 거리감을 주는 단조로운 반응으로 다음 말을 하지 못하게 만들었다. 왠지 one-team이라는 느낌보다는 팀 밖에 있는 느낌이다. 물론 새로 들어와 일과 사무실 분위기에 익숙하지 않겠거니, 적응 속도가 다른 것이려니 이해를 하지만, 이런 이해의 마음이 왠지 그러기가 싫어지게 만든다고 할까. 제인은 참 알 수 없었다. 손가락 끝에 박힌 실 같은 '가시'처럼 거슬렸다. 그렇다고 이를 누구에게 말하거나 물어볼 수도 없는 노릇이 아닌가? 제인은 출근길에 코치에게 전화했다. 오랜만에 만나 점심 하자는 제안에 코치는 사무실에 들러 직원 얼굴을 보자며 방문하려 했다.

점심시간 30여분 전 사무실에 온 코치는 미소와 긍정적 분위기를 품고 성큼 들어왔다. 직원들은 환영했고 한두 명은 반가움에 환호했다. 코치는 여유를 두며 눈 맞추고 "당신 멋져!"로 화답했다. 모두 반기면서도 제인과만 점심한다는 약속 방문에 가볍게 항의하며 어울렸다. 그런 와중에 무엇인가 의식한 듯 코치는 신입직원에게 몸을 돌려 눈 맞추며 말을 건넸다.

"새로 오신 분인가 보네요! 반가워요. ㅎㅎ" 제인은 그때 처음 신입직원의 표정 변화와 웃음을 보았다. 그러나 이내 웃음이 사라졌다. 코치는 천천히 다가가 손을 내밀며, "낯선 곳에서 힘드시죠? 잘들 해주시나요?" "아니요! 아, 네! 열심히 하고 있습니다." 다시 미소로 대답했지만 더 짧았다.

코치에게 가볍게 최근 사무실 분위기를 설명하며, 제인은 생각지도 않은 이야기를 덧붙이는 자신을 보았다. "글쎄요, 좀 느긋하게 천천히 이야기해 보시죠?" 코치의 반응에 호응하며 말하게 된 탓이다.

신입직원의 태도는 겉으로 보기에 특별히 문제되는 것은 없다. 다만 일과 관련한 교류 이외에는 일상생활이나 정서적 교류를 하지 않을 뿐이다. 전체 분위기에 합류하지 않을 뿐더러 일대일로 접촉할 때는 이런 거리감은 더욱 분명했다. 주어진 사무를 보면서도 최소한의 힘으로 일하는 듯했다. '창의성'은 물론 아이디어, 심지어 타인들의 '의욕'을 좌절, 체념하게 하고, 전체 분위기를 가라앉게 했다. 스스로 전체를 왕따한다고나 할까…? 제인의 말을 듣던 코치는 "다른 사람들은 어떤가요?" 하며 툭 던졌.

제인은 특히 말이 줄어든 사무장이 신입직원을 거의 안중에도 없는 듯 그에게 말을 걸지 않거나, 다른 사람과도 그에 관해 전혀 언급하지 않는다는 사실이 떠올랐다. 업무상 할 이야기가 제일 많은데도, 필요한 대화가 전혀 없을리 만무한데도 이렇다는 것은 참으로 이상한 일이다. 그러나 뚜렷한 증거가 있는 것은 아니며 직간접적으로 확인해본 것은 더욱 아니다. 지금 와서 느끼는 것일 뿐이다.

코치는 새로운 제안을 했다. 팀 코칭 후속 작업보다는 일대일 코칭을, 자기 이외의 몇 명의 코치 리스트를 직원 각자가 선택하는 게 좋겠다고 했다. 제인은 그것도 좋지만 먼저 자신이 느끼는 감정과 이런 찝찝함이 궁금했다. 근거도 경험도 없는데 느껴지는 사무실의 어색함이 무엇인지, 자신이 어떻게 해야 하는지….

1. 코치로서 이 회사 코칭 진행을 기획해보자. 어떻게 진행하겠는가?
   - 코칭 기획 방향을 자유롭게 구상해 보자
   - 코칭 아젠다, 진행 방법, 코칭 계약 안
2. 만약 한명 이상의 코치들이 코칭 한다면 준비해야 할 내용과 시스템을 논의해보자.
   - 준비사항, 코치들의 관계, 코칭 진행
3. 특정 인물, 특정 관계를 중심에 두고 아젠다를 발굴해보자.

사례 8-2. 몸으로 느끼기

데이비드David는 성공한 마케팅 임원이다. 그는 경력 전환을 결정하고, 훈련을 받으며 리더십 코치가 되기 위해 모든 인증 요건을 완료했다. 이 커리어 전환은 그에게 새로운 역량 개발이란 의미이다. 마케팅 임원은 분석적 영업 기술sales skills을 기본으로 갖추고 있다. 그렇지만 코치가 되자 예상하지 못했던 여러 정서를 경험하고 있다. 코치 훈련 중에 들은 바대로 "중립적neutral"이고 "객관적인objective" 상태를 유지하고 싶었기에 정서(변화)를 억누르고 내면에서 오는 자신의 직관intuitions도 사실상 외면했다.[45] 실제로 그는 "적절히 잘 작업proper job"하려는 생각에 사로잡혀, 코칭 대화에서 사실적인 관찰에만 집중했다. 이로 인해 그는 자기 몸에서 느끼는 감정feeling을 무시/묵살하고disregarded, 코칭 세션 동안 자기 정서들을 "컨테이너에into a container" 담아 두었다.[46]

데이비드는 코치로서 그가 경험한 정서들과 씨름하고 있다. 그는 그것들을 어떻게 다루어야 할지 확신하지 못했다. 자신의 정서를 방치하는neglect 것이 옳은가? 아니면 코칭 세션 안에 있든 밖에 있든 그것들을 말로 나타내도록 지원해야 하는가? 그는 이 문제를 자신의 코칭 수퍼바이저에게 물어보며 조언을 구했다.

---

[45] 직관과 다른 것을 구별하는 방법에는 어떤 것이 있는지 각자의 경험에 근거해 논의할 필요가 있다. 자신이 지닌 판단이나 짐작, 갑자기 올라온 아이디어와 구별하기가 어렵다.

[46] 감정feeling을 무시/묵살하고 '느끼지 않고' 코칭 세션을 진행한 것이다. 첫째, 이는 감정 느낌을 알아차리고/몸에 느껴졌는데, 이 감정은 ①코치의 과거 경험에 근거해 느낌으로 왔고, 어떤 감정인지 인식하고 살펴보아야 한다. 견딜 수 있을 만큼 천천히 그 감정을 느끼며 수용하게 되면, 코치도 그 감정을 더 느끼고/개방하게 되고 이를 다룰 기회가 열린다/만들어진다. ②이 감정의 출처가 어디인지 구별되면 더 다양한 접근이 가능하다. 천천히 느낌을 이어가다 보면 드러난 감정 밑 감정으로 내려 갈 수 있다. ③대화 내용과 관련된 감정/정서에 주목하며 내용을 성찰하게 되면 새로운 대화의 장field으로 진전될 수 있다. 그러나 코칭 대화 중 이를 개방하지 않고 넘어갈 수 있다. 코치는 ①그럴 필요가 있다고 판단해서 그렇게 한다. ②고객이 감정을 충분히 느끼게 하도록 개방하지 않고 기다리며 버티고 있을 수 있다. ③코치가 두려워/익숙하지 않아서(등) 이 감정을 모른 척하거나 무시하고 넘어갈 수 있다.

둘째, 감정이 올라오지만 그것이 ①명료하지 않거나 ②여러 감정이 복합된 듯 하거나, ③감정 밑에 어떤 것이 있다는 느낌/예감/코치의 몸 반응 등이 있는 경우 ④알 수 없는 코치의 몸의 (불분명한) 반응으로 무엇인가 있다는 느낌이 있는 경우이다. 코치는 일단 이를 무시하지 않고 그런 자신을 인정/용납하며 이 불안에 머물러 있게 된다.

이 두 가지 경우 모두 코치의 몸에 감정-정서(-정동)을 담아 두는containing 것이다. 그러나 두 번째 경우는 '감정' 단어로 다 표현하기 어렵고, 알 수 없는 '정서'로 드러날 수 있다. 이 점과 무의식의 충동을 포괄해 정동affect으로 표현할 수 있다.

필자가 이 부분을 'into a container'로 표현하고 있다. 여기서 container를 두 사람 사이의 어딘가에 있는 공간 개념은 아니며, 용기容器 이미지로 이해하는 것은 우리의 상상을 제약하거나 한쪽으로 치우치게 한다. 두 사람의 몸, 관계 그 자체, 코칭 대화의 장場field 안에 있는 것이다. 이 '현상'을 이해하는 것은 감정 관리 코칭, 정서 중심 코칭, 관계기반 코칭, 정신분석 코칭 등에서 중요한 주제로 다뤄진다.

성찰 질문

- 코칭에서 정서가 어떤 역할을 한다고 생각하는가?
- 코치는 코치이의 정서만이 아니라 자신의 정서를 어떻게 다루어야 하는가?
- 감정을 무시하거나 억누르면서/무시하면서 코칭 개입을 해본 적이 있는가?
- 당신이 코칭 수퍼바이저라면 그에게 어떤 조언을 해주겠는가?

수퍼바이저는 코칭 세션에서 자신의 감정feelings을 말로 드러내지 말고without 인정/승인하는acknowledge 것이 중요하다고 말했다. 그녀는 또한 코치이들의 **정서**를 알아차리고 그것들이 어디서 왔는지 이해하려고 노력해야 한다고 했다.[47] 심리학에 대한 기본적인 지식은 이러한 정서를 이해하는 데 도움이 될 것이라고 제안했다.[48]

데이비드는 수퍼바이저의 조언에 따라, 심리학 수업을 들었다. 그는 이제 NLP Neuro-linguistic Programming 자격 인증은 물론 심리 및 상담 자격증까지 갖추게 되었다. 이제 데이비드는 코치이들의 정서를 이해하고 다루는 데 많은 중점을 둔다. 그러나 그에게 심리 관련 계약psychological contract은 어떤 코칭 여정이든 매우 어려운 계약 과제이다. 그는 자신을 심리학자, 심리치료사, 정신분석가로 생각하지 않지만, 코칭 대화에서 그가 관찰하는 모든 정신역동적 행동, 추론과 반추론counter inferences을 살펴보고, 코치이가 투사하는 것, 코치로서 그가 코치이에게 투사하는 것을 염두에 두려고 한다. 일단 이런 추론들이 확인되면 그는 이것들을 말로 소리 낼 수 있게to voice 용기를 내려고 한다.

성찰 질문

- 당신이 데이비드의 수퍼바이저였다면 비슷한 조언을 해주겠는가? 이유는 무엇인가?
- 데이비드의 결정과 그가 취한 행동에 대해 어떻게 생각하는가?
- 당신은 코치가 비슷한 문제를 해결할 수 있도록 심리학 훈련이 필요 하다고 생각하는가?

---

47) 필자 역시 감정과 정서를 구별한다. 앞의 이해를 기반으로 코치는 세션에서 알게 된 감정과 정서를 무시하거나 묵살하지 않고 인정하고acknowledge, 그런 자신을 승인하는 것이다. 수퍼바이저는 이를 세밀하게 구별하지 않고 있지만 이를 말로 표현하는 것voicing은 그다음 문제이다. 울음, 표정, 알아들을 수 없는 조각 난 언어로도 드러날 수 있다. 코치 자신이 이를 받아들이지 않으면 수퍼바이저는 다음으로 넘어가지 않고 기다려야 한다.

48) 영국수퍼비전아카데미CSA의 경우, 수퍼비전 주제 안에 수퍼바이지와 심리학 근거를 선택, 확립할 수 있는 내용이 제안되어 있다. 선택된 심리학 이론에서 임상 적용까지 훈련을 지원한다. 이를 중심에 둔 수퍼비전 모델은 Edna Murdoch and Jackie. 『Full Spectrum Supervision』 2013. 참조.

■ **사례 제안**

1. 심리치료 이론 이외의 이론적 기반을 가진 경우 코칭 관계에서 드러나는 감정과 정서를 어떻게 다룰 것인가?
   - 고객과 합의한 주제에 초점을 맞출 때 고객의 정서와 감정, 신체 반응을 반드시 다뤄야 하는가? 코칭 목표 달성을 위해 필요한 경우, 고객이 동의하는 경우에만 다루는 것이 아닌가?
2. 코칭 세션 중 감정-정서적 변화에 대한 알아차림, 또는 몸의 반응에 대한 경험이 있었다면 이를 소환해 검토해보자. 반대로 몸의 반응, 정서를 전혀 다루지 않는 경우도 살펴보자.

논평 8-2. A

나탈리 커닝햄

나는 데이비드가 수퍼비전에 전념하는 자기-알아차림을 칭찬하며acknowledge 시작하고 싶다. 영국과 호주의 연구에 따르면 코치의 약 85%가 어떤 형태이든 공식적으로 수퍼비전을 받고 있다(Passmore & McGoldrick, 2009; Lawrence & Whyte, 2014; Grant, 2012). 물론 이런 관행은 다른 나라에서는 훨씬 덜 할 것이다(Bresser, 2013). 이 주제 토론에서, 피터 호킨스는 중국 속담을 인용한다. "바다에 대해 잘 아는 마지막 존재는 물고기이다. 왜냐하면 그들은 계속해 그 속에 잠겨 있기 때문이다." 그는 수퍼바이저의 역할은 코치들이 수영하며 "관계하는 물relational water"을 보고 성찰할 수 있도록 그들이 날치flying fish가 되게 돕는 것이라고 비유한다(Hawkins & Schwenk, 2011).[49]

이런 맥락에서 고객이 자신의 역사, 편견, 가정, 배경을 갖고 코칭 세션에 오는 것처럼, 코치도 자신의 스크립트[50]와 배경을 갖고 코칭이나 수퍼비전 관계에 들어온다는 점을 알아야 한다. 코칭 프랙티스에 영향을 미치는 것을 살펴본 연구에서는 **코치와 코칭 프랙티스에 미치는 영향**을 세 가지 서로 다른 삶의 경험 덩어리clusters로 확인할 수 있다. ①스트레스가 많은 개인 경험은 공감과 자기-알아차림에 영향을 미치고, ②장이라는 구체적인field-specific 코칭 경험[51]은 실천적 기술과 지식 근거에 영향을 주며, ③이전의 전문적 훈련과 경험은 고객 작업장에 대한 자각/통찰력perceptions과 프랙티스에 영향을 미친다affect(Campone & Awal, 2012).[52]

◆ **필자**: Natalie Cunningham: PhD. Gordon 비즈니스 과학 연구소GIBS 조사부서. 남아프리카 프레토리아 샌톤 대학, Origo 컨설턴트 창립자. Consultants, natalie@origoconsultants.com

49) 바다 안에 있는 물고기는 살고 있는 바다 세계를 가장 잘 알 수 있다. 날치는 쫓기는 매우 급한 상황에서 물 밖으로 날아오른다. 가슴지느러미가 커서 미끄러지듯 날지만 배지느러미가 있는 좋은 공중으로도 날 수 있다. 이 일화를 비유해 수퍼바이저는 수퍼비전을 통해 이처럼 물 밖으로 나와 수퍼바이지가 자신이 속한 현실을 보게 한다. 그렇지만 날치는 불안에 쫓겨 바다 위로 나오지만 수퍼바이저는 수퍼바이지의 불안을 담아내고 함께 견딜 수 있을 때 두 사람은 바다 위로 나올 수 있을 것이다.

50) script는 무엇인가? 코칭 수퍼비전 관련 작업가설, 중심 이론이 반영된 접근 패턴으로 이해된다.

51) 코칭이 이뤄지는 시간과 공간을 독립된 '장場field'으로 보고 그 안에서 일어나는 모든 경험을 중시하는 표현이다. 장 안에서 진행되는 구체적인 코칭 경험이다.

52) 코치-되기 전 코치 삶의 개인 경험(삶의 곡절과 고군분투, 경력 그 자체)과 전문적 교육과 훈련 경험(직업 및 기타 사회활동, 교육과 훈련 등) 모든 것이 코치의 프랙티스에 영향을 준다. 코치-되기 훈련 과정, 코칭 현장에서의 전문적 활동에서 이런 경험을 '생각하기와 성찰'을 통해 꺼내고 벼려내며 다시 자기에게 적용하는가 하는 점이 중요하다.

우리는 분석적 마케팅 임원이라는 데이비드의 과거 배경이 "중립적이고 객관성"을 유지하려는 그의 욕구desire 안에 반영되었다는 것을 알 수 있다. 이것이 데이비드의 세계관 또는 패러다임이다. **세계관**은 우리가 세상을 보고, 지각하고, 이해하는 렌즈다. 데이비드의 세계관은 "우리는 객관적이고 중립적일 필요가 있다."라는 것이다. 우리는 자기와 세상을 보는 방식과 비슷한 방식으로 인식하는perceive 사람들에게 자주 끌린다. 이들과 함께 공명하며 함께 하나 됨을 느낀다. 데이비드의 수퍼바이저는 그에게 자신의 정서를 알아차리지만 코칭 세션에서는 그것을 나누지 말도록 조언했다. 이것은 수퍼바이저의 신념이나 가치체계이며 그의 세계관을 반영한다. 정서 면에서는 코칭에서 데이비드의 중립적 세계관을 지지하거나 그대로 반복한다echo.[53] 패러다임과 렌즈가 다른 수퍼바이저가 대안적 방향alternative direction을 제시했을 수 있다. 여기서 주목해야 할 점은 우리의 세계관이 반드시 나쁘거나 좋은 것이 아니고 우리가 보지 못하는 사각지대blind spot는 반드시 있다는 것이다. 코치로서 우리는 이런 사각지대, 근본적인 가정과 역동을 인식해야 하며, 또한 수퍼바이저의 세계관을 인식하게 된다.

성찰적인 코치 프랙티셔너로서 자신에게 던지는 좋은 질문은 다음과 같다.

1. 현실reality에 대해 나는 무엇을 믿는가?
2. 코치와 고객이라는 '관계의 본질'에 대해 나는 무엇을 믿는가?
3. 내가 사용하는 방법methods, 접근approaches, 기법techniques은 무엇이며, 어떤 철학에 근거하고 있는가?

---

[53] 논평자는 데이비드와 그의 수퍼바이저가 나눈 주장을 논평하면서, 수퍼바이저가 데이비드의 주장을 그대로 똑같이 공명하듯 반복했다고 표현한다. Echoe. 수퍼바이저는 (훈련과 전문성 습득을 지원하기 위해 일단) 수퍼바이지의 입장을 그대로 가감 없이 메아리로 돌려준 것이다. 그랬다면 이는 ①수퍼바이저의 계산된 개입일 수 있다. 일단 수퍼바이지의 인식(수준)에서 출발해야 하기 때문이다. ②두 사람의 세계관, 관점이 같아서 공명하듯 똑같다는 점을 정확하게 언급하는 것일 수 있다. ③똑같은 사람이 서로 끌려 똑같이 메아리치고 있다며, 독자에게 비판적 인식을 유도하는 표현일 수 있다.

공명하듯 똑같더라도 메아리로 되돌려 주기echoe는 수퍼바이지가 성찰reflextion 반영/반사reflection+α를 할 수 있는데 그 여지가 없는 표현이다. ④데이비드의 경험이 그대로 수퍼비전 세션에서 평행 과정parallel process으로 드러난 것을 알아차리게 하는 수퍼바이저는 그 이상의 개입을 열어두어야 한다. 이를 통해 또 다른 심화된 인식과 통찰로 나아가게 지원한다. 반대로 이런 성찰의 길을 열어두지 않는 수퍼바이저 세계관에 대한 우회적 문제 제기로 이해된다. 이 논평자는 코칭과 몸과 관련한 논평 외에도 수퍼비전 세션에 대한 논평을 동시에 하고 있다고도 볼 수 있다.

이와 똑같은 질문들을 수퍼바이저에게 제기할 수 있다. 이 질문에 대한 내 대답을 아래와 같이 짧게 요약한다. 나는 스스로 수퍼비전하는 코치들에게 이를 밝혀 둔다.[54]

1. **현실에 대한 내 신념**: 나는 거의 20년 동안 코칭해 왔고 내 경험에서 볼 때 사람들은 서로 다른 관점에서 그들의 세계를 보고, 그들의 경험은 그들의 세계를 묘사하는 데 사용하는 언어에 영향을 미친다. 이것이 다시 그들의 세계에 영향을 미친다.
2. **코치와 코치이 관계의 본질에 대한 내 신념**: 나는 두 사람 관계의 본질은 코칭 프로세스에서 상호 협력collaboration과 공동 창조co-creation를 위한 동등한 파트너십이라고 믿는다. 나는 코치가 진정성authentic 있고, 진실하며genuine, 인간적이어야 한다고 믿는다. 인위적인artificial 중립성은 필요없다.
3. **내 방법과 접근에 대한 선택**: 나는 위 두 가지 신념에 공명하는resonate 방법을 선택한다. 우리 마음 안에 형성되는 스토리들에 대한 알아차림을 창조하는 내러티브 코칭 접근에 의지한다. 프레즌스와 자기 알아차림을 높이고 내 패러다임에 적합한 게슈탈트 코칭을 원칙으로 갖고 있다. 내가 선택한 접근은 기술techniques과 도구들toolkits을 공유하는 방식과 대조적으로 자기 알아차림과 의미 만들기meaning-making를 향상하는 데 중점을 둔다.

나는 행동 변화가 자기 알아차림self-awareness에서 비롯된다고 믿는다. 코칭 프로세스는 '이해하기understanding'로 시작된다. 이해하기에는 – 선호하는 이해 요소understanding preferences, 맥락 이해, 정서 이해, 가치, 역사, 여러 가지 다른 고려사항들이 포함된다. 일단 '**이해하기**'가 이루어지면, 다음 과정은 **의미-만들기**로 옮겨가고, 이 과정은 자신의 정체성과 삶의 선택에 대한 이해하기를 개인화personalizing하는 것이다. 이는 사람마다 **다르게 생각하기**person's thinking로 이끌고, 그 후 **다르게 행동하기**acting로 연결된다. 이를 여러 방법으로 표시할 수 있다. [그림 8.1]에 설명되어 있다. 스트레스와 시간 관리, 강화된 대인관계와 같은 행동 예시는 모든 행동을 포함하는 목록이 아니다. 따라서 코칭 과정의 출발점은 우리 자신과 수퍼바이저의 세계관에 대한 알아차림에서 시작한다는 것이다.

---

54) 논평자는 코치 데이비드와 수퍼바이저에게 근본적 질문을 던지며, 그것과 똑같이 자신이 수퍼비전하는 코치들에게 자기를 밝히고 있다.

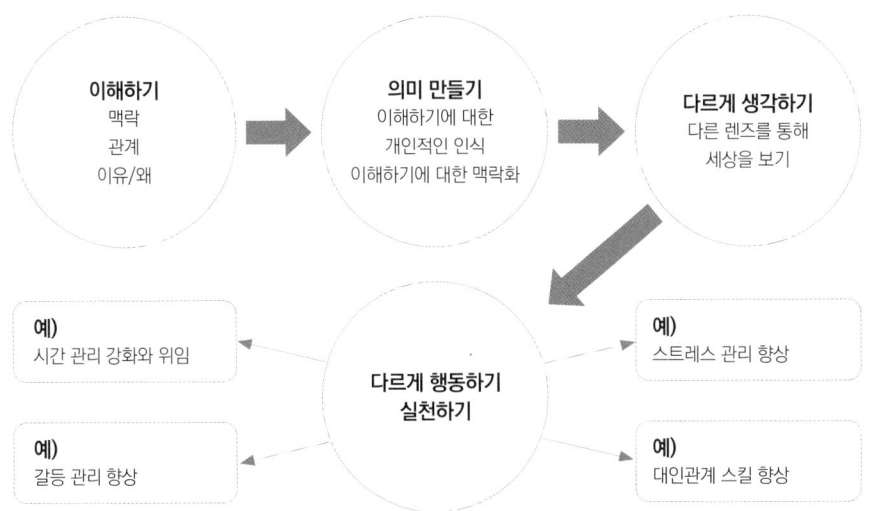

[그림 8.1] 코칭에서 결과를 끌어내는 프로세스 흐름에 대한 다이어그램 개요:
코치를 받은 임원에 의해 설명됨(Cunningham, 2017. p.108)

이제 정서와 '몸으로 느끼는 감정 feeling with your body' 개념을 살펴보고, 내가 수퍼바이저로서 데이비드에게 제안하고 싶은 내용을 공유한다. 제안 가운데 일부는 내가 임원들의 생활 경험에 관해 수행했던 연구에서 얻은 정보이다(Cunningham, 2017. PhD). 가치 있는 코칭 관계 만들기에 관한 논평에서 임원들은 코치가 어떤 사람인지에 대해 존경을 표했다. 그들은 코치의 자격과 지식 기반보다 진정성과 프레즌스/함께함 presence에 대해 더 많이 이야기했다. **프레즌스**는 ①무한함 timelessness, ②연결되어 있음 connectedness, ③더 큰 진실에 대해 느낀 경험 felt experience이 특징이며 ④순간 안에서의 "알아차림 상태 state"로 정의할 수 있다 (Silsbee, 2008). 커디(Cuddy. 2015, p.25)는 "조화로운 being attuned 상태이고, 진정한 사고 thoughts, 감정, 가치, 잠재력을 표현할 수 있다고 확인한다. 프레즌스는 인상/감명 impression을 관리하는 것이 아니다. 그것은 우리 스스로 열정적으로 intensely 창조하는, 진실하고, 강렬하고, 정직한 연결에 관한 것이다.55)" 따라서 프레즌스를 실제로 보여주는 행동적 요소가 있긴 하지만, 그것은 실제 행동이기보다는 존재의 상태이다.56)

---

55) 사람, 사물, 경험에서 받은 인상이나 감명을 느끼고 있는 상태가 아니다. 즉 '~에 대한' 것이 아니다. 스스로 (함께) 열정적으로 집중해서 만들어지는 '~와 연결'되어 있는 '순간'의 **상태 그 자체**이다. 코치가 고객과 함께한 프레즌스에 대해 이야기/이미지로 구체화할 때나 코치 훈련을 지원하는 트레이닝 세션에서 이를 공유하기 위해 코치 자신도 이 '상태'라는 측면을 명료하게 이해해야 한다.
56) '상태'는 출현했다 사라지는 움직이고 흐르는 한순간의 지점으로 이해한다는 점에서 '단계'와 다르다. '상태'는 함께 경험함을 통해 **'보임 없는 보임'**으로 함께 나누고 영향을 주고받는다. 나타났다가 사라지고 다시 나타나는 리듬/은율을 타고 있는 느낌 그 자체로 감지할 수 있다. 프레즌스에 대한 코치의 역할과 필요한 역량 역시 이 '상태'에 어떻게 도달하는가에 주목하고 있다(ICF 역량 모델 참조). 프레즌스는 무엇이고 어떤 경험인가는 문화권마다 다를 수 있기 때문이다. 프레즌스는 상태 경험을 나누면서 이해된다.

'be'와 'do' 프레임워크는 원래 리더십 모델의 일부로 미 육군에서 개발되었으며, "Be, Know, Do" 리더십모델로 알려져 있다. 개인은 자신의 성격, 역량, 행동에 따라 다른 사람들에게 영향을 미치기 때문에 효과적인 리더십 개발은 개별 개인 존재("Be")인 사람의 유형, 그가 가진 역량의 종류("Know") 및 그가 내리는 결정들의 종류("Do")에 초점을 맞춘다(Campell & Dardis, 2004). 이 모델은 원래 리더에게 적용되었던 것이지만 코치에게도 똑같이 적용될 수 있다. 코칭을 받은 임원들이 자신들에게 매우 가치 있었다고 언급하는 그 자신의 "존재being" 요소를 근거로 해, 나는 데이비드에게 알고자 하는/앎knowing보다는 "존재being"에 더 초점을 맞출 것을 제안했을 것이다. 나는 심리적 지식과 일에 대한 감/통찰력acumen이 필요하다는 것에 동의하지만, 코치의 **공명**과 진정한 **프레즌스**real presence 없이 지식만으로는 효능과 적용에 한계가 있다.

데이비드는 "자기 자신"과 그의 본질, 드러나는 자신의 정서를 보여줄 필요가 있다고 생각한다. 코칭 관계에서 적절하게 인간적이고, 현실적이며, 진실한 것이 그 관계를 매우 가치 있게 만드는 것이다.[57]

내 연구에서 한 임원은 **그의 코치**를 묘사하기 위해 "진짜/현실의real"라는 단어를 사용했고, 그것을 "개방open"이라는 단어와 결합했다combined. 그는 이렇게 말했다.

> 그녀의 개방성: 그녀는 자신과 자신의 배경, 가족에 관해, 자기 아기가 태어난 지 1년이 조금 넘었기 때문에 자기 어려움을 조금이나마 이야기를 나눴고, 언니에게 요구하게challenges 되었다. 예를 들면, 그녀의 언니가 그 지역에 살고 있었기 때문에 학교 찾는 이야기를 한 것이다.
>
>   결국 그것은 그녀에게 **현실**로 되었다: 때로 여러분은 이런 촉진자가 있어 싸우게 되지만 가끔은 그런 싸움이 모든 것을 갖게 된다. 당신도 알죠?[58]

---

57) 제법 분명하게 드러나고 언어로 상대와 직접 교류할 수 있는 **감정**은 물론 불확실하고 코치에게 불명료한 **정서**도 모두 드러내 보여줄 필요가 있다는 것이 논평자의 주장으로 이해된다.
58) 연구에 참여한 임원은 연구자(논평자)에게 코치와 함께했던 경험(프레즌스 경험일 수 있다)을 연구자에게 이야기한 것이다. 임원(코치이)이 코치와 함께한 자기 경험을 이야기하고, 이 내용을 연구자/논평자가 정리한다. 임원은 자신의 도전과 움직임이 곧 코치와 '함께함'/ 프레즌스를 통해 얻은 영감으로 현실에서 이루어진 경험이기 때문이다.
　임원은 과거, 학교에 다녀야 하고, 아이가 있는 현실 장벽에 둘러싸인 조건에서 (좌절/낙담 상태였고) 코치와 함께하며(프레즌스) 깊은 신뢰 속에서 자신을 개방하는 가운데, '언니-있음'과 (도전을 위해) 언니에게 요구하겠다는 깨끗한 성찰이 있었고, 이를 실행해 우러스러웠던 현실이 새로운 '현실'이 되게 길(언니와 함께해 자신의 어려움을 타결할 수 있는)을 마련하게 된 것이다. 프레즌스 상태에서 '코치이-코치' 대화에서 real(진짜)-real(현실), 반복된 단어에서 이를 연결해 어떤 통찰이 일어난 것이다. 연구자는 임원의 내러티브를 듣고(둘은 연구를 위한 공동 창작자이다) 이를 포착해 프레즌스에 의해 현실이 만들어진 경험을 위와 같은 자신의 연구(학위논문)로 서술했다.

또 다른 임원도 "**진짜/현실**real"이라는 단어를 사용했지만 진실임/실제임realness[즉 현실성]이 과정에서 타당성validity을 부여한다는 생각으로 확장되었다.

그녀는 다음과 같이 말했다: "물론 내 코치[이야기]는 정말로 현실적real[진짜]이라 할 수 있지요. 그녀는 당연히 자기 이야기로 나를 퍼붓듯 폭격하지 않았습니다. 그러나 당신은 알겁니다. 가끔은 그녀가 '자기도 그렇게 해보았고 나와 똑같다. 그러니 내가 한 일은 그렇게 [잘못된 것이 아니라] **타당성**validity이 있다'고 말했을 것을….59)"

코치에 대한 한 임원은 진정성authenticity과 프레즌스가 밀접한 관계가 있다고 말했다. 그는 "그는 매우 진실한genuine 사람이다. 진실함genuine과 성실함sincere이 다른 데, 만약 내가 이런 라벨을 부착하면 실제로 그의 전말을 잘 묘사하지 못한 것이다…. 분명히 처음부터 상당한 신뢰가 쌓였습니다." 두 임원 모두 코치의 진실성genuineness과 진실임/실제임realness60)과 관련하여 자기들이 발전시킨 신뢰에 대해 언급하는 점이 흥미롭다.

데이비드의 수퍼바이저로서, 나는 그와 함께 어떻게 더 많이 ①함께하고present, ②진정성으로authentic, ③현실적이며real, ④진실하게genuine, 그의 정서를 드러낼지show up 탐구했을 것이다.61) 나는 그가 용기를 내어 자신의 추론을 말로 표명하고to voice 이를 계속하도록 그를 격려했을 것이다. 그가 코칭 세션에서 자신이 했던 기여에 대한 알아차림을 더 높일 수 있게 안내했을 것이다. 이를테면 이런 질문으로 성찰하도록 지원한다.

---

59) 연구자로 참여한 임원이 코칭 경험에서 함께했던 코치를 연구자/논평자에게 이야기한다. 당시 코치는 자신의 '작은 경험'을 신중하고 적절하게 개방한 것으로 보인다. 이야기하는 화자는 의심스럽고 까다로운 어떤 이슈에, 답을 알고 있는 것을 고집을 부리고 거부하고 있었을 수 있고, 이에 대해 코치와 깊은 '함께함'을 경험하는 가운데 코치의 이야기를 통해 자기 행동을 타당한 것으로 수용한 것으로 보인다. 이 경우 역시 real(진짜)-realness(진실/실제)-validity(타당함)라는 단어가 코치 내면에서 연결되는 통찰을 얻은 것이다. 그러나 이런 연결은 두 사람이 앞서거나 뒤 서거나 하는 동시에 연결되는 짜임관계constellation이다. 현실은 곧 진짜이며 이런 현실성을 자체를 받아들이면/수용하면 모든 현실은 진짜일 수 있다. 즉 '그럴 수 있고, 그럴만한 일'이 된다(인식의 전환).
60) 코치를 경험한 임원이 연구자에게 말한 것이다. 임원이 보기에 코치는 처음부터 '신뢰'를 쌓아갔으며, 그가 경험한 코치와의 함께함/프레즌스는 코치의 진정성과 실제임/진실임realness으로 기억한다. 이는 프레즌스 경험은 고객에게는 코치가 진정성, 진실성과 함께 또 realness 의미가 지닌 '진실임/실제임/실존함'으로 '실제로 경험'한 것이다.
61) 논평자는 공명과 진정한 프레즌스 안에서 고객의 정서와 몸의 반응을 다룰 수 있고, 이때 중요한 코치의 태도 즉 프레즌스를 통해 교감하는 코치의 태도를 네 가지로 열거한다.

Q. 고객이 말할 때 내 몸에 무슨 일이 일어나고 있는가?[62]
Q. 이런 알아차림이 코칭 대화에 잠재적으로 도움이 되는 방법은 무엇인가?
Q. 그것을 사용해볼 것인가 말 것인가?

나는 코칭 세션에서 내 몸의 감정을 사용한 사례를 아래처럼 요약한다.

나탈리는 젊은 매니저 폴을 코칭하고 있었다. 폴은 대화에서 장황하고verbose 지나치게 상세하게detailed 늘어놓는 경향이 있었다. 그는 스스로 반복하고 나서는 이야기가 빗나간다digress. 나탈리는 경험이 풍부한 코치였지만, 효과적으로 듣기 위해 고군분투했다. 그녀는 안절부절못하고 자세를 바꾸고 방 안을 둘러보며 점차 조바심을 **느꼈다**. 나탈리는 폴에게 이렇게 말하며 자신의 경험을 공유했다. "폴, 주의가 산만해지는 느낌이네요attention wandering, 좀 따분하지restless 않나요, 어때요? 음 그냥 궁금해서 그런데, 만약 내가 직업상 듣고 있어야 하는 사람이라면 지금 무척이나 애를 쓰고 있어요. 다른 사람이라면 얼마나 들으려고 집중하며 씨름할지 모르겠네요?"

폴은 이후에 이것이 코칭 과정에서 가장 기억에 남는 대화였고 그것이 그의 행동을 바꾸었다고 말했다. 결국 그는 대화 능력을 향상했다.[63]

위의 삽화가 보여주듯이 나는 게슈탈트 코칭에 크게 의존했다. 게슈탈트 코칭은 몸과 감정/정서에 집중하는 접근이다. 비슷한 초점을 가진 다른 접근으로는 존재론적ontological 코칭, 소매틱 코칭, 대인신경생물학interpersonal neurobiology 접근 등이 있다. 이 분야의 지식이 코칭에서 정서의 역할을 이해하는 데 도움이 될 수 있다고 믿는다. 우리는 자신이 누구인지

---

62) 처음에는 몸에서 '**어떤**' 반응이 '**어떻게**' 일어나는지에서 시작하나, 점차 몸의 **어느 부분**에서 **어떤 식**으로 일어나는지를 통해 자기-관찰을 심화하며 공부한다. 코칭 세션의 **어떤 순간**에 이를 사용할 것인가, **어떻게** 사용할 것인가는 전적으로 두-사람 관계 안에서 관계의 질적 수준에 근거해 전개된다. 코치가 언어화할 것인가, 어떤 식으로…?, 직접, 아니면 은유적으로? 이것은 수퍼비전 관계 안에서 탐색하고 훈련하는 주요 내용이기도 하다.

그러나 기본적으로 세션 안에서 '신체 반응' 다루기를 요약한다면 ①담아내기 상태에서 충분한 기다림이 기본이다. ②알고 있는 것보다는 알지 못하는 것이 더 소중하고 견딜 수 있어야 한다. ③분명해짐으로 올라오는 경우 이는 결코 '혼자 한 것'이 아님을 알아야 한다. ④고객이 먼저 아는 것을 허락하고 수용해야 한다. ⑤코치가 드러내는 것은 마지막 어떤 통찰에 기인한다. ⑥그래도 개입할 때는 최소한 적절하게 마음 그릇에 담아 올려야 한다. 모든 것은 ⑦고객 덕분이고 전적으로 고객의 것이라고 코치는 모든 것을 내려놓는다. 그렇지만 논평자가 이런 지점까지 염두에 두고 있는 것인지는 알 수 없다.

63) 다음 페이지 [부록 8-1] 참조. 다양한 강도의 접근법이 있다. 그 가운데 하나는 How to Coach Anyone: #53

(be)와 우리가 앎(know)과 행동하는 것(do)의 균형을 맞춰야 한다. 우리는 정서적 알아차림을 포함한 코칭의 모든 측면을 갖고 이렇게 할 필요가 있다.

결론적으로 다음과 같이 반복한다.

1. 코치는 수퍼바이저가 필요하다.
2. 코치는 프랙티스와 선택에 영향을 미치는 자신의 세계관, 선호도, 가정, 편견을 인식할 필요가 있다. 이런 인식을 높이면 방법과 접근 방식에서 더 신중한 선택을 하게 될 것이다.
3. 코치는 수퍼비전 관계에 영향을 미치는 수퍼바이저의 세계관, 편견, 선호, 가정을 인식하고, 수퍼비전 과정을 성찰할 때 계속 이를 염두에 두어야 한다.
4. 코치는 자신의 진정성과 프레즌스가 코치이들에게 소중하다는 점을 알아야 한다. 그것들이 코칭 세션에서 어떻게 나타나는지 - 그들이 어떻게 하는지, 그들이 무엇을 하는지 뿐만 아니라 어떤 상태이어야 하는지에 대해 주의를 기울여야 한다.
5. 다양한 범위의 방법론은 정서적, 신체적^{somatic} 코칭 접근의 지식 요소를 향상할 수 있다.

[부록 8-1] 조금 세밀하게 이야기하는 사람을 어떻게 코칭할 것인가?[64]

How to Coach Anyone: #53. How do you coach the rather **detailed talker**?
- Thomas Leonard.

- 기본적으로 기억해야 할 것

  1. 고객이 말을 많이 하고 싶더라도 결과가 없다면 코치와 작업을 그만둘 것이다. 그들이 계속하길 원한다면 어떤 결과가 일어날 수 있다는 점을 기억하라.
  2. 이야기 스타일을 변화하게 하는 기회로 활용할 수 있다. 분명 다른 사람에게도 그렇게 할 것이며, 그들도 코치와 똑같이 지루하게 느낄 것이다.
  3. 기업가들은 자신이 알고 있는 사람에게 크게 이야기하면서 속으로는 주의 깊게 듣고 있다. 이들은 무엇인가를 창조하면서 해결한다는 점을 기억하라. 최소한 코치에게 조언을 듣기 위해서 코칭 세션 중 1/2 가까이 이야기하는 기업가는 흔한 일이다.
  4. 코치가 우려되거나 짜증이 나면 이를 화제로 꺼내야 한다. 코치가 기다리면 기다릴수록 코치의 목소리에 우려와 짜증이 들어갈 것이다.
  5. 어떤 고객은 그래도 계속 말을 한다. 그들은 엄격한 기준, 경계 안내에 대한 알아차림 만으로도 유익을 얻을 수 있다.
     - 이를 직접 주제로 하는 것을 두려워하지 마라.

- 몇 가지 질문들: 관점이나 기대 없이 아무렇지도 않게 중립적으로 제기한다.

  Q. 존, 당신은 말하면서 정리하고, 문제를 해결하거나 뭔가 창조하는 그런 스타일이군요. 그런 사람인가요?
  Q. 존, 나는 우리 세션이 충분히 가치를 제공하고 있는지 확실히 집고 넘어가고 싶네요. 그동안 이 점과 관련해 확실히 집고 넘어가지 못한 것 같네요. 지금 이렇게 하는 것이 당신이 원하는 방법인가요?
  Q. 존, 나는 고객들과 상호 협력적 대화에 익숙합니다. 서로 짧게 나눠 주고 받는 게

---

[64] Thomas Leonard's How to coach ANYONE: soutions to 68 common coachin situation. 2009.

어떨까요? 당신과 함께 있으면 내가 주로 듣게 되는데 내가 들은 것을 어떻게 하면 좋을까요? 혹 내게 제안해줄 것이 있나요?

Q. 존, 당신이 좀 더 빨리 핵심으로 들어갈 수 있도록 제가 좀 안내해도 될까요? 나는 오직 세션에서 되도록 최고의 가치를 당신이 얻고 있다는 점을 확인하기를 원합니다.

Q. 존, 코칭 전에 당신의 생각/상황을 내게 이메일로 보내주면 도움이 되겠네요. 내가 그것을 읽어보면 세션 중 내가 어떻게 할지 초점을 맞출 수 있을 것입니다.

Q. 존, 그것을 한 문장으로 말하면 어떻게 말할 수 있나요?

- 마지막 코멘트

1. 나는 내가 해결하거나 알아내려고 하기보다는 무엇이 가치 있는지 내 고객이 결정하게 한다.
2. 의문이 나면 물어보라. 사람들은 성공에 이르는 매우 다양한 길을 갖고 있다. 이 점을 그들이 당신에게 가르치게 하라. 또 당신의 방식을 그들이 이해하게 하라.
3. 그들의 의식이 확장되면 그들은 더 많은 것을 얻을 것이다.

■ 토론 제안

1. 언제나 너무 세밀하게 이야기하거나, 이야기가 꼬리에 꼬리를 물고 이어지는 경우, 내용 전에 세션에서 이와 같은 특징을 보이는 고객에 대한 대응 방안을 예시한 것이다.
   - 코치의 대응 예시를 검토하면서 어떤 특성이 있는지 논의해보자.
   - 고객의 이런 이야기 특성에는 어떤 정서적 특징이 있는가? 추론해보자.
2. 고객이 이를 인식해 자신의 스타일에 변화를 주고자 한다면 어떤 접근을 검토할 수 있는가?

논평 8-2. B

앨리슨 풀런, 모즈데 타바나얀

1970년대 이후 정서emotions는 여러 학문 분야에 걸쳐 연구 관심을 끌었다. 정서는 학습과정에 내재한 요소intrinsic element이고 경영 분야의 새로운 지식을 만들어 냈다(Fineman, 1997). 조직 내 일은 공공 영역public domain의 합리적 행동인 반면, 정서는 사생활 영역domain of private life이라는 신화common myth가 일반적이다(Putnam & Mumby, 1993). 경영학 연구에서 우리는 자주 '이상적인 노동자ideal worker'로 간주하는 합리적이고 **실체 없는/비구체적인 관리자**disembodied manager[65]로 사람들을 본다(Roper, 1994; Acker, 1990). 이 때문에 작업장에서 정서와 경영에 관한 연구는 정서의 억압repression을 연구하는 것으로 인식되어 왔다(Fineman, 2000).

반면에 작업과 정서/감정emotion, 정서/감정노동emotion work, 정서/감정 관리management of emotion[66]는 노동 과정과 사람들의 관리에 관한 논의의 중심이 되었다. 앨리 러셀 혹실드Arlie Russell Hochschild의 정서-경영emotion-management의 근거를 깨는 획기적 연구 작업(1979)은 많은 직업과 산업계의 일터에서 감정/정서의 도구화instrumentalization와 조작으로 사람들에게 사랑, 기쁨, 행복 등의 긍정적 감정을 발휘하게 함으로써 자기 역할을 수행하고, 조직에 대한 헌신을 입증하도록 요구한 방식을 폭로했다(Bolton, 2004).[67] 또 두려움fear, 걱정worry, 시기심envy,

---

◆ 필자: Alison Pullen: PhD. 교수. 시드니 맥쿼리 대학 비즈니스 경제학부 조직 관리 연구. 일과 조직, 성 편집자. alison.pullen@mq.edu.au
　　Mojdeh Tavanayan: PhD. 시드니 멕쿼리 대학 비즈니스 경제학부 경영관리. tavanayan@mq.edu.au

65) 조직에서 사람은 목표와 관리 시스템의 부호화된 '사원 번호'로 알려지고, 해당 직무로 세분되고 시간당 생산성으로만 체크되는 중간 관리자, 하층 노동자다. 생산과정에서 인간으로서의 '주체'는 사라지고/소외된다. 이를 극단화한 것이 플랫폼과 시스템에 의한 관리다. 직접적, 구체적 관리는 사라지고 비구체화되고 추상화된 관리자/작업자. 그는 오직 지침과 시스템 흐름 안에서 주어진 과제만 적기에 정확히 작업을 실행하면 된다. 이런 역할은 수직 수평 관계로 짜여있다. 당연히 정서, 감정 같은 불확실성, 불규칙성 요인은 고려되지 않고 삭제된다. 누가 어떤 사람이 들어오기보다는 일정한 조건에 일치하는 사람은 들어왔다 언제든 나갈 수 있다. 그 일단의 모습과 생활 모습이 주인공이 아마존에 정기적으로 일하는 영화 노매드랜드(2021. 아카데미 수상. 클로이 자오 작품)에서 볼 수 있다.
66) 이 단어도 엄밀히 '정서 노동, 정서 관리, 정서의 경영'이다. 하지만 이는 양자를 구별하지 않고 통칭 '감정'으로 일반화해 표현하고 있기에 그대로 따른다.
67) 오늘날 노동 시간 단위로 계량하는 육체노동과 달리 '감정노동'을 추가로 제공해야 하고, 또는 감정노동 위주로 노동을 제공하는 직업이 양산되었다. 이런 감정노동의 특수성은 무시되고, 시간으로 계량해 서비스를 제공한다. 아울러 조직 문화와 조직 내 계층hierarchy에서 감정노동은 물론 동료 압박peer pressure은 감정노동을 전반적으로 강화한다. 이른바 감정/정서 관리와 과제 해결은 조직과 개인 사이의 중심 문제로 변형해 대두되어 코치의 대응을 기다린다.

분노anger 등, 부정적 감정이 직장 생활의 본질적인 한 부분이고, 그것을 표현하고 드러냄manifestation은 개인의 인격personalities과 조직 문화에 달려 있어서 이것이 조직 생활의 일부가 되었다는 것을 알게 되었다.[68] 정서적이고, 지적이고, 고객, 역할, 조직의 요구를 읽을 수 있고 그에 따라 적절한 감정을 표출할 수 있는 개인이 필요하다는 조직의 요구가 있다.[69]

코칭은 높은 수준의 정서 노동과 정서지능EQ을 요구하지만, 내장된built-in 정서를 위한 자기 관리도 필요하다. 불필요하거나 부적절한 감정/정서를 억압하면서, 촉진 과정에 적절하게 활용하게 된다. 코칭에서 정서/감정 작업, 정서/감정 관리는 데이비드와 같은 전문 코치에게는 **복잡한 영역**이 될 수 있다. 경영 학습 관점에서 보면, 데이비드가 사례에서 보여주는 학습은 일련의 합리적인 활동(반영/성찰하기reflecting, 평가하기evaluating, 통합하기integrating, 의사소통하기communicating)이라는 특징을 지닌다. 이런 과정은 감정/정서에 의해 알려지거나, 개인의 정서 상태에 의해 정동된다/영향을 받는다affected.[70] 파인만(Fineman, 1997)은 경영 학습management learning에서 정서는 사회적 맥락과 사회적으로 구성된 담론 외부에 있지 않다는 것을 분명히 하고 학습과 정서의 인지적이고 이성적/합리적인 요소를 탐구하기 위해 "cogmotion"[71]이라는 개념을 제안한다.

코칭은 역할 수행을 위한 정서 관리나, 사고thought뿐만 아니라 신체로 나타나는 성찰적인 앎reflexive knowledge과 관련 있다. 공동 논평자 가운데 한 명인 앨리슨Alison은 **자신의 몸으로 느끼는 감정**을 읽는 몇 가지 초기 질문을 던진다.

첫째, 마케팅 임원에서 리더십 코치로의 경력 변화career change는 데이비드가 실체 없는/비구체적인disembodied인 (임원)역할[72]에서 직접 고객과의 상호작용, 참여, 친밀감 증가를 요구

---

68) 이 같은 부정적 정서 관리 이슈는 조직 코칭(사내 코치 활동), 리더십 코칭에서 개인과 조직에 중요한 이슈이다. 성과 관리, 의사소통, 조직 몰입은 물론 조직 문화 혁신에 숨겨진 주제, 해결해야 하는 과제이다. 개인적, 계층별 해결하기로 밀어내기보다는 조직 문화 혁신과 조직개발에서 중요한 과제로 주요하게 다뤄져야 한다.
69) 정확하고 필요한 인재 이른바 Right men, 채용관리에도 이런 관점이 반영되고 있다. 감정 관리를 할 수 있는 리더십 역량이 요구된다. 조직내 개인의 감정 관리는 개인이 감당하는 것으로 되어 있다. 이에 호응해 조직의 정신건강 관리, 심리 경호는 코칭이 확대해 대응해야 할 영역이다.
70) 감정과 정서 모두 정동에 의해 직접 본인에게 알려지며 그 강도와 애매함 정도도 개인의 정서적 상태에 영향을 받는다. affect는 명사로 정동情動으로 번역되며, 무의식 역동의 산물로 정서에 영향을 끼친다. 그러나 동사로 '영향을 미치다'로 표현하면 많은 의미가 탈락된다. 대안으로'정동되다' '정동 받다'는 번역이 설득력 있다는 제안이 있다. '정동'은 개인 간, 집단 내부의 핵심요인을 넘어 사회, 정치로 확대하는 중요한 개념으로 연구되고 있다. 이런 문제 의식을 연상하기 위한 적절한 제안으로 본다. 참고.『정동정치』브라이언 마수미 지음, 정성훈 옮김. 갈무리. 2018.
71) cogmotion(cognition+emotion)을 새로운 단어로 만들어 제안하고 있다. cognition(인지, 인식)+emotion(정서). 즉 정서 역시 사회적으로 맥락 안에서 발행하고 사용되며, 담론으로 활용된다는 점을 강조한다. 그러므로 cogmotion을 '인지 정서'로 번역하면 어떤가 제안한다.
72) 조직 내 임원의 위치는 직접 접촉과 더불어 임원 지위와 역할에서 오는 영향력과 지시와 명령에

하는 코칭으로 **이동하고 있다**. 코칭 역할의 중심은 자신과 다른 사람(코치이)을 관리하는 데서 오는 **내재한 긴장**built-in tension이다. 그러므로 코칭은 코치가 자기self-타인 관계가 작업 관계에 정보를 제공하는 방식의 복잡성을 이해하도록 요구한다. 정서적인 반응은 항상 존재하며, 코치는 다른 사람들의 정서를 알아차려야 한다. 그러나 자기와 타인의 정서적 부조화dissonance는 코치와 코치이의 관계와 웰빙에 영향을 줄 수 있다.[73] **둘째**, 코칭의 특성상 신체는 지식과 성찰의 원천이 되고(Ignatow, 2007), 데이비드가 예상하지 못한 정서의 표면화surfacing는 개방적이고 투명하다. **셋째**, 코칭 세션에서 경험한 정서 담아주기containment는 코칭의 창발적 본질emergent nature을 어떻게 관리할지에 대한 의문을 제기한다.

데이비드의 수퍼바이저는 "코칭 세션에서 감정을 말로 드러내지 말고without voicing,[74] 자신의 감정을 인정하라acknowledge."라고 "그에게 말한 것"을 고려할 때, 그들이 그 순간에 함께 나타나는 정서들을 어떻게 처리해야 할지, 코치이와 함께하는 상호작용 안에서 그것을 어떻게 통제하고 관리하고 진행해야 할지 의문이 제기된다.[75] 또 Q.코치이의 정서/감정을 어떻게 읽고 코칭 경험과 성취 결과를 높이기 위해 어떻게 사용할 수 있는가? Q.어떻게 데이비드에게 알려진 감정/정서에 대한 성찰성reflexivity이 코칭 관계를 강화하는 방법으로 사용될 수 있는가?

데이비드가 자기에게 필요한 지식을 위해 심리학 수업으로 눈을 돌린 것을 고려할 때, 그는 코칭 관계의 정신분석적 차원을 읽고 활용하는 과정을 배웠다. 그러나 데이비드의 정신분석 방법이 그의 감정/정서와 함께 작동하는지 여부는 의문의 여지가 있다. 그렇지만 이 사례에 제시된 자료로는 뒷받침되지 못한다.[76] 여기서는 데이비드의 코칭 행동을 말로 표현하는to voice 능력이 강조되어 있다. 몇 가지 질문이 가능하다.

따라 일이 진행된다. 비구체적인 힘과 관계가 맺어진다. 그러나 코치 활동은 모든 것을 자신이 직접 해야 한다.

73) 논평자는 데이비드의 이른바 임원에서 코치로 변화를 경력 전환, 전문성 영역 확대라는 점보다는 몸으로 느끼는 정서에 대한 정당한 반응을 강조한다. 이 같은 점은 코치-되기를 위한 '존재-변화' 새로운 주체성 확립이라는 데 주목하고 이해하며 논평한다.

74) 감정을 말하지 말라는 의미로 이해된다. 논평자의 표현과 관계없이 이는 ①감정과 ②정서, ③신체반응, ④정동을 담아내기containing 상태에서 코치이와 함께 있는 것이다. 그다음 코치는 어떻게 하고 어떤 현상이 일어나는가, 이때 코치이는 어떻게 하는가 등이 당연히 제기된다.

75) 앞 논평자의 주 참조

76) 사람을 다루는 조력 활동 대부분이 그렇지만 정신분석 훈련은 학습은 물론 실제 경험을 통해 훈련한다(정신분석 받기, 정신분석 기법 훈련을 위한 수퍼비전 등). 그렇지 않으면 텍스트 분석에 활용할 뿐 실제 고객의 정서를 처리하는 능력을 갖추기 어렵다. 이런 점에서 논평자는 데이비드의 다른 심리학 학습을 정신분석 수업으로 가정해 의문을 제기한다. 정신분석을 배웠지만 훈련을 얼마나 했고, 지속하고 있는지에 문제를 제기한다.

Q. 코칭 세션이 끝난 뒤 밖으로 드러나는 정서는 어떻게 되는가?

Q. 이것들은 어떤 종류의 감정/정서인가?

Q. 긍정적인가? 부정적인가?

Q. 데이비드는 코칭 세션 뒤 자신의 감정/정서를 어떻게 관리하는가?

Q. 코칭 멘토가 있는가?

Q. 데이비드는 코칭을 한 뒤에 이 모든 감정/정서를 가지고 무엇을 할 수 있을까?

Q. 그에게 알려지지 않았거나 절대 표면화되지 않은 감정/정서가 있는가?

Q. 정서는 사라지는가, 몸 속에 오래 머물러 있는가?

사례는 응답하는 만큼 많은 질문을 던진다. 코칭에서 표면으로 드러나는 정서의 유형은 명시적이지 않다.[77] 코칭 상호작용에서 코치이나 코치가 경험할 수 있는 긍정적 감정과 부정적 감정까지 그 범위를 고려할 때, 정서의 수용acceptance이 동일하지 않기 때문에, 데이비드가 다른 사람들보다 일부 정서의 관리를 다른 정서보다 특권으로 여기는 방식을 성찰하는 것이 흥미로 울 수 있다. 예를 들어, 데이비드는 이전 경력을 고려할 때, Q.예기치 못한 정서가 표면화되는 격앙된 환경charged environment에 어떻게 반응할 것인가? Q.데이비드는 어떤 정서가 촉발될 때 정서 담아내기를 실천하기 위해 뒤로 후퇴하는가?

전반적으로, 코치로서 정서적 인식/알아차림과 성찰성reflexivity은 데이비드의 성공에 핵심을 이룬다. 성찰성은 **인지적**cognitive이고 **(몸에) 체화된** 알아차림 모두를 필요로 한다. 체화된 지식embodied knowledge은 개인이 일상생활에서 느끼고, 이해하며, 코칭 공간으로 스며드는seeping into 정서를 통해 얻는다.garnered.[78] 엘스페스 프로빈Elspeth Probyn과 같은 페미니스트 작

---

[77] 코칭대화를 통해 점차 감정이 분명하게 느껴지고, 표현이 세밀하게 진전될 수 있다. 반면에 알 수 없는 정서가 뒤따라 올라온다. 코치의 자세를 정리한다면 ①알고 있음보다 알지 못하는 것이 더 중요하고, ②알지 못함-알고 있음의 경계의 모호함이 변화되길 인내하고, ③이것들과 그 외부의 경계, 주변에도 관심을 기울이며, ④이로 인해 자기 안에서 올라오는 두려움과 불안을 견디는/기다리는 것이다. 이 순간을 윌프레드 비온은 '기억과 욕망을 버리고' 되기의 통로로 있는 것으로 설명한다. 이는 프로이트의 '고르게 떠있는 주의' 상태로 머물러 있음을 의미한다. 코칭에서 '(코치는)우주의 지혜가 전달되는 통로로 있기'와 같은 것으로 이해한다.

[78] 이에 관한 연구는 매우 광범위하다. 심리치료 분야 연구에서, 환자가 치료사 안에서, 치료사가 환자 안에서 불러일으켜지는 경험을 성찰할 경우, '느껴지지는 않지만 이미 알고 있는 경험the unfelt known'이 서로 마음 안에서 만나는 경우 마음뿐 아니라 느끼는 몸the feeling body이 관여하게 된다. 이 경우 코치의 성찰성이 두 사람 관계의 몸을 매개로 체화된 앎으로 전환된다. 또 알고 있지만 생각해 보지 않은 앎unthought known 역시 몸을 매개로 점차 드러난다. 이런 현상은 두 사람이 특별히 공모해 외면하지 않는 한 세션 안에서 ①실연되기enactment, ②불러일으키기evocation, ③신체로 구현되기embodiment 형태로 스며든다. 『애착과 심리치료』 David J. Wallin 지음, 김진숙 외 옮김. 학지사. 2012. 참조.

가들은 (다른 신체의 영향을 받은 결과, 외부적인 무엇인가에 의해, 어떤 이의 신체에 의해 영향을 받은/정동적 결과는) 우리가 경험하는 사람들과 조직에 깊이 스며든/내재된 가정과 우리가 실천하는 역할에 의문을 제기할 수 있는 잠재력이 있음을 상기시킨다.[79]

조직 연구에서 우리는 **정동적 전환**affective turn을 경험했으며(Clough, 2007), 정동affect은 조직을 이해하고 개념화하는 수단이 된다(Fotaki, Kenny & Vachhani, 2017 참조). 우리가 무언가에 대해 생각하고 순서를 정하고 평가하는 데 사용하는 신체와 구조 사이의 정동적 관계는 조직 연구에서 점차 주목을 받고 있다. 폴렌, 로즈, 타넴(Pullen, Rhodes, Thanem, 2017)은 정동 담아내기와 조직 안에서 담아내기를 위한 욕망desire을 보여준다.

몇 년이 지난 지금 이 글을 쓰고 있는데도, 그날 저녁 내 뱃 속에서gut 깊이 솟아오르는 한숨이 느껴진다. 나는 무겁고 욱신거리는 맥박을 강하게 쳤던 일을 기억한다. 나는 내 응답을 너무 통제하고, 내 몸에서 깊이 박힌 강한 감정/내장內臟의 정동visceral affects을 담아냈던 일을 기억한다. Q.이런 정동들에 굴복하면 어떤 결과가 나타날까? 정동적 담아내기affective containment는 신체의 질서와 통제와 조직화를 요구한다. 이런 내장/본능visceral에 굴복하는 것은 프로답지 않고, 무질서하고 어쩌면 히스테리적일 수 있다.[80]

코치가 차지하는 특권적 지위를 고려할 때, 코칭 만남encounter에서 창발되는 **체화된 지식**embodied knowledge으로 작업하고 관여할 의무가 있지만, 이는 "**적절한 시간**right time"까지 그것을 담아내고 있어야 한다. 프로빈은 "실천적practical 지식을 어떻게 설명해야 하는지(Probyn, 2004, p.335)" 문제가 있다고 제기한다. 왜냐하면 그것은 항상 존재하고, 우리는 이제 이러한 실용적 지식을 표면화하는 것이 토론, 교란disruption, 변화를 위한 플랫폼이

몸과 정동과 관련한 연구는 더욱 확대되어 정동과 조직 연구는 물론 사회학, 정치학 등 다학문 학제 연구를 통해 독자적 분야로 확립되었다. 『정동정치』브라이언 마수미 지음, 조성훈 역. 『정동이론』멜리사 그레그 외, 최성희 외 옮김 갈무리 2015 외 다수. 이 같은 연구는 다시 코칭에서 조직과 개인, 개인 관계, 개인의 내면과 조직/사회 등과 관련되어 추가 연구가 요구된다.

79) 논평자가 인용한 '엘스페스 프로빈Elspeth Probyn'은 글쓰기를 통해 자기 몸 안에서 일어나는 수치(정동)가 어떻게 영향을 주는지를 축으로 하여, 학문, 몸 기타 주제를 횡단하며 정동이론을 발전시킨다. 정동 결과로 드러나는 경험에 따라 새롭게 정의되는 가정, 실천, 잠재력의 가변성을 전제하고 사고한다. 결국 몸과 정동-정서에 의한 접근을 하지 않으면 실체를 담아내기 어렵다. 「수치의 쓰기writing shame」 앞 주 『정동이론』 수록

80) (조직에서 경험한) 코칭 세션 후 성찰 기록으로 이해된다. 세션에서 고객의 이야기를 듣는 코치는 몸 안 깊숙한 곳에서 느끼는 신체 반응을 감지했고, 그 경험이 몇 년 뒤에도 비슷한 상황, 심지어 몸의 반응에 관해 논평할 때도 다시 올라오는 것이다. 아마 당시 고객은 어떤 깊은 아픔이나 트라우마를 직접 아니면 그로 인해 초래된 어떤 경험을 통해 간접적으로 발화한 것으로 짐작된다.

된다는 것을 이제 성찰할 수 있기 때문이다.[81]

실례를 들면, 코칭 중 코치이의 이런 자기-성찰성self-reflexivity은 조직적으로 더 크고 지속적인 효과를 가져 올 수 있는데, 예를 들어 선임 관리자가 그녀가 폭언을 하며 직원을 대하는 관리자인 것을 알게 되거나, 조직 내 고위 임원이 자신의 도덕적 의사 결정 부족이 최근 스캔들의 원인이 되었다는 것을 승인하는 경우 등에서 알 수 있다.

코칭에서 정서를 인정/승인하고 성찰하는 것은 개인들이 코칭에서 요구되는 몸에 체화된 성찰성embodied reflexivity 뿐만 아니라, 자신의 자기 성찰성을 위해 더 많은 책임을 지도록 촉진할 수 있다. 이러한 '체화된 지식 성찰하기' 대화는 정서와 코칭 실천으로 **체화된 지식**을 잠재적으로 사용하도록 그것을 관리하는 법까지 변화하게 한다. 결국, 정동은 우리를 행동하게끔 움직이는 "내장의 주장visceral points" 또는 "예감hunches"이다(Hickey-Moody, 2013, p.81). 체화된 정동embodied affects은 우리가 처음 경험한 사건을 넘어 훨씬 더 생생하게 살아 있다.

결론

이 장에서 제시한 사례를 통해 코칭에서 정서 이슈를 다루기 위해, 우리 전문가는 다른 관점을 취했다. **신경과학 관점**은 스트레스에 직면해서 우리의 정서를 조절하는 뇌 부분이 스트레스 호르몬에 불이 켜지면, 싸움, 도망 또는 얼어붙는 반응을 보이고, 그것들이 코칭에 어떻게 적용되는지 밝혀 준다. **존재론적 관점**은 존재에 대한 알아차림과 평가의 중요성을 강조하며, 가능성을 창출하기 위해 무엇이 부족한지 확인하게 한다. 그리고 **게슈탈트 관점**은 신체와 정서의 관계에 강력히 집중하게 안내한다.

이런 모든 다른 관점은 궁극적으로 수렴되어 코치가 고객의 정서뿐만 아니라 자신의 정서를 활용하고 정보에 근거한 결정을 쉽게 하는 데 유사한 권고안을 제공한다. 사실 콕스와 바흐키로바(Cox & Bachkirova, 2007)는 코치들이 현재 자신의 어려운 정서를 다루

---

[81] 코칭 과정에서 몸-정동을 통해 드러난 것, 정동 그 자체를 담아내기 한 상태는 코치가 (억압) 거절하지 않는 한 필연적이다. 끊임없이 각주 78에서 언급한 세 가지로 출현하기 때문이다. 담아내기된 상태는 점차 새로 체화된 앎으로 발효/질적 전환이 이뤄 질 것으로 보인다. 그 과정은 각주 74, 77의 내용으로 시작된다. 그러나 이 정동은 고정되어 있지 않고, 그 존재가 지닌 것 이상의 의미를 부여하게 되며, 상대에 따라 이해가 달라질 수밖에 없다. 실용적 지식이 되는 순간 교란과 토론을 불러일으키게 된다.

는 방법을 확인했다. 이는 성찰reflection과 자기 점검self-examination, 고객과의 이슈를 적극적으로 탐구하고, 이슈를 수퍼바이저에게 가져가는 것을 포함한다. 논평을 통해 전문가들은 이런 아이디어를 반복하고, 이를 바탕으로 더 발전시킨다. 이것은 자신의 정서를 다룰 때 코치가 다음과 같이 하도록 제안한다.

- 자기 관찰을 연습하라, 마음챙김과 자기 알아차림을 끌어내고, 자기 교정self-correction과 자기 생성self-generation을 따라 한다.
- 차분함calm, 호기심, 용기, 창의성, 명료성, 연민심, 자신감/확신, 참을성patience, 인내심perseverance, 놀 수 있는 태도playfulness, 진정성, 프레즌스, 진실하고 정직한 연결감, 개방성 등과 같은 자질을 배양하고cultivate 받아들인다embrace.
- 마음챙김을 높이고 감정/정서를 다루는 법을 배우기 위해 코칭 수퍼바이저나 치료사가 필요할 때 지원을 받는다.
- 자기와 타인, 현실에 대한 평가를 구성하는 기본적 가정underlying assumptions, 세계관, 신념을 검증함으로써 관찰과 해석 능력을 개선한다.

코치이의 감정/정서를 다루는 것에 대해, 콕스와 페트릭(Cox & Patrick, 2012)은 코칭은 코치이가 역효과적인counterproductive 정서 반응을 확인하고 조절하며, 자신의 감정에 대한 힘을 얻는 데 도움이 될 수 있다는 점을 보여주었고, 그 결과 **이전에 경험했던 정서에서 자유롭게** 한다. 전문가들에 따르면, 코치들은 위에서 설명한 것과 같은 원칙을 코치이에게 적용함으로써 이것을 달성할 수 있다고 한다. 코치는 코치이가 자기 관찰을 하고, 근본적인 가정과 신념을 확인하고, 정직하고 개방적이며, 현재에 있도록 지원할 수 있다.

추가사례 8-B. 세션에서 알 수 없는 정서/몸에 접촉하기_녹취록

20회기(24회기 중) 고객은 파트너와 2박 3일을 같이 보냈다. 모처럼 어떤 죄의식이나 성생활에 대한 거부감 없이 편안하게 보낸 뒤였다. 편안한 얼굴로 들어왔고, 이런저런 일상 이야기를 시작했다. 감정일기 쓴 것, 자기를 칭찬한 것, 그리고 직장에서 하기로 한 과제도 이야기했다. 세션 대화는 천천히 주고받으며 시작되었다.

(생략)

코치1: 편안한 얼굴이네요?

고객1: 편하려고 노력하고 있어요. 그래도 마음은 항상 무거워요. 마음이 편하지 않은…. 오늘 사실은…. (잠시 침묵)[82]

오빠는 평소에 자기가 일을 잘한다고 생각하고 있어요. 그러나 팀장이나 다른 남자 팀원이 같이 일 나가서는 4시에 퇴근한 거에요. 블랙박스를 살펴보더니, "팀장이 존나 일도 못하고, 남자는 양아치처럼 일도 안하고, 둘이서 외부 작업을 위해 나가 일하다가 일찍 퇴근하니, 정말 화 나네. 나는 정말 남아서 열심히 일하는데, 너무 억울하고 계산을 때려보니 저 거리에 저렇게 일하는 것도 마음에 안 들고, 그러면서도 나갈 때 뭐 할까 챙기며 일하는 꼴보기 싫다." 그러면서, 오빠가 자기가 다른 팀으로 가고 싶다는 거예요. 그 팀에 가서 서로 협력하며 으쌰으쌰 일하는 게 너무 좋고 그러고 싶다…. (생략) 그걸 들으며, 열등감이 느껴지는 거예요. 다른 팀에 가서 열심히 일하고 싶다는 것에. 그런 이야기하는데 티를 못 내지만 내 안에서는 비교, 열등이 너무 올라오는 거예요. 나도 못느껴 보고, 팀에서 으쌰으쌰도 못 해 봤는데…. 혼자서 복잡한 감정이 올라왔어요.

코치2: 그런 열등감은, 나도 그렇게 하고 싶은 거 아닌가요?

고객2: 그러고 싶음과 동시에 오빠가 그렇게 함으로 인해 그것이 무슨 감정인지? 질투도 있고…, 뭔가 소외 받는 느낌, 그런 감정이에요…. 구분이 잘 안 되고, 못하는 것이 내 안에 있어요. 답답하고 부러우면서도…, 이 사람의 생각이 사실은 내가 만나지 않았을 때 내 생각이었어요. 팀이 으쌰으쌰 하고 같이 일도 하고 내 가치관이었는

---

[82] 고객이 말을 하는 중에 멈추고 있다. 이 침묵은 어떤 침묵인가? 요점은 여기서 코치가 서둘러 질문을 던지거나 반응하지 않고 있다는 점이다.

데…, 이 사람이 말함으로써… 빼앗겼다. … 질투도 나고, 답답함이 제 안에 있어요. 객관적으로 봤을 때 가치관, 마인드, 동료애 등 너무 좋은 말들…, 가치관을 객관적으로는 아는데, 불순한 그런 감정이 들어가니까 내게 답답함이 올라오는 거예요. (말하는 와중에 얼굴에 짜증이 가득하고, 목소리도 점점 올라갔다.)

(잠시 서로 말을 안 하고 있다.)[83]

코치3: 그것이 느껴지나요? 지금이라도.[84]

고객3: 지금요?

코치4: 네, … 눈을 감아도 좋고. 가만히 있어 보지요. 한번 느껴 보시지요. 혹시 말로 표현할 만큼만 하고(음…) 모든 다 천천히….

(침묵, 제법 긴 침묵이 흘렀다…. 6분이 넘었다.)

(고객은 도중에 눈을 감기도 하고, 머리를 돌려보기도 하고, 그러다 숨을 내쉰다.) (코치도 이를 보면서 천천히 숨을 내쉰다. 아주 천천히, 침묵이 매우 길게 느껴진다. 음….)

(고객은 몸을 뒤척인다. 희미하게 무엇인가 말을 했지만 알아 들을 수 없었다. 다시 침묵 2분여 지났다.)

고객4: 두 가지가 올라오는데…. 그럼 나는?… 음, 나를 잃어버리면 어떡하지? 나를 잃어버리면, 까먹으면 어떡하지? 그런 거예요.

코치5: 그것이 어떤 거지요?

고객5: 오빠가 거기에 집중하고, 친밀해짐으로써 나를 잃어버리면 어떡하지, 두 번째는 초등학교 3학년 때 내가 반장을 했었을 때, 그때 느꼈던 우월감 같은 것….

코치6: 그것이 서로 연결되나요?

고객6: 내가 느끼지 못한 것을 저 사람은 느꼈기에, 열등감으로 인해… 우월함 같은 거랄까? (침묵) 내가…, 내가 저런 걸 느껴보지 못했지…, 반대로 생각하면, 내가 저런 경우라면 왜 그런 마음이드냐 그런 걸 허용할 수 있다. 그런 우월성 같은 감정…, 아니 감정이, 그 감정이 올라와요. 그걸 … (침묵) 짜증 나고 분노, 그리고…. (침묵)

코치7: 그것이 내 안에서 올라왔나요? …. 가만히…, … 느껴본다면… 천천히….

고객7: 그것이 있었어요…. 어떤 두려움 불안 그런 불안이 아니라, 불안이라 착각하는

---

83) 고객의 말이 끝났다. 코치는 질문이나 반응을 이어가지 않고 다시 기다린다. 공간을 만들어 고객과 함께 침묵 상태를 유지한다.
84) 공간을 침묵으로 향유한 뒤 대화의 주제를 '정서-몸'과 '지금-여기'로 돌린다.

데 …. (침묵) 질투, 그런 거 같아요.

(침묵) (고객. 무엇이라 중얼거리나 알 수 없음) 짜증과 분노 같은 거였어요….

코치8: 그것이 분명하나요?

고객8: 두 가지는 확실하네요.[85]

코치9: 그럼 그것 말고 더 있나요?

고객9: 네… 뭔가… 참을… (알 수 없이 중얼거림) 감정이… 감정이….

(침묵 2분)

코치10: 뭔가 그림 같거나 사진, 이미지도 … 아니면 몸에…?

고객10: 내가 이런 단적인 이야기를 이야기했지만, 어… 어… 꽉 막히고 답답한, 뭐, 그런걸… 가슴이 턱 막히는…. 여기가 막히고(가슴을 만지며), 등이 결리고 결리면서 뻣뻣해지는…, 감정이…, 이미지 말씀하셔서 생각나는데, 매우 뜨거운 엄청난 불덩어리가 나를 노려보는 것 같이 느껴졌어요. 뭔가 공격적인.

코치11: 오빠 이야기를 듣는 중에 올라온 건가요?

고객11: 분노를 느낄 때 그때가 아니라도, 엄청 이글거리는 뜨거운 덩어리가 나를 노려보고 있어요. 노려보고 있는 게 화가 나서 노려보기보다는 나를 알아주지 않아서 올라오는 분노 그런 것이 내 안에 있더라구요. 그때도 괜찮다고 말을 했지만… (오랜 침묵, 눈에 눈물이 흐른다.) 왜 나는(눈물 흘리며)… 우 … 후 … (한숨을 조용히 쉬며 계속 소리 없이 눈물을 흘렸다.) 그때 그 마음을 알아주었을 때…. (침묵) (… 울며 훌쩍임…, 조용히) 괜찮았거든요. (침묵 …) 제 절실함이 속에 많이 있는 거 같아요.[86]

코치12: 자기 자신에게 화가 난다는 건 여러 번 이야기했어요. 오빠 이야기를 듣는 중에서도 나에 대한 화를 느꼈다는 건가요?

고객12: 아닌 줄 알았는데, 그로 인해 나 자신을 비교하면서, 나를 비난하고 있는 거 같아요.

(사이를 충분히 둔다.)

코치13: 지금 보기에 그때가 그렇다는 건가요? 오빠는 자기 직장에서 자기말고, 공정하지 못해서 일에 대해 화가 났는데 그 이야기를 듣고 있었어요. 그런데 그렇다

---

[85] 불안에 늘 사로잡혔는데 이 정서를 간직해 보니 불안으로 드러난 밑 정서 짜증과 분노라는 느낌이 올라오고, 질투라는 알아차림이 함께 드러난다.

[86] 이글거리는 뜨거운 덩어리 이미지는 과거 세션에서 이야기했던 것이다. 그것이 지금 다시 올라온다고 이야기한다.

는 거죠? …. 그것이 어떻게 연결되나요?[87]

고객13: 아마 그러면서 제 안에는 허전, 저 사람은 진실일까? 솔직히 그냥 오빠 이야기를 그대로 듣지 못하고, 의심 가득한 내 마음을 들으며 겉으로 티를 내지 않고 있고, 그런 나를 보면서, 그것을 있는 그대로 받아들이지 않으면서, 오빠가 동료와 친해지고, 그것이 싫고, 걱정되고, 분노, 열등감, 질투와 짜증나는…. 그러지 못하면서, 그런 나를 깎아 내리고 있는 짓을 동시에 하고 있는 내 자신에게 화를 냈던 것 같아요. 그러면서 분노하면서 나를 알아주지 않았던 것 같아요. (침묵) 내 마음을 어떻게 해야 할지, 순간적 감정들을 어떻게 해야 할지 모르겠어요. 분노, 짜증을 마주하는 게, 순간적으로 잘 되지 않아요.

코치14: 그냥 그 분노, 짜증, 불덩어리, 그런 걸 그냥 보고 듣고 있으며… 느끼는 거지요? 지난번 이야기한대로…, 표정은 어떠했는데요?

고객14: 절대 눈치 못 챘지요. 저는 응 … 응 … 하고 있었지요. 그러면서 나는 저 자신에게 '너는 왜?' 호응 하지 못하고 있는 내게 화를 내는 거지요. 응 … 응 … 등은 긍정이 아니라 저만 아는데 그냥 듣고 있는 거예요. '너는 질투를 하니까 응 응만 하지?' 못 하는 나 자신 이런 내 모습에 화를 냈던 거예요. 상대에게 호응도 못하며, 응 … 응 … 이런 거로 삭히는 거지요. 그런 나를 질타하고 있었던 거 같아요. 난 항상 이런 식이니….

코치15: 네, 잘 알았네요. 지금 한 이야기는 당시 듣고 있던 내 모습을 지금 풀어본 건가요?

고객15: 맞아요. 당시에 내 마음을….

코치16: 어쨌든 그의 말을 잘 들어준 거잖아요. 속은 더 불이 났지만…. 이제 숨을 한 번 깊이 천천히 쉬어 보실래요? 숨을 한 번 깊게 들여 마셔 보시지요. 또, 천천히 또, 천천히 또 … 가라 앉을 때까지…. 한 번 더 해보시지요…. 그때 오빠 앞에서 이야기를 듣는 자기에게 한 번 이야기해 보시지요.

고객16: 비난할 것 같아요.

코치17: 괜찮아요. 그냥 하고 싶은 이야기를 편히 해보세요.[88]

고객17: 그렇게 해야겠니. 음…, 공과 사를 구분하지 못 하는 네가 어린 것 같아…. (침묵) 그렇게 어렵니…, 뭐가 그렇게 안 될까…. (울음) 그렇게 소외감이 두려울

---

87) 코치는 조금 더 개입하듯 연결을 자극한다.
88) 막혀 있는 어떤 것을 풀어내는 듯, 말 못한 어떤 것을 언어로 최대한 표현하게 안내한다.

까…. (침묵), 언제까지 그럴 거 같애 … 언제까지…. 그러고 싶어? (침묵 한숨) (코치의 호흡 소리), 머리로는 너도 알고 있잖아. 왜 그렇게 아이처럼 아기처럼…, 너만 봐주길 바라니. 뭐가 그리 두렵니….

코치18: 따뜻한 말을 한다면?[89]

고객18: … 그래도 괜찮아. 그건 이제 내가 알아주고 있거든, 너의 그 … 무서움, 외로움 내가 알고 있거든 그래도 괜찮아. (후…, 호흡) 아기 같은 것도 알고 있어 걱정하지 마.

코치19: 네 수고 했어요. 힘드니 여기까지 하지요. 천천히…. 천천히…. 숨을 내쉬면서.

고객19: 왜 이렇게 눈물이 나는지 모르겠어요.

코치20: 잘하셨어요. 혼자, 오랜 여행인데 잘하셨네요.

고객20: 선생님이 느껴보라는 것이 이런 건가요? 내가 혼자 한 게 뭐지요?

코치21: 다. 모든 걸 다 혼자 했잖아요. 감정도 느끼고, 몸도 느끼고, 그에게 이야기도 하고.

(생략)

고객은 남친은 물론 누구하고도 이야기하거나 식사 중에도 언제나 머릿속으로는 다른 생각에 사로잡혀 있고(저는 머리가 너무 복잡해요), 마음이 산란하고, 불편하고(겉은 아무렇지 않아도 언제나 짜증이 나요), 업무를 잘하면서도 언제나 불안해했다. 깨끗한 머리로, 한 마음으로 생활하고 싶은 게 소원이라고 했다. 그녀는 이 번 세션에서 감정을 분명하게 표현하지 못했다. 알 수 없는 정서를 자세히 묘사하지 못했다. 그러나 감정, 알 수 없는 감정, 몸과 관련한 느낌, 정서, 통증을 동반한 몸의 반응 등을 잘 접촉했고 반응했다. 특히 이를 혼자하기 어려웠지만 코치와 함께 세션에서 진행했다.

■ 토론 제안

1. 세션 진행을 살펴보면서 정서와 신체 반응을 어떻게 다루었는지 검토해 보자.
    - 고객 반응의 특징은 무엇인가?
    - 코치 개입의 의도와 특징은 무엇인가?
2. 논평자의 논평에 비춰 피드백한다면?

---

[89] 혹시나 하는 불안이 염려되어 반대의 것을 언급하게 안내한다. 이것은 당연히 코치의 불안일 수 있다.

참고자료

Acker. J. (1990). Hierarchies, jobs, bodies: A theory of gendered organizations. *Genderand Society, 4*(2),139-158.

Bolton, S. C. (2004). *Emotion management in the workplace*. New York: Palgrave Macmillan.

Bresser, F. (2013). *Coaching across the globe: Benchmark results of the Bresser Consulting Global Coaching Survey with a supplementary update highlighting the latest coaching developments to 2013*: BoD-Books on Demand.

Campbell, D. J., & Dardis, G. J. (2004). The "be, know, do" model of leader development. *People and Strategy, 7*(2), 26.

Campone, F., & Awal, D. (2012). Life's thumbprint: The impact of significant life events on coaches and their coaching. *Coaching: An International Journal of Theory, Research and Practice, 5*(1), 22-36.

Clough, P.T. (2007). Introduction. In P.T. Clough & J. Hailey (Eds.), *The affective turn: Theorizing the social* (pp.1-33). Durham, NC: Duke University press.

Cox, E., & Bachkirova,T. (2007). Coaching with emotion: How coaches deal with difficult emotional situations. *International Coaching Psychology Review, 2*(2), 17-28.

Cox, E., & Patrick, C. (2012). Managing emotions at work: How coaching affects retail support workers' performance and motivation. *International Journal of Evidence Based Coaching and Mentoring, 10*(2),34-51.

Cuddy, A. (2015). *Presence: Bring your boldest self to your biggest challenges*. New York, NY: Hachette. 『프레즌스』 에이미 커디 지음. 이경식 옮김. 알에이치코리아. 2016.

Cunningham, N. (2017). *A theory of the coaching process based on the lived experience of coached executives in South Africa* (PhD. thesis),University of the Witwatersrand, Johannesburg, Wits Business School.

Fineman,S. (1997). Emotion and management learning. *Management Learning, 28*(1), 13-25.

Fineman,S. (Ed.). (2000). *Emotion in organizations*. London: Sage Publications. 참고:『복수의 심리학-우리는 왜 용서보다 복수에 열광하는가』 이재경 옮김. 반니. 2018.『비난의 역설-비난의 순기능에 관한 대담한 통찰』 김승진 옮김. 아날로그 2017.

Flores, F. (2012). *Conversation for Action and Collected Essays: Instilling a Culture of Commitment in Working Relationships*. Create Space Publishing Platform, South Carolina.

Fotaki, M., Kenny, K., &Vachhani, S.J. (2017).Thinking critically about affect inorganization studies: Why it matters. *Organization, 24*(1), 3-17.

Grant, A. M. (2012). "Australian Coaches" views on coaching supervision: A study with implications for Australian coach education, training and practice. *International Journal of Evidence Based Coaching & Mentoring, 10*(2).

Hawkins, P., & Schwenk, G. (2011). The seven-eyed model of coaching supervision. InT. Bachkirova, P. Jackson, & D. Clutterbuck (Eds.), *Coaching and mentoring supervision theory and practice* (pp. 28-40).Berkshire: McGraw Hill. 참고:『수퍼비전:조력 전문가를 위한 일곱 눈 모델』 이신애. 김상복 옮김. 한국코칭수퍼비전아카데미

Hickey-Moody,A. (2013). Affect as method: Feelings, aesthetics and affective pedagogy. In R.Coleman &J. Ringrose (Eds.), *Deleuze and research methodologies*. Edinburgh: Edinburgh University Press.

Hochschild, A. R. (1979). Emotion work, feeling rules, and social structure. *American Journal of Sociology, 85*(3), 551-575. 참고:『감정노동』 앨리 러셀 혹실드 지음. 이가람 옮김. 이매진 2009.『나를 빌려드립니다』 류현 옮김.『자기 땅의 이방인들』 유강은 옮김.『돈 잘버는 여자 밥 잘하는 남자』『가족은 잘 지내나요?』

Ignatow,G. (2007). Theories of embodied knowledge: New directions for cultural and cognitive sociology? *Journal for the Theory of Social Behaviour, 37*(2),115-135.

Joiner,W. B., & Josephs, S. A. (2006). *Leadership agility: Five levels of mastery for anticipating and initiating change*. SanFrancisco, CA: Jossey-Bass.

Koesten baum, P., & Block, P. (2003). *Freedom and accountability at work: applying philosophic insight to the real world*. SanFrancisco, CA: Jossey-Bass.

Labarre,P. (2000). *Do you have the will to lead?* NewYork, NY: Fast Company.

Lawrence,P., & Whyte, A. (2014).What is coaching supervision and is it important? *Coaching: An International Journal of Theory, Research and Practice, 7*(1),39-55.

Louis,D. (2015). *Complexity in executive coaching: Toward atheoretical framework to analyze the nature and management of multiple stakeholders and agendas* (PhD thesis), Grenoble Ecole de Management.

Passmore,J., & McGoldrick, S. (2009). Super-vision, extra-vision or blind faith? A grounded theory study of the efficacy of coaching supervision. *International Coaching Psychology Review, 4*(2), 143-159.

Probyn, E.(2004). Everyday shame. *Cultural Studies, 18*(2-3),328-349. 참고:『수치의 쓰기』『정동이론』 멜리사 그렉 외, 최성희 외 옮김. 갈무리, 2015. 수록

Pullen, A.,Rhodes, C., & Thanem, T. (2017). Affective politics in the gendered organization. *Organization, 24*(1), 105-123.

Putnam,L. L., & Mumby, D. K. (1993). Organizations, emotion and the myth of rationality. *Emotion in Organizations*, 1, 36-57.

Roper, M. (1994). *Masculinity and the British organization man since 1945*. Oxford: Oxford University Press.

Schwartz,R. C. (1997). *Internal family systems therapy* (The Guilford family therapy series). NewYork, NY: Guilford Press.『내면가족체계치료 원서 2판』 김춘경, 배선윤 옮김. 학지사, 2021. 참고:『참자아가 이끄는 소 인격체 클리닉』 Jay

Earley. 이진선 이혜옥 옮김. 시그마프레스, 2014.

Siegel, D. (2010). *Mindsight: The new science of personal transformation*. NewYork, NY: Bantam. 『마음을 여는 기술』 오혜경 옮김. 21세기북스. 절판. 추천: 『알아차림』 윤승서 이지안 옮김. 불광출판사, 2020.

Sieler,A.(2003). *Coaching to the human soul: Ontological coaching and deep change* (Vol. I, pp. 3-35, 350—357). Melbourne: Newfield Australia.

Sieler, A. (2007). *Coaching to the human soul: Ontological coaching and deep change* (Vol. II, pp.111-121). Melbourne: Newfield Australia. 참고. 「존재론적 코칭」 『코칭이론의 모든 것(이론편)』 Elain Cox 외 편집, 장환영 외 역. 교육과학사.

Silsbee, D. (2008). *Presence-based coaching: Cultivating self-generative leaders through mind, body, and heart*. SanFrancisco, CA: Jossey-Bass.

Turner, R.A., & Goodrich, J. (2010). The case of eclectism in executive coaching: Application to challenging assignments. *Consulting Psychology Journal: Practice and Research, 62*(1), 39-55.

제9장

코칭의 윤리 강령

도입

코칭 조직은 대부분 행동 강령code of conduct을 갖고 있다. 프랙티스의 "질적 수준"을 유지하기 위해 지켜야 할 사항을 설명하는 텍스트이다(Cloet & Vernazobrei, 2011, p.39). 강령code은 훈련과 인증 목적을 위한 핵심 근거 자료로 활용되며, 일반적으로 제공하는 코칭 서비스를 정당화legitimize한다.[1] 그러나 행동 강령만으로는 윤리적 딜레마를 해결하는 데 한계가 있고 때로는 위험할 수 있다(Fatien Diochon & Nizet, 2015). 실제로 코칭 사례를 구체적으로 검토한 연구(Faticn Diochon & Nizet, 2015)에서는 코치의 윤리적 딜레마 해결을 위한 강령 적용에는 세 가지 중요한 제약restriction이 확인된다고 주장한다. 1) 강령이 당면한 상황과 관련이 없거나 상대방의 합법적 권한을 제시하지 않는다. 2) 강령이 너무 인지적이거나 단순하고, 마치 겁먹은 듯 소심한timorous 단점이 있다. 3) 강령은 개인 가치와 관련한 대표적 강령으로 그들 자신을 보지 못하는 코치의 윤리에는 장애가 된다. 가치와 윤리에 관한 구체적 토론은 4장에서 볼 수 있다.

조직 관련한 비판적 연구를 더 일반적으로 살펴보면, ①행동 강령이 윤리 결정에 내재한

---

[1] 코칭 윤리와 행동 강령, 조직이 내건 핵심 역량 등은 코칭 서비스 제공을 위한 근거 자료가 되며, 코치를 방어하는 기능도 한다. 이외에도 ①코치 훈련 교재, ②자격 인증 훈련 프로그램 심사, ③전문 코치 자격 심사 등에 활용되고 있다.

정서적, 성찰적 프로세스reflexive process를 무시하고, ②규정을 준수하는 문제로 협소화하며, ③외부에서 부여된 프레임을 적용하는 식으로 윤리 결정을 축소하게 하는 한계가 있다고 밝히고 있다(Merder & Deslandes, 2017). 이 장의 두 사례는 행동 강령 적용에서 생기는 몇 가지 도전 과제를 탐구한다.

밥Bob은 **행동 강령을 따라 도망친** 코치의 사례로 제시된다. 행동 강령을 따르는 합리적 결정에 거리를 두려는 그의 정서적 직관emotional intuition과 모순되기 때문이다. 플로라Flora의 사례는 행동 강령에 의문이 제기될 때 그녀 스스로 '**자유를 포용**embracing'하는 것으로 구조화한다. 이 두 사례는 우리에게 많은 도전을 준다.

---

2) 윤리 강령 적용을 위한 훈련은 ①코칭 윤리 조문에 대한 이해, ②코칭 윤리 형성 과정과 이론적 배경에 대한 이해 ③각종 실천 상황 예시를 통해 윤리적 태도를 결정하는 훈련 ④윤리적 딜레마별 검토와 성찰을 위한 훈련 등이다.

사례 9-1. 강령을 좇아 달아나다

밥은 임상심리학 배경이 있고 30년 이상 코칭을 경험한 외부에서 온 코치이다. 어느 날, 그는 의사인 알렉스Alex가 팀 관리를 잘하도록 지원해 달라는 제약 회사의 요청을 받았다. 알렉스의 관리자와 초기 3자 회의는 비교적 잘 진행되었다. 이 회의를 통해 그는 알렉스의 관리자가 교류분석Transactional Analysis 용어로 양육적 부모자아Nurturing Parent 성향이고, "그녀는 매우 자상하고 배려를 많이 하지만 상대에게서 발견한 오류를 붉은색으로 체크할 기회를 절대 놓치지 않는"[3] 성향임을 금세 알았다.

밥은 매우 몰입하는 알렉스와 첫 코칭 세션에 만족했다. 그렇지만 놀랍게도 4회차 세션에서 알렉스는 이렇게 말했다. "많이 생각해봤습니다. 코칭 작업이 나를 아는 데 도움이 되었네요. 그러나 회사를 그만두는 것이 나를 위해 더 낫다는 것을 알게 되었습니다. 내가 보기에 이 부서에서 관리자와 함께하는 한 여기서는 미래가 없습니다." 알렉스는 남은 코칭 세션을 자신의 새로운 경력을 준비하는 데 집중하고 싶다고 했다.[4]

밥은 즉시 마음이 매우 불편했다discomfortable. 그는 코치이의 동기와 결정 이면에 있는 '이유'를 이해했다. 심지어 알렉스와 그의 관리자 사이의 역기능적 관계dysfunctional relationship를 고려할 때, 그것이 적합하다는 생각도 했다. 밥은 젊고 똑똑해 보이는 고객과 동일시identifying한 것이다. 그는 스스로 독백하듯 말했다. "결국 이 가엾은 사람은 덫에 걸리고 말았으니, 혼자 내버려 둘 수도 없고 실망한 채 놓아둘 수도 없지 않은가." 그러나 의무론적deontological 관점[5]에서 볼 때, 밥은 코칭 계약 경계 안에 머물러야 했다. 그는 자신의 불편함

---

[3] 에릭 번Eric Berne이 세운 교류분석 이론에 근거한 자아 분석으로 어버이 자아parent Ego 중 하나다. 비판적 어버이 자아Controlling parent, 양육적 어버이 자아로 나뉜다. 이외에 어른 자아, 어린이 자아(자유로운 어린이 자아, 적응된 어린이 자아) 등으로 구분한다.
  교류분석을 아는 코치는 코치이의 관리자가 관계에서 '양육적 어버이 자아' 성향으로 알렉스와 관계 한다고 파악했다.

[4] 비록 코칭 주제가 아니었어도 고객은 코칭을 통해 코칭 대화와 관계 없이 평소 숙고하던 생각이 진전되거나 고민의 결론에 다가갈 수 있다. 이는 당연히 코칭 진행과 주제에 영향을 준다. 알렉스는 코칭 주제와는 달리 경험을 통해 간접적으로 조직 내 자신의 위치, 상사와의 관계, 자신의 커리어 관리 등을 더 분명하게 정리하고, 이 같은 결정을 내린 것으로 보인다. 또 향후 남은 코칭 일정에서 주제 변경을 요청한 것이다. 코칭 계약 기간 중 이 같은 고객의 태도 변화는 충분히 있을 수 있다. Q.그러나 도대체 어떤 일이 있었던 걸까?

[5] deontological: '의무'를 뜻하는 그리스어 Deon에서 왔다. 더 넓고 추상적인 보편적 윤리 원칙을 일관되게 견지하는 자세로, 정직, 약속 준수, 공정성, 충성, 프라이버시 권리, 정의, 책임 등과 관련해 특정한 도덕 원칙들은 결과에 무관하게 구속력이 있다는 입장이다. 결과주의적 관점, 이른바 목적론적teleological 입장은 공리주의, 사회복지의 최대화에 초점을 맞춘 결과를 기준으로 한다. 반면에 의무론은 가치에 근거한 '옳은' 일을 하는 데 초점을 맞춘다. 『기업윤리 가이드』 린다 트레비노, 캐서린 넬슨 지음. 노동래 옮김. 연암사. p.92-93

을 이렇게 요약했다. "물론 내 윤리는 나약하고 억압받는 사람들을 보호하라고 말한다. 그렇지만 의무론적 관점에서 보면 쌍방의 요구를 모두 충족해야 한다."[6]

성찰 질문
- 밥의 딜레마를 이해하는가?
- 당신이 코치이/조직 중 어느 한 편을 든다면 어떤 상황 때문인가?
- 당신이 밥이라면 어떻게 하겠는가?

밥은 자신의 감정을 고객과 공유하고, HR 관리자와 코칭 계약을 재협상하자고 요청해 딜레마를 해결했다. 밥은 고객[HR]이 이를 거부했기에 어려움이 없지는 않았지만 계약을 종료했다. 의무론적인 결정을 내렸지만 윤리적 결정은 아니라고 판단한 것이다$_{estimate}$. 그는 이렇게 말했다.

> 궁극적으로 나는 강령에 근거해 합리적으로 결정했다. 나는 정서가 아니라 이성$_{reason}$에 따랐다. 따라서 의무론으로 [내] 윤리를 무시했다$_{override}$. 그렇지만 신체적$_{physically}$으로는 전혀 괜찮지 않았다. 꼭 도망가는 느낌이 들었다. 나는 이 코칭 계약$_{assignment}$이 끝나기를 정말 고대했다. 그에게 내 결정을 이야기하며 나는 코치이의 눈길을 바라보지 못했다. 상징적으로라도 개인적으로 그의 주제를 다루고 싶은 내 내면의 갈등을 그에게 보여주고 싶다는 생각이 들었다.[7]

---

6) 두 사람 모두 같은 직장에 고용된 관계라 할지라도 '상하 권력 관계'에서 보면 알렉스는 약자이다. 코치 개인 안에서 의무론적 입장과 윤리를 지켜야 한다는 결정과 충돌한다. 이를테면 ICF 윤리 강령에는 코칭에 함께하는 코치이와 비용을 지급하는 스폰서 모두를 코칭고객$_{client}$으로 정의하고 이들의 이해 대립에 민감성을 강조하고 있다.

7) 코칭 윤리에 의해 코치는 고객의 이직 결정과 이에 따른 코칭 계약 변경 여부를 HR과 재협상했다. 이는 코칭 계약을 지켜야 한다는 윤리에 근거한 행동이지만 윤리에 대한 '의무론적' 입장 때문이다. 그렇지만 개인적으로는 알렉스와 코칭을 지속해야 한다고 생각했다. 자신의 태도는 '윤리적 결정'과 의무론적 입장의 충돌로 의문을 갖게 된다. 그러나 다른 한편으로는 이 장의 제목처럼 윤리 강령을 핑계 대며 (자신의 진심을 외면하고) 도망간 것이다. 이 때문에 코치는 예시문과 같은 정서적 갈등을 겪는다. 이 같은 상황과 내면의 갈등을 어떻게 해결해야 하는가? 일단 편집자의 '성찰 질문'을 중심으로 충실하게 검토해 보자.

성찰 질문

- 밥은 자신의 이유를 설명하며 의무론과 윤리를 구별한다. 그가 의무론과 연결한 내용이 무엇이고, 윤리와 연결한 것은 무엇인가?
- 당신은 의무론과 윤리를 구별하는가? 그렇다면 어떻게 구별하는가?
- 밥이 올바른 결정을 내렸다고 생각하는가?
- 당신의 경험에 따르면, 딜레마 해결을 위해 윤리 강령을 활용하는 데 한계가 있다고 생각하는가? 있다면 그것은 무엇인가?

이 사례에 대한 짧은 버전은 다음과 같다. Fatien Diochon, P.와 Nizet, J.(2015)는 "윤리 강령과 임원코칭: 한 사이즈로는 모두에게 맞지 않는다"(Journal of Applied Behavioral Science, 51(2) 277 – 301).[8]

■ 사례 점검

위 논문은 정성적 방법과 사회구성주의 접근에 기초해 코치가 사회 행위자의 언어와 행동의 의미를 어떻게 구성, 구현하는지에 관한 연구로 프랑스 코치협회와 ICF 프랑스 챕터 소속 27명을 대상으로 한 연구이다. 연구는 임원코칭 실천에서 윤리적 행동을 유지하는 데 행동 강령의 역할에 초점을 맞추지만 본 연구는 '책을 넘어' 연구를 진행한다. 윤리적 충돌에 대한 진술을 미시적(개인/대인관계), 중간(조직) 수준, 거시적(사회적) 수준으로 구분하여 검토한다.

논문의 결론은 다음과 같다.

현재 코칭 센터에서 윤리에 관한 학문적, 전문적 대화는 윤리 강령을 기반으로 하지만, 연구 결과는 윤리적 결정을 위해 행동 강령에 의존하는 데는 **중요한 제약**이 있다는 점을 강조한다. 연구 결과는 코치들이 윤리적 결정을 내리기 위해 자신의 **주관성, 정서, 가치** 등에 추가로 더욱 의존한다고 주장한다. 우리가 분석해보니 행동 강령이 **모든 코치나 모든 상황에**

---

[8] 필자가 제시한 논문을 '사례 제안'으로 논문 취지와 결론을 첨부한다. 필요한 경우 논문 전문을 참고하기 바란다.

적합하지 않다는 점을 보여주었다. 대안은 행동 강령의 적용 금지가 아니라 개정하는 것이다. 행동 강령은 **윤리적 민감성**과 **판단력** 형성에 가치가 크지만, 코치에게 윤리에 대해 동기를 부여하고, 특성character을 강화하기 위해서 개정하는 것이 필요하다고 제안한다. 또 행동 강령의 의미와 활용을 같이 성찰하기 위해 코칭협회를 초대한다. 우리는 행동 강령의 **톤을 변경**할 것을 권고하고 **기준을 추가**하거나, **실례가 되는 사례**와 **질문을 포함**할 것을 제안한다. 또 코치 개발자들이 행동 강령을 학습 자료로 적극적으로 사용하도록 격려하고, 윤리 이슈를 주변이 아닌 암묵적으로 **코치 직무의 핵심**에 둘 것을 제안한다. 기본적으로 행동 강령이란 연구의 종착점이 아니라 출발점이며 강의를 넘어 진정한 교육을 위한 충동urge을 부채질한다.

■ 토론 제안

1. 코칭이 진행되는 동안, 코치이는 코칭을 계기로, 코칭 관계 안에서의 경험과 성과를 반영하여 새로운 제안을 하는 경우가 많다. 코치는 고객 조직과 코칭 관계자/코치이와 합의한 코칭 주제 범위 안에서 코치이와 코칭 계약 내용을 재조정할 수 있다.
   - 재조정하는 범위는 큰 틀에서 조직 고객과의 합의 안에서 진행하게 된다.
2. 코치가 직면하는 현실은 더 다양하고 직접적이다. 관련한 경험과 사례에 대해 논의해보자.
   1) 직원을 너무 옥죄듯 하는 기업, 회사가 비인간적 조직 문화를 가진 경우
   2) 상사와의 관계 악화로 심한 고통을 받는 경우 등
   - 회사의 공식 정책이나 활동과 실제 조직 내 개인이 겪는 고통의 강도는 다를 수 있다.
   - 이 같은 현실은 코칭 현장에서 의외의 상황이 일어날 수 있으며, 이때 코치는 윤리 강령 실천에 적용을 어렵게 한다.
3. 코칭 수퍼비전 관계에서 수퍼바이지 코치가 이와 관련한 다양한 딜레마를 제기한다. 경험이 있다면 필요한 논의를 해보자.
   - 수퍼비전 관계 안에서 단조로운 행동 강령의 해석과 윤리적 검토 과정에서도 해결되기 어렵다.

논평 9-1. A

길레스 아마도

이 사례는 내가 토론을 위해 선택한 코칭 프랙티스의 다섯 가지 다양한 이슈를 보여준다. ①계약의 성격과 효과 ②현실과 진실 ③코치와 코치이의 관계 ④공명resonance 과정 ⑤의무론과 윤리이다. 이 사례가 지닌 주제를 이 다섯 가지와 연결해 토론할 것이다.

계약인가 시뮬라크르simulacrum[9]인가?

코치가 조직에서 요청을 받으면, ①미래의 코치이, ②라인 관리자나 상사, ③HR 매니저, ④코치들이 함께 **3자 회의**를 갖는 일은 매우 흔하다. 이때 일반적으로 임무/사명mission, 코치이의 기술/행동 개선improvement에 관한 계약을 수립한다. 그러나 다음과 같은 일련의 문제가 발생할 수 있다.

첫째, 미션 목표와 관련해 **개인의 기술과 행동 개선**에 초점을 맞추면 코치이가 직면하는 문제에서 상사나 조직의 잠재적 책임이 그림자에 가려질 수 있다.[10]

◆ **필자**: Gilles Amado: 국제조직정신분석학회ISPSO 창립회원, HEC 파리 조직심리학 명예교수 심리학 박사. amado@hec.fr

9) 라틴어 시뮬라크롬simulacrum에서 유래하며 모조품, 가짜로 원본의 성격을 부여받지 못한 복제물을 의미하고, 시늉, 흉내, 모의 등의 뜻으로 확대된다. 사실 오늘날 우리 삶은 원본이 없어도 복사물로 가능하고, 향유할 수 있다. 모범도 흉내 수준에서 복제할 수 있다. 모조품과 흉내로 진본을 가진 듯 살고 진짜(처럼) 살 수 있다. 그렇다면 모조와 흉내/모방, 어느 것이 자신에게 진품이고 진짜 삶인가. 원본과 구별이 가능한가? 구별할 이유가 있는가? 오히려 원본, 기원을 구별하고 찾으려는 의도가 은폐하고 있는 것은 무엇인가? 등으로 사유가 이어지는 현대철학의 주요 개념이다. 필요한 만큼의 학습이 요구된다. (참고 『의미의 논리』 질 들뢰즈. 이정우 옮김. 한길사, 2000. 『시뮬라시옹』 장 보드리야르. 하태환 옮김. 민음사, 2001.)

코칭에서는 두 가지 핵심 논점이 있다. 하나는 진품, 원본을 강조하는 것 자체가 진품과 원본의 기원을 모조품과 모방을 구별하고 강조해 (과정과 의도에서) 권력과 권위를 재생산하고 지배를 유지하는 면이 있다. 진품과 원본을 강조하고 드러내며 모조와 복제를 구별하는 태도는 실은 이미 파산했다. 우리는 모조와 복제로도 진품(성)을 향유하며 그것과 관계 맺고 자신을 드러낼 수 있다. 이미 모조와 복제의 시대인 것이다. 모조와 복제로 원본, 진품(인 듯) '시늉과 흉내'로 맛보기를 넘을 수 있다. 그렇다면 ᵠ시늉과 흉내를 통해서는 진품을 소유한 삶의 '진정성'에 도달할 수 있는 것인가? ᵠ그러나 삶조차 모방과 시늉, 흉내로 가능한 오늘날 삶의 진정성은 과연 무엇인가? 우리는 '경계'를 구별하면서 곤혹함을 갖게 된다. 이른바 ᵠ모조와 복제로 다양한 삶을 누릴 수 있고, 이를 통해 삶의 진정성과 접촉할 수 있는 것 아닌가? ᵠ그러나 또 각색은 언제나 가능한 것 아닌가?

10) 우리는 이미 다른 장에서 이슈의 개인화가 개인을 희생양으로 만든다는 점, 코치가 이런 함정에 빠져서는 안 된다는 점을 강조해왔다.

둘째, 프로세스와 관련된다. 계약 단계에서 몇 가지 이유로 많은 코치이가 흉내/복제simulacrum를 할 수 있다.[11]

- 권력 이슈나 경제적 동기 때문에 합의하는 것 외에는 **다른 선택의 여지**가 없다.[12]
- 공식적으로 동의할 수 있지만 사장의 목적과는 달리, **코치를 자신의 이익을 위해 활용**하려고 할 수 있다.[13]
- 코치가 어떻게 작업하는지(그 이슈에 대한 예방 조치를 한다 할지라도) 또는 상호작용에서 실제로 어떤 일이 일어날 수 있는지 **정확히 아는 사람은 없으며**, 그로 인해 모든 종류의 오해 소지가 있는 '기대'를 초래할 수 있다.[14]
- 이런 3자 계약은 그 가운데 한 명(보통 코치이)이 초기 목적을 따르지 않을 때 이상적으로는 [이해관계자들과] **재협상되어야 한다**.[15]

현재 상황에서는 코치이 약속engagement의 질적 수준이나 3자 재협상이 이루어질지를 정확하게 평가할 수 없다.

코칭 과정에서 아젠다가 바뀌는 것shifting은 드문 일이 아니다. 어떤 코치든 밥의 딜레마

---

11) 모조와 복제, 따라하기의 시대에 우리는 누군가의 삶을 따라하고 모방하며, 흉내와 시늉을 통해 일정한 상황을 넘기고 대처하고 소비할 수 있다. 지식과 앎도 빌려올 수 있으며, 다양한 전술적 태도로 '겉 나'를 치장하고 강화할 수 있다. 논평자는 이 점에 눈을 돌릴 것을 강조하고 있다.
12) 코칭 결정은 조직 상층, 또는 자신에게 영향이 강한 쪽의 요청이기에 거절하기 힘들다. 또 코치는 코칭을 통해 수익을 확보해야 한다. 고객은 결국 '코칭받는 사람'으로 [시뮬라크르로] 복제하듯 존재한다. 회사에 잔류하기 위해서는 따라 하고, 복제하고 모방하며 자신을 맞추며 흉내와 시늉을 하는 위치에 서게 된다.
13) 코치이는 코칭 기회를 적극적으로 활용하여, (코칭 자체는 혜택이고 선택받은 것이기에) 다른 이들과 자신을 구별하고, 조직 내 지위 상승, 사장과의 간접 교신, 또는 순수한 개인의 해결 과제에 대한 무료 해결 등을 도모할 수 있다. 이렇게 한다고 조직이나 사장의 요구를 외면하는 것은 아니다. 수용하면서도 할 수 있지 않은가? 그러나 실제 내 영혼의 방향은 어디이고, 삶의 진정성은 무엇인가? 이는 자신만 아는 비밀이다.
14) 합의되고 알려진 코칭 주제를 다룬다 해도 대화 이외의 다양한 일, 새로운 통찰 등이 일어날 수 있다. 때에 따라서는 (숨겨둔) 기대의 불일치가 드러나거나 해소될 수 있다. 지속해서 생성되고 소멸하는 과정이 복사하기/따라하기/흉내, 모방하기가 이어진다. 진품, 모방, 복제의 경계가 모호해지고 각색의 의미는 부각된다. 이 같은 상황은 계약 단계에서는 절대로 예상하기 힘들다. 계약 단계는 각자의 기대가 만발하고 오해와 착각이 넘쳐나는 순간으로 이뤄진 것이 아니겠는가?
15) 계약상으로 합의된 목표가 변경된다면 적어도 HR/상위 관리자와 재협상하는 것이 이상적이다. 그렇지만 현실에서는 이것을 양자 모두 원하지 않을 수 있거나, 코치와 코치이의 공모, 또는 코치의 조정에 의해 생략되거나 은폐될 여지가 많다. 진품-복제-모방-은폐-공모-각색 등이 모두 감춰진다. 또는 알 수 없게 되거나, 지나간다.

를 쉽게 확인할 수 있지만, 밥이 회사를 떠나려는 알렉스를 회사를 떠나게 돕기 위해 코칭 목표를 재협상하려는 밥의 요청은 다음과 같은 문제를 일으킨다.

- 이 '새로운' 바람desire의 책임도 코치와 상호작용에 따라 달라지는 것이기에 코치이에게 **부담을 준다**.[16]
- 알렉스의 상위 관리자와 초기 계약을 **우회한다**.[17]
- 알렉스의 관리자를 우회하고 싶지 않은 HR 관리자에게 어려움을 **초래한다**.[18]

따라서 계약 단계에서 발생할 수 있는 흉내/복제simulacrum와 코칭 약속을 둘러싼 숨겨진 아젠다의 출현을 고려할 때, 3자 회의를 갖기 전에 각 당사자와 조기에 사적인/비공개private 인터뷰를 권한다.[19] 이런 [대응] 양식modality은 기대 사이의 불일치 가능성을 초기부터 이해하고 어려움과 단점을 사전에 예상할 수 있게 한다.

현실과 진실: 그것들을 잊어라

코치는 작업 상황의 "현실reality"이나(테스트할 수 있는 현실은 존재하지 않는다[20]), 또는 "진실truth", 즉 대화 상대가 말하는 상황 분석에 대한 타당성에 절대 접근할 수 없다. 코치는 주로 (오직?) 이른바 현실reality에 대한 지각perceptions과 필요한 주관적 분석들을 다룬다. 이는 다양한 이유와 목적을 위해 어떤 것은 의식적으로, 어떤 것은 덜 의식적으로 제공된

---

16) 퇴사/이직 의사가 코치와의 코칭 관계(대화)로 인한 것이라면 이런 결과로 나타나는 역동의 정체가 무엇인지 아직 분명하지 않다. 이는 또 향후 코칭 대화에 따라 바뀔 수 있다. 코칭 관계가 지닌 상호의존성이 불가피하더라도 코치이의 '자율성'도 살펴야 한다. 최종 의문이 남는다. ♀도대체 두 사람의 코칭-관계(대화)에서 무슨 일이 있었는가? 논평자의 이런 언급은 많은 임상경험과 이론적 깊이가 있는 의미 있는 지적이다.
17) 때에 따라서는 알렉스 상위 관리자를 우회해 HR과 직접 소통할 경우, HR의 수용성 여부에 따라 알렉스 주변 인물의 조직 생활 생태계에 영향을 준다. 고객 중심 접근, 고객 요구 수렴이 중요하더라도 코치로서는 이런 상황에 대한 섬세한 접근이 요구된다.
18) 당연히 HR로서는 알렉스의 상위 관리자를 제외하고 이 이슈를 다루는 것은 큰 부담이 된다. 이것이 두 사람 관계로 인한 것이라면 더욱 그렇다. HR은 해당 관리자와 논의를 진행할 수밖에 없다. 또 코치이 봉합되고 잠복해 있는 이슈를 수면 위로 올릴 것인가?
19) 논평자는 '공식'3자 회의전 각 당사자와 2자 회의를 충분히 진행할 것을 촉구한다. 당연히 만남에서 코치의 깊고 포괄적인 대화 능력이 중요하다.
20) "현실"이란 자기가 스스로 인식한 범위 안에서 많은 '순간'으로 이루어지고, 시간 안에서의 흐름이다. 우리는 과거가 된 기억하는 '현실'만을 검토할 뿐이다.

것이다.[21] 따라서 코치의 작업은 지각/통찰력 perception과 상호주관성 intersubjectivity[22]으로 작업하는 것을 의미하며, 이는 물론 정신분석에서 말하는 '역전이'(Sterfana, 2017) 이슈(여기서는 정서와 훈습薰習/철저히 노력 worked through해야 할 코치이의 담론 discourse에 자극된 아이디어)의 영향을 이해하기 위해 그들의 외부와 세션 동안 일어난 코치의 감정 feeling과 사고 thoughts를 알아차리는 것을 의미한다.[23]

이 사례에서 밥은 자신의 감정과 분석에 대한 충분한 데이터를 우리에게 주지 않고, 자신의 대화 상대들 interlocutors에 대한 [자기만의] 설명과 분석을 당연하게 여긴다는 인상을 준다. 예를 들어, 초기 3자 회의가 "상대적으로 relatively 잘" 진행되었다고 한다면, "상대적으로"는 무슨 뜻인가? 밥이 알렉스에 대한 양가감정 ambivalent feelings을 경험했기 때문이 아닐까 (보살피지만 판단하면서)?[24] 인지하고 있던 '역기능적' 관계로 회사를 떠나는 결정이 "정

---

21) 우리는 '현실'을 있는 그대로 다룰 수 없고 주관적으로 인식해 추출한 것만을 포착해 다룰 수 있다. 코치가 '현실'을 얼마나 깊고 넓게 파악하는가는 그의 주의집중 폭과 깊이에 달려 있다. 더욱 '진실'이란 두 사람의 '관계' 안에서 확인되는 것이다.

22) 코칭에서 상호주관성은 아직 충분히 소개되지 않았다. 철학과 현상학에 기반을 둔 용어로 정신분석을 필두로 내러티브(학), 심리치료, 코칭 등에서 주요한 입장이자 접근 방식으로 매우 광범위한 범주의 흐름이다. 중요하게 이해하고 추적할 필요가 있다. 철학에서 코칭에 이르기까지 광범위하게 연결되는 이 영향은 주목해야 할 코칭 연구 방향이다.

　[상호주관성] "본래 철학 특히 현상학 용어이며 20세기에 이르러 후설 Husserl, E.에 의해 도입되었다. 주관(체)성이 근원적으로 데카르트적 코기토(「나는 생각한다」)로서 단독으로 구축되어 기능하는 것이 아니라, 상호 교착交錯 안에서 공동으로 구축되고, 기능하는 것이며, 이러한 주관(체)성의 상호 공동성이 대상 측에 투영되었을 때 객관적 세계라는 표상이 생긴다는 아이디어이다. 그런데 프로이트는 개인 마음의「내부」를 분석하려고 했지만, 결국 전이轉移라는 어떤 의미에서 상호주체적인 현상을 통해 그것을 실행할 수밖에 없음을 깨달았다. 그리고 전이를 포착하기 위해 역전이逆轉移라는 전이와 함께 발생하는 분석가 측의 심적 체험을 어떻게 다룰지가 매우 중요하다는 점도 자각해 교육 분석을 중심으로 한 훈련을 구상했다."

　[상호주관적 접근] "상호주관성 이론은 분석의가 환자의 인생이나 인간의 발달·심리적 기능에 관해「객관적」지식을 소유하고 있다고 생각하지 않는다. 분석의가 소유하고 있는 것은 프로이트, 융도 그랬듯이, 다양한 정보원이나 인생 경험에서 유래한 그 자신의 주관적 준거 범위(개인이 사물을 파악할 때 계통적인 원리나 사상)이며, 그 준거 범위를 갖고 분석가는 분석 데이터를, 조리있게 테마나 관계성으로 조직한다. 이런 의미에서 지금까지 환자만의 프로세스 내지는 매카니즘으로 여겨져 온 전이, 저항, 부정적 치료 반응 등은 상호주관적인 현상으로 다시 파악되어야 하며, 또 경계성이나, 정신병 증상도 그것이 출현하는(치료자와의) 상호주관적인 컨텍스트 없이는 말할 수 없다는 것이 상호주관성 이론이다." 이상 小此木啓吾 편『정신분석사전』岩崎學術出版社.

23) 코치이의 주장, 대화, 태도를 경청하며, 그와 함께 전달되는 무의식적 정서가 함께 전달되고 이에 의해 코치의 반응이 다양하게 드러난다. 코치이에게서 유발된 감정과 사고를 알아차리(전이)고, 이에 대한 코치 자신의 반응을 코치가 인지하는 특별한 성찰을 세션 중, 세션 후에 지속한다. 코치는 이 과정을 통해 자신의 역전이 반응을 인식하거나 구별하게 된다.

24) '상대적으로 잘 진행 되었다'라는 내용은 사례 제시문에 논평자가 언급할 만한 그런 표현이 없다. 다만 상대적이라는 것은 대상(성격)과 대상과의 관계와 그 다양성, 이를 보는 관찰자의 시점에 따라 다르고 이 전체는 또 시간에 따라 달라진다. 상호주관적 관점에서 보면 코치이의 반응을

당하다"고 생각하는 것은 위험하지 않은가? 코치가 자신의 코치이가 "약하고 억압당하고 있다"는 느낌을 받는다면 그런 경험은 다른 곳에서 다시 일어날 위험이 있지 않은가?[25]

보호하는가 또는 공모하는가?

'현실'과 '진실'에 접근할 수 없으므로, 코치로서 의무론적 작업을 실천하는 유일한 방법은 대화 상대의 '감정'과 '사고'로부터 합리적인 **거리를 유지**하는 것이다. 이것은 동일시identification가 아닌 공감empathy을 필요로 한다. 공감은 거리가 폐지되는 동일시의 공모collusion를 피하면서 코치이가 표현한 내적 현실inner reality의 무언가를 파악하기 위한 **영구적인 노력**이다. 프랑스 작가 몽테뉴Montaigne는 친구 라 보에티La Boétie에 대해 "왜냐하면 그가 그랬고, 내가 그랬기 때문이다Because it was him, because it was me."라고 말했다.[26]

코칭이라는 이중 상황dual situation은 자주 보호protection와 '동일시 과정'을 자극하는 경우가 많다는 것을 인식해야 한다.[27] 코치의 개인적인 성공이 코치이의 성공에 달려있다는 것도 그 이유이다. 또 다른 하나는 코치가 코치이의 지위 획득을(때로는 꿈에서조차) 바랄 수도

일방적으로 설명할 수는 없다. 논평자는 고객에 대한 코치의 내면에 '보살핌-판단' 두 태도를 무의식적으로 유지했고 이에 따른 코치이의 반응에 따라 자신의 변화 역동 등이 드러났을 수 있다.

25) 상사와의 역기능적 관계만으로 떠나는 것이 갖는 코치이의 재발 위험성, 코치가 떠날 경우 조직 내 재발 우려를 감지하는데도, 계약과 현재 윤리 행동 강령이 주는 엄밀함을 유지해야 한다. 계약이란 냉정하고 분명한 것이기에 지켜야 한다. 그러나 코치의 코치이에 대한 양가감정과는 별도로 코치이 삶의 패턴이거나 그렇게 될 가능성이 있다는 점에 대한 '인간적' 관심이 유지된다. 그러나 밥의 **내면**에서는 약자 보호의 울림이 있고, **현실**은 조직과 (코치이 포함) 계약 관계를 지켜야 하고, **코치-세계**에는 이를 보장해 주는 윤리-강령이 있어 이를 **단지** 지키면 그만이다. 코치는 코칭이 갖는 인간 사이의 (진정한) 연대, 휴머니즘은 내려놓고, 자신의 의무론적 철학도 내려놓아야 한다. 이 점은 마치 이런 시가 연상된다. 마치 박인환의 시 '목마와 숙녀'가 읊었듯, 그저 버지니아 울프의 생애를 '이야기'만 하면 되고 한 잔의 술로서 달래면 되는가? 삶과 세계의 비극성이 코칭-관계에서도 여전하다.

26) 원문의 전체 문장은 'If I am pressed to say why I loved him, I feel it can only be explained by replying: 'Because it was he; because it was me.' 내가 왜 그를 사랑하는지 말하는 것은 부담스럽다. 나는 단지 다음과 같이 대답해야만 설명이 된다. 왜냐하면 **그가 그랬고, 내가 그랬기 때문이다.**(출처: https://www.goodreads.com/quotes/685860-if-i-am-pressed-to-say-why-i-loved-him 본문 문장으로 검색. 2021.3월 21일 검색) 이는 동일시가 아닌 거리가 분명한 공감으로 확인되는, 우리는 사랑을 확인하고 있다는 의미로 이해된다.

27) 코치≒코치이가 상호 개입하는 가운데 영향을 주고받는다. 이런 과정에서 코치는 코치이의 의도나 조정에 의해, 코치 자신에 의해, 상대를 '보호'하거나 '동일시'로 자극받는다. 이를 알아차리기 위해서는 ①실천 중 성찰을 넘어, ②실천 직후 성찰, ③이후 실천 전체에 대한 성찰, ④향후 성찰에 대한 성찰이 필요하다. 더욱 지난한 되새김 과정의 반복은 그 만큼 이를 구별해 내는 코치의 성장을 촉진한다. 관계 안에서의 성찰과 코치의 자립적인 성찰 지속성은 수퍼비전의 주요 목표이다.

있다는 점이다.[28]

현재 사례에서 밥은 "양육적 부모 유형인 매니저에 의해 함정에 걸린"(코치의 마음이 긍정적이지 않은 것을 단서로 해) "젊고 똑똑한" 남자 고객과 동일시한다고 고백한다. 의심할 여지없이, 밥이 코치이에 대한 동일시와 그의 상사에 대한 역-동일시counter-identification 가능성은 그가 적절한 한 거리를 유지하는 데 도움이 되지 않았다.[29]

공명적 과정의 비예측성

때로는 유사한 집단적 공명이 일어난다 해도, 상황과 단어가 각 개인의 마음과 뱃속 깊은 곳guts, 정신psyche에서 다르게 공명한다는 점에서 개인은 서로가 다르다(Amado, 2010). 대부분 공명 과정resonance processes은 그 효과를 일반적으로 예측할 수 없기 때문에 예상하기 어렵다. 우리가 다른 사람을 다치게 하고 싶지 않더라도 이런 일은 놀랍게도 일어날 수 있다.

---

[28] 논평자가 보기에 코치는 코치이가 코칭받으며 빠르게 성장하고, 승진하고, 획기적인 변화로 성과를 냈으면 하는 로망이 있다. 그렇지 아니한가? 자기도 모르게 코치이가 상사에 대해 일으키는 (부정적) 전이를 받아 코치는 자기도 모르게 그의 상사에 대한 역-동일시를 하고 있다. 심지어 코칭 성과로 자신도 함께 영광이 있기를 기대하고 있지 않은가? 그러나 이봉주 선수가 '페이스 메이커'로서 역할이 지대했고, 황영조 선수가 마라톤에서 홀로 들어오고 스포트라이트를 받듯 성과는 온전히 고객의 것이어야만 한다. 당연히 코치는 이를 잘 알고 있지만 언제든 코치의 고객 동일시 함정에 빠질 수 있고 결코 벗어나기 힘들다는 점(코치와 세션 안에 언제나 상존해 있는 함정)을 지적하고 있다.

[29] 코치는 알렉스의 상사를 교류분석 입장에서 양육적 부모 자아Nurturing Parent ego. NP 유형으로 파악한다. 이는 비판하기보다는 먼저 배려하고 격려하며 긍정적 메시지를 주는 유형이다. 그러나 반대로 과잉 보호/돌봄을 명분으로 지나친 간섭, 또는 말은 하지 않으면서도 작은 실수라도 정확하게 알고 체크해 두는 유형이다(이는 보이지 않는 큰 압박이며 무의식적 조종이다). 아이가 마마보이가 될 수 있다. 알렉스는 어떤 느낌이었을까? 무력감을 느끼든, 자율성이라는 이름하에 조건 지음 당하거나 주체적 역량 확대가 박탈될 수 있다. 밥은 먼저 알렉스의 긍정적 요인에 동일시하지만, 다음은 알렉스가 상사에게서 느끼는 좌절감을 동일시하며 받아들이게 되며, 알렉스가 상사로 부터의 거부/탈출하고자 하는 부분도 같이, 즉 알렉스가 동일시 한 부분을 (역)동일시한다. 다르게 보면 알렉스의 것에 동일시한 밥이 알렉스의 상사에게 (다시)동일시한 것으로도 볼 수 있다. 다만 어느 것이 먼저인지는 알기 어렵다. 알렉스의 것이 밥에게 들어와 식민지를 구축하고, 밥의 일부가 된 식민지가 상사에 대해 반응/반대한 것인지 알기 어렵다.

역동일시counter-identification란, 영어권에서는 분석가가 무의식적으로 자신의 피분석자와 동일시하는 것을 말하며 역전이적counter-transferential 태도를 가리킨다. 어떤 프랑스 연구자들은 대상이 두려워하거나 동일시하기를 거부하는 대상에 대해 똑같이 (따라서) 반대하는 성격 특성, 추동drive 경향, 방어모드가 되어 대상에 대한 태도를 채택하는 것을 가리킨다.

인용: Fliess, Robert. (1953). Counter transference and counter identification. Journal of the American Psychoanalytic Association. 1, 268-284. https://www.encyclopedia.com/psychology/dictionaries-thesauruses-pictures-and-press-releases/counter-identification(2022.03.38 수집)

여기서 밥은 알렉스의 결정을 예상하지 못한 것 같다. 밥이 회사에서 알렉스가 성공하기를 너무 많이 동일시했기 때문인가? 세션 중 얻은 정보가 그를 잘못 인도했기 때문인가? 알렉스의 결정은 단순히 세션 중에 일어난 **예측할 수 없는 공명**의 결과 때문일 수 있다.[30]

내 개인적인 견해는 이런 예측 불가능성 때문에 코치는 계약서에 서명할 때 조심해야 한다는 것이다. 코칭 상황에서는 **숨겨진 의미와 소원**을 드러낼 수 있으며, 이런 소망을 인지하면 코치이는 어색함/억제inhibitions에서 해방될 수 있다. 진정으로 코치이를 돕고자 하는 **코치를 보호하기 위해** 이런 가능성은 인정되고 받아들여져야 한다. 다만 신비로운 공명 과정을 '통제'하는 한 가지 방법은 코칭 세션이 끝날 때마다 시간을 두고 검토하고, 초기 코칭 목표와 관련해 우리가 어디에 있는지 정기적으로 점검하는 것이다.[31]

의무론과 윤리

이 사례에서 밥의 이유reasoning를 그의 딜레마로는 따라가기가 어렵다. 이유 대부분은 위의 관찰과 연결되어 있다. 사실, 밥의 강한 죄책감(그는 알렉스의 눈을 똑바로 보지도 못했다)을 초래한 그런 딜레마는 모두 계약 협상에서 취해진 불충분한 배려care와 코치이와의 정서적이고 "비합리적인irrational" 공모/담합과 관련된다. 여기서 우리는 '투사적 동일시' 메커니즘을 지적할 수 있다(Roth, 2005). 결국 회사를 떠나는 것이 알렉스에게 그리 나쁜 선택이 아닐 수 있다. 어쩌면 최선의 해결책일지 모른다. 누가 알겠는가? 코칭이 아마도 **과도기적**이고 **안전한** 공간이었을지 모른다(Amado & Ambrose, 2001; Amado & Vansina, 2005).[32] 알렉스는 해롤드 브리저Harold Bridger(타비스톡 인간관계 연구소 창립 멤버의 한 사람)가 말한 바와 같이 "**좋은 사건 사고**right accident가 일어나도록" 최선의 결정을 내릴 필요가

---

30) 이런 '예측할 수 없는 공명'은 코치이와의 관계에서 공명판으로 존재하며 결국 함께 공명하기에 쉽게 거리 두기가 어렵다. 코치가 예측하거나 알아차리는 경우와 달리 예측할 수 없다는 점에서 수퍼비전이 요구된다.
31) 이것이 바로 '성찰 중심 코치 활동'이며 주 27에서 보듯 네 가지 성찰포인트가 중요하다. '코치이를 돕고자 하는 코치를 보호'하기 위해 코치이의 자유로운 소망 표현과 코치의 (신비로운) 공명 모두를 허용하면서도 코칭을 위해 '성찰' 역시 중요하다는 것이 논평자이 주장이다.
32) 양육적 부모 자아 성향의 상위 관리자, 기타 조직 조건에서 갈등해온 알렉스는 코칭 관계 경험이라는 '안전한 공간'에서 이직을 숙고하고, 이직하기 전 이직하는 과정을 염두에 두고 구상하는, **행동하기 전 행동 과정을 숙고**하는 이동 전 '과도기 공간'이자 실험실로 활용했다. 이를 통한 결론을 밥에게 이야기했다고 볼 수 있다. 코치가 제공한 **안전한 공간**이자 **과도기적 공간**이다. 멀리서 보면 밥과의 코칭 공간은 우주로 향하는 발사 공간(기지)일지 모른다는 점에서 변화/성장, 질적 비약을 모색하는 정거장이다.

있었다.[33] 이런 가설과 관련된 한 가지 언급indication은 코칭 덕분에 그가 "많은 생각을 해 왔다."는 선언으로 코치이 자신이 직접 제시했는데, 이것이 그가 회사를 떠나는 것이 더 낫다는 것을 깨닫는 데 도움을 주었다. 따라서 코칭은 밥이 코칭 계약의 목표를 달성하는 데 도움을 줄 수 없었을지라도, 코치는 알렉스의 개인적, 전문적 발전의 관점에서 보면 성공적이라고 여겨질 수 있다.[34]

어떤 면에서는 코치이에 대한 밥의 애착이 엄마의 애착과 비슷하다. 그러나 알렉스는 어린애가 아니다. 게다가 그는 코칭 경험을 통해 성장했고, 회사를 떠나기로 한다면 계약이 이미 조기에 끝난다는 것을 잘 알고 있을 것이다. 나는 밥이 자신을 상상 속의 '약한' 알렉스와 자신을 동일시하면서(학대당하고, 거부당하고, 심지어 버림받는 것) 자신의 두려움을 투사했을지도 모른다고 생각한다. 그런 불안감과 회사에 대한 **배신감**betrayal[35]이 뒤섞인 것이 밥 "내부 갈등"의 근원이 되었을지도 모른다.

더 일반적으로, 나는 계약과 코치의 개인적 윤리가 명확할수록 윤리와 의무론이 갈등하는 것처럼 보일 때 결정을 더 쉽게 내릴 수 있다고 말하고 싶다. 그렇다고 해서 이런 긴장

---

33) Harold Bridger(1909-2005) 정신분석가이자 조직 컨설턴트로 경영분야에도 큰 영향을 끼친 인물이다. 2차 세계대전 참전 후 윌프레드 비온과 함께 현재 우리가 외상 후 스트레스 장애라 부르는 사람들 관련 집단분석을 함께 연구했다. 타비스톡에서 정신분석 훈련을 받은 후 타비스톡 인간관계 연구소 창립 12인 가운데 한명이 되어, 사회공학 시스템 이론과 집단 역동에 대한 경험적 과정을 개발했다. 처음에는 개인 치료를 위한 집단 역동 방법에 관심이 있었으나, 회사 조직과 작업하면서 집단의 발전을 방해하는 '표면 아래below the surface' 과정을 발굴하는 데 관심을 집중하였다. 이런 노력은 비즈니스 압력에서 벗어나 자유롭게 탐색하고 다른 시도를 하는 '**전환 공간**'이라는 아이디어를 개발하고, 작업1의 우선순위에서 벗어나 작업2의 더 큰 질문과 자신이 속한 시스템을 이해하게 제공했다. 이런 이중 작업 능력 개발을 돕는 일주일간의 체험프로그램으로 'Working Conference' 작업을 개발했다. https://www.bayswaterinst.org/harold-bridger/ (수집일 21.3.14)

위니캇Winnicott의 연구를 바탕으로 '변화를 위한 과도기적 접근'이라는 아이디어를 개발해 새로운 준비, 관계 및 작업 실천을 테스트하고 배우고 개발할 '과도적인 장소transitional places'가 포함된 경우에만 변화에 성공할 수 있다고 생각했다. Working Conference는 곧 이중 과업double-tasks 라인으로 진행하는 과도기적 기관으로 개발, 이는 사람들이 새로운 방식으로 조직에 대한 생각을 발전시킬 수 있는 공간을 제공하기 위한 것이다.
https://www.ispso.org/membership/member-news/obituaries/harold-bridger-1909-2005/(수집일 상동)

34) 코칭 계약을 떠나 코치이가 진정으로 자기 원함과 선택을 했다. 남는 문제는 코치가 짊어져야 하지만 코칭 자체는 성공한 것 아닌가하고 논평자는 문제를 제기하고 있다.

35) 배신감의 정체는 무엇인가? 코치이가 주제가 바뀌었고, 회사(HR)의 동의를 끌어내지 못해 의무론적 입장과 현실이 갈등을 빚고 있다. 이런 갈등이 회사에 대한 배신감으로 발전했다고 볼 수 있다. 알렉스가 회사 상사, HR에 대해 가진 정서와 만나 밥의 배신감이 자극되었을 수 있다. 여기서 알렉스의 정서=밥의 배신감이 같은 것인지, 차이가 무엇인지 궁금하다. 코치가 차이를 느끼거나 어떤 애매함과 불확실성이 있다면 알렉스의 정서를 언어화하게 할 수 있고, 자신의 배신감과의 차이를 구별할 수 있다.

을 쉽게 관리할 수 있다는 뜻은 아니다. 심리학 임상 배경을 가진 자신의 행동을 정직하게 탐구하는 매우 경험이 풍부한 코치조차도 그런 딜레마에 갇힐 수 있다. 이것이 이 사례의 교훈 가운데 하나이며, 밥의 관대한 '투명성transparency'에 큰 감사를 드린다.[36]

■ 토론 제안

1. 논평자의 관점과 입장이 예사롭지 않다. 논평자가 제기한 문제를 충분히 논의해보자.

    1) 단순한 계약인가 시뮬라르크인가?

    - 복제와 모방, 흉내와 시늉, 진본/원본으로 드러내는 권력 질서와 민주주의적 향유, 삶의 진정성 등 [각주 9]과 그 이후의 주석에서 제기하는 주제를 탐색해보자.
    - 코칭을 통한 변화와 변형이 '겉 나'의 치장이나 모방, 각색을 넘어설 수 있는가? 모방과 각색의 시대에 삶의 진정성은 어떻게 확인할 수 있는가?

2. 의무론적 입장에서 코칭 계약과 윤리에 대한 갈등과 고민, 코치의 근본적 고민에 대해 검토해보자.

    - 코칭이 제공하는 안전하고 과도기적 공간을 잘 활용한 알렉스
    - 현실에서 정서가 아니라 이성에 따라 의무론을 포기하고 HR과 재협상한 코치 밥의 태도
    - 이에 대한 논평자의 지지와 해석

3. 밥의 사례가 주는 투명성에 감사하며, 철저하게 밥을 분석한 논평자의 분석을 검토해보자.

    - 의무론적 입장에서 갈등했던 밥의 태도를 밥이 가진 근본적인 애착과 알렉스에 대한 동일시에 의한 반응이라고 지적하고 있다.

---

36) 밥의 진정성과 개방, 논평자의 깊은 통찰과 내적 검토가 이 같은 훌륭하고 더욱 진전되는 논평을 구성할 수 있다. 이런 탐구가 부럽다.

논평 9-1. B

앨리사 프리스

밥의 딜레마는 많은 임원코치가 직면하는 이슈이다. 의무론적 관점에서 그는 고객 조직과 합의한 계약의 경계 안에 머물러야 했음을 느꼈다. 밥은 코치이 알렉스에게 공감하고 그가 결정하게 된 동기와 근거를 이해한다. 그래도, 밥은 자신이 "양쪽 당사자의 필요를 모두 충족시켜야 한다."라고 느꼈다. 이런 그의 행동은 윤리와 관한 '의무론'의 입장을 따른 것이다.

밥과 비슷한 경험을 했던 다른 사람들의 딜레마도 '고객'과 분명한 계약이 때로는 긴장을 완화할 수 있다는 점이다. 코칭 상황에서 고객이 누구인지 이해하는 것은 복잡할 수 있다. '고객'과 함께 선행[초기] 작업 upfront work을 많이 할수록 **코칭에 대한 올바른 결정**과 '**계약의 경계**'를 **준수**라는 두 영역이 더 쉽게 일치할 수 있다. 밥은 30년 코칭 경험을 쌓았지만 계약 기간 중 아직도 해결해야 할 딜레마에 자주 부딪힌다. 계약이 명확해야 할 이유는 필수적이다.

> 코칭은 서비스를 제공하는 코치, 코칭에 참여하는 코치이, 비용을 지급하는 고객 사이에 삼각관계를 형성한다. 실제로 고객은 이해관계자의 **집합체**이다. 대체로 코치이의 사장, 핵심 관리자와 HR 부서를 포함한다. 관련된 모든 사람이 **공통의 유익** common good만이 아니라 자신의 이익을 진정으로 증진하는 목표에 **명시적으로 동의**할 때 코칭은 성공한다(Sherman & Freas, 2004).[37]

> 우리는 계약할 때 다음과 같은 가능성을 염두에 두고 논의한다.[38]

◆ **필자:** Alyssa Freas: PhD. 임원코칭 네트워크 경영자 및 창립자. Inc.®alyssa@excn.com

37) 고객이 한 명이 아니라 집합체이기에 이해관계자들 사이의 차이를 조정해야 한다. 대립, 갈등이 있고 코칭 여정에서 ①언제나 변화할 수 있다는 점, ②공동의 '유익'으로 연결하고 기본적으로 이를 보장해야 한다는 점, ③계약이 구두가 아니라 명시적으로 글과 서명으로 확인하는 것(과정)이 필요하다는 점 등을 강조하는 것으로 이해된다. 코칭 과정에서 변화를 위한 실천행동을 지원하는 '상호 책임관계(환경/사람)'를 확인해야 하기 때문이다. 이외에도 ④코칭을 바라보고 기대하는 요인 (조직 내 소문과 관심, 기대)이 있다. 이런 관계 그물 망에서 고객을 이해할 필요가 있다. 아울러 이런 관점을 청소년 코칭, 커리어 코칭 등에 구체적으로 적용하게 될 경우 다양한 응용이 가능하다.

38) 구체적인 내용을 모두 계약서에 담을 수 없지만 계약 전 코칭 아젠다 설정 시 이해관계자와 HR 등과 예시된 논의가 필요하다. 이때 각 내용에 대한 조직 입장을 확인하며, 코치의 윤리적 입장, 코치의 소신과 원칙 등에 대한 설명과 합의가 필요하다. 다음에 제시된 질문, 또는 내용을 확인해야 한다.

- 코치이가 해고되면 어떻게 되는가?
- 코치이가 새로운 직업을 구하면 어떻게 되는가?
- 고객이 코치이를 다른 자리로 이동시켜야 한다면 어떻게 되는가?
- 조직은 코치이가 현재 위치에서 성공하기를 간절히 원하지만, 코치가 "가능하지 않다."고 말해야 한다면 어떻게 되는가?
- 이사회가 CEO가 요구하는 코칭에 포함되지 않는 것을 원하면 어떻게 되는가?

계약으로 가능한 모든 상황을 미리 예측할 수 없지만, ①명확한 계약으로 **경계** 확립에 대해 정의 내리고, ②그 과정에서 고객과 의사 결정자를 구별하며, ③[코치] **역할**을 분명히 하고, ④코치가 더 명확하게 설명할 기회를 충분히 얻을 수 있다.

밥이 "편 들기"를 원하면서도 의무론으로 인한 윤리 준수는 알렉스가 다른 회사로 갈 준비를 도와주지 못하는 것에 대해 변명해야 할 "인지된 의무perceived duty"가 있다는 점을 알게 한 것이다.[39] 코치는 ①목표를 명확히 하고, ②고객이 누구인지 분명히 하고, ③코칭 프로세스의 성공에 대한 책임이 있는 사람이 누구인지 모두가 알도록 보장하고, ④성공 측정에 대한 합의를 얻어야 하는 명예로운 일을 일관되게 해야 한다. 코치는 이 모든 것은 코칭 과정의 **초기 단계**에서 해야 한다.[40]

이것은 게임이 아니다. 코치는 치어리더cheerleaders나 옹호자advocates가 아니다. 우리는 시스템에 봉사하므로 "편을 드는" 일은 없다.[41] 우리는 리더, 팀, 조직이 최고가 되게 하고, 그

---

[39] 논평자는 밥이 윤리에 대한 의무론적 입장, 고객과 계약(이미 서로에게 인지된 의무)을 들어, 알렉스의 남은 회기를 이직 준비와 관련한 코칭 요구를 거절했다. 즉 윤리 강령을 좇아 이 상황에서 회피/도망갔다는 이 장 편집자 주장과 같다. 하지만 이런 태도는 때에 따라서는 알렉스에게도 코치가 이미 알고 있는 "인지된 의무"는 자신에게도 있다는 인식을 자극한다.

윤리에는 의무론적 입장 외에도 목적론적 입장이 있다. 의사결정이나 행동의 결과에 집중한다. 공리주의에 바탕을 두며 특정 상황에서 대안들과 각각의 결과들(피해/효용)뿐 아니라 이해관계자들까지 체계적으로 파악하는 방식으로 윤리적 딜레마를 접근한다. 이 입장은 가장 윤리적인 **결정은 사회에 대한 효용을 극대화**하고 **피해를 최소화**해야 한다는 입장이다. 결과적으로 모든 사람에게 다 좋은 최선의 길이 있다는 입장이다. 참조.『기업윤리 가이드』린다 트레비노, 캐서린 넬슨 지음. 노동래 옮김. 연암사. p.88-92.

[40] 이것은 코치의 철학적 지향이 다르다 할지라도 해야 할 기본적 태도로 논평자는 강조한다. 초기 단계initial phase가 지닌 중요성은 계약 회기 수와 코칭 종결 시점 등에 따라 다를 수 있다. 하지만 변화의 여정에서 의미를 지닌 '초기 조건의 민감성'을 고려해 볼 때 초기 단계에서의 합의와 조율은 여정 전반에 영향을 준다.

[41] 매우 단정적인 표현이다. 고객과 적절한 거리 두기가 필요한 상황에서 코치 포지션의 원칙을 강조한 것으로 이해된다. 그러나 코치는 때로는 달리는 고객을 '응원하고', 고객의 독특한 주장을 이해하고 지지하는 팬이자 옹호자를 자처할 수 있다. 다만 이는 코칭 관계에 뿌리를 둔 회기 중의 작업이다. 또 코치로서는 의식적인 판단 하에 적절한 양으로 조절해야 한다. 특히 고객의 '의존성' 관리를 염두에 두어야 한다.

들과 조직이 최고의 성과를 달성하도록 영감을 주고inspire, 스스로 할 수 있다고 생각했던 수준을 넘어 서도록go beyond 코칭한다.

밥이야 불편했지만, 그는 계약과 조직에 했던 약속을 지켰다. 그는 성실하게 그 과정을 헤쳐 나갔다. 밥이 작업 시작하기 전에 자신의 개인 윤리관을 분명히 했다면, "나는 알렉스의 이슈를 코칭하고 이를 비밀로 할 것이다."라고 말할 수 있었을지 모른다. 그가 자신의 진정한 고객은 알렉스라고 생각한다는 점을 조직에게 말했기 때문에, 알렉스가 곧 떠날 것이라는 어떤 우려[자체]는 전혀 하지 않을 수 있다.[42]

우리 경험상, 코치의 자기-알아차림self-awareness은 개인의 취약점vulnerabilities, 관점perspective, 정치적 신념, 철학, 의견 등이 조직과의 계약을 복잡하게 만드는 것을 막는 데 도움이 될 수 있다. 코치는 과정 중 어려움을 피하기 위해 사전에 조직에 **솔직하게**explicit 말해야 한다.

예를 들어, 각 당사자 사이의 초기 대화에는 코치가 조직이나 개인에게 물질적 해material harm를 끼칠 수 있는 상황을 알게 되면 정보를 알릴 의무가 포함될 수 있다.[43] 또 이런 대화에는 코치가 관계를 종료하는 것이 적절하다고 느낄 수 있는 상황의 예도 포함될 수 있다. 이를테면 비윤리적인 일을 하도록 요청받는 상황이다. 임원코치가 무엇을 하고 무엇을 하지 않는지 설명하는 것 역시 좋은 생각이다. 코치는 ①정신과 의사나 ②고용된 직원, ③경영 컨설턴트, 또는 ④재취업 알선 회사원이 아니다.[44]

정직하게integrity 행동하고, 옳은 일을 해야 한다는 것을 알고, 높은 수준의 윤리적 통합성을 갖고 행동하는 것은 고객 조직과 코치이를 위해서도, 특히 임원코치에게도 마찬가지로 보편적으로 중요하다. **북극성**은 예상치 못한 상황이 발생하면 코치를 안내한다.[45]

---

42) 밥이 자기 윤리에 대한 의무론적 입장에 충실할 경우 이를 깨끗하게 의사표시할 수 있다. "조직과 알렉스를 위해 코칭을 결정하고 지원한 것에 감사드립니다. 저는 조직과 알렉스를 위해 최선을 다 할 것입니다. 하지만 제가 진정으로 도와야 할 사람은 알렉스입니다. 때로는 그를 위해 그의 비밀 내용을 코칭할 수 있습니다. 이 점을 양해할 수 있지 않을까요?"

물론 밥의 고객은 조직과 알렉스이지만 진정한 고객real client은 알렉스이다. 하지만 알렉스(알렉스=조직)가 떠나겠다고 말했다. 코치는 이 과정을 성실하게 진행'하기에 알렉스를 코칭하면서도, 알렉스=조직(=HR) 모두에게 이야기한다. 다만 **순차적**으로. 이어서 HR(=조직, =알렉스)이 요청한 종결을 수용한다. 이런 딜레마 해결은 어떻게 생각하는가?

43) 코칭 중 알렉스 사례처럼 코치이와 조직 사이의 '이직' 같은 이해 대립의 경우가 가장 일반적인 사례이다. 코칭 진행 중에 돌출되는 경우를 포함해, 코칭 시작 전에 이직이나 기타 다른 구체적 내용을 꼭 집어 서명을 요청하는 경우 코치로서는 매우 곤란할 수 있다. 윤리 또는 가치와 코칭 비즈니스가 충돌하는 상황이 되기도 한다. 유연하고 설득력 있는 대처가 필요하다.

44) 이뿐만이 아니다. 코치이는 코치를 다양한 역할로 소비하고자 의도하거나 밀어내기도 한다. ⑤부모, ⑥제갈공명, ⑦쓰레기 통 등 다양하다. 또 다른 예를 찾아보자.

45) 누구에게나 있고 스스로 설정한 방향인 북극성을 알 수 없는 상황에서는 언제나 누구든 찾기 마련이다. 이는 그의 포부와 서원誓願, 사명으로 드러나기도 한다. 궁극의 방향이다. 코치로서 북극성을 지녀야 한다. 목표를 지닌 항해는 탐험이나 목표가 없다면 표류이다.

3자 모두 상호 이익을 극대화하는 목표를 선택해야 한다. 예를 들어, 고객이 전략적 목표를 가졌고 임원이 경력 목표career objective를 가졌다면 그들은 두 목표를 모두 통합하는 목표를 확인해야만 한다…. 코칭 계약은 업무의 민감한 성격을 반영해야 한다. 우리에게는 보통 과실 여부에 상관없는 면책조항no-fault escape clause이 포함되어 있어, 어떤 당사자라도 효과가 없는 코칭 관계를 종료할 수 있도록 허용한다. 이런저런 이유에서 효과가 없는 계약을 하면 우리는 그만 둘 수 있다. 불편한awkward 이야기지만 이것이 고객의 비용을 절약하고 결과를 개선한다(Sherman & Freas, 2004).

우리는 선한 의도well-intentioned를 지닌 고객이 의도하지 않은 실수를 저지르거나, 그들을 대신하여 우리가 할 수 없는 일 또는 하지 않을 일을 요구받지 않도록 이런 "규칙"을 준수한다. 우리 회사는 이런 우려에 대한 경험이 있다. 예를 들어, 한 조직은 우리가 코칭하고 있는 직원을 해고할 것이라고 말했고, 그 계획을 비밀로 유지해달라고 요청하면서, 그들이 대체할 사람을 찾는 3개월 동안 계속해서 코칭해달라고 요청했다. 우리는 개인, 조직, 코치에게 더 나은 결과를 가져다주는 훨씬 더 투명한 과정을 협상했다.[46]

또 다른 예로, 벤처 캐피탈VC 회사는 우리를 고용하여 그들이 투자한 회사 가운데 한 회사의 호전turn around을 위해 미국 반대편 해안에서 데려온 CEO를 코칭하게 했다. 우리는 코칭 과정 초기에 이 새로운 CEO가 코칭으로 해결되지 않을 수 있는 심각한 행동 이슈를 발견했다. 예를 들면, 신뢰할 수 없고untrustworthy, 사업 관련 지식이 부족하다는 점이 파악되었다. 우리는 CEO가 오래 버티지 못할 것이라는 어떤 감/인식sense에 비추어 벤처 회사가 CEO 가족을 국가 건너편으로 옮기려는 계획에 심각한 윤리적 거리낌/의구심reservation이 들었다. 의무론적 도전이었다. 우리는 우리의 계약과 코치를 '존중'하는가, 아니면 CEO가 그 역할을 잘 수행하지 못할 것이라는 인식을 표면화할 것인가? 새로운 CEO가 피드백에 거부감이 있다는 점을 고려할 때, 우리는 코칭 여부와 관계 없이 이 회사에서 그가 성공할 가능성이 작다는 점을 공개적으로 인식시켜야 할 의무를 느꼈다. 우리가 강하게 우려하면서 우리가 어떤 영향도 끼치지 않을 것임을 분명히 했는데도 벤처 회사는 코칭비 인상을 포함해 계속 코칭을 제안했다. 우리는 이를 거절하면서 코치, CEO, 벤처 투자가와의 3

---

46) 이 경우 회사에서 코치이에게 요구하는 아젠다가 무엇인지 의문이다. 계약을 한다면 이 정보를 회사와 코치만 알고 있고, 코치이는 모르는 정보와 상황 인식에 대한 불평등이 언제까지 방치되어야 하는가? 3자 사이의 깨끗한 대화(CCF Clean, Clear, Full)를 하는 것이 코치의 역량이자 태도이다. 여기서 딜레마는 이 정보를 코칭 여정 중간에 돌출되고, 코치이만 모른 채 세션이 진행되는 경우다. '투명한 과정'이란 코치가 제기하고 진행하는 깨끗한 대화이다. 반면에 새로운 리더가 올 때까지 '상황 또는 위기관리'를 위해 현 리더를 코칭할 수 있지 않은가?

자 대화를 분명히 진행하도록 노력했다. 반면에 그 회의에 앞서 우리는 벤처 캐피털리스트에게 코치이의 가족을 미국 반대편으로 이주시키려는 계획, 옳은 일 right thing을 해야 한다는 그들의 '의무'에 대해 코칭했다. 이것은 개인뿐만 아니라 시스템 전체에 대해 코칭하는 기회가 되었다. 결국 (두 차례의 세션이 끝난 후) 그들은 CEO 선택에 변화가 있어야 한다는 데 동의했다. 최종 결과는 CEO의 인간적 퇴사 humane disengagement, [가족의] 국토 횡단 cross-country 중지, 임원에게 더 적합한 일자리를 찾고, 회사는 CEO 직위에 더 정확한 사람을 찾는 기회를 갖는 것으로 매듭지어졌다.[47]

또 다른 조직에서 우리는 떠오르는 스타로 여겨지는 C-suite 승계 계획의 일부인 회장을 코칭해달라고 요청받았다. 그는 승진했지만 새로운 역할에는 성공하지 못했다. 조직은 그가 그 역할에서 미래의 성공 가능성이 있는지 우리의 견해를 물었다. 우리는 그 질문에 직접 대답하는 대신 대답하는 책임을 고객 조직에 다시 부여했다. 경영진과 조직이 장기적으로 필요로 하는 사항이 무엇인지 검토하는 데 임원진과 HR 책임자를 참여시켰다. 그를 현재의 역할에서 제외하면 어떤 영향을 미칠까? 계약상 내용은 그 조직이 우리의 코칭으로 가치를 보장받을 수 있게 하는 것이었다.

코치가 절대로 해서는 안 되는 내용은 그들의 질문에 **단순히** 대답하는 것이다. 이보다는 전체 시스템에 대한 최선의 결과를 얻기 위해 그들이 해야 할 전략적 움직임에 대해 더 깊은 수준의 성찰을 할 수 있도록 의견을 제시했다.

이 모든 것은 결국 '옳은 일 right thing을 할 용기'를 갖는 것으로 귀결된다. 결국 계약서는 무엇이 옳고 right 무엇이 잘못 wrong되었는지 전체 윤곽을 잡게 한다. 그렇지만 때로는 이 두 가지를 구별하고 달리 행동해야 할 때도 있다. 이것은 막 시작한 코치에게는 특히 어려운 선택일 수 있다. 그렇지만 젊은 코치의 선택적 행동이 순전히 실용적 관점에서 나쁜 선택 bad choice을 하게 되면, 그 선택은 앞으로 경력에 심각한 결과를 가져올 수 있다.[48] 또 시스템에 책임을 묻는 것도 중요하며, 그것을 사후에 대응하지 말고 앞서서 먼저 행해져야 한다.[49] 이를 위해서는 효과적인 코칭 프로세스를 개발하는 데 필요한 **경험**과 '올바른 일'을

---

[47] 논평자의 주어가 '우리'로 바뀐 후 회사 경험으로 설명되고 있다. 코칭 회사의 윤리 수준과 이를 진행하는 코치들의 시스템이 남다르다는 판단이다. 우리는 이런 원칙과 북극성을 갖고 코칭하는 개인은 물론 코칭 회사/조직을 만날 수 있을까?

[48] 젊은 코치, 막 활동을 시작하는 초기/초보 코치의 문제에만 한정해서 언급하는 것은 결코 아니라고 이해한다. 그러나 처음 길을 나서는 코치에게 그가 초심을 간직하고 잃지 않게 격려받을 수 있는 앞과 뒤, 옆에서 동행하는 코치들 모두 서로에게 좋은 모델이 되어야 한다. 초보자의 위치를 벗어나더라도 초심자의 자세는 잊지 말아야 한다.

[49] 코칭 계약과 매출 압박을 받는 경우, 코칭 진영 안에서 코치들의 경쟁이 치열한 현재 조건에서 이를 시스템으로 구비하는 것은 코치들의 또 다른 과제이다.

할 수 있는 **용기**가 있어야 한다. 우리가 밥의 입장이라면 다음과 같이 했을 것이다.

1. 기본으로 돌아가서 알렉스에게 우리가 현재 고용주가 코칭비를 지급하는 동안 다른 회사에서 어떤 역할을 준비할지에 대해 코칭할 입장이 아니라는 것을 분명히 한다. 우리는 밥이 알렉스에게 "내가 당신의 이직을 돕고 싶은 만큼, 당신과 조직이 내 고객이고 당신의 목표와 상충된다고 믿기 때문에 그럴 수 없다."라고 말할 수 있다. 어쩌면 밥은 이렇게 덧붙일 수 있다. "내가 그런 조건에서 당신을 코칭할 수 있게 허가를 받는다면, 기꺼이 그렇게 할 것이다."

2. 알렉스에게 "만약 당신이 ①내 코칭 비용을 직접 지급하고 싶다면, 그리고 ②현재 회사의 허락을 받으면, ③당신이 조직을 떠난 다음 당신과 함께 일하는 것을 고려할 것이다."라고 제안한다.[50]

3. 현재 예산을 사용하여 어렵고 도전적인 상사와 효과적으로 일하는 방법을 배우라고 알렉스에게 제안한다. 우리는 알렉스에게 자신에게 이렇게 물어보라고 권할 것이다. "Q.내가 무엇을 배울 수 있을까? Q.내가 정말로 떠나고 싶은 이유는 무엇인가?" 그런 다음 우리는 그를 상사와의 중요한 대화에 끌어들일 것이다. 우리는 알렉스가 상사(그리고 그 자신)에게 더 편안해지려면 무엇이 달라져야 하는지 숙고/정의하도록 코치할 것이다. 우리는 알렉스가 성장에 대한 약속을 지키는 데 집중하게 하고, 그가 떠나는 것을 도울 기회를 비켜가게 deflect 할 것이다.[51] 그렇게 함으로써, 우리는 우리의 개인적인 윤리적 이해관계가 의무론적으로 "규칙에 대한 고수 adherence"와 일치한다고 느낄 것이다.[52]

4. 알렉스는 현재 상황과 달리 다른 상황에도 일반화되고 자신의 성과를 향상할 수 있는 구체적인 기술을 배울 수 있도록 알렉스와 그의 상사와 회의에 참여하게 한다.

---

50) 이 세 가지 조건이 모두 충족되어야 하는가? 한 가지라도 빠진다면 엄격성이 문제가 될 수 있다고 봐야 하는가? 검토해보자.
51) 여러 가지 경우를 연상할 수 있다. 알렉스의 성장 자체는 1) 상사와의 관계 갈등의 역동에 영향을 줄 수 있다. 관계 갈등은 상호 영향을 주고받는 것이기에 한쪽의 작은 변화는 파동이 다양할 수 있다. 2) 알렉스의 성장은 현실에 대한 관점과 해석에 작은 각도, 속도에 변화를 주고 새로운 시각(또는 의식 확장)으로 이어질 수 있다. 이로 인해 현실에서의 선택은 다양해진다. 3) 이런 변화는 알렉스가 자기 이슈에 대한 해결의 자율성과 주도성이 높아진다. 즉 이직과 관련한 회사와의 관계, 이직 관련한 외부 환경과 조건이 달라질 수 있다. 그러나 이런 변화는 코치의 인식 전환, 자각과 통찰이 먼저 이루어져야 한다.
52) 사실 이런 방식의 침로針路를 개척해가기 위해서는 코치의 성찰과 성숙이 전제되어야 하며, 자신감과 연민심을 유지하지 않으면 코치이를 안내하기 어렵다.

우리는 결코 고객을 그들 상사 행동의 희생자로 보지 않을 것이다. 오히려 힘든 상사로 인한 상황을 배울 기회로 본다.[53] 우리는 '약하고 억압받는 자를 보호'할 코치로서 위치 찾기를 원하지 않는다. 사실 우리는 코치의 보호가 필요하다고 믿도록 코치이들을 만들고 싶지 않다. 코치로서 우리의 역할은 코치이의 **성장**을 향상하게 하는 것이지 그들을 **보호**하는 것이 아니다.[54]

결국 실질적인 현실은 다음과 같다. 코치로서 우리는 코치이의 미래 성공을 예측할 수 없지만 조직과 코치이의 성공을 기대한다. 그러기 위해서는 **명확한 계약**부터 시작해야 한다. 우리는 또한 코칭 과정에서 **분명한 역할**과 **상호 책임**을 **보장**해야 한다. 모든 '조각'들이 작업의 성공을 보장하기 위해 함께 움직인다.

밥은 개인적으로 편하지 않지만 결정을 위해 계약을 고수하나, 그것은 "합리적이고 윤리에 기초한" 결정이었다. 만약 밥이 그러한 결정에 대해 계속 우려를 느끼고 고민한다면, 그는 코치이가 주요 고객이라고 말하면서, 조직과 어떻게 계약하는지를 재정의하는 데 이 경험을 활용할 수 있을 것이다.

우리 경험상 대부분 조직은 **개인만이 아니라 조직의 개선**을 위해 코칭에 투자한다. 그래서 새로운 형태의 계약을 만들겠다는 밥의 결정은 그의 고객 목록에 영향을 미칠 수 있다. 그래도 고려해볼 만한 흥미로운 선택이다.

■ 토론 제안

1. 논평자의 주장을 검토해보자. 이론에 근거한 논평과는 달리 임원코칭의 실천적 입장에서 사례를 검토하고 있다.
   - 코칭 계약에서 명료하게 해야 할 질문 리스트를 검토해보자.
   - 코칭 초기 단계에서 해야 할 과제와 코치의 역할에 대한 검토
   - 벤처 캐피털 회사와 관련한 논평자 자신의 사례
2. 알렉스에게 용기를 갖고 추진하기를 권유하는 네 가지 내용을 논평자는 제시한다. 각 내용에 대해 충분히 검토해보자.

---

[53] 알렉스에게 이런 관점 전환을 위해 어떤 접근을 할 수 있는가? 많은 연구가 필요하다. 1) 관점 전환 질문과 성찰 촉진, 2) 고정된 내러티브의 해체와 재구성, 3) 신체 감각 경험을 동반한 HnN의 지속적 접촉, 4) 성찰과 변형을 위한 철학적 대화contemplation 등 임상 경험과 연구가 필요하다.

[54] 이 같은 단호하고 명료한 입장은 코칭 기획과 프로세스, 개입 방법에도 영향을 미칠 것으로 보인다. 또 코칭이 심리분석과 이론에 의존하는가와는 관련이 없다. 코치이의 자율성, 주도성 중심, 코치와 코치이의 상호 등가적 파트너십이 보장되어야 한다. 코치의 미해결 과제의 하나인 구조자 증후군이 중요한 걸림돌이다.

추가사례 9-A. 구멍 뚫린 치즈 에멘탈^{Emmental} 같은 허점을 느낀 코치 길버트

코치 길버트는 활동이 길어질수록 회의와 고민이 깊다. 코칭이 인생 후반기에 도전할 만한 유망한 분야라는 생각은 이미 접었다. 과거 퇴직 교육장에서 신선한 이미지로 코칭의 미래를 열변하던 코치는 코칭보다는 강의에 주력하는 '초콜릿 코치'[55]라는 사실은 코칭계에 들어오자마자 알게 된 일이다. 길버트는 유력한 코칭 회사의 일원이 되기 위해 모든 교육과정을 성실히 이행했다. 이런 와중에도 퇴직 전 기반과 인맥을 동원해 교육받는 코칭 회사와 함께 비즈니스를 엮어내려고 꽤나 애쓰며 일해 왔다. 그러나 이런 일은 끝이 없고, 다른 동료들이 자신의 기반이나 인맥을 비슷한 수준으로 헌신하는 것은 아니었다. 비즈니스와 코칭은 오로지 스스로 해결해야 하는 것이 냉정한 현실이다. 비슷한 수준의 수익을 매달 유지하기 위해서는 두세 배 사전 연대 활동이 필수적이다. 코칭 회사, 컨설팅 회사, 해외 네트워크, 손이 미치는 모든 곳과 지속해서 교류하고, 틈만 있으면 제안서 내기에 몰두 하는 등…. 물 밑에 있는 발이 어지러운 백조 같은 생활이다. 그러니 투입 대비 수익은 격차가 너무 크다.

코칭 제안서 내용은 대부분 모방과 각색이다. 언제나 조금씩 부풀려 포장되었다. 코치 활동 자체도 이와 비슷하다는 생각도 했다. 코치들 관계도 '기승전-자기 자랑'이 넘친다. 코치로서 진정성을 유지하고, 자기 원칙을 꼼꼼하게 지키는 일에도 많은 에너지가 든다고 느꼈다. 길버트는 '교육받는 코치'에서 벗어나고, 포장만 바꾼 내용이나 프로그램을 바꿔 판매하는 소매상에서 벗어나고 싶었다. '자기 목소리를 지닌 코치', 생산하는 코치가 되기 위해 안간힘을 써야 했다.

공공 분야든 기업이든 코칭 도입을 유도하기 위해서는 통계로 얼룩진 정량적 평가를 원한다. 코칭에 직접 참여하지 않는 HR이나 담당 부서의 인식과 판단을 넘어서야 '검토 대상'이 될 수 있다. 직접 코칭할 '코치이'를 만나 요구와 목표를 개발하고, 그의 자발성을 지원/촉진할 기회를 향유하기위해서는 큰 산을 넘어야 한다. 그렇게 만난 '코치이'라도 사전에 '기획된 코칭' 범주 안에서 내용을 조정하고 추가하는 정도다.

---

[55] chocolate soldier: 실전에 참가하지 않은 군인, 전투 경험이 거의 없는 (직업) 군인의 의미이다. 이처럼 실전 코칭을 거의 하지 않거나, 수련하는/중인 코치들만 주로 코칭하는, 제자나 학생들만 수퍼비전하는 경우를 비유해 '초콜릿 코치'로 표현하고 있다.

물론 이런 절차와 수준은 당연하다. 길버트로서는 자신이 꿈꿔온 코칭은 미루더라도, '판매할 수 있는 코칭salable coaching'으로 이 과정을 통과하고, 고객이 '구매 만족 코칭'을 제공하고 싶다.

코칭 회사 동료 코치에게 연락이 왔다. 그는 소속 코칭 회사와 별도로 개인 비즈니스 차원의 코칭 프로젝트에 참여하도록 제안했다. 길버트로서는 회사와 별도로 계약하는 것은 처음이다. 마음이 내키지는 않았지만 코칭 기회와 동료의 제안 역시 놓치고 싶지 않았다. 고객 회사 HR 책임자와 동료 코치와 함께 마주 앉았다. 두 사람은 이미 아는 사이였으며, 코치 추가를 요청한 것은 HR이었다.

대화는 모든 것이 순조로웠다. 마지막 계약서 논의 단계에서 회사는 모든 대외 계약에 반영하는 회사 측 기본 입장이라며, '갑과 을은 계약 이행과정에서 수집한 정보 중 상호 불이익이 예상되는 내용은 신의 성실 원칙에 따라 상호 제공한다.'라고 삽입된 조항을 확인했다. 코치 측의 사업 제안서에는 코칭 진행과 최종 평가(설문지), 결과 보고서 제출(항목 명시) 등이 들어 있었다. 물론 코칭 윤리에 따라 개인 비밀 엄수 조항이 설명되어 있다. 이 제안서 내용 역시 상호 합의된 것이다. 동료는 특별한 언급 없이 계약서에 대표로 서명했다.

얼굴이 어두운 길버트를 보고 동료는 묻지 않은 설명을 했다. '크게 걱정할 필요는 없다. 사측에 불이익이 되는 정보(이를테면 이직 계획) 등은 코치이에게 직접 이야기하게 하면 된다. 또 결과 보고서는 제시된 항목만을 적고 코치이가 동의하는 서명을 받아 제출'한다는 것이다. 길버트는 불편함이 완전히 해소되지는 않았지만 현명한 방안이라는 생각도 들었다. 마치 세상 물정을 익혔다는 기분이다. 그러나 '불이익이 예상되는'이라는 조항을 굳이 상호 계약단계에서 확인해야 하는가? 그것이 어떤 빌미가 되지는 않을까? 특히 (독립 코치로서) 계약과정에서 코치의 이니셔티브를 확보하는 방안은 없을까? 의문이 가시지는 않았다.

얼마후 길버트는 코칭 회사를 방문할 기회가 있었다. 직원의 도움으로 최근에 끝난 코칭 프로젝트 서류 Box를 살펴보았다. 첫 제안서, 관련 서류와 계약서, 회사 현황, 코치들 회의 내용, 코칭 결과와 평가 보고서 등 공동 자료들이 잘 정리되어 있었다. 고객 회사와 코칭 회사가 체결한 계약서도 살펴보았다. 계약서에는 정보 제공 관련 특별한 조항은 없었다. 계약서는 의외로 단순했다.

1. 길버트의 코치가 되기 위한 노력과 활동에 대해 피드백해보자.
2. 길버트가 지향하는 코칭 활동은 어떤 모습인가?
3. 길버트가 현재 느끼고 체험하는 윤리적 민감성에 대해 피드백해보자.
4. 코치 길버트에게 하고 싶은 말이 있다면 무엇인가?
5. 독립 코치로서 활동하는 길버트가 계약 과정에서 이니셔티브를 확보할 수 있는 방안은 무엇인가 검토해보자.

사례 9-2. 자유의 포용

플로라Flora는 자신이 잘 아는 회사의 하도급 업체sub-contractor로 일하고 있다. 하는 일 대부분은 직원들 교육 훈련이다. 이번에는 코칭 임무를 맡게 되었다. 이 상황은 그녀에게 두 가지 문제를 불러왔다. **첫째**, 그녀는 회사에 소속된subordination 상황이기에 회사에서 그녀에게 제공한 코칭 프로세스, 방법과 도구를 따라야 한다. 그 가운데에는 특정한 인지행동 이론에 기초한 코칭 모델이 포함돼 있다. 그녀는 훈련에 활용해왔기에 이 방법에 익숙했지만, 코칭에 이를 적용하는 것은 그녀를 제약해constrained 자기만의 "자유의 영역zone of freedom"이 어느 정도인지 결정을 어렵게 한다.[56] **둘째**, 플로라는 자신의 코치이가 상사 학대mistreatment의 희생자가 되지 않을까 걱정되었다. 그녀는 생각했다. "이 사람은 지금 [어떤] 상황에 처해 있을지 모른다…. 적극적으로 괴롭힘harassment당한다고 할 수는 없지만, 상사는 그를 진정으로 믿기보다는 점차 옆으로 밀어내는 것 같았다. 문제는 코치이가 지금 일어나는 일을 전혀 모르고 있다."

플로라는 [자신의] '중립의 원칙principle of neutrality' 때문에 일단 안도했다. 또 두 학설이 있다고 믿었다. **중립적 코치**neutral coaches와 **참여적 코치**engaged coaches이다. 자신의 정신분석적 배경으로 그녀는 중립성neutrality을 신뢰해왔다. 그녀의 철학은 고객이 코칭에 가져온 것을 바탕으로 개입하는 것이다. 만약 이 상황에서 그녀가 목소리를 높이면speak up 자신은 코치이가 그녀에게 말한 것에서 벗어나 [그 이상] 무언가를 하게 된다. 그녀의 딜레마는 이렇다. "그와 매니저 사이의 걱정스러운 상황을 해결해 달라는 요청을 내게 하지 않았는데도 [코치이에게] 조심하라고warn 해야 하는가? 계약서에 동의한 사람들을 두고 [내가] 이 이슈를 떠맡고 '크게 흔들고 벌리기shake the tree'를 해야 하는데 [그렇다면] 나는 누구인가?" 실제로 이런 행동은 사전에 확인된 계약의 범위를 완전히 벗어난 것이다. 플로라는 "조직이 내게 요구하지 않은 일을 하려고 돈을 지급한 시간을 활용하는 데에 미안함이 없지 않지만…. [마치] 우리가 차 한 잔을 즐기는 동안 헛간이 불타고 있다는 사실을 깨닫는 그런 느

---

[56] 어려운 점이 어떤 것이며, 어떤 수준인가. ①코칭 교육 조직, 인증 프로그램을 진행하는 조직 역시 코칭 윤리를 준수하며, ②별도의 실천 지침이 있는 경우도 있다. ③교육 활동을 하는 코치 역시 코칭 교육과 훈련을 위한 윤리적 실천 입장과 가치 기준을 가져야 한다. 대표적인 조직이 코치훈련조직협회Association of Coach Traning Organizations(ACTO)이다. 코치 훈련조직의 협의회로 ICF 윤리에 근거한 공동의 윤리원칙에 근거한 교육훈련을 결의한 전문 조직의 협의체 기구이다.

또 트레이닝을 감당하는 코치는 같은 내용을 동일한 지침으로 교육하는 경우라도 참석자, 교육 진행 시기와 장소에 따라 매우 다른 상황이 현장에서 출현할 수 있다. 이는 전적으로 트레이너와 트레이니 관계와 교육의 장場안에서 소화되어야 하다. 이는 윤리적으로 성숙한 수준의 실천이다. 이 점에서 코치가 제기하는 '자유 영역'이란 과연 무엇이고 어떤 수준인지 검토가 필요하다.

낌!"이 들었다.[57]

성찰 질문

- 코칭 철학을 어떻게 정의하는가?
- 코칭 개입을 구성할 때 얼마나 자기 경험에서 가져 오는가? 아니면 [사용을 위해] 비용을 지급한 조직, 교육받은 회사?
- 코치이에게서 가져오는가?[58]
- 당신이 코치이와 당신의 분석을 공유할 수 있는 상황은 어떤 상황인가?[59]

플로라는 수퍼바이저와 이야기를 나누며 상황을 감당했다. 그는 "내가 수집한 모든 요소를 고려하면, 코치이는 도덕적 괴롭힘moral harassment의 희생자일 수 있다는 결론은 적법legitimately하다고 상황 분석을 하면서 나를 위로했다. 그는 내가 이 상황에서 거리를 두고 벗어나 나를 압박하는 의무론적 함정deontological trap에 빠지지 않도록 도와주었다."[60] 수퍼바이저는 플로라에게 중립성이 정말로 중요했고 "[무엇보다] 어떤 헌신, 더 높은 헌신이 있었다."라고 표현했다. 이런 상황에서 [코치] 자신의 심리적 배경을 고려하며 정보에 입각한

---

[57] 그러나 반대로 ①코치이가 어떤 형태든 숨겨진 '피해자'이고, ②현재 주어진 코칭 기회마저 효과적으로 활용하지 못하고 있다면, ③코치가 코치이가 보내는 다양한 구조 신호를 알아차리지 못했다면, ④알고도 긴가 민가 하고 주저했다면 ⑤눈치 채고도 회사와의 계약과 영업적 이익 때문에 이른바 '알아본다는 미명하에' 시간을 끌었다면 이 상황은 어떻게 되는가? 실제로 코치에게 이런 느낌이 들었다면 사실 긴장되지 않을 수 없다. 코치의 윤리적 둔감성이 제기될 수 있는 순간이다.

[58] 매우 강력한 질문이다. 한 고객을 만나는 것은 한 세계를 만나는 것인데(매슬로우) 코칭 개입을 구성하기 위한 진정한 출처는 ①(코치) 자기 자신 안에서 가져온다. 중요한 점은 '얼마나 깊이' 가져오는가이다. 더 중요한 질문은 ②코치이에게서 가져온다는 점이다. 이른바 '고객의 경험 속에서 방법을 찾고, 그의 소원 속에서 가치를 찾아야 한다' 또 ③고객의 삶의 현장이자 고객 조직 시스템에서도 가져온다는 점이다. 코치는 배우는 학생이 되는 데 주저함이 없어야 한다. 나머지는 ④하청 회사의 것이나 자기 것이 되지 못한 '빌려 온 것'들이다. 이는 부차적인 것이며, 오래 갖고 있을 것이 못된다. 그러나 이 모든 것은 '독이 들어 있는 양분'이다. 최소한의 예방을 위해 반드시 '성찰'에 담아 활용해야 한다.

[59] 여기서 분석analysis은 고객과 세션 중에 시도할 수 있는 나눔/토론을 의미하는 것으로 보인다. 세션을 토론으로 채우는 것에는 신중해야 한다. 고객과 공유할 수 있는 상황이라면 해석interpretation을 제공하는, **해석적 개입**을 검토할 수 있다.

[60] 수퍼바이저는 삶의 전선에서 고객과 함께 분투하고 돌아온 수퍼바이지에게 ①현지에서 그의 노력과 판단, ②수퍼비전 세션에 가지고 오는 결정, ③목소리를 높이지 않은 주저함과 개방적 태도, ④그 안의 신중함과 두려움 모두를 존중하고 지지한다. 그러나 고객의 것은 고객의 것이다. 고객과 얽힌 상황에서 일단 거리를 두어야 마땅하다. 수퍼바이지가 가졌을지 모를 '의무론적 관점'과도 거리를 두고 성찰하도록 안내하고 초대한다. 이런 노력으로 수퍼바이지는 깊은 성찰 공간에 머물러 있었을 것으로 추측된다.

분석을 할 수 있었고, 코치이의 안녕well-being에 대해 몇 가지 결론을 갖고, 목소리를 높일 수 있었다.[61] 오늘날 그녀는 비슷한 상황을 경험해도 그렇게 변덕스럽지skittish 않을 것이라고 느낀다. 그녀는 더 편하게 말하고, "(그녀 자신의) 자유를 포용embrace freedom"할 것이다. "하지만" 그녀가 말했듯이, "이건 윤리적인 선택이지 명시적인 행동 강령과 예상되는 중립성을 따르는 것은 아니다. 그리고 자신의 자유를 포용하는 것은 두려운scary 일"이라고 말한다.

성찰 질문

- 플로라처럼 '더 높은 헌신superior commitment'이나 '[코치] 직무상 경보duty alert'를 경험한 적이 있는가? 그렇다면 무엇이 당신을 그곳으로 이끌었는가?
- 수퍼바이저나 다른 사람에게 코칭 상황에 대한 분석이나 우려를 이야기한 적이 있는가? 있었다면 언제 어떤 방식으로 해왔는가?
- "자유를 포용하는 것은 두려운 일이다"라는 플로라의 언급을 어떻게 이해해야 하는가?
- 어떤 요인이 당신의 코치이, 조직, 다른 이해관계자들에게 당신의 우려를 표명하지 못하게 하는가?
- 어떤 요인들이 그것을 표명하도록 당신의 마음을 격려하는가?

---

61) 앞의 [주 51]의 가능성을 완전히 무시할 수 없는 상황인데 수퍼바이지의 계약에 대한 일반적 태도와는 달리 민감하게 대응하고, 신중하게 사색하는 과정(실천 안에서의 성찰)에 대해 수퍼바이저가 격려를 제공한 것으로 보인다. 그 효과가 본문에 이어진 다음 문장의 표현으로 이어지고 있다.

■ **사례 점검**

1. 짧은 사례 설명이지만 플로라가 제기하는 문제 의식을 이해해보자.

    1) 진정으로 자기 것이 되지 않은 것이나, 자신의 소신과 인식 수준, 다른 프로그램의 지침과 내용을 준수하기 위해 불가피하게 노력했던 경험이 있는가?

    2) 코칭 교육 내용 중 그동안 자신의 사회적 경력, 인생 경험, 헌신과 노력에 비해 내용이 너무 단순하거나 유치하다는 생각에 갈등을 가진 경험이 있는가?

    3) 코칭 임상에서 느낀 의문이나 갈등을 여러 가지 이유로 동료나 선배 코치 또는 수퍼바이저에게 공유하기 어려웠던 경험이 있는가?

    4) 위와 같은 의문과 갈등을 이야기하면서, 자신의 코칭 상황과 수준, 현실이 드러나는 것이 불편해 단순히 관망자의 위치에 머물렀던 경험이 있는가?

2. 코칭을 통해 구현하고자 하는 자신의 궁극의 가치나 철학을 이야기해보자.

상황은 코치가 고객이 말하지 않은 내용이나 계약에 없는 내용을 중요한 이슈로 자각하고 포착했다는 것이다. 그런데도 자신의 중립 원칙을 견지했다. 자신의 의무론적 관점을 견지하고, '자유의 포용'이라는 자기 가치에 근거해 현실에서 요구하는 코칭, 계약상의 코칭으로 한정해 코칭을 진행했다. 한편 이를 수퍼비전 세션에서 있는 그대로 무조건 존중과 지지를 받았다는 점이다.

이에 대해 논의해보자.

논평 9-2. A

타티아나 바흐키로바

이 사례는 여러 면에서 흥미롭다. **첫째**, 코치로서 코칭 수퍼비전에서 '자기'에 관한 작업 working on the self 내용으로 정말 마음에 드는 주제이다. **둘째**, 이것은 '코칭이 무엇을 위한 것인지'를 제기한 근본적으로 중요한 철학적 이슈이다. 지금 여기서 탐구하고자 하는 두 주제는 코칭 작업에서 적어도 우리가 모두 이해하길 바라는 인간 본성에 대한 심리적 이슈이다. 개인적 입장에서는 "명백한 것 the obvious"을 부정/반박하는 contradict 성향이기에, 이 사례에 대한 논평을 스스로 조절하고 관찰하는 것이 내 자신에게는 흥미로웠다.[62]

제시한 사례가 짧은 설명이지만 우리에게 제공해주는 것이 훨씬 더 많다고 봐야 한다. 몇 가지 요점은 플로라와 그녀의 수퍼바이저 둘이 충분히 검토할 수 있었지만, 언급하지 않은 채 남겨 두었다. 그렇기에 이 사례는 이제까지 설명한 내용보다 오히려 빠진 것에 대한 내 나름의 논평이다.

코칭 수퍼비전에서 내가 특별히 관심을 두는 점은 플로라가 매우 정당하게 토론을 위해 가져온 이 사례에 관한 수퍼비전의 질적 수준에 관한 것이다. 플로라의 수퍼바이저는 "자유를 포용하기 embracing the freedom"가 그녀에게 매우 중요한 발달 단계 developmental step라고 생각하는 충분한 이유가 있을 수 있다. 그렇지만, 나는 "경박함/변덕스러움 skittish"이 아니라면 '의문/의심에 머물러 있기 staying doubtful'[63]가 이런 유형의 사례에서는 "자유를 포용하기 embracing one's freedom"[64]보다 더 유용할 것이라고 주장한다. 이와 같은 사례는 관련된 모든 당사자에 대한 잠재적 결과를 고려하여 체계적으로 '탐구해야 한다고 요청'한다.[65]

◆ **필자:** Tatiana Bachkirova: 코칭심리학 박사. 옥스브르크 대학 및 비즈니스 스쿨. 국제코칭 멘토링 연구센터 책임자. tbachkirova@brookes.ac.uk

62) 이 주제를 대하는 논평자의 내면 고백 역시 흥미롭다. '명백함에 대한 반박과 부정', 명백한 것이 과연 있는가라는 의문을 손에 쥐고, 지속해서 의문에 서서 반박하고 부정하며 나아감…. 이런 자신을 바라보며 논평한다는 논평자의 문제 의식과 태도에 존경을 보낸다.

63) 매우 적절하고 훌륭한 피드백이다. 우리는 'doubtful: 확신 없음, 의심(의문)을 품고, 불확실하고, 가짜 같은' 상태에 용기를 갖고 머물러야 한다. 이런 의문에 머물러 있기, 불확실함과 불안정성과 마주하며 올라오는 불안에 머물며, 무엇인가 '떠오르기를 기다리는' 것, 기다림의 의미와 창발 emergence의 순간을 감당해야 한다.

64) embracing the freedom: '자유의 포용'은 자유를 수용하고 그 안에 머물고, 이를 삶의 전제로 사고하는 경우, 이 자체는 매우 두렵고 어려운 일이다. 그만큼 큰 책임이 따르는 과제이다. 이를 수용하기 위해 충분히 느끼고 소화하는 기간이 필요한 일이다. 논평자가 말하는 Q. '자유의 포용'보다 '의문(의심의 불안)에 머물러 있기'가 더 유용한 근거는 무엇인가?

65) 이것이 피해 사례라면 표면화될 수 있는 모든 가능성을 염두에 두어야 하기 때문에 더욱 그렇다.

이런 잠재적 결과의 관점에서, 내 **첫 관심사**는 플로라가 '도덕적 괴롭힘moral harassment'이라고 규정한 주제이다. 이 사태에서 고객의 역할은 과연 무엇인지, 코치가 고객의 "맹목/무지blindness"에 대해 충분한 주의를 기울였는가 여부이다. 이 '무지'는 전반적 상황picture에서 중요 요소인데 이 사례에서는 탐색되지 않았다. 무지는 삶의 단계에서 그대로 있어야 할 필요가 있을 수 있는 상황에서는 고객이 사용하는 보호protection 또는 방어 메커니즘을 위한 자기 기만self-deception을 나타낼 수 있다.[66] 정신분석적 코치에게 보이는 "**진실을 드러내기**reveling the truth" 상황은 고객이 필요로 하는 마지막의 것일 수 있다.[67] 그가 그런 특정한 문제에 직면할 준비가 되어 있지 않을 때는 그의 인생에 불균형disequilibrium을 초래할 수 있다(Vaillant, 1992). **방어**는 고객이 "**더 많은 것을 볼 수 있도록**" 적절하게 민감한 방식으로 다루어져야 하는,[68] 그 자체가 발달 주제developmental theme를 나타낼 수 있는 중요한 이슈일 수 있다(Fingarette, 2000; Bachkirova, 2016a).

또 다른 **두 번째** 심각한 우려는 플로라가 "진실을 밝히는" 자유가 이 고객의 문제를 해결할 수 있다고 가정하는 점에 있다. 불행히도 고객이 조작manipulation이나 억압oppression을 인식할 수 있으려면 코치가 "소리 높여 말하는 것"보다 훨씬 더 많은 것이 필요하며, 개인이 이것을 처리하고 성장할 수 있게 힘을 실어 주는/권한을 위임하는 것은 당연하다[69](이것은 Shoukry(2014)가 '해방emancipation을 위한 코칭'으로 훌륭한 연구에서 밝힌 바와 같다.

---

[66] 자신이 지금 은근히 왕따를 당한다 해도 전혀 무지無知하거나, 분별하지 못하고 있다면 이는 심각한 수준이며 기능적이지 못한 상태이다. 이 자체로 심리치료나 정신분석을 필요로 한다. 이런 상태 여부가 아니라면, (알 수 있음에도 안 보는 것이며, 방어 메커니즘의 한 형태일지 모른다.) 코치이의 '주 호소'가 아닌 코치가 갖게 된 느낌/인식이라는 면에서 보면, 논평자의 주장은 타당하고 탁월한 피드백. 수퍼바이저조차 이를 검토했는지 여부는 현재로서는 자료가 부족하다. 보지 못했다면 이 또한 한계다.
[67] 자기 기만이거나 방어 메커니즘으로 세션을 채운 코치이가 점차 자신을 둘러싼 현실을 인식하고, 사실로 드러난 것을 수용하고, 조금씩 또는 급격히 받아들이는 소화 '과정'이 필요하다. 그러나 이것은 예정된 과정이 아니다. 코치이는 세션 안에서도 고군분투하게 된다. 이 여정이 앞이 안 보이는 터널이든/늪과 같은 습지를 건너든 코치의 '함께 함'이 요구된다. 도전과 위기를 함께 감당하는 '버팀목'으로서의 코치, 사실 속의 진실을 위한 '증언자', 위기관리와 극복을 지원하는 '목격자'로서의 코치 역할이 함께 요구된다. **진실을 밝히기/드러내기**reveling the truth는 가야할 궁극의 지점이다. 논평자는 코치의 이런 대처의 필요성을 제기하고 있다.
[68] 자신의 유익을 위해 채택한 '방어 체계'는 그것이 수명이 다하거나 새로운 환경과 성찰 여부에 따라 낡은 것이 되고, 새로운 방식을 개발할 필요를 나타내는 것이다. 특별한 계기가 주어진다면 다양한 관점 전환을 시도하는 질문에 의한 접근이 고려된다.
[69] 피해자의 coming out 어려움을 넘는 용기와 진정성만이 아니다. 자신의 피해 경험을 스스로 딛고 넘어서며 깊은 인간에 대한 본질적 믿음과 진리는 밝혀지리라는 믿음이 서려있다. 논평자의 지적은 이에 필적하는, 인간의 진정한 '자유'에 자기 삶의 거처를 내리고, 자유를 포용할수록 **진실이 드러나 말하게 하기**, 진실은 반드시 드러난다는 삶의 태도 전환과 의식화는 많은 노력이 요하는 일이다. 특히 코치의 이런 믿음과 확신을 강조하고 있다. 수퍼비전 세션의 언급만으로는 이런 문제 의식을 파악하기 어렵다고 논평자는 간접적으로 지적하고 있다.

[9장 부록 참조]). 나는 코치가 지닌 이 딜레마에서 고객의 역할이 [상대적으로] 매우 적다는 점도 걱정된다.[70] "분석해 내고" 그 과정에 초점을 맞춘 것을 결정한 사람은 바로 **코치**다. 이는 고객과 함께 다양한 관점으로 다르게 볼 수 있는 복잡한 상황을 탐구하려는 코치라기보다는 사례를 평가하는assess 전문 사회복지사의 실천과 비슷해 보인다.[71] 나는 코치에게 '구조 받은rescued' 고객이 이제 무엇을 해야 할지[어떤 할 일이 남았는지] 궁금하다 (Newton & Napper, 2010).[72]

이제 코치에 관해 이야기하자. 누군가 개인 가치에 따라 행동하는 것은 '분명한' 사람으로 보일 수 있다. 교육자이자 수퍼바이저의 입장에서 이 사례를 살펴보았을 때, 내가 묻고 싶은 질문은 Q.플로라는 이 상황에서 무엇을 배웠는가이다. 나는 '자유를 위해 (누군가를) 포용한다'고 결과를 제한limited outcome하는 것이 곧 어떤 것일 수 있다는 점[그런 인식]이 두렵다. 이 문제는 더 큰 주제로 보이고 플로라로서는 훨씬 이전부터 탐구해온 문제이다. 플로라는 자신의 자유가 여러 지점에서 제약 받는다는restricted 점을 이해하고 있는지 궁금하다.[73] 전문 코치가 될 때, 우리는 모두 특정한 요구 사항에 따를 것에 동의한다. 조직과 계약을 맺을 때, 우리는 특정한 행동 기준을 스스로 준수한다commit. 만약 우리에게 요구하는 것이 행동 기준의 원칙에 맞지 않는다면, 바로 이것이 기대에 벗어나거나 '물러날 자유'를 행사해야 하는 시점이다. 만약 우리가 다른 모든 것보다 우선시하는 "더 높은 헌신"[74]을

---

70) 먼저 코치의 언급에 코치이 역할과 반응에 대한 언급이 없다. 그는 자율성과 책임성이 거세된 타자로 있다. 이는 코치-고객의 동등한 파트너십, 코칭-관계의 중요성, '상호 주관적 접근' 등의 관점에서 보면 우려된다. 새로운 'ICF 핵심 역량 모델'의 고객의 자율성 확대에 비추어도 아쉬움이 많은 사례기술이다.

71) 사회복지사가 해야 할 고객 환경과 의지 평가라는 식으로 이를 다룬다면 면, 이것이 표면에 드러날 경우 코치의 역할 경계 위반이다. 수퍼비전 세션에서 겉으로 드러나지 않더라도 수퍼바이지의 숨겨진 의도, 내면의 풍경을 다루게 되면 이 점이 드러날 것으로 보인다.

72) 논평자가 인용한 논문 「교류분석과 코칭」(인용 저서 p.302)에 따르면, '교류분석 코칭의 절차와 목적은 자율성과 변화이다. 코치와의 계약과 코치의 역할에서 코치의 어른 자아 상태와 대화에 직면하는 것을 통해서 고객이 해야 할 역할은 고객의 **어른 자아 상태를 강화**하는 것'이다. 고객 역할에 대해 코치가 인식하지 못하고 있는 점을 피드백한 것으로 보인다. 코치와 고객 관계에 대한 코치의 인식 부족으로 인한 결과를 비판하고 있다.

73) 자유를 포용한다는 것, 삶을 그 수준에 놓는다는 것은 어떤 '것'을 얻기 위한 것일 수 없다. 그것이라면 진정 '자유의 포용'인지 의문이 든다. 결과가 전혀 중요하지 않기 때문이다. 자유의 포용=코치이에 대한 일방적인 연민심은 많은 제약을 받게 된다. 진정한 '자유의 포용'은 수많은 자유의 제한과 부딪히는 것은 자명하다. 이 또한 자유로이 포용해야 하는 자유로움의 일부이다. 이것이 논평자의 시각이다. 이것이 만약에 사회복지사 역할로 등치된다면, 이런 '자유의 포용'이라는 인식의 소박함이 두렵기조차 하다(만약 이런 수준의 의식을 오래 전에 가졌었다면 충분히 탐구되어야 했다).

74) 이 용어는 수퍼바이저가 수퍼바이지 코치에게 '격려'를 투약하기 위한 용어였다. 논평자는 이 용어를 그대로 되돌려 주며 수퍼바이저에게 피드백하고 있다. 자유를 포용하면 바로 그에 근거해

가졌다면, 그것은 우리의 전문적인 행동 규범의 일부가 되어야 하며/또는 스폰서와 고객과의 명시적인 토론explicit discussion을 통해 확인해야 한다.[75]

이 사례의 **또 다른 중요한 특징**은 플로라가 정신분석적 배경에 따라 선택한 "중립성"의 행동 강령code으로 자유를 되찾은 것으로 보인다. 그렇지만 나는 플로라가 어떤 '의무론적 함정deontological trap'에 빠져 있는지는 확신할 수 없다. 이 중립성 강령은 플로라 자신이 선택한 것이지 특정 조직의 규칙rules과 규범norms에 의해 부여된 것이 아니다.[76]

나는 또한 "두 가지 주요한 입장"으로 코칭을 구분하는 것이 특별히 도움이 되는지 확신할 수 없다. "참여적"인 것과, "중립적"인 것, 이런 범주를 구별하는 주장이 다소 임의적이고 자신이 선호하는 진술statements of preference인지, 그 이상의 어떤 근거가 있는지, 플로라의 주관적 평가에 많은 것이 걸려 있는 것으로 보인다.[77]

"더 높은 헌신"이 이제 그녀를 "참여하는" 코치로 만들었다는 것을 깨달았는지도 분명하지 않다.[78] 무엇보다도, 나는 그녀가 행동 강령을 따르지 않는 것을 윤리적 선택이라고 언급한 것이 우려된다. 왜 그녀에게는 자신의 윤리에 맞지 않는 행동 강령이 필요한가?

내 개인적인 견해는 **가치 중립적 도구주의**value-neutral instumentalism(Bachkirova, Jackson, Gannon, Lordanou & Myers, 2017)는 지금까지 주장된 대로 코치의 교육과 평가뿐 아

자유로운 토론과 깨끗한 대화로 평정심을 추구하며 실천하게 된다. 이 점을 수퍼바이지가 인식할 수 있는 성찰 공간을 수퍼바이저가 제공했어야 한다.

75) 코치의 높은 헌신과 이상을 구현하는 것도 현실에서 활동하는 코칭 사회(전체 코칭 계界)와 개별 코칭 계약 범위 내의 일이다. 이를 실행하려면 겉 드러남 없이 보이지 않게 탐색하고 머무는 것이어야 한다. 이는 과시하거나 빛내려는 것에 목적이 있는 것이 아니다. 존재의 자유와 진정성과 무관한 '척/채' 수준으로 할 일은 더욱 아니다. 그러므로 아무런 이슈 제기도 필요 없이 이를 실천하는 것이 가능하다. 있는 그대로(존재 그 자체) 고객과 명시적 토론을 할 경우에도 '자유의 포용' 상태에서 아무런 거리낌 없이 흐름 안에 머물며 진행하면 될 것이다.
  "자신의 전문성을 들어 자신을 설명하지 않으며, 타자(성)otherness가 어떻게 하든 '흐름' 안에 머물며, (그로 인한) 자기 노출self-exposure 위험을 감수한다vulnerability, 고객이 나름대로 지적하는 모순/옹고집contrariness에도 늘 개방적이다. 최고 수준의 프레즌스를 보인다." 바로 이런 모습이 진정한 Self-aware coach이다.

76) 중립성neutrality을 윤리 조문으로 직접 언급한 경우는 없다. 관련한 용어로는 partner이다. 중립성은 통설로 코치-고객의 관계에서 해석할 때 제기된다. 최근 현대 정신분석에서도 이것이 교조적으로 사용되었다는 비판이 제기되며 이 용어를 과거처럼 강조하지 않는다. 또 상호 주관주의적 접근에서는 이 중립성 신화에 매우 비판적이다. 코칭에서도 '중립성'에 대한 진지한 검토가 요구된다.

77) 참여적인가 중립적인가를 어느 한 점으로 인식하기보다는 상황과 조건에 따른 좌-우 스펙트럼으로 변화 가능하다고 인식하는 게 안전한 접근이다.

78) 그런데도 사례 기술문에 따르면 자신이 가진 정신분석적 배경으로, 중립성을 선택하고 안도했다. 그렇지만 고객에 대한 '헌신'으로 관점이 기울수록 참여적인 결과로 귀결된다면 이는 매우 이율배반적이다. 사례는 자유의 포용에 근거한 고객에의 헌신이 중립성보다는 참여/관여로 기울고 있다는 점을 지적한 것으로 이해된다.

니라, 복잡한 상황에서 윤리적 의사결정에 대한 평가와 관련해 해결보다 더 많은 문제를 일으키는 철학적 입장이다. 이런 견해(그리고 플로라가 중립성을 의미했을지도 모르는 것)에 따르면, 코칭은 "목표가 무엇이든 목표 달성을 위해 고객에게 [가치 중립적 도구처럼] 제공되는 전문 서비스"로 간주된다(p.36). 코치가 전문적으로 적용하는 유용한 도구를 거의 가치 중립적으로 보유하고 있다면 코칭 프랙티스에서 윤리적 딜레마가 있을 곳은 없어 보인다. 내가 보기에 대안은 이 경우 "참여 학파engaged school"가 아니라 고객의 발전/개발development을 코칭의 수단이자 끝으로 간주하는 **발달주의**developmentalism[79]이다.

이런 입장에서 코칭은 "고객들이 그들의 환경에 관여할 수 있는 전반적 능력capability을 개발한다는 가장 중요한overarching 목표를 갖고 새로운 아이디어, 가치, 실천행동을 마음속으로 구상하는conceive 의미 있는 대화"이다(Bachkirova et al., 2017, p.36). 코칭 시작 단계에서 이런 입장이 명시되지 않은 방식으로 이뤄졌기 때문에 코치의 입장에서는 과정 중이라도 개방성과 윤리적 성숙을 가진 접근의 유연성flexibility이 필요하다(Bachkirova, 2016b).

사례를 구체적으로 보면, 플로라는 "자유를 포용하는 것"이 매우 매력적으로 들린다는 사실을 이해함으로써 이익을 얻을 수 있지만, 그것은 그녀를 다음과 같은 필요성에서 해방시키지 못했다.

- 코칭 모델(그녀의 접근 방식이 무엇이며, 왜, 어떻게)에 대한 일관된 근거를 창안한다(Bachkirova et al., 2017).
- 되도록 많은 관점과 담론을 고려하여 각각의 상황을 성찰한다(예: Western, 2017).
- 그녀의 결정이 고객의 발달 과정에 미치는 영향을 고려한다(Bachkirova, 2011).
- 코칭 도구instrument로 그녀의 역할을 탐구한다(Bachkirova, 2016b).

이 사례에서, '소리 높여 말하기speaking up'가 상황에 대한 그녀의 개방적 인식을 의미한다면, 특히 그녀가 필연적으로 "간접 정보second hand"로 인식이 제한돼 있어 단순히 틀릴 수도 있다는 점을 인정한다면, 이 일에 대해 [그렇게] 영웅적일 이유는 그 어디에도 없다. 만약

---

[79] 가치 중립적 도구로서의 코칭이 아니라, 고객의 개발과 발달을 코칭 전반에 관철하는 중심으로 보는 견해를 강조하고 있다. 인문학 용어로 이해해야 하지만 사회과학에서 말하는 발달/개발주의developmentalism 용어와 같아서 그대로 이해하는 데 어려움이 있다. 제3세계 중심으로 경제개발 우선 전략을 통칭하고 강력한 리더십과 국가주도 경제정책에 의한 개발 중심 성장 전략 용어를 인간관계에 그대로 사용한다. 이 같은 이미지는 능력개발 중심 코칭을 이야기하는 개발/발달 코칭developmental coaching이라는 용어와 연결된다. '발달주의developmentalism'라는 용어는 논평자의 독특한 시각으로 이해된다.

"소리 높여 말하기"가 그녀의 "자유를 포용하기"라는 깃발 아래 이 '악덕 사장evil boss'에 대항해 "고객을 보호하는 것"이라면, 그것은 단지 코치의 입장에서 [권력의] 자기 확대 행위 self-aggrandizement에 불과하다고 볼 수 있다.[80]

마지막으로, 나로서 가장 심각한 관심사는 제공 중인 수퍼비전의 질과 수퍼바이저가 상황에 대한 "세 번 제거된three-times removed" 인식을 기반[81]으로 한 상황 분석이 플로라를 얼마나 **편안하게comfort**할 수 있었는지에 관한 것이다. 심각한 걱정이 될 때 코치를 지원하는 것은 매우 중요하지만, 제공 가능한 가장 중요한 지원 형태는 **가능한 한 많은 각도에서** 잠재적인 코칭 개입의 다양한 결과를 살펴보는 것이다.[82] 이러한 각도들 가운데 코치에 의한 자기 기만self-deception 가능성을 탐색하고(Bachkirova, 2015, 2016a)[83] 고객의 방어기제를 활용하는 것은(Vaillant, 1992)[84] 고객의 유익한 성과를 확보하는 데 효과적일 뿐만 아니라 코치에게도 발전적일 수 있다.

---

80) 매우 엄격한 피드백이다. 걸핏하면 자신의 비전이나, 가치, 철학 등을 '용어 그대로 언어'로 내세우며 자신을 드러내는 태도는 먼저 자기들 세계의 전문 용어를 그대로 드러내는 실수에 해당되거나(부록 참조), 거치른 코칭wild coaching(프로이트 wild psychoanalysis에 빗대어)이 되기 쉽다. 이는 향기, 품성, 됨으로 드러나고, 코칭 과정에서 피어오르는 느낌에 해당된다. 드러내지 않아도, 보임 없이도 보이는 부분이다.
81) 정확히 무엇을 의미하는지 설명이나 인용처가 없어 이해하기 어렵다. 다만 수퍼비전 세션을 중심으로 본다면, ①플로라가 상사가 코치이를 밀어내는 것 같다는 판단이지만 그는 인식하지 못하고 있다(코치이의 작업장 세계/장場) ②코칭 대화에서 일방적으로 플로라가 판단한 미확인 사실(코치이의 코치와 함께하는 세계/장)이며, ③이를 수퍼바이저에게 가져오는 플로라의 내적 세계(코치 자신과 코치이에게 헌신하고자 하는 가치 충돌의 세계)가 평행하고 있다. 각각의 세계의 장에서는 무엇인가 왜곡/독특한 해석이 덧붙여져 있다. 수퍼바이저는 이를 염두에 두고 각 세계를 살펴보게 된다. 그러나 논평자가 이것을 말하는지는 불투명하다.
82) 이를 위한 수퍼비전 모델은 다양하다. 대표적인 것이 피터 호킨스의 '일곱 눈 모델'이며, 다양한 관점 전환 질문도 유효하다. 이하의 문장은 수퍼바이저에 대한 논평자의 피드백으로 이해된다.
83) 다양한 '각도'에서 보게 하는 것을 넘어 코치의 자기 기만 **가능성**을 어떻게 탐색하게 초대할 수 있을까? 일단 수퍼바이저에 대한 높은 '신뢰', 수퍼비전 관계와 공간에 대한 충분한 '안전감'이 구축되는 가운데…. 수퍼바이저의 취약성vulnerability과 버티는 힘…. 이런 것들이 감지되면 초대에 응할 것으로 보인다.
84) 수퍼바이지 코치가 고객의 방어기제를 '활용'하도록 도전하고, 고객이 유익을 얻고, 이를 통해 다시 코치는 발전하는 **'됨'의 연쇄 고리**가 이어지는 것으로 이해하자.

■ 토론 제안

1. 자유의 포용과 고객에게 전념하며 자신의 윤리적 태도에 의문을 제기하는 코치 플로라와 수퍼비전 세션에서의 검토를 구별하여 논평자가 제기하는 내용을 토론해보자.

2. 이른바 '자유의 포용 embrace freedom'이라는 **보기와 말하기**(시선과 담론)에 대하여

   코치는 자기를 설명하며 나름의 관점과 태도를 표명한다. '나는 ~한 존재이다.' '나는 ~를 가치/소명으로 산다'라는 존재적 자기 규정이다. 이런 태도와 시점은 곧 그 자신의 세상과 인간에 대한 독특한 시선과 담론을 드러낸다. '보는 시선이 지배하는 시선이다 le regard qui voit est un regard qui domine.'(미셸 푸코. 임상의학의 탄생)라고 하듯 이는 자신을 드러낸다. 그러나 이를 코치이와 함께하는 세션에서 드러내야 하는가? 어떻게 드러내야 마땅한가?

[부록 9-1] 진부한 표현 clich이나 특정 분야 전문 용어 jargon 사용

- 우리는 모두 어느 정도 '진부한 표현'이나 특정한 그룹에서 사용하는 전문 용어를 사용한다. 그러나 이는 사용하는 빈도의 문제이다.
- 개인 개발 관련 전문 용어의 문제는 당신도 그 전문 용어 뒤에 숨어 있기에 한쪽 당사자를 혼란 스럽게 하거나 토론을 약화하는 경우가 있다.[85]
- 멘토 코칭을 활용하여 전문 용어를 간단한 단어로 바꾸거나, 진부한 표현을 좀 더 신선한 제안/조언으로 바꿀 필요가 있다.[86]
- 전문 용어는 어리둥절하게 할 수 있다. 진부한 용어나 표현은 당신을 바보로 만든다.[87]

101 Coaching Mistakes to Avoid. #33 www.Coachville.com

■ 토론 제안

1. 세션에서 특별히 뻔한 표현이나 전문 용어를 들어 대화할 필요가 있는가? 있다면 어떤 경우인가?
2. 진부하거나 전문 용어는 아닐지라도 코치들끼리 잘 쓰는 표현이나, 특정 종교나 공동체에서 쓰는 관용적 용어를 제공할 필요가 있는가? 필요하다면 어떤 경우인가?
3. 코치의 용어가 상대를 서걱거리게 하거나 어리둥절, 거리감을 느끼게 한다면, 심지어 '그래 너 잘났다'라는 식의 마음의 파동을 야기한다면 이를 코치는 어떻게 알아차릴 수 있는가?
4. 높은 의식 수준, 철학적 결단, 삶의 행로는 코치의 것이다. '고객의 신을 신는다'는 것은 그의 입장이 되어 생각한다는 것이고, 그가 되어 걸어 본다는 것이다.

---

85) 개인 개발 관련 전문 용어란 이를테면 생애 발달과 관련해 프로이트의 구강기, 항문기, 성기기 등, 이에 근거한 에릭 에릭슨의 인간 삶의 8단계 과제와 위기 극복 관련 전문 용어 사용을 예로 들 수 있다. 이 같은 발달심리학 전문 용어는 각종 진단지로 사람을 유형화하는 것과 별 차이가 없다. 굳이 필요하다면 서술형으로, 설명하는 방식이 바람직하다. 코치의 전문 용어 사용으로 인한 주지화 intellectualization 대응은 코치이의 입을 막을 우려가 있다.
86) 멘토코칭을 통해 맥락과 고객에 적합한, 코치에게도 익숙한 일상적 용어로 또 진부함을 덜어낸 은유와 비유, 유머 표현으로 바꾸는 작업이 필요하다.
87) 전문 용어, 코치 입에 익숙한 그러나 그의 종료, 문화, 생활 등에 의한 용어는 일상생활에 낯설은 고객으로서는 그 용어 자체가 주는 어떤 '의미'를 연상하게 한다. 진지충, 꼰대, 유교 남/녀….

[부록 9-2] 「해방을 위한 코칭」 요약[88]

하니 슈크리 Hany Shoukry

이집트 출신 12명의 코치가 22명의 코치이와 함께 모델을 활용한 협력 조사로 개인의 해방과 성장을 지원하기 위한 코칭 활용의 이론적, 실질적인 틀을 탐색한다. 해방적 접근 emancipatory approach 으로 코칭에 관해 연구한 최초의 연구이다. 억압 oppression 이 어떻게 개인에게 영향을 미치는지에 대한 통찰과 코칭을 개인의 해방 여정으로 재구성한다. 제시하는 모델은 2011년 혁명(아랍의 봄이라고도 함) 이후 이집트의 코치 그룹에 의해 활용되고 그 결과로 만들었으며, 코치들의 협력적인 논의 과정을 통해 탄생되었다.

먼저 코칭의 해방적 잠재력, 코칭 접근의 한계라는 두 주제의 문헌 연구를 제시하고, 억압과 해방에 대한 비판적 교육학의 파울로 프레이리 Paulo Freire 를 필두로 지젝 Žižek 에 이르기까지 이론적 근거를 정리한다. 이를 근거로 인본주의적 해방운동의 방법론을 정리해 위에 제시한 이집트 코치들의 협력으로 연구를 진행했다. 당연히 연구 주제 관련 상황은 이집트이다.

도출한 연구 결과로는 (1) 해방을 위한 코칭은 억압과 해방, 성장, 권한 부여 empowerment 의 역동성에 대한 비판적이고 이론적 이해에 기초한다. (2) 해방을 위한 코칭은 내러티브를 다시 말하기 retelling narratives, 믿음을 새롭게 하고 renewing beliefs, 반격을 위해 맞서 싸우기 fighting back 등 세 가지 프로세스를 통해 가능하다. (3) 해방 코치 emancipatory coaches 는 자신의 발전을 이끄는 성찰적 실천 과정에 지속해서 참여해야 한다는 결론을 제시한다.

해방을 위한 코칭의 미래 과제로는 (1) 해방 과정에서 정서의 역할을 더 탐구하는 것, (2) 정신적, 정체성, 심리적인 성性 발달이 억압의 경험에 의해 어떻게 영향받는지를 탐구함으로써 인지적, 정서적 차원을 보완하는 것, (3) 민주국가의 덜 억압적인 환경 속에서 사는 지역사회는 물론 젊은 연령층을 대상으로 해방을 위한 코칭 요구 사항을 이해하는 것, (4) 예술의 심층적인 활용을 더 탐구하고, (5) 현실에서 벗어나는 breaking from reality 프랙티스를 확장하는 것이다.

---

[88] Shoukry, H. (2014). Coaching for emancipation: A framework for coaching in oppressive environments(PhD thesis), Oxford Brookes University, Oxford.

논평 9-2. B

멜빈 스미스

코치들은 명확히 정의된 코칭 철학을 갖는 것이 중요하다. 여기에는 ①성인 학습adult learning과 발달에 관한 근본적인 신념, ②개인 발달 과정에서 코칭의 잠재적 역할, ③코칭 관계에서 코치와 코치이의 책임과 경계 등이 포함되어 있다. 또 ④코치는 코칭 개입을 구성하는 방법, 프로세스, 도구 및 행동 강령에 대해 분명해야 한다. 마지막으로, 나는 ⑤코치가 그들이 고수하는 과정, 방법, 행동 강령에 관해 편안히 느끼는 가변성variability 정도나 폭에 대해 좋은 감각good sense을 가져야 한다고 믿는다.

플로라의 사례에서 그녀는 자신의 코칭 철학, 방법, 행동 강령을 분명히 알고 있다. 그러나 자신을 고용한 하도급 회사의 프로세스, 방법 및 도구에서 벗어나지 못하는 이슈에 직면해 있다. 이로 인해 그녀는 "자유의 영역" 또는 코치이와 상호작용하는 행동 자유의 정도degree of latitude에 의문을 품게 되었다. 일단 코칭이 시작되자 플로라는 자신이 고수하는 구체적인 행동 강령(중립성 원칙)에서 벗어나야 하는지에 대한 이슈에 직면했다. 이런 경우 그녀가 초기 코칭 계약의 경계 내에 머무르는 강령을 깨뜨려야 할 것이다. 나는 이것이 그녀가 특정한 행동 강령을 고수해야 할 필요성(또는 잠재적으로 이탈하려는 의지willingness)에 비례하여 자신의 "안전지대zone of comfort"와 씨름하는 것을 더 적절하게 검토해야 한다고 제안한다.[89]

하청 계약서subcontracting arrangement에 담긴 코칭 계약을 간단하고 단순한 시나리오로 생각해보자. 계약과 그에 따른 코칭은 코치와 하도급 업체의 프로세스, 방법이 서로 교차하는intersection 범위 안에 분명하게 포함된다([그림 9.1a] 참조). 만약 그것이 플로라의 시나리오였다면, 그녀는 자신이 경험한 이슈 가운데 어느 것도 마주치지 않을 것이다. 그러나 이 사례에서 보듯이, 삶(그리고 코칭)에서 상황이 그렇게 깔끔하고 말끔하게 정돈되지 않는 경

◆ 필자: Molvln L Smith: PhD, BCC. 미국 케이스웨스턴리저브 경영대학원 조직 행동학부 교수 겸 교직원 이사. melvin.smith@case.edu

89) 초기 고객과 계약 안에서 코칭을 진행할 것인가? 이것은 사실 코치에게도 안전지대이다. 고객 자신도 잘 모르고 있는 일에 코치가 적극적으로 대응할 것인가? 강령의 조문을 넘어 자신의 가치 지향에 근거한 행동을 해야 할 것인가? 이런 주제는 수퍼비전에서 다루기에 적합한 주제이다.
'자유의 포용'에 대한 의도만큼 막상 고객을 만나 피해자일지도 모른다는 내면의 판단을 둘러싸고 일어나는 수퍼바이지의 양가감정에 다른 무엇보다 관심이 간다. 그렇지만 수퍼바이저는 어떤 이유로 이보다는 격려를 우선시했다.

우가 많다.

코칭의 모든 것이 언제나 흑백 같은 것은 아니다. [그림 9.1b]의 회색 영역에서 알 수 있듯이, 이 영역은 특히 하청 계약으로 코칭 작업할 때 자주 나타난다. 이런 경우에, 코치는 (1) 코치가 참여하는 [행동이나 선택의] 자유latitude에 관해 하청 업체와 명확한 대화를 나누는 것, (2) 불분명한 윤리적 딜레마에 직면하면 행동 규범을 엄격하게 고수하기보다는 도덕적 추론moral reasoning과 개인적 판단을 활용해 이런 회색 영역을 탐색해야 한다. 또 (3) 이 두 가지를 조합해 관여할 수 있다.

플로라가 자신이 선호하는 방식으로 코치이와 관계를 맺기 위해 자기의 '자유의 영역'을 이해하면서 겪는 이슈뿐만 아니라, 그녀가 중립의 원칙과 코칭 계약의 경계 내에 머무르려는 '두 가지 원칙'을 엄격하게 고수하는 것에서 벗어나 (정의한 바를 넘는) **안전지대** 주변에서 경험한 이슈를 논의하는 데 이 그림을 활용할 수 있다.

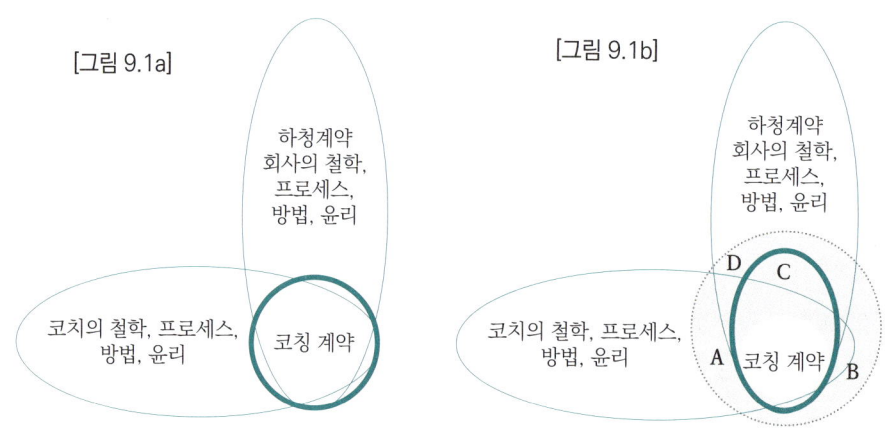

[그림 9.1] 코칭에서 자유 영역과 안전 영역

자유 영역zone of freedom – 코치가 코치이를 위해 하청 회사의 모델, 프로세스, 방법 및/또는 행동 강령에서 잠재적으로 벗어나야 하는 행동 자유의 정도degree of latitude(위 [그림 9.1b]의 영역 A)

안전 영역zone of comfort – 코치가 정상적인 코칭 접근 방식에서 벗어나 활동하거나 또는 코치가 일반적으로 고수하는 하나 이상의 행동 강령을 엄격히 준수하는 것에서 벗어나는 정도는 더 높은 헌신이나 도덕적 의무(B와 C 이상의 영역)를 제공할 것이다.

[표 9.1] 코칭 계약 딜레마를 다루는 전략

	영역을 중심으로	
A	코치는 코칭 계약에서 하청 회사가 명시한 프로세스, 방법을 활용할 필요성이나 기회를 본다.	코칭 참여가 시작되기 전에 코치는 선호하는 코칭 프로세스/방법/행동 강령과 하청 회사가 설정한 행동 강령과 차이점을 논의하고 접근 방식을 선택하는 경우, 행동 자유의 정도를 결정해야 한다.
B	코치이와의 관계를 통해, 코치는 코칭 계약의 경계를 넘어 더 높은 도덕적 의무를 위해 하나 이상의 코칭 행동 강령을 위반할 가능성이 있다는 점을 포함해, 정상적인 코칭 접근 방식에서 벗어나야 할 필요성을 감지한다.	코치는 특정 상황을 평가하고 모든 행동 강령을 엄격히 준수하거나, 하나 이상의 행동 강령이 정당하다고 판단되는 이유로 위반할 수 있는 경우, 윤리적 영향을 결정하는 개인적 판단을 해야 한다. 코치는 수립된 코칭 계약과 행동 강령 이외에서 행해지는 행동의 자유에 대한 합의에 도달하기 위해 하청 회사에서 수퍼비전 하는 코치와 상황을 논의하여야 한다.
C	코치는 하청 회사에서 통상적으로 사용하는 프로세스/방법 이외의 프로세스/방법을 사용하고, 일반적으로 행동 강령을 준수하도록 특별히 요청을 받는다.	코칭 참여가 시작되기 전에, 코치는 요청을 평가하고 선호하는 접근 방식보다는 하청 회사의 접근 방식과 행동 강령 준수를 편안한 수준에서 결정해야 한다. 코치가 이 일을 하는 것이 불편하다면, 코칭 참여를 거절해야 한다.
D	코치이와 코칭 작업에서 코치는 코치와 하청 회사의 프로세스/방법/행동 강령에 머무르면서 코칭 계약의 경계를 넘어야 할 필요성을 안다.	코치가 계약서에 명시된 대로 코치이와 함께 작업 하는 한, 코치와 하청 회사의 프로세스/방법/행동 강령 내에 머무르면서 계약서를 약간 넘어서는 것은 반드시 추가 조치가 필요하지 않을 수 있다. 그러나 코치는 코칭 계약을 넘어서는 작업이 재계약에 대한 논의를 보증할 만큼 중요한지와 시기를 판단하기 위해 개인적인 판단을 행사할 수 있다.

플로라가 초기에 불편했던 심기는 하청 업체의 코칭 과정과 방법이 자신이 선호하는 접근법과 달라서 그녀가 코치이와의 교류에 자신이 얼마나 많은 자유가 있는지 분명하지 않기 때문이다. 플로라는 계약된 코칭 프로세스에서 벗어나기 위해서는(필요가 있는 경우) 그런 불편한 상황을 감수하지 말고, 또 자신의 영역에 대한 이해에 도달하기 위해서라도 (자신에게 유리한 방법), 하청 업체와 선호하는 접근 방식과의 '차이'를 공개적으로 논의할 수 있었다. 간단한 대화를 통해 그녀는 이 계약에 대한 '자유 영역'을 더 명확하게 알 수 있었을 것이다([그림 9.1b]의 A 영역 참조).[90]

---

[90] 이 영역은 자신의 코칭 철학과 방법에 근거하나 하청 업체의 그것과는 겹치지 않는다. 이 경우 플로라의 태도가 중요하다. 하청 업체가 자기 철학과 방법 등과 무관한 영역까지 관여할 이유/여지가 있는가?

코칭이 진행됨에 따라 플로라는 상사 학대의 희생자victim of mistreatment가 될 수 있다는 사실을 코치이가 모르고 있다는 점을 감지하여 추가적인 불안angst을 느꼈다. 그녀는 이 사례에서 아무 말도 하지 않으면 코치이를 잠재적으로 해로운 상황에 노출할 수밖에 없다는 사실을 알고 있는데 **중립성 원칙**에 수갑이 채워졌다고 느꼈다. 플로라는 이 이슈를 적극적으로 탐색하려면 중립성 원칙을 위반해야 하며, 이슈에 대해 코치이와 함께 작업하려면 코칭 계약의 범위/경계 내에서 머물러야 한다는 행동 강령을 위반해야 한다고 우려했다([그림 9.1] b의 B 영역 참조).[91]

이 두 번째 이슈에 대해 플로라의 불편함은 코치로서 그녀가 묶여있다고 느끼는 행동 강령에 충실하길 원한다는 사실로 인해 크게 야기된다. 이 사례의 경우 '코치이'에게 최선의 유익이 되지 않을 수 있다. 나는 그녀가 행동 강령이 유용하고, 실제로 전문화를 진전시키기 위해서는, 코치로서 이를 적용할 때 어느 정도의 도덕적 추론과 개인적인 판단을 행사할 필요가 있다는 것을 인식함으로써 이런 불편함을 완화할 수 있다고 생각한다. 코치들이 마주칠 수 있는 모든 가능한 윤리적 딜레마를 포착하여 행동 강령을 작성할 수 없으므로 코치는 행동 강령을 특정 상황에 적용할 때 해석interpretation 활용에 익숙해져야 한다(Fatien Diochon & Nizet, 2015. 임원코칭에서 윤리적 행동 강령 적용에 대한 토론 참조[주 8 참조]).

플로라가 코치이와 함께 작업하며 탐구하지 않았더라면 코치이가 직업적 또는 개인적인 해악/피해 경험을 허용하는 무엇인가를 포착하지 못했을 것이다. 이로 인해 그녀는 자신이 중립성 강령을 엄격히 준수하고, 정해진 코칭 계약의 범위 내에서만 일하는 도덕적 의무를 져야 할지 의문을 제기하게 되었다. 이 같은 상황은 특정 맥락적 상황에 대한 이해와 고려 없이 행동 강령에 대한 엄격한 준수가 잠재적으로 선보다 더 해를 끼칠 수 있는 도덕적 절대주의moral absolutism로 이어질 수 있다는 사실을 보여준다.[92]

---

[91] 이 B 영역은 자신의 코칭 철학과 방법, 하청 업체의 그것, 코칭 계약과도 모두 겹치지 않는다. 이 영역은 논평자의 지적대로 코치의 철학과 가치, 방법과 하청 업체의 그것과도 관련이 없는 영역이다. 중요한 점은 코치 자신의 영역을 넘는 문제이기에 당연히 수퍼비전 과제가 된다. 논평자는 이를 하청 업체 소속 수퍼바이저의 제공을 언급하는데(위 [표 9.1] B항 해설) 이 점에는 의문이 있다. 별도의 수퍼비전 관계도 열어두고 검토할 수 있다고 보아야 한다.

C 영역은 하청 회사의 인지행동+α의 내용을 염두에 둘 때 코치가 고객과 계약 내용이 확대될 수 있으나 코치와 하청 업체의 철학과 방법이 다르다는 이슈가 제기된다. 그림에서 보듯 코치의 철학과 방법 밖의 것이다. 코치는 하청 업체의 입장을 충실히 따르고 일치를 추구하게 된다. 이것이 어려울 경우 논평자는 코치가 코칭 참여 거절을 고려해야 한다고 제기하지만, 하청 업체가 제공하는 코칭 수퍼비전 영역이라는 판단이다. 거절은 그 이후의 일이다.

D 영역은 더 분명한 하청 업체의 수퍼비전 영역이라고 본다. 회사가 이 점에 대해 충실하고 분명한 정책이 없다면 이것이 곧 그 코칭 회사의 윤리적 수준을 반영하는 것으로 이해해야 한다. 회사 제공 수퍼비전이 없다면 별도의 수퍼비전 모색이 가능하다.

[92] 논평자 1과는 다른 견해이다. 높은 헌신은 A 영역으로 이해되며, 고객이나 동료 코치 (동일한 전문 영역의 동료 검토)와 공유된 바는 확인되지 않는다.

플로라가 이 상황에 대한 불편함과 어떻게 대처해야 하는지에 대한 명확성이 부족한 점을 고려해 수퍼바이저에게 안내를 구한 것은 정확한 행동이다. 그 행동 자체는 코치와 코치이 대화의 기밀유지에 관한 일부 행동 강령의 잠재적 위반으로 보일 수 있으나, 수퍼바이저와 대화는 플로라가 행동 강령보다 더 높은 헌신commitment을 했다는 점을 알게 하는 데 도움이 되었다.

내가 수퍼비전하던 코치들도 비슷한 딜레마를 안고 왔다. 어떤 사례는 코치이의 관심/이익(성공, 개인적 안녕well-being, 안전safety 등)을 찾는 것이 "더 높은 헌신"에 포함 되어 있는 경우다. 또 다른 사례로는 코치가 볼 때 '자신이나 타인에게 해를 끼칠 위험이 있어 두려움이 올라온다'라고 언급하는 코치이 사례의 경우, 어쨌든 코치이의 주변에 있는 타인들의 행복well-being과 안전을 살펴보게 만드는 '더 높은 헌신'을 해야 하는 경우도 포함되어 있다. 이 사례처럼 코치와 코치이 사이의 기밀유지 강령을 준수하는 것보다 더 중요한 다른 **도덕적 의무**moral obligations들이 드러나는 사례 등이다.[93]

이런 회색 영역에서 활동할 수 있다는 것이 언제나 쉬운 일은 아니다. 플로라가 말했듯이, 사실 "자유를 포용하는 일은 겁나는scary 일이다." 그러나 나는 코칭에서 회색 영역을 다룰 때 자신의 자유와 편안함의 영역(이 논평에서 정의한 바와 같이)을 명확하게 이해하고, 그런 잠재적인 상황에 대처하는 전략을 갖는 것이 실제로 해방될 수 있다는be liberating 점을 제안한다. [표 9.1]은 [그림 9.1b]의 다양한 회색 영역을 다루기 위해 제안된 조치를 제시한다. 이는 코치가 코칭 계약에서 지닌 허용 범위의 이해 정도를 테스트하거나, 코치들이 준수하는 정상적인 프로세스, 방법 또는 코칭 행동 강령의 경계를 넘어서도록 요구할 수 있다.

코칭에서 이런 유형의 상황을 다루는 데 더 편안해지는 것은 부분적으로 이 같은 경험에서 비롯된다. 당신의 개인적 코칭 철학을 확립하고 명확하게 밝히는 것도 또한 도움이 될 수 있다. 내 신념이나 근본적인 주의/교리tenets 가운데 하나는 항상 **코치이의 이익과 아젠다를 다른 모든 사람(예: 코치로서의 나, 후원 기관, 하청 업체 등)보다 우선시한다**는privilege 것이다. 코칭 계약으로 확립된 경계를 벗어나야 하는 경우, 나는 위의 과정에서 설명한 바

---

[93] 수퍼비전에서 경험한 사례를 제시하고 있다. 먼저 사례를 가지고 온 수퍼바이지 코치가 코칭에서 '고객'을 위해 헌신해야 하는 것은 당연하나, 코칭 계약 범위를 넘어 '고객 개인'의 유익을 위해 더 큰 관심이 요구되거나, 안녕과 안전을 염두(염려/관심집중)에 두는 것이 필요할 때가 있다. 또 수퍼바이지 코치가 고객의 이슈로 인해, 고객과 고객 주변 사람들(만나보지 못한)의 안녕과 안전을 염두(염려/관심 집중)에 두게 만드는 사례를 다루게 되는 경우가 있다. 이런 경우 이슈는 전문가로서 '도덕적 의무'로 마땅한 책임감을 느끼지 않을 수 없다. 이는 윤리적 민감성-성숙성-주의 깊음watchfulness 등 기본 자세에 속한다. 현실적으로 이것이 수퍼비전 세션 안으로 들어와 과제로 다뤄지는 경우 쟁점이 확대되며, 가장 주의할 점은 이런 논의가 자칫 '사태를 증폭'시킬 수 있다는 점이다.

와 같이 ①개인적인 판단을 활용하고 ②중요성의 잠재적 편차/일탈deviations에 대해 모든 적절한 당사자와 대화를 나눈다. ③내 기본 철학을 분명히 알고, ④도전적이고 **까다로운 예외**challenging exceptions를 다루는, **명확하게 설명하는 과정**을 통해 나에게 일어날 수 있는 거의 모든 상황을 다루는 데 편안함을 주었다.94)

내가 고용된 코치들과 함께 일하는 하청 업체에서 수퍼비전하는 코치supervising coach 역할을 할 때도 마찬가지다. 나는 코치들이 약속한 계약 안에서 자신의 코칭 스타일을 활용하는 데 일정한 **자유 영역**을 행사할 것으로 기대하지만, 또한 우리의 확립된 프로세스와 방법에서 상당한 편차/이탈이 있을 경우 ①**사전에 논의하고 합의**할 것을 기대한다. 마찬가지로, 계약한 코치가 이미 확립된 코칭 행동 강령을 벗어나야 하는 상황을 경험한다면, 나는 그들이 옳은 일이 무엇인지에 대한 ②**개인적 판단**은 물론 그가 그것을 알고 있다는 것을 알고 확인하기 위해 그 상황에 대해 나와 ③**대화 나누기**를 기대할 것이다. 그러고 나서, 우리는 취할 접근법에 대해 ④**일치**를 시도한다.

결론

이러한 사례와 논평은 전문가들이 '회색 영역'이라고 부르는 '윤리적 복잡성', 즉 행위자들이 어떤 규범과 가치를 우선해야 하는지 모르고, 확실하지 못한 상황을 더 깊이 파고 들도록delve into 도와주었다(Reinecke & Ansari, 2015). 행동 강령은 어떤 규범, 규칙 및 이해관계가 우선해야 하는지 불확실성을 줄이는 데 확실히 도움을 줄 수 있지만, 이런 적용은 언제나 상황을 지나치게 단순화oversimplication하고 고객을 객관화objectification하는 결과를 초래한다. 실제로 전문가들이 논의한 바와 같이, 행동 강령이 묘사하는 이른바 "현실reality"은 코치에 의해 경험하는 현실에 체화되고, 상호주관적이기에 해석적 본질interpretive nature과 충돌하는 것처럼 보인다. 행동 강령과 윤리에 더 일반적이고 규범적인 윤리적 접근은 **개인들을** 그들의 '차이/다름difference'을 인정해야 하는 타인들others이 아니라 관리해야 할 **추상적 범주**(Pullen & Rhodes, 2014)로 묘사하는 경향이 있다. 또 윤리에 대한 이런 접근 방식은 딜

---

94) 윤리적 민감성과 성숙성에 대한 신뢰와 관계의 안전함, 상호 존중과 상호 협력적 파트너십이 전제이다. 이에 근거한 '깨끗한 대화clean communication'가 방법이다. 논평자의 신념은 ①코치 자신의 개인적 판단 ②당사자와의 적절한 대화 ③자기 입장에서 까다로운 예외를 다루고 분명히 하는 자기만의 '과정'을 강조한다. 그렇지만 이 모든 것의 밑바탕에는 ④고객의 아젠다를 최우선으로 둔다는 원칙을 강조하는 것으로 이해된다.

레마를 경험하고, 심지어 그것을 구성하는construcitng 행위자와는 독립적으로 "외부에out there" [형태를] 구성한다frames. 사실 우리가 널리 퍼져있는 객관적인 설명보다는 윤리에 대한 분별력 있는/의미 형성 접근sense making approach을 받아들인다면, 딜레마는 주체와는 독립된 외부 존재exterior existence가 아니라 오히려 주체의 구성과 해석의 결과이다(Brown, 2015).

결과적으로 윤리는 "현실의 객관적 특징"이나 "특정 사상가가 상황을 그런 식으로 해석할 때 … 도덕적인 어떤 것(대 비도덕적amoral인 어떤 것)"이 아니다(Parmar, 2014, p.1108). 우리가 사회적, 정서적으로 구성된 윤리의 본질을 받아들인다면, 우리 전문가는 이른바 "사건incidents"의 긍정성을 파고들며 그 의미를 분명히 밝히도록 장려하게 된다. 이런 맥락에서, Fatien Diochon & Nizet(2015)는 딜레마에 대한 생각idea을 코치의 역사, 성숙성, 심지어 더 큰 조직이나 산업 이슈의 징후symptom라는 시그널로 간주한다.[95] 따라서 윤리에 대한 이러한 변혁적 접근 방식transformative approach에 따르면, 코치의 역할은 딜레마를 진단하고 그것을 **수정해야 할 오류**로 거부하기default보다는 자신의 결정을 알리기 위해 그것을 활용하고 진단하기 위해 **딜레마를 두드리는 것**이다.

그런데도 행동 강령은 해야 할 역할이 확실하다. 즉 준수compliance를 통해 고정된fixed 행동을 강요하기보다는, "실천적 지혜로 해석하고 적용할" 때 잠재적으로 "윤리적 진보ethical

---

[95] 논평자가 인용한 연구의 결론은 윤리적 행동 강령을 미시적-거시적 과점에서 제안하며 그 요지는 다음과 같다.

  1. **미시적 수준 - 개인 내적**Intrapersonal: 경험이 풍부한 코치는 윤리 강령의 엄격한 적용에서 벗어나 윤리의 후기 관습적 윤리 단계post conventional stage of ethics(Kohlberg, 1976)에서 진화하는 것으로 보인다. 이런 코치는 결정이 자신의 개인 윤리에 부합하는지 확인하기 위해 성찰적 과정에 참여할 필요가 있다고 표현한다. 강령이 오직 대답 제공자일 뿐 아니라 질문 유도자라면 개인과 동료 반사성reflectivity을 지원할 수 있다.

  2. **미시적 수준 - 대인관계적**Interpersonal: 행동 강령은 "타자를 무시하는efface the other" 경향이 있지만, 코치는 자신의 개입에서 "타자로부터의 부름"에 매우 민감하게 반응한다. 의사 결정 과정은 정서와 몸이 높게 관여하는 총체적 경험으로 보인다. 코치가 행동 강령으로 "타자와 다른 사람과 대면"할 수 있도록, 우리는 정서와 관련된 표준을 추가하고 서로 다른 이해관계자가 작성한 사례 연구를 통해 각 표준을 설명할 것을 제안한다.

  3. **중간 수준 - 조직적**: 행동 강령은 여러 의제와 이해 충돌로 이어지는 본질적인 조직 복잡성을 파악하지 못하는 조직에 도구적이고 합의된 접근 방식을 전달하는 경향이 있다. 우리는 윤리 강령과 갈등을 코치 교육의 핵심에 배치하고, 윤리가 활동의 핵심이지 주변이 아니라는 점을 암묵적으로 전달할 것을 제안한다.

  4. **거시적 - 사회적**: 코치는 윤리적인 결정을 내릴 때 코치에게 중요한 가치 지향적 합리성을 배제하는 것처럼 보이는 현행 행동 강령의 기술적 합리성technical rationality을 지적한다. 우리는 윤리적 결정을 코칭할 때 가치 알아차림을 높이기 위해 행동 강령에 가치에 대한 질문을 포함해야 한다고 제안한다.

progress"를 가능하게 한다(Mercier & Deslandes, 2017, p.781).[96] 이것은 딜레마를 통해 코치가 조직의 변화를 일으키기 위해 현 상황에 도전할 가능성이 있는 윤리의 잠재적인 정치적 차원을 보여준다(Pullen & Rhodes, 2014).[97] 그렇긴 하지만, 우리 전문가들은 또한 코치들이 "자유를 포용" 할 때, 즉 조직, 코치이, 그들 자신의 이익 중 정말 누구의 이익으로 돌아가는지 염두에 두고 주의를 기울여야 한다고 경고한다.

---

[96] 논평자가 인용한 논문의 요지는 기업의 비즈니스 윤리와 관련하여 베네딕트 수도원 조직과 구성원들의 윤리 강령과 실천을 검토하며, 실용적 지혜와 해석의 중요성을 논하고, 윤리 조문을 삶과 활동에 적용하는 의미 있는 예로 제시하고 있다.

조직 이익을 위해 규정 준수에 지나치게 의존하는 기업윤리 강령이 아니라, 조직 구성원들이 규칙을 해석하고 주어진 맥락과 상황에서 그 의미를 정의하는 것이 개인과 조직의 이익에 기여한다. 규칙은 실제 살아가면서 그것을 적용할 때 비로소 완전히 이해하고 그것이 내면화된 삶의 방식이 되고 목적을 향해 나아가는 데 도움을 주는 역동적 틀이 되기 때문이다.

베네딕트 규칙이 수도원 생활에 적용되는 경험과 지혜는 15세기가 지났지만 여전히 살아있고, 윤리적 실천의 전형이 된 과정을 살펴본다. 베네딕트 규칙이 계속 다른 방식으로 해석되고 이용되며 현재와 관련된 새로운 화신incarnations과 의미로 구체화되는 근거는 이 규칙을 실용적인 지혜로 임하며 일하거나 행동하고, 자유로움을 갖는 과정을 통해 오늘날 (윤리) 규칙의 진정한 의미와 실천의 전형을 제시하기 때문이다.

참고. 『베네딕도 성인에게서 배우는 리더십』. 키트 달리드 외 지음. 성찬성 옮김. 열린.
『베네딕도 규칙』 성 베네딕도 지음. 허성석 옮김. 들숨날숨.

[97] 인용 논문(초록)은 윤리를 타인에 대한 개방성과 관대함에 기초해 탐구하고, 마음보다는 몸에 기반을 둔 신체적 윤리corporeal ethics의 조직적 함의를 검토한다. 관리자가 조직 윤리를 합리적으로 추구할 수 있는 방법으로 초점을 전환하여 신체 윤리가 조직 내에서 타자의 부정에 저항하려는 실제적이고 정치적인 행동에서 어떻게 나타날 수 있는지 설명한다.

이는 조직 내 사람들의 행동이 그들이 처한 지배적인 조직 권력 관계의 맥락에서 그리고 그에 대한 저항으로 윤리적 정보를 얻을 수 있게 하는 방법을 고려하게 이끈다. 그런 윤리는 차이를 폐쇄하고 억압을 조장하는 그런 형태의 조직화에 저항하는 것으로 나타나며, 이런 프랙티스를 저항의 윤리-정치ethico-politics라고 부른다.

■ **토론 제안**

1. [그림 9.1]과 [표 9.1]을 연동하여 A. B. C. D. 영역에 관한 내용을 이해하고 각자 자기 경험에서 사례를 찾아 이야기해보자.

   (1) 코칭 훈련 현장에서 교육과 훈련 시 교육 지침과 매뉴얼대로 진행하기 어려운 경우가 있다. 당연히 훈련 코치의 배움과 경험, 문제제기를 이해하고 적절한 대응이 필요하다. 이 모든 상황을 대처하는 것이 트레이너 코치의 윤리적 입장이다. 또 경우에 따라서는 코칭 회사의 교육지침과 프로세스와 충돌할 수 있다.

   이런 상황과 유사하게 코칭 회사에서 하청 받아 코칭하는 경우, 코칭 상황은 위와 유사하다. 코칭 경험에서 사례를 찾아보고 검토한다.

   (2) 코칭 윤리가 코치의 활동과 발전에 방해가 된다는 경험을 한 적이 있는가? 있다면 어떠한 맥락인지 공유해보자.

2. '신발이 발에 맞으면 신발 신고 있다는 것을 잊게 된다'라고 하듯 윤리는 생활과 활동 일부가 되고, 의식하지 않아도 윤리 안에 머물며 활동할 수 있다.

   (1) 코칭 윤리와 코칭 활동이 과연 그럴 수 있는가?

   (2) 코칭 윤리가 실천적 지혜로 해석되고 적용하는 단계는 어떤 모습인지 상상해 보자.

추가사례 9-B. 코치 길버트가 하고 싶은 코칭

코치 길버트는 기업 조직 오너 CEO를 매주 만난다. 동료 코치와 프로젝트가 끝나고 한 달쯤 지났을 무렵 그가 시내로 나오는 길에 잠시 만나자는 제안이 첫 계기가 되었다. 함께 고궁을 거닐며 담소를 나눈다. 우거진 숲속을 깊이 들어가면 자연스럽게 생긴 공터를 만나듯, 고궁은 도시 소음을 빨아들인 듯 적막함과 한적함을 동시에 주는 공터와 같다. 둘이 만나면 언제나 아주 천천히 말과 발걸음을 같은 리듬으로 움직이고, 되도록 자연스럽게 사람을 피해 한쪽으로 떨어지고 때로는 멈추기도 하는…, 그러면서 대화는 깊이 이어진다.

물론 그가 던지는 이야기는 모두 조직 운영과 사업에서 오는 것이다. 어떻게 하면 상황과 자신을 분리해서 보고, 사건과 사태를 다르게 볼 수 있는가? 결국 이야기 주제는 '보기와 말하기'로 귀결된다. 보기=말하기. 우리는 보는 대로 말한다. 다르게 볼 수 있어야 다르게 말할 수 있다. 그러나 보는 시선視線이 곧 '권력'이기에, 자신의 주장/담론은 권력을 갖는다. 어떻게 보느냐가 곧 어떻게 지배하게 되는가, 어떻게 힘을 행사하는가로 드러난다. 다르게 보기, 멀리서 보기, 넌지시 보기….

아니 시선이 어찌 권력인가? 시선은 곧 '마음'이다. 마음이 차갑고 따뜻함에 따라, 욕망에 따라 시선 또한 다르기 마련이다. 결국 마음은 마음 먹는 자의 것이다. 그러니 시선 역시 마음이다. 마음으로 시선을 운영할 수 있지 않은가. 결국에는 '자신'으로 귀결된다. 대화는 언제나 쉽게 같은 이야기로 반복되나 두 사람은 괘의치 않았다. 길버트는 언제나 그가 대화 끝에 가끔은 무엇인가 결심하는 듯하고, 또 미뤄 두는 느낌을 받는다.

길버트는 오래전부터 코칭 본연의 정신, 즉 교정적 코칭을 넘어 자신이 지닌 가능성을 확대하고 잠재력을 필요한 만큼 드러내는 코칭을 원했다. 성찰을 통해 자기 지혜를 신뢰하는 코칭, (고질적) 성격 변형과 인격 성숙을 지향하는 코칭을 하고 싶었던 길버트는 이 세션의 의미가 매우 크다. 그렇지만 이 코칭은 코칭 주제와 목표가 분명하지 않다. 당연히 실행 과제도 없다. 대략 한 달에 한 번에서 두 번이지만 정기적이지 않다. 그가 터널을 지나 서울 중심지로 올 스케줄이 있을 때만 진행한다. 길버트에게 '이것이 과연 코칭인가?' 하는 의문이 없는 것은 아니다. 성찰과 판단을 미루고 한 달에 한 번 만나는 수퍼비전에서 명료화할 계획이다.

이번에는 한 달 만에 다시 만났다. 그는 오너 CEO가 할 일을 제법 충실히 해왔음에도 권한과 결정이 자신에게 지나치게 집중되는 현실과 씨름하고 있다. 오너 리스크란 '독단'에 의해 기업 경영에 부정적 영향을 주는 것을 말하나 이에 대해 오너의 입장에서도 할 말이 있다.

책임이 오너에게 집중되는 것은 중간 리더들이 책임 회피나 비켜서게 되면 최종 책임에서 오는 위험은 오너가 짊어지게 된다. 그렇지만 오너 역시 이를 원하는 바는 아니다. 오너에게 귀결되는 리스크를 방어하기 위해 권한위임을 분명히 하는 이른바 '본부장' 체제를 설치한다. 전문 역량과 경험을 중시한 책임 구조이기에 필요성이 분명하다. 반면에 오너로서도 리스크 관리를 위해 필요하다. 시각을 달리 보면 오너가 경영 일선에 나서는 한 이에 따른 방어 구조가 필요하기에 불필요한 볼륨이 될 수 있다. 또 오너라고 언제나 최선의 결정, 내일을 여는 좋은 결정을 할 수 있는 것은 아니다. 오너가 스스로 책임지기를 원한다면 최선의 결정을 할 수 있는 영민함을 드러낼 기간까지만 그 일을 감당하면 되지 않는가? 누구든 최고 수준의 역량을 평생 유지할 수 없다.

오너 CEO의 위치는 조직을 신뢰하고 의존해야 한다. 그러나 이 조직은 언제나 권력 갈등과 사내 정치로 역동하고 있으며 CEO도 이로 부터 자유롭지 않다. 그렇기 때문에 조직에 거리를 두고 다른 시각에서, 조직 전체를 더 넓은 시대와 사회의 맥락 안에서 바라보아야 한다. CEO 자신의 성향 때문에 조직을 전적으로 신뢰하기 어려울 수 있다. 이런 이율배반으로 CEO는 쉽게 고립되기 마련이다. 개인으로도 언제나 일정 수준의 '정제된 이미지'를 보여줘야 한다. 모든 사람이 관심을 두는 무대에서 쉽게 벗어날 수 없기 때문이다.

그에게 길버트와 고궁에서의 시간은 숨 막히는 빌딩 숲에서 만나는 새로운 숲길이며 공터와 같다. 두 사람만의 대화는 독특한 기능을 한다. 고객은 대화 과정에서 자기 생각을 다듬게 되거나 구성이 단단해지거나, 다른 방향으로 재구성된다. 이것은 그에게는 다른 사람과 대화할 수 없는 내용이고 경험할 수 없는 시간이다.

1. 길버트가 경험하는 고궁 산책 코칭이 코칭이 될 수 있는 조건은 무엇인가?
2. 길버트 코치가 한 역할은 무엇인가?
3. 길버트가 자신의 문제 의식을 더 승화해 '진정한 자유'에 머문다면 어떤 입장에서 고객을 만날 수 있는가?
4. 수퍼비전 세션에서 검토해야 할 내용이 있다면 무엇인가?

참고자료

Amado, G. (2010). Subjectivité limitée, travail et résonance psychique. In Y. Clot & D. Lhu-ilier (Eds.), *Travail et sante, ouverturescliniques* (pp.65-77). Toulouse: Erés.
Amado, G., & Ambrose, A. (Eds.). (2001). *The transitional approach to change*. (The Harold Bridger Transitional Series) Routledge 1st edition(December 31. 2001) London & NewYork, NY: Karnac Books
Amado, G., & Vansina, L. (Eds.). (2005). *The transitional approach in action*. (The Harold Bridger Transitional Series) Routledge 1st edition(September 14. 2004) London & NewYork, NY: Karnac Books
Bachkirova, T. (2011). *Developmental coaching: Working with the self*. Maidenhead: Open University Press.
Bachkirova, T. (2015). Self-deception in coaches: An issue in principle and a challenge for supervision. *Coaching: An International Journal of Theory, Research and Practice, 8*(1), 4-19.
Bachkirova, T. (2016a). A new perspective on self-deception for applied purposes. *New Ideas in Psychology, 43*, 1-9.
Bachkirova, T. (2016b). The self of the coach: Conceptualization, issues, and opportunities for practitioner development. *Consulting Psychology Journal: Practice and Research, 68*(2), 143-156.
Bachkirova, T., Jackson, P., Gannon, J., Iordanou, I., & Myers, A. (2017). Re-conceptualizing coach education from the perspectives of pragmatism and constructivism. *Philosophy of Coaching: An International Journal, 2*(2), 29-50.
Brown, A. D. (2015). Making sense of sense making in organization studies. *Organization Studies, 36*(2), 265-277.
Cloet, H., & Vernazobres, P. (2011). Le marché franfais du coaching: Zoom sur les conventions de qualite. *Revue Internationale de Psychosociologie, 42*(XVII), 37-69.
Fatien Diochon, P., & Nizet, J. (2015). Ethical codes and executive coaching: one size does not fit all. *The Journal of Applied Behavioral Science, 51*(2), 277-301.
Fingarette, H. (2000). *Self-deception: With a new chapter*. Berkeley, CA: University of California Press.
Mercier, G., & Deslandes, G. (2017). There are no codes, only interpretations, practical wisdom and hermeneutics in monastic organizations. *Journal Business Ethics, 45*, 781-794.
Newton, T., & Napper, R. (2010). Transactional analysis and coaching. In E. Cox, T. Bachkirova, & D. Clutterbuck (Eds.), *The complete hand book of coaching* (pp.172-186). London: Sage Publications. 「교류분석과 코칭」『코칭이론의 모든 것』정환영 외 옮김. 교육과학사
Parmar, B. (2014). From intrapsychic moral awareness to the role of social disruptions, labeling, and actions in the emergence of moral issues. *Organization Studies, 35*(8), 1101-1126.
Pullen, A., & Rhodes, C. (2014). Corporeal ethics and the politics of resistance in organizations. *Organization, 21*(6), 782—796.
Reinecke, J., & Ansari, S. (2015). What is a "fair" price? Ethics as sense making. *Organization Science, 26*(3), 867-888.
Roth, P. (2005). Projective identification. In S. Budd & R. Rusbridger (Eds.), Introducing psychoanalysis (pp. 200-209). London: Routledge.
Sherman, S., & Freas, A. (2004). The wild west of executive coaching. *Harvard Business Review, 82*(11), 82-90, 148.
Shoukry, H. (2014). *Coaching for emancipation: A framework for coaching in oppressive environments* (PhD thesis), Oxford Brookes University, Oxford.
Stefana, A. (2017). *History of countertransference. From Freud to the object relations school*. London: Routledge.
Vaillant, G. (1992). *Ego mechanisms of defense: A guide for clinicians and researchers*. Washington, DC: American Psychiatric Press. 참고할 만한 도서 『행복의 지도: 하버드 성인발달 연구가 주는 선물』 김진영 외 옮김. 학지사.
Western, S. (2017). The key discourses of coaching. In T. Bachkirova, G. Spence, & D. Drake (Eds.), *The SAGE handbook of coaching* (pp. 42-61). London: Sage Publications.

제10장

코칭에서 폭력에 대하여

서론

코치들은 코칭 개입 과정에서 광범위하게 폭력violence에 노출될 가능성이 있다. 이는 코치이, 스폰서, 동료의 공격적인 행동 및/또는 인격personalities[1])에서 비롯될 수 있다. 예를 들어, ①거친/마찰적인abrasive 성격 특성personality characterizes은 이기적이고 경쟁적이며 무감각하고insensitive, 그들 주변 사람들을 소외시킨다alienating. 특정 분야에서는 관련 전문 지식과 역량 때문에 이 같은 행동을 하더라도 가해자perpetrators 위치가 자주 용인된다(Hicks & McCracken, 2009). 어려운 성격 유형에는 ②나르시시즘적인 리더, ③조울증manic-depressive, ④수동 공격성, ⑤정서적으로 단절된disconnected 리더가 있는데, 이들은 모두 독성이 가득한 직장toxic workplace을 만든다(Kets de Vries, 2014).[2])

---

1) personalities: 인격, 성격, personality: 성격 또는 퍼스널리티, character: (성격) 특성, 개성 등으로 번역하고 문장 흐름에 맞추며 혼돈이 있을 경우 영어 단어를 병기한다.
2) 인용한 논문에서 맨프레드의 선구적 작업으로 리더의 성격 특성, 특히 역기능적 성격 유형을 분류하고, 이에 맞게 코치가 대처하는 방안을 제시한다. 그는 여러 저작에서 위 열거한 유형 이외에도 다양한 특성을 제시한다. 정신분석적, 심리적 관점에서 성격 특성을 어떻게 분류하는가는 매우 큰 별도 주제이다. 그러나 코칭 임상에서 마주치는 다양한 성격 특성을 되도록 겹치지 않게 나열하고 각 특성을 고려한 코칭 접근의 침로를 찾아볼 필요가 있다.

　특성을 추가하면 ⑥경계선적 특성을 추가한다. 아울러 캐서린 샌들러는 『정신역동과 임원코칭』에서 세 가지 주요 성격 특성을 제시한다. 타인을 괴롭히는 고객(위 ①), ⑦다른 사람을 기쁘게 하는 성격people pleaser, 얼음여왕the ice queen(위 ⑤의 하나)이다.

　또 다른 구분으로 Geoff Watts & Kim Morgan 『The Coach's Casebook』은 12가지 성격 특성traits을 제시한다. 겹치지 않은 것만 열거한다. ⑧사기꾼 증후군 ⑨극단적인 ⑩맹렬하게 독립적인 ⑪냉소적인 ⑫두려움에 역동하는 ⑬타조같이 현실 도피적인 ⑭완벽주의 ⑮미루기 ⑯수행불안 ⑰충족감 탐색 등이다. 이외에도 Harvard Business Review에는 Toxic leader 관련 글을 찾을 수 있다.

조직에서는 명백히 부정적 의미가 분명히 함축connotation되어 있는데도 공격적인aggressive 성격은 때로는 암묵적으로 추구되고, 조직 차원의 폭력으로 이어진다. 조직은 어떤 대가를 치르더라도 수익과 성과에 초점을 맞춘 공격적인 성격을 권장할 수 있으며, "공포fear와 협박intimidation에 의한 경영"을 장려하고, 무시하고 심지어 잘못된, 오만하고arrogant 학대하는abusive 리더들을 보상하는 기업 문화를 발전시킨다(Daniel & Metcalf, 2017). 이로 인해 코치가 관리해야 할 복잡성은 더욱 커진다.

여기에 나오는 두 사례는 특정한 형태의 폭력을 지닌 조직 문화와 성격을 다룬다. 결과적으로 이런 주제와 관련한 개입은 코치에게 큰 도전이다.

첫 사례 **'왜 나는 그것이 일어나는 것을 알아보지 못했는가?'** 에서 캣Kat은 팀 발표 중에 의사와 기술 어시스턴트 사이에 발생한 폭력적 충돌violent conflict에 죄책감을 느낀다. 그녀는 그런 폭력이 코칭 공간에서 일어나기까지 무엇을 놓쳤는지 궁금하다.

두 번째 사례에서, 프랭크Frank는 **'공격적인 관리자'** 칼Karl의 코칭을 위해 고용되었다. 그는 "공격적"이고 외향적이며, 목표 달성을 위해 사람들을 압박하는 최고 세일즈맨이다. 프랭크의 과제는 칼이 팀원들을 소외시키고 끊임없이 그들과 갈등/충돌을 빚고 있기에, 그를 리더십 지위에 끌어 올린 '공격적인' 행동이 이제 조직에 문제가 된다는 사실을 알아차리고 이를 받아들이도록 돕는 일이다.

■ **사전 점검**

1. 코칭의 어려움 가운데 하나는 코치이의 성격 특성에 대한 도전이다. 이 특성은 때로는 코칭 아젠다 접근에 복잡성을 초래하고, 코칭 여정에도 복병으로 작용한다.
   - 고객의 성격 특성을 코칭에서 어떻게 대응할 것인가?
   - 개인의 성격 특성은 조직 문화, 권력 관계 등과 혼합되어 사안의 복잡성이 더욱 증폭된다.
   - '문제 리더'와 '문제와 함께 있는 리더'는 구분해야 한다. 이를 위한 접근에는 어떤 방안이 있는가?
2. 리더 또는 특정 조직원의 성격 특성을 이해하고 코칭 관계 안에서 대처하기 위해서는 성격 특성 이해와 코칭 수준에서 대응 방안을 개발해야 한다.
   - 각 성격 특성에 대한 이해와 대응 방안 준비에 대해 논의해보자.
   - 이를 주제로 코칭할 경우 코칭 계약 단계에서 ①조직 이해관계자와 3자 구조 확립, ②코칭 계약에 대한 확고한 설정, ③코치의 코칭 과정 관리 등을 구분하여 논의해보자.
   - 이런 성격 특성이 특정 팀이나 조직에 미치는 영향은 어떻게 다루어야 하는가?
3. 개인의 성격 특성과 별도로 직장 내 괴롭힘, 폭력, 보이지 않는 갈굼 등에 대한 관련 법률, 조직 내 대응 방침과 처리 과정에 대해 코치가 충분히 이해하고 있는지 점검이 필요하다.
   - 갈굼, 태움, 직장내 따돌림이나 괴롭힘의 가해자, 피해자 각각의 대응에 대한 코칭 대처에 대해 검토해보자.

사례 10-1. 왜 나는 그것이 일어나는 것을 알아보지 못했는가?

6년 전, 캣은 한동안 코칭 해온 병원에서 '팀 코칭' 개입에 관여했다. '팀 결속력team cohesion'을 높이는 것이 목표이고, 그룹을 대상으로 하는 결과 보고debrief에 참여했다. 캣이 지난 한 달 동안 자신이 실시한 360° 피드백에 대해 그룹 슬라이드group slides를 보여주는 동안, 의사와 기술 어시스턴트 사이에 충돌이 발생했다. 의자가 넘어지는 소리가 들리자 고개를 들어 보니, 의사가 어시스턴트의 팔을 거칠게 잡고 있었다. 동료 두 명이 끼어들어 의사와 어시스턴트를 분리했다.

캣은 충격을 받았다. 그녀는 당연히 폭력을 싫어했지만, 더 중요한 것은 코치로서 이런 일이 일어나는 것을 보지 못했다는 점이다. 그녀는 자신이 맡은 역할에 실패했다는 죄책감guilty을 느꼈다. "Q.내가 어떻게 이런 일이 일어나도록 내버려 두었을까? Q.내가 놓친 것은 무엇인가?" 세션을 점검하면서, 어시스턴트의 친구였던 동료가 캣에게 이 사건은 단지 '빙산의 일각tip of the iceberg'이라고 말했다. 어시스턴트는 의사의 다른 폭력 행위의 희생자victim였지만, 이는 커튼 뒤에서 자주 일어나는 일이라고 했다. 오늘도 많은 동료 앞에서 충돌이 일어났으며 팀 관리자 역시 똑같이 충격을 받았다.

성찰 질문
- 코칭에서 이 같은 비슷한 폭력적 상황에 직면한 적이 있는가?
- 코칭에서 일어날 수 있는 폭력 형태와 잠재적인 근원은 무엇인가?
- 당신은 캣의 죄책감을 이해하는가?
- 만약 당신이 비슷한 상황에 직면한다면 어떻게 하겠는가?

캣은 시니어 코치, 자문위원advisor과 함께 두 세션을 통해 상황을 성찰한 뒤, **팀 코칭 개입**이 잠복해 있는 갈등latent conflict의 출현을 [결과적으로] 허용했다는 사실을 깨달았다. 그녀의 개입은 어떤 면에서는 이 폭력이 드러날 수 있는 수단/그릇receptacle을 제공했다. 팀 관리자가 조직 내 건강하지 못한 관계를 관찰하고 이를 해결하는 조치를 할 수 있게 해주었다. 게다가 캣은 자신이 그 "**갈등을 포용**embrace"할 수밖에 없다고 느꼈기에 이를 다른 사람에게 넘길 수 없었다. 그러나 결국 그녀는 이런 특정한 상황에 개입하게 선택되었다. 어떤 면에서는 상황이 그녀를 선택했다. 캣은 폭력적 상황에 대처하기 위해 팀 관리자와 함께 일했다. 가장 중요한 것은 "폭력적 의사를 낙인stigmatizing 찍지 않고 무료화/중립화neutralize하는 방법"에 대한 작업이었다.

성찰 질문

- 코칭 세션에서 발생한 충돌에 대한 캣의 해석은 무엇이고, 이를 어떻게 생각하는가?
- 코치가 상황 개입을 선택했다고 보는가? 아니면 상황에 의해 선택되었다고 생각하는가?
- 이 사건은 팀 코칭 개입 중에 일어났다. 계속 코칭하는 것이 최선의 방법이라고 생각하는가?

  이런 유형의 폭력 사고는 HR의 징계 조치를 요구해야 하지 않는가?
- 관리자가 상황 처리하게 돕는 것 외에, 캣은 사건 후 의사와 기술 어시스트 사이의 갈등 해결에 역할을 했어야 했는가?

  왜 했어야 하는가? 또는 왜 하지 말았어야 하는가?

■ **사례 점검**

사례는 팀 코칭과 그룹 코칭을 구분하지 않고 있다.

규모를 알 수 없는 병원 조직에서 팀 코칭을 하며, 360° 결과에 대해 그룹에서 발표한다. 360° 진단지와 발표를 듣는 대상이 일치한 것인지, 아니면 대상 이외의 참석자도 같이 자리에 있었는지, 병원 조직 전체가 그룹/팀 코칭에 참여하는지도 알 수 없다.

- '360° 진단과 결과 발표'에는 주의가 따르는데 이에 대한 논의 여부가 중요하지만 일단 이 사례에서는 주요 논점이 아니다.
(1) 초점은 팀 코칭 기간 중, 360° 피드백 결과를 보고하는 세션 중에 참석자 사이에서 폭력적 충돌이 일어났다는 점.
(2) 팀 관리자와 팀 코치는 당시 함께 참여했다는 점.
(3) 이들은 의사의 폭력을 낙인 찍지 않도록 하면서 이 사건을 무효화/중립화하는 데 초점을 맞추고 있다. 이때 무효화/중립화는 무슨 의미인지 내용이 불투명하다.

■ **토론 제안**

1. 성찰 질문을 검토한다.
2. 조직 계층 구조 hierarchy 내의 '괴롭힘', 폭력 사건 발생에 대한 처리 프로세스와 관련한 일반적 이해가 필요하다.
3. 제안문이 제기하는 논점 이외의 내용이 있다면 논점을 발굴해 검토해보자.

논평 10-1. A

파스칼 리페코

캣이 설명하려고 용기를 낸 상황이 흥미롭다. 왜냐하면 폭력과 무엇이 폭력을 야기했는지에 대한 주제는 조직과 코칭에서 자주 회피하는 주제이기 때문이다. 이는 중요하고 어려우며 복잡한 이슈이다. 특히 코치가 이를 알아보는recognize 수용력capacity에 스스로 의문을 제기하고 있기에 더 그렇다.[3] 본능/충동instinctual은 표현될 수밖에 없고 때로는 갑작스럽고 예상치 못한 방식으로 분출된다. 그것은 삶의 힘life force이자 파괴성destructiveness을 갖고 있다 (Bergeret, 1984). 자기를 지키고 살기 위한 투쟁/몸부림은 캣이 언급한 장면처럼 [언제든] 행동화acting out로 이어질 수 있다.[4]

사례를 읽으면서 **제목에 사례가 발생했던 시기를 밝히고 있다. "왜 그것이 일어나는 것을 알아보지 못 했는가 – 6년 전?"**[5] 조직에 대한 코치의 개입에는 언제나 한계와 끝이 있다. 생각했든 못 했든, 선택이든 강요든, 코치의 피로도와도 무관하다. 우리는 **계약 기간**에 과연 '제3의 당사자'로서 객관성을 유지할 수 있는가? 이 점은 확실하지 않다…. 고객과의 **장기적인 관계**는 우리의 경계심을 떨어뜨릴 가능성이 크고, 이는 경계를 늦추지 말아야 할 점이다.[6]

만약 2인 1조로 일한다면 코치는 팀 코칭 세션에서 비판적 관점을 더 잘 유지할 수 있다.[7] 팀 코칭 세션은 복잡하고 "공격적인attacking" 방어 동작이 드러날 가능성이 크기 때문

◆ **필자**: Pascale Répécaud: 정신분석가. 프랑스 그룹 경영 컨설턴트, 코치. 심리사회적 위험 예방 전문. BR & Co 책임자.그룹 프로젝트 설립자. a.pendle@yorksj.ac.uk
3) 사례 발표에서 발표한다고 가정해보자. Q어떻게 그런 일이 일어날 수 있고, 알아채지 못했을까? 이런 식의 의문은 즉시 '코치의 수용력에 한계가 있다'라는 식으로 전제하게 한다. 그러나 이런 인식은 너무 단조롭고 배움이 닫힌다. 실제로 세상에서 일어날 수 있는 모든 일이 코칭(세션)에서 일어날 수 있으며, 코칭(세션)에서 일어나는 그 어떠한 일도 모두 세상에서 일어나는 일이다. 그러므로 코칭에서의 해결은 곧 세상 '이슈'에 대한 해결(의 하나)이다.
4) 이런 점에서 코치의 '수용력'을 문제시하기보다는 일단 거리를 두고 사건과 처리과정을 살펴볼 필요가 있다.
5) '6년 전'이라는 표현이 의미 있게 다가온다. 사례의 내용이 기밀유지와 관련 있는 것이라 시간이 경과한 뒤 사례의 민감성이 충분히 완화된 다음에 발표한 것으로 이해된다.
6) 한 조직과 연간 단위 계약을 하는 전담/고문 코치의 경우, 몇 년간 계약 관계가 지속되는 경우 이런 긴장 유지는 주요한 해결 과제이다.
7) 2인 1조 활동은 코치 양성, 기업 단위 전담 코치 활동, 팀/그룹 코칭에서 새롭게 모색할 만한 대안으로 보인다. 다만 코치들 사이의 상호 동등성이 확보되고 역할이 구분되어야 한다.

이다. 우리는 과연 [이번 같은 상황이 발생하면] 평가 발표를 "넘기고" 못 하겠다고 거절할 수 있는가?[8] 물론 "그만둔다"거나 2인 1조로 일하는 것은 경제에 영향을 미친다.

이 사례는 우리가 아는 것을 여백blank space으로 남겨 두고, 미지의 곳으로…, 그리고 새로운 개입 영역을 발견하기 위한 방향으로 움직이게 하고, 우리의 프랙티스를 새롭게 촉진한다. 우리에게 변화change, 부재absence, 상실loss, 분리separation를 어떻게 다룰지에 대한 고민을 던지며, 외부 제삼자로서 우리의 위치에 대해 질문을 받으며 "통과하게passing through" 한다.[9]

개입이 일어난 환경/맥락은 하찮은inconsequential 곳이 아니다. 병원 환경의 주요 임무인 진료 제공이 고려되어야 한다. 병원은 치료와 "회복repair"의 장소이지만 불안이 다시 일어나고reawakened 고통뿐 아니라 상실도 감수해야 할 곳이다. "치유를 (전제로) 하는supposed to heal" 의료 종사자는 좀먹는/부식적 환경corrosive environment에서 일하며 지쳐 있다. 의료 분야는 소진burning out 개념이 처음 등장한 곳이며 이에 관해 폭넓게 연구되는 곳이다(Maslach & Leiter, 2011). 의료 종사자가 한계에 도달했다는 것을 알 수 있는 행동은 환자와 다른 의료 종사자에게 퍼붓는 **짜증/과민성**irritability**과 공격성**이다. 그리고 이것은 타인들과의 관계에 영향을 미치는/정동되는affect **사생활에서 돌출**되고, 이때 상황과 관련된 사건들은 고려되지 않는다.[10]

팀 코칭에 앞서, 개별 인터뷰 상황에서 관련된 사람들의 말을 경청해보면 전반적으로 퍼져있는 불만malaise 상황이 드러난다. 대인관계가 일반적으로 경색되고, 상호 관계와 개인 또는 집단의 특정한 문제로 표출되지 않는 설명하기 어려운 것들이다. 이런 관계적 어려움은 360° 도구degree-type tools를 사용한다고 반드시 드러나는 것도 아니다. 인터뷰는 팀 상황을 파악하는 훌륭한 도구 가운데 하나이다. "모든 것"이 드러나는 것은 아니지만, 인터뷰는 빙산의 물에 잠긴 부분에 대한 아이디어를 제공하고, 코치가 그룹 세션 참가자들의 두

---

8) 결과 발표 자리에서 팀 코칭 참여자 사이에 폭력적 갈등이 일어났다. 이때 코치는 어떤 명분/근거로든 팀 코칭을 그만두겠다고 하기는 쉽지 않다는 의미로 이해된다. 이런 단호한 태도 역시 어떤 수준이든 코치로서는 사전에 원칙과 태도로 '준비'되어 있지 않으면 어려운 일이다. 또 팀 코칭 현장(코칭 관계) 안에서 일어난 모든 일은 그 자체가 다뤄야 할 상황이고, 성찰 활동의 텍스트이기 때문에 코치가 발을 빼기는 쉽지 않다.

9) 지속적 배움은 앎의 경계선과 접촉한다. '앎의 섬이 커질수록 앎의 해안선(미지의 경계선)은 더 커지는 법'이다. 경계를 넘어 미지의 영역으로 나가는 것, 그리하여 알지 못함, 모름에 머물러 있는 것. 그것은 새로운 앎을 위한 간척지에 머무는 것이다. 논평자는 새로운 앎을 위해 이를 감당하라고 언급하는 것으로 이해된다.

10) 자주 **환경과 사건은 제외**된 채 사람만 괴팍한 것으로 치부된다. 이런 상태는 반대로 다른 사람들에게 일방적으로 감정을 폭발할까 두려워 열심히 자기를 관리하며 집중하고, 타인들과 거리를 두거나 차단하는 '고립화'(방어의 하나)로 드러날 수 있다. 이 부작용이 고독에 머물기, 자기 감정 차단하기=감정의 둔감화이며, 감정표현불능증alexithymia이 된다.

려움에 감히 의문을 제기할 수 있게 해준다.[11]

전후좌우 상황에 대한 세부 사항. 사례에서는 이런 점들이 분명하지 않고, 개입 프로그램, 특히 팀 코칭에서 고려해야 할 상황 관련 시스템의 세부 사항에도 의문이 많다. [의료]기관의 특성, 부서의 활동과 배경, 기능과 관리방식, 팀 구성과 전문가들의 관계, 환자, 가족과의 관계도 고려된다.

이 사례에서 사건은 360° 피드백 와중에 일어났다. 360° 진단 활용은 어떤 느낌/인상을 남기며 이 점을 고려할 필요가 있다. 360° 피드백은 그룹 피드백이며 광범위하게 영향을 미친다. 한 무리의 사람들이 증언하는 것이고, 그 그룹의 의견은 그룹 일부 구성원들에 의한 "판결"과 비슷한 판단으로 해석될 수 있다. 이는 법정과 유사한 효과를 만들어낸다. 한 사람 한 사람에게 일련의 의견들이 제시된다. 특히 취약한vulnerable 사람들이나 그룹 일원이 되는 데 어려움을 겪는 사람들에게는 그들의 일에 큰 불편함을 주고, 개별 모니터링을 하다 보면 이런 점이 드러나게 된다.[12]

결과를 보고하는 중에 행동화. 캣이 결과를 보고하는debriefing 중에 무슨 말을 하고 있었는가? 폭력 사태가 일어났을 때 그녀가 논의한 주제에 어떤 내용이 있었는지? 그룹 피드백 세션 시작 단계에서 [사전에] 어떤 규칙이 합의되고 보호protection 조치가 마련되어 있었는가?[13] 이 사태 전에 그룹은 캣과 어떻게 일해 왔는가?

피드백은 해석의 한 형태다. 그것은 민감한 과정이고, 폭력으로 이어질 수 있다. 우리는 언제나 무엇인가 자극에 의해 도발될provoked 수 있는지를 충분히 고려하지 않는다(Aulagnier, 2007). 외부 제삼자나 관찰자로 말하는 것은 개인이 속한 그룹에 비판적 피드백 제공이 포함된다. 그것은 각 사람에게 이야기하고, 그룹과 구성원들의 친밀감과 삶의 실제와 추정적 요소를 드러내므로 불안과 관련된 방어적 움직임을 유발해 의도하지 않은 상처를 입힐 수 있다.

---

11) 사실상 외부 참가자인 코치로서 (대면) 인터뷰는 빙산의 밑 부분을 감지할 수 있는 유일한 방법이다. 사전 인터뷰는 그룹/팀 코칭, 개인 코칭 불문하고 중요하다. 그렇지만 이에 대한 비용이 코칭 예산에 별도로 추가되는 경우는 매우 드물다. 충분하고, 폭넓은 인터뷰는 코치의 기획력, 대응력을 강화한다. 그러나 이것은 지급받지 못하는 활동이며, 코칭 세션 당 비용에 분산 반영되기에 코칭비가 비싼 요인이다.
12) 팀 코칭/그룹 코칭/개인 코칭에 관계없이 360° 진단 피드백이 일으킬 수 있는 반응에 대해 코치의 섬세한 대응이 요구된다. (5장. 주 8 참조)
13) 물론 팀 코칭 시작 단계에서 기본 규칙ground rules이 합의되었을 것으로 짐작된다. 360° 피드백 실시 과정, 특히 그룹/팀 관련 보고debrief에 개인 관련 보호 조치가 있어야 한다. 그렇지만 그렇다고 일어날 일이 일어나지 않으리라고 보장하기는 어렵다. 그러나 논평자는 발표 내용과 발표 현장에서 팀원 충돌의 내용적인 관련성에도 주의를 기울이고 있다.

사람들은 자신의 삶을 "간섭하는meddling with" 제삼자에 의해 잠재의식적으로 박해받거나 침해당한다고 느낄 수 있다. 이런 개입이 모든 사람을 당황스럽게/기분 나쁘게 만든다. 코치와 관리자 모두 그룹을 "담아주기contained"하고 안전하게secure 만드는 방법은 필수적이다.[14] 팀 코치로서 그룹 기능에 특화된 방어 메커니즘에 대한 기본적 기술을 습득하는 것이 중요하다(Bejarano, 1975).[15]

그룹이 어떻게 기능하고, 잠재의식적subconscious 메커니즘으로 우리의 이해를 넘어설 수 있는지 이해하면 기술적, 이론적 참조를 기반으로 우리의 프랙티스를 생각하고 개발할 수 있게 하고, 의심의 여지없이 죄책감을 덜 느끼게 한다. 그룹은 ①반응적이고 ②활기 넘치며 때로는 ③격렬하게 방어적인 본능적 움직임에 역동하는 "**움직이는 실체**moving entity"이다.[16] 나는 기업에서 수행한 많은 피드백 세션을 통해, 내 접근법과 관련된 "부정적 효과"를 경험했다. 피드백 세션은 개인과 그룹, 심지어 조직 자체에 "폭력적인 해"를 끼칠 수 있다. [이로 인한] 방어적 반응은 민감한 상황을 "과장over"하여 반영할 수 있기에 – 너무 많이 말하거나, 지나치게 빠르게 해서[17] – 함께하는 제삼자에 의해 지원되는 집단적 분석 능력을 신뢰하면서, 그 자체 속도로 그룹 발전에 피해를 입힐 수 있다. 그룹에 대해 경청하는 것은 배워야 할 기술이지만, 언제나 간단한 일은 아니다.[18]

---

14) 어떤 방식과 태도로 '담아주기+안전함'을 집단에 제공할 수 있는가? 거듭되는 세션 운영으로 일정한 절차와 의식, 활동을 통해 점차 그룹과 관계, 그룹 내 성원들의 새로운 관계를 강화하는 흐름 공정/세션 운영이 필요하다.

15) 이 주제와 관련한 연구 결과 수집이 필요한 실정이다. 안톤 옵홀 저. 「집단역동: 코치와 컨설턴트가 주의해야 할 점」『코치 앤 카우치』 2장 p.77. **임원코치 위치**는 세 가지를 제시한다. ①집단 과정에 무엇이 있었고, 동시에 같은 시간에 분리된 채 남아 있는 것이 무엇인지를 탐색하는 것, ②다른 현장에서 끌어온 경험으로 관찰한 것을 연결하고 생각할 수 있고 볼 수 있게 하는 것 ③고객에게는 통찰력과 성찰을 주고, 조직에는 발전을 북돋워 주기 위한 피드백을 제공하는 것이다.

16) '살아 움직이는 실체'이기에 '그룹' 자체를 제3의 새로운 독립된 인격으로 보고 코치는 호응해야 한다. 그룹이 7명이면 전체는 7명+1이다.

17) 그룹이 외부 피드백에 반응하여 쉽게 그룹 역동이 드러난다. ①사태가 과장되거나 손쉽고 빨리 지적하고 넘어가는 쏠림 현상이 두드러지게 반응한다. ②그룹 내 억압된 역동이 기회를 활용해 선택적, 또는 중요한 비중에 집중되어 전체가 흔들린다. ③목소리 높은 사람이 전체를 휘어잡기 위해 공격적이 되거나, ④(숨겨진) 폭탄이 터지는 계기 같은 우연의 모습으로 드러나기도 하여, 그룹 구성원 그 누구도 손쓸 수 없게 된다. 코치는 호랑이 꼬리를 잡은 듯 꼼짝 못 하게 될 수 있다. **반대로** 아주 재빨리 피드백을 지나치듯/무시하듯 넘어가버리고(코치도 공모하며) 그룹 담합 분위기로 압도해 '네 잘해 봅시다!' 위장 결의하며 그룹 발전을 방해해버린다. 결국 형식적인 피드백으로 휴지통에 들어가고 실행한 실적만 남는다.

18) 각 구성원과 그룹에 대한 경청은 조직 내외 반응에 대한 민감성이 높아진다. 코치는 적절한 거리두기와 세밀하게 듣는 노력이 필요하다. 경청 과정은 마치 '대물렌즈와 접안렌즈로 거리를 조정하거나 필요에 따라 렌즈를 교체'하는 비유가 연상된다.

[팀 코치가] 창발emergence을 조성하는 메커니즘[19]을 활용하여 **그룹 스스로 어려움을 표현할 수 있도록 시간을 가지면**, 그룹과 구성원들의 **리듬을 존중**하고 발전이 보장된다. 더 오래 걸리지만 더 깊어지고, 오래 지속하는 팀 응집으로 이어지는 변형/변혁transformations의 유익함을 위해 만들어 내는 과정에서 얻어지는 [구성원의] 응답response,[20] [이 과정은 이런] 상황으로 인해 피해를 입히고, [구성원/코치가] 반응을 제공하는 위험을 감수하면서, 앞서 나가거나, 실례를 보여주거나, 문제를 빠르게 해결하고자 하는 유혹도 생긴다.[21] 그룹 **과정**에 시간을 들이는 것은 신뢰와 안정감을 쌓는다는 의미이다. 이를 통해 그룹 구성원들이 다양한 의견과 감정을 듣고 서로 용인하며, 경청하게 하고, 자기 조절self-regulate 능력을 개발할 수 있다. 또 잠재적으로 문제가 될 수 있는 이슈를 표현하고, 대처할 수 있는 수용력capacity을 개발하기도 한다.[22] 이 사례에서는 제삼자가 더 드러내기보다는 그룹이 자신을 드러내도록 돕는 역할을 하게 된다.[23]

프랙티스에 대한 성찰과 영향. 폭력으로 표현하는 것은 또 다른 충격을 야기한다. 이 상황에서 한 발 물러서지 않고서는 무슨 일이 일어나고 있는지 파악하기 어렵다. 실제로 캣

---

19) 집단은 구성원의 효율적 상호 협력을 통한 시너지로, 반대로 숨겨진 개인의 내면 역동과 관계 갈등이 언제든 돌출될 수 있다. 이런 힘과 에너지는 변화를 위한 내적 동력으로 작동하고 힘을 갖게 길을 열어주는 역할이 필요하다. 개인의 갈망, 소원의 집단적 결집, 리더/과제에 대한 일치 등은 언제나 창발할 수 있다.

20) 그룹 안전이 보장되고 신뢰가 쌓이며, 각자 어려움을 이야기하고(이 과정에서 이해와 격려를 받는다.) 각자의 노력을 이야기하고(이 과정에서 방법의 차이, 속도와 리듬의 차이를 이해한다.) 모두 빠짐없이 공유하게 되는 오래된 시간과 과정을 **함께 경험**하는 과정은 오래 걸리며 지난한 과정이다. 이는 팀의 새로운 응집과 변화/변형의 필요성, 절실함이 모아진다. 이 과정은 팀 코치 노력에 대한 구성원의 응답이며 일치이다.

21) 팀 코칭 개입 과정과 그 안에서 코치의 내적 반응을 설명하는 것으로 이해된다. 코치는 팀 응집력 발전을 위한 주요한 변화 계기를 만든다는 의도 아래 한편으로는 ①구성원 내에서 대답을 찾고, ②만들어내면서도, ③다른 상황을 제시해 답을 찾아 이를 현재 이슈에 대비하게 하거나, ④구성원의 응답보다 앞서나가는 함정에 알면서도 미끄러질 수 있다. 이를 통해 실례를 보여주거나 앞으로 나서기도 한다. 이 모든 것은 한편 위험을 감수하는 과정이다.

22) 어떻게 할 수 있는가? ①집단에 대한 코치의 개입 과정, ②구성원 내부의 이견 생성과 합의 과정, ③발언을 경청하고 다루는 코치의 태도 그 자체가 주는 모델 효과, ④구성원이 '그룹/팀'으로 세션 '안'에서 하게 되는 경험 자체 등이 '어떻게'에 대한 '방안'이 된다. 이보다 더 구체적인 해답을 찾는다면 이는 기술technic 영역이 된다.

23) 논평자의 관점이다. 제삼자, 즉 코치가 이를 조사하거나 해결자 위치에 서기보다는 그룹/팀이 자기 학습 과정에서 스스로 찾게 하는 과정(그룹은 하나의 독립된 실체이기 때문에)을 강조하고 있다. 또 코칭 과정에서 일어난 '경험'을 그룹이 스스로 다루고 드러내도록 해야 한다. 그룹의 협력성과 그룹에 대한 신뢰를 높이는 효과를 위한 과정이 중요하다.

이 했던 수퍼비전이나 인터비전intervision[24]의 맥락에서 중요하게 작용하는 것은 **경험된 시점**sight experienced을 존중하는 메타 포지션meta-position이다. 한 명 이상의 사람이 더 있을 때, 사고 과정thought processes은 더 활발하고 개방적으로 된다(이 책의 원칙 참조). 그룹과 기관이 관련된 개입의 경우 세션을 '공동'으로 이끄는 것은 매우 통찰력 있는 방법이다. 두 코치 사이에서 개입이 분산되기 때문에 한 걸음 뒤로 물러서서 두 가지 이상의 관점을 갖기 쉬워지고, 동시에 다른 형태의 한계를 제시할 수 있다. 공동으로 세션을 이끄는 것은 개입의 업다운 흐름upstream-downstream 개발을 가능하게 하고, 개입 중에 가소성plasticity을 개발한다.[25] 2인 1조로 일하면 자신감과 힘이 생길 뿐만 아니라, 코치가 그룹 작업 중에 강박관념compulsions을 더 잘 억제할 수 있게 된다.[26]

폭력과 개발/발달이 아닌non-developed **행동화**acting out. 이 사례에서 폭력으로 행동화acting out는 말로 표현할 수 없는unutterable, 개발/발달이 아닌non-developed[27] [관련 없는], 숙고하지 않은non-considered [관련 없는] 부분들이 "폭발blows up"하고 실제 삶으로 침범해 들어온 것이다.[28] 특정한 상황에서 "벌컥 화를 내는flare up" 것이며 이번 피드백이 하나의 예이다. 그동안 ^Q다른 방식으로 표현할 수 없었던 이유는 무엇인가? ^Q억제할 수 없었던 것은 무엇 때문인가? ^Q의사와 어시스턴트를 위해서인가? ^Q그룹과 기관을 위해서인가? 피드백 세션에서 그룹이 공동 과제를 논의할 때 직면한 장애물을 드러낸다. 말하지 않고 있던 사람들이 "뛰어 나

---

24) intervision: 전문적 맥락이나 공통 도전 과제를 지닌 소수의 전문가 또는 관리자 그룹이 참여하는 '동료 코칭' 활동이다. 동료 학습peer learning, 동료 지원peer assist, 그룹 수퍼비전 등의 의미가 있는 다른 용어와 비슷하다. 수퍼비전과 다른 동료들 사이의 다자간 교류와 배움을 강조하는 용어이다. 코칭 윤리에 근거한 코치들의 수퍼비전과 달리 (이를테면 회사 조직에서) 코치 이외의 전문가, 관계자 참여를 통한 질문과 자문적 배움 형식으로 수퍼비전과 구별해 이해하기를 제안한다.

25) 가소성=신경가소성neuroplasticity은 변화할 수 있는 뇌의 능력이며, 이 때문에 모든 사람은 누구나 놀랍고도 거대한 가능성을 지닌다. 뉴로 사이언스 코칭에서 볼 때 코치는 '**자기-지시적 신경가소성**'을 촉진하는 전문가이다. 코치는 저마다 잠재된 능력을 최대로 발휘할 수 있게 도울 뿐 아니라 변화를 쉽게 받아들일 수 있도록 고객 개개인의 뇌를 자극할 책임이 있다. 『뇌를 춤추게 하라: 두뇌기반 코칭이론과 실제』 에이미 브랜 저. 최병현, 이혜진 옮김. 한국코칭수퍼비전아카데미. 2017. p.33. 여기서는 업다운 흐름을 통해 변화의 지속성을 유지하는 것이다.

26) 논평자의 주장이다. 코치 양성 과정에서(그룹 및 팀 코칭의 경우도) 2인 1조로 진행하는 방식은 매우 효과적이고 바람직한 방안이다. 해외 사례에서는 다양한 저서에서 언급이 되고 있다. 우리에게는 연구와 실천의 주요 과제 가운데 하나이다.

27) non-developed: 비개발/발달 결여, 발달 실패로 발달 영역 밖에 있는 부분, 발달 과정에서 발달 영역으로 포괄되지 않은, 아무 관련이 없는 부분을 지칭하는 의미로 이해된다. 이 부분은 전체 인격 차원에서도 관계없는 부분으로 있다(황무지). 이와 구별하여 미발달undeveloped(발달이 부족한) 부분은 발달이 되다 중지된, 더딘 부분으로 구별해 본다. 결국 두 부분 모두 나무의 옹이처럼 남게 된다. 이런 인격의 한 부분은 특정 발달 단계(청소년기, 성인기, 노인기)나 특별히 어려운 인생 상황에서 돌출 될 수 있으며 사람에 따라서는 억압이 풀려 수시로 드러날 수 있다.

28) 황무지, 발달 영역 밖에서 돌출 된 것이라서 알 수 없기에 실제 삶으로 습격해온다.

오고jumped out", 이 순간 이전에는 일어날 수 없었던 조정을 요구한다. 이런 상황은 의료 관리자, 직원 대표, 노조 등 어려움을 겪는 의료 노동자들의 의견을 잠재적으로 경청해야 하는 기관의 작업 규칙과 기능에 의문을 제기하게 된다. 또 미약한 신호를 듣고도 팀 내 책임이라는 면에서 고려할 수 있던 매니저와 작업 집단work collective29)의 수용력에 대해서도 의문이 제기된다.30) Q.무엇이 그 문제가 표현되는 것을 막았는가? Q.업무 프로세스 조정은 팀별로 어떻게 이루어지는가? **폭력으로의 행동화**acting out는 경청하고 격려하기, 팀워크의 출현을 환영하기 어려웠다는 것을 의미할지 모른다. 실제로 이 상황은 적어도 한 명의 동료에게 반드시 알려지기 마련이다. 이 점이 [코치에게는] 작업 시나리오의 원천이 된다.31)

그룹 프로세스의 관리자나 리더의 역할은 실제로 "부정적인 프로세스에 대처하고" 프로세스의 개발과 변형을 촉진하는 것이다. 코치라는 지위와 임무의 하나로 캣은 드러난 "미개발된undeveloped" 조직32)과 그룹 작업을 촉진하기 위해 제삼자로 행동하고(그녀 스스로 제3의 수퍼바이저로 도우면서) 그녀의 죄책감을 극복할 필요가 있었다.33) 그렇지만 각 사람은 자신의 역할을 지켜야 하고, 누구든 제도적의 역할을 대신하지 말아야 한다. 이 텍스트 제시문을 보면 그녀가 상황에 대처할 수 있고, 이를 기반으로 할 수 있었지만, 코치가 이를 수행하지 못하는 상황이 발생할 수 있음을 보여준다. 결국 "그런 일이 일어났고…, 그리고 그것이 나에게도 일어났다." 그것은 고통스러울 수 있다. 이런 막다른 상황dead-end situations 또한 배움의 원천이라면, 이런 상황에서 성찰과 훈련이 적절한 영역에서 수행되어야 배움

---

29) 여기서 '작업 집단'은 무엇을 말하는가? 팀 코칭 구성원이 소속된 팀을 말하는가? 아니면 (병원) 조직 전체를 이끄는 팀인가, 팀 코칭 프로젝트를 진행하는 팀인가 논평자의 지적은 불확실하다. 논평자의 인용이 없어 알 수 없다. 참고로, 집단 분석에서 '작업 집단'과 이외의 집단 전체의 관계는 주요한 설정이다. 비온은 작업 집단 내외에서 의존하기 짝짓기, 싸움-도피 현상과 이와 반대쪽의 "세련된" 작업 집단이라는 수준 등이 존재한다고 구분하며 집단 분석의 틀로 제시한다. 참고:『집단에서의 경험』 윌프레드 비온 지음. 현준 옮김. NUN. 2015.

30) 먼저, 외부인(코치)이 있는 상황에서 불거져 나왔다면, 이미 조직 안에서 충분히 진행된 '염증'과 같이 잠재되어 있는 것이며 다양한 신호로 드러났을 것이다. ①(다른 이슈로) 왜곡된 갈등 ②(비)공식적 고발에서 ③부드러운 문제 제기, ④(미약한) 구조 신호 등이 그것이다. 살아 있는 조직의 실체를 동적인 상황 안에서 보고 논평자는 분석한다. 관리자나 조직 상황을 감당하는 '작업그룹과 상황을 관리해야 하는 매니저는 이런 다양한 경로의 신호를 무시해왔다고 이해된다.

31) 결과를 두고 이야기하는 것일지 모르나, 폭력 행동으로 사인이 불거졌다는 것은 그동안 팀 코칭에서 서로 경청하기, 격려하기, 팀워크의 형성 등의 작업이 사실 어려운 것이었으며, 최소한 한 명이라도 이를 알고 있었을 것이다. 코치는 이를 눈치채거나 작업 구상에 활용할 수 있었다. 그렇지만 이를 감지하지 못했다는 점을 논평자는 피드백한다.

32) 개인의 폭력은 발달 영역 밖에 있는, 비-개발된non-developed 행동화, 집단은 아직 미개발된 undeveloped 상태로 이를 분리해 표현하고 있다.

33) 논평자는 팀 코치가 팀과 상황, 조직과 거리 두기 포지션을 취할 것을 강조하고 있다.

의 원천이 된다.[34] 우리는 모두 **실제로 일어나는 일**과 우리가 **탈출해야 하는 순간** 이 두 가지 장애물에 부딪혀야 우리가 할 수 있는 일을 스스로 한다.[35] 우리가 상황을 선택한다거나 상황이 우리를 선택한다고 말하기에는 너무 지나친 표현이겠지만…, 어쨌든 나는 이것을 믿는 것이 도움이 된다고 생각한다.

폭력은 어디에 있는가? 누가 그것을 짊어지고 표현하는가? 그것이 이론적으로 표현되고 지각할 수 없는non-perceptible **요소는 무엇인가?** 폭력의 원인을 미리 예단하고 상황을 다른 각도에서 분석해서는 안 된다. 어시스턴트와 의사의 상호 관계에서 뭔가가 일어났다면 탐구해야 한다. 그러나 어시스턴트와 의사의 짝짓기는 팀 내 상황이나 의사와 어시스턴트 사이의 일반적인 관계와 같은 다른 어떤 것을 표현할 수 있는 폭력에 대해 "목소리 전달자voice-bearer"(Pichon-Riviere, 2004)가 될 수 있다.[36] "폭력 의사violent doctor"라는 표현은 어떤 식으로든 당연한 것을 넘어 각자의 책임을 추궁하도록 강요하는 관계형 박해자-피해자 relational persecutor-victim 게임[37]의 문제를 제기한다. [이런 식의 사태 인식과 대처는] 기관, 수행해야 할 과제tasks performed, 작업 절차work procedures, [이를 보는] 다른 사람들은 모두 우리를 미치게mad 할 수 있다.[38]

---

34) 상황과 사건에서 배우기. 이때 코치의 태도는 '수행자로서의 코치'이고 스스로 해야 할 질문은 'What for~' (신/우주/상황이) 무엇을 돕고자 내게 왔는가?(이런 일이 일어났는가?)이다.
35) 실제 그렇지 않은가? 우리는 실제 일이 터지거나, 일어날 상황에서 도망치려 할 때 장벽에 마주하게 되며, 오도 가도 못할 때 비로소 무엇인가를 한다. 이런 이유로 고객을 한 번쯤은 냉정하게 코너에 몰아세우거나, 벽으로 밀어붙이고, 깊게 직면하는 질문을 던져야만 한다. 이것이 코칭이 지닌 몇 가지 비극 중의 하나이다. 고객이 이런 피드백이나 후일담을 할 수 있다. ①"마치 벽으로 밀리고, 그림으로 벽에 박혀 버린 듯 꼼짝 못하게 내밀렸습니다…." ②"내 안으로 깊이 다가오는 목소리 …, 마치 궁지에 몰린 늑대처럼 응답할 수밖에… 없었습니다." ③"결국 어쩔 수 없이 진실을 마주하게 되었습니다." ④"언젠가 말했듯 (코치도 경험하지 못한) 최악의 고객이 될 수는 없지 않나요?" 코치 역시 이런 상황에 내몰리는 건 마찬가지다.
36) 이해하기 어려운 내용이다. 그러나 조직 안에서 (특히 권력 상하) 두 쌍의 짝짓기-관계는 그 조직 전체가 지닌 관계의 내용 가운데 한 단면을 나타내는 현상이다. 이런 점에서 조직 내 많은 의사-어시스턴트 관계 중 어느 한 '짝짓기' 관계는 조직에 내포된 '폭력 관계'를 드러내는 전달자였을 것이다. 조직 전체는 이를 외면하고 못 본 체할 수 있다.
37) 폭력의 가해자-피해자 관계는 '관계 안에서의 가해-피해 역동' 관계가 유지되고 인식되고 서로를 필요로 하는 양자의 게임이다. 사태의 이런 언급과 인식은 불철저하고 왜곡을 초래하는 시각이다. 가해-피해로 폭력이 재생산되는 관계(인식)에 가둬놓게 된다. 폭력 그 자체는 있을 수 없고 제거되어야 한다. 그러므로 오로지 '피해' 경험자이다.
38) 폭력이 용납되지 않는 조직 문화 장치가 충분히 개발-작동되고 있고, 사전에 예방되고, 견제되는 건전한 문화를 만들어 가는 것은 우리 모두가 동의하는 전제이다. 이것이 마련되어 있다 하더라도 드러나는 모든 문제를 제기할 수 있는 절차가 구조적으로 보장되어야 하고, 아무리 미미한 구조 신호라도 조직 구성원들이나 책임자들은 감지할 수 있어야 한다. 또 피해가 발생해 이것이 정당하게 처리되지 않거나 이 점을 민감하게 다루지 못한다면, 가해-피해, 2차 3차 피해 논란은 물론, '알아보지 못함'에 대한 죄책감은 조직 내에 확산하고, 직·간접 관련자는 힘들게 된다. 이런 의미를 담긴 표현으로 이해된다.

논평 10-1. B

앤디 펜델

이 사례 연구가 제시하는 도전적 상황에 초점을 맞추면서, 나는 이 사례가 내 특별한 목소리, 관점, 전문적인 정체성을 분석하게 만든다는 점을 안다. 나는 영국에 기반을 둔 코치, 치료사, 연구자이므로 직장 폭력에 대한 내 이해는 영국의 관점이라고 볼 수 있다. 내가 일하는 대학에서, 나는 인본주의적 통합적 전통humanistic-integrative tradition 안에서 코칭을 가르치고 상담가들을 양성한다. 내 코칭 실천은 사회적 차원을 강조하는 경향이 있다(나는 자주 사회적 기업, 교육, 영국 소방 서비스에 관련된 사람들과 함께 일한다).[39]

나는 이 점이 내가 가진 경험과 내가 받는 압박감이 기업 환경에서 계약을 맺으려는 자영업 독립 코치나 조직적 맥락 밖의 개인들과 일하는 라이프 코치들의 경험과는 다르다는 점을 알고 있다. 당연히 내가 여기서 제안하는 관점은 많은 독자의 관점과 다르다는 점을 발견하게 된다는 의미이다.[40] 또 내적 모순internal contradictions, 모호성ambiguities, 상충하는 관점이 내가 생성해 내는 내러티브narratives 안에서 표면화될 수 있다는 점도 알고 있다. 예를 들어, 로저리안Rogerian이 말하는 조건 없는 긍정적 존중unconditional positive regard(Rogers, 1951)의 바람직함은 박해와 괴롭히는 행동에 도전하는 조직 프로토콜organizational protocols의 필요성과 나란히/병치되어juxtaposed 나타난다(ACAS, 2014).[41]

◆ 필자: Andie Pendle: MSc(석사), MA. 영국 요크 세인트 존 대학 부교수. 상담, 코칭, 멘토링. a.pendle@yorksj.ac.uk

39) 논평자는 글 쓰는 행위 자체가 자신을 다시 바라보게 하고, 글에 의한 대상 분석은 곧 자신에 대한 분석과 관련된다는 점, 글 전개상 있을 수 있는 제안은 자신의 실천적 과제나 존재적 숙고와 연결되어 있다는 점을 알고 있다(글은 존재의 말하기/발화發話를 담고 있다). 존재론적 글쓰기의 비장감을 서슴없이 드러내고 있다. 자신의 문화적 배경과 일터에서의 이론적 입장을 드러냄과 동시에 독자에게는 이를 알리며, (성찰을 위해) 거리를 두고 읽어야 한다고 제안하고 있다.

40) 독자 역시도 논평자의 입장을 사전에 잘 알고 '거리 두기'로 접근하기, 즉 '성찰적 읽기'를 요구하고 있다. 이를 통해 독자를 계속 책임 있는 자세로 묶어 세운다.

41) 논평자의 문제 제기가 예사롭지 않으며, 독자에게 제안하고 있다. 조직 내 괴롭힘이나 왕따 등의 문제를 해결하려는 조직의 시도는 조직의 절차-의례-규약 등의 '과정을 공유'하는 작업이 필요하다. 이를 무시하거나 소홀히 하면 조직 내 동의를 끌어내기 어렵고, 결국 본질에서 문제 해결로 관통하지 못하고 좌절되거나 표면만 건드리게 된다. 로저리안의 '조건 없는 긍정적 존중'은 '피해자'(심지어는 '가해자'?)에게 조차도 견지해야 하는 입장이다. 이 두 가지가 상호 모순될 수 있다. 견해의 대립, 절차인가 시간인가? 조직원 개인들 사이의 인식 정도와 의견 차이, 이런 과정 중에 처하게 되는 온갖 모호성이 드러나기 마련이다.

논평자가 이를 병치/병렬juxtaposition(조건 없는 긍정과 조직 프로토콜)로 제시하는 것에 주목하자. 코칭은 분석하기보다는 구별distinction한다. 이는 구별한 두 가지를 병렬하기 위해서이다. 서로 다른 두 가지의 병렬은 ①제3의 어떤 것으로 인식의 비약을 안내하거나 ②양자의 비중을 자각하게 하고, ③다시 생각하며 되새김하며rumination, ④무엇보다도 양자 대립이 주는 모호함을 견디게 하고 이로 인해 야기되는 ⑤내적 불안을 소화하게 한다. 이른바 자각 인식self-awareness의 나눔을 통한 대화를 가능하게 한다(ICF 8가지 역량 모델 7번의 응용과 확대).

코칭 텍스트에 대한 일반적인(Cox, Bachkirova, & Clutterbuck, 2014; Palmer & Whybrow, 2007) 설문 조사에 따르면 폭력, 학대harassment, 괴롭힘bullying은 색인에 포함되지 않는다. 그러므로 이 사례 연구에서 제기된 문제는 코칭에서 감사하게도 드문uncommon 것으로 나타난다. 나는 코칭 실천에서 폭력을 접하지는 못했지만 안타깝게도 대학원 훈련생들 사이에서는 이를 볼 수 있었다. 이런 경우 두 당사자를 **돌보는 것**과 훈련에 대한 **상호 적합성** 문제에 관심을 기울이는 것 사이에 언제나 긴장이 존재한다. 길레스피, 게이트, 밀러, 하워드(Gillespie, Gates, Miller, & Howard. 2010)는 폭력과 학대/괴롭힘은 건강한 환경에서도 점차적으로 현안issues이 되고 있다고 지적한다. 그들은 듀하르트(Duhart. 2001)의 말을 인용해, 미국에서 의사에 대한 폭력의 비율이 1,000명당 16.2명, 간호사의 경우, 1,000명당 21.9명이었고, 의료 종사자의 경우 일반적으로 8.5명이었다. 한국에서 실시된 연구에서 박, 조, 홍(Park, Cho & Hong. 2014)은 간호사들이 성희롱과 괴롭힘을 경험할 가능성이 가장 크고, 환자 다음으로 직장 폭력과 괴롭힘의 주요 가해자는 의사가 주범임을 확인했다. 마니에, 켈로웨이, 프란시스(Manier, Keloway & Francis. 2017)는 직장 폭력의 결과가 그들이 발생하는 조직에 광범위한 영향을 미치고 매우 해롭다는 점도 확인했다. 내 생각에 캣이 병원에서 마주친 매우 도전적인 상황에는 단 하나의 해결 방안은 없지만 정보가 많든 적든 앞으로 나갈 수 있는 길이 있다. 캣이 앞으로 나가려는 시도는 분명히 좋은 의도지만, 더 많은 조직(그녀의 코칭비를 지급하고 있었음)과의 명백한 단절로 인해 여러 수준에서 의문을 제기할 수 있다.

이 폭행이 "빙산의 일각"이라고 밝히는 동료도 어시스턴트의 친구라는 점이 궁금하다. 캣이 폭력이 일어나는 동안 어시스턴트의 친구가 수동적으로 서 있을 수밖에 없던 상황에 의문을 제기했으면 한다.[42] 팀 사이에는 일정한 수준의 공모하는 문화culture of collusion가 있는 것으로 보인다(두려움과 협박에서 비롯된 것일 수도 있다). 팀 리더는 자신이 이끌어야 할 팀 내부의 역동을 파악하지 못하고 있다는 결론으로, 뜻하지 않는 폭발로 인해 캣 만큼이나 충격을 받았다. 다른 폭력 행위도 "막후에서" 일어났다는 사실은 의사 입장에서 미리 계획한/고의premeditation 요소가 있다는 점을 암시하며, 이 사건이 어시스턴트를 넘어 의사 일상생활에서 환자 등 다른 취약한 사람들로 확장할 수 있는 학대와 폭력적인 행동 징후symptomatic가 아닌지 의문을 남긴다. 그가 자신의 행동을 후회한다거나 사과했는지에 대한 언급도 없다는 점에서, 캣이 그와 함께 일할 것인지 결정할 때 이것을 고려해야 한다.[43]

---

[42] 어시스턴트 동료는 ①갈등과 폭력의 순간 수동적으로 서 있었고, ②동료가 폭력의 희생자라고 이야기하고, ③커튼 뒤에서는 자주 일어나는 일이라고 언급했다.

[43] 고의성, 의사 생활 및 사생활 영역에서의 '폭력성' 여부에 대한 징후의 가능성, 폭력 사건에 대한 사후 사과 여부의 불분명한 점 등을 고려한다면 코치가 과연 이런 팀 코칭 구성원과 함께 일할 수 있는가?

또 캣과 매니저의 관점이 희생자가 된 어시스턴트에게 사건이 끼친 영향에 관한 관심이 부족한 것은 아닌가 곤혹스럽다.[44]

나는 영국 상담심리치료협회British Association of Counselling and Psychotherapy의 코칭 부문 회원으로, '모든 고객에게 공정하고 공평한 대우와 적절한 서비스 제공'을 약속한다고 명시한 윤리 원칙을 준수한다(BACP, 2015). 이 일은 여기서 일어난 일로 보이지 않는다. 어시스턴트와의 교류가 그렇게 부족lack of engagement했다면 그가 묵살당한 **건설적인 희생자**victim of constructive dismissal라고 주장할 경우, 병원은 더 많은 부정적 결과를 초래할 수 있다.

팀 코칭은 개인들이 동료와 학습을 공유할 수 있는 매우 긍정적인 훈련이 될 가능성이 있으며, 시스템 수준에서 변화의 계기가 이루어질 수 있다(Clutterbuck, 2014). 스키핑톤과 제우스(Skiffington & Zeus, 2000)는 또한 그 환경에서 '문제-해결problem-solving'을 촉진하고 그룹 갈등을 '관리'하는 것이 팀 코치의 합리적인 기대라고 언급했다. 그러나 직장에서 폭력적인 개인과 함께 일하는 것과 직장 안의 **실제적인 폭력**이 똑같이 합리적인 기대인지는 의문의 여지가 있다.

ICF(2015)와 EMCC(2016)의 윤리 강령은 모두 코치들이 역량의 한계 내에서 활동해야 한다는 점을 분명히 한다. 전문적인 훈련을 받지 않은 이상 캣이 이 특별한 갈등을 수용할 수 있는 능력capacity에 의문이 제기된다.[45] 영국 일반의사회의UK General Medical Council는 이 의사의 행동을 "잘못된 행동misconduct"으로 분류하는, 의사를 위한 정책을 실천할 수 있는 적합성 정책(GMC, 2016)을 갖고 있으며, 모든 가능성이 위와 같은 구조에서 이것이 추진될 것이다. 일단 폭력이 공공연하게 인정되면, 어시스턴트는 의사, 병원 및 기타 관련된 모든 사람을 상대로 그 자신이 법적 조치를 할 수 있다. 나는 앞으로 있을 형사 재판에서 증인들의 개입이 증언에 영향을 미칠 것으로 여겨지기에 다가오는 형사 재판에서 증인과 함께 일하는 것이 금지된 상담사들을 알고 있다.[46] 캣은 이 상황에 개입하기 전에 '단기적'으

---

44) 이 사건이 직장 내 폭력 사건이고 그것이 빙산의 일부라는 염려가 크다면 이는 '피해자 보호 및 사태 해결 프로세스'를 진행해야 한다. 이런 수준에서 볼 때 이른바 '피해자 중심'까지는 못 하더라도 최소한 '보호'에 대한 언급이 없다는 점에서 캣과 매니저의 대응이 미온적인 부분이 있다고 논평자는 지적한다.
45) 논평자는 이런 폭력 상황과 조직적 처리, 가해-피해 상황 등을 고려할 때 이 상황과 주제는 코칭과 구별되는 전문적 훈련을 한 전문가의 도움이 필요한 영역으로 해석하고 있다. 코치가 이 이슈에 대한 전문성을 지니고 있는지는 확인되지 않는다.
46) 피해-가해 구조가 분명한 폭력적 상황에서 코치 개입이 처할 수 있는 구조적 환경이 이 지점까지 확대될 수 있다는 점에서 **이 논평이 주는 중요성**이 크다. 코치의 철학, 윤리적 태도가 순진성을 넘어 사실에 대한 진실성에 기초해야 한다. 피해자가 법적 소송을 할 경우 코치는 증인이 될 관련자와 함께 (재판 전) 후속 작업을 하게 된다. 논평자가 알고 있는 상담가 조직의 윤리를 제기한다. 이 점은 코칭에서도 검토할 만한 문제 의식이다. Q코치의 중립성은 어떻게 되는가? 양쪽 모두 고객/코치이일 경우 어떻게 할 것인가?

로 잠시 멈추고 그녀가 이와 비슷한 비난으로 전문가 입장에서 상처받을vulnerable 수 있는지 성찰해볼 수 있다. 또 프랙티셔너가 자신의 개인적 안전을 고려하는 것은 정당한 우려이며 (Reeves, 2015), 캣이 '무대 뒤에서behind the scenes' 폭력적인 사람과 일대일로 작업하는 것이 얼마나 안전할지가 의심된다.[47]

밸리와 톰슨(Valley & Thompson, 1998)은 팀 행동과 규범이 변화에 저항하고 집단 문화를 통합하는 데 저항하는 수단으로 사용될 수 있다고 지적했다. 캣 자신이 얽혀 있는 enmeshed 집단 문화는 후배junior 동료에 대한 폭력과 괴롭힘을 은폐하는 독성 문화로 보인다. 내 감각으로 캣은 향후 작업을 고려할 때 이런 요소들을 올려놓고 검토하는 것이 좋을 것 같다. 나는 또한 [그런] 매니저나 '폭력 의사'와 함께 일하기로 한 그녀의 결정이 의심스럽다. 이런 사람들은 직장에서 폭력의 2차 가해자/다음 후대로 전달하는 사람perpetuators들과 함께 일한 경험이 있는 전문가들에 의해 더 나은 서비스를 받을 수 있을 것이다.[48]

나는 캣의 경험 수준을 모르지만, 이번 결정에 비추어 볼 때, 그녀가 현시점에서 코칭을 처음 하는 사람인지 궁금하다. 그룹 수퍼비전을 이끌었던 내 경험에서 보면, 신참 프랙티셔너들이 자신의 개인적 경험과 능력에 대한 걱정으로 자주 그들의 배치된 환경에서 권위적인 인물들이 요구하는 불합리한 요구unreasonable requests에 순응/준수compliance로 대응할 수 있다.[49]

캣의 "**갈등 포용**(포용하기)embrace[ing]"이 무엇을 의미하는지 나는 분명히 알지 못한다. 그러나 이 용어는 갈등이 발생한 맥락과는 별개로 구별되는 실체distinct entity로 갈등을 간주하고 있음을 시사한다. 그것은 또한 그녀가 더 넓은 조직과 파트너십으로 협력하기보다는, 이 골치 아픈 역동을 혼자 안아주기holding와 담아내기containing로 그녀의 역할을 이해한다는 것을 암시한다.[50] 선택의 여지가 없다는 캣의 신념은 지속 가능한 실존적 위치가 아니

---

[47] 전문가로서 캣이 취약성에 노출될 수 있고, **코치 개인의 안전성**도 검토해야 한다. 전문가로서 자신의 전문성을 관리해야 한다는 것은 양심, 비겁, 책임감 등의 문제가 아니라고 논평한다고 이해된다. 전문가의 willingness-unwillingness 스펙트럼과 관련된 주제와 연결하기보다는 코치의 안정성과 방어/회복도 중요하다.

[48] 의식/무의식적으로, 인식의 불철저성, 내적 갈등으로 2차 가해에 가담하거나 휘말릴 우려가 있다. 이에 둔감한 점을 우려한다. 이 점 역시 코치의 윤리적 민감성과 관련된다. 우리의 현실은 어떤 구조인지 확인이 필요하다. 논평자는 완곡하게 '다른 전문가에 의뢰' 사안으로 제안하고 있다.

[49] 이런 특성이나 경향은 수퍼바이지의 미해결 과제이다. 수퍼비전 관계 안에서 검토되고 도전되어야 할 주제이다. 논평자의 관찰과 지적이 매우 철저하다.

[50] '갈등의 포용'이라는 가치에 서서, 고객 개인의 내적 갈등, 관계 갈등을 안아주고-담아내기를 견디어 내고, 이 과정에서 고객은 갈등을 재경험하고 소화하게 된다. 이른바 세션 안에 실연實演 enactment하며 성찰한다. "나는 이 갈등을 알고 있다. 어디서 오는지, 어떻게 해야 하는지, 과거에 이미 공부하고 검토한 바가 있다. 현재로서는 문제가 되지 않는다! 등등" 고객은 언제나 이런 인식-사고-소신을 주장할 수 있다. 그러나 이는 지적 회피와 합리화 저항일 수 있다. 코칭 관계 안

며, 그녀가 자신에게는 [어쩔 수 없는] 탈권한/권한이 없다disempowerment는 입장에서 결정을 내리고 있음을 시사한다. 이는 내가 코칭의 **긍정적 특성**으로 알고 있는 개인의 권한위임 empowerment의 질과 일치하지 않는다.[51] 그녀가 경험이 풍부한 코치[52]와의 성찰적 세션에도 불구하고, 죄책감과 자기 비난에 계속 끌린다는 것을 암시한다. 마찬가지로, "개입을 위한 선택chosen to intervene"이 그녀가 상황에 의해 [어쩔 수 없이] 선택되었다고 믿는 것은 [마치] 운명론fatalism이나 운명 예정설pre-destination 같은 느낌을 준다.[53]

윤리적으로 도전적 상황에 직면했을 때 관련 윤리적 프레임을 성찰하고, 정보에 입각한 결정을 내리고, 기관과 함께 행동하는 것이 중요하다. 또 캣은 병원 작업 관련 계약을 검토하고 전개 상황이 그녀가 원래 받은 브리핑과 어떻게 관련되는지 검토해야 한다. Q.이 작업으로 모두 다 한 것인가? 나는 또한 캣이 팀 관리자와 의사와 함께 긴밀하게 작업하는 것에 동의하나, 이것이 [그들만의] 현지 수준local level에서 관리하는 것일지 모른다는 점이 우려된다.[54] 관리자가 팀 내에서 문제를 깨닫는 속도가 느리다는 점에서 이 정도 수준만으로 검토, 유지함으로써 고위 매니저들의 눈에 맞춰 자신의 단점을 감추는 암묵적인/무언의tacit 아젠다가 있을 수 있다.

윤리적으로 캣은 징계 조치가 적절한지에 대한 정보를 얻고(그리고 문서화된) 견해를 가진 고위 HR 수준에게 조직 내부에서 사건이 위로 전달되도록 보장할 필요가 있다. 폭력이 지속되었고 이미 알려졌다는 점을 고려할 때, 이 같은 행동이 의사를 넘어 폭력을 은폐하

에서 다시 소환되어 체험하고 이 과정에서 새롭게 반복적으로 성찰해야 한다. 결국에는 서로 알게 된다. 그렇지만 이런 접근을 캣 자신에게 적용하려는 것에 대해 논평자는 문제를 제기한다.
51) 권한위임empowerment은 코칭의 핵심 명제이다. 자발적이든 비자발적이든 이를 포기하거나 탈/반-권한위임disempowerment은 코치의 포지션 이탈이다. 포용의 관점/위치에서 위와 같이 하는 것은 '코칭 관계' 안에서 가능한 일이다. 조직 역동과 시스템 차원에서는 가능한 일이 아니다. 이를 위한 권한 영역 밖의 과제이고 실천 행위이다. 논평자는 사례 제시의 짧은 표현으로도 이 상황을 정확히 포착해 문제를 제기하고 있다.
52) 시니어 코치와 자문위원과의 성찰은 수퍼비전이거나 코치와 인터비전intervision을 상정할 수 있다. 그런데도 캣의 죄책감이나 자기 비난 태도가 유지된다는 것은 충분히 해결되지 못했다는 것으로 성찰의 철저함이 부족했다고 비평하는 것으로 이해된다. 또 사태 해결을 위한 주체성보다는 상황이 선택하는/끌려가는 표현에서disempowerment, 체념하는 듯한 여지를 지적하는 것으로 이해된다.
53) 가해-피해 관계라는 구조, 의사의 폭력 대상이 될 수밖에 없는 어시스턴트 위치가 주는 취약성(에 대한 연민), 병원 구조라는 불가피한 장벽 등…. 객관적인 불가항력적 한계에 대해, 마치 코치도 운명적으로 이에 맞서고자 걸어 들어가고 있다. 이것이 과연 해결책인가?
54) ①윤리적 관점에서 접근, ②계약 내용과 ③직간접적 사전 정보 제공 여부와 내용 검토는 코치로서 당연히 해야 한다. 그러나 **대처 범위**를 병원이라는 개별 기업, 현지 병동이나 부서 차원의 과제로 이 이슈를 다루는 것에 동참하게 된다는 점을 우려한다. 어떤 점에서 우려될 일인가? 추가로 필요한 코치의 활동을 이어서 제시하고 있다. 사태 해결이 관련자의 인식 지평과 실천 속도, 또는 관련자들의 평균치에 발목이 잡히거나, 진정한 해결책이 뭉개질 수 있다.

는 데 공모한 관리자와 모든 사람에게까지 확대될 가능성도 있다. 이 이슈 해결에 적극적이지 않음으로써, 캣 자신도 공모 혐의allegations of complicity에 노출될 수 있다. 이슈가 조직 차원에서 해결되고 있다고 확신하는 경우에만 비로소 그런 이슈가 있는 팀 내에서 다시 한번 작업을 시작할 수 있다.

내가 캣이라면, **어시스턴트**와의 지속적인 작업은 ①트라우마 작업(Rothschild, 2000), ②자기 주장assertiveness, ③내러티브 코칭 접근법(Drake, 2015)이 있을 것이다. 관리자와 함께 일하기 위해서는, ④풀 레인지 리더십 모델Full Range Leadership Model(Bass & Riggio, 2006)을 활용하고, ⑤자유 방임laissez-faire 스타일에서 거래 스타일transactional style에 기반을 둔 리더십 행동으로 이동 방법을 고려하는 것이 도움이 될 것이다. ⑥변혁적 리더십 접근에 관한 논의를 통해 심리교육psychoeducation 요소를 코칭 장field에 도입할 수 있다. 의사와 함께 수행된 모든 작업은 위에서 설명한 기타 다른 고려 사항에 의해 진행될 것이다.

이 이슈에 대한 마지막 생각: 나는 내가 이미 "폭력적인 의사"라고 이름 붙인 누군가에게 오명을 씌우는 것을 어떻게 피할 수 있을지 궁금하다.[55]

---

[55] 성찰적 글쓰기 마침 방식으로도 적절한 내용이다. 논평을 통해 판단하고 의사를 가해자로 전제하고 (그의 주장을 검토해 보지 못한 채) '가해자'라는 오명으로 검토 없이 글을 쓴다는 점을 스스로 지적하고 있다. 피해를 입히게 될 위험을 안고, 피해자 보호하기와도 거리를 두게 되는 비판을 감수하면서, 중간에 개입된 코치를 위한 성찰적 글쓰기를 감행하고 있다. 가해자 오명을 부여하였지만 나중에 이를 어찌 자신이 감당할 것인가…, 이런 자신의 취약성을 또 바라보고 있다. 이렇게 독자에게 자기의 (실천 속에서의) 성찰을 제시한다.

■ 토론 제안

1. 코칭 중에 일어난 사건으로 코치가 받았을 경험을 중심에 두고 사태 해결과 코치의 대응과 회복을 섬세하게 다루고 있다.
   - 논평자의 문제 제기를 따라 코치 캣을 중심에 두고 검토해보자.
2. 논쟁의 여지가 있는 점을 찾아보고 논의해보자.

■ 코칭 제안

사건 발생 직후 다음 주인공 가운데 한 명을 코칭한다면 누구와 어떤 접근을 할 것인가?

1. 다음 역할 하나를 선정하여 고객-코치 역할로 코칭을 한다.
   (1) 팀 매니저 (2) 가해 의사 (3) 피해 어시스턴트 (4) 피해 어시스턴트 동료 (5) 코치 캣 (수퍼비전 코칭)

추가사례 10-A. 극단적인 성향을 보인 고객 세바스찬을 코칭하기

친구 앤드류가 과로로 쓰러진 것을 보고 정신 차려야 한다는 알람이 울린 세바스찬은 HR을 통해 스스로 코치를 찾았다. "저는 매사에 적극적이며 열정으로 임합니다. 어떤 일이든 적당하게 하는 것을 싫어하지요. 당연히 미봉책을 좋아하지 않습니다. 물론 불가피한 경우도 있지만 나중에라도 잊지 않고 철저한 해결책을 찾아내지요. 내 일에는 자신 있고 능숙합니다. 당연히 성과도 즐기지요. 이런 제게 무슨 문제가 있나요? 없죠?" 코치를 만나자마자 던진 말이다.

코치는 사전에 만난 HR에게서 세바스찬은 빠르게 승진했으며, 회사는 그의 성공과 성과에 크게 보상했다는 사실을 알았다. 상급자들인 이사회 두세 명을 만났다. 이사들은 한마디로 그를 "관리가 어려운 사람이라고 생각하지만 회사로서는 그가 이직하는 것은 걱정되기에, 개성이 강하고 독립적이며/협조하지 않는 사람maverick으로 보고 그냥 자유롭게 내버려 둔다."라고 단언하듯 말했다.

그는 주 80시간 죽자 살자 일하고, 일이 끝나고 모든 신경을 꺼도 되면 파티광party animal이 된다. 그렇지만 지금까지는 이것이 아무런 문제가 되지 않았다고 덧붙였다. 그러나 친구 앤드류를 보고 톤을 조금 낮추는 것이 필요하지 않을까 하는 의심이 들었다. "조금 낮추는 것이 어떤 뜻인가요?" "글쎄요. 잘 모르겠어요. 담배도 많이 피우고, 술고래라고 하지만 아직 몸은 튼튼합니다. 최근에는 운동과 다이어트도 시작했지요." "코칭에서 원하는 것이 무엇인가요?" "아직 구체적으로는 모르겠어요. 저를 비참하게 하지 않으면서도 제 나쁜 점을 고칠 수 있다고 기대하고 있습니다." "자신이 어떤 사람인지 한두 개 문장으로 말해 주실래요?" "이기기 위해서 놀고, 노는 것을 좋아합니다. 저는 절대로 지지 않아요. 저는 한계를 넘는 것을 좋아합니다. '빨리 집중해서 굵게 살고, 젊었을 때 죽어, 좋은 모습의 시체로 남는다'라는 것이 제 좌우명입니다."

다음 세션에서 그를 만나기 전에 부하 직원 한두 명을 면담했다. 그들은 세바스찬을 이렇게 말한다. 그에게 걸려들지 않은 사람이 없다. 필요한 만큼 적절히 그에게 가서 무엇인가 자문하거나 상의하지 않으면 언젠가는 반드시 불려간다. 업무상 직간접적 연결이 없더라도 마치 사내 '멘토'를 찾아가듯 문을 두드리는 것을 좋아한다. 그렇지 않고 있다 한 번 걸려들면 어떻게든 보복을 당한다. 특히 경력이 7년차 미만인 젊은 층이 주요 대상이다. 새로 들어온 경력 직원들은 무슨 일로든 한 번쯤은 크게 대립하는 일이 일어나고, 해결하지 않으면 일의 흐름이 막히거나 꼬이게 되고, 그러면서도 극적으로 진전되고 난 다음 '화해하듯' 관계가 개선된다.

부하 직원들에게 이런 이야기가 쉽게 나오는 것을 보면, 세바스찬에 대해 평소에 이런저런 이야기를 나눠 이심전심으로 공감하는 이야기로 보였다. 코칭의 궁극적 목표는 고객이 자신을 좀 더 잘 이해하고 잠재력을 최대한 활용할 방법을 찾는 것이다. 그러나 고객이 변화하려는 강한 필요를 느끼지 않는다면 코칭은 단지 형식적인 제스처이거나 그냥 찔러 보는 것일 가능성이 크다. 그렇다면 친구 앤드류가 피로로 쓰러진 것을 보고, 조금 정신 차리는 것을 넘어, 자신의 패턴이 어떤 '위기나 위험'에 접촉되거나 미끄러진 직접 경험이나 성찰이 있어야 하지 않을까?

겉으로 드러내는 자존심이 강한 그가 "비참하게 하지 않으면서도 제 나쁜 점을 고칠 수 있다고 기대"하는 ①피상적 수준으로 코칭에 임할 때 코치는 어떻게 대응해야 할 것인가? 아니 먼저 ②이런 성격 패턴을 지닌 사람을 기본적으로 어떻게 코칭해야 할 것인가? 성과와 성공을 최우선시하는 조직 분위기 안에서 실제 성과를 높이는 임원의 이런 극단적 성격 유형은 때에 따라서는 **저강도 억압**적 관계/폭력적 관계를 초래할 수 있다. 개인에 따라서는 심리적으로 박해받거나, 조직 문화와 결합해 이를 따르는 일부에 의한 동료-압박은 조직에 정화가 필요한 독성 분위기를 퍼트릴 수 있다.

수퍼비전에서 이런 유형의 패턴은 '어떠한 대가를 치르더라도 충족해야 하는, 그러나 충족하지 못한 정서적 필요 emotional need가 있을 것이라는 점을 떠오르게 했다. '누군가가 과도하게 무엇인가를 채우려고 할 때, 먹기, 음주, 도박, 소비, 섹스… 등 내면을 위해 다른 것으로 채워야 하는 정서적 공허감 emptiness을 느낀다.' 세바스찬은 초기 인생에서 경험했던 지나치게 관대하거나 아니면 수축된 관계 경계에 반항하고 있으며, 이것이 성공과 결합하여 견고한 패턴이 된 것이다. 문제가 반복되면 '중독성'을 지닌 성격이 되어 더 악화된다.

코치는 수퍼비전 세션에서 인식 지평이 확대되는 도움을 받아 일이든 일상생활이든 Having-doing-Being의 삼각형을 염두에 두고 천천히 그의 Having을 중심으로 대화 주제를 설정하고 접근하기로 마음먹었다.

1. 수퍼비전 주제 제안 ①과 ②의 차이를 구별하는 근거는 무엇인가? 또 각각의 접근 방법을 구상하고 논의해보자.
2. Having을 중심으로 어떻게 접근할 수 있는지 구상하고 논의해보자.
3. 개인의 성격 변형과 성숙을 위한 코칭을 검토하고 논의해보자.

The coach's casebook: Mastering the twelve traits that trap us.
Geoff Watts & Kim Morgan p.52-57. 참조 재구성

사례 10-2. 공격적인 관리자

프랭크Frank는 사무 장비 회사의 외부 트레이너로 몇 년 동안 일해왔다. 주로 영업 직원을 훈련해 왔는데 칼Karl의 코칭을 요청받았다. 훈련받았던 지난 기수cohorts 중에서 칼을 잘 기억한다. 그는 외향적인 성격과 자기 주장으로 그룹에서 두드러졌다. 동료들은 그를 잠재 고객을 뒤쫓는 데 두려움이 없고, 거래를 성사시키기 위해 "압박하는pressure" 공격적인 세일즈맨으로 묘사했다.[56]

칼은 뛰어난 영업 기록 때문에 리더로 승진했다. 그렇지만 승진을 하게 만든 바로 그 '공격적'인 행동은 팀원들을 소외시키고, 자주 갈등을 빚으면서 급격하게 문제가 되었다. 이런 가운데 프랭크는 칼이 팀원들을 상대하며 자신의 행동을 어떻게 관리해야 하는지 코칭하도록 요청받았다.

첫 만남에서 프랭크는, 칼은 자기 행동이 '공격적'이거나 문제가 있다고 인식하지 않는다는 점을 분명히 알았다. 그는 오히려 자기 성격이 성과를 잘 올리는 이유이고, 그가 회사에서 성공한 근거로 생각했다. 또 자기 리더십 스타일에 적응하는 것은 팀원들의 책임이라는 입장이다. 칼은 코칭받고 싶지 않으며 도움이 필요 없다고 느낀다는 점을 프랭크에게 분명한 태도로 밝혔다. 그가 미팅을 수락한 유일한 이유는 경영진의 요청이고, 다른 선택의 여지가 없다고 느꼈기 때문이다.[57]

칼의 태도와 노골적 저항blatant resistance은 프랭크 역시 이 과제를 경계하게 만들었다. 특히 코치이가 저항한다면 자신도 코칭 작업을 받아들이지 않기 때문이다. 과거에 만났던 고객들도 이런 저항이 잠재되어 있거나, 수동적인 저항을 했던 적이 있었지만, 그가 이처럼 솔직하고upfront 직접적인 저항에 직면한 것은 이번이 처음이었다. 프랭크는 칼의 저항에 자신의 **정서 반응**을 알아차리기 시작했다. 프랭크는 짜증이irritated 나기도 하고 도전도 동시에

---

[56] 이런 리더에 의한 '압박'은 당연하게 **동료 압박**peer pressure을 야기한다. 조직 내 일부의 호응, 동료 사이의 경쟁은 선의의 압박으로 추가되어 조직 분위기/문화가 한 방향으로 정렬된다. 이때 상호 비교가 자연스러워지고 특정인은 자신이 무임승차하는 게 아닌가하는 심리로 내몰리기 마련이다. 다른 면에서는 동료 사이에 자발적 협력과 상호 평가 분위기에 흡수되어 선한 모습으로 압박하게 되어 거부하기 어렵게 된다. 집단 내 개인은 자기 생각이나 자기 결정권을 발전시키보다는 동료 결정과 행동에 따를 수밖에 없게 된다. 개인 피로도는 높아지고 신경증적 반응이 내면화된다. 지원/구조받지 못하는 개인에게 이런 조직 생활은 지옥이 된다.

[57] 주변이나 조직의 압력으로 코칭에 참여하는 '방문형'고객이다. 코칭 안으로 들어오지만 ①구경하거나, ②어떻게 해보라고 꼼짝 안 하거나, ③코칭이 자신에게는 불필요함을 강조한다. 때에 따라서는 ④코칭 고객으로 연기演技한다. 코치는 이 단계를 넘어가야 한다.

느꼈다. 결과적으로 [이로 인해] 상황에 대한 자신의 평가가 왜곡되지 않도록 확실히 하고 싶었다.

성찰 질문
- 당신은 이 코칭 과제에 대한 프랭크의 우려concern에 동의하는가?
- 프랭크는 칼과 그의 '공격적인' 성격을 어떻게 다루어야 하는가?
- 칼과 같은 솔직한 저항을 어떻게 다룰 것인가?

프랭크는 자신이 이런 상황을 헤쳐 나가는 데 도움이 되는 높은 정서지능emotional intelligence을 가진 코치라고 스스로 생각했다. 이런 생각으로 고객이 저항하더라도 코칭 과제를 받아들였다. 그는 칼이 자신을 정상에 올려놓은 기술들이 이제 그를 그곳에 머물 수 없게 한다는 점을 알아차리기를 원했다. 이제는 새로운 위치에 있기에 그는 다른 일련의 기술들이 필요할 것이다. 그렇지만 몇 차례 세션 뒤에도 칼은 여전히 이를 이해하지 못했다. 그는 매니저가 자신의 '공격성'을 해결해야 할 문제라고 믿는 것에 화가 났다. 또 팀원들과의 갈등이 자기 책임이라는 점을 인정할 수 없었다. 프랭크는 칼에게 자기 매니저와 대화를 나누라고 격려했지만 거절했다. 그 대신 "이 이슈를 다룰 필요가 없는" 다른 곳에서 기회를 찾기로 하고 조직을 떠났다.

성찰 질문
- 코칭에서 정서지능은 어떤 역할을 하는가? 코치와 코치이, 조직 편에서 검토해보자.
- 프랭크가 칼을 코칭하기 위해 접근한 방식에 대해 어떻게 생각하는가?
- 코칭 개입의 최종 결과에 대해 어떻게 생각하는가? 프랭크는 칼의 코치로 실패한 것인가?

■ **토론 제안**

코칭 진행을 위한 기본 점검(3자 회의와 2자 회의를 통한 주제 명료화, 계약 합의)은 유효하나 논지는 고객의 성격 특성인 '공격성'을 어떻게 코칭해야 하는지가 남는 문제다.

1. 성찰 질문을 모두 검토한다.
2. 고객의 성격 특성을 조직 시스템 안에서, 또 일대일 코칭에서 어떻게 다룰 것인가?
    - 코치에게 필요한 것은 무엇인가를 검토한다.

논평 10-2. A

카를로스 다비도비치

코치 경력 중에 나는 칼과 같이 "어려운 약자를 괴롭히는 사람bullies"으로 분류되는 고객과 일할 기회가 있었다. 그리고 회사가 코칭 개입을 잠재적 해결책으로 제공하기로 한 것도 흔히 이런 대상의 어려움을 해결하게 지원하려는 이유였다.

    칼의 사례에서 보듯이 이 회사가 직원들에게 보내는 **이중 메시지**double message를 인식하고 받아들일 필요가 있다.[58] "우리는 결단력, 주도성, 적극성, 추진력을 보이며, 쉽게 포기하지 않고 주로 매출과 성과를 달성하는 외향적 성격의 영업사원/임원을 좋아한다." 일반적으로 그들은 책임감 있고, 근면하며 열심히 일하고, 지식이 풍부한 완벽주의자perfectionist를 의미한다. 이것이 영업 인력에 대한 기대로는 합당하다고 들릴지 모르지만, 이 같은 동일한 행동 특성에는 동시에 어두운 면이 있다. ①조급함impatience, ②비판을 들을 수 없는, ③지배적이고domineering ④경쟁적이며 ⑤자기 중심적self-centered 성격이다. 휘트니 존슨(Whitney Johnson, 2012)이 말한 것처럼, 괴롭히는 사람과 리더 사이에는 아주 얇은 선이 있을 수 있다." 나는 수년간의 시행착오trial and error를 거치며 코칭 실천에서 이런 상황을 다루는 '7단계 과정'을 개발했다. 첫 두 가지를 깊이 탐구하고delve into, 마지막 다섯 가지를 빠르게 점검해 보자.

1. 자기 알아차림

코칭 개입 초기에는 고객의 자기 알아차림self-awareness 수준을 탐색하는 것이 중요하다. 코치가 병리적pathological 정신 상태를 파악하기 위해 심리 전문가가 될 필요는 없다. 동시에 이

◆ **필자**: Carlos Davidovich: MD. 신경관리 전문가, 임원코치(EMCC). McLean 병원 코칭연구소 회원, 하버드 메디컬 스쿨 제휴. 뉴욕 대학 신경마케팅 교수(MBA 프로그램)
    cdavidovich@optimumtalent.com

58) 회사 조직은 칼처럼 적극적 활동을 권장하고 선택하면서도, 이로 인해 발생하는 조직의 대립적인 분위기나 부작용을 '개인화'하는 자가당착을 할 수 있다. 코치는 조직 안에 있는 개인을 만나면서 이런 맥락을 염두에 두고 개인과 접촉하게 된다. 이런 딜레마를 관리하는 것이 리더가 해야 할 조직의 정서 관리이다.

점은 코치가 개입 여부를 결정하는 데 도움이 되는 결정 요소이다.[59] 어쩌면 우리는 사이코패스적인 성격을 다루게 될지 모른다. 이 경우 어떤 코칭 접근법도 시간과 돈 낭비가 될 것이다. 경우에 따라서는 병리학적 상황을 파악하기 위해 성격 평가personality assessment의 힘을 빌릴 수 있다. 그러나 대부분 평가를 못하고 당신의 전문적인 경험에 의존해야 한다.[60] 긍정적인 반응이 코칭 과정에서 나오지 않는다면, 코칭을 계속 진행해야 하는가? 이런 상황 역시 코치가 가진 전문적 경험 수준에 의존해야 한다.[61]

이 사례는 처음부터 갖춰야 할 "말로 드러나지 않는 코칭 계약"을 조명하게 한다. **코치이**는 코칭 목표를 이해하고 동의해야 한다. 코치이가 왜 회사가 자신을 '공격적'이라고 하는지, 왜 자신이 변화해야 하는지 이해하지 못했거나 수용하지 않을 때, 그는 적어도 그 상황에 뛰어들어 조직이 자신에게 요구하는 것이 정확하게 무엇인지 알아내는 데 어느 정도의 헌신이나 관심을 보여야 한다.[62] **코칭 과정**은 양 당사자가 조건과 목표에 합의하는 계약이다. 칼은 자신의 행동이 괜찮다고 확신했고, 그의 매니저는 코칭 목표를 설명하는 자기 임무를 코치에게 실수로 위임했다.[63] 이것은 옳지 않다. 이 이슈에 대해 칼이 협력하고 작업하기로 하지 않으면 코치가 개입을 시작하는 건 의미가 없다. 코치로서 프랭크의 우려는 정당하다.

---

59) 코칭에서 마주치는 경우는 (1) 잠복된 '병리적' 상태 (2) 어두운 성격 특성의 일시적 출현 등이다. 둘 다 일상에서는 관리 가능하지만 스트레스 상황에서는 양상이 달라질 수 있다. 이를 어떻게 파악할 것인가? 코칭을 계기로 '코칭' 관계 안에서 구체적 징후로 감지되는 경우 어떻게 할 것인가? 이를 위해 코치의 사전 준비가 필요하다.
60) 전문적 성격 진단, 행동 패턴, 반응 패턴 등으로 충분할 수 있지만 경우에 따라서는 응답 방식을 알고 빠져나가거나 저항하는 경우가 있다. 진단과 '전문적 경험'이 추가 되어야 함을 논평자는 강조한다. 인격/성격적 변형을 코칭의 관심사로 도전하는 경우 진단만으로는 한계가 있고 코치는 전문적 연구와 경험축적을 준비해야 한다.
61) 전문가로서 코치(윤리)는 전문적 코칭 관계를 손상, 충돌, 방해할 수 있는 개인적 한계나 상황을 알아야 한다recognize. 고객을 위해 취해야 할 조치를 결정하고 필요하다면 관련 전문가의 조언이나 지원을 취하며, 이는 코칭 관계의 중단/종결이 포함될 수 있다.
62) 이것은 코칭받는 고객이 지녀야 할 코치이의 '자율성'이며, 코칭에 참여할 그의 코칭-능력coach-ability이다. 이 점이 필요하다면 코치는 사전에 '고객-준비시키기, 고객-세우기'라는 위치에 서서 고객과 초기 접촉을 섬세하게 진행할 필요가 있다. 참고『첫 고객·첫 세션 어떻게 할 것인가』김상복 저.
63) 코칭받을 의사도 없고, 알아보려 하지도 않는다면, 그런데도 억지로 코칭 자리에 나오는 경우라면 이는 조직이나 상위 관리자의 잘못이다. 코칭 준비 과정에서 3자 회의 전에 코치이와 이해관계자(HR 또는 상위 관리자) 사이의 코칭 여부와 주제에 대한 합의가 요구된다(이는 조직의 책임이다)는 점을 부각하고 있다. 코치는 사전에 두 사람에게 이 점을 점검하고, **미세한 차이**가 있다면 이를 구별해 3자 회의를 준비해야 한다. 이런 작업은 이후 고객의 후원 환경 설계와 상호 책임 구조화를 위해 활용할 수 있는 자원이다.

우리는 칼에게 상호 책임을 가져야 한다. 이 점이 사례에는 보이지 않는다.[64] 내가 경험했던 이야기 하나를 소개한다. 의심의 여지없이 분명히 괴롭히는bully 고위급 임원을 코칭한 사례였다. 자기 알아차림 수준이 매우 낮지만 적어도 그는 조직에 머물기 위해서는 코칭 과정이 필수라는 것을 이해했다. 어떤 한 세션에서 그는 프랑스 지역에서 온 직속 보고서 가운데 하나에 관해 언급했다. 그는 "프랑스 사람들이 얼마나 정서적emotional인지 당신은 알고 있잖아요!"라고 말했다. 그 순간 나는 흔히 '[코치이가] 인식하지 못하는often-unrecognized 주제topic'를 세션으로 가져올 특별한 기회라고 느꼈다. 내 코멘트는 "그래요. 당신 말이 맞습니다. 그들도 **당신만큼이나 감정적**이에요." 내 언급 후 **긴 침묵**이 따라왔다. 그리고 천천히 나는 덧붙였다. "음, 글쎄요, 그래도 당신만큼 감정적이지는 않지만, 당신은 그 점에서 뛰어나니까요." 다시 **완전한 침묵**complete silence[65]이 이어졌다. 그의 퍼스널리티는 주로 강한 정서strong emotional에 좌우된다는 것을 이해하는 데 몇 차례 세션이 더 필요했다. 그는 자신의 의사소통 방식 뒤에 숨겨진 부정적인 정서적 흥분emotional charge이 아니라 그의 합리적 주장에 집중하게 되었다.[66]

2. 동기부여, 목적 정의하기

첫 번째 만남인 "케미스트리 세션chemistry meeting"에서 코치이는 코치를 만나 서로 잘 맞는지 right match 결정하고, 코치 또한 **의사결정 과정**에 있음을 분명히 밝혀 둔다. 이런 태도는 코치이의 사고방식/마음가짐mindset에 큰 차이를 가져온다. 괴롭히는 사람들은 일반적으로 A

---

64) 코치와 매니저는 칼의 코칭에 대해 상호 책임 관계에 있다. 두 사람은 칼이 코칭에 참여할 수 있도록 세심한 절차, 충분한 논의, 그에게 적합한 적절한 지원 등이 논의되고 코치의 전문적 관심을 지적하는 것으로 이해된다. HR 담당자의 인식 부족, 상위 관리자의 협소한 관심이 장벽일 수 있으나 코치는 이 또한 넘어 설 준비를 해 두어야 한다. 이 사례에서는 이 점이 누락되어 있다.
65) 우리는 이 예시에서 '침묵 활용의 구체적 모습'을 볼 수 있다. 코치는 고객이 ①인식하지 못하는 주제를 알고 있다/그냥 갖고 있다. 코치가 ②고객의 반응에 '적용할 순간'이라는 것을 알아차렸다. ③주저없이 사용했다(그래도 코치의 톤은 섬세해야 한다). ④고객의 긴 침묵에 잘 대처했다(이때 코치에게는 마음챙김 상태에 머물러 있어야 한다). ⑤적절한 격려로 고객의 불안을 중립화했다. 이는 고객의 불안을 알아차렸기에(말하지 않아도 자신의 신체로 느꼈다/공감으로 알게 되었다.) 가능한 일이다. 그러고도 다시 ⑥완전한 침묵을 제공하며 견뎌냈다. 이른바 침묵이 황금의 침묵golden silence으로 비약한다. '긴 침묵'과 '완전한 침묵'이라는 두 침묵은 다르다. 그러나 이는 코치이가 해낸 것이다. Q.이런 진행을 위해 코치에게 필요한 것은 무엇인가? Q.이 순간 코치의 무엇이 이것을 가능하게 했는가?
66) 코치는 이런 침묵 기술 외에도 몇 차례 세션 뒤에 고객을 이해하는 신중함을 갖췄으며 코치가 먼저 고객의 부정적 흥분에서 합리적 주장을 구별해 내고 집중하는 절제를 보였다고 이해된다.

형 성격이며, 알파alpha 남성이나 알파 여성처럼 행동한다.[67] 이런 퍼스널리티는 ①[과제나 관계에] 한계를 정하지 못하거나, ②[코칭을] 공개적으로 동의하지 않거나[자기 속마음은 다를 수 있다.], ③자기 존중감이 높지 않다는 잠재의식적인subconscious 메시지를 보내는 코치를 받아들이거나 존중하지 않는다. 또 ④너무 친절하게 표현하는 코치는 코치이에게 약하다고 인식될 수 있다. [코치에게] 무례하거나 거침없는 행동을 요구하라는 것이 아니다. 오히려 명확하고 단호하며 결단력이 있는 것이 중요하다. 코치와 코치이는 '같은 테이블'에 앉아야 한다.[68]

이것은 또 다른 역설적인 상황이다. 이런 유형의 퍼스널리티는 ①그들의 의견이 도전받고 부딪히는 것을 좋아한다. 그렇지만 대부분 사람은 반응reaction이 두려워서 그런 행동을 좋아하지 않는다.[69] 동시에 ②코치이들은 상당한 수준의 지식과 기술을 가지고 있으며, ③그들의 주장은 쉽게 패배하지 않는다는 것 또한 사실이다. 나아가 ④코치이의 커리어 성공에 기여해 온 성격 요소가 이제 아킬레스 건Achilles heel이 됐다는 점도 본질적인/내재적인 난관inherent quandary이다. 이 점은 코치이도 **소화하기 어렵다**. 공평한 경기장이 마련되어야 하고, 코치가 **신뢰**를 얻어야 한다. 약자를 괴롭히는bully 코치이와 초기 사전 미팅을 하는 동안 나는 다음과 같은 매우 구체적인 질문에 답을 기대한다.

왜 당신은 지금 성공적인 커리어를 이루었는데도 이 시점에서 성격이나 행동을 바꾸려고 하는가?

나는 보통 이렇게 덧붙인다. "당신은 정말 변화하고 싶은지, 정말 타당한 이유로 나를 설득할 필요가 있습니다." 이것은 근본적인 질문이다. 강력한 동기가 없다면 코칭 과정을 시작하는 것은 의미가 없다. 칼에게 변화하고자 하는 **동기**가 있어야 한다. 이것이 긍정적인 결과를 끌어내는 핵심 추진요인driver이다.[70]

---

67) Eddie Erlandson 「Coaching with men: alpha males」『Diversity in Coaching』 Edited by Jonathan Passmore. KoganPage. 2013. 참조.
68) 아주 중요한 논평자의 의견이다. 이렇게 접근해 코치 관계가 구조화setting된다면 정말 '시작이 반이다.' 코치의 접근 방식과 태도에 대해 충분히 이해하는 것이 필요하며, 두 사람의 동등성, 파트너십 확보 역시 중요하다.
69) 이 때문에 언제나 눈에 띄어야 하고, 해당 분야나 골목의 소두목, 파벌 리더가 된다. 그러나 큰 세상이나 햇빛 찬란한 광장, 변화된 환경과 조건에서는 사태가 달라진다. 그러나 이런 성격의 앞뒷면이 있다는 이율배반적 특성을 코치가 함께 이해하고 있어야 한다.
70) 『코칭 튠업21』 9장 행동설계에는 동기강화 이론에 근거한 「동기강화를 위한 4분면」에서 코치가 다뤄야 할 개입을 네 가지로 세분하고 있다. ①내적 동기, ②인간관계와 맥락, ③정서, ④생애 비전이다. 그러나 때로는 '**동기점화-동기부여**'라는 '불 지피기'에 더 집중해야 한다.

이 질문을 나 자신에게 적용하자 코칭 사례의 몇 가지 상황이 다시 떠올랐다. 내 사례 가운데 한 명은 미국에 본사를 둔 제조 회사의 CEO였다. 그는 30년 동안 같은 회사에서 일했다. 30년 만에 그는 다른 사람을 괴롭히는 성격bullying personality을 '고치기fix' 위해 코칭을 요청했을 때 나는 속으로 우려와 놀라움을 감추지 못했다. 나는 코치이의 상사인 회사 CEO와 첫 통화를 하며 이 같은 우려를 제기했다. 그는 대화의 절반 이상을 잠재적 코치이가 얼마나 훌륭하고 효율적이며 현명한지에 관해 이야기했다. 그때 나는 더욱 혼란스러웠다. 그러자 그는 그가 자신의 성격을 알고, 그 성격을 잘 관리하고 있지만 이제는 신입 사원이 그에게 괴롭힘을 당하고 있어서 조직을 고소하겠다고 위협하고 있다고 말했다. 나는 코칭 목표가 코치이에게 유익이 되거나 도움을 주기보다는 솔직히 조직을 보호하는 것이라는 말을 듣고 조금은 안타깝게 생각했다. 그런데도 나는 사전 미팅chemistry meeting에 참여하기로 했다. 나는 미팅에 참석한 코치이에게 똑같은 질문을 던졌다. "30년 동안 성공적인 경력을 이뤘는데 왜 이제 와서 행동을 바꾸려고 하는가?" 그의 대답은 분명하고 간결했다. "나는 은퇴를 3년 앞두고 있다. 이런 식으로 내 경력을 끝내고 싶지 않다." 나는 이 반응만으로도 코칭 과정을 시작하기에 충분했다. 그는 변화할 수 있는 강력한 동기가 있었다. 궁극적으로 그 개입은 성공적이었다.[71]

또 다른 사례로 몇 년 동안 캐나다에서 생활해온 젊은 임원이다. 그는 동유럽 출신이며, 거칠고/짜증나고abrasive 공격적인 상사의 모습이 언제나 부정적으로 인식되기보다는 당연하게 보는 문화적 배경이 있었다. 개인적으로 나는 중부 유럽에서 일하며 비슷한 배경을 가진 임원들을 코칭했었기에 그의 언어를 이해하고 은유적으로 말할 수 있었다. 코치이의 마음 안에는 자기 성격이 성공의 핵심 요인이었고 옳았지만, 그는 자신의 거칠고 짜증나게abrasive 하는 행동과 성공의 핵심 요인을 분리할 수 없었다. 캐나다라는 곳은 [이런 점이] 짓밟힐 장벽이 되었지만, 회사에서는 그의 가치 때문에 상황을 해결하기 위해 좀 더 과감하게 조치하기 전에 먼저 그를 "고치기fix" 위한 코칭을 제공하기로 결정했다.

우리는 훌륭하고 도전적인 사전 미팅chemistry meeting을 가졌다. 나는 그를 미러링했고, 그는 내 전략을 금방 이해할 만큼 현명했다. 내 질문에 대한 그의 대답은 매우 흥미로웠다. "나는 젊고 야망이 있습니다. 캐나다에서 경영인으로 성공하고 싶습니다. 가족이 모두 옮겨왔고, 실패할 여유가 없어요. 당신은 내 경험을 이해하시는군요. 이제 시작하시지요."[72]

---

71) 논평자가 자기 사례를 통해 설명하고자 하는 코칭 성공의 근거는 무엇인가? 칼의 사례와 대비해서 검토해보자.
72) 논평자가 제시한 사례에서 고객의 태도와 조직 환경, 이에 비교되는 칼의 태도와 환경의 차이점은 무엇인가 정리해보자.

그렇지만 이 같은 성격의 고객과 신뢰를 쌓기 위해 언제나 비슷한 경험을 해야 하는 것은 아니다. 전문적인 작업에서 우리는 성공의 다리를 놓기 위해 주의를 기울이고 공감적인 경청을 훈련하며 우리가 연결할 수 있는 단어, 논평, 경험, 정서를 기다릴 필요가 있다.

3. 의도 대 영향

일단 과정이 시작되면, 내 주된 목표는 [코치이의] 의도 intention 와 [행동이 주는] 영향 impact 이 다르다는 점을 이해하도록 코치이를 지원하는 것이다. 그들의 의도는 옳을지 모르지만, 그들의 맹점은 다른 사람에게 미치는 영향이다.[73]

4. 연민심에 머무른다

타인을 괴롭히는 사람 안에는 무력감 helplessness 이 숨어 있다. 뿌리와 연결된 과거를 세션으로 가져오거나 분석하는 것은 코치로서 우리의 범위를 넘어서는 일이다. 그렇지만 적어도 우리가 그 기초/토대 underpinnings 를 이해한다면,[74] 우리의 작업은 더 쉽고 효과적이라는 것을 염두에 두어야 한다. 이는 연민심 compassion 을 통해 연결될 것이기 때문이다. 이것이 해결책의 입구이다.[75]

---

[73] 조하리의 창 4분면을 활용해 질문하는 것도 방법이다. 기계적 활용보다는 각 사분면을 하나씩 충분히 검토해야 한다. 누구에게나 있는 Q'맹점' 영역을 자각하게 하는 개입에는 어떤 것이 있는가? Q맹점을 발견하면 이를 어떻게 해야 하는가? Q이것은 대체로 부정적인 것인가? **분석**하기보다는 자기 내면의 **의도**와 타인에 대한 **영향**을 **구별**하는 것, 이것이 코칭의 특성이다.

[74] 성격의 본질이나 뿌리를 위해 과거를 다루는 것은 코칭의 범위를 넘는 것인가? 코치의 역량을 넘는 문제인가? 현재 보이는 성격 특성에 대한 해석(해석적 개입)을 위해 과거의 뿌리를 다루지 않고 개입할 방법은 과연 무엇인가? 현재에 수시로 출현해서 **습격해 오는 과거**와 달리 현재 과제와 분명히 연결된 **현재와 함께하는** '과거'가 있다면 코치는 이를 구별하며 과감하게 과거를 살펴볼 수 있다. 현재에 서서 과거를 보고, 재해석하는 것이다. 이것은 코칭 영역이다. 심지어 트라우마에 대한 코칭 개입이 연구되고 있다.
참고. 『트라우마와 코칭』 Julia Vaughan Smith 지음. 이명진, 이세민 옮김. 2022.
「Coaching for Post-Traumatic Growth」『The SAGE Handbook of Coaching』 22장.

[75] 해결책의 입구가 코치의 '연민심을 통한 연결됨을 확인'하는 것이라면, 준비를 위한 코치의 첫걸음은 코치의 마음가짐이다. ICF 코칭 핵심 역량 모델 2. 「코칭 마음가짐을 몸에 익힌다 Embodies a Coaching Mindset」는 탐구의 근거이다.

5, 작은 걸음, 큰 변화

코칭 실천에서 일반적인 격언maxim이지만, 고객이 '괴롭히는 사람'으로 정의되면 훨씬 더 중요해진다. 그들은 ①주의력이 매우 짧고 대부분 시간을 ②"지금 해결하자." 또는 ③"빠를수록 좋다."라는 즉각적인 만족을 추구한다는 것을 기억하자. 동시에 이것이 **실패의 원인** 가운데 하나가 될 수 있다.

나는 성공을 위한 작은 걸음과 구체적인 실천행동 계획을 코치이와 함께 정의 내린다. 이 단계들이 너무 많아서는 안 되며, 고객이 단기간에 측정할 수 있는 결과로 이어지게 해야 한다. 내 경험상 이것이 그들의 **동기를 유지**하는 유일한 방법이다.[76]

6. 더 빨리 걷고, 유연하게 행동하며, 주기적인 휴식을 계획하라

회기가 빨리 진행되지 않거나 긴 침묵이 너무 많으면 회기를 일찍 끝내고 다음 회기를 준비하는 편이 좋다. 일정을 **유연하게** 조정한다. 가끔 휴식을 갖는다. 나는 보통 상황에 따라 2주에서 4주마다 정기적으로 고객과 만난다. 내 고객이 괴롭히는 사람일 때 나는 회기 사이에 더 오랜 시간을 둔다. 그들은 우리가 그들을 놓아 주었고 나중에 후속 조치를 취할 것이라고 스스로 느끼게 할 필요가 있다.[77]

7. 신중하고 be mindful **사실을 받아들여라**

이 단계는 코치인 우리에게 해당한다. 우리는 이 과정이 어떻게 진전되고 있는지 신중할 필요가 있다. 만약 작은 변화가 없다면 우리는 고객을 존중하고 고객이 그들의 행동을 계

---

76) 먼저 (작은) 성공의 축적을 코치이 스스로 확인할 수 있게 하는 것이 중요하다. '작은 걸음'에서 '큰 변화'에 이르는 길은 어떤 길들이 있는가? ①작은 걸음으로 (작은) 성공을 축적한다. ②이런 축적은 (고객에 따라서는) 스스로 큰 변화를 만들어낸다. 변화의 창발emergence이다. ③변화의 발자취가 보이지 않고 변화된 영역으로 슬그머니 이동될 수 있다. 이때 코치는 보고도 못 본 척하기가 필요할 수 있다. ④변화의 물방울이 작은 틈새로 스며들거나(바위도 쪼개진다), 눈에 보이지 않으나 천천히 물드는 변화이다(저항의 여지가 적다). 이를 위해서는 코치의 인내와 적절한 격려 제공에 유념해야 한다.
77) 힘 겨루기 단계가 앞에 있을 수 있다. 이것이 힘 겨루기일 수 있다. 그러나 역설적으로는 변화의 주도권, 변화 진행의 주도권을 전적으로 고객에게 맡기는 것이다. 고객을 믿고 자율성의 극대화를 기다릴 수 있다. 저항의 완화를 위해서도 필요하다. 그러나 이 기간은 코칭-관계가 유지되고 관리되는 기간이다. 이런 점 때문이라도 코칭비 선불이 중요하다. 코치의 인내가 코칭비로 흔들리는 상황을 만들 필요는 없다.

속하기로 했다는 것을 받아들여야 한다. 결국 그것은 그들 홀로 선택한 것이다.[78]

정리

칼의 사례로 돌아와서, 우리는 그가 회사뿐 아니라 그의 경력에도 엄청난 기회를 잃어버렸다는 것을 목격한다. 앞으로도 그는 같은 상황에 직면하게 될 것이다.

조직에서는 팀원들도 그의 행동을 예측할 수 없었고, 사실 그런 행동을 예측하기 어려운 경우가 많다. 내가 제시한 다른 두 사례는 코치이들의 공격적인 행동은 동료들에게만 향하는 반면, 그들은 팀을 이끄는 데는 뛰어난 능력을 발휘했다. 특정한 상황에서는 이런 현상을 이해할 수 있다. '알파' 남녀 개념으로 우리는 그들 집단과 행동을 이해할 수 있거나, 그들을 하나의 '꾸러미'로 묶어 말하는 것이 더 나을 수 있다. 항상 "우리 대 그들이다."[79]

칼의 태도에 감정적으로 영향받지 않는 것은 불가능하다. 내가 보기에 프랭크가 칼의 원래 지위에도 불구하고 칼과 함께 일하려고 노력한 것은 잘한 것 같다. 그는 그것을 시도해보았다. 때로 우리는 상황을 재구성하고reframing 잠재적 변화를 위한 창을 열어 고객과 함께 작업할 수 있다. 그렇지만 그것이 효과가 있을지 예측하는 것은 불가능하지만 시도해볼 가치가 있다.

코치로서, 프랭크의 '실패'라는 인식은 이해할 만하지만, 우리는 타인을 괴롭히는 성격을 가진 사람이 아마도 **가장 도전적인 코칭 고객**이라는 점을 받아들일 필요가 있다. 그런데도

---

78) 고객은 여정 중에 코치와 함께 숙고를 해오며…, 결국 이대로 자신이 가진 특성대로 살겠다고 '새롭게' 결정/결심할 수 있다. 그렇다고 그의 생애에서 변화가 끝난 것은 아니다. 코치와의 경험은 그의 삶에 남고 이것이 또 다른 변화의 발진을 위한 근거가 될 수 있다. 그에게는 의미 있는 경험으로 내장된다. 코치 역시 실패로 간주할 필요는 없다.

단일 회기 치료 연구에 따르면 우연한 기회로 첫 회기가 유일한 치료 회기가 되었던 내담자의 경우, 즉 힘이 들어 상담을 받겠다고 결심하고 나서 첫 회기 후 즉시 중단한 내담자를 추적하여 연구한 경우 그들 가운데 51%, 증상이 있어 지속적 상담이 필요했던 경우는 24%의 내담자들이 정신역동적으로 호전되었다는 결과를 추적해 제시했다. 연구자는 이런 단일 회기가 "특별히 흥미로운 데 일상생활 속에서 치료 기제에 대한 직접 증거(치료 효과)를 제공할 뿐 아니라, 단일 회기만으로도 충분한 가능성, 내담자에게 자신의 인생을 스스로 책임져야 한다는 인식과 치료적 도움 없이도 잘 해낼 수 있다는 확신을 주었다고 보고하고 있다. 『단일회기 치료』 Moshe Talmon 지음. 박중규 옮김. 학지사. 2011.

이 같은 연구를 바탕으로 최근 이를 코칭에 접목한 시도가 있다. 고객에게 의미가 있는 첫 단일 회기, 나아가 단일회기 코칭을 의도한 코칭 개입 연구이다. 참고『단일회기 코칭과 비연속 일회기 코칭-30가지 고유한 특징』 윈디 드라이덴 지음. 남기웅, 안재은 옮김. 2022.

79) 알파 타입에 대한 코칭 접근을 위해 더 자세하게 이해할 필요가 있다. 토론 제안 참조.

이런 고객은 강력한 배움의 원천이며, 우리가 긍정적인 결과를 얻는 경우 그 보상은 엄청나다. 그들은 비슷한 상황을 겪는 다른 사람들을 돕고자 열망하는 훌륭한 리더가 된다.

■ **토론 제안**

1. 이러한 성격의 리더가 조직에 가치value를 주는가 위험risk을 주는가? 시스템적 관점에서 검토해보자.
2. 아래는 사례의 칼과는 다르지만 알파 타입에 대한 검토이다. 리더십 코칭에서 자주 직면하는 스타일이다. 내용을 이해할 수 있도록 검토하고 토론해보자.

[부록 10-1] 알파 타입에 대한 강점과 위협 요약

알파 타입	조직을 위한 가치	조직에 줄 위험
지휘관 commander	결단력 있고, 강하고, 권위적이다. 자신감을 내뿜는다. 카리스마가 있다. 성취욕과 승리에 대한 갈증이 있다. 다른 사람들에게 최고의 것을 가져다준다.	솔로 플레이어. 지배적이고 위협적이다. 점수를 얻기 위해 다툰다. 두려움과 자기 보호 문화를 만들어낸다. 동료들과 경쟁하고 질투하고 규칙을 느슨하게 한다.
선견지명 visionary	높은 기준과 광대한 목표, 미래를 보는 영감, 창조적인 도약, 강한 신념, 변함없는 믿음, 끈질긴 의지, 충동/본능instincts을 신뢰한다.	아이디어에 대한 지나친 자신감, 지나친 허세, 도전받을 때 방어, 외부 입력에 폐쇄적, 현실을 무시하고, 실용주의자들의 지지를 잃는다. 진실을 왜곡한다.
전략가 strategist	빠르고 탐색적인 마인드, 객관적이고, 분석적이며 데이터 중심이다. 체계적이고 근본적인 패턴을 파악하여 분명한 아이디어를 뛰어넘어 통합한다.	모든 것을 알고 있다. 우쭐하고, 거만하고, 잘난 체한다. 옳아야 한다. 실수를 인정할 수 없다. 차갑고 감정을 드러내지 않는다unemotional. 팀 정신이 부족하다. 다른 사람들과 단절된다.
집행자 executor	잘 통솔함, 지칠 줄 모르게 결과를 추구함. 문제를 발견하는 기찬uncanny 눈과 탁월한 피드백, 각성 촉구wake-up calls, 사람들을 목표 지향으로 이끌고, 다른 사람의 성장을 돕는다.	불합리한unreasonable 기대 설정, 미세한 관리, 일 중독과 고용인의 번아웃에 대한 조사probe, 짜증내고, 지나치게 비판적, 감사보다는 불만을 표현한다.

Eddie Erlandson 「Coaching with men: alpha males」 『Diversity in Coaching』 Edited by Jonathan Passmore. KoganPage. 2013. p.187.

논평 10-2. B

올리버 피아자, 플로렌스 도마리

이 코칭 사례를 처음 읽으면 코치이 칼의 공격적인 행동 이슈에 초점을 맞추게 된다. 실제로 칼의 문제로 인식될 수 있다. 이런 행동으로 인한 피해는 이제 경영 및 리더십 연구에서 잘 연구되어 있다(Ashforth, 1994). 규정 준수/순응compliance으로 인해 잠재적인 결과가 "예상"되는데도 압제적으로 관리tyrannic management함으로써 참여, 성과, 팀 응집력, 웰빙이 저하된다. 이것은 자존감을 떨어뜨리고 스트레스와 좌절감, 작업 소외alienation를 높인다. 그렇다면, 당신은 누군가 [칼처럼] 의도를 잘못 이해하거나, 정서지능의 기본 역량이 부족한 사람이 자신의 세계관을 다시 생각해보도록 어떻게 도울 수 있는가?

우리는 같은 가치를 공유하지 않는다.

존중respect을 핵심 가치로 명예롭게 여기며 공감 역량을 갖고 이를 자주 구현하고incarnates 생활하는 코치에게 자기와 반대되는 견해를 가진 누군가를 코칭하는 일은 쉬운 일이 아니다. 이렇게 부담되고 어려운 상황에서 코치에게 위협이 되는 것은 코치이를 무조건적으로 수용하는 그의 **수용력을 손상**당하는 일이다. 코치에게는 이것이 코치이에 대한 잠재적 판단 근거가 될 수 있다.[80] 그렇지만 우리는 **판단**이 공감을 방해하고 관계에서 거리를 만든다는 것을 안다. 코칭은 인본주의 뿌리에서 나왔고, 칼 로저스는 이를 위해 구조화하는 공헌structuring contributions을 해왔다(Stober, 2006).

이것은 코치와 코치이 사이의 매우 **특별하고 안전**하며 **특권적**인 관계이며 코치이가 진정으로 자신의 경험에서 알아차림을 높이고, 그 자신이 누구인지 진정으로 알 수 있도록

◆ 필자: Oliver Piazza: 임원코치. 프랑스 세르지 퐁투아즈 대학 집단 지능과 경영, 임원 교육 프로그램 공동 책임자. olivierpiazza@cloud.com
Florence Daumarie. 임원코치. 프랑스 세르지 퐁투아즈 대학 집단 지능과 경영, 임원 교육 프로그램 공동 책임자. florence.daumarie@u-cergy.fr

80) 이 점은 코치 역시 고객을 결정할 수 있는 권한이 있다는 점에서 중요한 이유이다. ①가치 충돌이나 ②코칭이 고객에게 유익을 제공하지 못한다는 판단, ③자신의 역량이나 전문 영역을 벗어나는 경우 코치는 고객과 계약을 회피할 수 있다. 그러나 이 기준을 실행하는 것도 자기 성찰과 훈련이 필요하다. 논평자는 가치가 충돌하는데도 이처럼 결정하지 못하는 딜레마를 언급하는 것으로 이해되며, 그의 문제 제기는 한 발 더 나아간다. 코칭 구조에 깊은 영향을 남긴 칼 로저스의 인간중심 접근은 이를 회피하지 않고 관통하게 이끈다.

돕는 것이다. 따라서 코치는 이런 손상 패턴damaging patterns에 대한 높은 민감도를 가꾸고 cultivate, 코칭 수퍼비전을 통해 [손상] 패턴에서 벗어날 수 있는 능력을 높여야 한다.[81]

프랭크가 겪는 현재의 이중 구속double bind에서 벗어나는 방법은 무엇이 위태로운지 코치이와 **명시적으로 공유**하는 것이다. 이는 프랭크가 그의 말이 자신의 내면 상태를 반영하는 진정한 입장을 유지하게 하는 데 도움이 될 수 있다.[82] 또 이런 '정직한 대화'는 코치이에게 새로운 행동이 창발될 수 있는 일종의 혼돈을 가져온다.[83] 이런 이중 구속을 피하는 두 번째이자 더 중요한 방법은 코칭 관계 시작부터 다른 환경/풍경landscape을 능동적으로 proactively 설계하는 것이다. 우리는 이를 나중에 탐구할 것이다.

코칭 제안이 어떻게 소개되었는지 주의하라

칼이 코칭 제안을 수락한 것을 묘사한 방식은 충분히 '**안전한**' 근거가 확립되지 않았다는 점을 보여준다. 그는 "다른 선택의 여지가 없다."라고 느낀다. 이것은 불행히도 그를 소외시키고 있다. 조직은 이 코칭을 칼의 팀 행동을 반영하여mirroring, 사람들의 이슈를 다루는 지배적인 방법으로, 칼을 고치는fix 방식으로 고려한다.[84] 코칭은 사람을 바꾸거나 고치는 것이 아니다.[85] 40년 이상의 자기 결정론self-determination에 대한 연구로 이 점이 매우 분명해졌다(Deci & Ryan, 2017).[86]

---

81) 수퍼비전을 통해 조건 없는 수용 자세를 유지하면서도, 이와 반대되는 ①고객과의 가치 충돌과 이로 인한 갈등, ②코치-코치이 관계가 특별하다는 점과 ③안전감이 중요하다는 점, ④다른 관계와 다른 특권적 관계 설정을 이루어내야 한다. 수퍼비전은 이 과정에서 드러나는 코치 자신의 손상 패턴(이 점은 수퍼바이지의 취약점이자 강점일 수 있다)에 대한 민감한 이해와 대처의 힘을 강화한다. 이는 인간의 성장 발전을 향한 생명의 항상성에 대한 깊은 신뢰와 연민심을 갖추는 것이다.
82) 코치는 고객과 상황을 충분히 공유하며, 자신의 말이 내적 성찰을 반영하고 내적 일치가 높을수록 진정성과 일치성/통합성을 유지할 수 있다. 이는 기술과 기법에 앞선다.
83) 새로운 행동이 창발되는 지점이자 기존의 (삶의) 태도를 뒤흔드는 혼란을 야기하는 지점에 고객이 머물게 하는 코치와의 '정직한' 대화란 무엇이고 어떻게 시도하는가?
  손상당할 수 있음/자신의 가치와 충돌함을 그대로 수용하며, 자신의 내면과의 일치/또는 불일치 그 자체를 보여주고 유지하는 일관된 노력(그러나 그는 조건 없는 긍정과 수용 상태를 유지한다), 이런 위치는 코치이를 안심과 안전, 그러면서도 내적 의문에 마주하는 힘이 된다.
84) 성과는 별도로 하고, 칼의 행동에 미러링되어 드러나는 압력과, 이로 인한 동료 압력이 초래되는 부정적 요인을 칼의 행동을 수정하는 방식으로 해결을 시도한다. 조직의 입장에서는 코칭을 통해 조직 내 이슈를 입막음하고(그래서 코칭을 받고 있잖아!), 공격적 성격의 독성만을 제거하거나 관리하는 방법으로 고치는fix 방식에 관심이 있을 수 있다.
85) 논평자의 관점을 드러내는 **도전적인 문제 제기**이다. 과연 누가 누구를 고칠 수 있는가?
86) [부록 10-2] 참조

권위 있는 인물이 누군가를 통제하려 하면, 이것은 통제하려는 대상의 웰빙well-being, 즉 그의 내면 창의성에 접촉하는 것을 방해하고, 진정으로 통합된 동기가 번영을 방해한다. 불행히도 이것은 조직에서 흔히 볼 수 있는 일반적인 습관common habit이다. 반면 **선택과 자율성**autonomy은 코칭의 핵심 뿌리다. 개인의 선택과 통제control를 강조하는 것은 **저항과 같은 방향**으로 굴러가는 가장 좋은 방법 가운데 하나이다.[87] 하라카스가 표현한 것처럼 "집요한persistent 저항은 고객의 문제가 아니라 상담자 기술 이슈이다"(Harakas, 2013). 칼이 이런 변화에 저항하면 할수록 프랭크는 그만큼 더 많은 변화를 밀어붙일 것이다. 이런 고전적 유도저항reactance[88]은 결과를 산출하지 못한다(Miller & Rollnick, 2002). 오히려 코칭 동맹coaching alliance에 상처를 주고 진정한 코칭이 일어나지 못하게 한다. 이 출발점에서 칼은 초이론적 모델transtheoretical model에서의 **숙고 전**precontemplation 상태의 변화를 고려하지 않고 있다(Prochaska & Norcross, 2001). 그러나 이는 초기 코칭 과정이 그 다음 단계, 즉 변화하려는 의도로 가는데 우선 도움이 될 수 있다는 의미이다. 행동 변화를 기대하는 것은 지금 이 순간에는 비현실적인 목표unrealistic goal이다.[89]

변화하든 변화하지 않든

코치이가 변화를 원하지 않을 때 즉시 악순환vicious cycle이 나타날 수 있다. 만약 프랭크가 칼에 맞서서 반대 견해를 주장한다면, 즉 "공격성은 조직에서 환영받지 못한다."라고 할 경우, 그는 코치이에게 힘을 행사하여 영향력을 가함exerting으로써 코칭 경계border를 [스스

---

87) 코칭에 대한 논평자의 관점이고 중요한 접근이다. 이어지는 서술을 보면 인간의 **선택**과 **자율성**에 근거해, 개인의 **선택**과 (자기) **제어**control를 보장하고 강조하는 접근, 개인이 가고자 하는 방향으로 함께 굴러 충격(저항)을 줄이는, 가고자 하는 방향을 함께 올라타는 **자연스러운 흐름**을 중시하는 접근이다. 이를 해내는 코치의 기술 역량을 강조한다.
88) 유도저항: 반동으로 이해되며 심리적 반발로 못하게 하면 더 하고 싶어지는 심리로 자신이 어떤 자유가 위협, 박탈당했다고 생각할 때 동기가 유발되고 심리적으로 반발한다. 금지되면 더 하려고 하는 경향이다.
89) 초이론적 모형은 개인 변화를 다섯 단계로 구분한다. 변화 단계란 개인의 문제를 해결하기 위한 의도, 태도, 행동의 복합체가 단계적으로 변하는 양상을 말한다. ①**숙고 전 단계**pre-contemplation는 자신의 문제가 무엇인지 알지 못하고, 문제가 있다 하더라도 그것이 자신의 어려움이라고 느끼지 못하여, 자신의 문제에 대한 변화의 필요성을 깨닫지 못한다. 다음은 ②**숙고 단계**contemplation, ③ 준비 단계preparation stage ④실행 단계action stage ⑤유지 단계maintenance stage이다. 「초이론적 모델」『상담학 사전』이춘경 외. 학지사. 2016.
　숙고 전 단계에서는 의도-태도-행동의 복합 수준에서 개인이 변화의 필요성을 충분히 자각하는 것이 무엇보다 중요하다. 논평자 지적처럼 이 단계에서 행동 변화에 대한 기대는 시기상조이다.

로] 깨프리게 된다. 코치가 코치이보다 더 많은 것을 원할 때("그는 칼이 깨닫기를 원했다."),⁹⁰⁾ 프랭크의 마음속에 내부 경고 internal bell가 울리게 될 일이다.

반면에 프랭크가 코치이의 세계관을 수용한다면, 즉 "공격성은 문제가 되지 않는다. 성과를 위한 방법이다[일 뿐이다]." 그는 대화에서, 규범적인 목소리(당신은 변해야만 한다)나 배려하는 목소리(제발 알아차렸으면 please realize)에서 프랭크 자신의 목소리가 빠져 있다고 느낄 수 있다.⁹¹⁾ 박해자나 구원자는 보이는 것만큼 다르지 않다.⁹²⁾ 이런 식의 이러지도 저러지도 못하는 딜레마 double bind⁹³⁾는 코치에게 무력감 impotency⁹⁴⁾을 의미한다.

해결책은 받아들이지도 않고 맞서지도 않는 것이다.⁹⁵⁾ **코칭**은 코치이가 겨냥하는 중요하고 의미 있는 도전적인 목표에 도달하도록 돕는 성찰적이고 reflective 경험적인 **자율적-지원 공간** autonomy-supportive space을 **공동으로 창조**하는 것이다.⁹⁶⁾ 칼이 변화를 원하지 않는 한, 그의 코치는 잘못된 역할 wrong role을 하도록 촉발되는데, 그것은 칼에게 '그의 행동이 그의 새로운 지위에 적합하지 않다'라고 설명해야 하는 역할이다[역할로 내몰린다]. 그러나 [코

---

90) 「101 Coaching Mistakes to Avoid」 #36. 코치가 고객에게 **너무 많은 기대**를 하기.
고객에게 어느 정도의 기대를 걸 수 있는가? ①잘 모르겠으면 고객에게 질문하면 된다. 그들이 대답할 것이다. ②코치는 자주 고객들이 자기처럼 빠르게 큰 변화를 줄 것으로 기대하게 되는 함정에 빠진다는 점을 알아야 한다. 고객은 스트레스받고 코치는 좌절하게 된다. ③모든 고객은 자신들이 감당/유지할 수 있는 타고난 (변화) 속도를 갖고 있다. 코치는 이유와 고객의 속도를 파악하고 (자신의 기대치도) 조정할 수 있어야 한다. ④코칭 목표에 맞춰 고객이 속도를 가속화하기를 원하는지 확인해야 한다.

91) 코치는 스스로 자기가 할 일이 없거나, 칼 삶의 기조를 따라가는 것이 된다. 반면에 성과를 내고 조직에 기여해왔던 칼의 입장에서는 어떤 위치에서 이야기하든 자기 자신의 이야기를 충분히 못하고 있을 수 있다(딜레마는 둘이 동시에 주고받을 수 있다).

92) 어떤 의미에서 박해자-구조자는 동전의 양면이고 +, - 영향일 뿐 절대값은 차이가 없다. 박해자는 누군가에게 구조자이고, 구조자는 또 누군가에게 박해자이다.

93) 코치이에게 영향력을 행사하면 경계 침탈의 위험이 있고, 코치이 입장에서 더 깊이 이해하고 함께하려고 하면 코치이가 아직 준비가 안 되었기에 코치가 코치이보다 더 많은 것을 원하게 된다.

94) 발기불능 impotency의 의미를 갖는다. 생식 불능으로 원초적으로 생산할 수 없음, 시도조차 할 수 없는 무력감이며, 거세당함으로 이어져, 이 수준을 견뎌내야 하는 근본적이고 존재론적 좌절을 의미한다. 정신분석에서는 의미가 깊다.

95) 윌프레드 비온의 '소극적 능력 negative capability'이 연상된다.
(생략) … 알지 못함, 불확실성, 신비, 의혹을 견딜 수 있는 정신 상태이며, (멜라니 클라인의) 우울적 자리, 안전감 개념과 연관된다. … 무지 또는 불확실성을 견디는 정신적 공간을 구축하지 못하는 무능력을 힘이 자의적으로 행사되는 행동의 언어를 유발하게 된다. … 무지의 공간을 견디는 소극적 능력은 새로운 발견이 발생하기를 허용한다. … (생략) 『비온 정신분석 사전』 Rafael E. Lopez-Corvo 지음. 이재훈 역.

96) 이것이 논평자의 코칭에 대한 견해이다. 코칭은 사람을 바꾸거나 고치는 것이 아니다. 코치는 코치이와 공동 창작자이다. 해야 할 작업의 초점은 변화와 고치기가 아니라 성찰적, 경험적인 자율적-지원/지지적 공간 만들기이다. 그 안에서 고객은 전 숙고 단계에서 숙고 단계 … 를 이어가게 된다.

치이에게 무엇이든] 한계를 표현하고 기대되는 것과 부적절하거나 심지어 일탈적인 것으로 간주되는 것 사이의 경계를 설정하는 것은 코치가 할 직무는 아니다. 더 구체적으로 '공격적인 행동'이 경영에 적합하지 않다고 주장하는 것은 코치의 책임도 아니며, 코치이의 [개인] 행동을 회사의 조직 문화와 일치시키는 것도 코치의 책임이 아니다.[97] 칼의 매니저는 이를 주장할 책임이 있으며, 잠재적으로 HR은 추가 발언권을 가지고 있다. 그들은 권위를 대표하고, 그 경계가 어디 있는지 알고, 그들이 알려지고 존경받도록 확실히 하는 사람들이다. 코치가 올바른 역할을 하기 위해서라도 적절한 사람 right person이 책임져야 한다. 그리고 이런 대화가 [그들에게서] 꼭 이루어지도록 하는 것은 코치의 역할이다.

정확한 단계 설정하기

안전하고 유익한 담아주기 container를 구성하기 위해 프랭크는 경영진이 명시적으로 자기들의 우려를 말하고, 변화의 필요성을 표현하는 초기 3자 회의를 준비해야 한다. 칼 역시 자신의 필요 needs를 **표현할 공간**을 찾아야 한다. 칼의 알아차림이 개선의 필요를 느끼는 상태에 도달하지 못한다면, 다른 피드백으로 그의 관심을 끌 수 있다. 어떤 경우에는 360° 피드백(칼의 팀원과 동료의 피드백을 수집하는 것과 같은 간단한 피드백)이 도움이 될 수 있다. 이 사례에서 칼이 자기 직원들을 지배하려는 경향은 그들의 견해를 경청하는 데 방해가 될 수 있다.

그러나 그의 권위에 대한 존경과 성과에 대한 사랑은 그가 상관의 강력한 발언에 더 민감하게 만들 것이다. 의도는 칼에게 자기 행동의 결과를 통찰하는 기회를 주기 위한 것이다. **경험에서 배우는 것**은 무엇이 효과가 있고 무엇이 효과가 없는지를 되짚어 주는 피드백을 필요로 한다.[98] 이 경우 칼은 이런 피드백을 받지 못하거나 부인 deny하는 것으로 보인다.

프랭크는 코칭이 어떻게 작동하는지 명확히 하고, 코치의 역할과 그들이 처음 만났을 때 함께한 훈련 역할 training role의 차이를 강조하고, 이 코칭에 대한 칼이 세운 목표를 경청해 볼 필요가 있다. 칼이 무언가 바꾸고 싶은 욕망 desire을 느끼는 한, 그 상황에 대해 인정/승인

---

[97] 코치가 이처럼 생각하거나 행동하는 것은 곧 조직 입장의 '부드러운 대행자'의 위치를 갖는 것이다. 이 같은 논평자의 주장에 동의하는가? 이 논평의 맥락에서 어떤 근거로 이런 주장을 하는지 정리할 필요가 있다. 코치는 '조직 의도'의 대변자, 부드러운 집행자의 역할과는 거리를 두어야 한다. 그렇다면 코칭비를 지급하는 조직의 유익은 어떻게 제공해야 하는가?
[98] 경험은 날것이고 아직 '생각하기 thinking' 마음에 담고 불안과 함께 정서 안에서 검토해내야 한다. 이것만이 자기 것, 즉 사고 thought가 된다. 부인과 부정을 넘기 위해서는 코치와의 관계 안에서 지속적인 계기/피드백/고리를 매개로 연결 상태에 머물러 있어야 한다.

을 해주고 자신의 견해를 표현할 수 있는 **안전한 공간**이 필요하다. 여기서 진정한 도움의 필요성이 창발될 수 있다. 코칭 구조와 방식은 불행히도 똑같이 공격적인 행동이 다시 재연하는 것이다reenacting.[99] 효율적 코칭 개입은 칼이 목표를 정의하는 데 개입하는 것이다. ^{Q.}그에게 가치 있는 것은 무엇인가? ^{Q.}그는 코칭에서 무엇을 얻을 수 있을까? ^{Q.}그는 어느 영역을 개선하고 싶은가? **계약 단계는 공동 창조를 포함한다. 일방적인 추진이 아니다.**[100]

확대하기 zooming out

또 초기 3자 회의에서도 흥미로운 교훈이 있을 수 있다. 조직 자체가 이 상황에서 핵심적인 역할을 한다는 것을 인정/승인하는 것이다. 조직에는 개인적인 문제 같은 그런 것은 없다. 개인주의적 세계관에 따라 행동하려는 것은 실패를 위한 약속이거나 낮은-효율적 해결책sub-efficient solution이다(von Bertalanffy, 1969). 어떤 문제든 모두 시스템 문제다. 개인과 환경 사이의 시스템 내부의 상호작용 고리interactional loops를 밝혀내는 것은 개선과 결실을 맺는 노력으로, 새로운 영역을 여는 데 도움이 될 것이다. 이 사례에서는 다른 사람들이 다르게 행동하도록 강요하는 것에 대해 무엇을 배울 수 있는가?

결론적으로, 우리는 코칭이나 기타 조직에서 꽤 자주 문제가 드러난 것처럼 보이는 곳에 문제가 있는 경우는 거의 없다고 요약할 수 있다. 이 사례에서는 공격성에 대처하는 것이 아니라, 강력한 코치가 빛을 낼 수 있도록 안전한 컨테이너safe container 안에서 코칭할 수 있는 적절한 조건을 마련하는 것이다.

---

99) 세션 안에서 재연/다시 실연하기를 통한 정서적 재경험을 통해, '그때-거기'의 경험을 '지금-여기'에서 실제로 코치와 함께 다시 경험함으로써, 과거와 다른 새로운 성찰을 얻는다. 코치는 코칭-관계를 두텁게 구축하면서 그 안에서 이것이 반복되는 것을 지원/지지하며 버텨내야 한다. 그러나 현재는 칼의 평소 공격적 행동이 그대로 코칭 관계에서 다시 재연되고 있다.
100) 코치가 이 질문에 진정으로 대답해보는 성찰에 근거해 코치이에게 제시해야 질문의 질감이 전해진다. 코칭 목표를 칼 스스로 자기 것으로 하는 **과정을 같이 경험**하는 것이 중요하다. 논평자는 이 점을 계약 단계에서 강조하고 있다. 이것이 계약 단계에서 코치가 고객의 주제/목표를 '개발하는 과정'이자 새로운 것을 '발견하는 과정'이다.

결론

코칭에서 폭력 문제와 그것에 대처하는 전략을 다루기 위해 먼저 우리 전문가들이 제시한 것처럼, 그 배후의 이유를 이해하는 것이 중요해 보인다. 이는 개인, 조직, 기업 문화의 성격과 특성 요인을 진단할 수 있다(Daniel & Metcalf, 2017).

코치이 개인 입장에서 보면, 전문가의 조언은 케츠 드 브리스(Ket de Vries. 2014)의 주장처럼 코치들이 다양한 성격personalities 유형을 인식하고, 어떻게 대처해야 하는지 알아야 한다. 코치는 심리치료사나 심리전문가가 될 필요는 없지만, 심리학과 성격역동personality dynamics에 관한 기본적 이해는 이런 상황에서 코치에게 매우 도움이 된다.

다른 성격 유형을 인식하는 것 외에도, 전문가들은 공격적 행동 뒤에 숨겨진 정서뿐만 아니라, 폭력적 행동의 피해자(들)과 목격자(들)이 경험하는 정서도 코치들은 인정/승인해야acknowledge한다.[101] 정서 이슈는 8장에서 상세히 다루었다. 또 코치는 **코치이의 변화 능력**에 대해서도 성찰/반성해야 한다. 코치이가 변화하지 못하는 이유로는 ①병리적 성격pathological personality, ②자기 인식/알아차림의 부족, ③행동 문제를 인정하지 않는 것, 또는 ④변화를 거부하는 것 등이다.

폭력적이거나 공격적 행동을 바꾸려는 것이 코치이의 저항에 직면할 때 힉스와 매크래컨(Hicks & McCracken, 2009)은 코치를 도울 몇 가지 방법을 제안한다. 이는 전문가들의 권고와 일치하며 다음과 같다.

- 코치이에게 자신의 행동이 어떻게 지각되고 있으며 그로 인해 조직 환경에 미치는 영향을 알게 도와준다. 이 시나리오에서 변화의 필요성을 인식하는 것은 필수적이다.
- 코치이의 자기 관심/이익self-interest에 맞춰 제안한다playing. 이런 성격 유형을 갖고도 변화해야 할 '이기적인selfish' 이유를 갖는 것은 매우 도움이 될 수 있다.
- 변화의 동기와 헌신을 극대화하기 위해 코치이의 경쟁적 본성을 장점으로 활용한다.

---

101) acknowledge: 인정, 칭찬, 승인 등 여러 의미로 이해되나 코칭에서 매우 의미가 큰 용어다. 이 용어를 집중 탐색한 코치 스즈키 요시유키鈴木義幸는 이 용어를 고객에게 '에너지 제공'으로 이해하고, 고객이 더 멀리, 목적지까지 가게 하는 힘으로 이해한다. 특히 '승인'의 의미로, 그가 해낸 공헌, 존재 자체를 인정하고 승인하는 것이며, 이를 통한 의욕을 증진하는 것이다. 인간은 태어나면서 협력 관계 안에서 살아남는 홀로 살 수 없는 존재이다. 생존 본능은 끊임없이 자기 자신이 협력 관계 틀 안에 들어있다는 점을 점검하게 한다. 협력 관계 틀 밖은 곧 외톨이, 죽음을 의미한다. '당신이 거기에 존재하고 있다는 것을 잘 알고 있다'는 메시지 그 자체로 이 용어를 이해한다. 코칭에서 기본적인 기술이다. 『칭찬의 기술』 스즈키 요시유키. 최현숙 옮김. 거름 출판사.

코치는 조직 관련 기업 문화를 성찰할 수 있다. ^{Q.}폭력적이거나 공격적인 행동과 관련한 특성characteristics이 어느 정도까지 용인되는가? ^{Q.}어떤 환경 또는 역할/직무에서 더 많이 허용되는가? ^{Q.}이런 행동과 성격과 연관된 다른 특징은 무엇인가? 예를 들어 자기 주장성assertiveness, 경쟁력competitiveness, 리더십 등이 있다.

더 일반적으로, 우리 전문가는 폭력, 공격적인 행동, 문화와 관련된 상황에서 도움이 될 몇 가지 접근법을 제안한다. ①휴머니즘적 접근, ②내러티브 접근, ③정신역동적 접근, ④변혁적 리더십 접근, ⑤시스템적 접근이다. 우리는 이런 접근법들에 ⑥갈등 코칭으로 '왜 나는 그것이 일어나는 것을 보지 못했는가?(10장 앞 사례)'를 추가할 수 있다. 갈등 코칭은 코치가 ①갈등, ②상호작용 전략 및 ③상호작용 기술에 대한 이해를 개발하기 위해 고객과 함께 작업하는 것이다. 또 개인이나 팀 기반으로 활용할 수 있다(Brinkert, 2013).

마지막으로, 코치들은 갈등과 폭력을 다루는 자신의 수용력capacity과 역량competence을 점검해야 한다. ^{Q.}관련 지식이 있는가? ^{Q.}구체적인 훈련을 받은 적이 있는가? 그들은 자신의 책임과 역할의 한계를 인식할 수 있어야 한다. 위의 논평 중에 언급했듯이, 그들은 어떤 비용을 치르더라도 도움을 제공할 필요를 느끼면서도, ①검찰관으로 행동해 판단하기 또는 ②낙인 씌우기, ③구원자 역할을 하지 않도록 스스로 주의를 기울일 필요가 있다. 이것은 우리가 코칭에서 경계를 논해온 3장에서 자세히 다룬 이슈이다.

■ **토론 제안**

1. 논평자가 특별히 강조하는 두 가지 특징 이외에 강조점을 찾아 논의해보자.
   - 초이론적 접근의 특징
   - 코치이와 함께 변화에 대한 동기부여를 확립하는 과정의 중요성

■ **코칭 제안:** 사례에 나오는 인물과 상황을 선택해 코칭한다.

1. 다음 역할 하나를 선택하고 그의 상황을 염두에 두고 코칭한다.
   (1) 칼 (2) 칼의 상관 (3) 칼의 부서 직원 (4) 코치
2. 본인이 이해한 사례 인물의 핵심 주제를 코칭 이슈로 제기한다.
▶ 주요한 코칭 대화 방향 또는 툴을 논의해본다면?

추가사례 10-B. 가면 증후군^{Impostor syndrome}을 확인한 코치 조이

조직 리더 개인의 성격 특성은 조직 리더십에 미치는 영향이 매우 크다. 이 주제를 적극적으로 제기한 멘프레드 F. R. 케츠 드 브리스는 대표적인 사례로 가면 증후군 Impostor syndrome을 꼽는다. 먼저 손꼽히는 특성은 자기 노력으로 성취한 성공과 현재 위치를 온전히 받아들이지 못하고, 타인의 높은 수준의 기대로 두려움을 느끼는 유형이다. 현재에 오기까지 자기 성공을 조금씩 과장해 포장한 '작은 거짓말'이 쌓이고 운이 결합한 것으로 평가한다. 최악의 상황에 나 홀로 대처해야 하는 순간, 폭로될 자기 능력이 두려워 사전에 이를 완화하는 **방어기제**를 갖게 된다. 이런 성격은 남들보다 더 많은 성취, 더 많은 인정을 계속 추구하며 더 열심히 일하고, 타인의 인정과 평가에 민감하며 외부의 기준에 맞춰 행동하면서 스스로는 사기꾼이 된 기분에 시달린다.

코치 조이^{Joy}는 성공한 리더의 과거 성공과 현재의 성취를 중심으로 대화하며 책으로 알게 된 이런 성격 특성을 더 이해하고 확인했다. 조이는 언제나 리더의 성공 경험을 성찰하고 재해석하도록 안내한다. 이를 위해 즐겨 사용하는 것이 '성공 경험 재정의 4분면'이다.

성공 경험 재정의 4분면

노력과 자원	기여자와 후원자
자신의 가치	시간

코칭 대화의 시작은 성공 경험이지만 이를 계기로 코치이의 자기 노출을 적극적으로 지지하고, 자랑과 영웅담을 적극 수용한다. 성공 경험 자체를 다시 바라보게 순수한 호기심으로 이곳 저곳에 랜턴을 비추고, 대화의 주도권을 고객에게 넘긴다. 이때 4분면을 적극적으로 활용할 만하다.

고객은 당연히 자신의 과거 성공 자체를 다시 보고, 재정의 내리게 되며, 현재 성취와 연결도 자연스럽게 한다. 자신의 성공을 재정의 내리고 새로운 성공을 위한 성찰과 겸손도 익힌다. 이는 새로운 성공을 위한 관점 전환을 의미한다. 철저한 관점 전환만이 자원 발굴, 새로운 행동 실천으로 길을 열 수 있다.

그러나 때로는 고객 스스로 과거와 현재를 연결하며 자신의 성공 이면에 스며 있는 '불안'과 진실에 접촉하게 된다. 이 불안과 진실에 코치와 함께 머물 때 가끔은 새로운

장場이 펼쳐진다. 가면 증후군은 ①자신의 성공, 성취를 스스로 내면화internalize하지 못하고, ②타인들이 자신에 대해 과장된 시각을 가졌다고 느끼고, ③자기 성공이 운이나 기회 포착 때문이라는 비중을 높게 설정하며, ④이런 실상이 노출/폭로되는 것을 두려워한다. 물론 이는 누구나 한 번쯤 올라오는 생각이지만 정도와 수준의 문제이다. 다른 면에서 보면 '완벽주의'를 지향하는 성향과 관련된다.

코치 조이는 임원 제니Jenny 이야기를 들으며 책에서 주장하는 가면 증후군을 확인하고 개입 방안을 고민하게 되었다. 제니는 이야기할수록 정서 접촉에서 오는 역동이 매우 크고, 극단적인 용어 사용이 두드러졌다. 자주 사로잡히는 내면 비판자의 목소리는 항상 비슷하다. '다른 사람들은 모두 나보다 낫다. 나는 사람들이 생각하는 것만큼 잘하지 못한다. 언젠가는 탄로나고 말 것이다.' 사고 패턴 역시 현실과는 다르게 자신이 구성한 인생 각본을 완강하게 유지한다. 기승전-'극적인 재앙'이다. 불안이 성공을 이끄는 역동이었지만 언제나 자기 업적을 최소화하고 결점을 극대화한다. 주변 사람들의 일반적 피드백이나 사례로 제시되는 비판을 자기에게 적용하여 개인적 내용으로 받아들인다. 이런 습관은 '언제나 자기 자신에 관해 설명'하기를 자주 하게 되고, 이는 사람들이 거리를 두게 만들고, 이에 또 과민하게 반응하는 반복에 빠져있다.

그렇지만 코칭에서 이런 내용이 두 사람 사이에서 공유된 것도 성과의 하나다. 성공의 재정의를 구체적으로 논의하는 과정에서, 그 이면에 흐르는 지하수 같은 흐름의 전모를 코치에게 조금씩 드러낸 것이다. 이 과정과 공유의 속도 역시 제니 스스로 직면해 가면서 조심스럽게 직면하는 과정이다. 조이는 결론적인 인식에 주목하기보다는 (이렇게 하면 '어떻게?' 함정으로 미끄러지기 때문이다.) 그의 속도를 존중하면서 '직면 과정'에 더 주목하는 신중함을 보여야 했다. 직면 과정에서 제공한 격려에 만족할 것이 아니라, 내용을 되새기면서 사후적으로 더 격려로 그와 결합하고, 자원 발굴적 위치에 서서 그를 수용해야만 했다.

수퍼바이저는 녹음테이프를 그대로 가지고 올 것을 제안했다. 그러나 조이에게는 구체적 개입 방법에 대해 자극받는 것이 더 중요했다. 그렇지만 수퍼바이저는 직면-과정을 함께한 코치의 '해석'을 검토하는 데 주목했다. 조이는 머리가 더 복잡해졌다.

1. 성공의 재정의 4분면 활용을 위한 질문을 만들어보자.
2. 과거/현재 성공에 대한 재정의 이후 코칭 대화를 어떻게 이끌어 가는가?
3. 코치 조이가 제니와 대화에서 마주하게 된 또 다른 차원의 이슈를 공유하게 된 것은 어떻게 가능했는가?
4. 수퍼바이저와의 접근 차이에 대해 검토해보자.
5. 수퍼바이지 조이는 양쪽의 상황을 모두 바라보며 어떻게 해야 하는지 피드백해보자.

[부록 10-2] 작업 조직에서의 자기 결정론[102]

Self-Determination Theory in Work Organizations: The State of a Science
- Edward L. Deci, Anja H. Olafsen & Richard M. Ryan

자기 결정론self-decision theory(SDT)은 내적, 외적 동기부여에 관한 연구에서 발전해 작업 조직과 기타 삶의 영역에 관한 연구로 확대된 인간 동기부여의 거시적 이론이다. 이 논문은 작업장과 관련된 SDT 연구인데, (a) 자율적 동기(즉, 내재적 동기부여와 완전히 내면화된 외적 동기부여)와 통제적 동기(즉, 외부와 내부적으로 통제된 외적 동기부여)를 구별, (b) 모든 직원이 역량, 자율성, 관련성relatedness 등 세 가지 기본 심리적 욕구를 가졌다는 가정 – 즉, 자율적 동기, 고품질 성과와 웰니스wellness를 촉진하는 만족에 초점을 맞춰 관련 연구를 한다. 작업 조직 연구를 보면 직원(즉, 직원의 행복well-being) 또는 소유자(그들의 유익)의 관점을 취하는 경향이 있었다. SDT는 웰니스와 고품질 성과를 모두 촉진하는 정책, 프랙티스, 환경을 조성하는 데 도움이 된다. 변혁적 리더십, 직무 특성, 정의justice, 보상 접근과 SDT의 관계를 다룬다.

SDT가 실천에 미치는 영향은 역량, 자율성, 관련성 등이다. 이는 작업 조직에서 시행되는 모든 정책과 프랙티스에 영향을 끼치고, 기본적인 심리적 욕구를 지지하거나 방해할 가능성이 있다. 조직 내에서 작업 환경을 개선하고 이에 따라 직원의 성과와 웰니스를 개선하는 데 관심이 있는 모든 사람은 그것이 (a) 직원이 역량을 획득하거나 자신감을 가질 수 있도록 허용하고, (b) 자신의 행동을 실험하고 시작할 수 있는 자유를 경험하고, 지시된 대로 행동하도록 압력을 받고 강요당하지 않으며, (c) 상사와 동료 모두에 대해 존경과 소속감을 느끼는 면에서 고려되는 정책이나 실행을 평가할 수 있다. 이 세 가지 방식으로 직원을 지원할 가능성이 있는 정책이나 실행은 자율적인 동기부여, 웰빙, 고품질 성과를 촉진할 가능성이 있다. 이런 직원 경험을 좌절시키는 사람들은 통제된 동기부여 또는 무기력을 촉진하고, 불행과 기껏해야 양量이지만 성과의 질質은 향상하지 못할 가능성이 있다.

결론적으로 자율적인 동기부여는 높은 품질의 성과와 직원 웰니스를 촉진한다는 것을 보여줄 수 있다는 점에서 작업 동기 이론으로서의 SDT 특징이 있다. 따라서, 이 이론은 조직 심리학자들의 전통적인 목표인 – 즉, 수익성을 촉진하는 – 동시에 직원들의

---

[102] 논평자가 인용한 논문은 SDT의 대강을 이해할 수 있으나 칼 로저스의 인간중심 접근과 어떻게 연결되는지, 인간중심 이론과의 결합을 통한 이론화의 근거를 찾기는 어렵다.

웰빙을 지원할 수 있었다. SDT는 오랫동안 자율적 동기를 촉진하는 사회적 맥락 조건을 경험적으로 지정하는 데에 관심을 두어왔다. 그 열쇠는 모든 인간이 자율적 동기, 건강 및 효과적인 수행을 촉진하는 - 역량, 자율성 및 관련성에 대한 세 가지 기본적인 - 심리적 요구가 있다고 제안한다. 더 나아가서는 기본적인 심리적 욕구를 뒷받침하는 작업 상황이 우수한 결과를 낳기 때문에 직무 특성, 정의 유형, 경영 스타일, 리더십 유형 등에 관한 연구가 급증했다.

참고자료

ACAS (2014). *Bullying and harassment at work: A guide for managers and employers*. Retrieved fromwww.acas. orguk/media/pdf/c/j/Bullying-and-harassment-in-the-workplacea-guide-for-managers-and-employers.pdf
Ashforth, B. (1994). Petty tyranny in organizations. *Human Relations, 47*(7).
Aulagnier, P. (2007). *La violence de l'interpretation. Du pictogramme a l'enonce*. Paris: Dunod.
Bass, B. M., & Riggio, R. E. (2006). *Transformational leadership* (2nd ed.). Mahwah, NJ: Lawrence Erblaum Associates.
Bejarano, A. (1975). *Resistance et transfert dans les groupes, Le Travail Psychanalytique dans les groupes*. Paris: Dunod.
Bergeret.J. (1984). *Li violence fondamentale, Vinepuisable Oedipe*. Paris: Dunod.
Brinkert, R. (2013).The ways of one and many: Exploring the integration of conflict coaching and dialogue facilitation. *Group Facilitation: A Research and Applications Journal, 12*, 45-52.
Clutterbuck, D. (2014).Team Coaching In E. Cox,T. Bachkirova, & D. Clutterbuck (Eds.), *The Complete Handbook of Coaching* (2nd ed. pp.271-284). London: Sage Publications. 『팀코칭』『코칭 실천의 모든 것(실천편)』 장환영 외 옮김. 2019 교육과학사.
Cox, E., Bachkirova, T., & Clutterbuck, D. (Eds.). (2014). *The complete handbook of coaching* (2nd ed.). London: Sage Publications.
Daniel, T. A., & Metcalf G. S. (2017). How some companies unwittingly make bullying a rational choice. *Employment Relations Today, 44*(1), 15—24.
Deci, E. L., & Ryan, R. M. (2017). *Self-determination theory*. New York, NY: Guilford Press.
Drake, D. B. (2015). *Narrative coaching: Bringing our new stories to life*. Petaluma, CA: CNC Press.
DuHart,D.T. (2001). *Vioiencein the workplace, 1993-99*. Washington, DC: U.S. Dept, of justice, Office ofjustice Programs.
EMCC (2016). *Global code of ethics for coaches & mentors*. Retrieved from www.emccouncil.org/webimages/EMCC/Global_Code_oflEthics.pdf
Gillespie, G. L., Gates, D. M., Miller, M., & Howard, P. K. (2010). Workplace violence in healthcare settings: Risk factors and protective strategies. *Rehabilitation Nursing, 35*(5), 177-184.
GMC (2016). *Guidance to the GMC's fitness to practice rules 2004(as Ammended)*. Retrieved from www.gmc-uk.org/DC4483_Guidance_to_the_FTP_Rules_28626691.pdf
Harakas, P. (2013). Resistance, motivational interviewing and executive coaching. *Consulting Psychology Journal: Practice and Research: APA, 65*(2), 108—127.
Hicks, R., & McCracken, J. (2009). Coaching the abrasive personality. *Physician Executive*, September-October, 82-84.
ICF (2015). *ICF code of ethics*. Retrieved from https://coachfederation.org/code-of-ethics/
Johnson, W. (2012). Bullying is a confidence game. *Harvard Business Review*. Retrieved from https://hbr.org/2012/07/bullying-is-a-confidence-game?referral=03759&cm_vc=rritem_page.bottom
Kets deVries, M. F. R. (2014). Coaching the toxic leader. *Harvard Business Review, 92*(4), 100-109.
Manier, A. O., Kelloway, E. K., & Francis, L. (2017). Damaging the workplace: Consequences for people and organizations. In N. A. Bowling & M. S. Hershcovis (Eds.), *Research and theory on workplace aggression* (pp.62-89). NewYork, NY: Cambridge University Press.
Maslach, C., & Leiter, M. (2011). *Burn out: Le syndrSme d'ipuisement professional*. Paris: Editions Les Arenes.
Miller,W. R. & Rollnick, S. (2002). *Motivational interviewing*. NewYork, NY: Guilford Press.
Palmer, S., & Whybrow, A. (Eds.). (2007). *Handbook of coaching psychology: A guide for practitioners*. Hove: Routledge. 『코칭심리학』 2판. 2022. 한국코칭수퍼비전아카데미
Park, M., Cho, S. H., & Hong, H. J. (2014). Prevalence and perpetrators of workplace violence by nursing unit and the relationship between violence and the perceived work environment. *Journal of Nursing Scholarship, 47*(1), 87-95.
Pichon-Riviere, E. (2004). *Le processus groupal*. Ramonville Saint-Agne, Eres: La maison jaune.
Prochaska, J., & Norcross, J. (2001). Stages of change. *Psychotherapy, 38*(4), 443-448. 참고: 자기혁신프로그램. 강수정 옮김. 에코리브르 2007
PUFBACP (2015). *Ethical framework for the counselling professions*. Lutterworth: BACP.
Reeves, A. (2015). *Working with risk in counselling and psychotherapy*. London: Sage Publications.
Rogers, C. (1951). *Client-centered therapy*. London: Constable. 『칼로저스의 사람-중심 상담』 오제은 옮김. 학지사. 2007.
Rothschild, B. (2000). *The body remembers: The psychphysiology of trauma and trauma treatment*. NewYork, NY:W W Norton & Co. 『내 인생을 힘들게 하는 트라우마』 바빗 로스차일드, 김좌준 옮김. 소울메이트. 2013.
Skiffington, S., & Zeus, P. (2000). *The complete guide to coaching at work*. New York, NY: McGraw-Hill.
Stober, S. (2006). Coaching from the humanistic perspective. In D. Stober & A. Grant (Eds.), *Evidence based coaching handbook*. New Jersey: John Wiley & Sons.
Valley, K., & Thompson, T. A. (1998). Sticky ties and bad attitudes: Relational and individual bases of resistance to changes in organizational structure. In M. A. Neale & R. Kramer (Eds.), *Power and influence in organizations* (pp.39-66).Thousand Oaks, CA: Sage Publications.
Von Bertalanfly, L. (1969). *General system theory: Foundations, development, applications*. New York: Penguin University Books.

맺음말

전문화professionalization에 이르는 길에 접어든 코칭은 빠르게 성장하고 성숙하고 있으며, 그 진화는 질문을 던지고, 새로운 형태의 경계와 형태를 밀어붙이고 도전하는 대화와 토론을 거쳐 부분적으로 형성된다.

사례 중심의 교재는 이런 대화를 육성하기nurture 위해 기획되었다. 뚜렷이 구별되면서도 겹치는 민감한 주제로 구성된 10개의 주제는 코칭 이론과 실천, 연구 사이의 연결을 희망적으로 강화했다. 우리는 이런 다양한 주제와 기여자의 프로필, 배경, 교육, 접근 방식이 코칭의 복잡성complexity에 대한 알아차림과 이해를 얻고 자신의 의문과 목소리를 찾을 수 있게 해주었으면 한다.

대화를 계속하고, 책 전반에 걸쳐 몇 가지 주요 메시지를 강화하기 위해 다음 질문을 한다.

- **코칭에 대해 복잡하게 생각하는 것은 무엇인가?**

코칭은 여러 이해관계자가 참여하므로 확실히 복잡한 작업이다. 코칭은 복잡한 웹web 정치와 권력역동을 가진 복잡한 조직에서 각자 자신의 성격, 요구, 동기, 문화와 가치를 가진 여러 이해관계자들을 참여시키기에 확실히 복잡한 프랙티스이다. 심지어 '가장 단순한' 코칭 상황도 근본적인 복잡성이 포함될 수 있다. 그러나 어떤 상황은 복잡하다고 인식되거나 어떤 코치에게 윤리적 딜레마를 불러일으킬 수 있지만, 다른 상황에서는 더 맥락적이고 개인적인 것이다. **이 책에서 당신은 어떤 영역에서 복잡성이 두드러졌는가? 코칭에서 구체적인 복잡성은 어디에 있는가? 이유는 무엇인가?**

- **코칭에서 성찰성을 지속적인 개발과 배움을 위한 필수적 부분으로 어떻게 만들 수 있는가?**

  지속적인 개발과 학습은 코치의 전문화와 성숙도maturity에 필수적으로 필요하다. 이 평생의 여정에서 성찰성reflexivity(자기와 더 큰 맥락 모두)은 유능한 코칭에서 필수적인 기술로 인식되어야 한다. 코치는 자기 알아차림을 높이고 이해관계자와 이슈에 대한 관찰과 분석을 더욱 날카롭게 하여 더욱 정보에 입각한 결정을 내릴 수 있다. **코치로서 어떻게 배우는가? 이미 만들어진 기성의 해결책**ready-made solutions**에서 자신을 분리하는 것은 얼마나 손 쉬운가? 그리고 성찰성이 코칭 프랙티스에서 어떤 역할을 하는가?**

- **코칭에서 성찰성을 유지하는 자원은 무엇인가?** 성찰성을 훈련하는 것은 우리의 안전지대comfort zone 밖으로 나가는 것과 같은 도전이다. **성찰적 여정을 지원하기 위해 어떤 자원(재정, 인간, 그리고/또 정서적)을 구현할 수 있는가?**

계속 공유하고, 반성하고, 발전해 나가자!

색인

1
2인 관계 21, 36, 60, 80, 471
2자 대립과 영원한 제삼자 332
2차 가해자 430
360° 평가 204
3자 회의 18, 20, 27, 28, 29, 30, 31, 43, 47, 48, 72, 73, 120, 312, 314, 315, 316, 322, 326, 327, 365, 369, 371, 372, 439, 441, 453, 454

ㄱ
가능성 공간 317
가능성의 지평 herizon of possibility 319
가능한 한 많은 각도 397
가시적 상호작용 35
가지고 온 보따리 28
가치 강요 148
가치 제안 275, 276, 277, 294
가치 중립적 도구주의 395, 396
가치 판단 179
갈등 포용 430
감정 관리 26, 165, 312, 349, 350
개발/발달 코칭 312, 314, 322, 323, 326, 396
개발자 역할 307
개방성 9, 21, 82, 85, 201, 203, 204, 208, 343, 355, 396, 408
개인 개발 12, 399
개인의 기술과 행동 개선 369
개인적 정체성 173
거리두기 26, 43, 57, 214
거리를 유지 373, 374
거울에 비친 87
건설적 구조자 139
건설적인 희생자 429
게슈탈트 관점 354
결과에 따른 지급 274, 304
경계 확립 379
경력 가속화 314, 323
경향성 196, 268
경험된 시점 424
경험에서 배우기 25, 453
계약 결정 요인 128
계약의 관리적 부분 231, 232, 233
계약의 두 가지 측면 28
계약의 전문적 부분 231, 232, 233, 234, 236
계약의 정신적 부분 175, 231, 232, 233, 234, 235
고백하는 공간 155

공격적인 관리자 414, 437
공격적인 방어 동작 419
공명 180, 203, 340, 341, 343, 344, 369, 374, 375
공모 16, 39, 43, 130, 228, 233, 352, 370, 373, 375, 422, 428, 432
공모적 치우침 39
공유적 접근 90
공통 묶음 196
공통의 유익 378
공포와 협박 414
과거 전문적 역할 271
과도기적 공간 375, 377
과정을 공유하는 작업 427
과정을 촉진 43, 90, 113, 237
관계 공간 322
관계 관련 계약 225, 226
관계 중심 코칭 36
관계 패턴 67
관계의 복잡성 37, 471
관계의 질 36, 46, 219, 297
관계적 경관 43, 44
관계적 관점 35, 38
관계적 역량 37
관계하는 물 339
관점 전환 43, 196, 384, 393, 397, 457
관찰적 자기 321
교정 과정 270
교정 도구 27, 30
교정적 개입 203
교정적 맥락 27
교정적 접근 123, 189, 278
교정적 코칭 30, 133, 314, 319, 322, 326, 330, 410
구매 만족 코칭 386
국적 이탈 210, 211
국제적 이동성 199
국토 횡단 382
권력역동 41, 51, 52, 56, 57, 59, 61, 62, 66, 71, 72, 123, 228, 463
권력의 힘 51
권력의 원천 67, 94
권한위임 71, 94
극단적인 상황 154
글로벌 윤리 강령 265
금기와 편견 289
기대 사이의 불일치 371
기밀유지 21, 54, 128, 130, 131, 167, 189, 225, 226, 229, 234, 235, 238, 242, 243, 244, 245, 246, 248, 249, 250,

251, 252, 253, 254, 255, 257, 264, 266, 267, 405, 419
기본적 가치 148
기업 몰락의 5단계 68, 71
기업 사이코패스 문학 299
긴밀한 결합 88
깨끗한 대화 173, 175, 176, 290, 381, 395, 406
끝없는 기술 연마 40

ㄴ

나르시시즘 413
낙담 211, 299, 343
난기류 23, 29, 111, 305
날치flying fish 339
낯설게 대하기 80, 214
내러티브 정체성 200, 244
내면 상태 23, 450
내면화 136, 200, 201, 320, 408, 437, 458
내부 경고 452
내일에 서서 오늘을 바라보는 319
내장의 주장 354
내적 자기 경청 328
너무 많은 기대 452
느끼고 표현하는 정서 311

ㄷ

다르게 생각하기 341, 342
다르게 행동하기 341, 342
대화 치료 161
도구적 해결 237
도덕적 성찰 153
도덕적 직관 192
도덕적 함정 177
독성 감정 305
독성 분위기 435
독성 문화 430
독성이 가득한 직장 413
독이 든 선물 16, 17, 33, 46, 94, 125
동료 압박 349, 435, 437
동맹 관리 22
동일시 60, 307, 365, 373, 374, 375, 376
동행적 접근 90
됨의 연쇄 고리 397
두 개의 모자 쓰기 288
등가적 파트너십 384
따라 다니는 사람 211

ㄹ

라이프사이클 68, 71
라포의 의미와 기능 21
로저리안 427
리더십 승계 305
리듬을 존중 423

ㅁ

맥락-안에서-자기 앎 291
메타 포지션 424

면책조항 381
명시적 40, 85, 88, 93, 134, 136, 137, 169, 226, 231, 232, 234, 235, 245, 304, 320, 321, 352, 378, 390, 395, 450, 453
모조품과 모방 369
모호성 86, 427
목적론적 입장 365
몰락 지연 323
몰입형 학습 경험 83
몸으로 느끼기 312, 336
몸으로 느끼는 감정 342, 350
몸짓 언어 315
무도회장에서 84, 85
무방비 상태 320
무심한 접근 246
문제-해결 코칭 133
문제의 외부화 113
문화 충격 211, 212, 215
문화 간 비교 연구 195
문화 자원 194, 196
문화적 장벽 깨기 186
문화적 차이 186, 187, 188, 189, 190, 191, 195, 201, 205, 209, 211, 213, 217, 218, 219, 222
문화적 통합 211
미래에 대한 관점 37
미러링 61, 84, 85, 273, 444, 450
미리 계획된 전략 92

ㅂ

발기불능 452
발달 코칭 312
발달주의 396
발코니에 나서기 84
방어적인 일상 174
배열 196, 198, 237
배열은 곧 잠재력 196
배움의 가장자리 87
베네딕트 규칙 408
베스킨라빈스 193
변증법적인 자기 이해 25
변화를 위한 과도기적 접근 376
병치/병렬 136, 137, 427
보기와 말하기 398, 410
보임 없는 보임 196, 342
보편 195, 196
보편적 186, 195, 365, 380
복잡계 이론 289
복잡성 12, 15, 17, 21, 35, 36, 37, 59, 82, 86, 90, 107, 141, 179, 200, 225, 226, 231, 232, 237, 239, 254, 255, 351, 406, 407, 414, 415, 463
복잡한 다층적 관계 237
복합적 상호 책임 58
복합적 설계 61
부식적 환경 420
부자 관계 역동 305
북극성 380, 382
북받쳐 올라온 정서 315
분명한 역할 384
불안을 피하기 92

불확실성 86, 205, 213, 237, 246, 291, 349, 376, 406, 452
비정치적 입장 62
비판단적인 수용태도 269
비-인격적impersonal 244
비교 접근법 195
비예측성 374
비참여 154
비판적 성찰성 178, 180
비현실적인 목표 451

ㅅ

사고하지-않기 192
사기꾼 증후군 297, 413
사내 정치 44, 53, 55, 60, 62, 233, 411
사내 코치 52, 97, 168, 171, 176, 177, 350
사전 미팅 443, 444
사회적 양육 210
사회적 지지 28, 30
산업 라이프사이클 68, 71
상대 안에 있는 자기 모습 305
상대적 경험 부족 264
상하 권력 관계 366
상호 배타적 25
상호 신뢰와 존중 201
상호 협동적 교류 201
상호의존성 67, 371
상호주관성 372
생각하기 53, 78, 83, 88, 152, 153, 154, 158, 192, 197, 245, 298, 339, 341, 342, 453
생애 발달 단계 25
선같은 차분함zen-like calm 301, 303
선택과 자율성 451
선형적인 28, 274
선호하는 이론 85
성 인지 감수성 60
성공 경험의 재정의 273
성공 사례 코칭비 304
성공 경험 재정의 4분면 457
성공의 축적 446
성공의 핵심 요인 444
성과 개선 39
성과 저하 33, 41
성찰을 성숙으로 197
성찰적 수퍼비전 299
성찰적 자극 300
성찰적 프랙티셔너 86
세계인권선언 245
세밀하게 이야기하는 사람 347
세션 사이 83, 299
소극적 능력 137, 301, 452
손상 패턴 450
수동 공격성 413
수퍼비전 삶 59
수행자로서의 코치 104, 291, 426
수행적 관점 244, 245, 254
숙고 전 단계 451
숙련 단계 215
순응 행동 233
순차적 동시 진행 330

순차적 제공 61
숨겨진 의미와 소원 375
스스로 만든 장벽 209
스쳐가듯 희미한 빛glimmer 291
스트레스 모드 312, 314, 315, 317
시늉과 흉내 369
시뮬라크룸 369
시뮬라크르 369, 370
시선과 담론 398
시소 64, 74
시스템과 역동 46
시스템적 관점 16, 35, 46, 80, 89, 90, 448
시스템적 입장 30
신경가소성 424
신경과학 관점 354
신과 같이 되는 93
신뢰 쌓기 246
신뢰 이동 247
신체 반응 다루기 345
신체 없는/비구체적인 관리자 349
실연 86, 160, 161, 174, 189, 299, 328, 430
실존주의 코칭 163
실천 가능한 통찰 81, 83, 86, 88
실천 후 실천에 대한 성찰 299
실천-한 가운데서 탐구 86, 87
실천 가능한 통찰 81, 83, 86, 88
실천적 성찰 314
실천행동 42, 43, 155, 159, 172, 324, 378, 396, 446
실패나 고난의 점검 273
실패할 사업losing proposition 314
실패할 운명 262, 265
심리적 계약 175, 234
심리적 전이 291
심리적 해석 20
심리화 16

ㅇ

아젠다 상충 16, 17
아젠다를 분명히 설정 21
악의 평범성 154, 158
안내자 역할 307
안전 영역 402
안전한 공간 112, 230, 267, 299, 375, 454
알고 있지만 생각해 보지 않은 앎 352
알파 타입 447, 448
앎의 섬 420
앎의 조각 87, 291
암묵적 40, 133, 153, 194, 195, 226, 228, 234, 235, 245, 297, 320, 322, 368, 414, 431
암묵적인 기대 234
양극성 지도 그리기 289
양극적 사고 294
양손잡이 289, 294
양육자 역할 307
양육적 부모자아 365
얼어붙는 것 325, 326
에너지는 주의를 따른다 328
역기능적 관계 365, 372, 373
역동일시 374

역량 모델 28, 129, 192, 272, 427
역설과 놀이 292
역설적인 긴장 288
역전이 87, 372, 374
영구적인 노력 373
영유 96
예측할 수 없는 공명 375
오만한 방치 85
완전한 침묵 442
욕-생활 141, 142, 143
움직이는 실체 422
유도저항 451
윤리적 규칙 82
윤리적 도전 176, 235
윤리적 둔감함 85, 162, 268
윤리적 민감성 172, 230, 243, 245, 368, 387, 405, 406, 430
윤리적 비탈길 233
윤리적 성숙성 243
윤리적 영향 39, 403
윤리적 통합성 178, 380
은폐된 처벌 과정 80
의무론적 입장 366, 377, 379, 380
의무론적 함정 389, 395
의미 만들기 79, 84, 341, 342
의미의 공통성 201
의미 형성 40, 41, 42, 46, 81, 83, 88, 407
의사-환자 특권 251
의존성 64, 67, 116
이사회의 정치학 52
이슈의 개별화 16, 94
이슈의 공통묶음 196
이웃사랑 261
이중 메시지 134, 440
이중 상황 373
인간중심 접근법 269
인지적 긴장 22
인지적 알아차림 83
인터비전 249, 424, 431
일시적 처방 134, 138
일의 네 가지 중요 요소 24
일의 의미 43

ㅈ

자기 결정론 450, 460
자기 민족 중심적 관점 193
자기 배려 154, 158
자기 성찰성 180, 354
자기 주도적인 개인 330
자기에 대한 특정한 훈련 155
자기 형성 156
자연스러운 흐름 451
자연스러운 접근 246
자유 영역 388, 402, 403, 406
자유를 포용 364, 390, 392, 393, 394, 396, 397, 405, 408
자율적 170, 171, 215, 460, 461
자율적 지원 공간 452
작업 회피 80, 86
저항 껍질 297

적절한 균형 38
적합한 인재 57, 58
전략적 관점 35, 37, 38, 39
전략적 리더십 63, 65, 66, 69, 75
전문성과 개인의 지속적 개발 265
전문성의 지속적 개발 265, 302
전문적 앎 86, 87, 88
전문적인 순진성 264
전문적인 신뢰성 267
전유 96, 139, 140
전체적 접근 16, 128, 131, 138
절차의 투명성 78
정동 87, 179, 197, 313, 328, 336, 350, 351, 353, 354
정동적 전환 353
정서적 모호함 87
정서지능 132, 210, 291, 325, 350, 438, 449
정신적 과다 각성 331
정신적 장벽 210
젠더 의사소통 61
젠더 이슈 60, 61, 62, 63, 142, 218
조건부 코칭비 264, 269
조울증 413
조작적/조종적 286
조작적인 행동 291, 293
조직 개발 64
조직 리더십 38, 63, 65, 66, 69, 143, 317, 457
조직 변화 원칙 23
조직 배제 39
조직 이탈 25
조직 이탈/출발 19, 20
조직 정치 59, 60, 90
조직 제외/배제 17
조직 진단 25, 138
조직 코칭 35, 36, 37, 84, 102, 350
조하리의 창 445
존재론적 관점 318, 321, 324, 354
존재론적 자유 318
좋은 사건 사고 375
중립적 코치 388
지리적 영역 199
지속 가능성 29, 38, 74, 92, 160
지속적인 성찰 202
지위 이동 전환 29
직관 192, 196, 197, 273, 312, 336, 364
진실 역동 161
진실을 드러내기 393
진정한 자문 관계 21
진품과 원본 369
집단사고 81
짜임관계 80, 196, 344

ㅊ

차이를 조정 378
창발하는 미래 319
체화된 정동 354
체화된 지식 354
초이론적 모델 451
초기 단계 33, 56, 202, 233, 269, 278, 279, 379, 384
초심자의 마음가짐 233

촉진적 심리 태도 268
최소한의 공통 기준 186
친밀감 142, 175, 350, 421

ㅋ

컨설팅 베이스 코칭 300
컨설팅 기반 코칭 37, 103, 272
컨테이너 336, 454
코치를 다양한 역할로 380
코치의 행동발달 7단계 23
코칭 고객으로 연기 437
코칭 관계 3인 구조 17
코칭 관계의 질 36, 225
코칭 기획과 고객 분석 15, 92
코칭 브랜드 260, 275
코칭 작업동맹 22
코칭 프로세스 36, 37, 38, 39, 41, 44, 45, 87, 234, 255, 267, 327, 341, 382, 388, 403
코칭비 52, 68, 97, 101, 102, 109, 110, 114, 118, 231, 236, 245, 259, 260, 263, 264, 269, 274, 279, 280, 297, 298, 304, 381, 383, 421, 428, 446, 453
코칭 사례 개념화 15, 92, 200, 201
코칭의 법적 측면 250
코칭의 핵심 44, 57, 97, 431, 451
코칭의 투명성 79, 82
코칭 전략 78, 89
코칭 철학 19, 89, 90, 93, 125, 302, 389, 401, 403, 404, 405

ㅌ

타겟 목표 60
통제력 상실 63
통제 장치 180
통합 사분면 289
투명성 78, 79, 82, 88, 128, 130, 137, 377
투자수익률ROI 302, 304
팀 진단 57, 58, 59, 62, 88

ㅍ

판매할 수 있는 코칭 386
폭력으로의 행동화 425
폭력의 가해자 426
표현할 공간 453
품성 개발 176
프라이버시 135, 234, 235, 244, 365
프레즌스 203, 341, 342, 343, 344, 346, 355, 395
프로트렙시스 156, 157, 163
피드백 26, 37, 39, 43, 47, 95, 97, 122, 123, 126, 135, 178, 204, 225, 229, 234, 235, 238, 240, 248, 279, 295, 298, 302, 308, 314, 325, 329, 381, 392, 393, 394, 397, 416, 418, 421, 422, 424, 425, 426, 448, 453, 458
피상적인 253
피해를 최소화 379

ㅎ

학습 관련 계약 225
해방적 170, 171, 400
해석적 개입 257, 389, 445
핵심 역량 45, 186, 363
행동 강령 code of conduct 152, 193, 194, 242, 244, 250, 363, 364, 367, 368, 373, 390, 395, 401, 402, 403, 404, 405, 406, 407
행동적 변화 83
행동화 419, 421, 424, 425
행위에 의한 힘 95
행위 중 성찰 83
허니문 단계 211, 214, 215
허술한 앎 82
혼란을 야기하는 지점 450
혼자 하는 2인 대화 152
홀로코스트 154, 155, 163
화상 세션 189
획일 195, 196
획일적 195, 196
효과성 36, 51, 57, 58, 87, 199
후원 환경 설계의 중요성 268
후원 환경 설계하기 314
훈습 372
희생 전가 과정 16, 79, 80, 91
힘 겨루기 26, 60, 211
힘의 오용 85

A

acknowledge 174
and의 천재 289, 294
Be, Know, Do 343
coaching mistake 271, 399, 452
cogmotion/인지 정서 350
configuration 132, 137, 196, 237
constellation 80, 196, 237, 344
dream team 26
Echoe 195
enactment 161, 189, 352, 430
feedforward 329
Here & now 87
juxtaposition 136, 196, 427
provacative question 297
rubric 20
scapegoating 76
There & then 87
U-곡선 211, 214
unwillingness 265, 331, 430
willingness 114, 265, 331, 401, 430

저자 및 역자 소개

저자: 디마 루이스 Dima Louis

Grenoble Ecole de Management의 리더십, 조직학 조교수. 임원코치, 직업심리학자, 인적자원관리 전문가로, 20년 이상 다양한 산업과 국가의 다국적 조직에서 일했음. 경영학 박사. 하버드 의과대학 부속 맥린 병원 코칭 연구소에서 Harnisch Grant를 받음. 연구 관심은 임원코칭, 조직 내 권력역동과 직장 내 정체성 조율 등

저자: 폴린 파티엔 디오숑 Pauline Fatien Diochon

Grenoble Ecole de Management의 인간, 조직 및 사회학과 부교수. DEA(파리 7 디드로)와 경영 박사 학위(HEC 파리). 연구 관심: 리더십 개발, 코칭 및 협업 공간, 조직 현상에 대한 공간, 윤리, 정치 차원에 대한 탐구.

역자: 김상복

newlifecreator@gmail.com
한국코칭수퍼비전아카데미supervision.co.kr 대표
한국코칭협회(KSC_2011), 국제코칭연맹(PCC_2012) 코치

대상: 기업·공공조직·비영리조직 Owner, CEO, 임원코칭. 전문직(창작, 의료, 법률) 코칭
주제: 자기 강화, 성격 성찰, 리더십 승계, 중년 위기 관리, 커플 관계, 생애 개발
근거: 정신분석, 내러티브에 근거한 일대일 코칭

코칭수퍼비전과 전문, 수퍼바이저 양성을 위한 수퍼비전 스쿨 운영.
코칭 전문서적 출판coachingbook.co.kr 한국코칭학회 활동
한국코칭협회 '올해의 코치'(2013)

저서: 『코칭 튠업 21』(2017), 『누구나 할 수 있는 코칭 대화 모델』(2018), 『첫고객·첫세션 어떻게 할 것인가』(2019)
번역: 『정신역동과 임원코칭』(2019), 『코칭과 정신건강 가이드』(2022), 『정신역동 코칭: 30가지 고유한 특징』(2022), 『101가지 코칭수퍼비전 기법과 실험』(2022 예정)
공역: 『코칭 수퍼비전』(2014), 『코칭윤리와 법』(2018), 『코칭·컨설팅 수퍼비전의 관계적 접근』(2019), 『수퍼비전: 조력 전문가를 위한 일곱눈 모델』(2019), 『코치앤카우치』(2020), 『정신역동 마음챙김 리더십』(2021), 『정신분석심리치료의 기본과 실천』(2021)

코칭 연구와 교육, 교류를 위한 카페 운영
- 실전코칭과 Web-seminar: https://cafe.naver.com/webseminar
- 코칭 수퍼비전 School: https://cafe.naver.com/coachingsupervision
- **코칭 철학과 이론-실천과 쟁점**: https://cafe.naver.com/coachingphilosophy
- 내러티브 코칭연구: https://cafe.naver.com/narrativecoaching
- 코칭윤리와 심리치료 관계: https://cafe.naver.com/coachingntherapy
- 시스템 코칭-팀코칭-그룹코칭: https://cafe.naver.com/systemcoaching

주석 강의에 참여한 코치들의 한 줄 평

(가나다 순)

강기원 코치 강의를 수강한 지 벌써 일 년이 넘었네요. 그동안의 결실이 나온다니 축하드립니다. 강의와 책 모두 단순히 읽거나 수강으로 끝나는 게 아니라, 코치로서 당면하였거나 대면하게 될 10가지 주제에 대해 '나는 어떻게 생각하고 그 이유는 무엇인가?'라는 생각을 촉진합니다. 끝없는 성찰을 하게 만드는 책을 독자에게 추천할 수 있게 되어 감사합니다.

고태현 코치 10가지 코칭 주제는 여러분을 생생한 코칭 현장으로 초대하여, 때로는 코치로서 때로는 고객으로 참여하며 깊이 있는 사례 연구를 경험할 수 있도록 안내합니다.

김경옥 코치 복잡계 시스템 코칭에 관심 있는 코치들이 모여서 10회에 걸친 토론을 통해 필자들의 사유와 역자의 꼼꼼한 주석을 공유하면서 충분히 숙성하는 과정을 거쳤다. 주제에 대한 논평자들의 논지도 탁월하지만, 역자의 개인 사례 공유는 백미 중의 백미이다. 10가지 주제에 관한 사례를 풀어가면서 친절하게 정리해 놓은 수십 권의 책과 논문에서 발췌한 각주는, 독자에게 유익한 정보를 제공하여 코칭에 대한 해박한 지식을 제공하리라 생각한다. 역자의 헌신과 열정과 탁월함이 고객에 대한 사랑으로 버무려져서 엮어진 책! 코치들께 강력히 추천한다.

김민성 코치 이 책은 현장에서 겪는 다양한 코칭 상황과 고객을 예시하며 전문가의 깊이 있는 논평이 있어서 코치로서 행동과 상황이 주는 시사점을 알게 합니다. 그렇지만 무엇보다 이 책의 진가는 읽을수록 현실에서 코치의 역할과 철학에 관해 다시금 스스로 반추하고 재정립할 수 있게 하는 정신적 성장에 있다고 생각합니다.

김순이 코치 코칭의 다양한 영역에서 주제별 깊이 있는 성찰을 통한 담론의 계기가 되었습니다. 특히 역자이신 김상복 코치님의 경륜과 연구에 의한 성과를 각주로 달아주셔서 많은 도움이 되었습니다. 감사합니다.

김정기 코치 코칭 속에 내포된 깊은 의미를 찾으면서, 코칭의 세계와 함께하면 더욱 좋겠네요.

김현주 코치 코칭 현장에서 만날 수 있는 다양하고 복잡한 사례들을 대리 경험하며 코치로서 어떤 역량을 강화해야 하는지, 어떤 준비를 해야 하는지 힌트를 얻을 수 있는 책입니다.

박순천 코치 긴 침묵과 완전한 침묵이라는 두 침묵은 다르다. 이 순간 코치의 무엇이 이것을 가능하게 했는가? 책을 읽으며 코치 앞에 펼쳐지는 코칭의 복잡성을 여러 각도에서 볼 수 있는 접점을 생생하게 만날 수 있었다. 코치는 어떤 판단을 내릴 것인가? 논평자의 논평을 통해서 다양한 시각으로 상황을 돌아볼 수 있게 한다. 무엇보다 직관을 담은 논평은 이 책의 백미다.

박신후 코치 자신을 넘어서기 위해서 때로는 특정한 상황에서 전혀 새로운 접근을 시도해야 할 때가 있다. 이때 가장 필요한 것은 새로움을 기꺼이 탐험할 용기이다. 이 책을 통해 현재의 자신과 마주하고, 새로운 시각을 받아들이며 코칭의 풍성함을 만들어 갈 기회에 마음이 설렌다. 이 설렘이 내 용기를 자극한다. 발걸음을 내디딘다.

박정화 코치 코칭 실무 현장에서 지금도 일어나고 있고, 일어날 수 있는 실전 사례와 윤리적 딜레마 상황을 토론 이슈와 논평자의 서로 다른 시각에 접근하며 함께 토론하면서, 코칭을 인식하고 바라보는 코치의 시각과 지평이 확장하는 경험을 했습니다. 윤리적 감수성이 얼마나 중요한지, 그리고 법의 경계 선상에서, 윤리강령이 제공하지 못하는 이슈들에 대해서 코치 자신이 얼마나 벼랑 끝에 자주 있을 수밖에 없는지를 체험하는 기회였습니다. 특히, 김상복 코치님이 달아주신 각주는 그동안 코칭에 대한 다학제적 연구와 실전 경험들이 고스란히 녹아있어서, 보물창고를 만난 기쁨을 만끽할 수 있었습니다. 20주 동안 함께 토론하며 성숙과 성장의 길을 걸어왔던 학습 동료 코치님들께도 많은 배움을 얻었습니다. 누구나 처음 가는 길을 두려움으로 걸어가겠지만, 등대의 불빛을 바라보며, 가슴에서 뛰고 있는 코치의 윤리적 감수성과 양심으로 돛을 단 항해를 시작한 느낌입니다. 일독과 학습조직에서 적극적인 토론을 권장합니다.

박종석 코치 코칭을 하다 보면 다양한 사례를 접하는 경우가 많다. 수많은 사례 가운데 비즈니스 현장에서 접하기 쉬우면서도 다루기 쉽지 않은 사례를 엄선한 주옥같은 책이다. 책을 따라가다 보면 사례별로 코치들의 생각과 접근 방법을 들어볼 수 있고, 어느새 비즈니스 현장에 적용해보는 자신을 발견할 수 있을 것이다. 설렘으로 이 책을 맞이하기를 권한다.

윤선동 코치 코칭 현장에서 직면하게 될 다양한 사례에 대해 미리 예방주사를 맞은 기분입니다. 무엇보다 꼼꼼하고 내실 있는 역자의 주석으로 그간의 코칭 정수를 아낌없이 풀어낸 이 책은 마스터 코치를 앞에 두고 일대일로 이야기를 나누는 기분이라 이 책을 읽을 많은 독자에게 큰 도움이 될 것으로 생각합니다! 현직 코치님과 앞으로 코치로 자리매김하고 싶은 입문코치들께 일독을 권합니다.

정익구 코치 이 책은 코치들에게 자신의 코칭 프랙티스에 대해 늘 깨어서 성찰하라는 강력한 메시지를 던진다. 코칭 현장에서 가치가 충돌하고, 권력이 작용하고, 코칭 관계가 얽히고, 이해관계가 충돌하는 등 복잡 미묘한 상황에서 코치는 어떤 선택을 할 것인가? 각각의 주제가 던지는 의미와 코칭 상황에 대한 민감한 알아차림을 요구한다. 전 세계 전문가들과 역자가 제시하는 넓고 깊은 논평은 코치들에게 지적 호기심과 도전을 자극하기에 충분하다. 수준 높은 강의와 토론에 함께 할 수 있어서 행복하다.

조철호 코치 '세상에서 일어나는 모든 일은 코칭 현장에서도 일어날 수 있다'라는 말이 떠오른다. 이 말은 코치가 코칭에 임할 때 이러한 마음 자세를 가져야 한다는 것을 강조하기도 한다. 이 책은 다양한 현장에서 코치들에게 사고와 사색의 지평을 넓혀 줄 수 있다고 감히 말할 수 있다. 주제별로 다양한 전문적 시각에서 주장하는 논평자들의 내용에 대해 주석을 통해 자세하고 추가적인 보충설명을 해주고 있다. 따라서 독자들에게 스스로 통찰과 성찰의 기회를 제공해 주고 동시에 사색하는 시간을 갖게 한다.

최경화 코치 코칭 핵심 주제에 관한 풍부한 사례와 이론을 근거로 한 논평들이 배움과 성찰에 큰 도움이 되며, 이는 코치로서 자신의 의식을 한 단계 성장시킬 좋은 기회가 될 것입니다.

함진숙 코치 우리는 코칭 세계에서 저마다의 이유로 이동한다. 이동하는 코칭 세계에서 회복력 지원이 필요할 때 이 책은 코치이고자 하는 나에게 온기로 다가왔다.

발간사

호모코치쿠스 30.
10가지 코칭 주제와 사례 연구: 20개 사례, 40개 논평, 720개 주석, 19개 실습 사례

세상 어디에도 없는 새로운 책이라고 감히 말하고 싶다. 제시된 10개의 코칭 주제는 코치라면 누구든 만날 수 있는 내용이지만, 그렇다고 누구든 쉽게 대처할 수 있는 내용은 아니다. 심리학박사, 교수, 컨설턴트, MCC, 경영학자 등 다양한 분야에서 코칭을 접하고 공부한 내로라하는 전문가들의 논평을 보는 것만으로도 독자들은 새로운 경험을 하게 될 것이다.

사실 이 책이 술술 읽히지는 않는다. 공부하겠다고 마음먹고 천천히 음미하고 사색하며 읽어도 페이지가 잘 넘어가지 않는 부분이 많다. 그만큼 많은 내용과 사색거리를 독자에게 제공한다. 각 사례는 만만치 않은 딜레마를 가지고 있고, 코치는 이 딜레마를 어떻게 다뤘는지 솔직하게 고백한다. 각각의 논평들은 논리적 근거를 뒷받침하는 이론들로 독자에게 학문적 깊이를 제공하고, 생각의 폭을 넓힐 수 있도록 안내한다. 이를 통해 독자들은 간접경험과 더불어, 근거에 기반을 둔 코칭을 경험해볼 수 있으며, 아직 근거 기반 코칭에 관한 연구 결과가 코칭계에 눈에 띄지 않는 상황에서 이 책은 그 길을 열어갈 수 있는 단초를 제공한다. 각 논평 안에는 많은 양의 이론과 연구 결과, 적용 방안, 코칭 지식과 경험, 딜레마를 해결할 수 있는 논리적 근거, 수많은 철학자와 심리학자의 이론들이 보물같이 포함되어 있어 독자들이 다양한 관점에서 사색할 수 있게 돕는다. 거기에 더하여 역자가 덧붙인 720개 주석과 19개 실습 사례는 독자에게 혼자서도 얼마든지 공부할 수 있도록 안내한다. 자기 경험을 사례에 녹여보고, 상상하고 연상하며, 논평을 통해 자신의 시각을 확대해보고, 주석을 통해 논평의 의미를 좀 더 확실히 하며 자신의 코칭 역량과 수용력을 넓히는 경험을 할 수 있다. 역자의 720개 주석은 외국 사례에서 오는 이질감을 우리 현실에서 바라볼 수 있게 돕고, 번역에서 오는 의미의 모호함을 보충해주며, 그 안에는 논평만큼이나 방대한 지식과 경험, 이론적 기반, 코치가 가져야 할 역량과 마음가짐 등이 녹아 있다.

이 책을 읽으며(공부한다는 표현이 더 어울릴 것 같다) 내 안에서 일어나는 연상들, 수많

은 의문, 자신에게 던지는 질문을 통해 마치 논평자, 역자와 대화를 하는 듯한 경험을 했다. 내가 생각하고 있는 의문에 대한 답이 있기도 했고(아, 그랬군요), 그 답이 마음에 들지 않기도 했고(뭐 이렇게까지, 그 생각은 나와는 좀 다르네요), 이해가 되지 않기도 했고(이건 또 뭔가요?), 그래서 주석을 보면 더 넓은 시각으로 나를 안내하고, 때로는 논평이 너무나 신선하고 새로워서 '아하!' 하고 무릎을 치며 도전이 되기도 했다. 마치 2인 관계 코칭에서 일어나는 자각과 성찰이 홀로 이루어지는 것 같았고(self-coaching과는 다른), 이것은 조각처럼 떨어져 여기저기 흩어져 있던 지식과 경험이 서로 어우러지고 통합되면서 어느 지점에선가 '아! 이것이 컨스텔레이션constellation이구나' 하며 희열을 느끼기도 했다.

호모코치쿠스 10번째 책 『정신 역동과 임원 코칭』이 나왔을 때의 감동을 잊을 수 없다. 그동안 사례라고 하면 상담 분야의 사례를 참고했던 경험이 더 많았던 터라, 온전히 코칭 사례로 엮인 책을 보니 너무나 반가웠다. 정신분석적 개입이기에 어려운 부분도 있었지만 고객에게 코칭적 개입을 어떻게 하는지 배울 수 있었던 설렘 가득한 책이었다. 이번에 나온 『10가지 코칭 주제와 사례 연구』는 사례에 논평과 주석을 추가하여 또 다른 공부거리를 제공한다. 그것은 코치의 수용력capacity에 관한 것이다. 코칭 수퍼비전(Jonathan Passmore, 2014)에서는 역량competency, 능력capability과 비교하여 수용력을 다음과 같이 서술하고 있다.

> 많은 사람과 상황과 관계의 복잡성을 담아두기 위한, 개인의 넓은 폭range과 관련해 담을 수 있는 공간.

즉 역량과 능력을 훈련하고 임상 경험과 성찰, 연구, 수퍼비전 등을 통해 자신의 폭을 넓히는 것이라고 이해된다. 이러한 수용력은 코치가 코치 됨의 길을 걸어가며 반드시 갖춰야 할 능력이다. 제시된 사례를 마치 내가 경험하는 것처럼 생생하게 연상하고, 논평을 통해 자기 생각을 다양한 방향으로 전환해보면서 자연스럽게 코치로서의 수용력이 확대되는 것을 느낄 수 있을 것이다.

2019년 10월에 발표한 ICF의 개정된 8가지 핵심 역량 모델에서는 기존 11가지 핵심 역량과 비교해 새롭게 추가된 일곱 가지 내용, 즉 윤리적 행동, 기밀유지, 코칭 마음가짐, 지속적 성찰 훈련, 다양한 수준의 코칭 계약에 대한 엄밀한 구별, 코치와 고객 파트너십의 중요성/임계점, 문화와 시스템, 맥락적 인식의 중요성을 서문에서 제시하고 있다. 이러한 변화는 오랜 세월 코칭 임상을 통해 코치에게 꼭 필요한 역량이기에 추가되었다고 생각한다. 그렇지만 글로 쓰여 있는 이런 변화를 어떻게 경험하고 실천할 것인가, 그리고 과연 진짜 이런 주제들이 중요한 논쟁거리가 되는가, 왜 이것인가 하는 의문이 있었다. 이 책은 코칭에서 일어날 수 있는 복잡한 쟁점에 관한 사례들을 다루면서 ICF에서 제시한 일곱 가지 추가내용을 모두 포함하고 있으며, 이 주제들이 실제 코칭에서 어떻게 출현하는지 보여준다. 그리고 그 작은 출현이 어떻게 코칭을 방해하고 성과에 영향을 주는지 신랄하게 표현되어 있다. 코치의 섬세한 터치, 마음가짐, 윤리의 민감성과 성숙성, 계약에 대한 깊이 있는 이해와 실천, 조직과 사회에 대한 맥락적 이해, 코치의 정체성 등 어느 것 하나 소홀히 해서는 안 되는 것이며, 이 모든 것의 바탕에는 지속적 성찰 훈련이 있다.

사례를 제공한 코치들은 대부분 경험이 많은 코치들이다. 입문 코치가 아니라는 것이다. 경험이 많은 코치도 언제든 윤리적 딜레마에 빠질 수 있다는 점과 더 나아가, 경험은 많으나 윤리적 민감성과 성숙성에 대한 성찰이 적다면 코칭 성과나 효과는 기대하기 어렵다는 점을 시사해준다. 그래서 윤리와 역량은 쌍둥이라는 역자의 주장에 동의하게 된다. 사실 윤리적 딜레마는 코칭에서 늘 있는 것이다. 이것을 코치가 민감하게 인지하고 있는지, 그것을 어떻게 다루는지가 코치의 역량이라고 할 수 있다. 딜레마는 둘 중 어느 쪽을 선택해도 바람직하지 못한 결과가 나오게 되는 곤란한 상황을 의미한다. 어쩌면 딜레마라는 단어는 이미 민감성과 성숙성을 요구하는 단어일지 모른다. 어떤 것을 선택해도 바람직하지 못한 결과가 나올 것이라는 점을 인지하는 것이 민감성이고, 어떤 선택도 하지 않으면서 곤란한 상황을 벗어나야 한다면 그것을 뛰어넘는 수밖에 없을 듯하다(코칭은 문제를 해결하는 것이 아니라 문제가 더는 문제가 아닌 것이 되도록 뛰어넘는 것과 같다). 뛰어넘는다는 것은 어떤 임계 지점을 경험했다는 의미를 포함한다. 그 임계 지점을 알고, 경험하고 극복해내면서 코치로서 자기 한계를 확장하고 자기 윤리를 확보해 나가는 과정이 윤리적 성숙의 길이 아닐까 한다.

앎과 됨의 사이에는 어떤 것들이 있는가? 그 사이를 나는 잘 걸어가고 있는가? 훈련과 성찰, 임상 경험, 연구와 집필, 수퍼비전……. 이 책은 코치 되기의 과정 속에 있는 우리에게 이 사잇길을 함께 걸어가자고 손 내밀고 있다. 내민 손을 잡아보니 '내 안에서 일어나는 것이 가장 소중하다. 그래야 독특성이 만들어지고 앎의 질적 비약이 일어난다'라는 것을 늘 강조하는 역자의 모습이 그대로 느껴지는 듯하다. 이 책을 번역하고 720개라는 방대한 주석을 달며 오랜 시간 씨름했을 역자에게 감사와 존경을 표한다.

2022년 3월 31일
코치 이서우

 호모코치쿠스

코칭 튠업 21
: ICF 11가지 핵심 역량과 MCC 역량

김상복 지음

뇌를 춤추게 하라
: 두뇌 기반 코칭 이론과 실제
Neuroscience for Coaching

에이미 브랜 지음
최병현, 이혜진 옮김

마음챙김 코칭
: 지금-여기-순간-존재-하기
Mindful Coaching

리즈 홀 지음
최병현, 이혜진, 김성익, 박진수 옮김

코칭 윤리와 법
: 코칭입문자를 위한 안내
Law & Ethics in Coaching

패트릭 윌리암스, 샤론 앤더슨 지음
김상복, 우진희 옮김

조직을 변화시키는 코칭 문화
How to create a coaching culture

질리안 존스, 로 고렐 지음
최병현, 이혜진 등 옮김

내러티브 상호협력 코칭
: 3세대 코칭 방법론
A Guide to Third Generation Coaching: Narrative-Collaborative Theory and Practice

라인하드 스텔터 지음
최병현, 이혜진 옮김

임원코칭의 블랙박스
Tricky Coaching

맨프레드 F. R. 케츠 드 브리스 등 편집
한숙기 옮김

마스터 코치의 10가지 중심이론
Mastery in Coaching

조나단 패스모어 편집
김선숙, 김윤하 등 옮김

코칭·컨설팅
수퍼비전의 관계적 접근
Supervision in Action

에릭 드 한 지음
김상복, 조선경, 최병현 옮김

정신역동과 임원코칭
: 현대 정신분석 코칭의 기초1
Executive Coaching :
A Psychodynamic Approach

캐서린 샌들러 지음
김상복 옮김

수퍼비전
: 조력 전문가를 위한 일곱 눈 모델
Supervision in the Helping Professions

피터 호킨스, 로빈 쇼헤트 지음
이신애, 김상복 옮김

코칭 프레즌스
: 코칭개입에서 의식과 자각의 형성
Coaching Presence : Building Consciousness and Awareness in Coaching Interventions

마리아 일리프 우드 지음
김혜연 옮김

멘탈력
정신적 강인함에 대한 최초의 이론적 접근
Developing Mental Toughness :
Coaching strategies to improve performance,
resilience and wellbeing

더그 스트리챠크직, 피터 클러프 지음
안병옥, 이민경 옮김

코치 앤 카우치
Coach and Couch

멘프레드 F.R. 케츠 드 브리스 등 지음
조선경, 이희상, 김상복 옮김

리더의 정치학
: 조직개혁과 시대전환을 위한 창발 리더십 모델
Leading Change: How Successful Leaders
Approach Change Management

폴 로렌스 지음
최병현 등 옮김

고용 가능성
고용+가능성 업그레이드 전략
Developing Employability and Enterprise:
Coaching Strategies for Success in the Workplace

더그 스트리챠크직, 샬롯 보즈워스 지음
조현수, 최현수 옮김

게슈탈트 코칭
바로 지금 여기
Gestalt Coaching: Right here, right now

피터 브루커트 지음
임기용, 이종광, 고나영 옮김

강점 기반 리더십 코칭
: 조직 내 긍정적 리더십 개발을 위한 가이드
Strength_based leadership Coaching
in Organization An Evidence based guide to
positive leadership development

덕 매키 지음
김소정 옮김

영화, 심리학과 라이프 코칭의 거울
The Cinematic Mirror for
Psychology and Life Coaching

메리 뱅크스 그레거슨 편저
앤디 황, 이신애 옮김

영웅의 여정
자기 발견을 위한 NLP 코칭
The Hero's Journey: A voyage of self-
discovery

스테판 길리건, 로버트 딜츠 지음
나성재 옮김

VUCA 시대의 조직문화와 피어코칭
Peer Coaching at Work

폴리 파커, 팀 홀, 캐시 크램,
일레인 와서먼 공저
최동하, 윤경희, 이현정 옮김

정신역동 마음챙김 리더십
: 내면으로의 여정과 코칭
Mindful Leadership Coaching : Journeys
into the interior

맨프레드 F.R. 케츠 드 브리스 지음
김상복, 최병현, 이혜진 옮김

실존주의 코칭 입문
:알아차림·용기·주도적 삶을 위한
철학적 접근
An Introduction to Existential Coaching

야닉 제이콥 지음
박신후 옮김

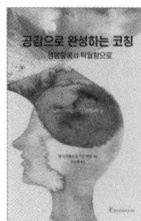
공감으로 완성하는 코칭
: 평범함에서 탁월함으로
Coaching with Empathy,

앤 브록뱅크, 이안 맥길 지음
김소영 옮김

내러티브 코칭
: 새 스토리의 삶을 위한 확실한 가이드
Narrative Coaching : The Definitive Guide to Bringing New Stories to Lif

데이비드 드레이크 지음
김상복, 김혜연, 서정미 옮김

ADHD 코칭
: 정신건강 전문가를 위한 가이드
ADHD Coaching: A Guide for Mental Health Professionals

프란시스 프레벳,
아비가일 레브리니 지음
문은영, 박한나, 가요한 옮김

시스템 코칭
: 개인을 넘어 가치로
Systemic Coaching: Delivering Value Beyond the Individual

피터 호킨스, 이브 터너 지음
최은주 옮김

글로벌 코치 되기
: 코칭 역량과 ICF 필수 가이드
Becoming a Coach

조나단 페스모어,
트레이시 싱클레어 지음
김상학 옮김

시스템 코칭과 컨스텔레이션
Systemic Coaching & Consitellations

존 휘팅턴 지음
가향순, 문현숙, 임정희, 홍삼렬, 홍승지 옮김

10가지 코칭 핵심주제 사례 연구
: 20개 사례와 40개 논평
Complex Situations in Coaching

디마 루이스, 폴린 파티엔 디오숑 지음
김상복 옮김

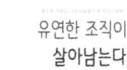 ··················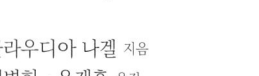

유연한 조직이 살아남는다
포스트 코로나 시대 뉴노멀이 된 유연근무제
Flexible Working

클라우디아 나겔 지음
최병헌 · 윤재훈 옮김

정신역동 코칭
: 30가지 특징
Psychodynamic Coaching: Distinctive Features

클라우디아 나겔 지음
김상복 옮김

인지행동 코칭
: 30가지 특징
Cognitive Behavioural Coaching: Distinctive Features

마이클 니난 지음
박지홍 옮김

코칭수퍼비전의 이론과 모색
Coaching and Mentoring Supervision : Theory and Practice

타티아나 바키로버, 피터 잭슨, 데이빗 클러터벅 지음
김상복, 최병헌 옮김

수퍼바이지와 수퍼비전
: 수퍼비전을 위한 가이드
Being Supervised A Guide for Supervision

에릭 드 한, 윌레민 레구인 지음
한경미, 박미영, 신혜인 옮김

비연속 단일회기 코칭
: 30가지 특징
Single-Session Coaching and One-At-A-Time Coaching: Distinctive Features

윈디 드라이덴 지음
김상복 옮김

임원코칭
: 시스템 – 정신역동 관점
– 현대 정신분석 코칭의 기초 3
Executive coaching: System-psychodynamic persfective

하리나 버닝 편집
김상복 옮김

인지행동 기반 라이프코칭
Life Coaching : A Cognitive behavioural approach

마이클 니난, 윈디 드라이덴 지음
정익구 옮김

웰다잉 코칭
생의 마지막과 상실을 겪는 사람들을 위한 코칭 가이드
Coaching at End of Life

돈 아이젠하워, J. 발 헤이스팅 지음
정익구 옮김

정신역동 코칭의 이해와 활용
: 현대 정신분석 코칭의 기초2
Psychodynamic Coaching : focus & depth

울라 샤롯데 벡 지음
김상복 옮김

코칭과 정신건강 가이드
: 코칭에서 심리적 과제 다루기
A Guide to Coaching and Mental Health : The Recognition and Management of Psychological Issues

앤드류 버클리, 케롤 버클리 지음
김상복 옮김

코칭심리학 (2판)
실천연구자를 위한 안내서
Handbook of Coaching Psychology

스티븐 팔머, 앨리스 와이브로 엮음

코칭 이론과 실천
The SAGE Handbook of Coaching

타티아니 바흐키로바, 고든 스펜스, 데이비드 드레이크 엮음

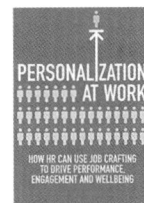
잡크레프팅
Persnalization at Work

롭 베이커 지음
김현주 옮김

호모스피릿쿠스

나르시시스트와 직장생활하기
Narcissism at Work: Personality Disorders of Corporate Leaders

마리 린느 제르맹 지음
문은영 · 가요한 옮김

정신분석 심리치료의 기본과 실천
: 정신분석·지지적 심리치료와의 차이

아가쯔마 소우 지음
최영은 · 김상복 옮김

조력 전문가를 위한
공감적 경청
共感的傾聽術
:精神分析的に"聴く"力を高める

고미야 노보루 지음
이주윤 옮김

코로나 시대의 정신분석 임상
'만남'의 상실과 회복
コロナと精神分析的臨床

오기모토 카이, 키타야마 오사무 편집
최영은 · 김태리 편집

(코쿱북스)

코칭의 역사
Sourcebook Coaching History

비키 브록 지음
김경화, 김상복 외 15명 옮김

101가지 코칭의 전략과 기술
: 젊은 코치의 필수 핸드북
101 Coaching Strategies and Technique

글래디나 맥마흔, 앤 아처 지음
김민영, 한성지 옮김

리더십을 위한 코칭
Coaching for Leadership

마샬 골드 스미스,
로렌스 라이언스 등 지음
고태현 옮김

코칭 A to Z

누구나 할 수 있는 코칭 대화 모델
: GROW_candy 모델 이해와 활용

김상복 지음

세상의 모든 질문
: 아하에서 이크까지, 질문적 사고와 질문 공장

김현주 지음

첫 고객·첫 세션 어떻게 할 것인가
(1) 윤리적 가이드라인과 전문가 기준에 의한 고객 만남
(2) 코칭계약과 코칭 동의 수립하기

김상복 지음

코칭방법론
: 조직 운영과 성과 리더십 향상을 돕는 효과성 코칭의 틀

이석재 지음

코치 100% 활용하는 법
: 코칭을 만난 당신에게

김현주, 박종석, 박현진, 변익상,
이서우, 정익구, 한성지 지음

코칭 하이브리드

영화처럼 리더처럼
: 크고 작은 시민리더 이야기

최병현, 김태훈, 이종학,
윤상진, 권영미 지음

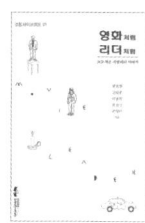

집필자 모집

- 멘토링 기반 코칭 방안과 사례 연구
- 컨설팅 기반 코칭 방안과 사례 연구
- 조직개발 코칭 방안과 사례 연구(일대일 또는 그룹 코칭)
- 사내 코치 활동 방안과 사례 연구
- 주제별·대상별 시네마 코칭 방안과 사례 연구
- 시네마 코칭 이론과 실천 방안 연구
- 아들러 심리학 기반 코칭 방안과 사례 연구
- 코칭 기획과 사례 개념화(중심 이론별 연구)
- 코칭에서 은유와 은유 질문
- '갈굼과 태움', 피해·가해자 코칭
- 미루기 코칭 이해와 활용
- 코치의 젠더 감수성과 코칭 관계 관리
- 정서 다루기와 감정 관리 코칭 및 사례 연구
- 코칭 장場field·공간과 침묵
- 라이프 코칭 핵심 과제와 사례 연구(청년 및 중년)
- 커리어 코칭 핵심 과제와 사례 연구(청년 및 중년)
- 노년기 대상 라이프 코칭 방안과 사례 연구
- 비혼·혼삶 라이프 코칭 방안과 사례 연구
- 코칭 스킬 총정리와 적용 사례
- 부모 리더십 코칭과 사례 연구(양육자 연령별)
- 코칭 이론 기반 코칭 방안과 사례
- 커플 코칭 방안과 사례
- 의식확장과 영성코칭
- 군 리더십 코칭
- 코칭 ROI 연구

■ 동일 주제라도 코칭 대상과 방식, 코칭 이론별 집필이 가능합니다.
■ 최소 기준 A4 기준 80페이지 이상. 코칭 이론과 임상 경험 집필 권장합니다.
■ 편집위원회와 관련 전문가 심사로 선정됩니다.
■ 선정 원고는 인세를 지급하며, 무료로 출판합니다.

호모코치쿠스 30

10가지 코칭 주제와 사례 연구
20개 사례, 40개 논평, 720개 주석, 19개 실습 사례

초판 1쇄 발행   2022년 4월 29일

펴낸이	김상복
지은이	디마 루이스, 폴린 파티엔 디오숑
옮긴이	김상복
편 집	정익구
디자인	이상진
제작처	비전팩토리
펴낸곳	한국코칭수퍼비전아카데미
출판등록	2017년 3월 28일 제2018-000274호
주 소	서울시 마포구 포은로 8길 8. 1005호

문의전화 (영업/도서 주문) 카운트북
　　　　전화 | 070-7670-9080   팩스 | 070-4105-9080
　　　　메일 | countbook@naver.com
　　　　편집 | 010-3753-0135
　　　　편집문의 | hellojisan@gmail.com 010-3753-0135
www.coachingbook.co.kr
www.facebook.com/coachingbookshop
독자 카페: 코칭 철학과 이론 - 실천과 쟁점 http://cafe.naver.com/coachingphilosopy

ISBN 979-11-89736-36-1
책값은 뒤표지에 있습니다.